인류의 위대한 지적유산

인류의 위대한 지적유산

춘추좌전 2

좌구명 지음 | 신동준 옮김

한길사

Zuo-Qiuming
Chunqiu-Zuozhuan
Translated by Shin Dong-jun
Published by Hangilsa Publishing Co., Ltd., Korea, 2006

춘추시대의 사농공상을 묘사한 그림
신분세습의 봉건제 아래에서 치자는 왕(王)·공(公)·경(卿)·대부(大夫)로, 피치자는 흔히
'4민'(四民)으로 불리는 사(士)·농(農)·공(工)·상(商)으로 분류되었다. 그러나 춘추시대 말기에 이르러
학문을 익힌 사인(士人)들이 발흥하기 시작하면서 봉건제가 급속히 붕괴하기 시작했다.
공자도 향사(鄕士) 출신에 불과했으나 시서예악을 습득해 하대부(下大夫)의 반열에 올라선 후
말년에는 국로(國老: 국가원로)의 대우를 받았다.

* □는 나라 이름(■은 대국을, ■은 소국을 나타냄), 빨간색 글씨는 수도를 나타낸다.

춘추시대의 중국

(위) 유물복원 작업실에서 편종을 복원하는 장면
(아래) 춘추시대의 편종
초나라 고관의 묘에서 출토된 것으로, 26개의 크기가 다른 종으로 구성되어 있다.
춘추시대의 음악은 국가의 대소 의식에 반드시 연주된 까닭에 크게 중시되었다.
이로 인해 동양에서는 일찍부터 '예'(禮)가 없으면 통치기강이 무너지고 '악'(樂)이 없으면
통치가 각박해진다고 보았다. '악'은 '예'를 보완해 통치를 덕정(德政)으로 이끌고,
'예'는 '악'을 보완해 난정(亂政)으로 흐르는 것을 막는다고 생각했다.

GB
한길그레이트북스

인류의위대한지적유산

춘추좌전 2
좌구명 지음 | 신동준 옮김

한길사

춘추좌전 2

노성공(기원전 590~기원전 573)

원년······ 13	2년······ 15	3년······ 40	4년······ 45
5년······ 48	6년······ 51	7년······ 57	8년······ 61
9년······ 66	10년······ 72	11년······ 76	12년······ 80
13년······ 83	14년······ 92	15년······ 95	16년······ 101
17년······ 123	18년······ 133		

노양공(기원전 572~기원전 542)

원년······ 141	2년······ 143	3년······ 147	4년······ 153
5년······ 161	6년······ 165	7년······ 167	8년······ 172
9년······ 178	10년······ 190	11년······ 203	12년······ 211
13년······ 213	14년······ 218	15년······ 235	16년······ 239
17년······ 243	18년······ 248	19년······ 256	20년······ 264
21년······ 268	22년······ 278	23년······ 286	24년······ 302
25년······ 311	26년······ 329	27년······ 351	28년······ 369
29년······ 385	30년······ 401	31년······ 415	

찾아보기······ 433

춘추좌전 1

노은공(기원전 722~기원전 712)
노환공(기원전 711~기원전 694)
노장공(기원전 693~기원전 662)
노민공(기원전 661~기원전 660)
노희공(기원전 659~기원전 627)
노문공(기원전 626~기원전 609)
노선공(기원전 608~기원전 591)

춘추좌전 3

노소공(기원전 541~기원전 510)
노정공(기원전 509~기원전 495)
노애공(기원전 494~기원전 468)

노성공 魯成公

노선공의 아들로 이름은 흑굉(黑肱)이다. 모친은 목강이다. 그녀는 대부 숙손교여와 사통하면서 노성공을 압박했다. 이로 인해 노성공은 외교적으로 크나큰 곤경을 겪기도 했다. 재위기간은 기원전 591년부터 573년까지 18년이다. 시법에 따르면 '성'(成)은 '안민입정'(安民立政: 백성을 편안히 하고 정치를 바르게 함)의 뜻을 지니고 있다.

원년(기원전 590)

원년 봄 주력(周曆) 정월, 공이 즉위했다. 2월 신유, 우리 군주 선공을 안장했다. 얼음이 없었다. 3월, 구갑(丘甲)을 만들었다. 여름, 장손허(臧孫許)가 진후(晉侯)와 적극(赤棘)에서 결맹했다. 가을, 왕사(王師)가 모융(茅戎)에게 크게 패했다. 겨울 10월.

元年春王正月, 公卽位. 二月辛酉, 葬我君宣公. 無氷. 三月, 作丘甲. 夏, 臧孫許及晉侯盟于赤棘. 秋, 王使敗績于茅戎. 冬十月.

●원년 봄, 진경공이 대부 하가(瑕嘉: 詹嘉)를 시켜 융인과 주정왕의 화해를 주선함으로써 양측의 충돌을 막았다. 이에 왕실의 경사 선양공(單襄公)이 진나라로 가서 화해를 이루게 해준 데 대해 배사했다. 이때 유강공이 요행히 융인을 깨뜨릴 생각으로 틈을 노려 치려고 하자 왕실의 내사 숙복(叔服)이 만류했다.

"배맹(背盟)하고 대국을 속이면 반드시 패하게 됩니다. 배맹은 상서롭지 못하고 대국을 속이는 일은 의롭지 못하니 신령과 사람이 돕지 않을 것입니다. 장차 무엇으로 그들을 이기려는 것입니까."

그러나 유강공은 이들 듣지 않고 마침내 모융(茅戎: 융인의 별종)을 쳤다. 3월 19일, 유강공이 서오씨(徐吾氏: 공영달은 모융 내의 부락 이름으로 해석) 땅에서 대패했다.

당시 노나라는 진나라와 단도지맹(斷道之盟: 노선공 17년)을 맺어 제나라를 적국으로 삼았기 때문에 제나라의 침공을 야기하게 되었다. 이로 인해 큰 고통을 겪자 구갑제(丘甲制)[1]를 마련하게 되었다. 이때 노나라는 제나라가 장차 초나라 군사를 출동시켜 노나라를 협공하려 한다는 소식을 듣게 되었다. 여름, 노나라가 진나라의 적극(赤棘: 위치 미상) 땅에서 진나라와 결맹했다.

가을, 주정왕의 사자가 노나라로 와서 모융에게 패한 사실을 알렸다.

겨울, 노나라 대부 장선숙(臧宣叔)이 수부(修賦: 병력 동원)와 선완(繕完: 성곽 수축)을 명하는 영을 내려 방어준비를 마친 뒤 이같이 말했다.

"제나라와 초나라가 우호관계를 맺고 우리는 새로 진나라와 결맹했다. 진나라와 초나라가 서로 패권을 다투고 있는 틈을 타 제나라 군사가 우리를 칠 것이다. 비록 진나라가 제나라를 칠지라도 초나라는 반드시 제나라를 구원할 것이다. 이는 제나라와 초나라로 하여금 하나가 되어 우리를 치게 만드는 것이다. 그러나 화난이 닥쳐올 것을 미리 알고 대비하면 화난은 곧 해소될 것이다."

元年春, 晉侯使瑕嘉平戎于王, 單襄公如晉拜成. 劉康公徹戎, 將遂伐之. 叔服曰 "背盟而欺大國, 此必敗. 背盟不祥, 欺大國不義, 神人弗助, 將何以勝." 不聽, 遂伐茅戎. 三月癸未, 敗績於徐吾氏. 爲齊難故, 作丘甲. 聞齊將出楚師, 夏, 盟於赤棘. 秋, 王人來告敗. 冬, 臧宣叔令脩賦繕完, 具守備, 曰 "齊楚結好, 我新與晉盟, 晉楚爭盟, 齊師必至. 雖晉人伐齊, 楚必救之, 是齊楚同我也. 知難而有備, 乃可以逞."

---

1) '구'는 지방의 말단 조직, '갑'은 장정을 뜻하는데 '구갑제'는 각 '구'마다 일정수의 병력을 차출하는 제도를 말한다.

2년(기원전 589)

2년 봄, 제후(齊侯)가 우리의 북쪽 변경을 쳤다. 여름 4월 병술, 위나라의 손량부(孫良夫)가 군사를 이끌고 가 제나라 군사와 신축(新築)에서 싸웠다. 위나라 군사가 크게 패했다. 6월 계유, 계손행보(季孫行父)·장손허(臧孫許)·숙손교여(叔孫僑如)·공손 영제(嬰齊)가 군사를 이끌고 가 진(晉)나라의 극극(郤克), 위나라의 손량부, 조나라의 공자 수(首)와 합세해 제후와 안(鞍)에서 싸웠다. 제나라 군사가 크게 패했다. 가을 7월, 제후가 국좌(國佐)를 군진에 가게 했다. 기유, 국좌와 원루(袁婁)에서 결맹했다. 8월 임오, 송공 포(鮑)가 졸했다. 경인, 위후 속(速)이 졸했다. 문양(汶陽)의 땅을 취했다. 겨울, 초·정의 군사가 위나라를 침공했다. 11월, 공이 초나라 공자 영제와 촉(蜀)에서 만났다. 병신, 공이 초인·진인(秦人)·송인·진인(陳人)·위인·정인·제인·조인·주인(邾人)·설인(薛人)·증인(鄫人)과 촉에서 결맹했다.

二年春, 齊侯伐我北鄙. 夏四月丙戌, 衛孫良夫帥師, 及齊師戰于新築, 衛師敗績. 六月癸酉, 季孫行父臧孫許叔孫僑如公孫嬰齊帥師, 會晉郤克衛孫良夫曹公子首, 及齊侯戰于鞍, 齊師敗績. 秋七月, 齊侯使國佐如師, 己酉及國佐盟于袁婁. 八月壬午, 宋公鮑卒. 庚寅, 衛侯速卒. 取汶陽田. 冬, 楚師鄭師侵衛. 十一月, 公會楚公子嬰齊于蜀. 丙申, 公及楚人秦人宋人陳人衛人鄭人齊人曹人邾人薛人鄫人, 盟于蜀.

●2년 봄, 제경공이 노나라 북변을 쳐 용읍(龍邑: 산동성 태안현 동남쪽)을 포위했다. 제경공의 총신 노포취괴(盧蒲就魁: 제환공의 후손으로 '노포'가 성이고 '취괴'가 이름이나 본래는 강씨임)가 성문을 공격하다가 용읍 사람에게 사로잡혔다. 그러자 제경공이 말했다.

"죽이지 말라. 내가 맹서컨대 너의 땅에 들어가지 않겠다."

그러나 용읍 사람들은 이 말을 듣지 않고 그를 죽여 성벽 위에 늘어놓았다. 이에 제경공이 친히 북을 치자 제나라 병사들이 성을 넘어 들어가 사흘 만에 용읍을 점령했다. 그러고는 마침내 남쪽으로 진군해 소구(巢丘: 산동성 태안 부근)에 이르게 되었다.

이때 위목공(衛穆公: 이름은 遬)이 대부 손량부(孫良夫: 孫桓子)와 석직(石稷: 石成子), 영상(甯相: 영무자의 아들), 상금(向禽)에게 명하여 군사를 이끌고 가 제나라를 치게 했다. 이들이 진군 도중 제나라 군사를 만나게 되었다. 이에 석자(石子: 석직)가 돌아가려고 하자 손자(孫子: 손량부)가 만류했다.

"돌아가서는 안 되오. 군사를 이끌고 남의 나라를 치려다가 그 나라 군사를 만났다고 하여 회군한다면 장차 군주에게 뭐라고 변명할 것이오? 만일 싸울 수 없다고 생각했다면 애초부터 출병하지 않느니만 못했소. 이제 이미 적을 만난 이상 한바탕 싸워볼 수밖에 없소."

여름, 싸움이 있었다. 이때 석성자가 손량부에게 말했다.

"우리 군사가 지고 있소. 잠시 참고 구원병이 오기를 기다리지 않으면 우리 군사는 모두 죽고 말 것이오. 그대는 사도(師徒: 전차병과 보병)를 모두 잃게 되면 장차 뭐라고 복명할 것이오?"

이에 손량부가 대답하지 못했다. 그러자 석성자가 또 말했다.

"만일 정경인 그대가 운명(隕命: 죽음에 대한 경칭이나 여기서는 피살되거나 포획되는 것을 뜻함)하게 되면 나라의 치욕이 되오. 그러니 그대는 군사를 이끌고 퇴각하도록 하시오. 내가 여기에서 적들을 저지하겠소."

이때 어떤 사람이 군중에 구원군의 전차가 무수히 오고 있다는 소문을 퍼뜨렸다. 이에 제나라 군사가 잠시 싸움을 멈춘 뒤 국거(鞫居: 하남성 봉구현 경내)에 영채를 세웠다.

당시 신축(新築: 하북성 대명현 경내)의 대부 중숙우해(仲叔于奚)가 위기에 처한 손환자를 구해주었다. 이에 손환자는 가까스로 죽음을 면했다. 후에 위목공이 중숙우해에게 상으로 채읍을 내리자 그는 이를 사양했다. 그러고는 대신 곡현(曲懸: 제후가 사용하는 악기로, 軒具라고

도 함)과 번영(繁纓: 제후가 사용하는 말 장식으로 樊纓이라고도 함)
을 하사하고 조현(朝見)을 허락해줄 것을 청했다. 위목공이 이를 허락
했다. 중니(仲尼: 공자)가 후에 이 이야기를 전해 듣고 이같이 평했다.

"참으로 애석한 일이다. 이는 그에게 차라리 많은 채읍을 상으로 주
느니만 못했다. 오직 예기(禮器: 車馬服飾)와 작호(爵號: 작위와 명호)
만은 아무 사람에게나 함부로 내릴 수 없는 것으로 군주만 이를 관장하
는 것이다. 명이출신(名以出信: 작호로써 백성의 신뢰를 얻어냄)과 신
이수기(信以守器: 신뢰로써 예기를 지킴), 기이장례(器以藏禮: 예기로
써 위계를 갖춤), 예이행의(禮以行義: 위계로써 의를 행함), 의이생리
(義以生利: 의로써 이로움을 만듦), 이이평민(利以平民: 이로움으로써
백성을 다스림)은 정치의 대절(大節: 관건)이다. 만일 예기와 작호를
아무 사람에게나 함부로 내린다면 이는 정치를 아무에게나 맡기는 것
과 같다. 정치가 실종되면 국가도 따라서 망하게 된다. 그리 되면 만회
할 길이 없는 것이다."

二年春, 齊侯伐我北鄙, 圍龍. 頃公之嬖人盧蒲就魁門焉, 龍人囚之. 齊
侯曰 "勿殺. 吾與而盟, 無入而封." 弗聽. 殺而膊諸城上. 齊侯親鼓, 士
陵城, 三日取龍. 遂南侵及巢丘. 衛侯使孫良夫·石稷·甯相·向禽將侵
齊, 與齊師遇. 石子欲還, 孫子曰 "不可. 以師伐人, 遇其師而還, 將謂君
何. 若知不能, 則如無出. 今旣遇矣, 不如戰也." 夏, 有. 石成子曰 "師敗
矣, 子不少須, 衆懼盡. 子喪師徒, 何以復命." 皆不對. 又曰 "子, 國卿
也. 隕子辱矣. 子以衆退, 我此乃止." 且告車來甚衆. 齊師乃止, 次于鞫
居. 辛丑人仲叔于奚救孫桓子, 桓子是以免. 旣衛人賞之以邑, 辭. 請曲
縣, 繁纓以朝, 許之. 仲尼聞之, 曰 "惜也, 不如多與之邑. 唯器與名, 不
可以假人, 君之所司也. 名以出信, 信以守器, 器以藏禮, 禮以行義, 義以
生利, 利以平民, 政之大節也. 若以假人, 與人政也. 政亡, 則國家從之,
弗可止也已."

●위나라 대부 손량부가 신축읍에서 돌아온 뒤 도성으로 들어가지

않고 이내 진나라로 가 구원군을 청했다. 이때 노나라 대부 장선숙(臧宣叔: 장문중의 아들 장손허)도 진나라로 가 구원군을 청했다. 두 사람 모두 제나라에 대해 원한을 품고 있는 진나라 대부 극헌자(郤獻子: 극극)의 집에 머물렀다. 그러자 진경공이 극헌자에게 전차 7백 승의 군사를 허락했다. 이에 극자(郤子: 극극)가 이같이 말했다.

"이는 성복지역(城濮之役) 당시의 병력입니다. 당시는 선군의 영명한 군략과 선대부들의 엄정하면서도 진지한 대응으로 승리를 거두었던 것입니다. 그러나 저는 선대부들과 비교하면 그들의 일꾼만도 못합니다."

그러고는 8백 승의 병력을 요청했다. 진경공이 이를 받아들였다. 이에 극극(郤克: 극헌자)이 중군 주장, 사섭(士燮: 범문자)이 상군 주장, 난서(欒書)가 하군 주장, 한궐(韓厥: 한헌자)이 사마가 되어 군사를 이끌고 가 노나라와 위나라를 구원했다. 당시 노나라의 장선숙이 진나라 군사를 맞이해 길을 안내했다. 얼마 후 노나라의 경(卿)인 계문자(季文子: 계손행보)가 군사를 이끌고 가 이들과 합류했다.

위나라 경내에 이르렀을 때 한헌자(韓獻子: 한궐)가 잘못 판단해 병사의 목을 치게 되었다. 극헌자가 이 이야기를 듣고 이를 저지하기 위해 급히 달려갔으나 이미 목을 벤 뒤였다. 극헌자가 급히 병사의 시체를 군중에 돌린 뒤 자신의 복인(僕人: 시종)에게 말했다.

"내가 이같이 한 것은 부당한 처형에 대한 비방을 분담하기 위한 것이다."

얼마 후 진나라와 노나라, 위나라의 연합군이 제나라 군사의 뒤를 쫓아 제나라와 위나라의 경계지역인 신(莘: 산동성 신현 북쪽) 땅으로 들어갔다. 6월 16일, 연합군이 미계산(靡笄山: 산동성 장청현 경내) 아래에 당도했다. 이에 제경공이 사자를 보내 이같이 청전(請戰: 싸움을 청함)했다.

"그대들이 진군(晉君)의 병사들을 이끌고 수고스럽게도 폐읍에 왔으니 비록 부전폐부(不腆敝賦: 병력이 적고 피폐함)[2]하지만 힐조(詰朝:

명일 아침)에 청견(請見: 서로 만나 결전을 치름)하고자 하오."

극극이 이같이 회답했다.

"진나라는 노나라 및 위나라와 형제지국입니다. 두 나라에서 찾아와 고하기를, '제나라가 조석으로 침공해 맺힌 한을 풀려고 한다'고 했습니다. 이에 과군(寡君)이 형제지국이 고통받는 것을 더 이상 참지 못하고 군신(群臣)들에게 명하여 제나라에게 두 나라를 돌봐주도록 청하고 군사를 제나라에 오래 머물게 하지 말라고 했습니다. 우리 군사는 나아갈 줄만 알고 물러날 줄 모르니 굳이 군주가 수고스럽게 명을 내릴 필요가 없습니다."

그러자 제경공이 말했다.

"대부의 허전(許戰: 청전을 응낙함)은 과인이 바라던 바요. 설령 그대가 불응했을지라도 우리는 군사를 이끌고 가 상견하고자 했소."

이에 제나라 대부 고고(高固)가 진나라의 군진으로 달려들어가 큰 돌을 높이 들어올려 진나라 진영으로 던졌다. 또 진나라 군사를 포획하고 전차를 빼앗은 후 뽕나무를 뿌리째 뽑아 자신의 전차에 매달고는 제나라 군사의 영루(營壘)를 두루 돌면서 큰소리로 외쳤다.

"용기를 필요로 하는 자에게 나의 남은 용기를 팔겠다."

孫桓子還於新築, 不入, 遂如晉乞師. 臧宣叔亦如晉乞師. 皆主郤獻子. 晉侯許之七百乘. 郤子曰 "此城濮之賦也. 有先君之明與先大夫之肅, 故捷. 克於先大夫, 無能爲役."請八百乘, 許之. 郤克將中軍, 士燮將上軍, 欒書將下軍, 韓厥爲司馬, 以救魯衛. 臧宣叔逆晉師, 且道之. 季文子帥師會之. 及衛地, 韓獻子將斬人, 郤獻子馳將救之. 至則旣斬之矣. 郤子使速以徇, 告其僕曰 "吾以分謗也." 師從齊師于莘. 六月壬申, 師至于靡笄之下. 齊侯使請戰, 曰 "子以君師辱於敝邑, 不腆敝賦, 詰朝請見." 對曰 "晉與魯衛, 兄弟也, 來告曰 '大國朝夕釋憾於敝邑之地.' 寡君不忍, 使群

---

2) '부전폐부'(不腆敝賦)의 전(腆)은 풍부, 폐(敝)는 피폐, 부(賦)는 사병을 의미한다.

臣請於大國, 無令興師淹於君地, 能進不能退, 君無所辱命." 齊侯曰 "大夫之許, 寡人之願也. 若其不許, 亦將見也." 齊高固入晉師, 桀石以投人. 禽之而乘其車, 繫桑本焉, 以徇齊壘. 曰 "欲勇者賈余餘勇."

●6월 17일, 양측의 군사들이 제나라의 안(鞍: 산동성 제남시 부근) 땅에서 진세를 펼치고 대치했다. 제나라측에서는 대부 병하(邴夏)가 제경공의 전차를 몰고 봉추보(逢丑父)가 거우가 되었다. 진나라측에서는 대부 해장(解張: 張侯)이 극극의 전차를 몰고 정구완(鄭丘緩: 성이 '정구'임)이 거우가 되었다. 양측이 막 교전하려고 할 때 제경공이 말했다.

"내가 잠시 적들을 먼저 전멸시키고 나서 아침을 다시 먹도록 하겠다."

그러고는 개마(介馬: 말에 갑옷을 씌움)도 하지 않은 채 진나라 진영을 향해 돌진했다. 이때 진나라의 극극은 화살을 맞고 부상을 입었는데 흐르는 피가 신발을 적셨다. 그러나 그는 쉬지 않고 북을 치던 중 퇴병을 명할 생각으로 이같이 말했다.

"내가 부상을 입었다."

그러자 극극의 전차를 모는 어자(御者) 장후(張侯: 해장)가 핀잔을 주었다.

"저는 싸움이 시작될 때 화살이 저의 손을 꿰뚫고 팔꿈치에 박히는 부상을 입었습니다. 제가 화살대를 끊고 계속 전차를 몰자 피가 흘러 전차의 왼쪽 바퀴를 온통 검붉게 만들었습니다. 그런데 어찌 감히 부상을 입었다고 말하는 것입니까. 오자(吾子: '당신'을 뜻하는 말로 '子'보다 존칭어임)는 잠시 참도록 하십시오."

이에 거우 정구완이 말했다.

"싸움이 시작될 때부터 험로(險路)를 만났으면 틀림없이 제가 내려서 전차를 밀었을 것입니다. 그러나 장군이 이를 어찌 알 수 있었겠습니까. 그런데 오히려 장군이 부상을 입고 말았습니다."

그러자 장후가 또 말했다.

"군사들의 이목이 온통 우리 중군의 군기(軍旗)와 전고(戰鼓)에 집중되어 있는 까닭에 군사의 진퇴가 모두 기고(旗鼓)에 달려 있는 셈입니다. 이 전차는 한 사람이 지키고 있으니 조금만 참으면 가히 대사를 이룰 수 있습니다. 어찌 부상을 입은 것으로 인해 군주의 대사를 망치려 하는 것입니까. 갑옷을 입고 무기를 잡으면 본래 즉사(卽死: '죽음으로 나아간다'는 뜻으로, 여기서는 '죽기를 각오한다'는 의미로 쓰임)하는 것입니다. 부상을 입었더라도 아직 죽지 않을 정도라면 오자(郤子)는 스스로 참도록 노력하십시오."

이에 장후가 왼손으로 말고삐를 움켜쥔 채 오른손으로 북채를 잡아 쉬지 않고 북을 두드렸다. 그러자 말이 날듯이 달려나갔다. 이에 진나라 군사들이 극극의 전차 뒤를 좇아 일제히 진격하자 제나라 군사가 대패했다. 진나라 군사는 제나라 군사를 추격해 화부주산(華不注山: 산동성 역성현 동북쪽)을 세 겹으로 포위했다.

당시 진나라 대부 한궐(韓厥)이 꿈을 꾸었는데 작고한 부친 자여(子輿)가 나타나 말했다.

"내일 아침 출병할 때 전차의 왼쪽과 오른쪽 자리를 피하도록 하라."

이에 한궐은 중어(中御: 가운데 앉아 전차를 몬다는 뜻)[3]하며 제경공의 뒤를 좇았다. 그때 제경공의 전차를 몰던 대부 병하가 제경공에게 말했다.

"저 전차의 어자를 쏘십시오. 그는 군자의 모습이 완연합니다."

그러자 제경공이 반대했다.

"어찌 그를 군자로 칭하면서 활을 쏘라는 것인가. 이는 예가 아니다."

그러고는 시위에 화살을 메겨 한궐이 모는 전차의 왼쪽에 앉아 있는 자를 쏘았다. 그러자 왼쪽에 앉아 있던 자가 화살을 맞고 전차 밑으로 굴러떨어졌다. 이에 다시 제경공이 화살을 메겨 오른편의 거우를 쏘자

---

3) '중어'는 당시 한궐이 원래 왼쪽에 있어야 하나 가운데로 옮겨 어자를 대신해 말을 몬 것을 뜻한다.

그 또한 화살을 맞고 전차 안으로 쓰러졌다. 이때 진나라 대부 기무장(綦毋張: 성이 '기무'임)이 전차를 잃고 한궐의 전차를 향해 달려가면서 외쳤다.

"함께 전차에 탈 수 있게 해주시오."

이에 한궐이 기무장을 전차에 태웠다. 기무장이 한궐의 왼편이나 오른편으로 가려고 했다. 그러자 한궐이 팔꿈치로 밀어 그를 자기의 뒤에 서게 한 뒤 몸을 굽혀 화살을 맞고 죽은 거우의 시체를 바르게 뉘어주었다.

이때 봉추보와 제경공은 전차 내에서의 위치를 바꾸었다. 이윽고 화천(和泉: 화부주산에서 흘러나온 물이 고인 샘으로 濟水로 유입함)에 이르렀을 때 전차의 참마(驂馬: 좌우의 바깥쪽 말)가 나무에 걸려서 전차가 움직이지 못하게 되었다.

이에 앞서 봉추보는 전날 밤 잔거(輚車: 덮개와 침대가 부착된 수레) 안에서 자다가 뱀이 수레 밑에서 올라오는 것을 보고 팔로 치다가 뱀에게 물렸으나 이를 숨기고 있었다. 이로 인해 하차하여 전차를 밀 수 없게 되자 얼마 후 한궐이 이끄는 진나라 군사가 추격해 왔다.

한궐은 손에 집(縶: 달리는 말을 넘어뜨리는 데 쓰이는 밧줄, 즉 絆馬索)을 잡고 제경공의 말 앞에 서서 제경공에게 재배계수(再拜稽首)[4]했다. 이어 술잔과 구슬을 받들어 제경공에게 올리면서 말했다.

"과군은 군신들에게 명하여 노나라와 위나라를 위해 초나라 군주에게 철군을 요청하게 했습니다. 과군은 이어 말하기를, '진나라의 전차와 병사들이 제나라 안으로 깊숙이 들어가지 못하게 하라'고 했습니다. 그러나 저는 불행히도 마침 군주의 전차행렬과 만나 도은(逃隱: 도주해 숨음)할 곳이 없게 되었습니다. 이에 도주해 피할까도 생각해보았지만 그렇게 되면 두 나라 군주에게 치욕이 될 것이 우려됩니다. 이에 제가 외람되게도 전사(戰士)가 되었기에 감히 저의 불민함을 고하고 섭

---

4) 두 번 절하고 머리를 조아리는 것으로 '계수'보다 정중한 예식이다.

관승핍(攝官承乏)⁵⁾하고자 합니다."

그러자 봉추보는 한궐의 의도를 대뜸 눈치채고 제경공을 도피시킬 생각으로 제경공에게 하차하여 화천으로 가 물을 마시도록 권했다. 이때 제나라 대부 정주보(鄭周父)가 제경공의 좌거(佐車: 군주의 대체용 전차)를 몰고 대부 완패(宛茷)가 좌거의 거우가 되어 있었다. 마침 제경공이 물을 마시러 오자 급히 그를 태우고 그 자리를 빠져나갔다. 한궐은 할 수 없이 봉추보를 생포하여 극헌자에게 바쳤다. 이에 극헌자가 봉추보를 죽이려고 하자 그가 큰소리로 말했다.

"이후로는 군주를 대신해 화난을 떠맡을 자가 없을 것이오. 지금 여기에 그같은 사람이 있는데도 굳이 죽이려는 것이오?"

그러자 극헌자가 주위 사람들에게 말했다.

"이 사람은 죽음을 두려워하지 않고 자신의 군주에게 닥친 화난을 모면하게 했소. 그를 죽이는 것은 상서롭지 못하오. 그를 용서해 군주를 성심으로 모시는 신하들을 적극 장려하고자 하오."

이에 봉추보를 곧 석방했다.

당시 제경공은 위기를 모면한 뒤 봉추보를 찾아내기 위해 삼입삼출(三入三出)⁶⁾했다. 그는 매번 출병할 때마다 제사(齊師: '제나라 군사'가 아니라 '군대를 정돈한다'는 뜻)하고 후퇴하려는 병사들을 격려하여 이들을 이끌고 진격했다.

제경공이 진나라 군사에 가담한 적인의 군진 속으로 들어가 봉추보를 찾아내려고 하자 적인의 군졸들은 모두 창과 방패를 빼어들고 오히려 그를 비호했다. 위나라의 군진으로 쳐들어갔을 때에도 위나라 군사들은 제나라의 강대함을 두려워해 감히 해를 가하지 못하고 오히려 제

---

5) 자리를 맡아 소임을 충실히 수행한다는 뜻으로, 제경공을 생포하겠다는 취지이다. '섭관승핍(攝官承乏)의 섭관은 임직(任職), 승핍은 '인재의 부족을 보완하기 위해 소임을 충실히 이행함'을 의미한다.
6) '삼입삼출'의 삼(三)은 셋이 아니라 다(多)의 뜻이다. 이는 '여러 차례에 걸쳐 진나라 진영에 쳐들어갔다가 나왔다'는 뜻을 담고 있다.

경공을 보호해 그가 쉽게 빠져나갈 수 있도록 도와주었다.

이에 제경공은 서관(徐關: 산동성 임천현 서쪽)을 거쳐 제나라의 도성으로 무사히 귀환하게 되었다. 제경공은 귀환하는 길에 성읍을 수비하고 있는 병사들을 보고 말했다.

"힘을 다해 성을 지켜주기 바라오. 우리 제나라 군사는 패했소."

이때 어떤 여인이 제경공이 지나가는 길을 막고 서 있자 군사들이 길을 비키라고 명했다. 그러자 그 여인이 물었다.

"우리 군주가 위기를 벗어났습니까?"

"벗어났소."

"그러면 예사도(銳司徒: 군내에서 무기를 관리하는 관원)도 벗어났습니까?"

"그도 벗어났소."

그러자 여인이 말했다.

"군주와 나의 아버지가 위기를 벗어났다고 하니 나머지 사람이야 더 이상 물을 필요가 있겠는가."

그러고는 몸을 돌려 달아나 버렸다. 제경공은 그녀가 군주의 안부를 물은 뒤 부친의 안부를 물은 것을 보고 매우 예의가 있는 여인이라고 생각했다. 이후 제경공은 그 여인에 대해 알아보게 했다. 이에 그녀가 벽사도(辟司徒: 군내에서 영루를 관리하는 관원. '辟'은 '壁'과 통함)의 아내라는 사실을 알게 되었다. 제경공이 그 여인에게 석류(石窌: 산동성 장청현 동남쪽) 땅을 상으로 주었다.

癸酉, 師陳于鞌. 邴夏御齊侯, 逢丑父爲右. 晉解張御郤克, 鄭丘緩爲右. 齊侯曰 "余姑翦滅此而朝食." 不介馬而馳之. 郤克傷於矢, 流血及屨, 未絶鼓音, 曰 "余病矣." 張侯曰 "自始合, 而矢貫余手及肘, 余折以御, 左輪朱殷. 豈敢言病. 吾子忍之." 緩曰 "自始合, 苟有險, 余必下推車, 子豈識之. 然子病矣." 張侯曰 "師之耳目, 在吾旗鼓, 進退從之. 此車一人殿之, 可以集事. 若之何其以病敗君之大事也. 擐甲執兵, 固卽死也. 病未及死, 吾子勉之." 左幷轡, 右援枹而鼓, 馬逸不能止, 師從之. 齊師敗績.

逐之, 三周華不注. 韓厥夢子輿謂己曰 "且辟左右." 故中御而從齊侯. 邴夏曰 "射其御者, 君子也." 公曰 "謂之君子而射之, 非禮也." 射其左, 越于車下, 射其右, 斃于車中. 綦毋張喪車, 從韓厥曰 "請寓乘." 從左右, 皆肘之, 使立於後. 韓厥俛, 定其右. 逢丑父與公易位. 將及華泉, 驂絓於木而止. 丑父寢於轏中, 蛇出於其下, 以肱擊之, 傷而匿之, 故不能推車而及. 韓厥執縶馬前, 再拜稽首, 奉觴加璧以進, 曰 "寡君使群臣爲魯衛請, 曰 '無令輿師陷入君地.' 下臣不幸, 屬當戎行, 無所逃隱. 且懼奔辟而忝兩君. 臣辱戎士, 敢告不敏, 攝官承乏." 丑父使公下, 如華泉取飮. 鄭周父御佐車, 宛茷爲右, 載齊侯以免. 韓厥獻丑父, 郤獻子將戮之. 呼曰 "自今無有代其君任患者, 有一於此, 將爲戮乎." 郤子曰 "人不難以死免其君, 我戮之不祥. 赦之以勸事君者." 乃免之. 齊侯免, 求丑父, 三入三出. 每出, 齊師以帥退. 入於狄卒, 狄卒皆抽戈楯冒之. 以入于衛師, 衛師免之. 遂自徐關入. 齊侯見保者曰 "勉之. 齊師敗矣." 辟女子, 女子曰 "君免乎." 曰 "免矣." 曰 "銳司徒免乎." 曰 "免矣." 曰 "苟君與吾父免矣, 可若何." 乃奔. 齊侯以爲有禮, 旣而問之, 辟司徒之妻也. 予之石窌.

●진나라 군사가 제나라 군사의 뒤를 쫓았다. 이에 구여(丘輿: 산동성 익도현 경계)에서 제나라 경내로 쳐들어가 마형(馬陘: 산동성 익도현 서남쪽)을 쳤다. 그러자 제경공이 상경 빈미인(嬪媚人: 國武子를 지칭)을 시켜 기(紀)나라를 멸망시킬 때 얻은 언(甗: 시루)과 옥경(玉磬: 옥으로 만든 경쇠)을 비롯해 토지 등을 진나라에 뇌물로 주면서 화해를 청하게 했다. 이어 만일 진나라가 받아들이지 않을 경우 진나라가 원하는 바대로 행할 뜻을 전하도록 했다. 이에 빈미인이 진나라의 군영으로 가 뇌물을 바치자 진나라 사람이 말했다.

"우리와 화친을 맺으려면 반드시 소동숙자(蕭同叔子)[7]를 인질로 보

---

7) '소동숙자'(蕭同叔子)의 '동숙'은 제경공 외조부의 자이고 '자'는 딸을 의미한다. 제경공의 모친을 직접 거명하며 인질로 삼자고 말하기가 어려워 이같이 칭한 것이다.

내야 하오. 나아가 제나라의 전지(田地)를 모두 동무(東畝)[8]하도록 해야 하오."

이에 빈미인이 대답했다.

"소동숙자는 과군의 모친이오. 만일 진나라와 제나라의 지위가 같다면 그분은 또한 진나라 군주의 모친이 되는 셈이오. 그대들이 제후들에게 대명(大命: 覇者의 명)을 발포하여 반드시 제후들의 모친을 인질로 삼겠다고 하면 천자의 명에 대해서는 어찌 대처하라는 것이오? 게다가 이는 제후들에게 효도하지 말라고 호령하는 셈이 되오.『시경』「대아·기취(旣醉)」에 이르기를, '효자의 효도가 그치지 않으니 길이 그대에게 선행을 행하게 하네'라고 했소. 만일 불효로써 제후들에게 호령하면 효덕(孝德)을 존중하는 사람이 되지 못하는 것이 아니겠소? 선왕은 경계를 정해 천하를 다스릴 때 그 토지의 상황을 살펴 그에 합당한 작물을 심어 이익이 나게 했소. 그래서『시경』「소아·신남산(信南山)」에 이르기를, '우리의 강역은 우리의 다스림을 위한 것이니 동서남북으로 이랑을 이루었네'라고 한 것이오. 지금 그대들이 경계를 정해 제후들의 땅을 지배하면서 전답의 이랑을 모두 동쪽으로만 내라고 하는 것은 진나라 군사들만 이롭게 하자는 것이고 제나라의 토지 상황은 전혀 고려하지 않은 것이오. 이는 선왕의 유명(遺命)에 어긋나는 것이 아니겠소? 선왕의 도에 반하는 것은 불의이니 장차 무엇을 믿고 천하의 맹주가 되겠다는 것이오? 이는 실로 진나라가 잘못한 것이오. 4왕(四王: 우왕과 탕왕, 주문왕, 주무왕)이 왕천하(王天下: 천하를 덕으로 다스림)한 것은 수덕(樹德: 덕화를 이룸)으로써 제후들의 기대를 만족시켜 주었기 때문이오. 5백(五伯)[9]이 패천하(覇天下: 천하를 힘으로 다스림)한 것

[8) '동무'는 동서 방향으로 이랑을 내어 서쪽에 있는 진나라 군사의 수레가 수시로 제나라에 들어갈 수 있도록 해야 한다는 뜻으로, 제나라에 치욕적인 굴욕을 강요한 것이나 다름없다.

9) '5백'과 관련해 하왕조의 곤오(昆吾)와 상왕조의 팽(彭)과 시위(豕韋), 주왕조의 제환공(齊桓公)과 진문공(晉文公)을 가리킨다는 설과 '춘추 5패'인 제환공과

은 근면하게 노력하여 제후들을 다독이며 천자의 명을 받들었기 때문이오. 그런데 지금 그대들은 제후들을 모아놓고 끝없는 탐욕을 채우려 하고 있소.『시경』「상송・장발(長發)」에 이르기를, '관후한 정치를 펴는 군주에게는 온갖 복록이 모여드네'라고 했소. 그러나 그대들은 실로 관후하지 못해 온갖 복록을 다 버리고 있으니 장차 제후들에게 무슨 해를 끼치려 하는 것이오? 그대들이 우리의 청을 들어주지 않을 경우 우리 과군은 이같은 말을 전하라고 분부했소. 우리 과군이 말하기를, '그대들이 진군(晉君)의 군사를 이끌고 수고스럽게도 폐읍에 왔을 때 나는 소수의 피폐한 군사로 대응하게 되었소. 이로 인해 우리 군사는 그대들의 무위(武威)를 두려워한 나머지 요패(橈敗: '좌절되어 패하다'는 뜻으로 '橈'는 '撓'와 통함)한 것이오. 그대들이 만일 은덕으로써 제나라 신령에게 복을 빌기 위해 사직을 보전시켜 두 나라의 구호(舊好)를 잇게 한다면 나는 선군이 남긴 기언(紀甗)과 옥경, 토지 등을 조금도 아끼지 않고 바칠 것이오. 그러나 그대들이 우리의 청을 받아들이지 않는다면 나도 여신(餘燼: '남아 있는 불씨'라는 뜻으로, 여기서는 제나라의 잔여 병사를 지칭)을 수습해 성을 등지고 일전을 겨룰 것을 청할 수밖에 없소. 폐읍이 요행히 승리할지라도 진나라의 명을 좇을 터인데 하물며 불행히도 또다시 패하게 되면 어찌 감히 진나라의 명을 좇지 않을 수 있겠소'라고 했소."

晉師從齊師, 入自丘輿, 擊馬陘. 齊侯使賓媚人賂以紀甗・玉磬與地. 不可, 則聽客之所爲. 賓媚人致略. 晉人不可, 曰 "必以蕭同叔子爲質, 而使齊之封內盡東其畝." 對曰 "蕭同叔子非他, 寡君之母也. 若以匹敵, 則亦晉君之母也. 吾子布大命於諸侯, 而曰必質其母以爲信, 其若王命何. 且是以不孝令也.『詩』曰 '孝子不匱, 永錫爾類.' 若以不孝令於諸侯, 其無乃非德類也乎. 先王疆理天下 物土之宜, 而布其利. 故『詩』曰 '我疆

진문공 등을 가리킨다는 설이 대립하고 있다. 여기서는 내용상 전자로 보는 것이 타당할 듯하다.

我理, 南東其畝.' 今吾子疆理諸侯, 而曰盡東其畝而已, 唯吾子戎車是利, 無顧土宜, 其無乃非先王之命也乎. 反先王則不義, 何以爲盟主. 其晉實有闕. 四王之王也, 樹德而濟同欲焉. 五伯之霸也, 勤而撫之, 以役王命. 今吾子求合諸侯, 以逞無疆之欲.『詩』曰 '布政優優, 百祿是遒.' 子實不優, 而棄百祿, 諸侯何害焉. 不然, 寡君之命使臣, 則有辭矣. 曰 '子以君師辱於敝邑, 不腆敝賦以犒從者. 畏君之震, 師徒橈敗. 吾子惠徼齊國之福, 不泯其社稷, 使繼舊好, 唯是先君之敝器土地不敢愛, 子又不許. 請收合餘燼, 背城借一. 敝邑之幸, 亦云從也. 況其不幸, 敢不唯命是聽.'"

●이때 노성공과 위목공이 극극에게 권했다.

"제나라는 우리 두 나라를 미워하고 있는데 이번 싸움에서 죽은 제나라 사람들은 모두 제후(齊侯)의 근신들이오. 그대가 만일 제나라의 청을 받아들이지 않으면 제나라의 우리에 대한 원한이 더욱 깊어질 것이오. 그러니 더 이상 무엇을 바랄 것이 있겠소. 그대들은 제나라의 국보를 얻고 우리 역시 실지(失地)를 회복하고 우환에서 벗어나게 된다면 그보다 좋은 일이 어디 있겠소. 제(齊)·진(晉) 두 나라는 모두 하늘이 주는 복을 받은 대국이니 어찌 진나라 홀로 계속 승리한다고만 할 수 있겠소."

극극이 이 말을 듣고 제나라의 청을 승낙하며 말했다.

"우리 진나라의 군신들은 많은 부여(賦輿: 병사와 전차)를 이끌고 가 노나라와 위나라를 대신해 제나라 군주에게 하명을 청했습니다. 만일 과군에게 보고할 만한 합당한 이유가 있다면 이는 제나라 군주의 은혜입니다. 그러니 어찌 감히 명을 받들지 않겠습니까."

이때 전투에 참여했던 노나라 대부 금정(禽鄭)이 군중(軍中)에서 나와 노성공을 맞이하고 그를 도와 제나라 및 진나라와 결맹했다. 가을 7월, 진나라 군사가 제나라의 상경 국좌(國佐: 國武子)와 원루(爰婁: 제나라 도성에서 50리 떨어진 곳으로 산동성 임치현 경계에 위치)에서 동맹을 맺고 제나라로 하여금 노나라로부터 빼앗은 문양(汶陽: 산동성 영양현 동북쪽) 땅을 돌려주게 했다.

이에 노성공이 진나라 군사와 상명(上鄍: 제나라와 위나라 경계에 있는 곳으로 산동성 양곡현 경계)에서 만나 진나라의 3수(三帥: 극극과 사섭, 난서)에게 선로(先路: 경이 타고 다니는 수레)와 삼명지복(三命之服: 경이 입는 예복)을 하사했다. 사마(司馬: 갑병 담당 대부)와 사공(司空: 영루 담당 대부), 여수(輿帥: 병거 담당 대부), 후정(候正: 초병 담당 대부), 아려(亞旅: 경보다 지위가 한 단계 낮은 대부) 등은 모두 일명지복(一命之服: 경보다 두 등급 낮은 대부의 예복)을 받았다.

魯衛諫曰 "齊疾我矣. 其死亡者, 皆親暱也. 子若不許, 讎我必甚. 唯子則又何求. 子得其國寶, 我亦得地, 而紓於難, 其榮多矣. 齊晉亦唯天所授, 豈必晉." 晉人許之, 對曰 "群臣帥賦輿以爲魯衛請, 若苟有以藉口, 而復於寡君, 君之惠也. 敢不唯命是請." 禽鄭自師逆公. 秋七月, 晉師及齊國佐盟于爰婁, 使齊人歸我汶陽之田. 公會晉師于上鄍, 賜三帥先路・三命之服, 司馬・司空・輿帥・候正・亞旅, 皆受一命之服.

●8월, 송문공(宋文公: 송성공의 아들 鮑)이 세상을 떠났다. 송나라가 이때부터 후장(厚葬)하기 시작했다. 신탄(蜃炭: 묘 안의 습기를 막기 위해 큰 조개껍데기를 태워서 만든 재)을 쓰고 순장하는 거마의 수를 더하고 처음으로 사람을 순장했다. 또한 많은 기물을 부장(副葬)하면서 곽(槨)에는 4아(四阿)[10]를 두고 관에는 한회(翰檜: '한'은 관 옆면의 장식, '회'는 관 뚜껑의 장식)를 베풀었다. 이를 두고 군자가 이같이 평했다.

"송나라의 집정대부 화원(華元)과 악거(樂擧)는 이 일에서 신도(臣道)를 잃었다. 신도는 치번거혹(治煩去惑: 군주를 위해 어지러운 난을 다스리고 미혹시키는 자를 제거함)에 있다. 그래서 신하는 죽음을 무릅

---

10) 곽의 사면에 쌓은 작은 언덕이라는 설과 사면에 세운 기둥이라는 설이 대립한다.

쓰고 간쟁하는 것이다. 그러나 화원과 악거는 군주가 살아 있을 때에는 멋대로 악을 저지르도록 하고 죽은 뒤에는 사치를 더하게 했다. 이는 군주를 악에 빠지도록 버려둔 것이니 어찌 그들을 신하라고 이를 수 있겠는가."

9월, 위목공(衛穆公)이 세상을 떠났다. 이때 진나라의 극극과 사섭, 난서가 회군하던 도중에 들러 조문하면서 대문 밖에서 곡을 했다. 이에 위나라 사람들이 대문 밖에서 그들을 맞이했고 여인들은 문 안에서 곡을 했다. 그들이 위나라를 떠날 때에도 그같이 했다. 다른 나라 관원들이 조문왔을 때에도 그것이 관행이 되어 장례 절차에까지 그대로 이어졌다.

이에 앞서 초나라가 진(陳)나라의 하씨(夏氏: 하징서)를 칠 때 초장왕이 하희(夏姬: 하징서의 모친)를 거두고자 했다. 그러자 신공 무신(巫臣)이 간했다.

"불가합니다. 군주가 제후들을 소집해 죄인을 토벌하고 있는데 이제 하희를 거두면 이는 여색을 탐하는 것이 됩니다. 여색을 탐하면 음란하게 되고, 음란하면 큰 벌을 받게 됩니다.『상서』「주서 · 강고」에 이르기를, '명덕신벌'(明德愼罰: 덕을 선양하고 형벌을 삼감)이라고 했습니다. 주문왕은 이로써 주왕조를 세우게 된 것입니다. '명덕'은 곧 힘써 덕을 숭상한다는 말이고, '신벌'은 곧 힘써 벌주는 일이 없도록 한다는 말입니다. 만일 제후들의 군사를 이끌고 나와 음란한 행동으로 인해 큰 벌을 받는 지경에 이르면 결국 '신벌'을 행하지 않는 셈이 됩니다. 군주는 이를 깊이 살피기 바랍니다."

이에 초장왕이 당초의 생각을 버렸다. 그러자 이번에는 대부 자반(子反: 공자 측)이 하희를 거두고자 했다. 이에 무신이 자반에게 말했다.

"그 여인은 상서롭지 못한 사람이오. 그는 자만(子蠻: 하희의 오라비인 鄭靈公)을 일찍 죽게 했고, 남편인 하어숙(夏御叔: 하징서의 부친)을 살해당하게 했고, 진영공(陳靈公)을 시해당하게 했고, 하남(夏南: 하징서)을 초나라 군사에게 주륙당하게 했고, 공녕(孔寧)과 의행보(儀

行父)를 나라 밖으로 도망가게 했고, 끝내는 진(陳)나라를 거의 멸망 지경에 이르게 했소. 그 어떤 사람이 이보다 더 상서롭지 못할 수가 있겠소. 인생은 실로 만만치 않은 것인데 이 여인을 취하게 되면 명대로 살지 못할까 우려되지 않겠소? 천하에는 아름다운 여인이 숱하게 많은데 굳이 이 여인이어야만 할 이유가 있겠소?"

그러자 자반도 당초의 생각을 버렸다. 결국 초장왕이 연윤(連尹: 초나라의 관직명) 양로(襄老)에게 하희를 주었다. 얼마 후 양로는 필(邲) 땅의 싸움에서 죽었는데 그의 시체를 찾지 못했다. 이때 양로의 아들 흑요(黑要)가 하희와 증(烝: 어머니뻘 여인과의 간통을 뜻함)했다. 그러자 무신이 은밀히 사람을 하희에게 보내 회유했다.

"친정인 정나라로 돌아가면 내가 당신을 아내로 맞이하겠소."

무신은 또 정나라로 사람을 보내 그곳에서 하희를 부르면서 이같이 말하게 했다.

"양로의 시신을 찾을 수 있으니 반드시 와서 그의 시신을 맞이해 가도록 하시오."

이에 하희가 초장왕에게 이 사실을 고하자 초장왕이 굴무(屈巫: 무신)를 불러 자문을 구했다. 그러자 굴무가 말했다.

"이는 대략 믿을 만합니다. 우리 초나라에 잡혀와 있는 지앵(知罃)의 부친 순수(荀首)는 진성공(晋成公)의 총신이고 또 중항백(中行伯: 순림보)의 막내 동생이기도 합니다. 그는 새로 중군의 부장(副將)이 되었는데 평소 정나라 대부 황술(黃戌)과 가까웠고 특히 아들 지앵을 매우 사랑합니다. 그는 틀림없이 정나라에 의뢰해 왕자(王子)[11]와 양로의 시신을 보내 자신의 아들을 찾고자 할 것입니다. 정나라는 필지역(邲之役)으로 인해 진나라의 환심을 사기 위해 고심하고 있기 때문에 반드시 이에 응할 것입니다."

이에 초장왕이 하희를 정나라로 돌려보내게 되었다. 하희가 정나라

---

11) 노선공 12년 필 땅의 싸움에서 포로가 된 초장왕의 아들 곡신(穀臣)을 지칭한다.

로 떠날 즈음 호송하는 사람에게 말했다.

"양로의 시체를 찾지 못하면 나는 돌아오지 않을 것이오."

무신이 정나라에 하희를 아내로 맞이하겠다는 뜻을 밝히자 정양공이 이를 허락했다.

八月, 宋文公卒. 始厚葬, 用蜃炭, 益車馬, 始用殉. 重器備, 槨有4阿, 棺有翰檜. 君子謂"華元樂擧, 於是乎不臣. 臣, 治煩去惑者也, 是以伏死而爭. 今二子者, 君生則縱其惑, 死又益其侈, 是棄君於惡也. 何臣之爲." 九月, 衛穆公卒, 晉三子自役弔焉, 哭於大門之外. 衛人逆之, 婦人哭於門內, 送亦如之. 遂常以葬. 楚之討陳夏氏也, 莊王欲納夏姬, 申公巫臣曰"不可. 君召諸侯以討罪也. 今納夏姬, 貪其色也. 貪色爲淫, 淫爲大罰.「周書」曰 '明德愼罰', 文王所以造周也. 明德, 務崇之之謂也. 愼罰, 務去之之謂也. 若興諸侯以取大罰, 非愼之也. 君其圖之." 王乃止. 子反欲取之, 巫臣曰 "是不祥人也. 是夭子蠻, 殺御叔, 弑靈侯, 戮夏南, 出孔儀, 喪陳國, 何不祥如是. 人生實難, 其有不獲死乎. 天下多美婦人, 何必是." 子反乃止. 王以予連尹襄老. 襄老死於邲, 不獲其尸, 其子黑要烝焉. 巫臣使道焉, 曰 "歸, 吾聘女." 又使自鄭召之, 曰 "尸可得也, 必來逆之." 姬以告王, 王問諸屈巫. 對曰 "其信. 知罃之父, 成公之嬖也, 而中行伯之爲弟也, 新佐中軍, 而善鄭皇戌, 甚愛此子. 其必因鄭, 而歸王子與襄老之尸以救之. 鄭人懼於邲之役, 而欲求媚於晉, 其必許之." 王遣夏姬歸. 將行, 謂送者曰 "不得尸, 吾不反矣." 巫臣聘諸鄭, 鄭伯許之.

●초공왕이 즉위한 뒤 양교(陽橋: 산동성 태안현 서북쪽)에서의 싸움에 대비하고자 했다. 이에 굴무에게 명하여 제나라를 빙문하면서 초나라 군사의 출병 날짜를 알리게 했다. 그러자 굴무가 가재를 모두 거둔 뒤 길을 떠났다. 이때 대부 신숙궤(申叔跪: 신숙시의 아들)가 그의 부친을 좇아 도성인 영(郢)으로 가던 길에 굴무를 만났다. 이에 신숙궤가 주위 사람에게 말했다.

"참으로 이상하오. 저 사람은 군기(軍機)와 관련한 임무로 인해 두려운 기색을 띠어야 하는데도 오히려 『시경』 「용풍 · 상중」(桑中: 남녀의 뽕나무밭 밀회를 읊은 시)에 나오는 시의 내용과 같이 은밀히 밀회를 즐기는 희색을 띠고 있소. 아마도 남의 아내를 훔쳐서 도주하려는 듯하오."

이때 굴무는 정나라에 이르자 곧 수행하는 사람을 시켜 빙문차 가지고 가던 예물을 초나라로 돌려보내게 하고 자신은 하희를 데리고 떠났다. 굴무는 당초 제나라로 도망치려고 했다. 그런데 마침 그때는 제나라 군사가 진(晉)나라 군사에게 패하고 있을 때였다. 그러자 굴무가 말했다.

"나는 싸워서 이기지 못하는 나라로 가 살지는 않겠다."

그러고는 이내 진나라로 달아나 극지(郤至)[12]에게 몸을 맡겼다. 이어 극지를 등에 업고 진나라의 벼슬을 얻었다. 진나라 사람들이 그를 형읍(邢邑: 하남성 온현 동북쪽)의 대부로 삼았다.

후에 이 사실을 알게 된 초나라 자반이 크게 분개했다. 이에 그는 초공왕을 찾아가 진나라에 많은 재물을 보내 굴무가 진나라에서 벼슬하는 길을 막아야 한다고 주장했다. 초공왕이 반대했다.

"그리 해서는 안 되오. 그가 자신을 위해 낸 계책은 잘못된 것이지만 선군(先君: 초장왕)을 위한 계책은 충성스러운 것이었소. 충성은 사직을 굳게 하는 것이니 그의 계책은 나라를 수호하는 데 도움을 준 바가 많았소. 게다가 그가 만일 진나라를 이롭게 한다면 우리가 비록 많은 뇌물을 보낸다 한들 진나라가 그같은 청을 들어주겠소? 또한 만일 그가 진나라에 도움이 안 된다면 진나라가 스스로 그를 버릴 것인데 굳이 많은 재물을 보내 그의 벼슬길을 막을 필요가 있겠소?"

及共王卽位, 將爲陽橋之役, 使屈巫聘于齊, 且告師期, 巫臣盡室以行. 申叔跪從其父將適郢, 遇之, 曰 "異哉. 夫子有三軍之懼, 而又有「桑中」

---

12) '극지'는 극표(郤豹)의 현손이다. 극극(郤克)이 극표의 증손이니 극지는 극극의 족질(族姪)에 해당한다. 당시 극극이 집정으로 있었던 까닭에 극씨의 세력이 막강했다.

之喜, 宜將竊妻以逃者也." 及鄭, 使介反幣, 而以夏姬行. 將奔齊, 齊師新敗, 曰 "吾不處不勝之國." 遂奔晉, 而因郤至以臣於晉. 晉人使爲邢大夫. 子反請以重幣錮之, 王曰 "止. 其子爲謀也, 則過矣. 其爲吾先君謀也, 則忠. 忠, 社稷之固也, 所蓋多矣. 且彼若能利國家, 雖重幣, 晉將可乎. 若無益於晉, 晉將棄之, 何勞錮焉."

● 진나라 군사가 마침내 승리를 거두고 돌아왔다. 이때 범문자(范文子: 사섭)는 가장 늦게 도성 안으로 들어왔다. 그러자 그의 부친 범무자(范武子: 사회)가 질책했다.

"내가 너를 기다리고 있다는 것을 알면 속히 돌아와야 하는 것이 아니냐."

"우리 군사가 전공을 세워 백성들이 모두 군대를 맞이하고 있는데 제가 먼저 들어오게 되면 반드시 이목이 저에게 집중될 것입니다. 이는 총수(總帥: 원수 극극을 지칭)를 대신해 공명(功名)을 얻는 것입니다. 그래서 감히 먼저 들어오지 못한 것입니다."

이에 범무자가 크게 기뻐하며 말했다.

"나는 이제야 우리 집안이 장차 화난을 면하리라는 것을 알겠다."

이때 극백(郤伯: 극극)이 진경공을 배견(拜見)하자 진경공이 말했다.

"이번 승리는 그대의 공이오."

"이는 오직 군주의 가르침과 제장들의 노력이 있었기 때문입니다. 신에게 무슨 공이 있겠습니까."

범숙(范叔: 범문자)이 진경공을 배견하자 진경공이 그를 위로하며 극백에게 한 것과 똑같은 말을 했다. 그러자 범숙이 말했다.

"순경(荀庚: 순림보의 아들)의 명에 따르고 극극이 군사를 잘 통솔했기 때문입니다. 저에게 무슨 공이 있겠습니까."

난백(欒伯: 난서)이 진경공을 배견하자 진경공이 또 똑같은 말로 위로했다. 이에 난백이 대답했다.

"사섭의 지시에 따르고 병사들이 명을 잘 들었기 때문입니다. 저에게 무슨 공이 있겠습니까."

晉師歸. 范文子後入. 武子曰 "無爲吾望爾也乎." 對曰 "師有功, 國人喜以逆之. 先入, 必屬耳目焉, 是代帥受命也, 故不敢." 武子曰 "吾知免矣." 郤伯見, 公曰 "子之力也夫." 對曰 "君之訓也, 二三子之力也, 臣何力之有焉." 范叔見, 勞之如郤伯. 對曰 "庚所命也, 克之制也, 燮何力之有焉." 欒伯見, 公亦如之. 對曰 "燮之詔也, 士用命也, 書何力之有焉."

●이에 앞서 노선공이 사자를 초나라로 보내 구호(求好: 우호관계를 맺을 것을 청함)했으나 초장왕과 노선공이 잇달아 세상을 떠나자 결실을 맺지 못했다. 이어 노성공은 즉위하자마자 진나라와 결맹하고 연합군을 결성해 제나라를 쳤다. 이때 위나라는 초나라에 사자를 보내 빙문하지도 않은 채 진나라와 결맹해 함께 제나라를 쳤다. 이에 초나라 영윤 자중(子重: 공자 영제)이 양교(陽橋: 산동성 태안현 서북쪽)에서 싸움을 일으켜 제나라를 구했다. 당시 초나라가 군사를 일으키려고 할 때 자중이 말했다.

"우리 군주는 겨우 13세로 나이가 아직 어린 데다가 군신들은 선대부들만 못하니 군사 수가 많아야 싸워서 이길 수 있다. 『시경』「대아·문왕」에 이르기를, '제제다사(濟濟多士: 어진 선비가 많음)·문왕이녕(文王以寧: 이로써 주문왕이 안정을 이루었음)'이라고 했다. 주문왕과 같은 성왕도 오히려 많은 인재를 등용했는데 하물며 우리와 같은 사람들이야 더 이상 말할 것이 있겠는가. 선군(先君: 초장왕)도 우리에게 당부하기를, '덕행도 없이 원정하는 것은 은혜를 더욱 많이 베풀어 백성들을 무휼(撫恤: 다독임)한 뒤 그들을 잘 활용해 제후들을 제압하느니만 못하다'고 했다."

이에 초공왕은 곧 호구를 대대적으로 조사해 이채(已責: 밀린 세금을 탕감해줌)와 체환(逮鰥: 홀아비에게 혜택이 미치게 함), 구핍(救乏: 곤궁한 자를 구제함), 사죄(赦罪: 죄인을 사면함), 실사(悉師: 총동원령을 내림)를 행하여 왕졸(王卒: 왕의 호위군사)까지 모두 출동시켰다.

이때 초공왕은 나이가 어려 출전하지 않고 대부 팽명(彭名)이 전차를 몰고 채경공(蔡景公: 채문공의 아들 固)이 거좌(車左), 허영공(許靈公: 허소공의 아들 寧)이 거우(車右)가 되었다. 두 군주는 아직 성년이 안 되었지만 주변에서 모두 입을 모아 관례(冠禮: 20세에 올리는 성년식)를 치르게 했다.

겨울, 초나라 군사가 위나라로 쳐들어가 곧바로 노나라 군사를 격파하고 노나라의 촉(蜀: 산동성 태안현 서쪽) 땅에 영채를 세웠다. 이에 노나라에서 대부 장손허(臧孫許: 臧宣叔)를 초나라 군영으로 보내 강화하려고 하자 장손허가 사양했다.

"초나라 군사는 노나라에서 멀리 떨어져 있는 데다가 또 출병한 지 오래되어 곧 철병하려고 할 것입니다. 달리 수고한 것도 없이 명성만 얻는 일은 감히 할 수 없습니다."

그러나 초나라 군사가 진공하여 양교(陽橋)에 이르자 노나라의 집정 대부 맹손(孟孫: 孟獻子)이 초나라 군영으로 가 뇌물을 주고 교섭을 시도하고자 했다. 이에 집착(執斲: 匠人)과 집침(執鍼: 女工), 직임(織紝: 방직공) 등 모두 1백 명을 보내고 대부 공형(公衡: 衡父)을 인질로 보내면서 강화를 청했다. 초나라가 이를 받아들이자 곧 강화가 이루어졌다.

11월, 노성공이 초나라 공자 영제(嬰齊)와 채경공, 허영공, 진(秦)나라 우대부(右大夫) 열(說), 송나라 대부 화원(華元), 진(陳)나라 공손 영(寧), 위나라 대부 손량부(孫良夫), 정나라 공자 거질(去疾), 제나라 대부 등과 촉 땅에서 결맹했다.

『춘추』는 각국의 경의 이름을 쓰지 않았다. 이는 이 회맹이 궤맹(匱盟: 진실성이 결여된 회맹)이었기 때문이다. 각 나라들이 진나라를 두려워한 나머지 은밀히 초나라와 결맹했기 때문에 '궤맹'이라고 말한 것이다.『춘추』는 또 채후(蔡侯)와 허남(許男)을 쓰지 않았다. 이는 그들이 싸우러 나갈 때 초나라 군주의 전차를 탔기 때문이다. 이런 일을 가리켜 '실위'(失位: 군주의 지위를 잃음)라고 이른다. 이를 두고 군자는 이같이 평했다.

"지위는 삼가서 지키지 않으면 안 되는 것이다. 채후와 허남은 한 번 '실위'한 일로 인해 제후들의 반열에 끼지 못했다. 하물며 그 아래의 경대부야 더 말할 것이 있겠는가. 『시경』「대아·가악(假樂)」에 이르기를, '자리에 앉아 있는 사람이 수직(守職)을 게을리하지 않아 백성들이 능히 휴식을 취하게 되었네'라고 했다. 이는 바로 이런 경우를 두고 말한 것이다."

초나라 군사가 회군하던 도중 송나라에 이르렀을 때 노나라에서 인질로 보낸 공형이 도망쳐 돌아갔다. 이를 두고 장손이 말했다.

"형보(衡父: 공형)는 겨우 몇 년 동안의 괴로움을 참지 못하고 노나라를 버렸으니 나라의 앞날이 장차 어찌 될 것인가. 누가 이 우환을 떠맡는단 말인가. 후손이 반드시 이 우환을 떠맡을 수밖에 없다. 그리 되면 나라는 망하고 말 것이다."

이번 싸움에서는 진나라가 초나라를 의도적으로 피했다. 이는 초나라의 병력이 너무 많은 것을 두려워했기 때문이다. 이를 두고 군자는 이같이 평했다.

"많은 병력은 저지하려고 해도 할 수 없는 것이다. 대부인 자중이 집정했을 때도 많은 병력으로 승리를 거두었는데 하물며 현군이 나와 용병 또한 잘하는 경우야 더 말할 것이 있겠는가. 『서경』「주서·태서(大誓)」에 이르기를, '상나라의 조민(兆民: 천하의 모든 백성)은 이심이덕(離心離德: 마음과 덕이 모두 떠남)이었으나 주나라의 십인(十人: 뜻을 같이하는 백성을 상징)은 동심동덕(同心同德: 마음과 덕이 하나가 됨)이었다'라고 했다. 이는 모두 많은 병력을 모으는 이치를 말한 것이다."

宣公使求好于楚, 莊王卒, 宣公薨, 不克作好. 公卽位, 受盟于晉, 會晉伐齊. 衛人不行使于楚, 而亦受盟于晉, 從於伐齊. 故楚令尹子重爲陽橋之役以求齊. 將起師, 子重曰 "君弱, 群臣不如先大夫, 師衆而後可. 『詩』曰 '濟濟多士, 文王以寧.' 夫文王猶用衆, 況吾儕乎. 且先君莊王屬之曰 '無德以及遠方, 莫如惠恤其民, 而善用之.'" 乃大戶, 已責, 逮鰥救乏, 赦罪悉師, 王卒盡行. 彭名御戎, 蔡景公爲左, 許靈公爲右. 二君弱, 皆强冠之. 冬, 楚師侵衛, 遂侵我師于蜀. 使臧孫往, 辭曰 "楚遠而久, 固將退矣. 無功而受名, 臣不敢." 楚侵及陽橋, 孟孫請往賂之. 以執斲·執鍼·織紝皆百人, 公衡爲質, 以請盟. 楚人許平. 十一月, 公及楚公子嬰齊·蔡侯·許男·秦右大夫說·宋華元·陳公孫寧·衛孫良夫·鄭公子去疾及齊國之大夫盟于蜀. 卿不書, 匱盟也. 於是乎畏晉而竊如楚盟, 故曰匱盟. 蔡侯許男不書, 乘楚車也, 謂之失位. 君子曰 "位, 其不可不愼也乎. 蔡許之君, 一失其位, 不得列於諸侯, 況其下乎.『詩』曰 '不解于位, 民之攸墍.' 其是之謂矣." 楚師及宋, 公衡逃歸. 臧宣叔曰 "衡父不忍數年之不宴, 以棄魯國, 國將若之何. 誰居. 後之人必有任是夫. 國棄矣." 是行也, 晉辟楚, 畏其衆也. 君子曰 "衆之不可已也. 大夫爲政, 猶以衆克, 況明君而善用其衆乎.「大誓」所謂 '商兆民離, 周十人同'者, 衆也."

● 진경공이 대부 공삭(鞏朔: 鞏伯, 士莊伯)에게 명하여 제나라와의 싸움에서 포획한 포로들을 왕실에 바치게 했다. 그러자 주정왕이 공삭을 만나지도 않은 채 왕실의 경사인 선양공(單襄公)을 시켜 이같이 전하게 했다.

"만이융적(蠻夷戎狄)이 천자의 명을 따르지 않고 음면훼상(淫湎毁常: 주색에 빠져 법도를 훼손함)하여 천자가 토벌을 명할 때 포로를 바치는 것이오. 천자가 친히 포로를 접수하고 바친 사람을 위로하는 것은 천자에 대한 불경을 응징하고 그 공을 기리기 위한 것이오. 만일 형제생구(兄弟甥舅: 왕실과 동성인 제후와 혼인관계로 맺어진 이성의 제후)의 나라가 왕략(王略: 왕실의 법도)을 범하여 천자가 토벌을 명하면 승리한 사실만 고할 뿐 포로는 바치지 않는 법이오. 이는 친닐(親暱: 왕실의 친척과 가까운 제후)을 공경하고 음특(淫慝: 음란하고 사악함)을 금하기 위한 것이오. 이제 숙부(叔父: 동성의 제후인 진경공을 지칭)가 성공하여 제나라에 대해 공을 세웠으나 명경(命卿: 천자가 임명한 제후국의 경으로 대국은 3명, 그 다음 규모의 나라는 3명 중 2명을 천자가 임명함)을 보내 왕실의 안부를 묻지 않고 공백(鞏伯)을 보내 여일인(余一人: 천자의 자칭)을 찾아보게 했소. 그러나 공백은 아직 왕실로부터 받은 직책이 없으니 선왕의 예제를 위배한 것이 되오. 내가 비록 공백이 바치는 것을 받고자 해도 어찌 감히 선왕의 전장(典章)을 훼손해 예법을 어겼다는 치욕을 숙부에게 미치게 할 수 있겠소? 제나라는 생구의 나라로서 태사(太師: 강태공)의 후손이 다스리는 나라요. 어찌 제나라가 음란방종하게 사욕을 부려 숙부를 노하게 만들지 않았겠는가만 혹여 타일러 깨우치게 만들 수는 없었던 것이오?"

이에 사장백(士莊伯: 공삭)은 아무 대답도 못했다. 주정왕이 그를 대접하는 일을 3리(三吏: 3공을 지칭하나 三卿으로 해석하기도 함)에게 맡겼다. 이에 3리는 후백(侯伯)이 적과 싸워 이긴 뒤 대부를 보내 소식을 고할 때와 동일한 예로써 대접했다. 이는 경례(卿禮)[13]보다 한 등급 낮춘 것이다. 이어 주정왕이 공백에게 주연을 베푼 뒤 사회(私賄: 은밀히 재물을 보냄)[14]하고는 시종에게 일렀다.

"이는 예법에 맞지 않으니 기록하지 말라."

晉侯使鞏朔獻齊捷于周, 王弗見, 使單襄公辭焉, 曰 "蠻夷戎狄, 不式王命, 淫湎毀常, 王命伐之, 則有獻捷. 王親受而勞之, 所以懲不敬, 勸有功也. 兄弟甥舅, 侵敗王略, 王命伐之, 告事而已, 不獻其功, 所以敬親暱, 禁淫慝也. 今叔父克遂, 有功于齊, 而不使命卿鎭撫王室, 所使來撫余一人, 而鞏伯實來, 未有職司於王室, 又奸先王之禮. 余雖欲於鞏伯, 其敢廢舊典以忝叔父. 夫齊, 甥舅之國也, 而大師之後也, 寧夫亦淫從其欲以怒叔父, 抑豈不可諫誨." 士莊伯不能對. 王使委於三吏, 禮之如侯伯克敵, 使大夫告慶之禮, 降於卿禮一等. 王以鞏伯宴, 而私賄之, 使相告之曰 "非禮也, 勿籍."

---

13) 경을 대접할 때의 예절로, 공삭은 진나라의 대부이기 때문에 대부의 예로 대접한 것이다.
14) 이와 관련해 두예는 주정왕이 진나라를 두려워했기 때문에 '사회'(私賄)한 것으로 풀이했다.

3년(기원전 588)

3년 봄 주력(周曆) 정월, 공이 진후(晉侯)·송공·위후·조백과 모여 정나라를 쳤다. 신해, 위목공(衛穆公)을 안장했다. 2월, 공이 정나라를 치고 돌아왔다. 갑자, 신궁(新宮)에 화재가 나 사흘 동안 곡(哭)했다. 을해, 송문공(宋文公)을 안장했다. 여름, 공이 진(晉)나라로 갔다. 정나라 공자 거질(去疾)이 군사를 이끌고 가 허나라를 쳤다. 공이 진나라에서 돌아왔다. 가을, 숙손교여(叔孫僑如)가 군사를 이끌고 가 극(棘)을 포위했다. 크게 기우제를 지냈다. 진(晉)나라의 극극과 위나라의 손량부가 장구여(廧咎如)를 쳤다. 겨울 11월, 진후(晉侯)가 순경(荀庚)을 사자로 보내 빙문하게 했다. 위후가 손량부를 보내 빙문하게 했다. 병오, 순경과 결맹했다. 정미, 손량부와 결맹했다. 정나라가 허나라를 쳤다.

三年春王正月, 公會晉侯宋公衛侯曹伯, 伐鄭. 辛亥, 葬衛穆公. 二月, 公至自伐鄭. 甲子, 新宮災, 三日哭. 乙亥, 葬宋文公. 夏, 公如晉. 鄭公子去疾帥師, 伐許. 公至自晉. 秋, 叔孫僑如帥師, 圍棘. 大雩. 晉郤克, 衛孫良夫伐廧咎如. 冬十一月, 晉侯使荀庚來聘. 衛侯使孫良夫來聘. 丙午, 及荀庚盟. 丁未, 及孫良夫盟, 鄭伐許.

●3년 봄, 제후들의 군사가 정나라로 쳐들어가 백우(伯牛: 위치 미상)에 영채를 세웠다. 이는 필 땅의 싸움에서 정나라가 진나라를 배반하고 초나라에 친부했던 일을 응징하기 위한 것이다. 이에 제후들의 군사가 동쪽에서 정나라를 침공했다.

정나라 대부 공자 언(偃: 정목공의 아들인 子游)이 군사를 이끌고 가 이들을 막았다. 공자 언은 정나라 동쪽 변경의 군사를 만(鄤) 땅에 매복시켜 두었다가 구여(丘輿) 땅에서 제후들의 군사를 깨뜨렸다. 얼마 후 정나라 대부 황술이 초나라로 가 포획한 포로들을 바쳤다.

여름, 노성공이 진나라로 갔다. 이는 문양(汶陽) 땅을 제나라로부터 찾아준 것을 배사(拜謝)하기 위한 것이었다. 허나라가 초나라를 믿고 정나라를 섬기지 않았다. 그러자 정나라 대부 자량(子良)이 군사들을 이끌고 가 허나라를 쳤다.

이때 진나라 사람이 초나라 공자 곡신(穀臣)과 연윤(連尹) 양로(襄老)의 시체를 초나라에 돌려주는 조건으로 지앵(知罃)을 돌려받고자 했다. 마침 지앵의 부친 순수(荀首)는 진나라 중군의 부장으로 있었다. 초나라가 진나라의 교환 요구를 받아들였다. 이때 초공왕이 지앵을 송별하면서 물었다.

"그대는 나를 원망하지 않소?"

"두 나라가 교전하는 중에 제가 못난 탓에 소임을 다하지 못해 부괵(俘馘: 포로)이 된 것입니다. 그런데도 초나라의 집사(執事: 원래는 담당 관원을 뜻하나 여기서는 초공왕을 지칭)는 저를 죽여 그 피를 북에 바르지 않고 본국으로 돌아가 주륙을 당하도록 배려해주니 이는 군주의 은혜입니다. 제가 실로 못난 탓에 이같이 된 것이니 감히 누구를 원망하겠습니까."

"그러면 그대는 나의 은덕에 감격해하는 것이오?"

"두 나라가 모두 사직의 안녕을 도모하고 백성의 고통을 덜어주기 위해 서로 일시적인 분노를 억제하고 상대국을 양해하여 포로를 풀어주고 우호관계를 이루려고 합니다. 두 나라가 우호관계를 회복하는 일에 제가 참여한 바가 없으니 감히 누구의 은덕에 감격해할 자격이 있겠습니까."

"그대는 돌아간 뒤 어찌 보답할 생각이오?"

"제가 일찍이 군주를 원망한 적이 없고 군주 또한 일찍이 저에게 은덕을 베푼 일이 없습니다. 이미 원망한 적도 없고 은덕을 베푼 적도 없는데 무엇을 보답해야 한다는 것인지 잘 모르겠습니다."

"비록 그렇기는 하나 어찌 할 생각인지 꼭 말해주기 바라오."

"군주의 은혜로 누신(累臣: 포로가 된 신하)인 제가 귀골(歸骨: 백골이 되어 돌아간다는 뜻으로 겸양의 표현임)하여 과군으로부터 주륙을 당하게 되면 이는 사차불후(死且不朽: 비록 몸은 죽을지라도 큰 은덕을 잊지 않음)라고 하겠습니다. 만일 과군이 군주가 저에게 베푼 은혜를 생각해 저를 죽이지 않고 군주의 외신(外臣)인 저의 부친 순수에게 넘겨주면 저의 부친이 과군에게 저를 사당 앞에서 죽이는 것을 허락해달라고 청할 것입니다. 그러나 그리 되더라도 이 또한 '사차불후'입니다. 혹여 사당 앞에서의 죽음을 면해 종직(宗職: 조상 전래의 관직)[15]을 이어 국사에 관여하게 될지 모르겠습니다. 만일 그리 되어 편사(偏師: 副將 휘하의 군사)를 이끌고 진나라의 변경을 지키게 되면 비록 군주의 집사(執事: 여기서는 장수)를 만나더라도 감히 피하지 않고 갈력치사(竭力致死: 죽기를 각오하고 있는 힘을 다해 싸움)하여 두 마음이 없음을 보일 것입니다. 그것이 신하의 도리를 다하는 것이니 이로써 군주의 은혜에 보답하고자 합니다."

초공왕이 지앵을 칭송했다.

"진나라는 힘을 겨룰 수 있는 나라가 아니다."

그러고는 지앵을 두터운 예로 대우하여 돌려보냈다.

三年春, 諸侯伐鄭, 次于伯牛, 討邲之役也, 遂東侵鄭. 鄭公子偃帥師禦之, 使東鄙覆諸鄾, 敗諸丘輿, 黃戌如楚獻捷. 夏, 公如晉, 拜汝陽之田. 許恃楚而不事鄭, 鄭子良伐許. 晉人歸楚公子穀臣與連尹襄老之尸于楚, 以求知罃. 於是荀首佐中軍矣, 故楚人許之. 王送知罃曰 "子其怨我乎." 對曰 "二國治戎, 臣不才, 不勝其任, 以爲俘馘. 執事不以釁鼓, 使歸卽戮, 君之惠也. 臣實夫才, 又誰敢怨." 王曰 "然則德我乎." 對曰 "二國圖其社稷, 而求紓其民, 各懲其忿以相宥也, 兩釋纍囚以成其好. 二國有好, 臣不與及, 其誰敢德." 王曰 "子歸, 何以報我." 對曰 "臣不任受怨, 君亦不任受德, 無怨無德, 不知所報." 王曰 "雖然, 必告不穀." 對曰 "以君之靈, 纍臣得歸骨於晉, 寡君之以爲戮, 死且不朽. 若從君之惠而免之, 以賜

---

15) 이와 관련해 청대의 홍량길은 순수의 부친이 '경'(卿)의 직위에 있었던 적이 없다며 '부친의 관직'으로 해석해야 한다고 주장했다.

君之外臣首, 首其請於寡君而以戮於宗, 亦死且不朽. 若不獲命, 而使嗣宗職, 次及於事, 而帥偏師以修封疆, 雖遇執事, 其弗敢違, 其竭力致死, 無有二心, 以盡臣禮, 所以報也." 王曰 "晉未可與爭." 重爲之禮而歸之.

● 가을, 노나라 대부 숙손교여(叔孫僑如: 叔孫得臣의 아들인 叔孫宣伯)가 극(棘: 산동성 비성현 남쪽) 땅을 포위하고 문양의 땅을 점령했다. 이는 극 땅 사람들이 복종하지 않았기 때문이다.

진나라 대부 극극과 위나라 대부 손량부가 장구여(廧咎如: 적적의 별종)를 쳤다. 이는 적적(赤狄)의 잔당을 토벌하기 위한 것이었다. 이로 인해 장구여는 궤멸되었다. 이는 그들의 두목이 백성들의 지지를 잃었기 때문이다.

겨울 11월, 진경공이 순경(荀庚: 순림보의 아들)을 시켜 노나라를 빙문해 구호(舊好)를 다지게 했다. 이때 위정공도 손량부를 시켜 노나라를 빙문해 동맹관계를 다지게 했다. 그러자 노선공이 장선숙(臧宣叔)에게 물었다.

"중항백(中行伯: 순경)은 진나라에서 그 지위가 세 번째고 손자(孫子: 손량부)는 위나라의 상경이오. 과연 누구를 상석으로 대우하는 것이 옳겠소?"

"차국(次國: 대국 다음 가는 나라)[16]의 상경은 대국의 중경, 중경은 대국의 하경, 하경은 대국의 상대부에 해당합니다. 소국의 상경은 대국의 하경, 중경은 대국의 상대부, 하경은 대국의 하대부에 해당합니다. 위계가 이와 같은 것은 전래의 제도입니다. 위나라는 진나라와 비교할 때 차국이 되지 못하고 진나라는 맹주의 나라니 응당 중항백을 상석으로 해야 합니다."

---

16) 원래는 공국(公國)이 대국, 후국(侯國)과 백국(伯國)이 차국, 자국(子國)과 남국(男國)이 소국이 되는 것이 마땅하다. 그러나 춘추시대에는 무력을 기준으로 하였기 때문에 후국인 위나라는 소국, 자국인 초나라는 대국으로 통하게 된 것이다.

11월 28일, 노나라가 진나라와 결맹했다. 11월 29일, 노나라가 위나라와 결맹했다. 이는 예에 맞는 일이다.

12월 26일, 진나라가 6군(六軍)[17]을 편성했다. 이에 한궐(韓厥)이 신중군(新中軍) 주장, 조괄(趙括)이 신중군 부장, 공삭(鞏朔)이 신상군 주장, 한천(韓穿)이 신상군 부장, 순추(荀騅)가 신하군 주장, 조전(趙旃)이 신하군 부장이 되어 모두 진나라의 경으로 승진했다. 이는 안지역(鞍之役: 노성공 2년)의 공을 포상한 것이다.

제경공이 진나라로 가 진경공을 조현하고 수옥(授玉: 옥을 바치는 의례로, 진경공을 왕으로 간주하는 것을 의미함)의 의식을 거행하려고 했다. 그러자 극극이 추진(趨進: 앞으로 달려나가는 것으로, 상대방에 대한 공경의 표시임)하여 제경공에게 말했다.

"이번의 행차는 부인지소(婦人之笑: 제경공의 부인이 극극이 다리를 저는 것을 보고 웃은 일을 말함)로 저를 모욕했던 일로 인한 것입니다. 과군은 수옥의 예를 감당할 수 없습니다."

진경공이 제경공을 위해 향연을 베풀자 제경공은 연회석에서 안지역(鞍之役) 당시 한궐에게 거의 포획될 뻔했던 일을 상기하고 한궐을 유심히 바라보았다. 그러자 한궐이 제경공에게 말했다.

"군주는 저를 알고 계십니까?"

그러자 제경공이 미심쩍은 표정으로 말했다.

"옷을 바꿔 입어서 잘 모르겠소."

이에 한궐이 당상으로 올라가 거작(擧爵: 술잔을 들어올리는 것으로, '작'은 청동제 술잔임)하며 말했다.

"제가 전날 감히 죽음을 애석히 여기지 않은 것은 두 나라 군주가 이 당상에서 향연하며 화호(和好)를 다지게 하려는 것이었습니다."

지앵이 초나라에 잡혀 있을 때 정나라의 어떤 상인이 그를 저(褚: 옷

---

17) 이와 관련해 두예는 '6군'은 천자의 군사편제에 해당하는 것으로 이때부터 진나라가 왕을 참칭하는 소위 '참왕'(僭王)을 시작했다고 지적했다.

등을 집어넣는 일종의 전대)에 넣어 초나라를 빠져나오려고 했다. 이미 계책은 섰지만 막상 이를 실천에 옮기지는 못했는데 그 사이 초나라가 지앵을 진나라로 귀환시켰다. 이후 그 상인이 진나라로 가자 지앵은 대뜸 그를 알아보고는 마치 그가 자신을 구출해준 은인인 양 후하게 대했다. 그러자 그 상인이 황송해하며 이같이 사양했다.

"아무 공도 없이 감히 실제로 그같은 공을 세운 것인 양 대접받을 수 있겠습니까. 저같은 소인이 이런 과분한 대우를 받으며 군자를 속일 수는 없습니다."

그러고는 바로 제나라로 가버렸다.

秋, 叔孫僑如圍棘, 取汶陽之田. 棘不服, 故圍之. 晉郤克·衛孫良夫伐廧咎如, 討赤狄之餘焉. 廧咎如潰, 上失民也. 冬十一月, 晉侯使荀庚來聘, 且尋盟. 衛侯使孫良夫來聘, 且尋盟. 公問諸臧宣叔曰"中行伯之於晉也, 其位在三. 孫子之於衛也, 位爲上卿. 將誰先." 對曰"次國之上卿當大國之中, 中當其下, 下當其上大夫. 小國之上卿當大國之下卿, 中當其上大夫, 下當其下大夫. 上下如是, 古之制也. 衛在晉, 不得爲次國. 晉爲盟主, 其將先之." 丙午, 盟晉. 丁未, 盟衛, 禮也. 十二月甲戌, 晉作六軍. 韓厥·趙括·鞏朔·韓穿·荀騅·趙旃皆爲卿, 賞鞌之功也. 齊侯朝于晉, 將授玉. 郤克趨進曰"此行也, 君爲婦人之笑辱也, 寡君未之敢任." 晉侯享齊侯. 齊侯視韓厥. 韓厥曰"君知厥也乎." 齊侯曰"服改矣." 韓厥登擧爵, 曰"臣之不敢愛死, 爲兩君之在此堂也." 荀罃之在楚也, 鄭賈人有將寘諸褚中以出. 旣謀之, 未行, 而楚人歸之. 賈人如晉, 荀罃善視之, 如實出己. 賈人曰"吾無其功, 敢有其實乎. 吾小人, 不可以厚誣君子." 遂適齊.

4년(기원전 587)

4년 봄, 송공이 화원(華元)을 보내 빙문하게 했다. 3월 임신, 정백 견(堅)이 졸했다. 기백(杞伯)이 내조했다. 여름 4월 갑인, 장손허(臧

孫許)가 졸했다. 공이 진(晉)나라로 갔다. 정양공(鄭襄公)을 안장했다. 가을, 공이 진(晉)나라에서 돌아왔다. 겨울, 운(鄆)에 성을 쌓았다. 정백이 허나라를 쳤다.

四年春, 宋公使華元來聘. 三月壬申, 鄭伯堅卒. 杞伯來朝. 夏四月甲寅, 臧孫許卒. 公如晉. 葬鄭襄公. 秋, 公至自晉. 冬, 城鄆. 鄭伯伐許.

●4년 봄, 송나라 대부 화원(華元)이 노나라를 빙문했다. 이는 송공공(宋共公: 송문공의 아들 固)이 즉위한 사실을 알리기 위한 것이었다. 기백(杞伯)이 노나라에 내조했다. 이는 숙희(叔姬: 기백에게 출가했던 노나라 여인)를 돌려보내기 위한 것이었다.

여름, 노성공이 진나라로 갔다. 그러나 진경공이 노성공을 맞이하는 태도가 공손하지 않았다. 이에 계문자가 말했다.

"진후(晉侯)는 틀림없이 화난을 면치 못할 것이다. 『시경』「주송·경지(敬之)」에 이르기를, '경지경지(敬之敬之: 삼가고 또 삼가라는 뜻으로, 敬은 儆과 통함)·천유현사(天惟顯思: 하늘은 지극히 밝다는 뜻으로, 思는 의미가 없는 어조사임)·명불이재(命不易哉: 천명을 얻기가 쉽지 않다)'라고 했다. 진후의 명운은 제후들에게 달려 있는 것인데 어찌 제후들을 불경하게 대할 수 있단 말인가."

가을, 노성공이 진나라에서 돌아온 뒤 초나라를 가까이하여 진나라를 배반하고자 했다. 그러자 계문자가 간했다.

"불가합니다. 진나라가 비록 무도하기는 해도 아직 배반할 수는 없습니다. 진나라는 국대신목(國大臣睦: 강대하고 신하들이 화목함)한 데다가 우리와 근접한 제후국들마저 진나라의 명에 복종하고 있으니 우리가 두 마음을 가질 수 없습니다. 사일(史佚: 주문왕 때의 大史)의 『지』(志: 서명 혹은 편명으로 짐작됨)에 이르기를, '나의 동족이 아니면 그 마음은 반드시 다르다'고 했습니다. 초나라는 비록 강대하지만 우리 동족이 아닌데 어찌 우리를 사랑하겠습니까."

이에 노성공이 당초의 생각을 버렸다.

四年春, 宋華元來聘, 通嗣君也. 杞伯來朝, 歸叔姬故也. 夏, 公如晉, 晉侯見公不敬. 季文子曰 "晉侯必不免.『詩』曰 '敬之敬之. 天惟顯思, 命不易哉.' 夫晉侯之命在諸侯矣, 可不敬乎." 秋, 公至自晉, 欲求成于楚 而叛晉. 季文子曰 "不可. 晉雖無道, 未可叛也. 國大臣睦, 而邇於我, 諸 侯請焉, 未可以貳. 史佚之『志』有之, 曰 '非我族類, 其甚必異.' 楚雖 大, 非吾族也, 其肯字我乎." 公乃止.

● 겨울 11월, 정나라 대부 공손 신(申: 叔臣)이 군사를 이끌고 가 한 해 전에 점거했던 허전(許田: 허나라 땅)을 정나라의 땅으로 편입시켰 다. 그러자 허나라 군사가 전피(展陂: 하남성 허창현 서북쪽)에서 정나 라 군사를 깨뜨렸다. 이에 정도공(鄭悼公: 정양공의 아들 費)이 허나라 를 치고 서임(鉏任: 하남성 허창현 경내)과 영돈(泠敦: 하남성 허창현 경내) 땅을 점령했다.

이때 진나라의 난서(欒書)가 중군 주장, 순수(荀首)가 중군 부장, 사 섭(士燮)이 상군 부장이 되어 허나라를 구원하기 위해 정나라를 쳤다. 이에 정나라의 범(氾祭: 南氾으로 하남성 양성현 남쪽)과 제(祭: 하남 성 중모현) 땅을 점령했다.

초나라 대부 자반(子反: 공자 측)이 군사를 이끌고 정나라를 구원하 러 갔다. 그러자 정도공과 허영공이 시비를 가려 달라며 자반의 면전에 서 쟁송을 벌였다. 이때 정나라 대부 황술이 정도공을 대신해 변론했 다. 자반은 결정을 내리지 못하고 말했다.

"두 군주가 만일 과군을 찾아가 말하면 과군과 군신들이 함께 두 군 주의 말을 듣고 정확한 판단을 내려 어느 쪽이 옳은지 알 수 있을 것입 니다. 그렇게 하지 않는 한 나는 어느 쪽이 옳은 지 시비를 가려낼 수가 없습니다."

진나라 대부 조영(趙嬰: 조돈의 이복 동생인 樓嬰)이 조장희(趙莊 姬)[18]와 사통했다.

冬十一月, 鄭公孫申帥師疆許田, 許人敗諸展陂. 鄭伯伐許, 取鉏任·

泠敦之田. 晉欒書將中軍, 荀首佐之, 士燮佐上軍, 以救許伐鄭, 取汜祭. 楚子反救鄭, 鄭伯與許男訟焉. 皇戌攝鄭伯之辭, 子反不能決也. 曰 "君若辱在寡君, 寡君與其二三臣, 共聽兩君之所欲, 成其可知也. 不然, 側不足以知二國之成." 晉趙嬰通于趙莊姬.

5년(기원전 586)

5년 봄 주력(周曆) 정월, 기숙희(杞叔姬)가 돌아왔다. 중손멸(仲孫蔑)이 송나라로 갔다. 여름, 숙손교여가 진(晉)나라의 순수(荀首)와 곡(穀)에서 만났다. 양산(梁山)이 무너졌다. 가을, 홍수가 났다. 겨울 11월 기유, 천왕이 붕했다. 12월 기축, 공이 진후(晉侯)·제후·송공·위후·정백·조백·주자·기백(杞伯)과 만나 충뢰(蟲牢)에서 결맹했다.

五年春王正月, 杞叔姬來歸. 仲孫蔑如宋. 夏, 叔孫僑如會晉荀首于穀. 梁山崩. 秋, 大水. 冬十一月己酉, 天王崩. 十二月己丑, 公會晉侯齊侯宋公衛侯鄭伯曹伯邾子杞伯, 同盟于蟲牢.

●5년 봄, 진나라 대부 조원(趙原)과 조병(趙屛: 조괄)이 조영을 제나라로 쫓아냈다. 이때 조영이 두 사람에게 말했다.

"내가 나라 안에 있었기 때문에 난씨(欒氏: 난서의 일족으로 당시 난서가 중군의 주장이 되어 집정하고 있었음)가 난을 일으키지 않는 것입니다. 나를 쫓아내면 두 형들이 그들에게 박해를 받지 않을까 걱정입니다. 사람에게는 각기 할 수 있는 일과 할 수 없는 일이 있는 것인데 나를 놓아준들 무슨 해가 되겠습니까."

그러나 두 사람은 이를 들어주지 않았다. 이에 앞서 조영이 꿈을 꾸

---

18) 조돈의 아들인 조삭에게 시집온 진성공의 딸로, 조삭의 시호가 '장'(莊)인 데서 나온 칭호이다.

없는데 꿈에 천사(天使: 神人)가 나타나 말했다.

"나를 제사지내면 내가 너에게 복을 내려주겠다."

이에 조영이 사람을 진나라 대부 사정백(士貞伯: 士渥濁)에게 보내 이를 문의하자 사정백이 말했다.

"나는 잘 모르겠소."

그러고는 종자(從者)에게 말했다.

"신령은 어진 사람에게 복을 내리고 음탕한 사람에게 화를 내린다. 음란하고도 벌을 받지 않는 것은 복이다. 그런데 그가 제사를 지내게 되면 오히려 외국으로 쫓겨나지 않겠는가."

조영이 천사에게 제사를 지낸 뒤 과연 다음날 제나라로 도주했다.

이때 맹헌자(孟獻子)가 송나라로 갔다. 이는 화원의 빙문에 대한 보답이었다.

여름, 진나라의 순수(荀首)가 제나라로 가 군주의 부인이 될 제녀(齊女)를 맞이했다. 이에 선백(宣伯: 숙손교여)이 곡(穀) 땅에서 순수의 일행에게 운(饋: 들로 음식을 내보내 대접함)했다.

五年春, 原屛放諸齊. 嬰曰 "我在, 故欒氏不作. 我亡, 吾二昆其憂哉. 且人各有能有不能, 舍我何害." 弗聽. 嬰夢天使謂己 "祭余, 余福女." 使問諸士貞伯. 貞伯曰 "不識也." 旣而告其人曰 "神福仁而禍淫, 淫而無罰, 福也. 祭其得亡乎." 祭之, 之明日而亡. 孟獻子如宋, 報華元也. 夏, 晉荀首如齊逆女, 故宣伯饋諸穀.

●진나라 도성 근처에 있는 양산(梁山: 섬서성 한성현 서북쪽)이 무너졌다. 이에 놀란 진경공이 급히 전거(傳車: 공문 발송과 빈객 접대 등을 위한 전용 수레)를 보내 대부 백종(伯宗)을 불렀다. 백종이 전거를 타고 가던 도중 무거운 짐을 실은 수레와 만나자 말했다.

"전거가 지나갈 수 있도록 옆으로 비키시오."

짐수레 주인이 말했다.

"내가 비키기를 기다리느니 차라리 지름길로 가는 게 빠를 것입니다."

이에 백종이 기이하게 생각해 그가 사는 곳을 물었다. 그가 대답했다.

"강(絳: 진나라 도성)에 사는 사람입니다."

"강에 무슨 일이 생겼소?"

"양산이 무너져 장차 백종을 불러 상의할 것이라고 합니다."

"그렇다면 장차 어찌해야 좋겠소?"

"산에 있는 썩은 흙이 무너져 내린 것인데 이를 어찌하겠습니까. 국가는 산천을 주인으로 삼기 때문에 산이 무너지고 내가 마르면 군주는 불거(不擧: 음식을 줄이고 가무를 거둠)와 강복(降服: 소복을 입음), 승만(乘縵: 장식이 없는 수레를 탐), 철악(撤樂: 음악을 연주하지 않음), 출차(出次: 침궁을 떠나 평시 머무는 곳에 거주함), 축폐(祝幣: 신에게 바치는 예물을 진열함), 사사(史辭: 사관은 제문을 지어 읽음)를 행하며 예로써 산천의 신에게 제사지내는 것입니다. 대략 이같이 하면 그만인데 설령 백종을 불러 상의한들 달리 어찌 할 도리가 있겠습니까."

백종이 크게 감복해 함께 가서 진경공을 배견하자고 청했으나 그가 응하지 않았다. 이에 백종이 진경공을 만나 그 이야기를 그대로 전하자 진경공이 이를 좇았다.

梁山崩, 晉侯以傳召伯宗. 伯宗辟重, 曰 "辟傳." 重人曰 "待我不如捷之速也." 問其所, 曰 "絳人也." 問絳事焉. 曰 "梁山崩, 將召伯宗謀之." 問 "將若之何." 曰 "山有朽壤而崩, 可若何. 國主山川, 故山崩川竭, 君爲之不擧, 降服・乘縵・徹樂・出次・祝幣・史辭以禮焉. 其如此而已, 雖伯宗若之何." 伯宗請見之, 不可. 遂以告, 而從之.

●허영공이 초나라에 정도공을 고소했다. 6월, 정도공이 초나라로 가 허영공을 상대로 쟁송했으나 이기지 못했다. 이때 초나라가 정나라의 황술(皇戌)과 자국(子國: 정목공의 아들 공자 發)을 잡았다. 이에 정도공이 돌아와 공자 언(偃: 子游)을 진나라로 보내 강화를 청했다. 가을 8월, 정도공과 진나라의 집정대부 조동(趙同: 원동)이 수극(垂棘: 산

서성 노성현 북쪽)에서 결맹했다.

　송나라 대부 공자 위구(圍龜: 송문공의 아들 子靈)가 초나라에 인질로 잡혀 있다가 돌아왔다. 그러자 그와 교체되어 먼저 귀국해 있던 집정대부 화원(華元)이 그를 위해 연회를 베풀었다. 이때 위구가 송공공에게 화원의 집을 고조(鼓譟: 적을 공격할 때 하듯이 북을 치며 고함을 지름)하며 나섰다가 다시 들어갈 수 있게 해달라고 청했다.

　"이는 화씨를 치기 위해 연습하려는 것입니다."

　그러자 송공공이 위구를 죽였다.

　겨울, 노성공이 진경공과 제경공, 송공공, 위정공, 정도공, 조선공(曹宣公), 주정공(邾定公), 기환공(杞桓公) 등과 충뢰(蟲牢: 하남성 봉구현 북쪽)에서 결맹했다. 이는 정나라가 진나라에 순복한 데 따른 것이었다. 제후들이 다시 회맹할 것을 상의하자 송공공이 대부 상위인(向爲人)을 보내 자령지난(子靈之難: 위구가 화원을 습격하려다 피살된 사건)으로 인해 참여할 수 없다는 뜻을 전하게 했다.

　11월 12일, 주정왕이 붕어했다.

　許靈公愬鄭伯于楚. 六月, 鄭悼公如楚, 訟不勝. 楚人執皇戌及子國. 故鄭伯歸, 使公子偃請成于晉. 秋八月, 鄭伯及晉趙同盟于垂棘. 宋公子圍龜爲質于楚而歸, 華元享之. 請鼓譟而出, 鼓譟以復入, 曰 "習攻華氏." 宋公殺之. 冬, 同盟于蟲牢, 鄭服也. 諸侯謀復會, 宋公使向爲人辭以子靈之難. 十一月己酉, 定王崩.

6년(기원전 585)

　6년 봄 정월, 공이 모임에서 돌아왔다. 2월 신사, 무궁(武宮)을 세웠다. 전(鄟)을 취했다. 위나라의 손량부가 군사를 이끌고 가 송나라를 침공했다. 여름 6월, 주자가 내조했다. 공손 영제가 진(晉)나라로 갔다. 임신, 정백 비(費)가 졸했다. 가을, 중손멸과 숙손교여가 군사를 이끌고 가 송나라를 침공했다. 초나라 공자 영제가 군사를 이끌고 가 정나라를 쳤다. 겨울, 계손행보가 진(晉)나라에 갔다. 진(晉)나라의 난서(欒書)가 군사를 이끌고 가 정나라를 구했다.

六年春王正月, 公至自會. 二月辛巳, 立武宮. 取鄟. 衛孫良夫帥師, 侵宋. 夏六月, 邾子來朝. 公孫嬰齊如晉. 壬申, 鄭伯費卒. 秋, 仲孫蔑叔孫僑如帥師, 侵宋. 楚公子嬰齊帥師, 伐鄭. 冬, 季孫行父如晉. 晉欒書帥師, 救鄭.

● 노성공 6년 봄, 정도공이 진나라로 가 강화 성립에 대해 배사했다. 이때 자유(子游)가 정도공을 도왔다. 정도공이 진경공에게 수옥(授玉: 옥을 바치는 의식)의 예를 행하면서 동영(東楹: 당의 앞에 나와 있는 동쪽 기둥)의 동쪽에서 이를 거행했다. 이를 본 사정백(士貞伯)이 말했다.

"정백(鄭伯)은 조만간 죽고 말 것이다. 그는 스스로 체통을 버렸다. 눈동자가 불안하고 걸음걸이가 빠른 데다가 자신이 있어야 할 위치에 차분히 있지 못하니 거의 오래 살지 못할 것이다."

2월, 계문자(季文子)가 안지역(鞍之役)에서 공을 세웠다는 이유로 무궁(武宮: 무공을 기념한 건물)을 세웠다. 이는 예에 맞지 않는다. 다른 사람의 도움을 얻어 자신의 환란을 구했으니 무궁을 세울 수 없는 것이다. 무궁은 스스로의 힘으로 공을 세운 경우에만 세울 수 있는 것으로 남의 힘을 빌린 경우는 이에 해당하지 않는다.

노나라가 전(鄟: 산동성 담성현 동북쪽. 邾나라의 읍이라는 설도 있음)나라를 침공했다. 『춘추』에 이를 쓴 것은 그 점령이 매우 쉽게 이루어졌음을 말하는 것이다.

3월, 진나라 대부 백종(伯宗)과 하양열(夏陽說), 위나라 대부 손량부(孫良夫)와 영상(寧相: 영무자의 아들), 정나라 사람, 이락(伊雒: 이수와 낙수 사이)에 사는 융인, 육혼(陸渾: 秦·晉의 서북쪽에 위치)의 융인, 만씨(蠻氏: 하남성 임여현 서남쪽과 여양현 동남쪽에 거주한 융인의 별종) 등이 송나라를 쳤다. 이는 송나라가 회맹 참여를 거절한 데 따른 것이었다.

이들 군사가 감(鍼: 하남성 복양현 부근) 땅에 이르렀을 때 위나라 사람들이 전혀 수비할 생각을 하지 않았다. 그러자 하양열이 위나라를 습격할 생각으로 말했다.

"비록 도성으로 진입할 수 없다 하더라도 적잖은 포로를 생포해 돌아갈 수 있을 것이오. 설령 죄가 된다 할지라도 죽음에 이르지는 않을 것이오."

그러자 백종이 반대했다.

"안 되오. 위나라는 오직 우리 진나라를 믿고 군사들이 그들의 교외에 주둔하고 있는데도 수비를 하지 않는 것이오. 만일 우리가 그들을 습격하면 이는 신의를 저버리는 짓이오. 비록 위나라의 포로를 많이 잡을지라도 진나라는 신의가 없게 되니 장차 무엇으로 제후들의 지지를 얻어낼 수 있겠소."

이에 하양열이 위나라를 습격하려던 생각을 거두었다. 이들 군사가 회군하자 위나라 사람들이 하양열의 이야기를 전해 듣고는 비(陴: 성벽 위에 튀어나와 있는 성가퀴) 위로 올라가 이들을 바라보았다.

六年春, 鄭伯如晉拜成, 子游相, 授玉于東楹之東. 士貞伯曰 "鄭伯其死乎. 自棄也已. 視流而行速, 不安其位, 宜不能久." 二月, 季文子以鞌之功立武宮, 非禮也. 聽於人以救其難, 不可以立武. 立武, 由己非由人也. 取鄟, 言易也. 三月, 晉伯宗 · 夏陽說 · 衛孫良夫甯相 · 鄭人 · 伊雒之戎 · 陸渾 · 蠻氏, 侵宋, 以其辭會也. 師于鍼, 衛人不保. 說欲襲衛, 曰 "雖不可入, 多俘而歸, 有罪不及死." 伯宗曰 "不可. 衛唯信晉, 故師在其郊而不設備. 若襲之, 是棄信也. 雖多衛俘, 而晉無信, 何以求諸侯." 乃止. 師還, 衛人登陴.

● 진나라 사람들이 도성인 고강(故絳)[19]을 떠나 다른 곳으로 천도할

---

19) 진나라가 신전(新田)으로 천도한 뒤 새 도성을 이전 도성의 명칭인 '강'(絳)

일을 상의했다. 그러자 모든 대부들이 입을 모아 말했다.

"반드시 옛 순하씨(郇瑕氏: 진나라에 멸망한 나라 이름으로 산서성 임의현 서남쪽에 위치)[20)]의 땅으로 천도해야 합니다. 그곳은 옥요(沃饒: 땅이 기름져 산물이 풍부함)한 데다가 고(鹽: 소금이 나는 연못) 땅과 가까워 국가에도 이롭고 군주 또한 안락할 것입니다. 그곳을 빼놓으면 안 됩니다."

당시 한헌자(韓獻子)는 신중군(新中軍)을 통수하면서 복대부(僕大夫: 궁중의 일을 관장하는 太僕官)를 겸하고 있었다. 마침 진성공이 자리에서 일어나 대부들에게 읍한 뒤 노문(路門: 군주가 조회할 때 정전으로 들어가는 3중문)을 열고 침궁 쪽으로 나가자 한헌자가 그 뒤를 따라 나갔다. 한헌자가 침정(寢庭: 침궁의 뜰)에 멈춰서자 진성공이 한헌자에게 물었다.

"그대는 이 일을 어찌 생각하오?"

"불가합니다. 순하씨의 땅은 척박한 데다가 수량도 많지 않아 오물이 쉽게 쌓입니다. 오물이 쉽게 쌓이면 백성들이 근심하게 되고, 백성들이 근심하면 몸이 쇠약해지게 됩니다. 그곳에서는 습기로 인해 풍습병(風濕病)과 수종(水腫)이 쉽게 생기니 신전(新田: 산서성 곡옥현 서남쪽)만 못합니다. 신전은 지대가 높고 수량이 풍부합니다. 그곳에 살면 병도 생기지 않을 뿐만 아니라 분수(汾水: 산서성 영무현 서남쪽에서 발원해 신전지대를 경유함)와 회수(澮水: 산서성 익성현 동남쪽 회산에서 발원해 신전을 거쳐 분수로 유입됨)가 오물을 모두 씻어가 버립니다. 백성들이 가르침을 잘 따르게 되면 10세(世: 10명의 군주가 재위하는 기간)에 이르도록 이로움이 있을 것입니다. 그곳의 심산(深山)과 대택(大澤), 삼림(森林), 염지(鹽池)는 국보나 다름없습니다. 그러나 나라가 풍요해지면 백성들이 교일(驕佚: 교만하고 나태함)해집니다. 또

으로 부르는 바람에 원래의 도성인 강은 '고강'으로 불리게 되었다.
20) 이와 관련해 양백준은 '순'과 '하'의 땅이 매우 넓었던 점을 들어 당시 진나라가 그 땅의 일부를 도성에 편입시켰다고 주장했다.

보물이 가까이 있으면 백성들이 사본축말(舍本逐末: 농사를 버리고 이익을 좇음)하여 부자는 세금을 내려 하지 않고 가난한 자는 유망(流亡)하게 되니 공실이 빈궁해집니다. 그러니 군주만큼은 안락해진다고 말할 수 없습니다."

이에 진성공이 크게 기뻐하며 그의 말을 좇았다. 여름 4월 13일, 진나라가 도성을 신전으로 옮겼다.

晉人謀去故絳. 諸大夫皆曰 "必居郇瑕氏之地, 沃饒而近鹽, 國利君樂, 不可失也." 韓獻子將新中軍, 且爲僕大夫. 公揖而入, 獻子從公立於寢庭. 謂獻子曰 "何如." 對曰 "不可. 郇瑕氏土薄水淺, 其惡易覯. 易覯則民愁, 民愁則墊隘, 於是乎有沈溺重膇之疾. 不如新田, 土厚水深, 居之不疾, 有汾澮以流其惡. 且民從敎, 十世之利也. 夫山澤林鹽, 國之寶也. 國饒, 則民驕佚. 近寶, 公室乃貧, 不可謂樂." 公說, 從之. 夏四月丁丑, 晉遷于新田.

● 6월, 정도공이 세상을 떠났다.

이때 노나라 대부 자숙성백(子叔聲伯: 공손 영제)이 진나라로 갔다. 그러자 진나라가 노나라에 명하여 송나라를 치도록 했다. 가을, 노나라 대부 맹헌자(孟獻子)와 숙손선백(叔孫宣伯: 숙손교여)이 송나라를 쳤다. 이는 진나라의 명에 의한 것이었다. 초나라 영윤 자중(子重: 공자 영제)이 정나라를 쳤다. 이는 정나라가 진나라를 가까이했기 때문이다.

겨울, 노나라 대부 계문자(季文子)가 진나라로 가 천도를 경하(慶賀)했다.

진나라 난서가 정나라를 구원하러 가 초나라 군사와 요각(繞角: 하남성 노산현 동남쪽)에서 만났다. 초나라 군사가 접전을 피해 회군하자 진나라 군사가 바로 채나라를 쳤다. 이에 초나라 대부 공자 신(申)과 공자 성(成)이 신(申)과 식(息) 고을의 군사를 이끌고 가 채나라를 구원하고 상수(桑隧: 하남성 확산현 동쪽)에서 진나라 군사를 막았다.

이때 진나라의 조동과 조괄이 무자(武子: 난서)에게 출전 허락을 요청했다. 이에 무자가 이를 허락하려고 하자 지장자(知莊子: 순수)와 범문자(范文子: 사섭), 한헌자(韓獻子: 한궐)가 반대했다.

"안 됩니다. 우리가 와서 정나라를 구원하자 초나라 군사가 우리를 피했습니다. 우리가 여기에 이른 것은 싸울 대상을 바꾼 것입니다. 살육을 그치지 않고 또 초나라 군사를 노하게 만들면 싸우더라도 반드시 이기지 못할 것입니다. 설령 승리하더라도 결코 좋은 일이 못 됩니다. 성사(成師: 전 군사)를 이끌고 나와 겨우 초나라의 두 고을에서 차출된 군사를 격파한들 무슨 영광이 되겠습니까. 더구나 만일 쳐부수지 못하면 그로 인한 치욕이 매우 클 것이니 돌아가느니만 못합니다."

이에 진나라 군사가 결국 귀환하게 되었다.

당시 진나라 장수 중에는 싸우고자 하는 사람이 매우 많았다. 어떤 사람이 난서에게 말했다.

"성인은 대중이 원하는 바를 행하여 일을 이루는데 장군은 어찌하여 대중의 의견을 좇지 않는 것입니까. 장군은 대정(大政: 집정대신)으로서 백성들이 하고자 하는 바를 짐작해 일을 해야 할 것입니다. 장군을 보좌하는 사람은 모두 11인입니다.[21] 그중 싸우지 않으려는 사람은 3인(三人: 순수·사섭·한궐)에 불과하니 싸움을 원하는 사람이 다수라고 할 수 있습니다. 『상서』(商書)[22]에 이르기를, '세 사람이 길흉을 점쳐 각기 다르게 나오면 동일한 점괘가 나온 두 사람을 따른다'고 했습니다. 이는 다수의 견해를 따라야 함을 말한 것입니다."

그러자 난서가 응답했다.

"좋은 견해가 모두 하나같다면 말할 것도 없이 대중의 견해를 따라야 하오. 무릇 좋은 견해란 바로 대중의 주장이오. 그런데 지금 3경(三卿: 순수·사섭·한궐)의 주장은 다수의 주장이라고 할 수 있소. 그러니 그

---

21) 당시 6군의 주장과 부장을 합치면 모두 12인이다. 원수인 중군의 주장을 제외한 나머지 제장이 모두 원수를 보좌하는 사람에 해당하기 때문에 11인이라고 한 것이다.
22) 사실 이 구절은 『서경』 「주서·홍범(洪範)」에 나온다.

들의 주장을 좇는 것이 어찌 옳지 않겠소?"

　六月, 鄭悼公卒. 子叔聲伯如晉, 命伐宋. 秋, 孟獻子·叔孫宣伯侵宋, 晉命也. 楚子重伐鄭, 鄭從晉故也. 冬, 季文子如晉, 賀遷也. 晉欒書救鄭, 與楚師遇於繞角. 楚師還, 晉師遂侵蔡. 楚公子申·公子成以申·息之師救蔡, 禦諸桑隧. 趙同·趙括欲戰, 請於武子, 武子將許之. 知莊子·范文子·韓獻子諫曰"不可. 吾來救鄭, 楚師去我, 吾遂至於此, 是遷戮也. 戮而不已, 又怒楚師, 戰必不克. 雖克, 不令. 成師以出, 而敗楚之二縣, 何榮之有焉. 若不能敗, 爲辱已甚, 不如還也."乃遂還. 於是, 軍帥之欲戰者衆, 或謂欒武子曰"聖人與衆同欲, 是以濟事. 子盍從衆. 子爲大政, 將酌於民者也. 子之佐十一人, 其不欲戰者, 三人而已. 欲戰者可謂衆矣.「商書」曰'三人占, 從二人.' 衆故也." 武子曰"善鈞, 從衆. 夫善, 衆之主也. 三卿爲主, 可謂衆矣. 從之, 不亦可乎."

7년(기원전 584)

　7년 봄 주력(周曆) 정월, 생쥐가 교제(郊祭)에 바칠 생우(牲牛)의 뿔을 갉아먹었다. 점을 쳐 생우를 바꾸었다. 생쥐가 또 그 소의 뿔을 갉아먹었다. 이내 생우를 풀어주었다. 오(吳)나라가 담(郯)을 쳤다. 여름 5월, 조백이 내조했다. 교제를 지내지는 않았으나 삼망(三望)은 행했다. 가을, 초나라의 공자 영제가 군사를 이끌고 정나라를 쳤다. 공이 진후·제후·송공·위후·조백·거자·주자·기백(杞伯)과 함께 정나라를 구했다. 8월 무진, 마릉(馬陵)에서 동맹했다. 공이 모임에서 돌아왔다. 오나라가 주래(州來)로 쳐들어갔다. 겨울, 크게 기우제를 지냈다. 위나라의 손림보가 진(晉)나라로 망명했다.

　七年春王正月, 鼷鼠食郊牛角, 改卜牛, 鼷鼠又食其角, 乃免牛. 吳伐郯. 夏五月, 曹伯來朝. 不郊, 猶三望. 秋, 楚公子嬰齊帥師, 伐鄭. 公會晉侯齊侯宋公衛侯曹伯莒子邾子杞伯, 救鄭, 八月戊辰, 同盟于馬陵, 公至自會. 吳入州來. 冬, 大雩. 衛孫林父出奔晉.

●7년 봄, 오나라가 담나라를 치자 담나라가 오나라와 강화했다. 이를 두고 노나라 대부 계문자가 말했다.

"중원의 각국이 군사를 정비하지 못해 만이가 침공하고 있다. 그러나 이를 우려하는 자가 없으니 이는 조자(弔者)[23)]가 없기 때문이다. 『시경』「소아·절남산(節南山)」에 이르기를, '하늘이 선하지 않으면 화란이 가라앉지 않는다'고 했다. 이는 이같은 경우를 두고 이르는 말이다. 윗사람이 선하지 않은데 그 누가 화란을 피할 수 있겠는가. 우리 나라는 곧 망하고 말 것이다."

이를 두고 군자가 이같이 평했다.

"이렇게 경계하여 두려워할 줄 안다면 결코 망하지는 않을 것이다."

정나라 대부 자량(子良)이 정성공(鄭成公)[24)]을 보좌해 진경공을 배견하면서 군사를 내어 도와준 데 대해 배사했다.

여름, 조선공(曹宣公: 이름은 廬)이 노나라를 빙문했다.

가을, 초나라 자중(子重: 공자 영제)이 정나라를 치고 범(氾) 땅에 영채를 세웠다. 이에 제후들의 군사가 정나라를 구원했다. 이때 정나라 대부 공중(共仲)과 후우(侯羽)가 초나라 군사를 군(軍: '포위했다'라는 뜻으로 '공격했다'로 풀이하기도 함)했다. 이에 초나라의 운공(鄖公: 운현을 관할하는 대부) 종의(鍾儀)를 생포해 진나라에 바쳤다.

8월, 노성공이 진경공과 제경공, 송공공, 위정공, 조선공, 거자(莒子: 즉 계타), 주정공(邾定公), 기환공 등과 마릉(馬陵: 하북성 대명현 동남쪽)에서 결맹했다. 이는 충뢰지맹(蟲牢之盟: 노성공 5년)을 다지기 위한 것으로 거나라가 순복한 데 따른 것이기도 했다.

진나라 군사가 종의를 데리고 돌아가 군부(軍府: 포로수용소로 이용되는 군용 창고)에 가두었다.

---

23) '선군'(善君)을 뜻하는 말로 여기서는 패자(霸者)를 지칭한다. 조(弔)는 선(善)과 통한다.
24) 정양공의 아들로 정도공의 동생이다. 이름은 곤(睔)인데 정영공의 아들이라는 설도 있다.

七年春, 吳伐郯, 郯成. 季文子曰 "中國不振旅, 蠻夷入伐, 而莫之或恤, 無弔者也夫.『詩』曰 '不弔昊天, 亂靡有定.' 其此之謂乎. 有上不弔, 其誰不受亂. 吾亡無日矣." 君子曰 "知懼如是, 斯不亡矣." 鄭子良相成公以如晉, 見且拜師. 夏, 曹宣公來朝. 秋, 楚子重伐鄭, 師于氾. 諸侯救鄭. 鄭共仲侯羽軍楚師, 囚鄖公鍾儀, 獻諸晉. 八月, 同盟于馬陵, 尋蟲牢之盟, 且莒服故也. 晉人以鍾儀歸, 囚諸軍府.

●이전에 초나라 군사가 송나라를 포위한 싸움에서 회군하게 되었을 때 자중이 신(申: 하남성 남양현 북쪽)과 여(呂: 하남성 남양현 서쪽) 땅을 상으로 달라고 요청했다. 초공왕이 이를 허락하려고 하자 신공(申公: 신 땅의 장관) 무신(巫臣)이 반대했다.

"불가합니다. 신과 여 땅이 존재하기에 병력을 징발해 북쪽의 침공을 막고 있는 것입니다. 만일 개인이 그 땅을 차지하면 이는 두 고을을 없애는 셈이 됩니다. 그리 되면 진나라나 정나라가 반드시 한수(漢水)까지 밀고 들어올 것입니다."

이에 초공왕이 땅을 자중에게 주지 않았다. 이로 인해 자중이 무신을 크게 원망하게 되었다. 자반(子反: 공자 측)도 하희(夏姬)를 차지하려고 할 때 무신이 이를 말린 뒤 하희를 차지해 외국으로 도주해 버린 일로 인해 그를 크게 원망하고 있었다.

초공왕이 즉위하자 자중과 자반은 무신의 일족인 자염(子閻)과 자탕(子蕩), 청윤(清尹: 중앙관과 지방관이라는 설이 대립) 불기(弗忌), 양로(襄老)의 아들 흑요(黑要) 등을 죽이고 그들의 가산을 나누어 가졌다. 자중은 자염의 가산을 차지하고 심윤(沈尹: 초나라 관직명)과 왕자 피(罷)에게 자탕의 가산을 나누어 갖게 했다. 자반은 흑요와 청윤의 가산을 차지했다. 이때 무신이 진나라에서 두 공자에게 이같은 내용의 서신을 보냈다.

"너희들은 사악하고 탐람한 마음으로 군주를 섬기면서 무고한 사람을 숱하게 죽였다. 나는 반드시 너희들을 '피어분명'(罷於奔命: 명을 받고 바삐 뛰어다니느라 지침)으로 죽게 만들 것이다."

무신이 진성공에게 오나라에 사신으로 갔다 오겠다고 청하자 진성공이 이를 허락했다. 무신이 오나라로 가자 오자(吳子: 오나라는 자작의 나라였음에도 왕을 자칭했음) 수몽(壽夢: 去齊의 아들 乘)이 크게 기뻐하며 환대했다. 이에 무신이 오나라를 진나라와 서로 교통하게 만들었다.

당시 무신은 오나라에 갈 때 양지일졸(兩之一卒: 4兩으로 1卒을 편성한 전차 30승의 부대 단위를 뜻함)[25]을 이끌고 간 뒤 그중 전차 9승과 사병 1량(兩: 25명)을 오나라에 남겨두었다. 그러고는 오나라에 사어(射御: 사수와 전차 조종사)를 넘겨주어 오나라 군사에게 전차 모는 법과 진법 전개 등을 가르치게 한 뒤 오나라로 하여금 초나라를 배반하게 했다. 이어 아들 호용(狐庸)을 오나라에 남겨두어 행인(行人: 사자를 뜻하는 말로 일종의 외교관)의 역할을 수행하게 했다.

오나라가 초나라를 치기 시작하면서 초나라의 속국인 소(巢: 偃氏로 안휘성 소현 동북쪽에 위치)나라에 이어 서(徐: 嬴氏로 안휘성 사현 북쪽에 위치)나라를 차례로 침공했다. 이에 초나라의 자중이 초공왕의 명을 받아 이리저리 분주하게 돌아다녔다.

마릉지맹(馬陵之盟) 당시 오나라가 초나라의 주래(州來: 안휘성 봉대현 경계)로 쳐들어가자 자중은 정나라에 있다가 초공왕의 명을 받고 달려갔다. 자중과 자반은 한 해에 무려 일곱 번이나 초공공의 명을 받고 분주하게 달려갔다. 이 와중에 오나라가 초나라에 복속해 있던 만이(蠻夷)의 나라들을 모두 차지했다. 이에 오나라는 비로소 강대한 나라가 되어 상국(上國: 중원의 제후국)들과 어깨를 나란히하며 교통하게 되었다.

당시 위정공(衛定公: 위목공의 아들 臧)은 손림보를 크게 꺼렸다.

---

[25] 『사마법』(司馬法)에 따르면 '1졸'(卒)은 병사 1백 명, '1량'(兩)은 25명, '대편'(大偏)은 전차 15승, '소편'(小偏)은 9승으로 편성하게 되어 있다.

겨울, 손림보가 진나라로 도주했다. 위정공이 진나라로 가자 진나라가 손림보의 채읍인 척(戚: 하남성 복양현 북쪽) 땅을 위나라에 돌려주었다.

楚圍宋之役, 師還. 子重請取於申呂以爲賞田, 王許之. 申公巫臣曰 "不可. 此申呂所以邑也, 是以爲賦, 以御北方. 若取之, 是無申呂也. 晉鄭必至于漢." 王乃止. 子重是以怨巫臣. 子反欲取夏姬, 巫臣止之, 遂取以行. 子反亦怨之. 及共王卽位, 子重・子反殺巫臣之族子閻・子蕩及淸尹弗忌及襄老之子黑要, 而分其室. 子重取子閻之室, 使沈尹與王子罷分子蕩之室, 子反取黑要與淸尹之室. 巫臣自晉遺二子書, 曰 "爾以讒慝貪惏事君, 而多殺不辜. 余必使爾罷於奔命以死." 巫臣請使於吳, 晉侯許之. 吳子壽夢說之, 乃通吳於晉. 以兩之一卒適吳, 舍偏兩之一焉. 與其射御, 敎吳乘車, 敎之戰陳, 敎之叛楚. 寘其子狐庸焉, 使爲行人於吳. 吳始伐楚, 伐巢, 伐徐. 子重奔命. 馬陵之會, 吳入州來. 子重自鄭奔命. 子重・子反於是乎一歲7奔命. 蠻夷屬於楚者, 吳盡取之. 是以始大通吳於上國. 衛定公惡孫林父. 冬, 孫林父出奔晉. 衛侯如晉, 晉反戚焉.

8년(기원전 583)

8년 봄, 진후(晉侯)가 한천(韓穿)을 시켜 문양(汶陽)을 문제삼아 제나라에 돌려주게 했다. 진(晉)나라의 난서가 군사를 이끌고 가 채나라를 침공했다. 공손 영제가 거나라로 갔다. 송공이 화원을 시켜 빙문하게 했다. 여름, 송공이 공손 수(壽)를 보내 납폐하게 했다. 진(晉)나라가 그 대부 조동(趙同)과 조괄(趙括)을 죽였다. 가을 7월, 천자가 소백(召伯)을 사자로 보내 공에게 명을 전하게 했다. 겨울 10월 계묘, 기숙희(杞叔姬)가 졸했다. 진후(晉侯)가 사섭(士燮)을 보내 빙문하게 했다. 숙손교여가 진나라의 사섭과 만났다. 제인・주인이 담(郯)을 쳤다. 위나라 사람이 와 잉첩(媵妾)이 되었다.

八年春, 晉侯使韓穿來言, 汶陽之田, 歸之于齊. 晉欒書帥師, 侵蔡.

公孫嬰齊如莒. 宋公, 使華元來聘. 夏, 宋公使公孫壽, 來納幣. 晉殺其
大夫趙同趙括. 秋七月, 天子使召伯來, 賜公命. 冬十月癸卯, 杞叔姬
卒. 晉侯使士燮來聘. 叔孫僑如會晉士燮. 齊人邾人, 伐郯. 衛人來媵.

●8년 봄, 진경공이 한천(韓穿)을 보내 문양(汶陽) 땅을 제나라에 돌
려줄 뜻을 전하게 했다. 그러자 노나라 대부 계문자가 한천을 전행(餞
行: 酒食을 베풀어 환송함)하는 자리에서 사적으로 말했다.
"대국은 대의에 입각한 일처리로 맹주가 되어야만 제후들이 그 덕을
그리워하며 토벌당할 것을 두려워하여 두 마음을 가지지 않는 법이오.
문양 땅으로 말하면 원래 우리 땅인데 후에 진나라가 무력으로 제나라
에 명해 우리에게 돌려주도록 한 것이오. 그런데 이제 또다시 다른 명
을 내려 '제나라에 돌려주라'고 하고 있소. 믿음으로 의를 행하고 의로
써 명을 완수하는 것이오. 이는 소국이 기대하고 그리워하는 것이기도
하오. 그러나 만일 신의를 알 수 없고 의리가 서지 않으면 사방의 제후
들 중 그 누가 이탈하지 않고 남아 있을 수 있겠소? 『시경』「위풍 · 맹
(氓)」에 이르기를, '여야불상(女也不爽: 여인은 과실이 없음)이나 사
이기행(士貳其行: 사내는 두 가지로 행동함)[26]이네. 사야망극(士也罔
極: 사내가 반복무상함)이니 이삼기덕(二三其德: 조석으로 행동이 다
름)이네'라고 했소. 7년 사이에 문득 주었다가 문득 빼앗으니 이보다
더 심한 번복이 있을 수 있겠소? 사내가 반복무상하게 행동하는 것은
배우(配耦: 짝)를 잃는 것과 같소. 하물며 패주(覇主: 패자)야 더 이상
말할 것이 있겠소? 패주는 오직 덕을 써야 하는데 이처럼 반복무상해서
야 어찌 장구히 제후들의 지지를 받겠소? 『시경』「대아 · 판(板)」에 이
르기를, '계책이 원대하지 못해 이같이 대간(大簡: 대도에 입각한 규간
으로 簡은 諫과 통함)하는 것이라네'라고 했습니다. 나 행보(行父: 계

---

26) '사이기행'(士貳其行)의 '이'(貳)를 '특'(貣)과 통하는 것으로 보아 '사내는
과실이 있다'로 해석해야 한다는 주장도 있다.

문자)는 진나라가 심모원려(深謀遠慮)하지 못해 장차 제후들을 잃을까 걱정되어 감히 이처럼 사적으로 말하는 것이오."

八年春, 晉侯使韓穿來言汶陽之田, 歸之于齊. 季文子餞之, 私焉, 曰 "大國制義以爲盟主, 是以諸侯懷德畏討, 無有貳心. 謂汶陽之田, 敝邑之舊也, 而用師於齊, 使歸諸敝邑. 今有二命曰 '歸諸齊.' 信以行義, 義以成命, 小國所望而懷也. 信不可知, 義無所立, 四方諸侯, 其誰不解體. 『詩』曰 '女也不爽, 士貳其行. 士也罔極, 二三其德.' 7年之中, 一與一奪, 二三孰甚焉. 士之二三, 猶喪妃耦, 而況霸主. 霸主將德是以, 而二三之, 其何以長有諸侯乎. 『詩』曰 '猶之未遠, 是用大簡.' 行父懼晉之不遠猶而失諸侯也, 是以敢私言之."

● 진나라의 중군 주장 난서가 채나라를 침공한 데 이어 초나라를 침공해 마침내 초나라 대부 신리(申驪)를 포획했다. 초나라 군사가 돌아갈 때 진나라 군사가 심(沈: 안휘성 부양현 서북쪽)나라를 침공해 심자(沈子: 심나라 군주)를 생포했다. 이는 지장자와 범문자, 한헌자의 의견을 따른 결과였다. 이를 두고 군자는 이같이 평했다.

"이는 종선여류(從善如流: '선을 따르는 것이 흐르는 물과 같이 매우 빠르다'는 뜻으로 난서가 세 사람의 의견을 속히 받아들였음을 상징함)한 데 따른 당연한 결과다. 『시경』「대아・한록(旱麓)」에 이르기를, '개제군자(愷悌君子: 가까이 다가갈 수 있는 온화한 군자여)・하부작인(遐不作人: 널리 인재를 활용한다는 뜻으로, 不는 어조사임)'이라고 했다. 이는 선인을 등용해야 한다는 것을 말한 것이다. 선인을 등용해야만 공을 세울 수 있는 것이다."

진나라가 출병할 당시 정성공이 진나라 군사와 합류하려고 가는 도중에 허나라 도성의 동문(東門)을 공격해 많은 포로를 잡았다.

성백(聲伯: 子叔聲伯)이 거나라로 갔다. 이는 아내를 맞이하기 위한 것이었다.

송나라 대부 화원(華元)이 노나라를 빙문했다. 이는 공희(共姬: 목강의 딸로 노성공의 자매)를 송공공의 부인으로 맞이하기 위한 것이었다.

여름, 송공공이 공손 수(壽)를 노나라로 보내 납폐(納幣: 예물을 바침)했다.[27] 이는 예에 맞는 일이다.

이때 진나라의 조장희(趙莊姬: 진성공의 딸로 姬氏로 통칭)가 조영(趙嬰)이 망명한 것을 이유로 진경공에게 조씨 일족을 무함했다.

"조동과 조괄이 장차 반기를 들려고 합니다. 난씨(欒氏)와 극씨(郤氏)들이 이를 증명할 수 있습니다."

6월, 진나라가 조동과 조괄을 토벌했다. 이에 조무(趙武: 조삭의 아들)가 모친 조장희를 따라 진경공의 공궁에서 생장하게 되었다. 이때 진경공이 조씨의 땅을 대부 기해(祁奚: 자는 黃羊)에게 주려고 하자 한궐이 진경공에게 간했다.

"성계(成季: 조최로, 진문공을 옹립)의 공훈과 선맹(宣孟: 조돈으로, 진영공을 옹립)의 충성이 있지만 그들의 뒤를 이을 자가 없었습니다. 이에 선을 행하는 사람들이 자신도 장차 해를 입을까 두려워하고 있습니다. 삼대(三代: 하·은·주)의 영왕(令王: 현군)이 모두 수백 년씩 하늘이 내리는 복록을 누렸는데 그 사이에 어찌 벽왕(辟王: 암군)이 안 나왔겠습니까. 단지 선대 영왕들 덕택으로 화를 면했을 뿐입니다. 『서경』 「주서·강고(康誥)」에 이르기를, '감히 환과(鰥寡: 홀아비나 과부)를 업신여기지 않는다'고 했습니다. 이는 덕을 선양하기 위한 것입니다."

이에 진경공이 조무를 조씨 가문의 후계자로 세운 뒤 조씨의 봉지를 그에게 돌려주었다.

晉欒書侵蔡, 遂侵楚, 獲申驪. 楚師之還也, 晉侵沈, 獲沈子揖, 初從知范韓也. 君子曰 "從善如流, 宜哉. 『詩』曰 '愷悌君子, 遐不作人.' 求善也夫. 作人斯有功績矣." 是行也, 鄭伯將會晉師, 門于許東門, 大獲焉. 聲伯如莒, 逆也. 宋華元來聘, 聘共姬也. 夏, 宋公使公孫壽來納幣, 禮

---

27) '납폐'에는 통상 옥(玉)·마(馬)·피(皮)·규(圭)·벽(璧)·백(帛) 등의 예물을 바쳤다. 이들 6종의 예물을 통칭해 폐(幣)라고 했다.

也. 晉趙莊姬爲趙嬰之亡故, 譖之于晉侯, 曰 "原屛將爲亂, 欒郤爲徵." 六月, 晉討趙同·趙括. 武從姬氏畜于公宮. 以其田與祁奚. 韓厥言於晉侯曰 "成季之勳, 宣孟之忠, 而無後, 爲善者其懼矣. 三代之令王, 皆數百年保天之祿. 夫豈無辟王. 賴前哲以免也.「周書」曰 '不敢侮鰥寡.' 所以明德也." 乃立武, 而反其田焉.

● 가을, 왕실의 경사 소환공(召桓公)이 노나라로 와 노성공에게 하명(賀命: 천자가 제후에게 축하차 보내는 하사품)을 전했다.

겨울, 기숙희(杞叔姬: 기환공에게 출가했던 노나라 여인)가 세상을 떠났다.『춘추』에 이를 쓴 것은 그녀가 기(杞)나라에서 쫓겨와 있었기 때문이다.

진나라의 사섭(士燮)이 노나라를 빙문해 담(郯)나라 침공 계획을 통지했다. 이는 담나라가 오나라를 섬겼기 때문이다. 노성공이 사섭에게 예물을 보내면서 노나라 군사의 출병 시기를 늦추어 달라고 청했다. 그러자 사섭이 사양했다.

"군명무이(君命無貳: 군명은 오직 하나뿐임)이니 군주에게 신의를 잃으면 신하는 존립할 수 없는 것입니다. 조빙(朝聘)의 예에는 폐백을 더하지 않는 법이니 어찌 뇌물을 받겠습니까. 공(公)과 사(私)는 양립할 수 없는 것입니다. 노나라의 군사가 다른 제후국들보다 늦게 오게 되면 노나라와의 관계를 재고하지 않을 수 없습니다. 저는 이를 과군에게 그대로 복명할 수밖에 없습니다."

계손(季孫: 계문자)이 두려워한 나머지 대부 선백(宣伯: 숙손교여)에게 명하여 곧 군사를 이끌고 가 담(郯)나라를 치는 진나라 군사들과 합류하게 했다.

위나라 사람이 여인을 보내 공희(共姬)의 잉첩(媵妾: 출가할 때 함께 따라가는 여인)이 되게 했다. 이는 예에 맞는 일이다. 무릇 제후들의 딸이 출가할 때 동성의 나라에서는 여인을 보내 잉첩으로 삼게 하고 이성의 나라는 잉첩을 보내지 않는다.

秋, 召桓公來賜公命. 冬, 杞叔姬卒. 來歸自杞, 故書. 晉士燮來聘, 言伐郯也, 以其事吳故. 公賂之, 請緩師. 文子不可, 曰 "君命無貳, 失信不立. 禮無加貨, 事無二成. 君後諸侯, 是寡君不得事君也. 燮將復之." 季孫懼, 使宣伯帥師會伐郯. 衛人來媵共姬, 禮也. 凡諸侯嫁女, 同姓媵之, 異姓則否.

9년(기원전 582)

9년 봄 주력(周曆) 정월, 기백(杞伯)이 와서 숙희(叔姬)의 영구를 맞이해 돌아갔다. 공이 진후(晉侯)·제후·송공·위후·정백·조백·거자·기백과 만나 포(蒲)에서 결맹했다. 공이 모임에서 돌아왔다. 2월, 백희(伯姬)가 송나라로 출가했다. 여름, 계손행보가 송나라로 가 공녀를 송나라의 공가(公家)로 들여보냈다. 진(晉)나라 사람이 와서 잉첩(媵妾)이 되어 공녀를 따라갔다. 가을 7월 병자, 제후 무야(無野)가 졸했다. 진(晉)나라 사람이 정백을 잡았다. 진나라의 난서가 군사를 이끌고 가 정나라를 쳤다. 겨울 11월, 제경공(齊頃公)을 안장했다. 초나라 공자 영제(嬰齊)가 군사를 이끌고 가 거나라를 쳤다. 경신, 거나라가 패했다. 초나라 사람이 운(鄆)으로 쳐들어갔다. 진(秦)나라 사람과 백적(白狄)이 진(晉)나라를 쳤다. 정나라 사람이 허나라를 포위했다. 중성(中城)에 성을 쌓았다.

九年春王正月, 杞伯來逆叔姬之喪, 以歸. 公, 會晉侯齊侯宋公衛侯鄭伯曹伯莒子杞伯, 同盟于蒲, 公至自會. 二月, 伯姬歸于宋. 夏, 季孫行父如宋, 致女, 晉人來媵. 秋七月丙子, 齊侯無野卒. 晉人執鄭伯, 晉欒書帥師, 伐鄭. 冬11月, 葬齊頃公. 楚公子嬰齊帥師, 伐莒, 庚申, 莒潰, 楚人入鄆. 秦人白狄, 伐晉. 鄭人圍許. 城中城.

●9년 봄, 기환공(杞桓公)이 와서 숙희(叔姬)의 시신을 맞이해 갔다. 이는 노나라의 요청에 따른 것이다. 기숙희의 죽음은 기나라가 그녀를

버렸기 때문이고 기나라가 숙희의 시신을 맞이해 간 것은 노나라 때문이었다.

이때 제후들이 문양 땅을 제나라에게 돌려주게 한 일로 인해 진나라를 의심하게 되자 진나라가 이를 두려워했다. 이에 곧 노성공과 진경공, 제경공, 송공공, 위정공, 거자(莒子: 거구공), 기환공이 포(蒲) 땅에서 회동해 마릉지맹을 다졌다. 이때 노나라 대부 계문자가 진나라의 집정대부 범문자(范文子: 사섭)에게 물었다.

"스스로 덕을 닦아 자강(自强)하지 않고 동맹만 다져 무엇합니까?"

"은근히 제후들을 어루만지고, 관후하게 제후들을 대하고, 엄하게 제후들을 통제하고, 신령에게 대한 맹서로 제후들과 약속하여 유복벌이(柔服伐貳: 순복한 자를 안무하고 두 마음을 품은 자를 침)하는 것은 덕치(德治) 다음 가는 방법이오."

포 땅에서의 이번 회맹에 처음으로 오나라를 참석시키려고 했으나 오나라 사람이 오지 않았다.

2월, 백희(伯姬)가 송나라로 출가했다.

여름, 계문자가 송나라로 가서 백희를 위문한 뒤 돌아와 복명하자 노성공이 그를 위한 향례를 베풀었다. 계문자가 『시경』 「대아·한혁(韓奕)」의 시 제5장을 노래해 좋은 곳으로 출가했다고 칭송했다. 백희의 모친인 목강(穆姜)이 이 시를 듣고 크게 기뻐하며 방에서 나와 계문자에게 재차 배사했다.

"대부가 고생했습니다. 선군을 잊지 않고 사군(嗣君)에게 충성을 바치며 미망인에게까지 덕을 베풀었으니 선군도 대부가 이같이 하기를 바랐을 것입니다. 삼가 대부의 거듭된 노고에 감히 배사하고자 합니다."

그러고는 『시경』 「패풍·녹의(綠衣)」의 마지막 장을 노래하고 방으로 들어갔다.

진(晉)나라 사람이 노나라로 오면서 잉첩을 보냈다. 이는 예에 맞는 일이다.

이때 초나라가 귀중한 재물을 정나라로 보내 초나라에 친부하도록 회유하자 정성공이 초나라 대부 공자 성(成)을 등(鄧: 하남성 등현) 땅에서 만났다. 가을, 정성공이 진나라로 갔다. 그러자 진나라가 이내 정성공이 초나라에 친부한 사실을 문책한 뒤 그를 동제(銅鞮: 산서성 심현 서남쪽)에 억류했다.

이어 진나라의 난서가 군사를 이끌고 가 정나라를 쳤다. 이에 정나라가 행인(行人: 외교사절) 백견(伯蠲)을 보내 강화하도록 했으나 진나라 군사가 오히려 그를 죽였다. 이는 예가 아니다. 군사가 서로 싸우더라도 사자는 얼마든지 그 사이를 오갈 수 있는 일이다. 이에 초나라 자중이 진(陳)나라를 쳐 정나라를 구했다.

이때 진경공이 신공(申公) 무신(巫臣)을 오나라로 보냈다. 무신이 거나라로부터 가도(假道: 오나라로 가는 길을 빌림)한 뒤 거구공(渠丘公: 莒紀公의 아들 朱로 '거구'는 산동성 거현 북쪽에 위치)과 함께 성의 해자 옆에 서서 말했다.

"도성이 크게 훼손되었습니다."

그러자 거구공이 말했다.

"폐읍은 이민족 틈에 끼여 궁벽한 곳에 있으니 누가 넘보고자 하겠소?"

"교활한 마음으로 영토를 넓혀 국익을 꾀하고자 하는 사람이 어느 나라인들 없겠습니까. 바로 그같은 이유로 많은 대국이 나타난 것입니다. 이들 대국은 영토를 넓히거나 멋대로 약탈할 생각에서 출발했던 것입니다. 용부(勇夫: 용맹한 사람)도 층층이 문을 굳게 단속하는데 하물며 국가야 더 이상 말할 것이 있겠습니까."

겨울 11월, 초나라의 자중이 진(陳)나라를 출발해 거나라를 치고 거구(渠丘)를 포위했다. 거구의 성은 이미 크게 훼손되어 있었기 때문에 성 안의 백성들이 모두 궤산하여 거나라 도성으로 달아났다. 11월 5일, 초나라 군사가 거구성 안으로 진입했다. 이때 거나라 사람이 초나라의 공자 평(平)을 포로로 잡았다. 그러자 초나라 군사가 말했다.

"그를 죽이지 마라. 우리들이 너희 나라 포로를 돌려보내겠다."

그러나 거나라 사람들은 이 말을 듣지 않고 공자 평을 죽였다. 이에 초나라 이내 군사가 거나라 도성을 포위했다. 거나라 도성 또한 이미 크게 훼손되어 있었다. 11월 17일, 거나라 도성이 함몰되었다. 이에 초나라 군사가 운성(鄆城: 노나라와의 접경지대로 산동성 기수현 북쪽에 위치)으로 쳐들어갔다. 거나라의 패배는 방비하지 않은 데 따른 것이었다. 이를 두고 군자는 이같이 평했다.

"궁벽한 곳에 있는 것만 믿고 방비하지 않은 것은 죄 중의 대죄(大罪)이다. 만일의 사태를 대비해 미리 방비하는 것은 선 중의 대선(大善)이다. 거나라는 궁벽한 곳에 위치한 것만 믿고 성곽을 수리하지 않아 불과 12일 사이에 초나라가 도성을 포함한 3개 성을 함몰하도록 만들었다. 이는 모두 방비하지 않은 탓이다.『시경』(詩經: 이 시는 실전됨)에 이르기를, '비록 사마(絲麻: 베나 비단 등을 지칭)가 있더라도 염초(染草)를 버리지 마오. 비록 희강(姬姜: 대국의 여인 또는 미녀를 지칭)28)이 있더라도 초췌(蕉萃: 비천한 사람 혹은 憔悴한 사람)를 버리지 마오. 모든 군자에게는 자신의 결함을 채워줄 수 있는 사람이 없을 수 없기 때문이오'라고 했다. 이는 미리 방비하는 일을 멈출 수 없음을 말한 것이다."

九年春, 杞桓公來逆叔姬之喪, 請之也. 杞叔姬卒, 爲杞故也. 逆叔姬, 爲我也. 爲歸汶陽之田故, 諸侯貳於晉. 晉人懼, 會於蒲, 以尋馬陵之盟. 季文子謂范文子曰 "德則不競, 尋盟何爲." 范文子曰 "勤以撫之, 寬以待之, 堅疆以御之, 明神以要之, 柔服而伐貳, 德之次也." 是行也, 將始會吳, 吳人不至. 二月, 伯姬歸于宋. 夏, 季文子如宋致女, 復命, 公享之. 賦「韓奕」之五章. 穆姜出于房, 再拜曰 "大夫勤辱, 不忘先君以及嗣君, 施及未亡人, 先君猶有望也. 敢拜大夫之重勤." 又賦「綠衣」之卒章而入. 晉人來媵, 禮也. 楚人以重賂求鄭, 鄭伯會楚公子成于鄧. 秋, 鄭伯如晉. 晉人討其貳於楚也, 執諸銅鞮. 欒書伐鄭, 鄭人使伯蠲行成, 晉人殺

---

28) '희강'이 대국의 여인을 뜻하게 된 것은 전설적인 삼황오제인 황제(黃帝)가 희성(姬姓), 염제(炎帝)가 강성(姜姓)인 데서 비롯된 것이다.

之, 非禮也. 兵交, 使在其間可也. 楚子重侵陳以救鄭. 晉侯使申公巫臣如吳. 假道于莒, 與渠丘公立於池上, 曰 "城已惡." 莒子曰 "辟陋在夷, 其孰以我爲虞." 對曰 "夫狄焉思啓封疆以利社稷者, 何國蔑有. 唯然, 故多大國矣, 唯或思或縱也. 勇夫重閉, 況國乎." 冬十一月, 楚子重自陳伐莒, 圍渠丘. 渠丘城惡, 衆潰奔莒. 戊申, 楚入渠丘. 莒人囚楚公子平, 楚人曰 "勿殺, 吾歸而俘." 莒人殺之, 楚師圍莒. 莒城亦惡, 庚申, 莒潰. 楚遂入鄆, 莒無備故也. 君子曰 "恃陋而不備, 罪之大者也. 備豫不虞, 善之大者也. 莒恃其陋, 而不修城郭, 浹辰之間, 而楚克其三都, 無備也夫. 『詩』曰 '雖有絲麻, 無棄菅蒯. 雖有姬姜, 無棄蕉萃. 凡百君子, 莫不代匱.' 言備之不可以已也."

●진(秦)나라와 백적(白狄)이 진(晉)나라를 쳤다. 이는 제후들이 진(晉)나라에 대해 두 마음을 품은 데 따른 것이다.

정나라 사람들이 허나라를 포위해 진나라에게 정성공을 조급하게 구하지는 않을 것임을 보여주었다. 이는 정나라 공손 신(申)의 계책에 따른 것으로 당시 그는 이같이 말했다.

"우리가 출병하여 허나라를 포위하고 짐짓 새 군주를 옹립하려는 모습을 보이면서 진나라로 보낼 사자의 발길을 잠시 묶어두면 진나라는 반드시 우리 군주를 돌려보낼 것이오."

노나라가 중성(中城: 노나라 도성 곡부의 內城을 뜻하나 두예는 강소성 경계에 있는 노나라의 성읍으로 해석함)을 쌓았다. 『춘추』에 이를 쓴 것은 시기에 맞았기 때문이다.

이때 진경공이 군부(軍府: 무기고 등의 군용 창고)를 시찰하게 되었다. 그러다가 우연히 운공(鄖公) 종의(鍾儀)를 발견하고는 물었다.

"저 남관(南冠: 남방지역의 관으로, 곧 초나라의 모자)을 쓰고 구금되어 있는 자가 누구요?"

그러자 군부를 관리하는 담당 관원이 대답했다.

"정나라에서 바친 초나라의 포로입니다."

이에 진경공이 곧 그를 풀어주게 하고는 불러서 위로하자 종의가 재배고두(再拜叩頭)했다. 이에 진경공이 그의 본래 관직을 묻자 종의가 대답했다.

"영인(泠人: 음악을 연주하는 樂官)입니다."

"그렇다면 악기를 연주할 수 있는가?"

"이는 선대 이래의 관직이니 감히 다른 일을 배웠을 리 있겠습니까."

진경공이 곧 그에게 거문고를 건네주게 하자 종의가 남음(南音: 초나라 음악)을 연주했다. 진경공이 종의에게 물었다.

"그대의 군주는 어떠한 인물인가?"

"이는 소인이 알 수 있는 바가 아닙니다."

진경공이 재삼 묻자 종의가 대답했다.

"과군은 태자로 있을 때 사보(師保: 태자를 가르치는 관원)가 태자를 받들자 아침에는 영윤으로 있는 공자 영제(嬰齊)를 찾아보고 저녁에는 사마로 있는 공자 측(側)을 찾아가 가르침을 청했습니다. 나머지 일은 알지 못합니다."

진경공이 이 이야기를 하자 범문자가 말했다.

"그 초나라 포로는 군자입니다. 선대의 직업을 말한 것은 그 근본을 버리지 않은 것입니다. 또 고향의 음악을 연주한 것은 고국을 잊지 않은 것이고 군주에 대해 말하면서 태자 시절의 이야기를 한 것은 그에게 사심이 없는 것입니다. 초나라의 2경(二卿: 자중·자반)을 거론하면서 그 이름을 말한 것은 진나라 군주를 높인 것입니다. 근본을 버리지 않은 것은 인덕(仁德), 고향을 잊지 않은 것은 수신(守信), 사심이 없는 것은 충성(忠誠), 군주를 높인 것은 민달(敏達: 민첩하고 사물에 통달함)입니다. 인덕으로 일을 처리하고, 신의로 일을 고수하고, 충성으로 일을 이루고, 민달로 일을 추진하면 비록 국가대사라 할지라도 반드시 성사시킬 수 있습니다. 군주는 어찌하여 그를 본국으로 돌려보내 그로 하여금 진(晉)·초(楚) 두 나라 간의 화친을 도모하도록 하지 않는 것입니까."

진경공이 이를 좇아 곧 종의를 후하게 대접한 후 초나라로 돌려보내면서 양국의 화친을 도모하게 했다.

12월, 초공왕이 태재(大宰) 공자 진(辰: 자는 子商)에게 명하여 진나라로 가 종의의 사명(使命)에 대한 회답을 전하면서 구호(舊好)를 다지고 새로운 화약(和約)을 맺게 했다.

秦人·白狄伐晉, 諸侯貳故也. 鄭人圍許, 示晉不急君也. 是則公孫申謀之, 曰 "我出師以圍許, 僞將改立君者, 而紓晉使, 晉必歸君." 城中城, 書時也. 晉侯觀于軍府, 見鍾儀. 問之曰 "南冠而縶者, 誰也." 有司對曰 "鄭人所獻楚囚也." 使稅之, 召而弔之. 再拜稽首. 問其族, 對曰 "泠人也." 公曰 "能樂乎." 對曰 "先父之職官也, 敢有二事." 使與之琴, 操南音. 公曰 "君王何如." 對曰 "非小人之所得知也." 固問之, 對曰 "其爲大子也, 師保奉之, 以朝于嬰齊而夕于側也. 不知其他." 公語范文子, 文子曰 "楚囚, 君子也, 言稱先職, 不背本也. 樂操土風, 不忘舊也. 稱大子, 抑無私也. 名其二卿, 尊君也. 不背本, 仁也. 不忘舊, 信也. 無私, 忠也. 尊君, 敏也. 仁以接事, 信以守之, 忠以成之, 敏以行之, 事雖大, 必濟. 君盍歸之, 使盍之楚之成." 公從之, 重爲之禮, 使歸求成. 十二月, 楚子使公子辰如晉, 報鍾儀之使, 請修好結成.

10년(기원전 581)

10년 봄, 위후의 아우 흑배(黑背)가 군사를 이끌고 가 정나라를 침공했다. 여름 4월, 다섯 번 교제(郊祭)를 점쳤으나 불길해 교제를 행하지 않았다. 5월, 공이 진후(晉侯)·제후·송공·위후·조백과 함께 정나라를 쳤다. 제나라 사람이 와서 잉첩이 되었다. 병오, 진후 누(獳)가 졸했다. 가을 7월, 공이 진(晉)나라로 갔다. 겨울 10월.

十年春, 衛侯之弟黑背帥師, 侵鄭. 夏四月, 五卜郊, 不從, 乃不郊. 五月, 公會晉侯齊侯宋公衛侯曹伯, 伐鄭. 齊人來媵. 丙午, 晉侯獳卒. 秋七月, 公如晉. 冬十月.

●10년 봄, 진경공이 대부 적패(糴茷)를 초나라로 보내 초나라 태재 자상(子商: 공자 진)의 출사(出使: 사자로 보냄)에 회답했다.

위나라의 자숙흑배(子叔黑背: 위정공의 동생 黑背로 子叔은 성임)가 정나라를 침공했다. 이는 진경공의 명에 따른 것이었다.

정나라의 공자 반(班: 子如)이 숙신(叔申: 공손 신)의 계책을 받아들였다. 3월, 공자 반이 공자 수(繻)를 새 군주로 내세웠다. 여름 4월, 정나라 사람이 공자 수를 죽이고 태자 곤완(髡頑: 정희공)을 다시 새 군주로 세우자 공자 반이 허나라로 달아났다. 이를 두고 진나라의 난무자가 말했다.

"정나라가 새 군주를 세웠는데 우리가 일반 사람 1명을 잡아둔들 무슨 도움이 되겠는가. 이는 정나라를 치면서 그들의 군주를 돌려보내 강화하느니만 못하다."

이때 진경공이 병이 났다. 5월, 진나라가 태자 주포(州蒲)를 새 군주로 내세웠다.[29] 그러고는 제후들의 군사를 이끌고 가 정나라를 쳤다.

그러자 정나라 대부 자한(子罕: 정목공의 아들 공자 희)이 진나라에 양종(襄鐘: 정양공의 사당에 있는 종)을 뇌물로 주었다. 정나라 대부 자연(子然: 정목공의 아들)이 수택(脩澤: 하남성 원양현 서남쪽)에서 제후들과 결맹하고 대부 자사(子駟: 정목공의 아들 공자 騑)를 인질로 보냈다. 5월 11일, 정성공이 풀려나 정나라로 돌아왔다.

十年春, 晉侯使糴茷如楚, 報大宰子商之使也. 衛子叔黑背侵鄭, 晉命也. 鄭公子班聞叔申之謀. 三月, 子如立公子繻. 夏四月, 鄭人殺繻, 立髡頑. 子如奔許. 欒武子曰 "鄭人立君, 我執一人焉, 何益. 不如伐鄭, 而歸其君以求成焉." 晉侯有疾, 五月, 晉立大子州蒲以爲君, 而會諸侯伐鄭. 鄭子罕賂以襄鐘, 子然盟于脩澤, 子駟爲質. 辛巳, 鄭伯歸.

---

29) 당시 주포는 부친 진경공이 살아 있는데도 군위에 올랐다. 청대의 고염무(顧炎武)는 『일지록』(日知錄)에서 훗날 왕실 내부에서 미리 태자에게 보위를 넘기는 소위 '내선'(內禪)이 이때부터 시작되었다고 분석했다.

●진경공의 꿈에 대려(大厲: 덩치가 큰 귀신)가 나타났다. 대려는 산발한 머리가 땅에 닿을 정도였는데 가슴을 두 손으로 치고 위로 펄쩍 뛰면서 말했다.

"너는 나의 자손을 살해했으니 이는 불의이다. 나는 이미 상제(上帝)에게 신원하여 그대에게 복수하는 것을 허락받았다."

그러고는 궁문과 침문(寢門)을 부수고 쳐들어왔다. 진경공이 두려운 나머지 내실로 뛰어들어가자 대려가 또 내실의 문을 부수고 쫓아들어왔다. 진경공이 크게 놀라 곧 꿈에서 깨어나 상전(桑田: 하남성 문향현 동쪽)의 무당을 불렀다. 그러자 무당이 말한 정황이 진경공의 꿈 내용과 똑같았다. 이에 진경공이 물었다.

"이 꿈의 길흉이 어떠하오?"

"새로 나는 보리를 먹지 못할 것입니다."

이때 진경공은 병이 매우 깊어지자 진(秦)나라로 사람을 보내 명의를 보내줄 것을 부탁했다. 이에 진환공(秦桓公: 이름은 榮)이 명의 완(緩)을 보내 진경공의 병을 치료하게 했다. 명의 완이 이르기 전에 진경공이 다시 꿈을 꾸었다. 이번에는 질병이 두 사람의 동자로 변해 서로 이 같은 말을 나누는 것을 보았다.

"진나라의 의사 완은 명의가 아닌가. 그가 치료하게 되면 우리를 해치고 말 것이다. 과연 어디로 도망쳐야 약의 공격을 피할 수 있는지 모르겠다."

"우리는 응당 황(肓: 횡격막)와 고(膏: 심장의 아래쪽) 사이에 가 있어야 할 것이다. 그리 되면 설령 그가 천하의 명의라 해도 우리를 장차 어찌할 수 있겠는가."

얼마 후 명의 완이 도착해 진경공의 병세를 살펴보고는 말했다.

"이 병은 치료할 수 없습니다. 병의 근원이 고황(膏肓: 횡격막과 심장 사이)에 있어 침으로 다스릴 수가 없습니다. 달(達: 침구 치료법)로도 미치지 않고 약효도 고황에 이르지 않습니다. 이같은 병은 본래 치료할 수가 없습니다."

진경공이 크게 감격해하며 말했다.

"그대는 과연 뛰어난 명의요."

그러고는 명의 완에게 후하게 예물을 준 뒤 돌려보냈다.

6월 병오일, 진경공이 새로 나온 보리를 먹고 싶어했다. 이에 전인(甸人: 제후를 위해 토지를 관리하는 사람)에게 명하여 보리를 바치게 한 뒤 이를 궤인(饋人: 요리사)을 시켜 요리를 만들도록 했다.

이어 상전의 무당을 소환해 새로 나온 보리로 만든 음식을 보여준 뒤 곧바로 그를 죽였다. 그런데 진경공이 막 먹으려고 할 때 그의 배가 갑자기 크게 부풀어오르기 시작했다. 결국 진경공은 측간에 달려갔다가 이내 측간에 빠져 세상을 떠나고 말았다. 당시 진경공 곁에서 시중을 들던 소신(小臣)이 새벽꿈을 꾸다가 진경공을 업고 하늘로 올라가는 자신의 모습을 보았다. 과연 그 소신은 그날 한낮이 되어서야 진경공을 측간에서 업고 나왔다. 이에 드디어 그를 순장(殉葬)시켰다.

晉侯夢大厲, 被髮及地, 搏膺而踊, 曰 "殺余孫, 不義. 余得請於帝矣." 壞大門及寢門而入. 公懼, 入于室. 又壞戶. 公覺, 召桑田巫. 巫言如夢. 公曰 "何如." 曰 "不食新矣." 公疾病, 求醫于秦. 秦伯使醫緩爲之. 未至, 公夢疾爲二豎子, 曰 "彼良醫也, 懼傷我, 焉逃之." 其一曰 "居肓之上, 膏之下, 若我何." 醫至, 曰 "疾不可爲也. 在肓之上, 膏之下, 攻之不可, 達之不及, 藥不至焉, 不可爲也." 公曰 "良醫也." 厚爲之禮而歸之. 六月丙午, 晉侯欲麥, 使甸人獻麥, 饋人爲之. 召桑田巫, 示而殺之. 將食, 張, 如廁, 陷而卒. 小臣有晨夢負公以登天. 及日中, 負晉侯出諸廁. 遂以爲殉.

●정성공은 돌아오자마자 자신이 진나라에 억류되어 있는 동안 새 군주를 옹립하는 데 앞장섰던 자들을 모두 죽였다. 6월 8일, 정성공이 숙신(叔申: 공손 신)과 숙금(叔禽: 공손 신의 동생)을 죽였다. 이를 두고 군자가 이같이 평했다.

"충성은 미덕이지만 그 대상이 충성을 바칠 만한 사람이 아니면 오히려 좋지 않다. 하물며 그 대상이 불령(不令: 不善)한 사람인 경우야 더 말할 것이 있겠는가."

가을, 노성공이 조문차 진나라로 갔다. 그러자 진나라 사람이 노성공을 억류해 장례식에 참석하게 했다. 당시 화친을 맺기 위해 초나라에 사자로 간 진나라 대부 적패가 아직 귀국하지 못하고 있었다.

겨울, 진경공을 안장했다. 이때 노성공이 송장(送葬)했는데 다른 제후들은 한 사람도 참석하지 않았다. 노나라 사람들이 이를 치욕으로 생각해 『춘추』에 쓰지 않았다. 이는 국치(國恥)를 은휘한 것이다.

鄭伯討立君者, 戊申, 殺叔申·叔禽. 君子曰 "忠爲令德, 非其人猶不可, 況不令乎." 秋, 公如晉. 晉人止公, 使逆葬. 於是糴茂未反. 冬, 葬晉景公. 公送葬, 諸侯莫在. 魯人辱之, 故不書, 諱之也.

11년(기원전 580)

11년 봄 주력(周曆) 3월, 공이 진(晉)나라에서 돌아왔다. 진후(晉侯)가 극주(郤犨)를 보내 빙문하게 했다. 기축, 극주와 결맹했다. 여름, 계손행보가 진(晉)나라로 갔다. 가을, 숙손교여(叔孫僑如)가 제나라로 갔다. 겨울 10월.

十一年春王正月, 公至自晉. 晉侯使郤犨來聘. 己丑, 及郤犨盟. 夏, 季孫行父如晉. 秋, 叔孫僑如如齊. 冬十月.

●11년 봄 3월, 노성공이 진나라에서 돌아왔다. 진나라 사람은 노성공이 초나라와 내통하는 두 마음을 품고 있다고 생각해 그를 억류한 뒤 맹약 수락을 청한 뒤에야 돌려보냈다. 진나라 대부 극주(郤犨: 극표의 증손인 苦成叔)가 노나라를 빙문해 결맹에 참여했다.

원래 성백(聲伯: 공손 영제)의 모친은 빙례(聘禮: 중매를 통한 정식 혼인절차)를 거른 채 숙힐(叔肹)과 동거했다. 이에 목강(穆姜: 노선공의 부인)이 성백의 모친에게 말했다.

"나는 첩(妾: '너'라는 의미의 비칭)을 사(姒: 동서)로 여기지 않는다."

이에 성백의 모친은 성백을 낳은 뒤 쫓겨났다. 이후 성백의 모친은 제나라의 관우해(管于奚)에게 시집갔는데 두 아이를 낳고는 과부가 되자 아이들을 성백에게 맡겼다. 그러자 성백이 외제(外弟: 의붓아버지가 낳은 아우로 곧 관우해의 아들)를 대부로 삼고 외매(外妹: 관우해의 딸)를 시효숙(施孝叔: 노혜공의 5세손)에게 시집보냈다.

진나라의 극주가 노나라를 빙문했을 때 성백에게 자신의 아내 될 사람을 구해달라고 요구했다. 이에 성백이 시효숙의 아내인 외매를 시씨에게서 빼앗아 극주에게 주었다. 이때 시씨의 아내가 시씨에게 말했다.

"새나 짐승도 오히려 짝을 잃지 않으려고 하는데 그대는 장차 어떻게 할 것입니까?"

그러자 시효숙이 대답했다.

"나는 사망(死亡: 죽거나 도주함)할 수 없소."

이에 결국 시씨의 아내는 극주를 따라가 두 아이를 낳았다. 이후 진나라에서 극씨 일족이 멸족하자 진나라 사람이 그녀를 시씨에게 돌려보냈다. 이때 시씨가 그녀를 황하 강변에서 맞이하면서 두 아이를 황하에 던져 죽여버렸다. 이에 여인이 분노하여 말했다.

"자신의 항려(伉儷: 짝) 하나 보호하지 못해 떠나보내더니 이제 또 다른 사람의 고아를 기를 수 없다고 죽이는 것인가. 그러고도 어찌 좋은 결과가 있을 수 있겠는가."

그러고는 마침내 시씨의 처가 되지 않을 것을 맹서했다.

十一年春王三月, 公至自晉. 晉人以公爲貳於楚, 故止公. 公請受盟而後使歸. 郤犨來聘, 且涖盟. 聲伯之母不聘, 穆姜曰"吾不以妾爲姒." 生聲伯而出之, 嫁於齊管于奚. 生二子而寡, 以歸聲伯. 聲伯以其外弟爲大夫, 而嫁其外妹於施孝叔. 郤犨來聘, 求婦於聲伯. 聲伯奪施氏婦以與之. 婦人曰"鳥獸猶不失儷, 子將若何." 曰"吾不能死亡." 婦人遂行, 生二子於郤氏. 郤氏亡, 晉人歸之施氏. 施氏逆諸河, 沈其二子. 婦人怒曰"己不能庇其伉儷而亡之, 又不能字人之孤而殺之, 將何以終." 遂誓施氏.

●여름, 노나라 대부 계문자가 진나라로 갔다. 이는 보빙을 위한 것으로 결맹 참석도 겸한 것이었다.

주공 초(楚: 주공 열의 후손)가 주혜왕(周惠王)과 주양왕(周襄王) 후손들의 핍박에 원한을 품고 있다가 경사 백여(伯與: 伯輿)와의 정권 다툼에서 패하자 화가 나 외국으로 떠나버렸다. 그가 양번(陽樊: 樊으로도 불리며 하남성 제원현 동남쪽에 위치)에 이르렀을 때 주간왕(周簡王: 주정왕의 아들 夷)이 경사 유자(劉子: 劉康公)를 보내 귀국을 종용했다. 결국 그는 견(鄄: 위치 미상) 땅에서 결맹한 후 돌아갔다. 그러나 사흘 만에 주공 초는 다시 빠져나와 진나라로 도망갔다.

가을, 노나라 대부 선백(宣伯: 숙손교여)이 제나라를 빙문해 구호를 다졌다.

이때 진나라 대부 극지(郤至)가 왕실과 왕기(王畿) 내에 있는 후(鄇: 하남성 남무척현 서남쪽) 땅을 놓고 다투게 되었다. 이에 주간왕이 유자와 선자(單子: 單襄公)에게 명하여 진나라로 가 쟁송하게 했다. 쟁송 중에 극지가 주장했다.

"후 땅이 있는 온읍(溫邑: 극지의 채읍으로 하남성 온현 서남쪽 위치)은 본래부터 우리 영토입니다. 그래서 결코 그 땅을 잃을 수 없습니다."

이에 유자와 선자가 주장했다.

"옛날 주왕조가 상왕조를 치고 제후들에게 각기 봉지를 분여할 때 대신 소분생(蘇忿生)은 온읍에 거주하며 사구로 임명된 후 단백달(檀伯達)과 함께 하내(河內) 땅을 채읍으로 받게 되었소. 그런데 소씨가 적인의 땅으로 도주했다가 다시 그곳에서 살지 못하고 달아났소. 이후 주양왕은 진문공의 노고를 위로하면서 온읍을 그에게 하사했소. 이에 온읍의 대부 호씨(狐氏: 狐溱을 지칭)와 진나라 대부 양씨(陽氏: 양처보)가 먼저 거기에 살다가 이후 그대에게 이른 것이오. 만일 그 연고를 따지기로 한다면 그 땅은 왕관(王官: 왕실의 속관)의 봉읍이오. 그런데 그대가 어떻게 그 땅을 차지할 수 있단 말이오?"

그러자 진여공이 극지에게 명하여 다시는 다투지 못하게 했다.

송나라 대부 화원은 초나라 영윤 자중은 물론 진나라의 난무자와도 사이가 매우 좋았다. 그는 초나라가 진나라 사자 적패에게 화친을 허락함으로써 적패가 마침내 귀국하여 복명하게 되었다는 소문을 들었다. 겨울, 화원이 초나라로 갔다가 다시 진나라로 가 두 나라 간의 화친을 성사시켰다.

진·진 두 나라가 우호관계를 맺기로 하여 영호(令狐: 산서성 임의현 서쪽)에서 회동하게 되었다. 진여공이 먼저 영호에 이르렀다. 그러나 진환공(秦桓公: 진공공의 아들)은 황하를 건너지 않은 채 왕성(王城: 섬서성 조읍현 동쪽)에 머물며 대부 사과(史顆)를 보내 진여공과 하동(河東)에서 맹서하게 했다. 그러자 진여공도 극주를 보내 진환공과 하서(河西)에서 맹서하게 했다. 이를 두고 진나라의 집정대부 범문자가 말했다.

"이같은 결맹이 무슨 도움이 되겠는가. 제맹(齊盟: 한 마음으로 회맹한다는 '齊心會盟'의 뜻임)[30)]은 성신(誠信)을 드러내는 것이고 회소(會所: 회맹 장소)는 신의의 시작이다. 시작부터 서로 따르지 않으니 어찌 성신이 있을 수 있겠는가."

과연 진환공은 귀국하자마자 화약(和約)을 저버렸다.

夏, 季文子如晉報聘, 且涖盟也. 周公楚惡惠襄之偪也, 且與伯輿爭政, 不勝, 怒而出. 及陽樊, 王使劉子復之, 盟于鄄而入. 三日復出奔晉. 秋, 宣伯聘于齊, 以脩前好. 晉郤至與周爭鄇田, 王命劉康公·單襄公訟諸晉. 郤至曰 "溫, 吾故也, 故不敢失." 劉子·單子曰 "昔, 周克商, 使諸侯撫封, 蘇忿生以溫爲司寇, 與檀伯達封于河. 蘇氏卽狄, 又不能於狄而奔衛.

---

30) '제맹'(齊盟)의 '제'(齊)를 '재계'(齋戒)로 보아 '재계회맹'(齋戒會盟)으로 해석하는 견해도 있다.

襄王勞文公而賜之溫, 狐氏陽氏先處之, 而後及子. 若治其故, 則王官之邑也, 子安得之." 晉侯使郤至勿敢爭. 宋華元善於令尹子重, 又善於欒武子. 聞楚人旣許晉糴茷成, 而使歸復命矣. 冬, 華元如楚, 遂如晉, 合晉楚之成. 秦晉爲成, 將會于令狐, 晉侯先至焉. 秦伯不肯涉河, 次于王城, 使史顆盟晉侯于河東. 晉郤犫盟秦伯于河西. 范文子曰 "是盟也何益. 齊盟, 所以質信也. 會所, 信之始也. 始之不從, 其何質乎." 秦伯歸而背晉成.

12년(기원전 579)

12년 봄, 주공이 진(晉)나라로 망명했다. 여름, 공이 진후(晉侯)·위후와 쇄택(瑣澤)에서 만났다. 가을, 진(晉)나라 사람이 교강(交剛)에서 적인을 깨뜨렸다. 겨울 10월.

十二年春, 周公出奔晉. 夏, 公會晉侯衛侯于瑣澤. 秋, 晉人敗狄于交剛. 冬十月.

●12년 봄, 주간왕이 노나라로 사자를 보내 주공 초의 난이 일어난 사실을 알렸다. 이에 『춘추』는 이같이 썼다.

"주공출분진(周公出奔晉: 주공이 진나라로 달아났다)."

원래 천하는 모두 주왕조의 땅이므로 왕기(王畿) 밖으로 나가더라도 '출'(出)이라고 쓸 수 없다. 그러나 그는 왕실과의 인연을 스스로 끊었기 때문에 그같이 쓴 것이다.

송나라 대부 화원이 힘써 진(晉)·초(楚) 두 나라의 화친을 성사시켰다. 여름 5월, 진나라 집정대부 사섭이 초나라 공자 피(罷) 및 허언(許偃)과 만났다. 5월 4일, 두 나라가 송나라 도성의 서문 밖에서 결맹했다. 맹약에는 이같은 내용을 담았다.

"진나라와 초나라는 서로 상대국에 무력을 행사하지 않고, 호오(好惡)를 같이하며, 재위(菑危: 재해와 위난)에 함께 돕고, 힘을 다해 흉환(凶患: 기황과 우환)을 구한다. 만일 초나라를 해롭게 하는 자가 있으면 진나라가 이를 치고 진나라에 대해서도 초나라 또한 그같이 한다. 두 나라가 교지왕래(交贄往來: 서로 예물을 교환하고 왕래함)하는 데에 길이 막히는 일이 없도록 한다. 이에 협조하지 않는 나라에 대해서는 함께 도모하고 부정(不庭: 王庭에 오지 않는 자로, 왕명을 거역하는 자를 뜻함)한 나라에 대해서도 함께 토벌한다. 향후 유맹(渝盟: 동맹을 어김)한 자는 신령이 그를 주살하고 그의 군사를 전복시키며 조국(胙國: 나라를 지킴)하지 못하게 할 것이다."

정성공이 진나라로 와 진·초 두 나라의 맹약에 가담하여 쇄택(瑣澤: 『춘추공양전』의 沙澤으로, 하북성 대명현에 위치)에서 제후들과 회동하게 되었다. 이는 두 나라가 화친을 맺은 데 따른 것이다.

적인이 송나라가 제후들의 회맹을 촉성(促成)하는 틈을 타 진나라를 치면서도 방비를 제대로 하지 않았다. 가을, 진나라 군사가 적인을 교강(交剛: 위치 미상)에서 격파했다.

十二年春, 王使以周公之難來告. 書曰 "周公出奔晉", 凡自周無出, 周公自出故也. 宋華元克合晉楚之成. 夏五月, 晉士燮會楚公子罷許偃. 癸亥, 盟于宋西門之外, 曰 "凡晉楚無相加戎, 好惡同之, 同恤菑危, 備救凶患. 若有害楚, 則晉伐之. 在晉, 楚亦如之. 交贄往來, 道路無壅. 謀其不協, 而討不庭. 有渝此盟, 明神殛之, 俾隊其師, 無克胙國." 鄭伯如晉聽成, 會于瑣澤, 成故也. 狄人間宋之盟以侵晉, 而不設備. 秋, 晉人敗狄于交剛.

●진나라의 극지가 초나라를 빙문하고 결맹에 참석했다. 초공왕이 향례를 베풀자 사마 자반이 극지를 접대하는 역할을 맡아 지실(地室: 지하실 방)을 만들어 놓고 악기들을 걸어놓았다. 극지가 막 당상으로 올라가려 할 때 문득 아래에서 주악 소리가 울렸다. 극지가 크게 놀라 달려나가려고 하자 자반이 말했다.

"날이 이미 저물었고 과군이 기다리고 있으니 그대는 그만 안으로 들어가십시오."

"귀국의 군주는 선군이 맺은 우호관계를 잊지 않고 저같은 하신에게까지 은혜를 베풀어 대례(大禮)로써 대하며 악기까지 갖춰놓았습니다. 만일 하늘이 복을 내려 두 나라 군주가 만나면 장차 무슨 예로써 이번의 대례를 대체할 것입니까. 저는 감히 받을 수 없습니다."

"만일 그런 일이 있게 되면 오직 전장터에서의 상견일 뿐이니 화살 한 대를 서로 주고받으면 되지 않겠습니까. 어찌 주악이 있겠습니까. 과군이 기다리고 있으니 그대는 어서 들어가기 바랍니다."

"만일 두 나라 군주가 서로 만나 상대를 책하는 의미에서 화살 한 대를 주고받으면 화 중의 대화(大禍)인데 무슨 복이 있다고 할 수 있겠습니까. 천하가 크게 다스려질 때에는 제후들이 천자의 명을 완수하는 틈을 내어 서로 찾아보는 것입니다. 이때 향(享)과 연(宴)의 예가 있게 되는데 향은 공검(恭儉)을 가르치고 연은 자혜(慈惠)를 보이는 것입니다. 공검으로써 예를 행하고 자혜로써 정교(政敎)를 베풀며 정교로써 예가 완성되니 이로써 백성은 휴식을 취하는 것입니다. 백관들은 정사를 처리하면서 아침에 조현하고 저녁에는 다시 조현하지 않습니다. 이것이 공후(公侯)들이 그들의 백성을 한성(扞城: 보호하여 지켜냄)하는 일입니다. 『시경』「주남·토저(兎罝)」에 이르기를, '규규무부(赳赳武夫: 씩씩한 무사여)·공후간성(公侯干城: 공후의 간성이라네)'이라고 했습니다. 그러나 천하가 어지러운 때에는 제후들이 탐람하여 침략의 욕망에 거리낌이 없습니다. 이에 심상(尋常: '심'은 8척, '상'은 16척으로 극히 작은 땅을 지칭)을 놓고 다투면서 그들의 백성들을 죽이고 무사들을 손에 넣어 자신의 복심(腹心)과 고굉(股肱), 조아(爪牙)로 삼습니다. 이에 같은 시에서 이르기를, '규규무부(赳赳武夫)·공후복심(公侯腹心: 공후의 복심이라네)'이라고 했습니다. 천하에 도가 행해지면 제후들은 백성을 지키는 간성이 되어 능히 그의 복심을 제압할 수 있으나 천하가 어지러워지면 제후들은 정반대가 됩니다. 이제 그대의 말씀은 어지러운 때에 합당한 말이니 법도로 삼을 수가 없습니다. 그러나 그대가 이 자리의 주인이니 이 극지가 어찌 감히 따르지 않겠습니까."

그러고는 드디어 안으로 들어가 향연의 예를 마쳤다. 극지가 귀국한 후 정황을 그대로 전하자 범문자가 탄식했다.

"무례한 자는 반드시 식언(食言)하는 법이니 우리가 죽을 날도 멀지 않았소."

겨울, 초나라 공자 피(罷)가 진나라를 보빙하면서 결맹에 참석했다. 12월, 진여공과 초나라 공자 피가 적극(赤棘: 위치 미상)에서 결맹했다.

晉郤至如楚聘, 且涖盟. 楚子享之, 子反相, 爲地室而縣焉. 郤至將登, 金奏作於下, 驚而走出. 子反曰"日云莫矣, 寡君須矣, 吾子其入也."賓曰"君不忘先君之好, 施及下臣, 貺之以大禮, 中之以備樂. 如天之福, 兩君相見, 何以代此. 下臣不敢."子反曰"如天之福, 兩君相見, 無亦唯是一矢以相加遺, 焉用樂. 寡君須矣, 吾子其入也."賓曰"若讓之以一矢, 禍之大者, 其何福之爲. 世之治也, 諸侯間於天子之事, 則相朝也, 於是乎有享宴之禮. 享以訓共儉, 宴以示慈惠. 共儉以行禮, 而慈惠以布政. 政以禮成, 民是以息. 百官承事, 朝而不夕, 此公侯之所以扞城其民也. 故『詩』曰'赳赳武夫, 公侯干城.'及其亂也, 諸侯貪冒, 侵欲不忌, 爭尋常以盡其民, 略其武夫, 以爲己腹心‧股肱‧爪牙. 故『詩』曰'赳赳武夫, 公侯腹心.'天下有道, 則公侯能爲民干城, 而制其腹心. 亂則反之. 今吾子之言, 亂之道也, 不可以爲法. 然吾子, 主也, 至敢不從."遂入卒事. 歸以語范文子. 文子曰"無禮必食言, 吾死無日矣夫."冬, 楚公子罷如晉聘, 且涖盟. 十二月, 晉侯及楚公子罷盟于赤棘.

13년(기원전 578)

13년 봄, 진후(晉侯)가 극기(郤錡)를 보내 걸사(乞師)하게 했다. 3월, 공이 경사에 갔다. 여름 5월, 공이 경사에서 곧바로 진후(晉侯)‧제후‧송공‧위후‧정백‧조백‧주인‧등인(滕人)과 함께 진(秦)나라를 쳤다. 조백 노(盧)가 군진 속에서 죽었다. 가을 7월, 공이 진(秦)나라를 치고 돌아왔다. 겨울, 조선공(曹宣公)을 안장했다.

十三年春, 晉侯使郤錡來乞師. 三月, 公如京師. 夏五月, 公自京師,遂會晉侯齊侯宋公衛侯鄭伯曹伯邾人滕人, 伐秦. 曹伯盧卒于師. 秋七月, 公至自伐秦. 冬, 葬曹宣公.

●13년 봄, 진여공이 대부 극기(郤錡: 극극의 아들)를 노나라로 보내 지원군을 요청하게 했다. 이때 극기의 일하는 태도가 불경스러웠다. 이에 노나라 대부 맹헌자가 말했다.

"극씨는 망할 것이다. 예는 몸의 근간이고 경은 몸의 기반인데 극자에게는 그 기반이 없다. 선군의 사경(嗣卿: 대를 이어 경이 된 사람)으로서 군명을 좇아 지원군을 청하면서 사직을 지키는 일에 소홀하니 이는 군명을 저버리는 것이다. 그러니 어찌 망하지 않겠는가."

3월, 노성공이 경사로 갔다. 이때 노나라 대부 선백(宣伯: 숙손교여)이 주간왕의 하사품을 받을 생각으로 먼저 출사(出使)할 것을 청했다. 그러나 주간왕은 그를 단순히 행인(行人: 사자)의 예로 대접했다. 맹헌자가 노성공을 수행하자 주간왕이 그를 상개(上介: 군주가 손님으로 갈 때 수종하는 대신)로 간주해 많은 상사(賞賜)를 내렸다.

노성공과 그밖의 제후들은 조현이 끝나자 왕실의 대신 유강공(劉康公)과 성숙공(成肅公)을 좇아 진여공과 회동한 뒤 함께 군사를 이끌고 가 진(秦)나라를 쳤다. 이때 성숙공은 사직 앞에서 출병을 고하는 제사를 지낼 때 수신(受脤: 사직 제사 후 祭肉을 받는 의식)하는 자세가 불경스러웠다. 이에 유강공이 말했다.

"내가 듣건대 '백성은 천지의 중화지기(中和之氣)로 태어난다'고 했다. 이것이 소위 명(命: 天命으로 해석하기도 함)이다. 명이 있기에 동작(動作)과 예의(禮義), 위의(威儀)의 법칙이 있고 그것으로 명이 정해진다. 법칙을 능히 지키는 사람은 명을 잘 보전해 복을 누리고 그렇지 못한 자는 명을 잃어 화를 부르는 것이다. 이에 군자는 근례(勤禮: 예를 지키는 데 애씀)하고 소인은 진력(盡力: 생산하는 일에 힘을 다함)한다. 근례에는 치경(致敬: 공경을 다함)보다 나은 것이 없고 진력에는 돈독(敦篤: 돈후하고 성실함)보다 나은 것이 없다. 치경은 양신

(養神: 신령을 모심), 돈독은 수업(守業: 본분인 생업을 지킴)에 그 뜻이 있다. 국가대사는 제사와 출병이다. 제사에는 집번(執膰: 제육을 나눠주는 의식)을 행하고 출병에는 수신(受脤)을 행한다. 이는 신령과의 교신을 위한 대절(大節)이다. 지금 성숙공이 이를 게을리했으니 이는 자신의 명을 버린 것이다. 그러니 살아서 돌아오기가 어렵지 않겠는가."

　十三年春, 晉侯使郤錡來乞師, 將事不敬. 孟獻子曰 "郤氏其亡乎. 禮, 身之幹也. 敬, 身之基也. 郤子無基. 且先君之嗣卿也, 受命以求師, 將社稷是衛而惰, 棄君命也. 不亡何爲." 三月, 公如京師. 宣伯欲賜, 請先使, 王以行人之禮禮焉. 孟獻子從, 王以爲介而重賂之. 公及諸侯朝王, 遂從劉康公·成肅公會晉侯. 伐晉. 成子受脤于社, 不敬. 劉子曰 "吾聞之, 民受天地之中以生, 所謂命也. 是以有動作禮義威儀之則, 以定命也. 能者養之以福, 不能者敗以取禍. 是故君子勤禮, 小人盡力. 勤禮莫如致敬, 盡力莫如敦篤. 敬在養神, 篤在守業. 國之大事, 在祀與戎. 祀有執膰, 戎有受脤, 神之大節也. 今成子惰, 棄其命矣, 其不反乎."

●여름 4월 5일, 진여공이 대부 여상(呂相: 魏錡의 아들로 '여' 땅을 채읍으로 받은 魏相을 말하는데 呂宣子로도 불림)을 진(秦)나라로 보내 절교를 선언하게 했다. 이에 여상이 이같이 전했다.

"옛날 선군 진헌공(晉獻公)과 귀국의 진목공(秦穆公)이 서로 우호관계를 맺고 육력동심(戮力同心: 온 힘을 다해 한 마음이 됨)하여 맹서를 통해 두 나라 관계를 명확히 했습니다.[31] 이후 두 나라는 혼인관계를 통해 더욱 깊은 인연을 맺어 왔습니다. 그러나 하늘이 우리 나라에 재앙을 내려 선군 진문공(晉文公)은 제나라, 진혜공(晉惠公)이 귀국으로 피하는 일이 있었습니다. 무록(無祿: 복록이 없다는 말로, 여기서는 '불행히도'라는 뜻임), 선군 진헌공이 세상을 떠나자 진목공이 옛날의

---

31) 일찍이 진헌공과 진목공이 맹서한 일이 있으나 『춘추』와 『좌전』은 이 내용을 실어놓지 않았다.

은덕을 잊지 않고 진혜공을 귀국시켜 조상의 제사를 지낼 수 있도록 했습니다. 그러나 귀국은 커다란 공을 완성하지 못하고 우리와 한(韓) 땅에서 싸웠습니다. 이후 유감을 표시하며 진문공을 귀국시켜 보위에 오르게 했으니 이는 모두 진목공이 이룬 업적입니다.

당시 선군 진문공은 몸소 갑옷과 투구로 무장한 채 발리산천(跋履山川: 산을 넘고 물을 건넘)하여 험조(險阻)한 지대를 넘어 돌아왔습니다. 진문공은 이 사이 우(虞: 순임금이 세운 나라)와 하·은·주 3대의 후손인 동방의 제후들로 하여금 진군(秦君)을 조현하게 했습니다.[32] 이것으로 이전의 은덕에 보답한 셈이 되었습니다. 또 정나라 사람이 귀국의 강역(疆場: 변경)을 노(怒)[33]했을 때 진문공은 제후들을 이끌고 가 귀국의 군사와 합세해 정나라를 포위했습니다. 그런데 귀국의 대부는 우리 군주와 상의도 하지 않은 채 멋대로 정나라와 강화했습니다. 제후들이 이를 통한히 여겨 귀국과 목숨을 걸고 싸우려 하자 진문공이 귀국의 군사가 해를 입을까 크게 우려하여 곧 제후들을 설복해 귀국의 군사가 무사히 귀환하도록 했습니다. 이는 우리가 서쪽의 귀국에 대해 대조(大造: 커다란 은공)를 세운 셈입니다.

불행히도 진문공이 세상을 떠나자 진목공은 조문도 하지 않은 채 서거한 진문공을 경멸하고 진양공(晉襄公)을 업신여겨 우리 효산 땅을 침공해 우호관계를 단절했습니다. 진목공은 우리의 보성(保城)[34]을 침공하고 비활(費滑: 費를 도성으로 한 활나라)을 멸망시켜 우리 형제국가를 흩어지게 하고 우방국을 소란스럽게 만들어 결국 우리 나라를 위태롭게 했습니다. 진양공은 진목공의 구은을 잊지 않고 있었으나 국가의 멸망을 두려워했습니다. 이에 효산의 싸움이 있게 된 것입니다. 당

---

32) 진문공이 동방의 제후들로 하여금 진군(秦君)을 조현하게 했다는 이야기는 사서에 전혀 나오지 않는 것이다.
33) 노하게 했다는 것은 곧 틈을 노려 침범했다는 뜻으로, 이 이야기는 사서에 전혀 나오지 않으므로 진나라측이 꾸며낸 것일 공산이 크다.
34) 여러 해석이 있으나 보(保)를 보(堡)로 보아 '성읍'으로 해석하는 것이 좋을 듯하다.

시 진양공은 진목공의 면전에서 용서를 빌고자 했습니다. 그러나 진목공은 이를 들어주지 않고 오히려 초나라를 가까이하며 우리 나라를 치려고 했습니다. 하늘이 우리 나라를 보우해 초성왕이 운명하자 진목공은 우리 나라를 치려는 뜻을 이루지 못했던 것입니다.

  진목공과 진양공이 세상을 떠나고 귀국에는 진강공(秦康公)이 즉위하고 우리 나라에서는 진영공이(晉靈公)이 즉위했습니다. 진강공은 목희(穆姬: 진헌공의 딸)의 소생이니 우리의 외생(外甥)이 되건만 오히려 진나라 공실을 괴롭혀 사직을 뒤엎고, 모적(蟊賊: '해충과 같은 적'을 뜻하는 말로 공자 雍을 지칭)을 귀국시켜 옹립할 생각으로 우리의 변경을 소란하게 만들었습니다. 이에 영호(令狐)의 싸움이 있었던 것입니다. 그러나 이후 진강공은 뉘우치기는커녕 우리 하곡(河曲: 황하의 물줄기가 꺾이는 곳으로 산서성 영제현 동북쪽에 위치)으로 들어와 속천성(涑川城: 산서성 연제현 동북쪽)을 침공하고, 왕관(王官: 산서성 문희현)을 약탈하고, 기마(羈馬: 산서성 영제현 남쪽)를 무단으로 점거했습니다. 이로써 하곡의 싸움이 있었던 것입니다. 귀국의 동도(東道)[35]가 막힌 것은 진강공이 스스로 우호관계를 끊은 데 따른 것입니다.

  군주가 보위에 오를 때 선군 진경공은 서쪽을 바라보며 자문하기를, '이제 대략 우리를 무휼(撫恤: 위로하여 도와줌)하지 않겠는가'라고 했습니다. 그러나 군주는 은혜를 베풀어 우리와 화약을 맺기는커녕 적난(狄難)[36]을 틈타 우리의 하현(河縣: 황하와 가까운 진나라 성읍)으로 쳐들어왔습니다. 그러고는 기(箕: 산서성 포현 동북쪽)와 고(郜: 산서성 서기현 서쪽) 두 고을을 불태우며 곡식을 베어가고 변경의 백성들까지 도살했습니다. 이에 우리가 보씨(輔氏)에 군사를 모아 대적했던 것

---

35) 진(晉)나라로 통하는 길이라는 뜻으로, 진나라가 진(秦)나라의 동쪽에 있는 데서 나온 말이다.
36) 여상은 '적인들이 진(晉)을 침공하는 난을 당했다'고 주장한 것이나 사실 노선공 15년에 오히려 진나라 군사가 적인들을 쳤다.

노성공 87

입니다. 이후 군주가 전화(戰禍)가 계속되는 것을 뉘우치고 진헌공과 진목공 때의 우호관계를 회복시키고자 했습니다. 이에 백거(伯車: 진 환공의 아들)를 보내 전하기를, '나와 그대는 동심동덕(同心同德)하여 원한을 버리고 구호를 회복시켜 선군들의 공덕을 추념(追念)하도록 합 시다'라고 했습니다. 그러나 결맹이 맺어지기 전에 진경공이 세상을 떠 났습니다. 이로 인해 과군(寡君: 진여공)이 영호지맹(令狐之盟)을 맺 게 된 것입니다. 그러나 군주는 불상(不祥: 不善)하게도 맹서를 저버렸 습니다. 백적(白狄)은 군주와 함께 옹주(雍州: 섬서성과 감숙성, 청해 성의 일부 지역 일대)에 살고 있어 군주와는 원수지간이지만 우리와는 혼인관계에 있습니다. 이때 군주가 명을 내려 말하기를, '나는 그대와 함께 적인을 치고자 한다'고 하자 과군은 감히 혼인관계를 돌아보지 않 고 군주의 위엄을 두려워하여 사신을 통해 그 명을 받아들였습니다. 그 러나 군주는 두 마음을 가지고 적인에게 말하기를, '진(晉)나라가 너희 들을 치려고 한다'고 했습니다. 적인들은 비록 겉으로는 이를 받아들였 으나 내심 군주의 무신(無信)을 미워하여 그 말을 모두 일러주었습니 다. 초나라 역시 군주의 반복무상을 미워하여 우리에게 사람을 보내 전 하기를, '진(秦)나라는 영호지맹을 저버리고 우리 초나라에 결맹을 요 구했소. 그들은 황천상제(皇天上帝)와 진나라의 3공(三公: 진목공과 진강공, 진공공) 및 초나라의 3왕(三王: 초성왕과 초목왕, 초장왕)의 영전에, 비록 진(晉)나라와 왕래하고 있으나 우리는 오직 이익만 도모 할 뿐이라고 고했소. 불곡(不穀)은 진나라의 반복무상을 혐오하여 이 를 폭로하니 언행이 일치하지 않는 자를 징계하도록 하시오'라고 했습 니다. 다른 제후들도 이 이야기를 듣고 모두 통심질수(痛心疾首: 마음 아파하고 고뇌함)하여 우리와 화친하고자 했습니다.

과군이 말하기를, '나는 지금 제후의 군사를 이끌고 와 군주가 하는 말을 듣고자 하는데 이는 오직 우호관계를 맺고자 할 뿐이오. 만일 군 주가 제후들을 혜고(惠顧: 은혜를 베풀어 두루 살핌)하고 과인을 긍애 (矜哀: 불쌍히 여김)하여 결맹하고자 한다면 이는 과인이 바라던 바이기도 하오. 그리 되면 군주의 뜻을 받들어 제후들을 설득하여 물러나도록 만들 것이오. 어찌 감히 요란(徼亂: 화란을 구함)하겠소. 그러나 만일 군주가 대혜(大惠)를 베풀지 않으면 과인은 재주가 없어 제후들을 설득해 물러나게 할 수가 없소'라고 했소. 이미 군주의 집사(執事)에게 속에 있는 말을 모두 털어놓았으니 집사에게 실로 도리(圖利: 경중과 이해를 저울질한다는 뜻으로 '圖'는 가늠한다는 뜻임)하도록 당부해 주기 바랍니다."

夏四月戊午, 晉侯使呂相絶秦, 曰 "昔, 逮我獻公及穆公相好, 戮力同心, 申之以盟誓, 重之以昏姻. 天禍晉國, 文公如齊, 惠公如晉. 無祿, 獻公卽世, 穆公不忘舊德, 俾我惠公用能奉祀于晉. 又不能成大勳, 而爲韓之師. 亦悔于厥心, 用集我文公, 是穆之成也. 文公躬擐甲冑, 跋履山川, 踰越險阻, 征東之諸侯, 虞夏商周之胤, 而朝諸秦, 則亦旣報舊德矣. 鄭人怒君之疆場, 我文公帥諸侯及秦圍鄭. 秦大夫不詢于我寡君, 擅及鄭盟. 諸侯疾之, 將致命于秦. 文公恐懼, 綏靜諸侯, 秦師克還無害, 則是我有大造于西也. 無祿, 文公卽世, 穆爲不弔, 蔑死我君, 寡我襄公, 迭我殽地, 奸絶我好, 伐我保城, 殄滅我費滑, 散離我兄弟, 撓亂我同盟, 傾覆我國家. 我襄公未忘君之舊勳, 而懼社稷之隕, 是以有殽之師, 猶願赦罪于穆公. 穆公弗聽, 而卽楚謀我. 天誘其衷, 成王隕命, 穆公是以不克逞志于我. 穆襄卽世, 康靈卽位. 康公我之自出, 又欲闕翦我公室, 傾覆我社稷, 帥我蟊賊, 以來蕩搖我邊疆, 我是以有令狐之役. 康猶不悛, 入我河曲, 伐我涑川, 俘我王官, 翦我羈馬, 我是以有河曲之戰. 東道之不通, 則是康公絶我好也. 及君之嗣也 我君景公引領西望曰 '庶撫我乎.' 君亦不惠稱盟, 利吾有狄難, 入我河縣, 焚我箕郜, 芟夷我農功, 虔劉我邊垂, 我是以有輔氏之聚. 君亦悔禍之延, 而欲徼福于先君獻穆, 使伯車來命我景公曰 '吾與女同好棄惡, 復脩舊德, 以追念前勳.' 言誓未就, 景公卽世. 我寡君是以有令狐之會. 君又不祥, 背棄盟誓. 白狄及君同州, 君之仇讎, 而我之昏姻也. 君來賜命曰 '吾與女伐狄.' 寡君不敢顧昏姻, 畏君之威, 而受命于吏. 君有二心於狄, 曰 '晉將伐女.' 狄應且憎, 是用告我. 楚人惡君之二三其德也. 亦來告我曰 '秦背令狐之盟, 而來求盟于我, 昭告昊天上帝, 秦三公, 楚三王, 曰「余雖與晉出入, 余唯利是視.」不穀惡其無成德, 是用宣之, 以懲不壹.' 諸侯備聞此言, 斯是用痛心疾首, 暱就寡人. 寡人帥以聽命, 唯好是求. 君若惠顧諸侯, 矜哀寡人, 而賜之盟, 則寡人之願也. 其承寧諸侯以退, 豈敢徼亂. 君若不施大惠, 寡人不佞, 其不能以諸侯退矣. 敢盡布之執事, 俾執事實圖利之."

●진환공은 이미 진여공(晉厲公)과 영호지맹을 맺었으나 또 적인과 초나라를 끌어들여 그들과 함께 진(晉)나라를 치고자 했다. 이에 제후들은 진(晉)나라와 가까이 지내게 되었다. 당시 진나라는 난서(欒書)가 중군 주장, 순경(荀庚: 순림보의 아들로 中行伯)이 중군 부장, 사섭(士燮)이 상군 주장, 극기(郤錡)가 중군 부장, 한궐(韓厥)이 하군 주장, 순앵(荀罃)이 하군 부장, 조전(趙旃)이 신군(新軍: 이전의 新三軍을 하나로 통합함) 주장, 극지(郤至)가 신군 부장을 맡게 되었다. 또 극의(郤毅: 극지의 동생)가 진여공의 전차를 몰고 난감(欒鍼: 난서의 아들)이 거우가 되었다. 이를 두고 노나라의 맹헌자가 말했다.

"진나라의 장병들은 상하가 한 마음이니 반드시 큰 공을 세울 것이다."

5월 4일, 진(晉)나라 군사는 제후들의 군사를 이끌고 가 마수(麻隧)에서 진(秦)나라 군사와 싸웠다. 이 싸움에서 진(晉)나라 군사가 대승하여 진(秦)나라 대부 성차(成差)와 불경(不更: 대부 밑의 진나라 관직명) 여보(女父)를 포로로 잡았다. 이때 조선공(曹宣公: 이름은 廬)이 군중에서 세상을 떠났다.

이에 진(晉)나라 군사가 곧바로 경수(涇水: 감숙성 고원현 남쪽에서 발원해 섬서성 경양현 남쪽을 지나 渭水로 유입)를 건너 진(秦)나라의 후리(侯麗: 섬서성 경양현 경계)까지 쳐들어갔다. 얼마 후 되돌아와 진(秦)나라의 신초(新楚: 섬서성 대려현)에서 진여공을 맞이했다.

왕실의 경사 성숙공(成肅公)이 유강공의 예언과 같이 얼마 더 살지 못하고 하(瑕: 하남성 섬현 남쪽) 땅에서 세상을 떠났다.

秦桓公旣與晉厲公爲令狐之盟, 而又召狄與楚, 欲道以伐晉, 諸侯是以睦於晉. 晉欒書將中軍, 荀庚佐之. 士燮將上軍, 郤錡佐之. 韓厥將下軍, 荀罃佐之. 趙旃將新軍, 郤至佐之. 郤毅御戎, 欒鍼爲右. 孟獻子曰 "晉帥乘和, 師必有大功." 五月丁亥, 晉師以諸侯之師及秦師戰于麻隧. 秦師敗績, 獲秦成差及不更女父. 曹宣公卒于師. 師遂濟涇, 及侯麗而還. 迓晉侯于新楚. 成肅公卒于瑕.

● 6월 15일 밤, 허나라로 도주했던 정나라 공자 반(班)이 정나라의 자(訾)[37] 땅에서 태궁(大宮: 조묘)으로 들어가는 것을 허락해 달라고 요청했다. 그러나 이를 허락받지 못하자 정목공의 아들 자인(子印)과 자우(子羽)를 죽인 뒤 군사들을 이끌고 시(市: 정나라 내 한 성읍의 저자)에 진을 쳤다.

6월 17일, 정나라 공실의 자사(子駟)가 국인(國人)과 함께 태궁 앞에서 맹서한 뒤 이들을 이끌고 가 시가지를 모두 불태우고 자여(子如: 공자 반)와 자방(子駹: 공자 반의 동생), 손숙(孫叔: 공자 반의 아들), 손지(孫知: 자방의 아들)를 죽였다.

이때 조나라 사람이 공자 부추(負芻: 조선공의 서자인 조성공)를 보내 도성을 지키게 한 뒤 공자 흔시(欣時: 『춘추공양전』의 喜時)를 시켜 조선공의 시신을 맞이하게 했다. 가을, 부추가 태자를 죽이고 스스로 보위에 올랐다. 제후들이 부추를 치자고 청하자 진나라는 진(秦)나라와의 싸움으로 인해 병사들이 지쳐 있다며 일단 휴식을 취한 뒤 다시 도모하자고 설득했다.

겨울, 조나라가 조선공을 안장했다. 안장 후 자장(子臧: 공자 흔시)이 외국으로 망명하려고 하자 조나라 사람들이 모두 그를 따라가려고

---

37) 위치 미상이나 주왕실의 땅으로 하남성 공현 서남쪽에 있었다고 보는 견해가 있다.

했다. 조성공(曹成公)이 이를 두려워한 나머지 자신의 죄를 인정한 뒤 자장에게 조나라에 체류해줄 것을 요청했다. 이에 자장이 되돌아온 뒤 자신의 채읍을 반납했다.

六月丁卯夜, 鄭公子班自訾求入于大宮, 不能, 殺子印·子羽, 反軍于市. 己巳, 子駟帥國人盟于大宮, 遂從而盡焚之, 殺子如·子駹·孫叔·孫知. 曹人使公子負芻守, 使公子欣時逆曹伯之喪. 秋, 負芻殺其大子而自立也. 諸侯乃請討之, 晉人以其役之勞, 請侯他年. 冬, 葬曹宣公. 旣葬, 子臧將亡, 國人皆將從之. 成公乃懼, 告罪, 且請焉. 乃反, 而致其邑.

14년(기원전 577)

14년 봄 주력(周曆) 정월, 거자(莒子) 주(朱)가 졸했다. 여름, 위나라의 손림보(孫林父)가 진(晉)나라에서 위나라로 돌아왔다. 가을, 숙손교여가 제나라로 가 공녀를 맞이했다. 정나라의 공자 희(喜)가 군사를 이끌고 가 허나라를 쳤다. 9월, 교여가 부인 부강씨(婦姜氏)와 함께 제나라에서 돌아왔다. 겨울 10월 경인, 위후 장(臧)이 졸했다. 진백이 졸했다.

十四年春王正月, 莒子朱卒. 夏, 衛孫林父自晉歸于衛. 秋, 叔孫僑如如齊, 逆女. 鄭公子喜帥師, 伐許. 九月 僑如以夫人婦姜氏, 至自齊. 冬十月庚寅, 衛侯臧卒. 秦伯卒.

●14년 봄, 위정공이 진나라로 가자 진여공이 강제로 손림보를 만나 보게 했다. 그러나 위정공이 이에 동의하지 않았다.

여름, 위정공이 귀국하자 진여공이 극주에게 명하여 손림보를 데리고 가 위정공을 만나보게 했다. 위정공이 또 사절하려고 하자 정강(定姜: 위정공의 부인 강씨)이 말했다.

"사절해서는 안 됩니다. 그는 선군(先君: 위정공의 부친 위목공)을 모신 종경(宗卿: 종친인 경으로 여기서는 위무공에서 갈려나온 손림보의 부친 손량부를 지칭)의 후사이고 대국인 진나라에서도 그를 만나보길 바라고 있습니다. 접견을 허락하지 않으면 장차 나라가 망할 것입니다. 비록 꺼려질지라도 그를 만나는 것이 나라를 망하게 하는 것보다는 낫지 않겠습니까. 군주는 잠시만 참도록 하십시오. 백성을 편안하게 하고 종경을 용서하는 것이 또한 가하지 않겠습니까."

이에 위정공이 손림보를 만나본 뒤 그의 직위와 채읍을 회복시켜 주었다. 이때 위정공이 진나라의 고성숙(苦成叔: 극주)에게 향례를 베풀고 대부 영혜자(甯惠子: 甯殖)를 시켜 그를 접대하게 했다. 고성숙의 태도가 거만하자 영혜자가 말했다.

"고성가(苦成家)[38]는 장차 망하고 말 것이다. 옛날에는 향례(享禮)를 베풀면서 그 사람의 위의(威儀)[39]를 보고 화복을 살폈다. 그래서 『시경』「소아 · 상호(桑扈)」와 「주송 · 사의(絲衣)」에 이르기를, '시굉기구(兕觥其觩: 쇠뿔 잔이 굽어 있다는 뜻으로, 觩는 굽은 모양을 지칭) · 지주사유(旨酒思柔: 미주가 한없이 부드럽다는 뜻으로, 思는 어조사) · 피교비오(彼交匪傲: 교만하지도 않다는 뜻으로, 彼는 匪를 잘못 쓴 것이고 交는 驕의 假借) · 만복래구(萬福來求: 만복이 모여든다는 뜻으로 求는 聚의 뜻)'라고 했다. 지금 저 사람이 교만한 모습을 보이는 것은 화를 부르는 길이다."

十四年春, 衛侯如晉, 晉侯强見孫林父焉, 定公不可. 夏, 衛侯旣歸, 晉侯使郤犫送孫林父而見之. 衛侯欲辭, 定姜曰 "不可. 是先君宗卿之嗣也, 大國又以爲請, 不許, 將亡. 雖惡之, 不猶愈於亡乎. 君其忍之. 安民而宥宗卿, 不亦可乎." 衛侯見而復之. 衛侯饗苦成叔, 甯惠子相. 苦成叔傲. 甯子曰 "苦成叔家其亡乎. 古之爲享食也, 以觀威儀 · 省禍福也. 故

---

38) 고성숙의 가문이라는 뜻으로, 천자는 왕실, 제후는 공실, 대부는 가(家)를 칭했다.
39) '위의'는 원래 예의의 세세한 절차를 의미했으나 용모와 행동거지를 뜻하는 말로 전용되었다. 『중용』은 '예의'가 3백 가지이면 '위의'는 3천 가지에 달한다고 했다.

『詩』曰 '兕觥其觩, 旨酒思柔. 彼交匪傲, 萬福來求.' 今夫子傲, 取禍之道也."

●가을, 노나라 대부 선백(宣伯)이 제나라로 가 제녀(齊女)를 맞이했다. 『춘추』에 족명을 쓴 것은 군명을 존중했기 때문이다.

8월, 정나라 대부 자한(子罕: 공자 喜)이 허나라를 쳤으나 패했다. 8월 23일, 정성공이 다시 허나라를 쳤다. 8월 25일, 정나라 군사가 허나라 도성의 부(郛: 외성)로 쳐들어갔다. 허나라가 원래 정나라 땅이었던 숙신(叔申)의 봉지를 정나라에 돌려주는 조건으로 강화했다.

9월, 숙손교여가 부인 부강씨(婦姜氏: 노성공의 부인)를 모시고 제나라에서 돌아왔다. 『춘추』에 숙손이라는 족명을 쓰지 않은 것은 부인을 높이기 위함이다. 이를 두고 군자는 이같이 평했다.

"『춘추』의 기사는 미이현(微而顯: 은미하면서도 뚜렷이 드러남) · 지이회(志而晦: 기록하되 흐릿하게 감춤) · 완이성장(婉而成章: 완곡하면서도 조리가 있음) · 진이불오(盡而不汚: 곡진하면서도 비루하지 않음) · 징악이권선(懲惡而勸善: 악을 징계하고 선을 권함)한다. 성인이 아니고서야 누가 능히 이를 편수(編修)할 수 있겠는가."

위정공이 병들자 대부 공성자(孔成子: 공달의 손자인 孔烝鉏)와 영혜자(甯惠子)에게 명하여 경사(敬姒: 위정공의 첩) 소생의 간(衎: 위헌공)을 태자로 삼게 했다.

겨울 10월, 위정공이 세상을 떠났다. 부인 강씨가 곡을 마치고 쉬다가 태자가 슬퍼하지 않는 것을 보고 불납작음(不內酌飲)[40]하며 탄식했다.

"시부(是夫: '이 자'라는 뜻으로 '夫'는 상대방에 대한 비칭)는 장차 위나라를 망치면서 반드시 미망인인 나를 시작으로 해를 끼칠 것이다. 아, 하늘이 위나라에 화를 내린 것이다. 내가 전(鱄: 위헌공 간의 동생

---

40) 물 한 모금 마시지 않았다는 뜻으로, 내(內)는 납(納), 작(酌)은 작(勺)과 통한다.

인 子鮮)에게 사직을 맡게 하지 못했다."

　대부들 중 이 말을 듣고 놀라 두려워하지 않는 사람이 없었다. 이후 손림보는 감히 중기(重器: 귀중한 기물)를 위나라 도성에 두지 않고 모두 자신의 영지인 척(戚: 하남성 복양현 북쪽) 땅으로 옮겨두고는 진나라 대부들과 매우 가깝게 지냈다.

　秋, 宣伯如齊逆女. 稱族, 尊君命也. 八月, 鄭子罕伐許, 敗焉. 戊戌, 鄭伯復伐許. 庚子, 入其郛. 許人平以叔申之封. 九月, 僑如以夫人婦姜氏至自齊. 舍族, 尊夫人也. 故君子曰 "春秋』之稱, 微而顯, 志而晦, 婉而成章, 盡而不汙, 懲惡而勸善. 非聖人誰能脩之."衛侯有疾, 使孔成子·甯惠子立敬姒之子衎以爲大子. 冬十月, 衛定公卒. 夫人姜氏旣哭而息, 見大子之不哀也, 不內酌飮. 歎曰 "是夫也, 將不唯衛國之敗, 其必始於未亡人. 嗚呼. 天禍衛國也夫. 吾不獲鱄也使主社稷."大夫聞之, 無不聳懼. 孫文子自是不敢舍其重器於衛, 盡寘諸戚, 而甚善晉大夫.

15년(기원전 576)

　15년 봄 주력(周曆) 2월, 위정공(衛定公)을 안장했다. 3월 을사, 중영제(仲嬰齊)가 졸했다. 계축, 공이 진후(晉侯)·위후·정백·조백·송나라 세자 성(成)·제나라 국좌(國佐)·주인(邾人)과 만나 척(戚)에서 동맹했다. 진후(晉侯)가 조백을 잡아 경사로 보냈다. 공이 모임에서 돌아왔다. 여름 6월, 송공 고(固)가 졸했다. 초자가 정나라를 쳤다. 가을 8월 경진, 송공공(宋共公)을 안장했다. 송나라의 화원이 진(晉)나라로 망명했다. 송나라의 화원이 진(晉)나라에서 송나라로 돌아왔다. 송나라가 그 대부 산(山)을 죽였다. 송나라 어석(魚石)이 초나라로 망명했다. 겨울 11월, 숙손교여가 진(晉)나라 사섭(士燮)·제나라 고무구(高無咎)·송나라 화원·위나라 손림보(孫林父)·정나라 공자 추(鰌)·주인과 함께 오나라와 종리(鍾離)에서 만났다. 허나라가 도읍을 섭(葉)으로 옮겼다.

十五年春王二月, 葬衛定公. 三月乙巳, 仲嬰齊卒. 癸丑, 公會晉侯衛侯鄭伯曹伯宋世子成齊國佐邾人, 同盟于戚. 晉侯執曹伯, 歸于京師, 公至自會. 夏六月, 宋公固卒. 楚子伐鄭. 秋八月庚辰 葬宋共公. 宋華元出奔晉, 宋華元自晉歸于宋. 宋殺其大夫山, 宋魚石出奔楚. 冬十一月, 叔孫僑如會晉士燮齊高無咎宋華元衛孫林父鄭公子鰍邾人, 會吳于鍾離. 許遷于葉.

● 노성공 15년 봄, 노성공이 진여공과 위헌공(衛獻公), 정성공, 조성공, 송나라 세자 성(成), 제나라 경사 국좌(國佐), 주인(邾人) 등과 척(戚) 땅에서 회맹했다. 이는 조성공을 응징하기 위한 것이다. 이에 조성공을 잡아서 경사로 보냈다. 이를 두고 『춘추』는 이같이 썼다.

"진후(晉侯: 진여공)가 조백(曹伯: 조성공)을 잡았다."

이같이 쓴 것은 조성공의 해가 그 백성에게 미치지 않았기 때문이다. 무릇 군주가 그 백성에게 무도하여 제후들이 토벌해 포획하면 '모인(某人)이 모후(某侯)를 잡았다'라고 쓴다. 그렇지 않으면 그같이 쓰지 않는 것이다. 제후들이 장차 조나라의 자장(子臧)에게 주간왕을 조현하게 한 뒤 그를 조나라의 군주로 세우려고 했다. 그러자 자장이 사양했다.

"『전지』(前志: 실전된 고서)에 이르기를, '성인은 달절(達節: 이미 통달하여 절조의 기준을 뛰어넘음)하고, 그 다음 가는 사람은 수절(守節: 절조를 지키기 위해 노력함)하고, 최하의 인물은 실절(失節: 절조를 지키지 못함)한다'라고 했습니다. 군주가 되는 것은 나의 분수가 아닙니다. 비록 성인은 될 수 없다 하더라도 감히 실절할 수야 있겠습니까."

그러고는 곧이어 송나라로 달아났다. 여름 6월. 송공공이 세상을 떠났다. 이에 초나라가 군사를 북쪽으로 돌려 정나라를 치려고 했다. 그러자 자낭이 간했다.

"새로 진나라와 결맹하고 또다시 이를 저버리는 것은 불가하지 않습니까."

이에 자반이 반박했다.

"적정(敵情)이 우리에게 이로우면 진공할 뿐이오. 무슨 맹약 같은 것이 필요하단 말이오?"

이때 초나라의 원훈 신숙시(申叔時)는 늙어서 채읍인 신읍(申邑)에 물러나 있었다. 그는 자반이 한 말을 듣고 탄식했다.

"자반은 반드시 화를 면치 못할 것이다. 신의로써 예를 지키고 예로써 몸을 보호하는 것이다. 그런데 신의와 예를 버리고도 화를 면하고자 한들 그것이 가능하겠는가."

그러나 초공왕은 자반의 말을 듣고 정나라를 침공했다. 이에 포수(暴遂)[41]까지 진출한 뒤 이어 위나라로 쳐들어가 수지(首止: 하남성 수현 동남쪽)에 이르렀다. 그러자 정나라 대부 자한(子罕)이 초나라를 역습해 신석(新石: 하남성 서변 경내)을 점령했다. 이때 진나라의 난무자가 초나라에 보복을 가하려고 했다. 한헌자가 만류했다.

"그럴 필요가 없습니다. 초나라가 계속 죄를 더하게 되면 백성들이 장차 배반할 것입니다. 백성들이 없는데 누가 나가 싸울 수 있겠습니까."

十五年春, 會于戚, 討曹成公也. 執而歸諸京師. 書曰 "晉侯執曹伯." 不及其民也. 凡君不道於其民, 諸侯討而執之, 則曰 "某人執某侯." 不然則否. 諸侯將見子臧於王而立之, 子臧辭曰 "『前志』有之, 曰'聖達節, 次守節, 下失節.'爲君, 非吾節也. 雖不能聖, 敢失守乎."遂逃奔宋. 夏六月, 宋共公卒. 楚將北師, 子囊曰 "新與晉盟而背之, 無乃不可乎."子反曰 "敵利則進, 何盟之有."申叔時老矣, 在申, 聞之, 曰 "子反必不免. 信以守禮, 禮而庇身, 信禮之亡, 欲免得乎."楚子侵鄭, 及暴隧, 遂侵衛, 及首止. 鄭子罕侵楚. 取新石. 欒武子欲報楚, 韓獻子曰 "無庸. 使重其罪, 民將叛之. 無民孰戰."

● 가을 8월, 송공공을 안장했다. 이때 화원이 우사(右師: 집정대부),

---

41) 주왕실에 속해 있다가 정나라 땅이 된 곳으로, 하남성 원양현 서쪽에 있다.

어석(魚石)이 좌사(左師: 집정대부), 탕택(蕩澤: 공손 수의 손자인 子山으로 이름은 山)이 사마, 화희(華喜: 화독의 현손)가 사도, 공손사(公孫師: 송장공의 손자)가 사성, 상위인(向爲人: 송환공의 후손)이 대사구, 인주(鱗朱: 두예는 鱗矔의 손자로 봄)가 소사구, 상대(向帶: 송환공의 후손)가 태재, 어부(魚府: 송환공의 후손)가 소재가 되었다. 이때 탕택이 공실의 세력을 약화시킬 생각으로 공자 비(肥: 송문공의 아들로 송공공의 태자라는 설도 있음)를 죽였다. 이에 화원이 말했다.

"우사로서 군신을 교도(敎導)하는 것이 나의 소임이다. 이제 공실의 세력이 약화되어 악을 바로잡을 수조차 없게 되었으니 나의 죄가 참으로 크다. 직책을 다하지 못하면서 어찌 감히 뇌총(賴寵)[42]할 수 있겠는가."

그러고는 진나라로 달아나 버렸다. 송나라 대신 중 2화(二華: 화원과 화희)는 송대공의 후손이고, 사성 송손사는 송장공의 후손이었다. 나머지 여섯 사람은 모두 송환공의 후손이었다. 당시 어석이 화원을 말리려고 하자 어부가 말했다.

"우사가 돌아오면 반드시 탕택을 토벌할 것이오. 그리 되면 송환공의 후손들이 모두 사라지게 될 것이오."

이에 어석이 말했다.

"만일 우사가 돌아오면 비록 우리가 탕택의 토벌을 허락하더라도 그는 감히 그렇게 하지 않을 것이오. 더구나 그는 이미 큰 공을 많이 세워 나라 사람들이 모두 그의 편이오. 그가 돌아오지 않는다면 나라 사람들의 공격으로 인해 송나라에서 조상의 제사를 지낼 송환공의 후손이 사라지게 될까 오히려 두렵소. 우사가 송환공의 후손을 토벌하더라도 상술(向戌: 송환공의 증손)만은 남겨둘 것이니 설령 송환공의 후손들이 망한다 할지라도 오직 일부만 제거되는 셈이오."

---

42) '득총(得寵)을 자신의 이익으로 삼는다'는 뜻이나 '득총에 기댈 수 없다'로 해석하기도 한다.

그러고는 황하 가로 가 화원을 만나 망명하지 말라고 당부했다. 이에 화원이 탕택의 토벌을 요청하자 어석이 허락했다. 화원은 돌아오자마자 화희와 공손사에게 명하여 나라 사람들을 이끌고 가 탕택을 공격해 죽이게 했다. 이에 『춘추』는 이같이 썼다.

"송나라가 그 대부 산(山: 子山으로 곧 탕택)을 죽였다."

이는 탕택이 자신의 종족을 배반한 사실을 쓴 것이다. 이때 어석과 상위인, 인주, 상대, 어부 등이 도성을 빠져나가 도성에서 가까운 수수(睢水) 가로 거주지를 옮겼다. 화원이 사람을 보내 이를 말렸으나 이들은 듣지 않았다. 겨울 10월, 화원이 직접 가서 말렸지만 또다시 들으려 하지 않자 이내 그대로 돌아갔다. 이때 어부가 말했다.

"지금 그를 따라가지 않으면 앞으로 도성 안으로 들어갈 수 없을 것이오. 우사의 눈동자가 빨리 움직이고 말 또한 빨랐으니 그는 딴 마음을 품고 있었던 게 틀림없소. 만일 우리를 받아들이지 않을 생각이라면 지금쯤 질주하여 돌아가고 있을 것이오."

이에 그들이 언덕에 올라 멀리 바라보니 과연 화원은 질주하여 돌아가고 있었다. 그들 5명은 수레를 몰아 화원을 급히 뒤쫓아갔다. 이때 화원은 이미 수수의 둑을 터 그들의 추격을 저지한 뒤 성문을 닫고는 비성(陴城: 성벽 위의 성가퀴)에 올라가 수비를 지휘했다. 이에 좌사와 대사구, 소사구, 태재, 소재 등 5명은 바로 초나라로 달아났다. 그러자 화원은 상술을 좌사, 노좌(老佐: 송대공의 5대손)를 사마, 악예(樂裔)를 사구로 삼아 백성들을 안정시켰다.

당시 진나라에서는 3극(三郤: 극기와 극주, 극지)이 대부 백종(伯宗)에게 해를 가해 마침내 무함하여 죽여버렸다. 진나라의 현자인 대부 난불기(欒弗忌)가 그 화를 입게 되자 백종의 아들 백주리(伯州犁)가 초나라로 달아났다. 이를 두고 한헌자가 말했다.

"극씨 집안은 화를 면치 못할 것이다. 선인(善人)은 천지지기(天地之紀: 천지의 벼리)이다. 그런데도 그들은 누차에 걸쳐 이를 없애버렸다. 그러니 망하는 것을 빼놓고 무엇을 기다리겠는가."

당초 백종이 매번 진여공을 조현할 때마다 그의 아내가 반드시 이같이 주의를 주곤 했다.

"도적은 주인을 미워하고 백성은 윗사람을 미워합니다. 당신도 직언을 좋아하니 반드시 화를 입을 것입니다."

11월, 숙손교여가 진나라의 사섭, 제나라의 상경 고무구(高無咎: 高固의 아들), 송나라의 화원, 위나라의 손림보, 정나라의 공자 추(鰌), 주인(邾人) 등과 함께 종리(鍾離)[43]에서 오나라와 만났다. 이는 노나라가 오나라와 처음으로 왕래한 것이다.

허영공(許靈公: 허소공의 아들 寧)이 정나라에게 핍박받을 것을 두려워한 나머지 초나라에게 허나라를 초나라 땅으로 옮기는 것을 허락해 달라고 청했다. 11월 3일, 초나라 대부 공자 신(申)이 허나라를 섭(葉: 하남성 섭현 남쪽) 땅으로 옮겼다.

秋八月, 葬宋共公. 於是華元爲右師, 魚石爲左師, 蕩澤爲司馬, 華喜爲司徒, 公孫師爲司城, 向爲人爲大司寇, 鱗朱爲少司寇, 向帶爲大宰, 魚府爲少宰. 蕩澤弱公室, 殺公子肥. 華元曰 "我爲右師, 君臣之訓, 師所司也. 今公室卑而不能正, 吾罪大矣. 不能治官, 敢賴寵乎."乃出奔晉. 二華, 戴族也. 司城, 莊族也. 六官者, 皆桓族也. 魚石將止華元, 魚府曰 "右師反, 必討, 是無桓氏也."魚石曰 "右師苟獲反, 雖許之討, 必不敢. 且多大功, 國人與之, 不反, 懼桓氏之無祀於宋也. 右師討, 猶有戌在. 桓氏雖亡, 必偏."魚石自止華元于河上. 請討, 許之. 乃反, 使華喜·公孫師帥國人攻蕩氏, 殺子山. 書曰 "宋殺其大夫山", 言背其族也. 魚石·向爲人·鱗朱·向帶·魚府出舍於睢上. 華元使止之, 不可. 冬十月, 華元自止之, 不可, 乃反. 魚府曰 "今不從, 不得入矣. 右師視速而言疾, 有異志焉. 若不我納, 今將馳矣."登丘而望之, 則馳. 騁而從之, 則決睢澨, 閉門登陴矣. 左師·二司寇·二宰遂出奔楚. 華元使向戌爲左師, 老佐爲司

---

43) 오나라의 읍으로 안휘성 봉양현 동북쪽에 있다. 두예는 초나라 읍으로 해석했다.

馬, 樂裔爲司寇, 以靖國人. 晉三郤害伯宗, 譖而殺之, 及欒弗忌. 伯州犁奔楚. 韓獻子曰 "郤氏其不免乎. 善人, 天地之紀也, 而驟絶之, 不亡何待." 初, 伯宗每朝, 其妻必戒之曰 "盜憎主人, 民惡其上, 子好直言, 必及於難." 十一月, 會吳于鍾離, 始通吳也. 許靈公畏偪于鄭, 請遷于楚. 辛丑, 楚公子申遷許于葉.

16년(기원전 575)

16년 봄 주력(周曆) 정월, 비가 내리고 나무가 얼었다. 여름 4월 신미, 등자(滕子)가 졸했다. 정나라 공자 희(喜)가 군사를 이끌고 가 송나라를 침공했다. 6월 병인 삭(朔), 일식이 있었다. 진후(晉侯)가 난염(欒黶)을 보내 걸사하게 했다. 갑오 회(晦), 진후(晉侯)가 초자·정백과 언릉(鄢陵)에서 싸웠다. 초자와 정나라 군사가 크게 패했다. 초나라가 그 대부 공자 측(側)을 죽였다. 가을, 공이 진후(晉侯)·제후·위후·송나라 화원·주인과 사수(沙隨)에서 만났다. 진후(晉侯)가 공을 만나지 않았다. 공이 모임에서 돌아왔다. 공이 윤자(尹子)·진후·제나라 국좌·주인과 함께 정나라를 쳤다. 조백이 경사에서 돌아왔다. 9월, 진(晉)나라 사람이 계손행보를 잡아서 초구(苕丘)에 두었다. 겨울 10월 을해, 숙손교여가 제나라로 망명했다. 12월 을축, 계손행보가 진(晉)나라의 극주(郤犨)와 호(扈)에서 결맹했다. 공이 모임에서 돌아왔다. 을유, 공자 언(偃)을 죽였다.

十六年春王正月, 雨木冰. 夏四月辛未, 滕子卒. 鄭公子喜帥師, 侵宋. 六月丙寅朔, 日有食之. 晉侯使欒黶來乞師. 甲午晦, 晉侯及楚子鄭伯, 戰于鄢陵, 楚子鄭師敗績, 楚殺其大夫公子側. 秋, 公會晉侯齊侯衛侯宋華元邾人于沙隨, 不見公, 公至自會. 公會尹子晉侯齊國佐邾人, 伐鄭. 曹伯歸自京師. 九月, 晉人執季孫行父, 舍之于苕丘, 冬十二月乙亥, 叔孫僑如出奔齊. 十二月乙丑, 季孫行父及晉郤犨盟于扈. 公至自會. 乙酉, 刺公子偃.

●노성공 16년 봄, 초공왕이 무성(武城: 하남성 남양현 북쪽)에서 공자 성(成)을 보내 여양(汝陽: 여수의 남쪽 땅으로 하남성 겹현과 섭현의 사이)을 주는 조건으로 정나라와 화친하게 했다. 이에 정나라가 진나라를 배반하자 정나라 대부 자사(子駟)가 초성왕을 따라가 무성에서 결맹했다.

여름 4월, 등문공(滕文公)이 세상을 떠났다. 이때 정나라 대부 자한(子罕)이 송나라를 쳤다. 그러자 송나라 대부 장서(將鉏)와 악구(樂懼)가 작피(汋陂: 하남성 상구와 영릉 사이)에서 정나라 군사를 깨뜨린 후 뒤로 물러나 작피와 가까운 부거(夫渠)에 주둔했다. 그러나 경계를 게을리하자 이 틈을 타 정나라 군사가 작릉(汋陵: 하남성 영릉현 남쪽)에서 기습작전을 펼쳐 송나라 군사를 깨뜨리고 장서와 악구를 포획했다. 이는 송나라 군사가 승리에 도취해 경계를 게을리한 데 따른 것이었다.

이때 위헌공이 정나라를 쳐 명안(鳴鴈: 하남성 기현 북쪽)에 이르렀다. 이는 진나라를 위한 것이었다. 진여공이 정나라를 치려고 하자 범문자(范文子: 사섭)가 간했다.

"만일 우리가 원하는 대로 했다가 제후들이 모두 우리를 배반하게 되면 우리 진나라는 이를 두려워하여 하나가 되어 대비하니 오히려 큰 우환이 될 수 없습니다. 그러나 오직 정나라만 배반하면 진나라는 쉽게 승리하여 교만해지기 때문에 우환이 순식간에 닥쳐올 것입니다."

그러자 난무자가 말했다.

"우리가 천하를 호령하고 있는 시기에 제후들을 잃어서는 안 됩니다. 반드시 정나라를 쳐야만 합니다."

이에 결국 출병하게 되었다. 난서가 중군 주장, 사섭이 중군 부장, 극기가 상군 주장, 순언(荀偃: 순경의 아들인 中行獻子)이 상군 부장, 한궐이 하군 주장, 극지가 신군 부장이 되었고 순앵이 나라 안을 지켰다.

극주는 위나라로 갔다가 다시 제나라로 갔다. 이는 두 나라에 출병을 요청하기 위해서였다. 난염(欒黶: 난서의 아들 欒桓子)이 노나라로 와 출병을 청하자 맹헌자가 말했다.

"진나라가 초나라를 이길 것이다."

十六年春, 楚子自武城使公子成以汝陰之田求成于鄭. 鄭叛晉, 子駟從楚子盟于武城. 夏四月, 滕文公卒. 鄭子罕伐宋, 宋將鉏·樂懼敗諸汋陂. 退舍於夫渠, 不儆. 鄭人覆之, 敗諸汋陵, 獲將鉏·樂懼. 宋恃勝也. 衛侯伐鄭, 至于鳴鴈, 爲晉故也. 晉侯將伐鄭, 范文子曰 "若逞吾願, 諸侯皆叛, 晉可以逞. 若唯鄭叛, 晉國之憂, 可立俟也." 欒武子曰 "不可以當吾世而失諸侯, 必伐鄭." 乃興師. 欒書將中軍, 士燮佐之. 郤錡將上軍, 荀偃佐之. 韓厥將下軍, 郤至佐新軍. 荀罃居守. 郤犨如衛, 遂如齊, 皆乞師焉. 欒黶來乞師, 孟獻子曰 "有勝矣."

●4월 12일, 진나라 군사가 출동했다. 정나라 사람이 이 소식을 듣고 곧바로 사람을 보내 초나라에 위기상황을 알렸다. 이때 정나라 대부 요구이(姚句耳)가 사자와 함께 초나라로 갔다. 초공왕이 정나라 구원에 나섰다. 사마(司馬: 공자 측)가 중군 주장, 영윤(令尹: 공자 영제)이 좌군 주장, 우윤(右尹) 자신(子辛: 공자 王夫)이 우군 주장이 되었다. 초나라 군사가 신읍을 지날 때 자반이 성 안으로 들어가 신숙시를 만난 뒤 물었다.

"이번 출전은 승패가 어찌 되겠습니까?"

"덕(德)·형(刑)·상(詳)·의(義)·예(禮)·신(信)의 6개 항은 전쟁 수행에 없어서는 안 될 덕목이오. 덕이시혜(德以施惠: 덕으로써 혜택을 베풂)와 형이정사(刑以正邪: 형으로써 사악함을 바로잡음), 상이사신(詳以事神: 한마음으로 신령을 섬김으로써 보우를 받는다는 뜻으로 '詳'은 '祥'과 통함), 의이건리(義以建利: 의로써 올바른 이익을 얻음), 예이순시(禮以順時: 예로써 때에 순응함), 신이수물(信以守物: 믿음으로써 사물을 지킴)이 그것이오. 민생이 풍요로워야 덕이 바로 서고, 인민이 쉽게 필요한 물건을 얻을 수 있어야 제사도 절도가 있게 되고, 인민이 때에 맞춰 움직여야 사물이 비로소 이루어지게 되는 것이오. 또 상하가 화목하고 주선하여 운용하는 일에 패역한 짓이 없어야 위로는 쓰고자 하는 바를 얻게 되고 아래로는 갖추지 않는 것이 없게 되오. 그래야 사람들이 비로소 하는 일의 기준을 알 수 있게 되는 것이오. 이에 『시경』「주송·사문(思文)」에 이르기를, '입아증민(立我烝民: 선왕이 그 백성을 바로 세움)·막비이극(莫非爾極: 백성들이 일을 하며 선왕이 만든 기준에서 벗어나지 않음)'이라고 한 것이오. 이로써 신령이 복을 내리고 해당 시기에 재해가 없게 되는 것이오. 백성의 생활이 풍족해지고, 서로 화목하여 윗사람의 명을 잘 따라 모든 힘을 기울이고, 명을 좇아 기꺼이 죽음을 마다 않고 전사자의 공백을 메우려 해야만 전쟁에서 이길 수 있소. 그러나 지금 초나라는 안으로는 백성을 돌보지 않고, 밖으로는 인국(隣國)과의 우호를 끊어 맹약을 가벼이 여겨 약속한 바를 식언하고, 농사철을 어기며 군사를 동원하여 백성을 지치게 만들면서 자신의 욕망을 채우고 있소. 이에 백성들은 군주의 신의를 알지 못해 나아가고 물러나는 일이 모두 죄가 될까 두려워하고 있소. 이같이 인휼소지(人恤所底: 사람들이 나아갈 바를 걱정한다는 뜻으로, 底는 厎와 통함)하는 상황에서 누가 목숨을 걸고 적과 싸우려고 하겠소. 그대는 가서 힘써 이를 행하도록 하시오. 나는 다시는 그대를 보지 못할 것이오."

요구이가 사자에 앞서 먼저 정나라로 돌아오자 정나라 공자 비(騑: 자사)가 초나라 군사의 사정을 물었다. 그러자 요구이가 대답했다.

"초나라 군사의 행군은 지나치게 빠르고 험한 길을 지날 때는 대열이 가지런하지 못합니다. 행군이 빠르면 차분히 생각할 여유가 없게 되고 군용이 가지런하지 못하면 대오의 기율을 잃게 됩니다. 이미 '지실열상'(志失列喪: 계책이 주밀하지 못하고 대오가 기율을 잃음)에 처한 상황에서 장차 무엇으로 싸우겠습니까. 초나라 군사는 용무(用武)하기가 어려워 이기지 못할 것입니다."

戊寅, 晉師起. 鄭人聞有晉師, 使告于楚. 姚句耳與往. 楚子救鄭, 司馬將中軍, 令尹將左, 右尹子辛將右. 過申, 子反入見申叔時, 曰"師其何如.' 對曰 "德刑詳義禮信, 戰之器也. 德以施惠, 刑以正邪, 詳以事神, 義以建利, 禮以順時, 信以守物. 民生厚而德正, 用利而事節, 時順而物成. 上下和睦, 周旋不易. 求無不具, 各知其極. 故『詩』曰 '立我烝民, 莫匪爾極.' 是以神降之福, 時無災害. 民生敦厖, 和同以聽, 莫不盡力, 以從上命, 致死以補其闕, 此戰之所由克也. 今楚內棄其民, 而外絕其好, 瀆齊盟而食話言, 奸時以動, 而疲民以逞. 民不知信, 進退罪也. 人恤所底, 其誰致死. 子其勉之. 吾不復見子矣." 姚句耳先歸, 子駟問焉. 對曰 "其行速, 過險而不整. 速則失志, 不整喪列. 志失喪列, 將何以戰. 楚懼不可用也."

● 5월, 진나라 군사가 황하를 건넜다. 곧이어 초나라 군사가 곧 당도할 것이라는 소식이 들리자 범문자가 회군할 생각으로 말했다.

"우리가 거짓으로 초나라 군사를 피한다면 군신(君臣)을 경계하여 외환을 잊지 않게 함으로써 우환을 늦출 수가 있을 것입니다. 합제후(合諸侯: 제후들과 교전하는 것으로, '합'은 '교전'을 의미)는 우리의 역량으로 할 수 있는 일이 아니니 잠시 미뤄두었다가 후에 유능한 인물이 나오면 그에게 맡기도록 합시다. 나는 군신(群臣)들이 한마음으로 협력해 군주를 시봉하기 바라오. 그리 되면 매우 다행스러운 것이오."

그러자 난무자가 반대했다.

"그리 할 수는 없소."

6월, 진나라 군사와 초나라 군사가 언릉(鄢陵: 하남성 언릉현)에서 마주쳤다. 이때 범문자가 싸우려고 하지 않자 극지가 말했다.

"한(韓: 섬서성 한성현 남쪽) 땅의 싸움에서 진혜공이 진나라에 참패했고, 기(箕: 산서성 태곡현 동쪽 35리 지점) 땅의 싸움에서는 원수 선진(先軫)이 적인에 의해 전사했고, 필(邲) 땅의 싸움에서는 원수 순백(荀伯)의 군사가 초나라 군사에게 패해 도주했습니다. 이는 모두 우리 진나라의 커다란 수치입니다. 장군 또한 선군 때의 이 일을 잘 알고 있을 것입니다. 지금 우리가 또다시 초나라를 피한다면 우리의 수치를 더하는 일이 될 것입니다."

그러자 범문자가 말했다.

"우리 선군들이 자주 싸운 데는 다 이유가 있었소. 당시는 진(秦)나라와 적인(狄人), 제나라, 초나라가 모두 강국이어서 우리가 전력을 다하지 않으면 후대가 약해질 수밖에 없는 상황이었소. 지금은 세 강국이 모두 우리에게 복종하게 되었고 이제 남은 나라는 초나라 하나뿐이오. 오직 성인만이 나라 안팎으로 우환을 없앨 수 있소. 우리는 성인이 아니오. 밖이 편안하면 반드시 안에 반드시 우환이 생기게 마련이오. 어찌 잠시 초나라를 그대로 두어 군주로 하여금 늘 경계심을 갖도록 만들지 않는 것이오?"

6월 29일 그믐날, 초나라 군사가 새벽에 진나라 진영 가까운 곳까지 다가와 진세를 폈다. 진나라 군사의 군관들이 모두 혹시 초나라 군사가 유리한 형세를 선점할까 우려했다. 이때 범개(范匄: 사섭의 아들인 范宣子)가 빠른 걸음으로 장중(帳中)으로 들어가 말했다.

"색정이조(塞井夷竈: 우물을 메우고 부뚜막을 없앰)[44]하여 군중에 진을 치고 항수(行首: 대오의 앞 열)를 소산(疏散)하도록 하시오. 두 나라 간의 승패는 오직 하늘에서 누구를 돕는가에 달렸으니 무엇을 염려하겠습니까."

범문자가 이 이야기를 듣고 화가 나 곧바로 창을 들고 와 사개를 내쫓으면서 말했다.

"나라의 존망이 하늘에 달려 있는데 어린아이가 무엇을 안다고 떠드는 것인가."

그러자 난서가 말했다.

"초나라 군사는 가벼우면서도 급하게 움직이고 있소. 우리는 영루를 굳건히 지키며 기다리면 그들은 반드시 사흘이 채 안 돼 물러날 것이

---

44) 당시 범개는 초나라 군사가 이미 가까이 다가와 진세를 펼친 상황에서 진나라 군사가 머문 곳은 지형이 협착해 포진할 길이 없으니 '색정이조'로 진지를 구축하자고 건의한 것이다.

오. 저들이 물러날 때 공격하면 반드시 승리할 수 있을 것이오."

이에 극지가 말했다.

"초나라 군사에게는 여섯 가지 약점이 있으니 우리는 이 시기를 놓쳐서는 안 됩니다. 초나라 군사는 장병을 통수하는 2경(二卿: 자중과 자반)이 서로 불목하고, 왕졸(王卒: 초왕의 친병)은 이미 지쳐 있고, 정나라 군사는 비록 진세는 펼쳤으나 아직 정돈되어 있지 않고, 만군(蠻軍)은 아직 진을 치지 않았고, 초나라 군사는 군진을 펴면서 기휘(忌諱)하는 그믐날을 피하지 않았습니다. 더구나 초나라 군사들이 진중에서 그치지 않고 시끄럽게 떠들고 있습니다. 군진을 합치면 마땅히 조용해야만 하는데 초나라 군사는 오히려 시끄럽게 떠들고 있습니다. 병사들은 후고지우(後顧之憂: 뒤를 습격당할까 하는 염려)를 떨치지 못해 투지가 없고, 노병들은 정병이 될 수 없고, 게다가 그믐날에 출병하여 천기(天忌)를 어겼습니다. 우리 군사가 반드시 그들을 이길 것입니다."

五月, 晉師濟河. 聞楚師將至, 范文子欲反, 曰 "我僞逃楚, 可以紓憂. 夫合諸侯, 非吾所能也, 以遺能者. 我若群臣輯睦而事君, 多矣." 武子曰 "不可." 六月, 晉楚遇於鄢陵. 范文子不欲戰, 郤至曰 "韓之戰, 惠公不振旅, 箕之役, 先軫不反命, 邲之師, 荀伯不復從. 皆晉之恥也. 子亦見先君之事矣. 今我辟楚, 又益恥也." 文子曰 "吾先君之亟戰也有故. 秦狄齊楚皆彊, 不盡力, 子孫將弱. 今三彊服矣, 敵, 楚而已. 唯聖人能外內無患, 外寧必有內憂. 盍釋楚以爲外懼乎." 甲午晦, 楚晨壓晉軍而陳. 軍吏患之. 范匄趨進, 曰 "塞井夷竈, 陳於軍衆, 而疏行首. 晉楚唯天所授, 何患焉." 文子執戈逐之, 曰 "國之存亡, 天也. 童子何知焉." 欒書曰 "楚師輕窕, 固壘而待之, 三日必退. 退而擊之, 必獲勝焉." 郤至曰 "楚有六間, 不可失也. 其二卿相惡. 王卒以舊. 鄭陳而不整. 蠻軍而不陳. 陳不違晦. 在陳而囂. 合而加囂, 各顧其後, 莫有鬪心. 舊不必良, 以犯天忌. 我必克之."

● 초공왕이 소거(巢車)에 올라 진나라 군사의 동태를 살폈다. 이때 자중이 백주리(伯州犁)[45]를 보내 초공왕을 뒤에서 모시게 했다. 초공

왕이 백주리를 돌아보며 물었다.

"진나라 군사가 사방으로 내닫고 있는데 이는 무엇 때문이오?"

"그것은 군관들을 소집하는 것입니다."

"그들이 모두 중군으로 모였소."

"그것은 계책을 모의하는 것입니다."

"진나라 군사가 장막을 쳤소."

"그것은 선군의 신령에게 경건히 점을 쳐 승패를 묻는 것입니다."

"장막을 거두었소."

"그것은 명을 내리려는 것입니다."

"매우 시끄러운 데다가 먼지가 크게 일고 있소."

"그것은 우물을 묻고 부뚜막을 없앤 뒤 대오를 정렬하려 하는 것입니다."

"군사들이 모두 전차에 올라탔는데 전차 좌우의 장교들이 무기를 들고 하차했소."

"그것은 주장이 하달하는 명령을 듣고 있는 것입니다."

"그러면 곧 싸움이 시작되는 것이오?"

"그것은 아직 알 수 없습니다."

"군사들이 다시 전차를 타고 전차 좌우의 장교들이 또 하차했소."

"그것은 싸우기 전에 신령에게 기도를 올리는 것입니다."

백주리는 초나라 군사 앞에서 진여공 휘하 군사들의 동정을 초공왕에게 일일이 설명해주었다. 한편 진나라 진영에서는 초나라에서 진나라로 망명한 묘분황(苗賁皇: 투초의 아들)이 진여공의 곁에 있으면서 초공왕 휘하 군사들의 동정을 진여공에게 일일이 설명해주었다. 이때 진여공의 좌우에 있던 장병들이 입을 모아 말했다.

"백주리가 초나라 진영에 머물면서 우리 군사의 허실을 모두 알고 있는 데다가 초나라 군사의 수가 많으니 대적하기가 쉽지 않습니다."

---

45) 원래 진나라의 태재로 이때 초나라에 망명해 있었다.

그러자 묘분황이 진여공에게 건의했다.

"초나라 군사의 정예는 중군에 속해 있는 초왕의 친위병뿐입니다. 정병(精兵)의 일부를 보내 초나라 군사의 좌군과 우군을 치도록 하십시오. 그런 뒤 3군의 병력을 모아 초공왕의 친위병에게 집중적인 공격을 가하면 틀림없이 대파할 수 있습니다."

이에 진여공이 산가지로 점을 치게 했다. 그러자 서사(筮史 : 시초점을 관장하는 관원)가 점을 친 뒤 이같이 풀이했다.

"길합니다. '복'(復)의 점괘가 나왔습니다. 괘사에서 이르기를, '남방 국가가 위축되고 원왕(元王 : 최고 통수권자인 왕을 뜻하는 말로 초공왕을 지칭)에게 활을 쏘아 그의 눈을 적중하는 것으로 나타나 있습니다. 나라가 위축되고 왕이 부상한다면 패하는 것을 빼놓고 무엇을 기다리겠습니까."

진여공이 곧 병력을 집결시켜 초공왕의 친위병에게 공격을 퍼부었다. 진나라 군사가 전진할 때 앞에 뇨(淖 : 진흙 수렁)가 나타나자 모두 그 좌우 양옆으로 돌아 이를 비켜갔다. 이때 보의(步毅 : 극의)가 진여공의 전차를 몰고 난감(欒鍼)이 거우가 되었다. 초나라에서는 대부 팽명(彭名)이 초공왕의 전차를 몰고 반당(潘黨 : 반왕의 아들로 叔黨)이 거우가 되었다. 정나라측에서는 대부 석수(石首)가 정성공의 전차를 몰고 당구(唐苟)가 거우가 되었다.

진여공의 수레는 난서와 범문자 일족들로 이루어진 대오의 호위를 받으면서 전진하다가 도중에 진흙 수렁에 빠졌다. 이에 중군 주장 난서가 진여공을 자신의 전차에 태우려 하자 진여공이 탄 전차의 거우 난감이 큰소리로 말했다.

"난서는 비켜나시오. 국가는 그대에게 원수의 대임(大任)을 맡겼소. 그런데 어찌 내가 독단하기로 되어 있는 거우의 직책을 행하려는 것이오? 침관(侵官 : 타인의 직권을 침범함)은 다른 사람에 대한 모독이오. 또 실관(失官 : 자신의 직무를 이행하지 않음)은 태만이고 이국(離局 : 지휘하는 자리를 떠남)은 범죄요. 그대는 이 세 가지 죄를 짓는 셈이니 이를 범해서는 안 되오."

난감은 말을 마친 뒤 곧 진여공의 전차를 진흙 수렁에서 빼냈다.

楚子登巢車以望晉君, 子重使大宰伯州犁侍于王後, 王曰 "騁而左右, 何也." 曰 "召軍吏也." "皆聚於中軍矣." 曰 "合謀也." "張幕矣." 曰 "虔卜於先君也." "徹幕矣." 曰 "將發命也." "甚囂, 且塵上矣." 曰 "將塞井夷竈而爲行也." "皆乘矣, 左右執兵而下矣." 曰 "聽誓也." "戰乎." 曰 "未可知也." "乘而左右皆下矣." 曰 "戰禱也." 伯州犁以公卒告王. 苗賁皇在晉侯之側, 亦以王卒告. 皆曰 "國士在, 且厚, 不可當也." 苗賁皇言於晉侯曰 "楚之良, 在其中軍王族而已. 請分良以擊其左右, 而三軍萃於王卒, 必大敗之." 公筮之. 史曰 "吉. 其卦遇「復」, 曰 '南國蹙. 射其元王, 中厥目.' 國蹙王傷, 不敗何待." 公從之. 有淖於前, 乃皆左右相違於淖. 步毅御晉厲公, 欒鍼爲右. 彭名御楚共王, 潘黨爲右. 石首御鄭成公, 唐苟爲右. 欒范以其族夾公行, 陷於淖. 欒書將載晉侯, 鍼曰 "書退. 國有大任, 焉得專之. 且侵官, 冒也. 失官, 慢也. 離局, 姦也. 有三罪焉, 不可犯也." 乃掀公以出於淖.

●6월 28일. 반왕(潘尫)의 아들 반당(潘黨)이 대부 양유기(養由基: 養叔)와 함께 갑옷을 겹쳐놓은 뒤 활쏘기 시합을 벌였다. 두 사람 모두 화살 한 대로 갑옷 일곱 벌을 꿰뚫었다. 이들은 곧 이를 초공왕에게 보이면서 자랑스럽게 말했다.

"군주는 이같이 뛰어난 두 명의 명사수를 두었으니 이기지 못할까 심려할 필요가 있겠습니까."

그러자 초공왕이 대로하여 말했다.

"오직 활 쏘는 재주만 믿고 지모를 쓸 줄 모르니 이는 초나라의 커다란 치욕이다. 내일 아침에 너희들이 활을 쏘게 되면 그 활 쏘는 재주로 인해 죽을 것이다."

이때 진나라 장수 여기(呂錡: 魏錡, 廚武子)가 꿈을 꾸었다. 꿈속에서 자신이 달을 쏘아 맞히고는 뒤로 물러서다가 진흙탕 속에 빠지는 모습을 보았다. 여기가 꿈의 길흉을 점치자 점치는 사람이 말했다.

"희씨의 나라는 태양, 이성의 나라는 달에 비유되는데 당신이 쏜 달은 반드시 초왕일 것이오. 쏘아서 달을 맞힌 뒤 뒤로 물러나다가 진흙탕 속에 빠진 것은 당신 역시 살아나지 못한다는 것을 뜻하오."

진나라와 초나라 군사가 교전하게 되자 과연 여기가 활을 쏘아 초공왕의 눈을 맞혔다. 이에 초공왕이 양유기를 소리쳐 부른 뒤 화살 두 개를 주고는 여기를 쏘게 했다. 양유기가 여기를 겨누어 화살을 날리자 여기가 양유기의 화살을 인후에 맞고 곧바로 활집에 엎어져 죽었다. 양유기는 남은 한 대의 화살을 초공왕에게 돌려주면서 이를 복명했다.

진나라의 극지는 세 번에 걸쳐 초공왕의 친위병과 마주쳤다. 극지는 초공왕을 보면 반드시 전차에서 내려 투구를 벗고 예를 차린 뒤 곧바로 바람처럼 비켜나갔다. 이에 초공왕이 공윤(工尹) 양(襄)을 시켜 극지에게 활을 선물로 전하면서 이같이 말하게 했다.

"전투가 격렬하게 벌어질 때 붉은색 가죽으로 다리를 감싼 사람이 군자의 모습이었소. 그는 나를 알아보고는 쏜살같이 비켜갔소. 과연 다친 데는 없는지 모르겠소."

극지가 공윤 양을 접견할 때 투구를 벗고 초공왕의 말을 전해 들으면서 이같이 회답했다.

"초군(楚君)의 외신(外臣) 극지는 우리 군주의 명을 받들어 전투에 참여했습니다. 그러나 초군의 덕택으로 지금 갑옷과 투구를 입고 있어 감히 배명(拜命)⁴⁶⁾하지 못하겠습니다. 감히 고하건대 지금 초군의 위문을 받으면서도 전투가 한창 벌어지고 있는 상황이어서 마음이 불안하기 그지없습니다. 단지 초군의 사자에게 숙례(肅禮: 두 손을 맞잡고 아래로 내린 뒤 '揖'하는 동작으로 공손함을 표시)하는 것으로 회답하고자 합니다."

---

46) '절을 하며 명을 받들다'라는 뜻인데 예법상 갑옷을 입었을 경우에는 절을 하지 않는다.

그러고는 공윤 양에게 서서 세 번 숙례한 뒤 물러났다. 이때 진나라의 한궐은 정성공을 뒤쫓고 있었는데 거우 두혼라(杜溷羅)가 한궐에게 말했다.

"빨리 뒤쫓으십시오. 정백의 어자가 자주 뒤를 돌아보고 있으니 이는 전력으로 말을 몰지 않고 있다는 증거입니다. 속히 추격하면 곧바로 따라잡을 수 있을 것입니다."

그러자 한궐이 반대했다.

"두 번씩이나 일국의 군주를 욕보일 수는 없소."

그러고는 추격을 중단했다. 이때 극지도 정성공을 쫓았는데 거우 불한호(茀翰胡)가 극지에게 말했다.

"정찰병을 시켜 우회하여 앞지른 뒤 정면에서 길을 차단하도록 하십시오. 그러면 제가 후면에서 전차에 올라탄 뒤 정나라 군주를 끌어내리도록 하겠습니다."

그러자 극지가 반대했다.

"일국의 군주를 상하게 하는 것은 죄가 되오."

이에 극지 또한 추격을 중단했다. 이때 정성공의 어자 석수가 정성공에게 말했다.

"전에 위의공(衛懿公)은 적인들과 싸울 때 대장기를 거두지 않아 형택(熒澤)에서 참패를 당했습니다."

그러고는 곧바로 깃발을 거두어 활집 속에 집어넣었다. 그러자 거우 당구가 어자 석수에게 말했다.

"그대는 군주 곁에 남아 있도록 하시오. 만일 우리가 대패하게 되면 나는 그대만큼 중요한 역할을 할 수 없으니 그대만이라도 군주를 모시고 위기를 벗어나기 바라오. 나는 여기 남아 추병(追兵)을 막도록 하겠소."

당구는 곧바로 하차하여 추병을 저지하다가 전사했다. 이때 초나라 군사가 험지로 몰리고 있었다. 초나라의 용사 숙산염(叔山冉)이 양유기에게 말했다.

"비록 함부로 활을 쏘지 말라는 군주의 명이 있기는 하나 나라를 위한 일이니 그대는 반드시 화살을 쏘도록 하시오."

이에 양유기가 화살 두 대를 날려 적을 여지없이 쓰러뜨렸다. 이때 숙산염은 진나라 군사를 맨손으로 잡은 뒤 진나라 전차를 향해 집어던졌다. 전차 앞에 가로 댄 나무가 부러져 나가자 이 광경을 본 진나라 군사들이 추격을 멈추었다. 그러나 이 와중에 초공왕의 아들 공자 패(茷)는 진나라 군사에게 생포되고 말았다. 당시 진나라의 난감은 초나라 자중의 깃발을 보고는 진여공에게 이같이 청했다.

"초나라 사람들이 말하기를, 저 깃발은 자중의 기라고 했으니 저자는 틀림없이 자중일 것입니다. 지난날 제가 초나라에 사자로 갔을 때 자중이 진나라의 무력에 대해 물었습니다. 이에 제가 대답하기를, '중정(衆整: 많은 병력이 있고 기율이 서 있음)을 좋아한다'고 했습니다. 이어 그가 또 무엇이 있느냐고 물어 제가 대답하기를, '가(暇: 일에 임하여 여유를 가짐)를 좋아한다'고 했습니다. 지금 두 나라가 교전하는 상황에서 행인(行人: 사자)을 파견하지 않으면 '정'(整)이라고 말할 수 없고 막상 일이 닥쳤는데 식언을 하면 '가'(暇)라고 말할 수 없습니다. 청컨대 즉시 행인을 시켜 섭음(攝飮: 술을 보내 마시게 함)하도록 하십시오."

진여공이 이를 허락하자 난감이 사람을 시켜 집합승음(執榼承飮: 술잔에 술을 채워 마시게 함)하게 했다. 이에 사자가 자중에게 술을 올리면서 말했다.

"과군이 부릴 사람이 모자라 난감을 거우로 삼았습니다. 이로 인해 그가 직접 와서 초나라 군사들을 위로하지 못하고 대신 저를 시켜 박주(薄酒)를 올리게 했습니다."

그러자 자중이 기뻐하며 말했다.

"그분은 당초 나와 함께 초나라에서 말을 나눈 적이 있었는데 오늘 술을 보낸 것은 바로 그 때문이었을 것이오. 불역지호(不亦識乎: '이 또한 기억하고 있는 게 아닌가'라는 뜻으로, '識'은 '記'와 통함)."

그러고는 이내 술을 받아 마신 뒤 사자가 돌아가자 또다시 북을 치며 교전했다.

癸巳, 潘尫之黨與養由基, 蹲甲而射之, 徹七札焉. 以示王, 曰 "君有二臣如此, 何憂於戰." 王怒, 曰 "大辱國. 詰朝, 爾射死藝." 呂錡夢射月, 中之, 退入於泥. 占之, 曰 "姬姓日也. 異姓月也. 必楚王也. 射而中之, 退入於泥, 亦必死矣." 及戰, 射共王中目. 王召養由基, 與之兩矢, 使射呂錡. 中項, 伏弢. 以一矢復命. 郤至三遇楚子之卒, 見楚子必下, 免冑而趨風. 楚子使工尹襄問之以弓, 曰 "方事之殷也, 有韎韋之跗注, 君子也. 識見不穀而趨, 無乃傷乎." 郤至見客, 免冑承命曰 "君之外臣至, 從寡君之戎事, 以君之靈, 間蒙甲冑, 不敢拜命, 敢告不寧君命之辱, 爲事之故, 敢肅使者." 三肅使者而退. 晉韓厥從鄭伯, 其御杜溷羅曰 "速從之. 其御屢顧, 不在馬, 可及也." 韓厥曰 "不可以再辱國君." 乃止. 郤至從鄭伯, 其右茀翰胡曰 "諜輅之, 余從之乘而俘以下." 郤至曰 "傷國君有刑." 亦止. 石首曰 "衛懿公唯不去其旗, 是以敗於熒." 乃內旌於弢中. 唐苟謂石首曰 "子在君側, 敗者壹大, 我不如子, 子以君免, 我請止." 乃死. 楚師薄於險, 叔山冉謂養由基曰 "雖君有命, 爲國故, 子必射." 乃射, 再發盡殪. 叔山冉搏人以投, 中車折軾. 晉師乃止. 囚楚公子茷. 欒鍼見子重之旌, 請曰 "楚人謂夫旌子重之麾也, 彼其子重也. 日, 臣之使於楚也, 子重問晉國之勇, 臣對曰 '好以暇.' 今兩國治戎, 行人不使, 不可謂 '整'. 臨事而食言, 不可謂 '暇'. 請攝飮焉." 公許之. 使行人執榼承飮. 造于子重, 曰 "寡君乏使, 使鍼御持矛, 是以不得犒從者, 使某攝飮." 子重曰 "夫子嘗與吾言於楚, 必是故也. 不亦識乎." 受而飮之. 免使者而復鼓.

● 이날 아침부터 시작된 전투가 별이 보일 때까지도 그치지 않았다. 그러자 초나라의 주장 자반이 군관들에게 이같이 하령했다.

"부상자를 조사하고, 병사와 전차를 보충하고, 갑옷과 무기를 수선하고, 거마를 정비하고, 닭이 우는 새벽에 식사한 뒤 반드시 명을 기다리도록 하라."

진나라 군사들 모두 이 말을 듣고 크게 우려했다. 이에 묘분황이 군중으로 들어가 큰소리로 다음과 같이 전령했다.

"전차를 검사하여 병사를 보충하고, 말에게 먹이를 준 뒤 창칼을 날카롭게 손질하고, 진용을 정비하여 대열을 확고히 하고, 욕식(蓐食)한 뒤 신령에게 승리를 기원하도록 하라. 내일 다시 싸울 것이다."

그리고는 곧 잡혀온 초나라 포로가 도주하도록 상황을 조성해 이같은 사실을 보고하게 했다. 초공왕이 이 이야기를 듣고 급히 자반을 불러 대책을 상의하고자 했다. 그러나 이때 공교롭게도 자반의 소신(小臣) 곡양수(穀陽竪:『사기』와『여씨춘추』,『회남자』의 豎陽穀)가 자반에게 술을 권하고 있었다. 이에 자반이 대취해 초공왕에게 갈 수 없었다. 그러자 초공왕이 탄식했다.

"이는 하늘이 초나라를 패하게 하려는 것이다. 나는 다시 멍하니 패하는 것을 기다릴 수는 없다."

그리고는 밤에 급히 철군했다. 이에 진나라 군사는 초나라의 진지로 들어가 사흘 동안 그 안에 있는 초나라의 군량을 먹으며 지냈다. 이때 범문자가 많은 군마들이 모여 있는 곳에 서서 진여공에게 말했다.

"군주는 아직 어리고 저를 비롯한 군신들은 재지(才智)가 없는데 무엇으로 이같은 승리를 얻게 된 것입니까. 군주는 자만하지 말기 바랍니다.『서경』「주서·강고」에 이르기를, '유명불우상'(惟命不于常: 천명은 고정불변한 것이 아님)이라고 했습니다. 이는 덕 있는 사람만이 천명을 받을 수 있음을 말한 것입니다."

초나라 군사가 본국으로 돌아가던 중 하성(瑕城: 안휘성 몽성현 북쪽)에 이르렀을 때 초공왕이 사람을 보내 자반에게 전했다.

"전에 선대부(先大夫: 자반의 부친 자옥)가 성복지역에서 패했을 때는 군주가 참전하지 않았기 때문에 그에게 책임이 돌아간 것이오. 그러나 이번 싸움에는 내가 참가했으니 그대의 잘못으로 여기지 마오. 이는 불곡(不穀)의 죄요."

그러자 자반이 재배계수(再拜稽首)하면서 말했다.

"군주가 저에게 죽음을 내리면 저는 죽어도 영광입니다. 제가 이끄는 군사가 실제로 패했으니 이는 저의 죄입니다."

이때 자반과 불목하던 자중이 사람을 보내 자반을 힐책했다.

"당초 성복지역의 패배는 자옥으로 인한 것이었소. 이는 그대도 들었을 것이오. 그런데 그대는 어찌하여 이번 패전에 책임을 지지 않는 것이오?"

자반이 회답했다.

"설령 당시 선대부가 자진하는 일이 없었더라도 그대는 이같이 나를 깨우쳤을 것이오. 내 어찌 감히 불의하게도 죽음을 두려워하겠소. 내가 이미 군주의 군사를 잃었는데 어찌 감히 죽음을 회피하겠소."

초공왕이 급히 사람을 보내 저지하고자 했으나 사자가 왔을 때는 이미 자반이 자진한 뒤였다.

旦而戰, 見星未已. 子反命軍吏 "察夷傷, 補卒乘, 繕甲兵, 展車馬. 鷄鳴而食, 唯命是聽." 晉人患之. 苗賁皇徇曰 "蒐乘補卒, 秣馬利兵, 脩陳固列, 蓐食申禱, 明日復戰." 乃逸楚囚. 王聞之, 召子反謀. 穀陽豎獻飮於子反, 子反醉而不能見. 王曰 "天敗楚也夫. 余不可以待." 乃宵遁. 晉入楚軍, 三日穀. 范文子立於戎馬之前, 曰 "君幼, 諸臣不佞, 何以及此. 君其戒之.「周書」曰 '惟命不于常.' 有德之謂." 楚師還及瑕, 王使謂子反曰 "先大夫之覆師徒者, 君不在. 子無以爲過, 不穀之罪也." 子反再拜稽首曰 "君賜臣死, 死且不朽. 臣之卒實奔, 臣之罪也." 子重使謂子反曰 "初, 隕師徒者, 而亦聞之矣. 盍圖之." 對曰 "雖微先大夫有之, 大夫命側, 側敢不義. 側亡君師, 敢忘其死." 王使止之, 弗及而卒.

●언릉의 싸움 다음날, 제나라의 상경 국좌(國佐)와 고무구(高無咎)가 진나라 군중에 이르렀을 때 위헌공은 비로소 위나라를 출발했고 노성공도 괴퇴(壞隤: 산동성 곡부현 경내)를 출발했다.

이때 노나라 대부 선백(宣伯: 숙손교여)은 목강(穆姜: 노성공의 생모)과 사통하면서 계문자와 맹헌자를 제거하고 그들의 가산을 차지하고자 했다. 노성공이 장차 진나라 군사를 위로하러 가려고 하자 목강이 노성공을 환송하면서 계문자와 맹헌자를 추방하게 했다. 그러자 노성공이 진난(晉難: 진나라가 노나라에게 정나라를 치도록 한 일의 어려움)을 이야기하며 이같이 말했다.

"돌아온 뒤 명을 받들도록 해주기 바랍니다."

이에 목강이 대로했다. 이때 노성공의 서제(庶弟)인 공자 언(偃)과 공자 서(鉏)가 빠른 걸음으로 그 앞을 지나가자 목강이 그들을 가리키며 말했다.

"네가 동의하지 않으면 저들이 모두 군위에 오를 것이다."

노성공은 괴퇴에서 머물 때 신궁(申宮: 공궁을 방호한다는 뜻으로 '申'은 '司'의 뜻임)을 당부하면서 수비대를 배치한 뒤 비로소 출발했다. 이로 인해 늦게 가게 된 것이다. 이때 노성공은 맹헌자에게 명하여 공궁을 지키게 했다.

가을, 노성공과 진여공, 제영공, 위헌공, 송나라 화원, 주인(邾人) 등이 송나라의 사수(沙隨: 하남성 영릉현 북쪽)에서 만났다. 이는 정나라를 치기 위한 것이었다. 이때 선백이 진나라 극주에게 사람을 보내 이같이 말하게 했다.

"노후(魯侯: 노성공)가 괴퇴에 머물며 출발을 지체한 것은 진나라와 초나라 중 어느 나라가 이기는가를 관망하고자 했기 때문입니다."

이때 극주는 진나라 신군의 주장으로 있으면서 공족대부(公族大夫: 경의 자제들을 교육하는 책임을 진 진나라 관직)의 직책을 맡아 동방제후(東方諸侯: 제나라와 노나라 군주 등을 지칭)에 관한 일을 총괄하고 있었다. 극주는 선백으로부터 뇌물을 받고 진여공에게 노후를 소(訴: 훼방을 놓기 위해 참소함)했다. 이로 인해 진여공이 노성공을 만나주지 않았다.

당시 조나라 사람이 진나라에게 이같이 청원했다.

"우리 선군 조선공(曹宣公)이 세상을 떠나자 백성들이 말하기를, '어찌할 것인가. 우환이 아직 제거되지 않았다'라고 했습니다. 그런데 진나라는 과군을 쳐 조나라의 사직을 진무해야 할 공자 자장(子臧)까지 외국으로 망명하게 만들었습니다. 이는 조나라를 대대적으로 멸망시키는 일입니다. 이것이 우리 선군이 죄를 지었기 때문에 일어난 것입니까? 만일 죄가 있었다면 어찌하여 군주는 우리 선군을 회동에 열석(列席: 조선공은 노선공 17년의 단도지맹에 참석했음)하게 한 것입니까? 군주는 덕형(德刑)에 형평을 잃지 않아야 패자를 칭할 수 있을 것입니다. 어찌 유독 폐읍에 대해서만 그렇지 않은 것입니까? 이에 감히 군주에게 사사로이 이같은 사실을 밝힙니다."

戰之日, 齊國佐·高無咎至于師, 衛侯出于衛, 公出于壞隤. 宣伯通於穆姜, 欲去季孟而取其室. 將行, 穆姜送公, 而使逐二子. 公以晉難告, 曰 "請反而聽命." 姜怒, 公子偃·公子鉏趨過, 指之曰 "女不可, 是皆君也." 公待於壞隤, 申宮儆備, 設守而後行, 是以後. 使孟獻子守于公宮. 秋, 會于沙隨, 謀伐鄭也. 宣伯使告郤犨曰 "魯侯待于壞隤, 以待勝者." 郤犨將新軍, 且爲公族大夫, 以主東諸侯. 取貨于宣伯, 而訴公于晉侯, 晉侯不見公. 曹人請于晉曰 "自我先君宣公卽世, 國人曰 '若之何. 憂猶未弭.' 而又討我寡君, 以亡曹國社稷之鎭公子, 是大泯曹也. 先君無乃有罪乎. 若有罪, 則君列諸侯矣. 君唯不遺德刑, 以伯諸侯. 豈獨遺諸敝邑. 敢私布之."

●7월, 노성공이 왕실의 경사 윤무공(尹武公: 尹子) 및 다른 제후들과 회동해 정나라를 쳤다. 노성공이 떠나려고 할 때 목강이 또 노성공에게 이전과 같은 일을 명했다. 이에 노성공은 또 공궁의 수비대를 배치한 뒤 떠났다.

제후들의 군사가 정나라의 서쪽에 영채를 세웠다. 이때 노나라 군사는 정나라 동쪽에 있는 독양(督揚: 위치 미상)에 머물며 감히 정나라를 지나가지 못했다. 이에 자숙성백(子叔聲伯)이 대부 숙손표(叔孫豹: 숙손교여의 동생)를 보내 진나라 군사가 노나라 군사를 영접할 것을 요청하게 했다. 그러고는 정나라 도성의 교외에서 진나라 군사를 위한 식사를 준비하게 했다. 진나라 군사가 노나라를 영접하기 위해 도착할 때까지 성백(聲伯)은 나흘 동안이나 식사도 거른 채 그들을 기다렸다. 그러고는 진나라 사자에게 밥을 먹인 후에야 비로소 밥을 먹었다.

제후들의 군사가 정나라의 제전(制田: 하남성 신정현 동북쪽) 땅으로 옮겨갔다. 이때 진나라의 지무자(知武子: 순앵)는 하군의 부장이 되어 제후들의 군사를 이끌고 진(陳)나라로 쳐들어가 명록(鳴鹿: 하남성 녹읍현 서쪽)까지 이르렀다. 곧이어 채나라를 쳤는데 아직 돌아가기도 전에 제후들의 군사가 영상(潁上: 영수의 강변으로 하남성 우현 경내에 위치)으로 이동했다. 7월 24일, 정나라 대부 자한(子罕: 공자 喜)이 밤에 군사들을 이끌고 이들을 급습했다. 이에 송나라와 제나라, 위나라는 많은 군사를 잃고 대오를 이룰 수가 없었다.

이때 조나라 사람이 진나라에 대해 재차 자신들의 군주를 복귀시켜 줄 것을 청했다. 그러자 진여공이 자장에게 말했다.

"그대는 돌아가도록 하오. 내가 그대들의 군주를 돌려보낼 것이오."

이에 자장이 조나라로 돌아가고 조성공도 돌아갔다. 자장은 돌아간 뒤 자신의 영지와 경의 자리를 모두 반환하고는 다시는 출사(出仕)하지 않았다.

七月, 公會尹武公及諸侯, 伐鄭. 將行, 姜又命公如初. 公又申守而行. 諸侯之師次于鄭西. 我師次于督揚, 不敢過鄭. 子叔聲伯使叔孫豹請逆于晉師, 爲食於鄭郊. 師逆以至, 聲伯四日不食以待之, 食使者而後食. 諸侯遷于制田. 知武子佐下軍, 以諸侯之師侵陳, 至于鳴鹿. 遂侵蔡, 未反, 諸侯遷于潁上. 戊午, 鄭子罕宵軍之, 宋齊衛皆失軍. 曹人復請于晉, 晉侯謂子臧 "反, 吾歸而君." 子臧反, 曹伯歸. 子臧盡致其邑與卿而不出.

● 노나라의 선백이 사람을 진나라 극주에게 보내 이같이 전했다.

"노나라에 계문자와 맹헌자가 있는 것은 마치 진나라에 난문자와 범문자가 있는 것과 같습니다. 노나라의 모든 정령이 이 두 사람의 손에서 나옵니다. 지금 이들은 서로 모의하기를, '진나라의 정령은 다문(多門: 여러 권문세족)으로부터 나오니 우리가 그들의 명을 따를 수 없다. 차라리 제나라나 초나라를 섬기다가 망하는 것이 나을 것이다. 진나라를 따를 수는 없다'고 했습니다. 만일 진나라가 노나라에서 그 뜻을 얻고자 한다면 청컨대 행보(行父: 계문자)를 잡아 죽이기 바랍니다. 그러면 나는 여기서 멸(蔑: 맹헌자)을 죽이고 진나라를 섬겨 노나라가 다시는 두 마음을 품지 않도록 하겠습니다. 그리 되면 나머지 소국들도 반드시 진나라를 좇을 것입니다. 만일 그리하지 않으면 행보는 노나라로 돌아와 반드시 진나라를 배반하고 말 것입니다."

9월, 진나라 사람이 계문자를 초구(苕丘: 위치 미상)에서 잡았다. 노성공이 돌아온 뒤 제나라와 가까운 노나라의 운(鄆: 산동성 운성현 동쪽) 땅에서 기다리다가 자숙성백(子叔聲伯)을 진나라로 보내 계손씨의 방환을 청하게 했다. 그러자 극주가 자숙성백에게 말했다.

"만일 중손멸을 제거하고 계손행보를 억류하면 나는 그대에게 노나라의 정권을 맡기는 한편 진나라가 노나라의 공실보다 당신과 더 친하게 지내도록 해주겠소."

그러자 자숙성백이 대답했다.

"숙손교여의 못된 행각은 그대도 들어 알고 있을 것입니다. 그러나 만일 중손멸과 계손행보를 제거하면 이는 노나라를 철저히 포기해 과군을 죄인으로 만드는 것이 됩니다. 만일 우리 나라를 버리지 않고 은혜를 베풀어 노나라의 시조인 주공 단(旦)으로부터 복을 빌고자 하면 과군으로 하여금 진나라 군주를 섬기도록 해주십시오. 그리하면 그 두 사람은 노나라의 사직지신(社稷之臣)이 될 것입니다. 만일 아침에 두 사람을 제거하면 노나라도 반드시 그날 저녁에 망할 것입니다. 노나라가 진나라의 원수인 초나라 및 제나라와 밀이(密邇: 가까이 지냄)한데 만일 망하고 난 뒤 진나라를 원수로 삼게 되면 진나라는 장차 이를 어찌 대처하려는 것입니까."

"내 그대를 위해 영지를 청하도록 하겠소."

"나 영제(嬰齊)는 노나라의 하관(下官)인데 어찌 감히 대국에 기대어 후록(厚祿)을 구하겠습니까. 나는 과군의 명을 받들어 청하는 것이니 만일 청이 받아들여지면 그대의 은혜가 이미 너무 많은 것입니다. 그러니 또 무엇을 구하겠습니까."

이때 진나라의 범문자가 난무자에게 말했다.

"계손행보는 노나라에서 두 군주를 섬긴 재상입니다. 그는 첩에게 비단옷을 입히지도 않고 말에게 곡식을 먹이지도 않습니다. 그러니 충성스럽다고 말하지 않을 수 있겠습니까. 참특(讒慝)한 말을 믿어 충량한 인물을 버리면 장차 제후들의 비난을 어찌 감당할 것입니까. 노나라의 자숙영제는 군명을 받들면서 사심이 없고, 국가를 위한 계책을 마련하면서 두 마음을 품지 않고, 자신의 분수를 헤아리며 군주를 잊지 않고 있습니다. 만일 그의 청을 거절하면 현인을 저버리는 셈이 됩니다. 그대는 이 일을 깊이 생각하기 바랍니다."

이에 진나라는 즉시 노나라와 강화하고 계손행보를 풀어주었다.

겨울 10월, 노나라가 숙손교여를 내쫓고 모든 대부들과 앞으로 이같은 일이 없을 것을 맹서했다. 이에 숙손교여는 제나라로 달아났다.

12월, 계손행보가 진나라의 극주와 호(扈)에서 맹약하고 돌아와 곧 공자 언(偃)을 죽인 뒤 숙손표를 제나라에서 불러들여 숙손씨 가문의 후계자로 삼았다.

이때 제영공의 모친인 성맹자(聲孟子: 제경공의 부인인 송나라 여인)는 숙손교여와 사통한 뒤 그를 제나라의 상경인 고씨와 국씨의 중간 지위에 있게 했다. 그러자 숙손교여가 말했다.

"나는 두 번 다시 죄를 지을 수 없다."

그러고는 곧 위나라로 달아났다. 이에 위나라에서도 그에게 경의 지위를 주었다.

진여공이 극지를 왕실로 보내 초나라의 포로를 바치게 했다. 그러자 극지는 왕실의 경사 선양공(單襄公)과 함께 이야기를 나누면서 자주 자신의 공을 자랑했다. 이에 선양공이 왕실의 여러 대부들에게 말했다.

"온계(溫季: 극지로, '온'은 채읍, '계'는 자임)는 망하고 말 것이오. 그는 7인(七人: 난서와 사섭, 극기, 순언, 한궐, 순앵, 극주)의 밑에 있으면서 윗사람들을 가리려 하고 있소. 남의 원망을 모으는 것은 난의 근본이오. 남의 원망을 많이 받는 것은 화란의 단초인데 그가 어떻게 그 자리를 유지할 수 있겠소? 『서경』「하서」(夏書: 이하의 구절은 후세의 위작임)에 이르기를, '남의 원망이 어찌 분명히 드러난 것만 있겠는가. 눈에 띄지 않는 원한도 깊이 생각해야 한다'고 했소. 이는 사소한 원한도 사지 않도록 조심하라는 뜻이오. 지금 극지에 대한 원망이 분명히 드러나고 있으니 그것이 과연 가한 일이겠소?"

宣伯使告郤犨曰"魯之有季孟, 猶晉之有欒范也, 政令於是乎成. 今其謀曰'晉政多門, 不可從也. 寧事齊楚, 有亡而已, 蔑從晉矣.'若欲得志於魯, 請止行父而殺之, 我斃蔑也而事晉, 蔑有貳矣. 魯不貳, 小國必睦. 不然, 歸必叛矣."九月, 晉人執季文子于苕丘. 公還, 待于鄆, 使子叔聲伯請季孫于晉. 郤犨曰"苟去仲孫蔑而止季孫行父, 吾與子國, 親於公室."對曰"僑如之情, 子必聞之矣. 若去蔑與行父, 是大棄魯國而罪寡君也. 若猶不棄, 而惠徼周公之福, 使寡君得事晉君. 則夫二人者, 魯國社稷之臣也. 若朝亡之, 魯必夕亡. 以魯之密邇仇讐, 亡而爲讐, 治之何及."郤犨曰"吾爲子請邑."對曰"嬰齊, 魯之常隸也, 敢介大國以求厚焉. 承寡君之命以請, 若得所請, 吾子之賜多矣, 又何求."范文子謂欒武子曰"季孫於魯, 相二君矣. 妾不衣帛, 馬不食粟, 可不謂忠乎. 信讒慝而棄忠良, 若諸侯何. 子叔嬰齊奉君命無私, 謀國家不貳, 圖其身不忘其君. 若虛其請, 是棄善人也. 子其圖之."乃許魯平, 赦季孫. 冬十月, 出叔孫僑如而盟之, 僑如奔齊. 十二月, 季孫及郤犨盟于扈. 歸, 刺公子偃, 召叔孫豹于齊而立之. 齊聲孟子通僑如, 使立於高國之間. 僑如曰"不可以再罪."奔衛, 亦間於卿. 晉侯使郤至獻楚捷于周, 與單襄公語, 驟稱其伐. 單子語諸大夫曰"溫季其亡乎. 位於七人之下, 而求掩其上. 怨之所聚, 亂之本也. 多怨而階亂, 何以在位. 「夏書」曰'怨豈在明. 不見是圖.'將愼其細也. 今而明之, 其可乎."

17년(기원전 574)

17년 봄, 위나라의 북궁괄(北宮括)이 군사를 이끌고 가 정나라를 침공했다. 여름, 공이 윤자·선자(單子)·진후·제후·송공·위후·조백·주인과 함께 정나라를 쳤다. 6월 을유, 가릉(柯陵)에서 동맹했다. 가을, 공이 모임에서 돌아왔다. 제나라의 고무구가 거나라로 망명했다. 9월 신축, 교제(郊祭)를 행했다. 진후(晉侯)가 순앵(荀罃)을 보내 걸사하게 했다. 겨울, 공이 선자·진후·송공·위후·조백·제(齊人)·주인과 함께 정나라를 쳤다. 11월, 공이 정나라를 치는 일에서 돌아왔다. 임신, 공손 영제가 이신(貍脤)에서 졸했다. 12월 정사 삭(朔), 일식이 있었다. 주자 확저(貜且)가 졸했다. 진(晉)나라가 그 대부 극기·극주·극지를 죽였다. 초나라 사람이 서용(舒庸)을 멸했다.

十七年春, 衛北宮括帥師, 侵鄭. 夏, 公會尹子單子晉侯齊侯宋公衛侯曹伯邾人, 伐鄭. 六月乙酉, 同盟于柯陵. 秋, 公至自會. 齊高無咎出奔莒. 九月辛丑, 用郊. 晉侯使荀罃來乞師. 冬, 公會單子晉侯宋公衛侯曹伯齊人邾人, 伐鄭. 十一月, 公至自伐鄭. 壬申, 公孫嬰齊卒于貍脤, 十一月丁巳朔, 日有食之. 邾子貜且卒. 晉殺其大夫郤錡郤犨郤至. 楚人滅舒庸.

● 노성공 17년 봄 1월, 정나라의 자사(子駟: 공자 비)가 진나라의 허(虛: 하남성 언사현 경계)와 활(滑) 땅을 침공했다. 그러자 위나라의 북궁괄(北宮括: 위성공의 증손)이 진나라를 돕기 위해 정나라를 침공해 진나라와 가까운 정나라의 고씨(高氏: 하남성 언사현 경계)까지 쳐들어갔다. 여름 5월, 정나라 태자 곤완(髡頑)과 대부 후누(侯獳)가 초나라에 인질로 가자 초나라의 공자 성(成)과 공자 인(寅)이 군사를 이끌고 와 정나라를 수비했다.

노성공이 왕실의 경사 윤무공(尹武公)과 선양공(單襄公)을 비롯해 제후들과 회동하고 정나라를 침공했다. 이에 희동(戱童: 하남성 공현 동남쪽)에서 곡유(曲洧: 하남성 부구현 서남쪽)까지 쳐들어가게 되었다.

진나라의 범문자가 언릉(鄢陵)에서 돌아와 축종(祝宗: 제사를 관장하는 祝史의 우두머리로 경대부 집에는 축사가 있었음)에게 자신이 일찍 죽도록 기도해 달라고 당부했다.

"군주가 날로 교치(驕侈)한데 적과 싸워 이겼으니 이는 하늘이 군주의 병을 더욱 키우는 것이오. 장차 난이 일어날 것이니 나를 아끼는 사람은 오직 나를 축(祝: 저주한다는 뜻으로, 祝은 기복과 저주의 뜻을 모두 포함)하여 빨리 죽게 만들어 국난에 휩쓸리지 않도록 해주기 바라오. 이같이 하는 것이 범씨 가문의 복이 될 것이오."

6월 9일, 사섭(士燮: 범문자)이 세상을 떠났다.

6월 26일, 노성공이 윤무공과 선양공, 진여공, 제영공, 송평공(宋平公: 송공공의 아들 成), 위헌공, 조성공, 주정공(邾定公)과 함께 정나라의 서쪽에 있는 가릉(柯陵: 위치 미상)에서 결맹했다. 이는 척지맹(戚之盟: 노성공 15년)을 다지기 위한 것이었다. 초나라의 자중이 정나라를 구원하고 수지(首止)에 영채를 세웠다. 그러자 제후들의 군사가 귀국했다.

十七年春王正月, 鄭子騑侵晉虛滑. 衛北宮括救晉侵鄭, 至于高氏. 夏五月, 鄭大子髡頑·侯獳爲質於楚, 楚公子成·公子寅戍鄭. 公會尹武公·單襄公及齊侯. 伐鄭, 自戱童至于曲洧. 晉范文子反自鄢陵, 使其祝宗祈死, 曰"君驕侈而克敵, 是天益其疾也. 難將作矣. 愛我者唯祝我, 使我速死, 無及於難, 范氏之福也." 六月戊辰, 士燮卒. 乙酉, 同盟于柯陵, 尋戚之盟也. 楚子重救鄭, 師于首止. 諸侯還.

●제나라의 경극(慶克: 경봉의 부친)이 제영공의 모친인 성맹자(聲孟子)와 사통하고 있었다. 어느 날 경극이 여장을 하고 궁중 여인과 함께 가마를 탄 채 굉(閎: 후궁으로 들어가는 좁은 문)으로 들어갔다. 포

견(鮑牽: 포숙아의 증손)이 이를 보고 국무자(國武子: 국좌)에게 알리자 국무자가 경극을 불러 이 사실을 전해주었다. 이에 경극이 오랫동안 집 밖으로 나오지 않은 채 성맹자에게 고했다.

"국무자가 저를 꾸짖었습니다."

이에 성맹자가 대로했다. 국무자가 제영공을 도와 제후들의 회동에 참석하게 되자 고무구(高無咎)와 포견이 나라를 지켰다. 제영공이 귀국하여 도성에 들어올 즈음 이들은 문을 굳게 닫고 과객의 몸을 수색하고 있었다. 제영공이 환궁하자 성맹자가 이들을 무함했다.

"고무구와 포견이 군주를 받아들이지 않고 공자 각(角: 제경공의 아들)을 세우려고 했소. 국무자도 이 모의에 참여했소."

가을 7월 13일, 제영공이 포견을 월형(刖刑)에 처하고 고무구를 나라 밖으로 쫓아냈다. 이에 고무구는 거나라로 달아났는데 그의 아들 고약(高弱)이 채읍인 노(盧: 산동성 장청현 서남쪽) 땅의 사람들을 이끌고 반기를 들었다. 이때 제나라 사람이 노나라로 와 포국(鮑國: 포견의 동생 鮑文子)을 불러다가 포씨 가문의 후사로 세웠다.

당초 포국은 포씨 가문을 떠나 노나라에 와서 시효숙(施孝叔: 노효공의 5세손)의 가신이 되어 있었다. 시씨가 가재(家宰: 가신의 우두머리)가 될 사람을 점치자 광구수(匡句須)가 길한 것으로 나왔다. 시씨의 가재는 백실지읍(百室之邑: 민가 1백 호의 채읍)을 갖도록 되어 있었다. 이에 광구수에게 이를 주고 가재로 삼으려고 하자 그는 오히려 포국에게 가재의 자리를 양보하며 치읍(致邑: 채읍을 반환함)했다. 그러자 시효숙이 이같이 설득했다.

"그대가 가재가 되는 것이 매우 길한 것으로 나왔소."

광구수가 대답했다.

"충량한 인물에게 자리를 내주는 것보다 더 길한 것이 있겠습니까."

이에 포국은 모든 충성을 바쳐 시씨를 보좌했다. 그런데 이때에 이르러 제나라 사람이 그를 데려다가 포씨 가문의 후사로 삼은 것이다. 이를 두고 중니(仲尼)가 이같이 평했다.

"포장자(鮑莊子: 포견)의 지혜는 규채(葵菜)[47]만 못하다. 규채조차 능히 제 뿌리를 지키기 때문이다."

겨울, 제후들의 군사가 정나라를 쳤다. 10월 12일, 제후들의 군사가 정나라를 포위하자 초나라 공자 신(申)은 정나라를 구원하고 여수(汝水) 강변에 영채를 세웠다. 11월, 제후들의 군사가 철군했다.

일찍이 성백(聲伯)이 꿈을 꾸었는데 원수(洹水: 하남성 북쪽을 흐르는 安陽河)를 건널 때 어떤 사람이 경괴(瓊瑰)[48]를 내주면서 이를 자신에게 먹이는 꿈이었다. 꿈속에서 성백이 눈물을 흘리자 눈물방울이 모두 구슬이 되어 그의 품 안에 가득 차게 되었다. 이에 성백이 이같이 노래를 불렀다.

"원수(洹水)를 건너려니 누가 나에게 구슬을 주었네. 돌아갈거나, 돌아갈거나. 구슬이 나의 품 안에 가득 찼네."

성백은 두려운 나머지 꿈의 내용에 대해 감히 점을 치지 못하다가 이내 정나라에서 돌아왔다. 11월 임신일, 성백이 노나라의 이신(狸脤: 위치 미상)에 이르러 드디어 점을 치게 하면서 말했다.

"나는 죽음을 두려워해 감히 점을 치지 못했소. 그러나 이제 나를 따르는 사람이 이같이 많고 그들 모두 나를 따른 지 3년이나 되었으니 나를 해칠 사람은 없을 것이오."

성백은 이 말을 한 뒤 곧 그날 저녁 세상을 떠났다.

제영공이 최저(崔杼: 崔武子)를 대부로 삼은 뒤 경극에게 최저를 도와 노 땅을 포위하게 했다. 국좌는 제후들을 따라 정나라를 포위하고 있을 때 제나라에 난이 일어나자 곧 귀국을 허락해 달라고 청했다. 국좌는 귀국하자마자 노(盧) 땅을 포위하고 있는 군사를 찾아가 경극을 죽인 뒤 곡(穀: 산동성 동아현) 땅의 사람들을 이끌고 반기를 들었다.

---

47) 잎만 먹고 뿌리를 상하게 하지 않는 '아욱'을 뜻하는 것으로, 두예는 이를 '해바라기'로 풀이했으나 이는 잘못이다.

48) 『시경』에 나오는 경요(瓊瑤), 경구(瓊玖), 경거(瓊琚)와 같은 것으로 일종의 옥이다. 두예는 경(瓊)은 옥, 괴(瑰)는 구슬로 해석했으나 이는 잘못이다.

그러자 제영공이 그와 서관(徐關: 산동성 치박시 서남쪽)에서 맹약한 뒤 그의 본래 관위를 회복시켜 주었다.

12월, 노 땅을 포위하고 있던 반군이 항복했다. 제영공이 국승(國勝: 국좌의 아들)에게 명하여 진나라로 가 난의 전말을 보고한 뒤 청(淸: 산동성 요성현 서쪽) 땅에서 명을 기다리게 했다.

齊慶克通于聲孟子, 與婦人蒙衣乘輦而入于閎. 鮑牽見之, 以告國武子, 武子召慶克而謂之. 慶克久不出, 而告夫人曰 "國子謫我." 夫人怒. 國子相靈公以會, 高鮑處守. 及還, 將至, 閉門而索客. 孟子訴之曰 "高鮑將不納君, 而立公子角, 國子知之." 秋七月壬寅, 刖鮑牽而逐高無咎. 無咎奔莒, 高弱以盧叛. 齊人來召鮑國而立之. 初, 鮑國去鮑氏而來, 爲施效叔臣. 施氏卜宰, 匡句須吉. 施氏之宰, 有百室之邑. 與匡句須邑, 使爲宰. 以讓鮑國, 而致邑焉. 施效叔曰 "子實吉." 對曰 "能與忠良, 吉孰大焉." 鮑國相施氏忠, 故齊人取以爲鮑氏後. 仲尼曰 "鮑莊子之知不如葵, 葵猶能衛其足." 冬, 諸侯伐鄭. 十月庚午, 圍鄭. 楚公子申救鄭, 師于汝上. 十一月, 諸侯還. 初, 聲伯夢涉洹, 或與己瓊瑰, 食之, 泣而爲瓊瑰, 盈其懷. 從而歌之曰 "濟洹之水, 贈我以瓊瑰. 歸乎歸乎, 瓊瑰盈吾懷乎." 懼不敢占也. 還自鄭, 壬申, 至于貍脤而占之, 曰 "余恐死, 故不敢占也. 今衆繁而從余三年矣, 無傷也." 言之, 之莫而卒. 齊侯使崔杼爲大夫, 使慶克佐之, 帥師圍盧. 國佐從諸侯圍鄭, 以難請而歸. 遂如盧師, 殺慶克, 以穀叛, 齊侯與之盟于徐關而復之. 十二月, 盧降, 使國勝告難于晉, 待命于淸.

● 진여공은 사치를 좋아한 데다가 외폐(外嬖: 총애하는 신하로 胥童과 夷陽五, 長魚矯 등을 지칭)가 매우 많았다. 그는 언릉의 싸움에서 돌아온 뒤 대부들을 모두 제거하고 주변의 외폐를 새로이 대부로 삼고자 했다.

서동(胥童: 臼季의 증손)의 부친 서극(胥克: 노선공 8년에 극결이 서극을 쫓아냈음)은 극결에 의해 직위에서 밀려난 일로 인해 극씨를 원망했는데 이때 마침 진여공의 총애를 받고 있었다. 또 극기가 이양오

(夷陽五)의 땅을 빼앗은 일로 인해 이양오 역시 극씨를 원망했다. 그 또한 진여공의 총애를 받고 있었다. 극주는 장어교(長魚矯: 장어가 성, 교가 이름)와 땅을 가지고 다툴 때 그를 잡아서 수갑을 채우면서 그 부모와 처자마저 같은 수레의 끌채에 묶은 적이 있었다. 얼마 후 장어교도 진여공의 총애를 받게 되었다.

이때 난서(欒書)도 극지를 원망하고 있었다. 난서는 언릉지역(鄢陵之役) 당시 극지가 자신의 명을 좇지 않고도 오히려 초나라 군사를 패퇴시킨 일로 인해 기회 있을 때마다 그를 제거하고자 했다. 이에 난서는 포로로 잡혀와 있는 초나라 공자 패(茷)를 시켜 진여공에게 이같이 고하게 했다.

"이번 싸움은 극지가 실로 과군을 불러낸 데 따른 것입니다. 그는 동사(東師)[49]가 아직 도착하지 않은 점과 진나라 장수가 모두 출동하지 않은 점을 들먹였습니다. 그러면서 말하기를, '이번 싸움은 틀림없이 진나라가 질 것이다. 나는 손주(孫周: 진양공의 증손으로 공손 周로 불렸음)를 받들어 새 군주로 옹립할 것이다'라고 했습니다."

진여공이 이를 난서에게 이야기하자 그가 말했다.

"그런 일이 있을 것입니다. 그렇지 않고서야 어떻게 죽음을 두려워하지 않고 적의 사자를 맞았겠습니까. 군주는 어찌하여 시험 삼아 극지를 손주가 있는 왕실에 사자로 보내 그의 동태를 살피지 않는 것입니까."

이에 극지가 주왕조를 방문하게 되자 난서는 공손 주(周)에게 사람을 보내 극지를 만나보게 했다. 이때 진여공도 사람을 보내 극지의 행동을 엿보게 했다. 과연 극지가 공손 주를 만나는 모습이 확인되었다. 드디어 진여공은 극지를 원망하게 되었다.

진여공이 사냥을 나가 여인들과 함께 먼저 짐승을 잡은 뒤 술을 마시면서 비로소 대부들에게 사냥할 것을 허락했다. 이때 극지가 멧돼지를 잡아 진여공에게 바치자 시인(寺人) 맹장(孟張)이 이를 빼앗았다. 이

---

49) 동방 제후들의 군사로, 곧 제나라와 노나라, 위나라 군사를 지칭한다.

에 화가 난 극지가 활을 쏘아 맹장을 죽이자 진여공이 크게 노해 이같이 말했다.

"계자(季子: 극지)가 나를 업신여기는 것이 심하다."

晉厲公侈, 多外嬖. 反自鄢陵, 欲盡去群大夫, 而立其左右. 胥童以胥郤之廢也, 怨郤氏, 而嬖於厲公. 郤錡奪夷陽五田, 五亦嬖於厲公. 郤犨與長魚矯爭田, 執而梏之, 與其父母妻子同一轅. 旣, 矯亦嬖於厲公. 欒書怨郤至, 以其不從己而敗楚師也, 欲廢之. 使楚公子茷告公曰 "此戰也, 郤至實召寡君. 以東師之未至也, 與軍帥之不具也, 曰 '且必敗, 吾因奉孫周以事君.'" 公告欒書, 書曰 "其有焉. 不然, 豈其死之不恤, 而受敵使乎. 君盍嘗使諸周而察之." 郤至聘于周, 欒書使孫周見之. 公使覘之, 信. 遂怨郤至. 厲公田, 與婦人先殺而飮酒, 後使大夫殺. 郤至奉豕, 寺人孟張奪之, 郤至射而殺之. 公曰 "季子欺余."

● 진여공이 대부들을 제거하기 위해 난을 일으키려고 하자 서동(胥童)이 건의했다.

"반드시 먼저 3극(三郤: 郤錡·郤犨·郤至)을 제거하십시오. 그들은 대족(大族)인 데다가 원망 또한 많이 받고 있습니다. 대족을 제거하면 공실이 핍박당하지 않고 많은 원망을 받고 있는 자를 토벌하면 공을 세우기가 쉽습니다."

진여공이 고개를 끄덕이며 화답했다.

"그 말이 과연 옳소."

이때 극씨들은 이 소문을 듣고 크게 놀랐다. 이에 극기가 진여공을 먼저 공격할 생각으로 말했다.

"우리가 비록 죽는다 해도 군주 역시 반드시 위태롭게 될 것이다."

그러자 극지가 말했다.

"사람이 능히 설 수 있는 것은 신(信)·지(知)·용(勇)이 있기 때문이오. 신의가 있으면 군주를 배반하지 않고, 지혜가 있으면 백성을 해치지 않으며, 용기가 있으면 난을 일으키지 않소. 그러나 신·지·용

세 가지를 잃게 되면 그 누가 우리와 가까이하려 하겠소? 죽어서 더욱 많은 원망을 받게 되면 무슨 소용이 있겠소? 군주가 실로 신하들을 장악하고 있으면서 죽이는데 군주를 어찌할 수 있겠소? 우리에게 죄가 있다면 죽는 것이 이미 늦었소. 만일 군주가 무고한 사람을 죽이면 장차 백성을 잃을 것이니 편안하고자 한들 그리 될 수가 있겠소? 우리는 오직 군명을 기다릴 뿐이오. 군주로부터 녹을 받았기 때문에 그것으로 친족을 모을 수 있었던 것이오. 족당이 있다고 해서 군주의 명에 맞선다면 이보다 큰 죄가 어디 있겠소?"

12월 26일, 서동과 이양오가 갑사 8백 명을 이끌고 극씨를 공격하려고 했다. 이때 장어교가 거병하지 말 것을 청하자 진여공이 외폐(外嬖) 청비퇴(淸沸魋)에게 명하여 장어교를 돕게 했다. 장어교와 청비퇴가 창을 뽑아들고 옷섶을 여미고는 서로 거짓으로 다투면서 쟁송하는 모습을 꾸몄다. 이때 3극은 대사(臺榭: 대 위에 지은 건물로 일종의 강무당)에서 향후의 일을 상의하고 있었다. 장어교가 이 틈을 이용해 창으로 구백(駒伯: 극기)과 고성숙(苦成叔: 극주)을 그 자리에서 찔러 죽였다. 그러자 온계(溫季: 극지)가 이같이 중얼거렸다.

"억울하게 죽느니 차라리 피하는 것이 낫겠다."

그러고는 이내 재빨리 도주했다. 장어교가 극지의 뒤를 쫓아가 그를 창으로 찔러 죽인 뒤 세 사람의 시체를 모두 조정에 늘어놓았다. 서동이 무장한 군사를 이끌고 와 난서와 중항언(中行偃: 순언)을 조정에서 겁지(劫持: 사람과 물건 등을 끼고 위협함)했다. 이에 장어교가 진여공에게 말했다.

"저 두 사람을 죽이지 않으면 근심이 반드시 군주에게 미칠 것입니다."

진여공이 말했다.

"하루 아침에 세 명의 경을 죽였는데 나는 차마 더 이상 죽일 수 없소."

이에 장어교가 반박했다.

"저들은 군주를 냉혹히 대할 사람들입니다. 제가 듣건대 '화란이 밖에서 일어난 것을 간(奸: 외환), 안에서 일어난 것을 궤(軌: 내란을 말하는 것으로, 宄와 통함)라 한다'고 했습니다. '간'은 덕으로 상대하고 '궤'는 형벌로 상대하는 것입니다. 교화를 시도하지도 않고 죽이는 것은 덕이라 할 수 없습니다. 신하가 군주를 핍박하는데도 토벌하지 않는 것은 형벌이라고 할 수 없습니다. 덕형(德刑)이 제대로 시행되지 않으면 '간'과 '궤'가 함께 일어나게 됩니다. 청컨대 저는 다른 나라로 가고자 합니다."

그리고는 이내 적인이 사는 곳으로 도주했다. 그러자 진여공이 사람을 보내 난서와 중항언에게 이같이 사과했다.

"내가 극씨들을 토벌하자 극씨들이 이미 복죄(伏罪)했소. 대부들은 겁지당한 일을 치욕으로 여기지 말고 속히 복귀하도록 하시오."

이에 난서와 중항언은 재배계수하며 말했다.

"군주가 죄인을 치죄하면서 저희들을 사면해주었으니 이는 군주의 은혜입니다. 저희 두 사람은 비록 죽는 한이 있더라도 어찌 감히 군주의 은덕을 잊겠습니까."

그리고는 모두 돌아왔다. 이에 진여공이 서동을 경으로 삼았다. 그러던 중 마침 진여공이 외폐 장려씨(匠麗氏) 집에 놀러 갔을 때 난서와 중항언이 기회를 틈타 진여공을 억류했다. 이때 대부 사개(士匄: 范宣子)를 부르자 사개는 사양했다. 한궐을 부르자 그도 사절했다.

"지난날 나는 조씨(趙氏: 조돈의 일족) 가문에서 자랐는데 맹희(孟姬: 조장희)의 참소로 조씨가 토벌당할 때 나는 능히 위병(違兵)[50]으로 화를 피할 수 있었습니다. 옛 사람이 말하기를, '살로우막지감시'(殺老牛莫之敢尸: 늙은 소를 죽일 때 감히 앞장서지 않는다는 뜻)[51]라고 했습니다. 하물며 군주야 더 이상 말할 필요가 있겠습니까. 당신들이 군

---

50) '군사를 출동시키지 않는다'는 뜻으로, 노성공 8년 당시 한궐은 이로써 조씨의 여당이 아님을 보여주어 화를 피했다.

51) 이 구절에 나오는 '시'(尸)는 원래 제사를 지낼 때 신주 대신 앉혔던 시동(尸童)을 뜻하는 말로, 여기서는 일을 주관하는 사람이 되는 것을 의미한다.

주를 섬기지 못하면서 어찌 이 한궐을 이용하려는 것입니까.”

서용(舒庸)나라 사람들이 초나라 군사가 패배하자 오나라 군사를 끌어들여 초나라의 소읍(巢邑)을 포위하고 가읍(駕邑)을 친 뒤 이읍(厘邑)과 훼읍(虺邑)을 포위했다. 그러고는 오나라만 믿고 아무런 방비도 하지 않았다. 이에 초나라 공자 탁사(槖師)가 군사들을 이끌고 가 기습 공격으로 서용을 멸망시켜 버렸다.

윤달 29일 그믐날, 난서와 중항언이 서동을 죽였다. 진나라 백성들이 극씨에게 동정하지 않자 서동이 군주를 사주해 난을 꾸몄던 것이다. 이에 『춘추』는 이같이 썼다.

"진나라가 그 대부들을 죽였다."

厲公將作難, 胥童曰 "必先三郤, 族大多怨. 去大族不偪, 敵多怨有庸." 公曰 "然." 郤氏聞之, 郤錡欲攻公, 曰 "雖死, 君必危." 郤至曰 "人所以立, 信知勇也. 信不叛君, 知不害民, 勇不作亂. 失玆三者, 其誰與我. 死而多怨, 將安用之. 君實有臣而殺之, 其謂君何. 我之有罪, 吾死後矣. 若殺不辜, 將失其民, 欲安得乎. 待命而已. 受君之祿, 是以聚黨. 有黨而爭命, 罪孰大焉." 壬午, 胥童·夷羊五帥甲八百, 將攻郤氏. 長魚矯請無用衆, 公使淸沸魋助之, 抽戈結衽, 而僞訟者. 三郤將謀於榭. 矯以戈殺駒伯·苦成叔於其位. 溫季曰 "逃威也." 遂趨. 矯及諸其車, 以戈殺之, 皆尸諸朝. 胥童以甲劫欒書·中行偃於朝. 矯曰 "不殺二子, 憂必及君." 公曰 "一朝而弑三卿, 余不忍益也." 對曰 "人將忍君. 臣聞, 亂在外爲姦, 在內爲軌. 御姦以德, 御軌以刑. 不施而殺, 不可謂德. 臣偪而不討, 不可謂刑. 德刑不立, 姦軌竝至. 臣請行." 遂出奔狄. 公使辭於二子, 曰 "寡人有討於郤氏, 郤氏旣伏其辜矣. 大夫無辱, 其復職位." 皆再拜稽首曰 "君討有罪, 而免臣於死, 君之惠也. 二臣雖死, 敢忘君德." 乃皆歸. 公使胥童爲卿. 公遊于匠麗氏, 欒書·中行偃遂執公焉. 召士匃, 士匃辭. 召韓厥, 韓厥辭, 曰 "昔, 吾畜於趙氏, 孟姬之讒, 吾能違兵. 古人有言曰 '殺老牛莫之敢尸', 而況君乎. 二三子不能事君, 焉用厥也." 舒庸人以楚師之敗也, 道吳人圍巢, 伐駕圍厘, 虺, 遂恃吳而不設備. 楚公子槖師襲舒庸, 減之. 閏月乙卯晦, 欒書中行偃殺胥童. 民不與郤氏, 胥童道君爲亂, 故皆書曰 "晉殺其大夫."

18년(기원전 573)

18년 봄 주력(周曆) 정월, 진(晉)나라가 그 대부 서동(胥童)을 죽였다. 경신, 진(晉)나라에서 그 군주 주포(州蒲)를 시해했다. 제나라가 그 대부 국좌를 죽였다. 공이 진(晉)나라로 갔다. 여름, 초자·정백이 송나라를 쳤다. 송나라의 어석이 다시 팽성(彭城)으로 쳐들어갔다. 공이 진(晉)나라에서 돌아왔다. 진후가 사개(士匄)를 보내 빙문하게 했다. 가을, 기백(杞伯)이 내조했다. 8월, 주자(邾子)가 내조했다. 녹유(鹿囿)를 축조했다. 기축, 공이 노침에서 훙했다. 겨울, 초인·정인이 송나라를 침공했다. 진후가 사방(士魴)을 보내 걸사하게 했다. 12월, 중손멸이 진후·송공·위후·주자·제나라 최저(崔杼)와 만나 허정(虛朾)에서 동맹했다. 정미, 우리 군주 성공(成公)을 안장했다.

十八年春王正月, 晉殺其大夫胥童. 庚申, 晉弑其君州蒲. 齊殺其大夫國佐. 公如晉. 夏, 楚子鄭伯伐宋, 宋魚石復入于彭城. 公至自晉. 晉侯使士匄來聘. 秋, 杞伯來朝. 八月, 邾子來朝. 築鹿囿. 己丑, 公薨于路寢. 冬, 楚人鄭人侵宋. 晉侯使士魴來乞師. 十二月, 仲孫蔑會晉侯宋公衛侯邾子齊崔杼, 同盟于虛朾. 丁未, 葬我君成公.

●노성공 18년 봄 1월 5일, 진나라의 난서와 중항언이 대부 정활(程滑)을 시켜 진여공을 시해한 뒤 익(翼: 산서성 익성현 동남쪽)의 동문 밖에 안장했다. 보통 수레 7대를 함께 묻어야 함에도 불구하고 오직 한 대만 묻었다. 그러고는 순앵과 사방(士魴: 彘季)을 시켜 경사에서 주자(周子: 진양공의 증손인 진도공 周)를 맞이하게 했다. 이들은 주자를 새 군주로 옹립할 생각이었다. 이때 주자의 나이는 14세였다. 대부들이 청원(淸原: 산서성 직산현 북쪽)까지 가서 맞이했다. 이때 주자가 말했다.

"나는 애초에 이런 일이 없기를 바랐소. 비록 이 지경에 이르렀으나 이 어찌 천명이 아니겠소. 사람들이 군주를 구함은 군주로 하여금 명령을 내게 하자는 것인데, 그 군주를 세우고 나서 그 명에 따르지 않는다면 어찌 군주가 필요하겠소. 그대들 몇 사람이 나를 군주로 삼는 것도 오늘의 결정에 있고, 그렇지 않은 것 또한 오늘의 결정에 달렸소. 공손하게 군주에게 복종하는 것은 신이 내리는 복을 받는 일이오."

이에 대부들이 대답했다.

"이는 저희 모든 신하들이 바라는 바입니다. 어찌 감히 유명시종(唯命是從: 명령만 내리면 곧바로 좇음)하지 않겠습니까."

1월 15일, 군주와 신하들이 서로 맹서하고 도성으로 들어가 대부 백자동(伯子同)의 집에서 묵었다. 1월 26일, 무궁(武宮)에 참배한 뒤 신하로서 도리를 다하지 못한 이양오 등을 포함한 일곱 사람을 나라 밖으로 추방했다. 주자에게는 형이 있었으나 슬기롭지 못해 숙맥(菽麥: 콩과 보리)을 분별하지 못했다. 이에 군주로 세울 수 없었다.

1월 29일 그믐날, 제나라에서는 경씨지난(慶氏之難: 국좌가 경극을 죽인 사건)로 인해 제영공이 대부 사화면(士華免)[52]을 시켜 창으로 국좌를 내궁(內宮)[53]의 전당(前堂)에서 죽이게 했다. 이에 내궁을 지키는 병사들이 부인지궁(夫人之宮: 성맹자가 머무는 궁)으로 도피했다. 이에 『춘추』는 이같이 썼다.

"제나라가 그 대부인 국좌를 죽였다."

이는 국좌가 정나라를 치라는 군명을 어기고 멋대로 돌아가 경극을 죽이고 곡(穀) 땅을 근거로 반기를 들었기 때문이다.

이때 청 땅 사람을 시켜 국승(國勝)을 죽이자 그의 아우 국약(國弱)은 노나라로 도망가고 당여 왕초(王湫)는 내(萊)나라로 달아났다. 이에 경봉(慶封)이 대부, 경좌(慶佐)가 사구가 되었다. 얼마 후 제영공이

---

52) '사'를 형벌 담당 관원, '화면'을 이름으로 보는 견해도 있다.
53) 부인이 머무는 곳으로, 여기서는 제영공이 쉬는 궁을 지칭한다.

국약을 돌아오게 하여 국씨 가문의 뒤를 잇게 했다. 이는 예에 맞는 일이다.

十八年春王正月庚申, 晉欒書, 中行偃使程滑弑厲公, 葬之于翼東門之外, 以車一乘. 使荀罃·士魴逆周子于京師而立之, 生十四年矣. 大夫逆于淸原, 周子曰 "孤始願不及此. 雖及此, 豈非天乎. 抑人之求君, 使出命也, 立而不從, 將安用君. 二三子用我今日, 否亦今日, 共而從君, 神之所福也." 對曰 "群臣之願也, 敢不唯命是聽." 庚午, 盟而入, 館于伯子同氏. 辛巳, 朝于武宮, 逐不臣者七人. 周子有兄而無慧, 不能辨菽麥, 故不可立. 齊爲慶氏之難故, 甲申晦, 齊侯使士華免以戈殺國佐于內宮之朝. 師逃于夫人之宮. 書曰 "齊殺其大夫國佐", 棄命·專殺·以穀叛故也. 使淸人殺國勝. 國弱來奔, 王湫奔來. 慶封爲大夫, 慶佐爲司寇. 旣, 齊侯反國弱, 使嗣國氏, 禮也.

● 2월 1일, 진도공(晉悼公)이 조정에서 즉위했다. 그는 백관을 새로 임명하고, 재물을 희사하며 부채를 면제하고, 환과(鰥寡)를 돌보고, 폐체(廢滯: 폐출되었거나 하위직에 머문 현량)를 기용하고, 가난한 자를 돕고, 재난을 구하고, 음특(淫慝)한 짓을 금하고, 부세를 가볍게 하고, 죄를 관대히 용서하고, 기용(器用)을 아끼고, 때에 맞추어 백성을 이용하고, 사적인 목적으로 농사철을 범하지 못하게 했다.

이어 위상(魏相: 위기의 아들 呂相)과 사방(士魴), 위힐(魏頡: 魏顆의 아들 令狐文子), 조무(趙武: 조삭의 아들)를 경으로 삼았다. 또 순가(荀家: 순언의 일족)와 순회(荀會: 순언의 일족), 난염(欒黶: 난서의 아들 欒桓子), 한무기(韓無忌: 한궐의 아들 韓穆子)를 공족대부로 삼아 경의 자제들에게 공검효제(恭儉孝悌)를 가르치게 했다.

사악탁(士渥濁: 士貞子)을 태부로 삼아 범무자(范武子: 진경공의 태부를 지낸 사회)가 제정한 법도를 닦게 하고 우항신(右行辛)[54]을 사공으로 삼아 사위(士蔿: 진헌공 때 사공을 지낸 사회의 선조)가 제정한 법도를 익히게 했다.

변규(弁糾: 난규의 족인으로 卞糾로도 씀)에게 군주의 전차를 몰게 하면서 교정(校正: 마필 담당 관원)을 여기에 배속시켜 모든 어자(御者)에게 도의를 가르치도록 했다. 순빈(荀賓: 순가의 족인)에게 거우를 맡기고 사사(司士: 6경의 거우)를 여기에 배속시켜 모든 용사를 때에 맞추어 부릴 수 있게 했다.

경들의 공어(共御: 각 경에게 배속된 전속 어자)를 없애고 새로 군위(軍尉)를 두어 어자의 역할을 겸하게 했다. 이에 기해(祁奚: 자가 黃羊)를 중군위(中軍尉), 양설직(羊舌職: 양설대부의 아들)을 그 보좌관, 위강(魏絳: 위주의 아들인 魏莊子)을 사마, 장로(張老: 張孟)를 후엄(候奄: 척후 업무를 관할하는 중군의 관직), 탁알구(鐸遏寇: '탁알'이 성임)를 상군위(上軍尉: 輿尉), 적언(籍偃: 籍季의 아들인 籍游)을 상군사마(上軍司馬: 輿司馬)로 삼았다. 이들을 시켜 보병과 전차병에게 서로 화목하며 상관의 명을 잘 듣도록 가르치게 했다. 또 정정(程鄭: 荀氏의 일족으로 荀驩의 증손이며 程季의 아들)을 승마어(乘馬御: 군주의 평상시 수레를 모는 贊僕)로 삼고 육추(六騶: 말을 관리하는 6閑의 관원)를 여기에 배속시켰다. 이들을 시켜 모든 추관(騶官: 말을 다루는 관원)에게 예절을 가르치게 했다.

이로써 모든 6관지장(六官之長: 각 부문의 장관을 지칭)[55]이 모두 백성들이 존경하는 인물들로 채워졌다. 발탁된 자는 직분을 이탈하지 않고, 관직 임명에 상규(常規)를 바꾸지 않고, 작위 수여에 덕행의 수준을 넘지 않고, 사(師: 正·師·旅 모두 官位를 나타내는 말이나 군대 조직의 위계로 해석하기도 함)가 정(正)을 업신여기지 않고, 여(旅)가 사(師)를 핍박하지 않고, 백성들 사이에 원망하는 소리가 없었다. 이로써 진도공은 진문공에 이어 다시 한 번 패업을 이루게 되었다.

---

54) 가신(賈辛)으로 우항을 통수한 데서 성을 취한 것이다.
55) '6관지장'과 관련해 두예는 각군의 주장과 부장을 뜻하는 6경으로 해석했으나, 그리 되면 당시 진나라는 4군을 둔 까닭에 8경이 되어야 하므로 이는 잘못이다.

이때 노성공이 진나라로 갔다. 이는 새로 즉위한 진도공을 조현하기 위한 것이었다.

二月乙酉朔, 晉侯悼公卽位于朝. 始命百官, 施舍已責, 逮鰥寡, 振廢滯, 匡乏困, 救災患, 禁淫慝, 薄賦斂, 宥罪戾, 節器用, 時用民, 欲無犯時. 使魏相·士魴·魏頡·趙武爲卿. 荀家·荀會·欒黶·韓無忌爲公族大夫, 使訓卿之子弟共儉孝悌. 使士渥濁爲大傅, 使修范武子之法. 右行辛爲司空, 使修士蔿之法. 弁糾御戎, 校正屬焉, 使訓諸御知義. 荀賓爲右, 司士屬焉, 使訓勇力之士時使. 卿無共御, 立軍尉以攝之. 祁奚爲中軍尉, 羊舌職佐之. 魏絳爲司馬. 張老爲候奄. 鐸遏寇爲上軍尉, 籍偃爲之司馬, 使訓卒乘, 親以聽命. 程鄭爲乘馬御, 六騶屬焉, 使訓群騶知禮. 凡六官之長, 皆民譽也. 擧不失職, 官不易方, 爵不踰德, 師不陵正, 旅不偪師, 民無謗言, 所以復霸也. 公如晉, 朝嗣君也.

●여름 6월, 정성공이 송나라를 침공해 송나라 도성의 조문(曹門) 밖까지 쳐들어갔다. 이에 곧 초공왕과 회동해 함께 송나라를 쳐 조겹(朝郟: 하남성 하읍현)을 점령했다. 초나라의 자신(子辛: 공자 壬夫)과 정나라 대부 황진(皇辰)은 송나라의 성고(城郜: 안휘성 초현)를 침공해 유구(幽丘: 안휘성 초현)를 점령했다. 두 나라 군사가 함께 팽성(彭城: 강소성 서주시)을 친 뒤 송나라에서 초나라로 달아났던 어석(魚石)과 상위인(向爲人), 인주(鱗朱), 상대(向帶), 어부(魚府) 등을 팽성에 들여보냈다. 그러고는 전차 3백 승으로 방비하게 한 뒤 회군했다. 이에 『춘추』는 이같이 썼다.

"부입(復入)."

무릇 자신의 나라를 떠났을 경우 후에 본국이 다시 그를 맞이해 세우는 경우를 '입'(入)이라고 한다. 원래의 지위로 되돌아갔을 때는 '복귀'(復歸), 다른 제후의 도움으로 귀국했을 때는 '귀'(歸), 무력을 사용해 귀국했을 때는 '부입'(復入)이라고 하는 것이다.

송나라 사람이 이 일을 걱정하자 서서오(西鉏吾)가 말했다.

"무엇을 걱정하는 것이오? 만일 초나라 사람이 우리와 똑같이 어석 등의 다섯 사람을 미워하며 우리에게 덕을 베풀었다면 우리는 실로 초나라를 섬기며 감히 두 마음을 품지 않았을 것이오. 그러나 초나라는 한없이 욕심이 많아 설령 우리 나라를 자국의 변방으로 삼을지라도 불만스러워할 것이오. 초나라가 어석 등을 거두어 저들의 정사를 도우면서 우리의 틈을 엿보게 만드는 것 역시 우리 나라의 우환이 아닐 수 없소. 그런데 지금 초나라는 제후들을 해롭게 하는 간사한 어석 등을 존중한 나머지 그들에게 땅을 나누어주고 이경(夷庚)[56]을 막으려 하고 있소. 이는 간악한 자들을 만족시킴으로써 초나라에 복종하는 제후국들의 이반을 부추기고, 제후들에게 해독을 끼쳐 오나라와 진나라의 우려를 자아낼 것이오. 이리 되면 오히려 우리의 용(庸: 본래는 '공로'를 뜻하나 여기서는 '이익'을 의미)이 매우 많을 것이니 우리가 걱정할 일이 아니오. 우리가 진나라를 섬겨온 것이 무엇 때문이겠소? 진나라는 틀림없이 우리를 도울 것이오."

夏六月, 鄭伯侵宋, 及曹門外. 遂會楚子伐宋, 取朝郟. 楚子辛鄭皇辰侵城郜, 取幽丘, 同伐彭城, 納宋魚石·向爲人·鱗朱·向帶·魚府焉, 以三百乘戍之而還. 書曰 "復入." 凡去其國, 國逆而立之, 曰 "入." 復其位, 曰 "復歸." 諸侯納之, 曰 "歸." 以惡曰 "復入." 宋人患之, 西鉏吾曰 "何也. 若楚人與吾同惡, 以德於我, 吾固事之也, 不敢貳矣. 大國無厭, 鄙我猶憾. 不然, 而收吾憎, 使贊其政, 以間吾釁, 亦吾患也. 今將崇諸侯之姦, 而披其地, 以塞夷庚. 逞姦而攜服, 毒諸侯而懼吳晉. 吾庸多矣, 非吾憂也. 且事晉何爲. 晉必恤之."

● 노성공이 진나라에서 귀국했다. 진나라의 범선자(范宣子: 사개)가 노나라를 보빙하여 노성공의 조현을 배사했다. 이를 두고 군자는 이같

---

[56] 거마가 오가는 제후국 간의 교통로로, 경(庚)은 도로를 뜻하는 원(遠)과 통한다.

이 평했다.

"진나라는 이 일에서 예의에 합당했다."

가을, 기환공(杞桓公: 기성공의 동생인 姑容)이 노나라에 내조했다. 그는 노성공을 위로하며 진나라 사정에 대해 물었다. 이에 노성공이 진도공의 뛰어난 개혁조치를 말해주었다. 그러자 기환공이 급히 진나라로 가 조현한 뒤 통혼을 청했다.

7월, 송나라의 사마 노좌(老佐)와 사도 화희(華喜)가 팽성을 포위했으나 노좌가 도중에 세상을 떠났다. 8월, 주선공(邾宣公)이 노나라에 내조했다. 이는 새로 즉위하여 조현차 찾아온 것이다. 이때 노나라가 사슴을 기르는 포(圃: 園囿)를 축조했다. 『춘추』에 이를 쓴 것은 그 시기가 아니었기 때문이다. 8월 7일, 노성공이 노침(路寢: 正寢)에서 훙거했다. 이는 군주로서 제 위치에서 죽었음을 말한 것이다.

겨울 11월, 초나라의 자중이 팽성을 구원하기 위해 송나라를 치자 송나라의 화원이 진나라로 가서 위급을 고했다. 이때 한헌자가 진나라의 집정을 하고 있었다. 그가 진도공에게 건의했다.

"사람을 얻으려면 반드시 먼저 그들을 도와주어야 합니다. 패업을 이루어 강토를 안정시키는 일은 송나라를 구원하는 일로부터 시작해야 합니다."

이에 진도공이 군사를 이끌고 가 송나라의 태곡(台谷: 위치 미상)에 주둔하며 송나라를 구원했다. 이때 초나라 군사와 팽성 부근에 있는 미각(靡角)의 골짜기에서 만나게 되었다. 그러자 초나라 군사가 곧바로 퇴각해 귀국했다.

이때 진나라 대부 사방(士魴)이 노나라를 찾아와 출병을 요청했다. 이에 노나라 대부 계문자(季文子)가 대부 장무중(臧武仲: 장선숙의 아들 臧孫紇)에게 출병시킬 병사의 수를 묻자 그가 대답했다.

"지난번에 정나라를 칠 때 진나라의 지백(知伯: 순앵)이 사자로 왔는데 그는 진나라 하군의 부장이었습니다. 지금 온 체계(彘季: 사방) 역시 하군의 부장이니 지난번과 같은 수의 군사를 보내는 것이 좋겠습니다. 대국을 섬길 때는 사자의 반작(班爵: 작위의 차서)에 위배하지 않으면서 공경스럽게 대해야 합니다. 이것이 예에 맞는 일입니다."

계문자가 이를 좇았다.

12월, 노나라의 집정대부 맹헌자(孟獻子: 중손멸)가 진도공과 송평공, 위헌공, 주선공, 제나라 대부 최저 등과 허정(虛杔: 산동성 사수현의 노나라 지명이나 하남성 연진현의 송나라 지명으로 해석하기도 함)에서 만났다. 이는 송나라를 구원하기 위한 것이었다. 송나라 사람이 제후들이 번거롭게 직접 참전하는 것을 사양하면서 군사만 요청해 팽성을 포위했다. 이때 맹헌자는 다른 제후들의 양해를 얻어 먼저 돌아와 노성공의 장례에 참석했다.

12월 26일, 노성공을 안장했다. 『춘추』에 이를 쓴 것은 장례식이 순조롭게 진행되었음을 말한 것이다.

公至自晉. 晉范宣子來聘, 且拜朝也. 君子謂 "晉於是乎有禮." 秋, 杞桓公來朝, 勞公, 且問晉故. 公以晉君語之. 杞伯於是驟朝于晉而請爲昏. 七月, 宋老佐, 華喜圍彭城, 老佐卒焉. 八月, 邾宣公來朝, 卽位而來見也. 築鹿囿, 書不時也. 己丑, 公薨于路寢, 言道也. 冬十一月, 楚子重救彭城伐宋, 宋華元如晉告急. 韓獻子爲政, 曰 "欲求得人, 必先勤之, 成霸安疆, 自宋始矣." 晉侯師于台谷以救宋, 遇楚師于靡角之谷. 楚師還. 晉士魴來乞師. 季文子問師數於臧武仲, 對曰 "伐鄭之役, 知伯實來, 下軍之佐也. 今欒季亦佐下軍, 如伐鄭可也. 事大國, 無失班爵而加敬焉, 禮也." 從之. 十二月, 孟獻子會于虛杔, 謀救宋也. 宋人辭諸侯, 而請師以圍彭城. 孟獻子請于齊侯, 而先歸會葬. 丁未, 葬我君成公, 書順也.

노양공 魯襄公

노성공의 서자로 이름은 오(午)이다. 모친은 노성공의 첩인 정사(定姒)이다. 어린 나이에 보위에 올라 진(晉)·초(楚)가 쟁패하는 와중에 노나라를 지키기 위해 시종 줄타기 외교를 전개했다. 재위기간은 기원전 573년부터 542년까지 31년이다. 시법에 따르면 '양(襄)'은 '벽토유덕'(辟土有德: 영토를 넓히고 덕을 갖춤)과 '인사유공'(因事有功: 큰 사업을 벌여 성공을 거둠)의 뜻을 지니고 있다.

원년(기원전 572)

원년 봄 주력(周曆) 정월, 공이 즉위했다. 중손멸이 진나라 난염(欒黶)·송나라 화원·위나라 영식(甯殖)·조인·거인·주인·등인(滕人)·설인과 함께 송나라의 팽성을 포위했다. 여름, 진나라의 한궐(韓厥)이 군사를 이끌고 가 정나라를 쳤다. 중손멸이 제나라 최저·조인·주인·기인(杞人)과 만나 증(鄫)에 군사를 주둔시켰다. 가을, 초나라 공자 임부(壬夫)가 군사를 이끌고 가 송나라를 침공했다. 9월 신유, 천왕이 붕했다. 주자가 내조했다. 겨울, 위후가 공손 표(剽)를 보내 빙문하게 했다. 진후가 순앵을 보내 빙문하게 했다.

元年春王正月, 公卽位. 仲孫蔑, 會晉欒黶宋華元衛甯殖曹人莒人邾人滕人薛人, 圍宋彭城. 夏, 晉韓厥帥師, 伐鄭. 仲孫蔑, 會齊崔杼曹人邾人杞人, 次于鄫. 秋, 楚公子壬夫帥師, 侵宋. 九月辛酉, 天王崩. 邾子來朝. 冬, 衛侯使公孫剽, 來聘. 晉侯使荀罃來聘.

●노양공 원년 봄 1월 25일(본문의 己亥는 乙亥의 잘못임), 제후들의 군사가 팽성을 포위했다. 팽성은 이미 노성공 18년에 초나라가 취해

어석을 봉했기 때문에 송나라 땅이 아니었다. 그래서 이를 추가로 기록한 것이다. 이때 송나라를 위해 어석을 토벌하면서 팽성을 송나라 땅이라 일컫고 어석 등을 반역자로 칭하는 것에 부등(不登: '찬동하지 않다'는 뜻으로 '登'은 찬성의 '成'과 통함)한 것은 송나라 사람들의 뜻에 따른 것이다. 팽성이 진나라 군사에게 항복하자 진나라 사람이 팽성에 있던 송나라의 다섯 대부를 데리고 돌아가 호구(瓠丘: 壺丘로, 산서성 원곡현 동남쪽)에 억류했다.

이때 제나라 군사가 팽성의 싸움에 참여하지 않았다. 진나라가 이를 문책했다. 2월, 제나라의 태자 광(光: 제영공의 뒤를 이은 제장공)이 진나라에 인질로 갔다.

여름 5월, 진나라의 한궐과 순언(荀偃)이 제후들의 군사를 이끌고 정나라를 쳤다. 이에 정나라 도성의 외성으로 쳐들어가 그 보병을 도성 부근에 있는 유수(洧水) 강변에서 깨뜨렸다. 이때 동쪽의 제나라와 노나라, 조나라, 주(邾)나라, 기나라 등의 군사는 정나라의 증(鄫: 하남성 자성현 북쪽) 땅에 머물면서 진나라 군사가 도착하기를 기다렸다.

이에 진나라 군사는 증 땅에 머물던 제후국의 군사까지 모두 이끌고 가 초나라의 초(焦: 안휘성 박현)와 이(夷: 안휘성 박현 동남쪽) 땅을 친 데 이어 진(陳)나라까지 공격했다. 이때 진도공과 위헌공은 위나라의 척(戚: 하남성 복양현 북쪽) 땅에 머물며 후원에 대비하고 있었다.

가을, 초나라의 자신(子辛)이 정나라를 구하기 위해 송나라의 여(呂: 서주시 동남쪽)와 유(留: 서주시 북쪽) 땅을 공격했다. 그러자 정나라의 자연(子然: 정목공의 아들)이 송나라를 쳐 견구(犬丘: 하남성 영성현 서북쪽)를 점령했다.

9월, 주선공이 노양공을 조현했다. 이는 예에 맞는 일이다.

겨울, 위나라의 자숙(子叔: 위목공의 손자로 子叔黑背의 아들인 공손 剽)과 진나라의 지무자(知武子)가 노나라를 빙문했다. 이는 예에 맞는 일이다. 무릇 제후가 즉위하면 소국에서는 군주가 조현을 가고 대국에서는 군주를 대신한 사자가 빙문해 이전의 우호를 다지고, 서로 신임을 얻고, 국사를 논의하고, 빠졌거나 잘못된 일을 보완하는 것이다. 이는 예의 중의 대사(大事)이다.

元年春己亥, 圍宋彭城. 非宋地, 追書也. 於是爲宋討魚石, 故稱宋, 且不登叛人也, 謂之宋志. 彭城降晉, 晉人以宋五大夫在彭城者歸, 實諸瓠丘. 齊人不會彭城, 晉人以爲討. 二月, 齊大子光爲質於晉. 夏五月, 晉韓厥·荀偃帥諸侯之師, 伐鄭, 入其郛, 敗其徒兵於洧上. 於是東諸侯之師次于鄫, 以待晉師. 晉師自鄭以鄫之師侵楚焦夷及陳. 晉侯衛侯次于戚, 以爲之援. 秋, 楚子辛救鄭, 侵宋呂留. 鄭子然侵宋, 取犬丘. 九月, 邾子來朝, 禮也. 冬, 衛子叔·晉知武子來聘, 禮也. 凡諸侯卽位, 小國朝之, 大國聘焉, 以繼好, 結信, 謀事, 補闕, 禮之大者也.

2년(기원전 571)

2년 봄 주력(周曆) 정월, 간왕(簡王)을 안장했다. 정나라 군사가 송나라를 쳤다. 여름 5월 경인, 부인 강씨가 훙했다. 6월 경진, 정백 곤(睔)이 졸했다. 진(晉)·송나라 군사와 위나라 영식(甯殖)이 정나라를 침공했다. 가을 7월, 중손멸이 진나라 순앵·송나라 화원·위나라 손림보·조인·주인과 척(戚)에서 만났다. 기축, 우리 소군 제강(齊姜)을 안장했다. 숙손표가 송나라로 갔다. 겨울, 중손멸이 진나라 순앵·제나라 최저·송나라 화원·위나라 손림보·조인·주인·등인·설인·소주인(小邾人)과 척에서 만났다. 드디어 호뢰(虎牢)에 성을 쌓았다. 초나라가 그 대부 공자 신(申)을 죽였다.

二年春王正月, 葬簡王. 鄭師伐宋. 夏五月庚寅, 夫人姜氏薨. 六月庚辰, 鄭伯睔卒. 晉師宋師衛甯殖, 侵鄭. 秋七月, 仲孫蔑, 會晉荀罃宋華元衛孫林父曹人邾人于戚, 己丑, 葬我小君齊姜. 叔孫豹如宋. 冬, 仲孫蔑, 會晉荀罃齊崔杼宋華元衛孫林父曹人邾人滕人薛人小邾人于戚, 遂城虎牢. 楚殺其大夫公子申.

●2년 봄, 정나라의 군사가 송나라를 침공했다. 이는 초나라의 명에 따른 것이었다.

제영공이 내(萊: 산동성 황현 동남쪽)나라를 쳤다. 이때 내나라 사람이 현대부 정여자(正輿子)를 시켜 제영공의 총신 숙사위(夙沙衛)에게 정선된 말과 소 각 1백 마리를 뇌물로 주게 했다. 그러자 제나라 군사가 곧 회군했다. 이를 두고 군자는 이같이 평했다.

"이것으로 제영공의 시호에 영(靈)자를 쓰게 된 이유를 알았다."

여름, 제강(齊姜: 노성공의 부인으로, 노양공은 노성공의 첩인 定姒의 소생인 까닭에 제강이 嫡母가 됨)이 훙거했다. 당초 목강(穆姜: 노선공의 부인으로 노성공의 모친)이 좋은 가목(檟木: 개오동나무인 楸木)을 가려 그것으로 자신의 관과 부장용 송금(頌琴: 길이 7척 2촌의 25현금)을 만들려고 했다. 그런데 계문자가 그 재목으로 제강을 안장했다. 이를 두고 군자가 이같이 평했다.

"이는 예에 맞지 않다. 예는 역행할 수 없는 것이다. 며느리는 시어미를 봉양하는 사람이다. 시어미에게 쓸 것을 며느리에게 썼으니 이보다 더 큰 역행이 없다. 『시경』「대아·억(抑)」에 이르기를, '그 철인(哲人: 현명한 사람)에게 좋은 말을 들려주면 기꺼이 덕을 좇아 행하네'라고 했다. 계문자는 이 일에서 현명하지 못한 짓을 한 것이다. 더구나 강씨(姜氏: 목강)는 노양공의 비(妣: 원래는 작고한 모친을 뜻하나 여기서는 작고한 조모를 의미)가 아닌가. 『시경』「주송·풍년(豊年)」에 이르기를, '단술을 빚어 조비(祖妣)에게 바치면서 모든 예절 갖추니 복록이 두루 내리네'라고 했다."

제영공이 제강(諸姜: 제나라 종실의 여인으로 대부에게 출가한 宗女)과 종부(宗婦: 종실에 시집온 여인)를 노나라로 보내 송장(送葬)하게 했다. 이때 제영공이 내자(萊子)를 불렀으나 내자는 회견에 참가하지 않았다. 이에 제나라 대부 안약(晏弱)이 동양(東陽)에 성을 쌓고 내자를 압박했다.

二年春, 鄭師侵宋, 楚令也. 齊侯伐萊, 萊人使正輿子賂夙沙衛, 以索馬牛皆百匹, 齊師乃還. 君子是以知齊靈公之爲「靈」也. 夏, 齊姜薨. 初, 穆姜使擇美檟, 以自爲櫬與頌琴, 季文子取而葬. 君子曰 "非禮也. 禮無所逆, 婦養姑者也, 虧姑以成婦, 逆莫大焉. 『詩』曰 '其惟哲人, 告之話言, 順德之行.' 季孫於是爲不哲矣. 且姜氏, 君之妣也. 『詩』曰 '爲酒爲醴, 烝畀祖妣, 以洽百禮, 降福孔偕.'" 齊侯使諸姜宗婦來送葬. 召萊子, 萊子不會, 故晏弱城東陽以偪之.

● 정성공이 병이 들었다. 이때 자사(子駟)가 초나라에 대해 식견(息肩)[1]한 뒤 진나라에 복종할 것을 청했다. 그러자 정성공이 반대했다.

"초나라 군주는 우리 정나라 때문에 언릉의 싸움에서 화살을 눈에 맞았소. 이는 다른 사람을 위한 것이 아니라 바로 나를 위한 것이었소. 만일 초나라를 배반한다면 남의 공로와 자신의 약속을 모두 버리는 셈이 되오. 그러면 그 누가 우리와 화친하려고 하겠소? 내가 잘못을 범하지 않도록 옆에서 막을 사람은 오직 그대들 몇 사람뿐이오."

가을 7월 경진일, 정성공 곤(睔)이 세상을 떠났다. 이에 자한(子罕)이 국정을 장악하고 자사가 집정, 자국(子國: 정목공의 아들인 공자 發)이 사마가 되었다. 진나라 군사가 정나라를 침공하자 정나라의 대부들이 진나라를 따르고자 했다. 이때 자사가 말했다.

"관명(官命)[2]이 아직 바뀌지 않았소."

노나라의 중손멸과 진나라의 순앵, 송나라의 화원, 위나라의 손림보, 조인(曹人), 주인(邾人) 등이 척(戚) 땅에서 만났다. 이는 정나라를 치기 위한 것이었다. 이때 노나라의 중손멸이 말했다.

"호뢰(虎牢: 원래는 정나라 땅이었으나 이때는 진나라가 차지하고 있었음)에 성을 쌓아 정나라를 압박하기 바랍니다."

---

1) '어깨에 얹혀 있는 짐을 내려놓고 쉬다' 라는 뜻으로, 여기서는 초나라에 대한 복종의 부담을 던다는 뜻이다.
2) 군명(君命)으로, 선군이 죽었을 때 사군(嗣君)은 이듬해에 개원(改元)하기 전까지는 정식으로 영을 발포하지 못했다.

이에 진나라의 순앵이 말했다.

"좋은 생각이오. 증 땅의 회동 당시 그대도 제나라의 최저가 하는 말을 들었을 것이오. 그는 이번에 오지 않았소. 등(滕)나라와 설(薛)나라, 소주(小邾: 산동성 등현 동쪽)나라가 오지 않은 것도 다 제나라 때문이오. 과군의 근심은 정나라만이 아니오. 나는 과군에게 보고한 뒤 제나라에게 회동 참여를 청하도록 하겠소. 제나라의 동의를 얻어 제후들에게 함께 성을 쌓게 되었다는 사실을 보고하게 되면 이는 그대의 공이오. 만일 동의를 얻지 못하면 장차 대사(大事: 전쟁을 지칭)가 제나라에서 있을 것이오. 그대의 제안은 제후들의 복이오. 어찌 과군만 그 제안을 믿고 따르겠소?"

이때 노나라 대부 목숙(穆叔: 숙손표)이 송나라를 빙문했다. 노양공이 즉위한 사실을 알리기 위해서였다.

겨울, 다시 척에서 만났다. 이번에는 제나라의 최무자(崔武子: 최저)를 비롯해 등나라와 설나라, 소주의 대부들이 모두 모였다. 이는 순앵이 장차 대사가 제나라에서 있을 것이라고 말한 데 따른 것이다. 이에 호뢰에 성을 쌓게 되자 정나라가 이내 화친을 청했다.

초나라의 공자 신(申)이 우사마가 된 뒤 소국들로부터 뇌물을 많이 받아먹고 자중(子重: 공자 영제)과 자신(子辛: 공자 임부)을 핍박하자 초나라 사람이 그를 죽였다. 이에 『춘추』는 이같이 썼다.

"초나라가 그 대부인 공자 신을 죽였다."

鄭成公疾, 子駟請息肩於晉. 公曰 "楚君以鄭故, 親集矢於其目, 非異人任寡人也. 若背之, 是棄力與言, 其誰曏我. 免寡人, 唯二三子." 秋七月庚辰, 鄭伯睔卒. 於是子罕當國, 子駟爲政, 子國爲司馬. 晉師侵鄭, 諸大夫欲從晉. 子駟曰 "官命未改. 會于戚, 謀鄭故也. 孟獻子曰 "請城虎牢以偪鄭." 知武子曰 "善. 鄫之會, 吾子聞崔子之言, 今不來矣. 滕薛小邾之不至, 皆齊故也. 寡君之憂不唯鄭. 罃將夫於寡君, 而請於齊. 得請而告, 吾子之功也. 若不得請, 事將在齊. 吾子之請, 諸侯之福也. 豈唯寡君賴之." 穆叔聘于宋, 通嗣君也. 冬, 復會于戚, 齊崔武子及滕薛小邾之大夫皆會, 知武子之言故也. 遂城虎牢, 鄭人乃成. 楚公子申爲右司馬, 多受小國之賂, 以偪子重子辛, 楚人殺之. 故書曰 "楚殺其大夫公子申."

3년(기원전 570)

3년 봄, 초나라의 공자 영제가 군사를 이끌고 가 오나라를 쳤다. 공이 진(晉)나라로 갔다. 여름 4월 임술, 공이 진후와 장저(長樗)에서 결맹했다. 공이 진나라에서 돌아왔다. 6월, 공이 선자·진후·송공·위후·정백·거자·주자·제나라 세자 광(光)과 만났다. 기미, 계택(鷄澤)에서 동맹했다. 진후(陳侯)가 원교(袁僑)를 보내 모임에 참석하게 했다. 무인, 숙손표와 제후들의 대부가 진(陳)나라의 원교와 결맹했다. 가을, 공이 모임에서 돌아왔다. 겨울, 진(晉)나라의 순앵이 군사를 이끌고 가 허나라를 쳤다.

三年春, 楚公子嬰齊帥師, 伐吳, 公如晉. 夏四月壬戌, 公及晉侯盟于長樗. 公至自晉. 六月, 公會單子晉侯宋公衛侯鄭伯莒子邾子齊世子光, 己未, 同盟于鷄澤, 陳侯使袁僑如會. 戊寅, 叔孫豹及諸侯之大夫及陳袁僑盟. 秋, 公至自會. 冬, 晉荀罃帥師, 伐許.

●3년 봄, 초나라 자중이 오나라를 치면서 정예군을 선발했다. 이에 오나라의 구자(鳩玆: 한휘성 무호현 동쪽)를 치고 형산(衡山: 절강성 오흥현 남쪽)에 이르렀다. 자중은 또 장수 등료(鄧廖)에게 명하여 조갑(組甲: 옻칠을 한 뒤 무늬를 입힌 갑옷)으로 무장한 전차병 3백 명과 피련(被練: 흰 명주의 도포)을 입은 보병 3천 명을 이끌고 가 오나라를 치게 했다.

이때 오나라 군사들이 요격(要擊: 邀擊이나, '要'를 '腰'로 풀어 '적진의 허리를 자르고 공격함'으로 해석하기도 함)해 등요를 포로로 잡았다. 이 싸움에서 살아난 초나라 군사는 조갑을 입은 전차병 80명과 피련을 입은 보병 3백 명뿐이었다. 그러나 자중은 먼저 도성으로 돌아와 태묘 앞에서 사흘 동안 승리를 축하하는 연회를 베풀었다. 그 사이 오나라 군사들이 등요를 격파한 데 이어 초나라를 기습해 가(駕: 안휘성 무위현 경계) 땅을 점령했다. 가는 초나라의 대표적인 성읍이었고 등요는 초나라의 걸출한 인물이었다. 이를 두고 군자는 이같이 평했다.

"자중은 이 싸움에서 얻은 것이 잃은 것만 못했다."

이로 인해 초나라 사람이 자중을 비난했다. 자중은 이를 매우 원통해 하다가 드디어 심질(心疾: 울화병)로 죽고 말았다.

노양공이 진나라로 갔다. 이는 즉위한 후 처음으로 조현한 것이다.

여름, 노양공이 진도공과 진나라 도성의 교외인 장저(長樗)에서 회맹했다. 이때 노나라의 맹헌자가 노양공을 도왔다. 그는 노양공에게 진도공을 향해 계수(稽首: 머리를 땅에 대고 조아리는 것으로 叩頭와 같음)의 예를 올리게 했다. 이에 진나라의 지무자가 말했다.

"천자가 있는데 욕되게도 귀군(貴君)이 계수의 대례를 행하니 과군이 황공하게 생각합니다."

그러자 맹헌자가 말했다.

"동표(東表: 동쪽 변방)의 폐읍이 구수(仇讐: 진나라의 원수 나라로 곧 제나라를 지칭)와 근접해 있어 과군은 오직 귀군의 도움만 바라고 있습니다. 그러니 어찌 감히 계수하지 않을 수 있겠습니까."

이때 진나라는 정나라가 순복했으므로 오나라와 수호(修好: 우호를 닦음)하고자 했다. 이에 제후들을 규합하기 위해 사개(士匄)를 시켜 제나라에 이같이 말하게 했다.

"과군이 저를 사자로 보낸 것은 최근 제후들이 불이(不易: '분규가 많아 다사다난하다'는 뜻임)한데도 불우(不虞: 뜻밖의 일)를 대비하지 않고 있기 때문입니다. 과군은 여러 형제(兄弟: 제후들은 서로를 '형제'로 칭했음)들과 만나 서로간의 불목을 상의하고자 합니다. 제나라 군주도 참석해줄 것을 기대하면서 우선 저를 보내 결맹을 청하게 한 것입니다."

제영공이 응낙하지 않으려다가 뒷일을 염려해 제나라 도성 곁을 흐르는 이수(彨水: 지금의 時水) 밖에서 진나라와 결맹했다.

이때 진나라의 중군위(中軍尉)를 지낸 기해(祁奚)가 청로(請老: 나이 많은 것을 이유로 致仕를 청함)했다. 이에 진도공이 후임자를 묻자 기해는 해호(解狐)를 천거했다. 해호는 기해와 원한이 있었다. 진도공이 해호를 기해의 후임자로 삼으려고 할 때 마침 해호가 죽게 되었다. 진도공이 기해에게 다른 후임자를 천거하도록 하자 기해가 이같이 대답했다.

"기오(祁午: 기해의 아들)가 적당할 것입니다."

마침 또 중군부위(中軍副尉)를 지낸 양설직(羊舌職)이 죽게 되자 진도공이 기해에게 물었다.

"누가 양설직의 후임으로 좋겠소?"

"양설적(羊舌赤: 양설직의 아들)이 좋습니다."

이에 진도공이 기오를 중군위로 삼고 양설적에게 그를 보좌하게 했다. 이를 두고 군자가 이같이 평했다.

"기해는 능히 좋은 사람을 천거할 줄 알았다."

기해는 그의 원수를 칭찬했으나 이는 아첨한 것이 아니었다. 또 자신의 아들을 내세웠으나 이는 두둔한 것이 아니었다. 이어 그는 거편(擧偏: '부하를 천거했다'는 뜻으로 여기서는 부하의 아들 양설적을 천거한 것을 뜻함)했으나 무리를 만들지는 않았다.

『서경』「상서」(商書)에 이르기를, '무편무당(無偏無黨: 편향되지도 않고 무리를 만들지도 않음) · 왕도탕탕(王道蕩蕩: 왕도가 공평무사함)'이라고 했다. 이는 기해와 같이 '무편무당'한 사람을 칭송한 말이다. 해호가 천거되고, 기오가 자리를 얻고, 백화(伯華: 양설적)가 벼슬을 얻었으니 하나의 관직을 논의하면서 해호가 득거(得擧: 천거됨)하고, 기오가 득위(得位: 고위직에 오름)하고, 양설적이 득관(得官: 관직을 얻음)하는 세 가지 일이 일시에 이루어졌다. 이는 그가 가히 현능한 인재를 천거할 수 있는 인물임을 보여준 것이다. 무릇 현명한 사람만이 능히 자신과 같은 선인(善人)을 천거할 수 있다. 『시경』「소아 · 상상자화(裳裳者華)」에 이르기를, '갖춰져 있는지라 모든 것이 완벽하네'라고 했다. 기해는 바로 이 시에 나온 덕성을 갖춘 인물이었다.

　三年春, 楚子重伐吳, 爲簡之師. 克鳩玆, 至于衡山. 使鄧廖帥組甲三百, 被練三千以侵吳. 吳人要而擊之, 獲鄧廖. 其能免者, 組甲八十, 被練三百而已. 子重歸, 旣飮至三日, 吳人伐楚, 取駕. 駕, 良邑也. 鄧廖, 亦楚之良也. 君子謂 "子重於是役也, 所獲不如所亡." 楚人以是咎子重. 子重病之, 遂遇心病而卒. 公如晉, 始朝也. 夏, 盟于長樗. 孟獻子相, 公稽首. 知武子曰 "天子在, 而君辱稽首, 寡君懼矣." 孟獻子曰 "以敝邑介在東表, 密邇仇讎, 寡君將君是望, 敢不稽首." 晉爲鄭服故, 且欲脩吳乎, 將合諸侯. 使士匄告于齊曰 "寡君使匄以歲之不易, 不虞之不戒, 寡君願與一二兄弟相見, 以謀不協. 請君臨之, 使匄乞盟." 齊侯欲勿許, 而難爲不協, 乃盟於耏外. 祁奚請老, 晉侯問嗣焉. 稱解狐, 其讎也. 將立之而卒. 又問焉. 對曰 "午也可." 於是 羊舌職死矣. 晉侯曰 "孰可以代之." 對曰 "赤也可." 於是使祁午爲中軍尉, 羊舌赤佐之. 君子謂祁奚於是能擧善矣. 稱其讎, 不爲諂. 立其子, 不爲比, 擧其偏, 不爲黨.「商書」曰 "無偏無黨, 王道蕩蕩."其祁奚之謂矣. 解狐得擧, 祁午得位, 伯華得官, 建一官而3物成, 能擧善也夫. 唯善, 故能擧其類.『詩』云 "惟其有之, 是以似之." 祁奚有焉.

●6월, 노양공이 왕실의 대신인 선경공(單頃公: 單子) 및 제후들과 만났다. 6월 23일, 계택(鷄澤: 하북성 한단시 동북쪽)에서 결맹했다. 이때 진도공이 공족대부 순회(荀會)를 보내 오자(吳子: 오왕 壽夢)를 회수(淮水)의 북안(北岸)에서 맞이하게 했다. 그러나 오자는 회동에 참석하지 않았다.

　초나라의 자신(子辛: 공자 임부)이 영윤이 되어 주변의 소국들을 침략하려고 했다. 이에 진성공(陳成公: 陳靈公의 아들 午)이 대부 원교(袁僑: 袁濤塗의 4세손)를 시켜 제후들의 회맹에 참석해 화친을 청하게 했다. 이때 진도공은 대부 화조보(和組父)를 제후들에게 보내 이 사실을 두루 알렸다.

가을, 노나라의 숙손표(叔孫豹)와 제후들의 대부들이 진나라의 원교와 결맹했다. 이는 진(陳)나라가 귀순을 청한 데 따른 것이었다.

이때 진도공의 동생 양간(揚干)이 계택 부근에 있는 곡량(曲梁)에서 군사를 통솔하면서 군대행렬을 어지럽게 만들었다. 이에 중군 사마 위강(魏絳)이 양간의 복인(僕人: 여기서는 御者)을 처형했다. 그러자 진도공이 대로하여 양설적에게 말했다.

"제후들을 규합하는 것은 커다란 영광이오. 그런데 이같은 상황에서 위강이 양간의 어자를 처벌했으니 그 어떤 모욕이 이보다 더하겠소. 반드시 위강을 죽여야 하오. 실수가 없도록 하시오."

그러자 양설적이 간했다.

"위강은 두 마음이 없기에 군주를 섬기면서 어려운 일을 피하지 않고 죄가 있으면 형벌을 피하지 않는 인물입니다. 곧 찾아와 자초지종을 고할 것입니다. 어찌 수고스럽게 군명을 발할 필요가 있겠습니까."

양설적이 말을 마치자 과연 위강이 찾아와 진도공의 복인(僕人: 태복대부의 속관으로 奏事를 담당하는 관원을 지칭)에게 서신을 전한 뒤 칼로 자살하고자 했다. 이에 경(卿)이 된 사방(士魴)과 후엄 장로(張老)가 급히 말렸다. 진도공이 위강의 서신을 펴보자 그 글에 이같은 내용이 실려 있었다.

"지난날 군주가 부릴 사람이 부족해 저에게 이 사마직을 맡게 했습니다.[3] 제가 듣건대 '병사들이 상관의 명령에 복종하는 것을 무(武), 군대 내에서 차라리 죽을지언정 군기를 훼손하지 않는 것을 경(敬)이라고 한다'고 했습니다. 군주가 제후들을 규합하는 상황에서 제가 어찌 감히 공경을 다하지 않겠습니까. 군주의 군사가 '무'와 '경'을 다하지 못하면 이보다 더 큰 죄가 없습니다. 저는 '불무'(不武)와 '불경'(不敬)

---

[3] 본문에 나오는 '사사마'(斯司馬)와 관련해 양백준은 '사'(斯)를 '사'(司)와 통하는 것으로 보아 '사마직을 맡다'로 해석했다.

의 죄를 범할까 두려워 양간에게 누를 끼쳤으니 그 죄를 피할 길이 없습니다. 저는 군사를 잘 가르치지 못하고 용월(用鉞: '도끼를 사용했다'는 것으로 '사람을 처형했다'는 뜻임)하는 지경에 이르렀으니 그 죄가 무겁습니다. 어찌 감히 처벌을 피해 군주를 격노하게 하겠습니까. 청컨대 귀국하여 사구(司寇) 앞에서 형을 받게 해주기 바랍니다."

진도공이 위강의 글을 읽은 뒤 맨발로 달려나가 위강에게 사과했다.

"내 말은 형제간의 친애에서 나온 것이고 그대의 처벌은 군법의 집행에서 비롯된 것이오. 내가 아우를 가르치지 못해 군령을 어기게 했으니 이는 내 허물이오. 그대는 나에게 거듭 허물을 더하도록 만들지 마시오. 감히 이로써 간절히 부탁하오."

진도공은 이 일을 계기로 위강이 형벌을 옳게 시행해 좌민(佐民: 군주를 보좌해 백성을 잘 다스린다는 뜻임)한다고 여기게 되었다. 이에 회맹에서 돌아오자 곧 예식(禮食: 군주가 특별히 대부를 위해 마련한 연회)을 베푼 뒤 위강을 신군 부장, 장로를 중군 사마, 사부(士富: 사회의 일족)를 후엄으로 삼았다.

초나라의 사마 공자 하기(何忌)가 진(陳)나라를 침공했다. 이는 진나라가 배반한 데 따른 것이었다.

허영공(許靈公: 허소공의 아들 字)이 초나라를 섬기면서 제후들의 회맹에 참여하지 않았다. 겨울, 진나라의 지무자가 군사를 이끌고 가 허나라를 쳤다.

六月, 公會單頃公及諸侯. 己未, 同盟于雞澤. 晉侯使荀會逆吳子于淮上, 吳子不至. 楚子辛爲令尹, 侵欲於小國. 陳成公使袁僑如會求成, 晉侯使和組父告于諸侯. 秋, 叔孫豹及諸侯之大夫及陳袁僑盟, 陳請服也. 晉侯之弟揚干亂行於曲梁, 魏絳戮其僕. 晉侯怒, 謂羊舌赤曰 "合諸侯以爲榮也, 揚干爲戮, 何辱如之. 必殺魏絳, 無失也." 對曰 "絳無貳志, 事君不辟難, 有罪不逃刑, 其將來辭, 何辱命焉." 言終, 魏絳至, 授僕人書, 將伏劍. 士魴 · 張老止之. 公讀其書曰 "日, 君乏使, 使臣斯司馬. 臣聞, 師衆以順爲武, 軍事有死無犯爲敬. 君合諸侯, 臣敢不敬. 君師不武, 執事不敬, 罪莫大焉. 臣懼其死, 以及揚干, 無所逃罪. 不能致訓, 至於用鉞. 臣之罪重, 敢有不從以怒君心. 請歸死於司寇." 公跣而出, 曰 "寡人之言, 親愛也. 吾子之討, 軍禮也. 寡人有弟, 弗能教訓, 使干大命, 寡人之過也. 子無重寡人之過, 敢以爲請." 晉侯以魏絳爲能以刑佐民矣. 反役, 與之禮食, 使佐新軍. 張老爲中軍司馬, 士富爲候奄. 楚司馬公子何忌侵陳, 陳叛故也. 許靈公事楚, 不會于鷄澤. 冬, 晉知武子帥師, 伐許.

4년(기원전 569)

4년 봄 주력(周曆) 3월 기유, 진후(陳侯) 오(午)가 졸했다. 여름, 숙손표가 진(晉)나라로 갔다. 가을 7월 무자, 부인 사씨(姒氏)가 훙했다. 진성공(陳成公)을 안장했다. 8월 신해, 우리 소군 정사(定姒)를 안장했다. 겨울, 공이 진(晉)나라로 갔다. 진(陳)나라 사람이 돈(頓)을 포위했다.

四年春王三月己酉, 陳侯午卒. 夏, 叔孫豹如晉. 秋七月戊子, 夫人姒氏薨, 葬陳成公. 八月辛亥, 葬我小君定姒. 冬, 公如晉. 陳人圍頓.

● 노양공 4년 봄, 초나라 군사가 진(陳)나라의 배반으로 인해 번양(繁陽: 하남성 신채현 북쪽)에 계속 머물게 되었다. 진나라의 한헌자가 이를 근심하여 조정에서 말했다.

"주문왕이 은나라를 배반한 나라들을 이끌고 은나라의 주(紂)를 섬긴 것은 오직 그 시기가 아직 무르익지 않았음을 알았기 때문입니다. 지금 우리가 주문왕의 이같은 기본 틀을 바꾸게 되면 패자를 칭하기가 어려워지지 않겠습니까."

3월, 진성공(陳成公)이 세상을 떠났다. 초나라 사람이 진나라를 치려다가 국상을 당했다는 소식을 듣고 중단했다. 그러나 진(陳)나라는 여전히 초나라의 명을 따르지 않았다. 노나라의 장무중(臧武仲)이 이같은 정황을 전해 듣고 말했다.

"진(陳)나라가 초나라의 명을 따르지 않으면 반드시 망할 것이다. 대국이 예를 행하는데도 복종하지 않으면 여타 대국일지라도 재난이 뒤따르는데 나머지 소국이야 더 이상 말할 필요가 있겠는가."

여름, 초나라의 장수 팽명(彭名)이 진(陳)나라를 쳤다. 이는 진나라가 무례했기 때문이다.

노나라 대부 목숙(穆叔: 숙손표)이 진나라로 갔다. 이는 지무자의 빙문에 대한 답방이었다. 진도공이 향례를 베풀면서 편종을 치며 연주하는 3하(三夏:「肆夏」·「韶夏」·「納夏」)의 곡을 들려주었으나 목숙은 답배(答拜)하지 않았다. 또 악공이『시경』「대아」에 나오는 시 3편(三篇:「文王」·「大明」·「縣」)을 노래했으나 목숙은 이번에도 답배하지 않았다. 다시『시경』「소아」편에 나오는 「녹명」(鹿鳴)과 「사모」(四牡), 「황황자화」(皇皇者華) 등의 3곡을 노래하자 그때서야 비로소 3배(三拜)했다.

이에 한헌자가 진나라의 행인 중 가장 재덕이 뛰어난 자원(子員)에게 그 연고를 묻게 했다. 자원이 목숙을 찾아가 물었다.

"그대는 군주의 명을 받들고 수고롭게 폐읍을 찾아왔습니다. 폐읍은 선군 때의 예에 의거해 음악을 올린 것입니다. 그런데 그대는 대례(大禮)와 관련한 음악에는 관심이 없고 소례(小禮)에 사용되는 음악을 듣고는 거듭 답배했습니다. 감히 묻겠습니다만 이는 어떤 예의입니까?"

"3하의 곡은 천자가 제후들을 이끄는 패자를 위해 향례를 베풀 때 연주하는 곡으로 제후의 사자가 감히 들을 수 있는 것이 아닙니다. 또「문왕」(文王) 등의 시 3수는 두 나라의 군주가 서로 만날 때 연주하는 음악으로 제후의 사자인 신하로서는 감히 들을 수 있는 것이 아닙니다. 「녹명」은 귀군이 과군을 가상히 여기는 뜻을 담고 있으니 어찌 감히 답배하지 않을 수 있겠습니까. 「사모」는 귀군이 사신인 저를 위로하는 뜻을 담고 있으니 어찌 감히 답배하지 않을 수 있겠습니까. 「황황자화」는 군주가 사자인 저에게 '필자어주(必諮於周: 반드시 충량한 사람에게 물음)의 가르침을 내리는 뜻을 담고 있습니다. 선인(善人)을 방문하여 묻는 것을 '자'(諮), 친척에 관해 묻는 것을 '순'(詢), 예의에 관해 묻는 것을 '도'(度), 정사에 관해 묻는 것을 '추'(諏), 환난에 관해 묻는 것을 '모'(謀)라고 합니다. 제가 이상과 같은 5선(五善: 자·순·도·추·모)을 알게 되었으니 어찌 감히 거듭 답배하지 않겠습니까."

가을, 노양공의 생모인 정사(定姒: 노성공의 첩)가 훙거했다. 이때 정사가 정실이 아니라는 이유로 입관하여 조상의 사당에 안치하지 않고, 츤(櫬: 內棺)을 쓰지 않고, 장사 후에 우제(虞祭)를 지내지 않으려고 했다. 이에 노나라의 대장(大匠)인 장경(匠慶)이 계문자에게 말했다.

"그대는 나라의 정경으로 있으면서 소군(小君: 제후의 부인)의 상례 하나 제대로 치르지 못한다면 이는 군주가 생모에 대해 해야 할 도리를 다 마치지 못하게 하는 셈입니다. 군주가 성장한 뒤 누가 그 책망을 받겠습니까."

당초 계손행보는 자신의 관재(棺材)로 사용하기 위해 여섯 그루의 가목(檟木)을 포포(蒲圃: 노나라의 園圃)의 동문 밖에 심었다. 장경이 계손행보에게 그 나무를 정사의 상례에 사용하려고 하자 계손행보가 말했다.

"상을 간략히 치르도록 하시오."

그러나 장경은 포포의 가목을 베어다가 정사의 관재로 사용했다. 이때 계손행보는 이를 막지 않았다. 이를 두고 군자가 이같이 평했다.

"『지』(志: 실전된 고서)에 이르기를, '예에 맞지 않는 일을 많이 하게 되면 반드시 그 악과(惡果)가 자신에게 미친다'고 했다. 이는 바로 이같은 일을 두고 이르는 말이다."

겨울, 노양공이 진나라로 가 그 요청을 들어주자 진도공이 노양공을 위해 향례를 베풀어주었다. 노양공이 이 자리에서 증나라를 속국으로 삼게 해달라고 청했으나 진도공이 이를 허락지 않았다. 그러자 노양공을 배행(陪行)한 맹헌자가 진도공에게 말했다.

"과군은 폐읍이 원수의 나라와 아주 가까이 있음에도 진심으로 귀군을 섬기고자 하여 지시하는 명을 어긴 적이 없었습니다. 증나라는 귀국의 사마(司馬: 진나라의 사마는 제후국의 공납을 관장하는 역할을 겸했음)에게 공납을 바치지도 않고 귀국의 집사는 조석으로 우리에게 공물을 바치라고 명하고 있습니다. 폐읍은 편소(褊小: 협소)한 나머지 이를 다 채우지 못해 죄를 짓고 있습니다. 이로 인해 과군은 증나라를 속국으로 삼아 여기로부터 도움을 얻으려고 하는 것입니다."

이 말을 듣자 진도공이 허락했다.

초나라 사람이 진(陳)나라와 가까이 있는 돈(頓)나라를 시켜 진나라의 빈틈을 노려 침공하게 했다. 그러자 진(陳)나라 군사가 돈나라를 포위했다.

四年春, 楚師爲陳叛故, 猶在繁陽. 韓獻子患之, 言於朝曰 "文王帥殷之叛國以事紂, 唯知時也. 今我易之, 難哉." 三月, 陳成公卒. 楚人將伐陳, 聞喪乃止. 陳人不聽命. 臧武仲聞之, 曰 "陳不服於楚, 必亡. 大國行禮焉而不服, 在大猶有咎, 而況小乎." 夏, 楚彭名侵陳, 陳撫禮故也. 穆叔如晉, 報知武子之聘也. 晉侯享之. 金奏「肆夏」之三, 不拜. 工歌「文王」之三, 又不拜. 歌「鹿鳴」之三, 三拜. 韓獻子使行人子員問之, 曰 "子以君命, 辱於敝邑. 先君之禮, 藉之以樂, 以辱吾子. 吾子舍其大, 而重拜其細, 敢問何禮也." 對曰 "三「夏」, 天子所以享元侯也, 使臣弗敢與聞. 「文王」, 兩君相見之樂也, 使臣不敢及. 「鹿鳴」, 君所以嘉寡君也, 敢不拜嘉. 「四牡」, 君所以勞使臣也, 敢不重拜. 「皇皇者華」, 君教使臣曰 '必諮於周.' 臣聞之, 訪問於善爲咨, 咨親爲詢, 咨禮爲度, 咨事爲諏, 咨難爲謀. 臣獲五善, 敢不重拜." 秋, 定姒薨. 不殯于廟, 無櫬, 不虞. 匠慶謂季文子曰 "子爲正卿, 而小君之喪不成, 不終君也. 君長, 誰受其咎." 初, 季孫爲己樹六檟於蒲圃東門之外. 匠慶請木, 季孫曰 "略." 匠慶用蒲圃之檟, 季孫不御. 君子曰 "『志』所謂 '多行無禮, 必自及也.' 其是之謂乎." 冬, 公如晉聽政, 晉侯享公. 公請屬鄫, 晉侯不許. 孟獻子曰 "以寡君之密邇於仇讎, 而願固事君, 無失官命. 鄫無賦於司馬, 爲執事朝夕之命敝邑, 敝邑褊小, 闕而爲罪, 寡君是以願借助焉." 晉侯許之. 楚人使頓間陳而侵伐之, 故陳人圍頓.

●무종(無終: 산융의 나라로 하북성 옥전현에 위치)의 군주 가보(嘉父)가 신하 맹락(孟樂)을 진나라에 사신으로 보냈다. 그리고 위장자(魏莊子: 위강)에게 부탁해 범과 표범의 가죽을 올리고 진나라가 모든 융인의 나라와 화목하게 지낼 것을 청하게 했다. 그러자 진도공이 말했다.

"융적(戎狄)은 친한 사람이 없고 탐람하기 그지없으니 그들을 치느니만 못하다."

그러자 위강(魏絳)이 간했다.

"제후들이 새로 순복하고 진(陳)나라가 새로 우호를 구한 것은 모두 우리가 어떻게 하는지 살피려는 것입니다. 우리가 덕을 베풀면 곧 우리와 친목할 것이고 그렇지 않으면 곧 배반할 것입니다. 융인을 칠 때 초나라가 진(陳)나라를 치면 우리는 진나라를 구할 수 없습니다. 이는 진나라를 버리는 셈이 되니 그리 되면 중원의 제후국들이 반드시 우리를 배반할 것입니다. 융인은 금수와 같은 자들인데 융인을 얻고 중원의 제후국들을 잃는 것은 불가하지 않겠습니까. 『서경』「하서」에 유궁(有窮: 고대의 전설적인 나라로, 하남성 낙양시 서쪽에 위치)나라 군주 예(羿)에 관한 이야기가 기록되어 있습니다."

이에 진도공이 물었다.

"과연 예는 어떤 사람이었소?"

"옛날 하나라가 중도에 쇠퇴했을 때 예가 서(鉏: 하남성 활현 동쪽)나라에서 태어나 궁석(窮石: 하남성 낙양시 남쪽)나라로 와서는 하나라 백성들의 지지를 얻어 하나라를 대신하여 정권을 잡았습니다. 그러나 예는 활 잘 쏘는 재주만 믿고 민사(民事: 백성을 다스리는 일)에는 힘쓰지 않고 오직 원수(原獸: 田獸와 같은 말로 곧 수렵)에만 몰두했습니다. 또 그는 무라(武羅)와 백인(伯因), 웅곤(熊髡), 방어(尨圉)와 같은 현신을 버리고 한(寒: 산동성 유현 동북쪽)나라의 착(浞)을 등용했습니다. 착은 백명(伯明)의 못된 아들로 참언을 잘 했는데 백명이 그를 쫓아냈습니다. 그런데 예는 착을 받아들여 크게 신임한 나머지 상(相: 군주의 보좌진으로 훗날의 재상)으로 삼았습니다. 이에 착은 안으로는 궁중 사람들에게 아첨하고 밖으로는 여러 신하를 뇌물로 매수한 뒤 백성을 우롱하면서 예를 사냥에만 몰두하게 만들었습니다. 결국 그는 사특(詐慝)한 짓을 일삼아 예의 나라와 첩실 등을 빼앗았으나 안팎이 모두 그에게 복종했습니다. 그런데도 예는 뉘우치지 않았습니다. 예가 사냥을 끝내고 돌아가려고 하자 착에게 매수된 자들이 그를 잡아 죽여 삶은 뒤 예의 아들에게 이를 먹게 했습니다. 예의 아들이 차마 이를 먹지 못하자 그를 유궁나라의 성문에서 죽였습니다. 이에 예를 모시던 미(靡)가 유격(有鬲: 산동성 덕주시 동남쪽)나라로 달아났는데 착은 예의 처첩을 차지해 요(澆)와 희(豷)를 낳았습니다. 착은 간악한 사술(詐術)만 믿고 백성들에게 덕을 베풀지 않았습니다. 그는 아들 요에게 군사를 이끌고 가 짐관(斟灌: 산동성 수광현 동북쪽)과 짐심(斟尋: 산동성 유현 서남쪽) 두 나라를 멸망시키게 했습니다. 그리고 요는 유과(有過: 산동성 동액현 북쪽)나라, 희는 유과(有戈: 송나라와 정나라 사이에 있던 나라로 위치 미상)나라에 살게 했습니다. 이때 달아났던 미는 유혁나라에서 멸망한 짐관과 짐심 두 나라의 백성들을 수습해 마침내 착을 공격해 멸망시키고 하왕조의 후예인 소강(少康)을 새로운 군주로 세웠습니다. 그러자 소강이 요를 유과(有過)에서 멸망시키고 그의 뒤를 이은 후저(后杼: 소강의 아들)는 희를 유과(有戈)에서 멸망시켰습니다. 이로써 예가 세운 유궁을 찬탈했던 착의 유궁나라는 완전히 멸망했는데 이는 현인을 잃었기 때문입니다.

옛날 주무왕 때 신갑(辛甲)은 태사(大史)가 된 뒤 백관에게 명하여 모두 천자의 잘못을 규간(規諫)하게 했습니다.『우인지잠』(虞人之箴)에서 말하기를, '황하를 다스린 요원한 우왕의 유적이여, 천하를 9주(九州)[4]로 나눈 뒤 9주로 통하는 길을 개통했네. 백성은 침묘(寢廟: 집

---

4) '9주'는 시대에 따라 약간의 변화가 있다. 하나라 때에는 기(冀)·연(兗)·청(青)·서(徐)·양(揚)·형(荊)·예(豫)·양(梁)·옹(雍) 등을 칭했다. 상나라 때에는 청(青)·양(梁) 대신에 유(幽)·영(營)을 넣었고, 주나라 때에는 영(營)·서(徐) 대신에 병(并)·청(青)을 넣었다.

과 사당)가 있고 짐승은 무성한 초원이 있으니 각기 편히 살 곳을 얻어 서로 간섭할 일이 없네. 예가 보위에 올라 수렵에 빠지면서 나라의 우환을 잊고 우빈(麀牡: 암사슴과 수사슴)을 잡는 일만 생각했네. 무사(武事: 여기서는 사냥을 뜻함)를 자주 해서는 안 되는데 예는 자주 사냥을 나가 하나라의 국세를 떨칠 수가 없었네. 수신(獸臣: 수렵을 주관하는 관원)이 원(原: 原獸로 곧 수렵)을 관장하면서 감히 군주에게 말은 못하고 복부(僕夫: 군주의 좌우 시종)에게만 말을 하네'라고 했습니다. 『우인지잠』의 내용이 이와 같았는데 이를 감계(鑑戒)로 삼아야 하지 않겠습니까."

당시 진도공은 사냥을 매우 좋아했다. 그래서 위강이 이 이야기를 했던 것이다. 그러자 진도공이 물었다.

"그렇다면 융인과 화친하는 것보다 나은 계책은 없다는 말이오?"

이에 위강이 대답했다.

"융인과 화친하면 다섯 가지 이익이 있습니다. 융적은 수초를 따라 이주하기 때문에 재화를 중시하고 땅을 경시하니 재화로써 그들의 땅을 쉽게 살 수 있습니다. 이것이 첫 번째 이익입니다. 융인과 화친하면 융인과 접한 변경에 걱정이 없어져 백성들이 안심하고 전야에서 경작을 하고 수확하는 사람도 그 업무를 무사히 마칠 수 있습니다. 이것이 두 번째 이익입니다. 융적이 진나라를 섬기게 되면 사방의 인국(隣國)이 모두 진동(震動)할 것이니 제후들이 우리를 두려워하며 따를 것입니다. 이것이 세 번째 이익입니다. 덕으로써 융적을 안무하면 병사들을 수고스럽게 만들 이유도 없고 무기 또한 손실될 이유가 없을 것입니다. 이것이 네 번째 이익입니다. 끝으로 예의 고사를 거울 삼아 덕도(德度: 덕행과 법도)를 베풀면 원지이안(遠至邇安: 먼 나라는 찾아와 복종하고 가까운 나라는 안심함)할 것입니다. 이것이 다섯 번째 이익입니다. 군주는 이를 깊이 헤아리기 바랍니다."

진도공이 크게 기뻐하며 위강을 보내 융인들과 결맹하게 했다. 이에 민사(民事)에 힘쓰면서 사냥도 시기를 맞추어 하게 되었다.

겨울 10월, 주(邾)나라와 거(莒)나라가 증(鄫)나라를 쳤다. 이때 노나라 대부 장흘(臧紇: 장손흘)이 증나라를 구원하기 위해 군사들을 이끌고 가 주나라를 쳤으나 오히려 호태(狐駘: 산동성 등현 동남쪽)에서 패했다. 노나라 사람들이 전사자들의 시신을 맞이하러 가면서 모두 좌(髽: 삼끈으로 아무렇게나 묶은 북상투)를 했다. 노나라에서는 이때부터 상을 당하면 좌를 하는 풍습이 생겼다. 이때 노나라 사람들이 장흘을 풍자하는 이같은 내용의 노래를 지어 불렀다.

"장(臧)이라는 사람이 몸에 호구(狐裘: 여우 갖옷)를 걸치고 우리 군사를 이끌고 가 호태에서 패했네. 우리 군주는 소자(小子: '어린아이'로 노양공이 나이 어린 것을 비유)여서 주유(侏儒: '난쟁이'를 뜻하는 말로 키가 작은 장흘을 비유)에게 임무를 맡겼네. 난쟁이야, 난쟁이야. 노나라를 주나라에 패하게 만들었다네."

無終子嘉父使孟樂如晉, 因魏莊子納虎豹之皮, 以請和諸戎. 晉侯曰 "戎狄無親而貪, 不如伐之." 魏絳曰 "諸侯新服, 陳新來和, 將觀於我, 我聽則睦, 否則攜貳. 勞師於戎, 而楚伐陳, 必弗能救, 是棄陳也, 諸華必叛. 戎, 禽獸也. 獲戎失華, 無乃不可乎.「夏訓」有之曰 '有窮后羿.'" 公曰 "后羿何如." 對曰 "昔, 有夏之方衰也, 后羿自鉏遷于窮石, 因夏民以代夏政. 恃其射也, 不脩民事, 而淫于原獸. 棄武羅 · 伯因 · 熊髡 · 尨圉 · 而用寒浞. 寒浞, 伯明氏之讒子弟也. 伯明后寒棄之, 夷羿收之, 信而使之, 以爲己相. 浞行媚于內, 而施賂于外, 愚弄其民, 而虞羿于田. 樹之詐慝, 以取其國家, 外內咸服. 羿猶不悛, 將歸自田, 家衆殺而亨之, 以食其子. 其子不忍食諸, 死于窮門. 靡奔有鬲氏, 浞因羿室, 生澆及豷, 恃其讒慝詐僞, 而不德于民. 使澆用師, 滅斟灌及斟尋氏. 處澆于過, 處豷于戈. 靡自有鬲氏, 收二國之燼, 以滅浞而立少康. 少康滅澆于過, 后杼滅豷于戈. 有窮由是遂亡, 失人故也. 昔, 周辛甲之爲大史也, 命百官, 官箴王闕. 於「虞人之箴」曰 '芒芒禹迹, 畫爲九州, 經啓九道. 民有寢廟, 獸有茂草, 各有攸處, 德用不擾. 在帝夷羿, 冒于原獸, 忘其國恤, 而思其麀牡. 武不可重, 用不恢于夏家. 獸臣司原, 敢告僕夫.'「虞箴」如是, 可不懲乎." 於是晉侯好田, 故魏絳及之. 公曰 "然則莫如和戎乎." 對曰 "和戎有 五利焉. 戎狄荐居, 貴貨易土, 土可賈焉, 一也. 邊鄙不聳, 民狎其野, 穡 人成功, 二也. 戎狄事晉, 4隣振動, 諸侯威懷, 三也. 以德綏戎, 師徒不 勤, 甲兵不頓, 四也. 鑒于后羿而用德度, 遠至邇安, 五也. 君其圖之." 公 說, 使魏絳盟諸戎, 修民事, 田以時. 冬十月. 邾人莒人伐鄫. 臧紇救鄫, 侵邾, 敗于狐駘. 國人逆喪者皆髽, 魯於是乎始髽. 國人誦之曰 "臧之狐 裘, 敗我於狐駘. 我君小子, 朱儒是使. 朱儒朱儒, 使我敗於邾."

5년(기원전 568)

5년 봄, 공이 진(晉)나라에서 돌아왔다. 여름, 정백이 공자 발(發)을 보내 빙문하게 했다. 숙손표와 증(鄫)나라 세자 무(巫)가 진(晉)나라로 갔다. 중손멸과 위나라의 손림보가 오나라와 선도(善道)에서 만났다. 가을, 크게 기우제를 지냈다. 초나라가 그 대부 공자 임부(壬夫)를 죽였다. 공이 진후·송공·진후(陳侯)·위후·정백·조백·거자·주자·등자·설백·제나라 세자 광·오인·증인과 척(戚)에서 만났다. 공이 모임에서 돌아왔다. 겨울, 진(陳)나라를 지켰다. 초나라의 공자 정(貞)이 군사를 이끌고 진(陳)나라를 쳤다. 공이 진후(晉侯)·송공·위후·정백·조백·제나라 세자 광과 함께 진(陳)나라를 구했다. 12월, 공이 진(陳)나라를 구원하고 돌아왔다. 신미, 계손행보가 졸했다.

五年春, 公至自晉. 夏, 鄭伯使公子發來聘. 叔孫豹鄫世子巫如晉. 仲孫蔑衛孫林父, 會吳于善道. 秋, 大雩. 楚殺其大夫公子壬夫. 公會晉侯宋公陳侯衛侯鄭伯曹伯莒子邾子滕子薛伯齊世子光吳人鄫人于戚, 公至自會. 冬, 戍陳光. 楚公子貞帥師, 伐陳, 公會晉侯宋公衛侯鄭伯曹伯齊世子光, 救陳, 十二月, 公至自救陳. 辛未, 季孫行父卒.

●5년 봄, 노양공이 진나라에서 귀국했다.

이때 주간왕이 왕실의 경사 왕숙(王叔) 진생(陳生)을 진나라로 보내 융인을 고소하게 했다. 그러자 진나라 사람이 왕숙을 억류했다. 사방(士魴)이 곧 경사로 가서 주간왕에게 왕숙이 이심(貳心)[5]을 품고 있다고 고했다.

여름, 정나라 자국(子國)이 노나라를 빙문했다. 이는 정나라에 새 군주가 즉위한 사실을 알리기 위한 것이었다.

노나라 대부 목숙이 증나라 태자와 함께 진나라에 가 진도공을 조현하면서 노나라가 증나라를 속국으로 삼은 사실을 고했다. 이에 『춘추』는 이같이 썼다.

"숙손표(叔孫豹: 목숙)와 증나라 태자 무(巫)가 진나라로 갔다."

이는 증나라의 태자를 노나라의 대부와 동등하게 다루었음을 말한 것이다.

오왕 수몽(壽夢)이 대부 수월(壽越)을 진나라로 보내 계택지맹(鷄澤之盟)에 참석하지 못한 연고를 밝히고 제후들과 화친할 수 있도록 주선해 달라고 요청하게 했다. 진나라는 오나라를 위해 제후들을 규합할 생각으로 우선 노나라와 위나라를 시켜 오나라와 회동한 후 제후들과 회맹할 시기를 알려주게 했다. 이에 노나라 대부 맹헌자와 위나라 대부 손문자(孫文子: 손림보)가 오나라 사람과 오나라의 선도(善道: 강소성 우이현 동북쪽)에서 만났다. 가을, 노나라가 크게 기우제를 지냈다. 이는 가물었기 때문이다.

五年春, 公至自晉. 王使王叔陳生愬戎于晉, 晉人執之. 士魴如京師, 言王叔之貳於戎也. 夏, 鄭子國來聘, 通嗣君也. 穆叔覿鄫大子于晉, 以成屬鄫. 書曰 "叔孫豹·鄫大子巫如晉." 言比諸魯大夫也. 吳子使壽越如晉, 辭不會于鷄澤之故, 且請聽諸侯之好. 晉人將爲之合諸侯, 使魯衛先會吳, 且告會期. 故孟獻子·孫文子會吳于善道. 秋, 大雩, 旱也.

---

[5] 여기서는 '융인을 가까이하려는 두 마음'을 뜻하는데, 당시 진나라가 융인들과 결맹하고 있었기 때문에 왕실의 융인 토벌 요청을 미리 봉쇄하기 위해 왕숙을 억류했다는 해석도 있다.

●초나라가 진(陳)나라에 대해 배반한 연고를 묻자 진나라가 이같이 회답했다.

"영윤 자신(子辛)이 소국을 침공해 자신의 사욕을 채우려 했기 때문입니다."

그러자 초나라가 이내 자신을 죽여버렸다. 이에 『춘추』는 이같이 썼다.

"초나라가 그 대부인 공자 임부(壬夫)를 죽였다."

이는 자신이 탐욕을 부린 데 따른 것이다. 이를 두고 군자는 이같이 평했다.

"초공왕은 이 사안에서 형벌을 잘못 집행했다. 『시경』(詩經: 이 시는 실전됨)에 이르기를, '주나라 가는 길은 바르고도 바르니 내 마음 또한 밝고도 밝네. 정사를 꾀하면서 잘 되지 않아 현인을 모아서 결단을 내리네'라고 했다. 본인은 신의가 없으면서도 남의 말을 듣고 함부로 죽인다면 제후국을 통솔하기가 어렵지 않겠는가. 『서경』 「하서」에 이르기를, '신용이 있은 뒤에야 공을 이룰 수 있다'고 했다."

9월 23일, 노양공과 진도공, 송평공(宋平公: 송공공의 아들 成), 진애공(陳哀公), 위헌공, 정희공(鄭僖公: 정성공의 아들 髡頑), 조성공, 거자(莒子: 黎比公), 주선공, 등성공, 설백(薛伯), 제나라 세자 광(光), 오인(吳人), 증인(鄫人) 등이 척(戚) 땅에서 결맹했다. 이는 오나라와 만나는 동시에 진나라가 제후국들에게 진(陳)나라의 수비를 명하기 위한 것이었다. 이때 노나라의 목숙은 증나라의 노나라 귀속을 드러내는 것이 이롭지 않다고 생각해 증나라의 대부를 회동에 참가시켜 같이 명을 받게 했다.

한편 초나라에서는 대부 자낭(子囊: 공자 貞)이 자신의 뒤를 이어 영윤이 되었다. 그러자 진나라의 범선자가 말했다.

"우리는 진(陳)나라를 잃을 것이다. 초나라가 두 마음을 품은 나라에 대한 토벌을 밝히면서 새로 자낭을 영윤으로 삼았으니 그는 틀림없이 자신(子辛)이 썼던 방법을 바꿔 빠른 시간 안에 진(陳)나라를 칠 것이다. 진(陳)나라는 초나라에 가까이 있으니 백성들이 다급해지면 초나라를 추종하지 않을 수 있겠는가. 진나라를 차지하는 것은 우리의 일이 아니다. 진나라를 버리는 편이 오히려 가할 것이다."

겨울, 제후들이 군사를 보내 진(陳)나라를 수비했다. 그러자 초나라의 자낭이 군사를 이끌고 가 진나라를 쳤다. 11월 12일, 노양공과 진도공, 송평공, 위헌공, 정희공, 조성공, 제나라 세자 광이 정나라의 성체(城棣: 하남성 원양현 북쪽)에서 회동해 진나라를 구원했다.

이때 노나라 대부 계문자가 세상을 떠났다. 대부들이 입렴(入斂: 시신을 입관시키는 의례)을 행할 때 노양공도 친림해 이를 바라보았다. 계문자의 가재(家宰)가 집안에 있는 기물로 장례 준비를 했다. 그런데 계문자의 집안에는 명주옷을 입은 첩도 없고, 곡식을 먹는 말도 없고, 금옥으로 된 기물을 수장한 것도 없고, 두 사람 몫의 기비(器備: 일체의 용구)도 없었다. 이로써 군자는 그가 공실에 대해 매우 충성스러웠음을 알았다. 그는 재상으로서 3군(三君: 노선공·노성공·노양공)을 섬기면서 사사로이 재물을 쌓아두지 않았다. 그러니 가히 충성스러웠다고 이를 만하지 않겠는가.

楚人討陳叛故, 曰"由令尹子辛實侵欲焉." 乃殺之. 書曰"楚殺其大夫公子壬夫." 貪也. 君子謂"楚共王於是不刑. 『詩』曰 '周道挺挺, 我心扃扃, 講事不令, 集人來定.' 已則無信, 而殺人以逞, 不亦難乎.「夏書」曰 '成允成功.'"九月丙午, 盟于戚, 會吳, 且命戍陳也. 穆叔以屬鄫爲不利, 使鄫大夫聽命于會. 楚子囊爲令尹. 范宣子曰"我喪陳矣. 楚人討貳而立子囊, 必改行而疾討陳. 陳近于楚, 民朝夕急, 能無往乎. 有陳, 非吾事也, 無之而後可." 冬, 諸侯戍陳. 子囊伐陳. 十一月甲午, 會于城棣以救之. 季文子卒, 大夫入斂, 公在位. 宰庀家器爲葬備, 無衣帛之妾, 無食粟之馬, 無藏金玉, 無重器備. 君子是以知季文子之忠於公室也. 相三君矣, 而無私積, 可不謂忠乎.

6년(기원전 567)

6년 봄 주력(周曆) 3월 임오, 기백 고용(姑容)이 졸했다. 여름, 송나라의 화약(華弱)이 망명해 왔다. 가을, 기환공(杞桓公)을 안장했다. 등자(滕子)가 내조했다. 거나라 사람이 증나라를 멸했다. 겨울, 숙손표가 주(邾)나라로 갔다. 계손숙이 진(晉)나라에 갔다. 12월, 제후가 내(萊)를 멸했다.

六年春王三月壬午, 杞伯姑容卒. 夏, 宋華弱來奔. 秋, 葬杞桓公. 滕子來朝. 莒人滅鄫. 冬, 叔孫豹如邾. 季孫宿如晉. 十二月, 齊侯滅萊.

●노양공 6년 봄, 기환공(杞桓公)이 세상을 떠났다. 기나라가 노나라에 처음으로 작고한 군주의 이름을 밝혀 부고를 보내왔다. 이는 두 나라가 동맹을 맺었기 때문이다.

송나라 대부 화약(華弱)과 악비(樂轡)는 모두 송대공의 후예로 어렸을 때부터 허물없이 지냈는데 장성해서도 서로 희학(戱謔: 장난)하며 비방하기도 했다. 어느 날 욕을 먹은 자탕(子蕩: 악비)이 화가 나 조정에서 화약의 목에 활로 올가미를 씌웠다. 송평공이 이를 보고 말했다.

"사무(司武: 司馬에 준하는 송나라 관직)가 조정에서 목에 활 올가미를 쓰는 것은 장차 싸움에서 이기기 어렵다는 것을 보이는 것이다."

그러고는 곧 그를 조정에서 쫓아냈다. 여름, 송나라의 화약이 노나라로 도망갔다. 그러자 사성 자한(子罕: 樂喜)이 말했다.

"같은 죄에 처벌을 달리하는 것은 바른 형벌이 아니다. 자탕은 조정에서 함부로 다른 사람에게 모욕을 주었으니 어느 죄가 이보다 더 크겠는가."

이에 자탕도 조정에서 쫓겨났다. 그러자 자탕이 자한의 집 대문에 활을 쏜 뒤 말했다.

"너도 며칠 뒤면 내 꼴이 되지 않을 줄 아느냐."

그러나 자한은 자탕을 이전과 똑같이 대했다.

가을, 등성공(滕成公)이 노나라에 내조했다. 이는 처음으로 노양공을 조현한 것이었다.

거나라가 증나라를 멸망시켰다. 이는 증나라가 노나라에 공납물을 바친 것만 믿고 거나라를 가벼이 생각한 데 따른 것이었다. 겨울, 노나라의 목숙이 주(邾)나라를 빙문해 우호를 다졌다. 이때 진나라 사람이 증나라의 일로 인해 노나라로 와 추궁했다.

"무슨 이유로 증나라가 망하도록 놓아두었는가?"

이에 노나라의 경 계무자(季武子: 계문자의 아들 季孫宿)가 진나라로 가 진도공을 배견하고 노나라에 대한 처분을 기다렸다.

11월, 제영공이 내(萊)나라를 멸망시켰다. 이는 내나라가 전에 제나라에 뇌물을 보내 화를 모면했던 계책만 믿고 방심한 데 따른 것이었다.

정나라의 자국(子國)이 노나라를 빙문했던 작년 4월, 제나라 대부 안약(晏弱)이 동양(東陽: 산동성 임구현 동쪽)에 성을 쌓고 바로 내나라를 포위한 적이 있었다. 작년 4월 갑인일, 성벽 주위에 쌓아올린 토산이 성가퀴에까지 닿았다. 이에 앞서 기환공이 세상을 떠난 작년 3월 15일, 왕초(王湫: 國佐가 피살될 때 내나라로 망명했던 제나라 대부)가 군사를 이끌고 가 내나라 대부 정여자(正輿子) 및 당읍(棠邑: 산동성 즉묵현 남쪽) 사람과 합세해 제나라 군사를 대파했다. 작년 3월 27일, 제나라 군사가 내나라의 도성으로 쳐들어오자 내공공(萊共公) 부유(浮柔)는 당읍으로 도주했다. 정여자와 왕초는 거나라로 도망갔으나 거나라 사람이 그들을 죽였다. 작년 4월, 제나라 대부 진무우(陳無宇: 陳完의 현손인 陳桓子)가 내나라 종기(宗器: 종묘의 寶器)를 제양공의 사당에 바쳤다. 이에 안약은 당읍을 포위했다.

11월 병진일(丙辰日: 이는 『춘추』의 경문에 맞추어 12월 10일인 '12월 병진'으로 고쳐야 맞음), 제나라가 내나라를 멸망시켰다. 이에 제나라가 내나라 사람들을 예(郳: 두예는 '예나라', 공영달은 '小邾'로 해석함) 땅으로 옮겼다. 제나라의 고후(高厚: 高固의 아들)와 최저(崔杼)가 제나라 땅에 편입된 내나라 땅의 경계를 정했다.

六年春, 杞桓公卒, 始赴以名, 同盟故也. 宋華弱與樂轡少相狎, 長相優, 又相謗也. 子蕩怒, 以弓梏華弱于朝. 平公見之, 曰 "司武而梏於朝, 難以勝矣." 遂逐之. 夏, 宋華弱來奔. 司城子罕曰 "同罪異罰, 非刑也. 專戮於朝, 罪孰大焉." 亦逐子蕩. 子蕩射子罕之門, 曰 "幾日而不我從." 子罕善之如初. 秋, 滕成公來朝, 始朝貢也. 莒人滅鄫, 鄫恃賂也. 冬, 穆叔如鄫, 聘且修平. 晉人以鄫故來討, 曰 "何故亡鄫." 季武子如晉, 見且聽命. 十一月, 齊侯滅萊, 萊恃謀也. 於鄭子國之來聘也, 四月, 晏弱城東陽, 而遂圍萊. 甲寅, 堙之環城, 傅於堞. 及杞桓公卒之月乙未, 王湫帥師及正輿子・棠人軍齊師, 齊師大敗之. 丁未, 入萊. 萊共公浮柔奔棠. 正輿子・王湫奔莒, 莒人殺之. 四月, 陳無宇獻萊宗器于襄宮. 晏弱圍棠, 十一月丙辰, 而滅之. 遷萊于郳. 高厚・崔杼定其田.

7년(기원전 566)

7년 봄, 담자(郯子)가 내조했다. 여름 4월, 세 번 교제를 점쳤으나 불길했다. 이에 생우(牲牛)를 놓아주었다. 소주자가 내조했다. 비(費)에 성을 쌓았다. 가을, 계손숙(季孫宿)이 위나라로 갔다. 8월, 메뚜기가 나왔다. 겨울 10월, 위후가 손림보를 보내 빙문하게 했다. 임술, 손림보와 결맹했다. 초나라 공자 정(貞)이 군사를 이끌고 가 진(陳)나라를 포위했다. 12월, 공이 진후・송공・진후(陳侯)・위후・조백・거자・주자와 위(鄬)에서 만났다. 정백 곤완(髡頑)이 모임에 갔으나 제후를 만나지 못했다. 병술, 조(鄵)에서 졸했다. 진후(陳侯)가 도망쳐 돌아갔다.

七年春, 郯子來朝. 夏四月, 三卜郊不從, 乃免牲. 小邾子來朝. 城費. 秋, 季孫宿如衛. 八月, 螽. 冬十月, 衛侯使孫林父來聘, 壬戌, 及孫林父盟. 楚公子貞帥師, 圍陳. 十二月, 公會晉侯宋公陳侯衛侯曹伯莒子邾子于鄬. 鄭伯髡頑如會, 未見諸侯, 丙戌, 卒于鄵, 陳侯逃歸.

●노양공 7년 봄, 담자(郯子)가 내조했다. 이는 처음으로 노나라 군

주를 조현한 것이다.

여름 4월, 교제(郊祭)에 관해 세 번이나 점쳤으나 점괘가 모두 불길하게 나와 희생으로 쓸 소를 놓아주었다. 이때 맹헌자가 말했다.

"나는 이제야 복서(卜筮: 거북점과 시초점)가 잘 맞는다는 것을 깨달았다. 교제는 후직(后稷)에게 제사지내며 농사가 잘 되기를 비는 것이다. 그래서 계칩(啓蟄: 벌레가 땅 속에서 비로소 움직이기 시작할 무렵인 驚蟄)에 교제를 지내고, 교제를 지낸 뒤 경작하는 것이다. 지금과 같이 경작을 시작한 뒤 교제 지낼 날을 점치게 되면 불길한 점괘가 나오는 것은 당연한 일이다."

노나라 대부 남유(南遺)가 계씨의 영지인 비읍(費邑: 산동성 어대현 서남쪽)의 장관이 되었다. 이때 숙중소백(叔仲昭伯: 숙중혜백의 손자 帶)이 수정(隧正: 부역을 담당하는 관원)이 되어 계씨와 잘 지내기 위해 남유에게 아첨했다.

"비읍에 성을 쌓겠다고 청하시오. 내가 일할 사람을 많이 배당해 주도록 하겠소."

이에 계씨가 비읍에 성을 쌓게 되었다.

소주목공(小邾穆公)이 노나라에 내조했다. 이 또한 처음으로 노나라 군주를 조현한 것이다.

가을, 노나라 대부 계무자(季武子: 계손숙)가 보빙차 위나라로 갔다. 이는 노양공 원년에 있었던 자숙(子叔)의 빙문에 대한 답방이었다. 계무자는 보빙이 이같이 늦게 된 이유를 설명하면서 딴 마음이 있었기 때문이 아니라고 변명했다.

겨울 10월, 진나라의 한헌자가 고로(告老: 請老와 같은 말로 나이가 많아 致仕를 청함)했다. 이때 그의 장자인 공족대부 목자(穆子: 韓無忌)는 폐질(廢疾: 일종의 불치병)에 걸려 있었다. 한헌자가 그를 자신의 후계자로 삼으려고 하자 목자가 사양했다.

"『시경』「소남·항로(行露)」에 이르기를, '어찌 숙야(夙夜: 이른 아침과 늦은 밤으로, 여기서는 밤낮을 뜻함)로 가고 싶지 않겠소? 그러나 유감스럽게도 길에 이슬이 너무 많이 내렸소'라고 했습니다. 또 『시경』 「소아·절남산(節南山)」에 이르기를, '친히 정사를 돌보지 않으면 백성이 믿지 않소'라고 했습니다. 저 무기는 재주가 없으니 다른 사람에게 양보하는 것이 옳을 것입니다. 한기(韓起: 한무기의 동생 韓宣子)를 후계자로 삼기 바랍니다. 그는 전소(田蘇: 진나라의 현인)와 사귀고 있는데 전소는 한기를 호인(好仁)하는 인물이라고 칭찬하고 있습니다. 『시경』 「소아·소명(小明)」에 이르기를, '그대의 직위를 삼가 신중히 대하여 정직한 사람을 기쁘게 하면 신령이 이를 알고 너에게 경복(景福: 큰 복)을 내릴 것이라네'라고 했습니다. 백성을 불쌍히 여기는 것을 '덕'(德), 곧은 것을 바르게 잡는 것을 '정'(正), 굽은 것을 바르게 잡는 것을 '직'(直), 세 가지가 고루 갖추어진 것을 '인'(仁)이라고 합니다. 이같이 되면 신이 개복(介福: 큰 복)을 내리는 것입니다. 한기를 후계자로 세우는 것이 또한 가하지 않겠습니까."

10월 9일, 한헌자가 한선자(韓宣子: 한기)를 조정에 내보내 진나라의 경(卿)으로 세운 뒤 자신은 곧바로 은퇴했다. 이때 진도공은 한무기가 어질다고 생각해 그를 공족대부의 수장으로 삼았다.

이때 위나라 대부 손문자(孫文子)가 노나라를 빙문해 계무자(季武子)의 해명에 대해 배사하고 전에 노나라가 손환자(孫桓子: 손문자의 부친인 손량부)와 맺었던 맹약을 다졌다. 그런데 노양공이 계단을 오를 때 손문자가 어깨를 나란히 하며 올라갔다. 그러자 노나라 대부 숙손목자(叔孫穆子: 숙손표)가 상례(相禮: 군주가 행하는 의식을 곁에서 도움)하다가 빠른 걸음으로 손문자에게 다가가 말했다.

"제후들의 회동에서 과군은 위나라 군주에게 뒤를 따르게 한 적이 없소. 지금 그대는 과군의 뒤를 따르지 않고 있는데도 과군은 스스로 무엇이 잘못되었는지 잘 모르고 있소. 그대는 잠시 걸음을 멈췄다가 뒤를 따르도록 하시오."

그러나 손문자는 아무 말도 하지 않은 채 행동을 고치려는 자세도 보이지 않았다. 이에 목숙(穆叔: 숙손목자)이 말했다.

"손자(孫子: 손문자)는 반드시 망할 것이다. 신하로서 일국의 군주와 함께 걸으면서 잘못을 고치려고 하지도 않으니 이는 패망의 근원이다. 『시경』 「소남·고양(羔羊)」에 이르기를, '퇴식자공(退食自公: 조정 업무를 마치고 집으로 가 저녁을 먹음)·위사위사(委蛇委蛇: 득의만면한 모습)'라고 했소. 이는 예절을 따르는 자를 말한 것이다. 횡이위사(橫而委蛇: 전횡하면서 득의만면함)하면 반드시 꺾이고 만다."

초나라의 자낭이 진(陳)나라를 포위했다. 이에 노양공과 진도공, 송평공, 진애공, 위헌공, 조성공, 거자(莒子: 여비공), 주선공이 정나라의 위(鄬: 하남성 노산현) 땅에서 회동해 진나라를 구원하기로 했다.

七年春, 郯子來朝, 始朝貢也. 夏四月, 三復郊不從, 乃免牲. 孟獻子曰 "吾乃今而後知有卜筮. 夫郊祀后稷, 以祈農事也. 是故啓蟄而郊, 郊而後耕. 今旣耕而卜郊, 宜其不從也." 南遺爲費宰. 叔仲昭伯爲隧正, 欲善季氏而求媚於南遺, 謂遺 "請城費, 吾多與而役." 故季氏城費. 小邾穆公來朝, 亦始朝貢也. 秋, 季武子如衛, 報子叔之聘, 且辭緩報非貳也. 冬十月, 晉韓獻子告老. 公族穆子有廢疾, 將立之. 辭曰 "『詩』曰 '豈不夙夜, 謂行多露.' 又曰 '弗躬弗親, 庶民弗信.' 無忌不才, 讓其可乎. 請立起也. 與田蘇游, 而曰 '好仁.' 『詩』曰 '靖共爾位, 好是正直. 神之聽之, 介爾景福.' 恤民爲德, 正直爲正, 正曲爲直, 參和爲仁. 如是則神聽之, 介福降之. 立之不亦可乎." 庚戌, 使宣子朝, 遂老. 晉侯謂韓無忌仁, 使掌公族大夫. 衛孫文子來聘, 且拜武子之言, 而尋孫桓子之盟. 公登亦登. 叔孫穆子相, 趨進曰 "諸侯之會, 寡君未嘗後衛君. 今吾子不後寡君, 寡君未知所過. 吾子其少安." 孫子無辭, 亦無悛容. 穆叔曰 "孫子必亡. 爲臣而君, 過而不悛, 亡之本也. 『詩』曰 '退食自公, 委蛇委蛇.' 謂從者也. 衡而委蛇, 必折." 楚子囊圍陳, 會于鄬以救之.

● 정희공(鄭僖公)은 태자로 있던 노성공 16년 당시, 자한과 함께 진나라로 가면서 자한에게 불례(不禮: 무례하게도 예로써 대하지 않음)했다. 또 자풍(子豊: 정목공의 아들)과 함께 초나라로 갈 때도 자풍에

게 불례했다. 그가 보위에 오른 해인 노양공 3년에 자풍이 진도공을 조현하러 가는 길에 진나라에 고소해 정희공을 폐위시키고자 했다. 그러나 자한이 말려 그만두었다.

위(鄬) 땅에서 회동이 있자 정희공이 참석하게 되었다. 이에 자사(子駟)가 상례(相禮)차 그를 따라갔다. 정희공은 또 자사에게 불례했다. 이때 시자(侍者: 군주를 측근에서 모시는 사람)가 간했음에도 이를 들으려고 하지 않았다. 시자가 다시 간하자 정희공은 마침내 시자를 죽였다.

정희공이 조(鄵: 하남성 신정현과 노산현 사이) 땅에 이르렀을 때 자사가 마침내 도적을 시켜 밤중에 정희공을 살해하게 했다. 자사는 제후들에게 정희공이 폭병(暴病)으로 죽었다고 부고했다. 이때 정희공의 아들 정간공(鄭簡公: 이름은 嘉)은 이때 겨우 다섯 살이었는데 자사가 그를 새 군주로 세웠다.

진(陳)나라 사람들은 모두 초나라를 두려워하고 있었다. 이때 집정대부 경호(慶虎)와 경인(慶寅)이 초나라 사람에게 말했다.

"우리가 공자 황(黃: 진성공의 동생)을 초나라로 보내면 그를 억류하도록 하시오."

초나라 사람이 이를 따르자 경호와 경인은 곧 제후들의 회동에 참석한 진애공에게 사람을 보내 이같이 고했다.

"초나라 사람이 공자 황을 억류했습니다. 군주가 급히 돌아오지 않으면, 종묘사직이 초나라에 의해 무너지는 것을 볼 수 없어 군신들이 혹여 딴 짓을 꾸밀까 두렵습니다."

이에 진애공이 크게 놀라 제후들의 회동에서 도망치듯 돌아갔다.

鄭僖公之爲大子也, 於成之十六年與子罕適晉, 不禮焉. 又與子豊適楚, 亦不禮焉. 及其元年朝于晉, 子豊欲愬諸晉而廢之, 子罕止之. 及將會于鄬, 子駟相, 又不禮焉. 侍者諫, 不聽. 又諫, 殺之. 及鄵, 子駟使賊夜弑僖公, 而以瘧疾赴于諸侯. 簡公生五年, 奉而立之. 陳人患楚. 慶虎·慶寅謂楚人曰 "吾使公子黃往而執之." 楚人從之. 二慶使告陳侯于會, 曰 "楚人執公子黃矣. 君若不來, 群臣不忍社稷宗廟, 懼有二圖." 陳侯逃歸.

8년(기원전 565)

8년 봄 주력(周曆) 정월, 공이 진(晉)나라로 갔다. 여름, 정희공(鄭僖公)을 안장했다. 정나라 사람이 채나라를 침공해 채나라 공자 섭(燮)을 사로잡았다. 계손숙(季孫宿)이 진후·정백·제인·송인·위인·주인과 형구(邢丘)에서 만났다. 공이 진(晉)나라에서 돌아왔다. 거나라 사람이 우리의 동쪽 변경을 쳤다. 가을 9월, 크게 기우제를 지냈다. 진후가 사개(士匄)를 보내 빙문하게 했다.

八年春王正月, 公如晉. 夏, 葬鄭僖公. 鄭人侵蔡, 獲蔡公子燮. 季孫宿, 會晉侯鄭伯齊人宋人衛人邾人于邢丘. 公至自晉. 莒人伐我東鄙. 秋九月, 大雩. 冬, 楚公子貞帥師, 伐鄭. 晉侯使士匄來聘.

●8년 봄, 노양공이 진나라로 가서 진도공을 조현했다. 이때 진나라로부터 조빙(朝聘)에 따르는 예물의 수량에 대한 지시를 받았다.

이때 정나라의 공자들이 정희공의 죽음을 이유로 자사를 죽이려고 모의했으나 자사가 먼저 손을 썼다. 여름 4월 12일, 자사가 정나라 공자인 자호(子狐)와 자희(子熙), 자후(子侯), 자정(子丁) 등에게 죄를 뒤집어씌워 죽였다. 그러자 자호의 아들 손격(孫擊)과 손악(孫惡)[6]이 위나라로 달아났다.

4월 22일, 정나라 대부 자국(子國: 정목공의 아들인 공자 發)과 자이(子耳: 공자 기질의 아들인 공손 輒)가 채나라로 쳐들어가 채나라의 사마인 공자 섭(燮)을 체포했다. 이에 정나라 사람들이 모두 기뻐했으나 오직 자산(子産: 자국의 아들로 훗날 정나라의 집정대부가 된 공손 僑)만은 우려스런 표정으로 말했다.

"소국으로 문덕(文德: 문치의 공덕)이 없으면서 무공(武功)만 있으

---

6) '손격' 및 '손악'과 관련해, 두예는 자호의 아들이라고 했으나 공영달은 두예의 주장이 반드시 어떤 근거 위에서 나온 것은 아니라고 지적했다.

니 이보다 더 큰 우환은 없을 것이다. 초나라 군사가 쳐들어오면 어찌 순종하지 않을 수 있겠는가. 그러나 우리가 초나라에 순종하게 되면 진나라 군사가 반드시 쳐들어올 것이다. 진나라와 초나라가 번갈아 가며 정나라를 침공하게 되면 정나라는 최소한 4~5년 내에는 결코 안정될 수 없다."

이에 그의 부친 자국이 크게 화를 내며 힐난했다.

"네가 무엇을 안다고 그러는 것이냐. 나라에 군사동원을 명하는 대명(大命)이 존재하고 집정의 권한을 쥐고 있는 정경(正卿)이 있다. 어린아이가 또 그런 말을 하면 목이 잘릴 것이다."

5월 7일, 노나라 대부 계손숙(季孫宿)이 진도공과 정애공, 송평공, 위헌공, 주선공 등과 형구(邢丘: 하남성 온현 동쪽)에서 만났다. 이때 진나라를 조빙할 때 갖고 가는 예물의 수량에 관한 지시가 있었다. 제후들의 대부가 그 지시를 받았다. 이에 노나라 대부 계손숙과 제나라 대부 고후(高厚: 高子), 송나라 대부 상술(向戌), 위나라 대부 영식(甯殖), 주(邾)나라 대부 등이 맹회에 참석했다. 이때 정간공은 이 회맹에서 채나라를 침공할 당시 포획한 포로들을 바쳤다. 이에 그는 직접 진나라의 지시를 받게 되었다. 『춘추』에 각 나라 대부들의 이름을 쓰지 않은 것은 진나라 군주를 높였기 때문이다.

거나라 사람이 노나라의 동쪽 변경을 쳤다. 이는 증나라 땅과의 경계를 확정하기 위한 것이었다.

가을 9월, 노나라가 기우제를 성대하게 지냈다. 이는 가물었기 때문이다.

八年春, 公如晉朝, 且聽朝聘之數. 鄭群公子以僖公之死也, 謀子駟. 子駟先之. 夏四月庚辰, 辟殺子狐·子熙·子侯·子丁. 孫擊孫惡出奔衛. 庚寅, 鄭子國·子耳侵蔡, 獲蔡司馬公子爕. 鄭人皆喜, 唯子產不順, 曰 "小國無文德, 而有武功, 禍莫大焉. 楚人來討, 能勿從乎. 從之, 晉師必至. 晉楚伐鄭, 自今鄭國不四五年弗得寧矣." 子國怒之曰 "爾何知. 國有大命, 而有正卿. 童子言焉, 將爲戮矣." 五月甲辰, 會于邢丘, 以命朝聘

之數, 使諸侯之大夫聽命. 季孫宿·齊高厚·宋向戌·衛甯殖·邾大夫會
之. 鄭伯獻捷于會, 故親聽命. 大夫不書, 尊晉侯也. 莒人伐我東鄙, 以疆
鄫田. 秋九月, 大雩, 旱也.

●겨울, 초나라의 자낭(子囊: 공자 정)이 정나라를 치고 정나라가 채나라를 침공한 일을 응징했다. 당시 정나라에서는 자사(子駟)와 자국(子國), 자이(子耳) 등이 초나라에 복종하고자 했다. 그러나 자공(子孔: 정목공의 아들인 공자 嘉)과 자교(子蟜: 공자 偃의 아들인 공손 蠆), 자전(子展: 공자 喜의 아들인 공손 舍之) 등은 진나라의 구원을 기다리고자 했다. 이에 자사가 말했다.

"『주시』(周詩: 실전된 시임)에 이르기를, '하청(河淸: 황하의 물이 맑아짐)을 기다리자니 사람의 수명이 얼마나 되는가. 점복을 실로 무수히 치니 스스로 그물을 만드는 것과 같네'라고 했소. 수많은 사람이 계책을 내면 계책이 너무 많아 백성이 따르지 못하게 되니 결국 일이 성사되기 어렵소. 지금 우선 백성이 위급하게 되었으니 잠시 초나라에 순복해 백성의 죽음을 늦춰야 하오. 그런 후에 진나라 군사가 오면 진나라를 따르도록 합시다. 공경한 자세로 예물을 갖춰놓고 쳐들어오는 자를 기다리는 것이 소국이 취할 길이오. 희생과 옥백을 들고 진·초 두 나라의 경계에 머물면서 병력이 강한 나라가 오기를 기다리는 방법으로 백성을 보호해야 하오. 적이 화를 만들지 않고 백성이 피병(罷病: 피로하고 곤핍함)하지 않으면 이 또한 가하지 않겠소?"

그러자 자전이 반대했다.

"소국이 대국을 섬길 때는 신의로써 해야 합니다. 소국이 신의가 없으면 병란이 매일 일어나 언제 망할지 모릅니다. 우리가 5회(五會)[7]까지 하여 맺은 맹약을 지금 버리면 비록 초나라가 우리를 구원한다 한들

---

7) 노양공 3년의 계택, 노양공 5년의 척과 성체, 노양공 7년의 위, 노양공 8년의 형구 등의 회동을 말한다.

장차 무슨 소용이 있겠습니까. 지금 진나라가 우리와 가까운데도 우리는 오히려 아무런 공도 세우지 못하고 있습니다. 우선 초나라는 우리나라를 자신들의 변경으로 삼으려고 하고 있으니 초나라에 복종할 수는 없습니다. 그러니 진나라의 구원군을 기다리느니만 못합니다. 진나라 군주는 공평하고 현명한 데다가 4군(軍)이 완전무결하고 8경(八卿: 상·중·하·신군의 주장과 부장)이 서로 화목하니 진나라는 반드시 정나라를 버리지는 않을 것입니다. 초나라 군사는 멀리 원정을 와 군량도 다 떨어져가고 있어 반드시 빨리 돌아가려 할 것이니 무엇을 걱정하겠습니까. 제가 듣건대 '의지하는 데는 신의만한 것이 없다'고 했습니다. 우리가 완강하게 지켜 초나라 군사를 지치게 만들고 신의에 의지해 진나라의 구원을 기다리면 이 또한 가하지 않겠습니까.”

이에 자사가 반박했다.

“『시경』「소아·소민(小旻)」에 이르기를, '계책을 내는 사람이 너무 많으니 성공할 리 없네. 발언하는 자가 조정에 가득 찼으니 누가 감히 그 잘못을 책임질 것인가. 마치 길을 가다가 행인과 만나 상의하는 것과 같으니 아무도 따르는 사람이 없네'라고 했소. 청컨대 초나라를 좇는 방안에 찬성하기 바라오. 내가 모든 책임을 떠맡겠소.”

그러고는 이내 초나라와 강화했다.

冬, 楚子囊伐鄭, 討其侵蔡也. 子駟·子國·子耳欲從楚, 子孔·子蟜·子展欲待晉. 子駟曰「周詩」有之曰 '俟河之淸, 人壽幾何. 兆云詢多, 職競作羅.' 謀之多族, 民之多違, 事滋無成. 民急矣, 姑從楚以紓吾民. 晉師至, 吾又從之. 敬共幣帛, 以待來者, 小國之道也. 犧牲玉帛, 待於二竟, 以待彊者而庇民焉. 寇不爲害, 民不罷病, 不亦可乎.” 子展曰 “小所以事大, 信也. 小國無信, 兵亂日至, 亡無日矣. 五會之信, 今將背之, 雖楚救我, 將安用之. 親我無成, 鄙我是欲, 不可從也. 不如待晉. 晉君方明, 四軍無闕, 八卿和睦, 必不棄鄭. 楚師遼遠, 糧食將盡, 必將速歸, 何患焉. 舍之聞之 '杖莫如信.' 完守以老楚, 杖信以待晉, 不亦可乎.” 子駟曰 “『詩』云 '謀夫孔多, 是用不集. 發言盈庭, 誰敢執其咎. 如匡行邁謀, 是用不得于道.' 請從楚, 騑也受其咎."乃及楚平.

●정나라가 대부 왕자백변(王子伯騑)을 진나라로 보내 이같이 고하게 했다.

"군주가 폐읍에 명하기를, '거부(車賦: 전차)를 손질하고 사도(師徒: 전차병과 보병)를 계비시켜 난략(亂略: 작란과 침략으로, 동란으로 해석하기도 함)을 토벌하도록 하라'고 했습니다. 채나라가 진나라에 순복하지 않아 폐읍의 백성들이 안거할 수 없습니다. 이에 전군사를 동원해 채나라를 토벌한 뒤 채나라의 사마 섭(燮)을 포획해 형구의 회맹 때 봉헌했습니다. 지금 초나라 군사가 와서 추궁하기를, '정나라는 무슨 이유로 채나라로 출병했는가'라고 했습니다. 그러고는 교외의 성루를 불태우고 도성의 외성으로 진격해 들어왔습니다. 이에 폐읍의 대중(大衆: 백성)은 부부남녀(夫婦男女: 여기의 '남녀'는 미혼 또는 鰥寡를 지칭)를 막론하고 모두 편히 쉬지도 못하며 서로 구원하고 있습니다. 지금 폐읍은 온통 뒤집힐 상황이지만 어느 곳 하나 호소할 데가 없습니다. 백성 중의 사망자(死亡者: 죽거나 도망한 자)는 그 부형이 아니면 자제이니 사람마다 모두 수통(愁痛: 비통)해하고 있습니다. 이에 모든 백성들이 어느 곳으로 가야 가히 몸을 가릴 수 있을지 몰라 망연해하고 있습니다. 백성들이 곤궁한 처지에 있는 것을 알고 있는 이상 초나라와 결맹하지 않을 수 없었습니다. 고(孤)와 몇몇 신하는 이를 막고자 했으나 결국 막을 길이 없었습니다. 이에 감히 고하지 않을 수가 없었습니다."

그러자 진나라의 지무자가 곧 행인 자원(子員)을 왕자백변에게 보내 회답했다.

"귀국의 군주는 초나라로부터 엄한 질책을 받았다고는 하나 과군에게 이같은 사실을 고하기 위해 단 한 명의 사자도 보내지 않고 곧바로 초나라에 굴복했소. 귀국의 군주가 하고자 하는 바를 누가 감히 막겠소. 과군은 조만간 제후들의 군사를 이끌고 귀국의 도성 아래로 가서 귀국의 군주를 만날 것이오. 청컨대 귀국의 군주는 다시 한 번 깊이 생각해주기 바라오."

이때 진나라의 범선자가 노나라를 빙문했다. 이는 노양공의 조현을 배사하고 정나라에 대한 출병을 고하기 위한 것이었다. 노양공이 범선자를 위해 향례를 베풀자 범선자가 『시경』 「소남 · 표유매(摽有梅)」의 시를 읊었다. 이에 노나라의 계무자가 말했다.

"누가 감히 때를 맞추지 못하겠습니까. 지금 두 나라를 초목에 비유하면 과군은 귀국 군주에게 군지취미(君之臭味)[8]에 해당합니다. 기꺼이 명을 받들어 하시라도 출병하도록 하겠습니다."

그러고는 『시경』 「소아 · 동궁(彤弓)」으로 화답했다. 손님인 범선자가 물러나려고 하자 계무자가 다시 「동궁」을 읊었다. 이에 범선자가 말했다.

"성복지역(城濮之役) 당시 우리 선군 진문공은 정나라의 형옹(衡雍: 하남성 원무현 서북쪽)에서 주양왕에게 승리를 고하고 '동궁'(彤弓: 붉은색의 화살로 九錫의 일종임)을 하사받았습니다. 이에 동궁을 자손을 위한 보물로 삼아 고이 간직해 두고 있습니다. 나 사개(士匄: 범선자)는 선군을 모셨던 수관(守官: '관원'을 뜻하는 말로, 범선자는 사회와 사섭의 뒤를 이어 경이 되었음)의 후손으로 어찌 감히 그 명을 받들지 않겠습니까."

이로써 군자는 그가 예절을 안다고 생각했다.

使王子伯騈告于晉, 曰 "君命敝邑, '修而車賦, 儆而師徒, 以討亂略.' 蔡人不從, 敝邑之人不敢寧處, 悉索敝賦, 以討于蔡, 獲司馬燮, 獻于邢丘. 今楚來討曰 '女何故稱兵于蔡.' 焚我郊保, 馮陵我城郭. 敝邑之衆, 夫婦男女不遑啓處, 以相救也. 翦焉傾覆, 無所控告. 民死亡者, 非其父兄, 卽其子弟, 夫人愁痛, 不知所庇. 民知窮困, 而受盟于楚, 孤也與其二

---

[8] '진도공으로 상징되는 초목에서 발산하는 냄새에 해당한다'라는 뜻으로, 훗날 이 구절에서 의기투합의 뜻을 지닌 취미상투(臭味相投)라는 성어가 만들어졌다.

三臣不能禁止, 不敢不告." 知武子使行人子員對之曰 "君有楚命, 亦不使一介行李告于寡君, 而卽安于楚. 君之所欲也, 誰敢違君. 寡君將帥諸侯以見于城下, 唯君圖之." 晉范宣子來聘, 且拜公之辱, 告將用師于鄭. 公享之, 宣子賦「摽有梅」. 季武子曰 "誰敢哉. 今譬於草木, 寡君在君, 君之臭味也. 歡以承命, 何時之有." 武子賦「角弓」. 賓將出, 武子賦「彤弓」. 宣子曰 "城濮之役, 我先君文公, 獻功於衡雍, 受彤弓于襄王, 以爲子孫藏. 匃也, 先君守官之嗣也, 敢不承命." 君子以爲知禮.

9년(기원전 564)

9년 봄, 송나라에 화재가 났다. 여름, 계손숙이 진(晉)나라로 갔다. 5월 신유, 부인 강씨가 훙했다. 가을 8월 계미, 우리 소군 목강(穆姜)을 안장했다. 겨울, 공이 진후 · 송공 · 위후 · 조백 · 거자 · 주자 · 등자 · 설백 · 기백 · 소주자 · 제나라 세자 광과 함께 정나라를 쳤다. 12월 기해, 희(戱)에서 동맹했다. 초자가 정나라를 쳤다.

九年春, 宋災. 夏, 季孫宿如晉. 五月辛酉, 夫人姜氏薨. 秋八月癸未, 葬我小君穆姜. 冬, 公會晉侯宋公衛侯曹伯莒子邾子滕子薛伯杞伯小邾子齊世子光, 伐鄭, 十二月己亥, 同盟于戱, 楚子伐鄭.

●노양공 9년 봄, 송나라에서 화재가 발생했다. 악희(樂喜)는 사성이 되어 국정을 장악했다. 그는 대부 백씨(伯氏)를 사리(司里: 성 안의 거주지역을 담당하는 관원)로 삼은 뒤 불이 미치지 않은 곳의 작은 집을 철거하고, 큰 집에는 흙을 발랐다. 이에 분국(畚挶: 삼태기와 들것)을 늘어놓고, 경부(綆缶: 두레박줄과 두레박)를 구비하고, 물 담을 그릇을 갖추었다. 또 임무의 경중을 헤아리고, 수료(水潦: 연못)에 물을 비축하고, 토도(土塗: 진흙)를 쌓아두고, 성벽을 순찰하고, 방어설비를 수선하고, 불길이 가는 방향을 표시하게 했다.

악희는 화신(華臣: 화원의 아들)을 보내 정규의 인부를 준비하게 했다. 이에 화신은 수정(隧正: 교외지역을 뜻하는 '隧'의 우두머리)에게 명하여 교보(郊保: 교외에 있는 작은 성루)의 인부를 도성으로 불러들여 불 끄는 일에 종사하게 했다. 악희가 화열(華閱: 화원의 아들)을 시켜 우관(右官: 右師의 관속)을 지휘하게 하자 관속들이 그의 수하들을 독촉하고 나섰다. 상술(向戌)은 좌사를 지휘하면서 화열과 같은 역할을 수행하게 했다. 악희는 또 악천(樂遄)을 보내 형구를 준비하게 하고 화열과 같은 역할을 수행하게 했다. 이어 황운(皇鄖)을 보내 교정(校正: 말을 담당하는 사마의 속관)을 시켜 말을 끌어내고 공정(工正: 전차를 담당하는 사마의 속관)을 시켜 전차를 끌어내게 했다. 이어 무장병에게는 무기를 고루 갖추어 수비에 만전을 기하게 했다.

악희는 또다시 태재 서서오(西鉏吾)를 보내 부고(府庫)를 잘 지키게 했다. 이에 서서오는 사궁(司宮: 궁내의 小臣으로 곧 환관)과 항백(巷伯: 침궁 문호를 관장하는 환관)을 시켜 궁전을 엄히 수비하게 했다. 이때 2사(二師: 좌사와 우사)는 4향정(四鄕正: '향'의 우두머리로 송나라에는 4개의 향이 있었음)을 시켜 사방의 신에게 공경스럽게 제사지내게 하고, 축종(祝宗: 제사를 주관하는 祝史의 우두머리)을 시켜 4용(四墉: 사방의 성벽)의 신령에게 말을 제물로 사용해 제사를 지내게 했다. 또 송나라의 조상인 반경(盤庚: 은나라의 중흥조)에 대해서도 서문 밖에서 제사를 올리게 했다. 이때 진도공이 대부 사약(士弱: 사악탁의 아들 士莊子)에게 물었다.

"내가 듣건대 '송나라에 화재가 나니 이로써 하늘에 도가 있음을 안다'고 했소. 이는 무슨 까닭이오?"

사약이 대답했다.

"옛날의 화정(火正: 화성에 대한 제사를 담당한 관원으로 上公에 봉해졌음)은 천지에 제사를 지낼 때 동방의 심성(心星)이나 남방의 주성(咮星: 柳星)을 이용해 배제(陪祭: 제주인 천자를 도와 제사를 지냄)했습니다. 이에 두 별의 움직임을 보면서 출화(出火: 봄에 불을 내가는 것)하기도 하고 납화(內火: 가을에 방화를 금지하는 것)하기도 했습니다. 그래서 주성을 순화성(鶉火星), 심성을 대화성(大火星)이라고 한 것입니다. 도당씨(陶唐氏: 요임금으로, 그는 처음에 陶에 살다가 후에 唐에 봉해졌음) 시절에 화정 알백(閼伯: 高辛氏의 후예)은 상구(商丘: 하남성 상구시 서남쪽)에 머물면서 대화성에게 제사를 지냈습니다. 그는 이때 화성의 출몰 등을 기준으로 하여 시절(時節)을 확정했습니다. 이후 상토(相土: 은나라의 선조)가 알백의 뒤를 잇게 되자 은나라는 대화성에게 제사지내는 일을 매우 중요하게 여겼습니다. 당시 은나라 사람들이 화란이 일어나는 조짐을 조사한 결과 반드시 화재에서 비롯된다는 사실이 드러났습니다. 이로써 천도의 존재를 알았던 것입니다."

"그렇다면 그같은 조짐은 반드시 있는 것이오?"

"그것은 그 나라에 도가 행해지는지 여부에 달려 있습니다. 나라가 어지러운데도 조짐이 없으면 미리 알 길이 없습니다."

九年春, 宋災. 樂喜爲司城以爲政. 使伯氏司里, 火所未至, 徹小屋, 塗大屋, 陳畚挶, 具綆缶, 備水器, 量輕重, 蓄水潦, 積土塗, 巡丈城, 繕守備, 表火道. 使華臣具正徒, 令隧正納郊保, 奔火所. 使華閱討右官, 官庀其司. 向戌討左, 亦如之. 使樂遄庀刑器, 亦如之. 使皇鄖命校正出馬, 工正出車, 備甲兵庀武守. 使西鉏吾庀府守. 令司宮·巷伯儆宮. 二師令四鄕正敬享, 祝宗用馬于四墉, 祀盤庚于西門之外. 晉侯問於士弱曰"吾聞之, 宋災, 於是乎知有天道, 何故." 對曰"古之火正, 或食於心, 或食於咮, 以出內火. 是故咮爲鶉火, 心爲大火. 陶唐氏之火正閼伯居商丘, 祀大火而火紀時焉. 相土因之, 故商主大火. 商人閱其禍敗之釁, 必始於火, 是以日知其有天道也." 公曰"可必乎." 對曰"在道. 國亂無象, 不可知也."

●여름, 노나라 대부 계무자가 진나라로 갔다. 이는 범선자의 빙문에 대한 답방이었다.

목강(穆姜: 노양공의 조모)이 동궁(東宮: 태자궁을 말하나 별궁으로 해석하기도 함)에서 훙거했다. 목강은 당초 동궁으로 들어가 살 때 시초점을 쳤다. 그러자 '간지팔'(艮之八)의 점괘가 나왔다.[9] 이에 태사

(大史)가 점괘를 풀이했다.

"이는 '간괘'가 '수괘'(隨卦)로 변하는 것으로 수(隨)는 밖으로 나가는 것을 뜻합니다. 소군은 이 동궁을 속히 나가도록 하십시오."

그러자 목강이 말했다.

"그럴 필요 없소. 『주역』에 이르기를, '수괘는 원(元) · 형(亨) · 이(利) · 정(貞)이니 재난이 없다'고 했소. 원(元)은 신체의 가장 중요한 부분이고, 형(亨)은 가례(嘉禮)에서 주인과 손님이 서로 만나는 것이고, 이(利)는 도의가 조화를 이루는 것이고, 정(貞)은 사안의 본체요. 인덕을 체현하면 사람을 영도하기에 족하고, 아름다운 덕행은 예의에 부합하기에 족하고, 만물에 유리하면 도의를 조화시키기에 족하고, 성신(誠信)이 견고하면 일을 처리하기에 족하오. 이런 이유로 속일 수가 없기에 비록 수괘가 나오더라도 재난이 없는 것이오. 그러나 지금 나는 여자의 몸으로 난에 가담했소. 본래 지위가 남자 밑에 있는 데다가 인덕이 없었으니 '원'이라 이를 수 없고, 나라를 편안케 하지 못했으니 '형'이라 이를 수 없고, 난을 일으켜 몸을 해쳤으니 '이'라 이를 수 없고, 태후의 자리를 버리고 교태(姣態: '음란한 행동'을 뜻하나, '화사한 행동'으로 해석하기도 함)를 부렸으니 '정'이라 이를 수 없소. 4덕(四德: 원형리정)이 있는 자만이 수괘가 나오더라도 재난이 없는 것이오. 나는 4덕이 없으니 어찌 수괘의 괘사에 합치될 수 있겠소? 내가 사악한 짓을 했으니 재난이 없을 수 있겠소? 나는 반드시 여기서 죽을 것이오.

---

9) 이를 두고 두예는 『연산역』(連山易)과 『귀장역』(歸藏易), 『주역』(周易) 등을 두루 이용해 이를 풀이했으나 현재 『연산역』과 『귀장역』이 전해지지 않아 논증하기가 어렵다. 현재까지 나와 있는 여러 해석 중 "건효(乾爻)의 칠구(七九)와 곤효(坤爻)의 육팔(六八)이 보통인데 건효가 구(九)를 쓰고 칠(七)을 쓰지 않고 곤효가 육(六)을 쓰고 팔(八)을 쓰지 않으니, 구(九)를 쓰는 것은 노양(老陽)이 소음(少陰)으로 변하는 것이고 육(六)을 쓰는 것은 노음(老陰)이 소양(少陽)으로 변하는 것이며, 칠팔(七八)을 쓰지 않으니 소음(少陰)과 소양(少陽)이 불변한다. 이를 간지팔(艮之八)이라고 하는 것이다. 간괘(艮卦)의 육효(六爻) 중 삼상(三上)은 구변(九變)하고 초사오(初四五)는 육변(六變)하나 오직 이(二)만이 팔(八)을 얻어 불변하는 것이다"라는 풀이가 가장 유력하다.

밖으로 나갈 생각이 없소."

 夏, 季武子如晉, 報宣子之聘也. 穆姜薨於東宮. 始往而筮之, 遇「艮」之八. 史曰"是謂「艮」之「隨」.「隨」其出也. 君必速出." 姜曰 亡. 是於『周易』曰「隨」, 元亨利貞, 无咎.' 元, 體之長也. 亨, 嘉之會也. 利, 義之和也. 貞, 事之幹也. 體仁足以長人, 嘉德足以合禮, 利物足以和義, 貞固足以幹事. 然故不可誣也, 是以雖「隨」無咎. 今我婦人而與於亂. 固在下位而有不仁, 不可謂元. 不靖國家, 不可謂亨. 作而害身, 不可謂利. 棄位而姣, 不可謂貞. 有4德者,「隨」而無咎. 我皆無之, 豈「隨」也哉. 我則取惡, 能無咎乎. 必死於此, 弗得出矣."

●진경공(秦景公: 진환공의 아들 后伯車)이 대부 사견(士雁)을 초나라로 보내 출병을 청하게 했다. 그는 초나라 군사의 힘을 빌려 진(晉)나라를 치고자 했다. 초공왕이 이를 허락하려고 하자 대부 자낭이 반대했다.

"불가합니다. 지금 우리는 진(晉)나라와 힘을 다툴 수가 없습니다. 진군(晉君: 진도공)은 인재를 그 능력에 맞게 부리고 인재 등용에 실수가 없으며 관원 임명에 용인의 기본원칙을 준수하고 있습니다. 또한 경들은 자신보다 능력 있는 자에게 양보하고, 대부들은 직무 수행에 실수가 없으며, 하사(下士: 아래 관원)들은 상관의 명령을 완수하는 데 헌신하고, 서인(庶人: 농민을 지칭)은 농색(農穡: '농'은 파종, '색'은 수확을 의미)에 온 힘을 쏟고, 상공조례(商工皁隷: 상공인과 천민을 뜻하나, '조례'를 '賤官'으로 해석하기도 함)는 직업을 바꿀 생각을 하지 않습니다. 한궐(韓厥)이 늙어 은퇴하자 지앵(知罃)이 품승(稟承: '승계'로, 이를 '諸稟'으로 해석하기도 함)하여 국정을 장악하고 있고, 대부 범개(范匄)는 중항언(中行偃: 순언)보다 어리지만 중항언은 그를 높여 중군 부장을 시켰고, 한기(韓起)는 난염(欒黶)보다 어리지만 난염과 사방(士魴)은 한기를 높여 상군 부장을 시켰고, 위강(魏絳)은 공이 많으나 조무(趙武)를 어질다고 하여 신군 주장으로 받들고 자신은 부장이 되었습니다. 군주는 밝고 신하는 충성스러우며 윗사람은 양보하고 아랫사람은 다투어 순명(順命)하니 지금 진나라를 대적할 수는 없습니다. 오히려 진나라를 섬기면서 계책을 강구하는 것이 좋을 것입니다. 군주는 이를 깊이 헤아리기 바랍니다."

이에 초공왕이 말했다.

"내가 이미 진(秦)나라의 요청을 허락했소. 비록 우리 힘이 미치지 못하더라도 반드시 출사(出師)해야 하오."

가을, 초공왕이 무성(武城: 하남성 남양현 북쪽)에 주둔하며 진(秦)나라의 외원이 되었다. 진(秦)나라 군사가 진(晉)나라로 쳐들어갔다. 그러나 진(晉)나라가 마침 기황을 만나게 되자 보복할 수가 없었다.

秦景公使士雁乞師于楚, 將以伐晉, 楚子許之. 子囊曰 "不可. 當今, 吾不能與晉爭. 晉君類能而使之, 擧不失選, 官不易方. 其卿讓於善, 其大夫不失守, 其士競於敎, 其庶人力於農穡. 商工皁隸, 不知遷業. 韓厥老矣, 知罃稟焉以爲政. 范匄少於中行偃而上之, 使佐中軍. 韓起少於欒黶, 而欒黶·士魴上之, 使佐上軍. 魏絳多功, 以趙武爲賢而爲之佐. 君明臣忠, 上讓下競. 當是時也, 晉不可敵, 事之而後可. 君其圖之." 王曰 "吾旣許之矣. 雖不及晉, 必將出師." 秋, 楚子師于武城以爲秦援. 秦人侵晉, 晉饑, 弗能報也.

● 겨울 10월, 제후들이 정나라를 쳤다. 10월 11일, 노나라 대부 계무자(季武子)와 제나라 대부 최저(崔杼), 송나라 대부 황운(皇鄖) 등이 진나라의 순앵(荀罃)과 사개(士匄)를 따라가 정나라의 전문(鄟門: 정나라 도성의 동문)을 공격했다. 또 위나라 대부 북궁괄(北宮括: 위성공의 증손인 北宮懿子)을 위시해 조나라와 주(邾)나라 군사는 진나라의 순언(荀偃)과 한기(韓起)를 따라가 정나라의 사지량문(師之梁門: 정나라 도성의 서문)을 공격했다. 등나라와 설나라 군사는 진나라의 난염(欒黶)과 사방(士魴)을 따라가 정나라의 북문을 공격했다. 기(杞)나라와 예(郳: 小邾)나라 군사는 진나라의 조무(趙武)와 위강(魏絳)을 따라

가 길가의 밤나무를 베었다.

10월 15일, 제후들의 군사가 범수(氾水) 강변에 영채를 세웠다. 이때 진도공이 제후들에게 명했다.

"기비(器備: 공수용 무기의 총칭)를 수선하고, 군량을 쌓고, 늙거나 어린 사람은 돌려보내고, 병든 사람은 호뢰(虎牢: 원래는 정나라 땅이 었으나 이때는 이미 연합군의 소유였음)로 후송하고, 사생(肆眚: 군중에서 저지른 과실을 너그러이 용서함)하여 정나라를 포위하게 하시오."

정나라 사람들이 두려워한 나머지 곧 사람을 보내 강화를 청하자 중항헌자(中行獻子: 순언)가 말했다.

"정나라를 포위한 뒤 초나라 군사가 정나라를 구원하러 오는 것을 기다렸다가 일전을 겨루도록 합시다. 그렇지 않으면 진정한 강화가 이루어질 수 없습니다."

그러자 지무자(知武子: 지앵)가 반대했다.

"우선 정나라의 청을 들어주어 결맹한 뒤 퇴병하기로 함으로써 초나라 군사를 지치게 만들어야 합니다. 우리의 4군을 셋으로 나눠 제후들의 정예부대와 함께 영격에 나서면 우리는 곤핍하지 않으나 초나라 군사는 크게 지쳐 싸울 수 없을 것입니다. 이것이 결전을 치르는 것보다 오히려 나을 것입니다. 산야에 폭골(暴骨: 시신의 뼈를 그대로 드러냄)하여 마음을 쾌하게 하는 것으로는 초나라와 우열을 다툴 수 없습니다. 앞으로도 커다란 힘을 써야 할 일이 남아 있습니다. 군자는 지혜를 사용하고 소인은 힘을 사용합니다. 이는 선왕들이 훈시한 것이기도 합니다."

이에 제후들이 모두 싸우려고 하지 않았다. 결국 정나라와 강화하게 되었다. 11월 10일, 모두 정나라의 희(戱: 戱童으로 하남성 등봉현에 위치) 땅에 모여 결맹했다. 이는 정나라가 순복한 데 따른 것이었다. 결맹할 당시 정나라의 6경(六卿)인 공자 비(騑: 자사)와 공자 발(發: 자국), 공자 가(嘉: 자공), 공손 첩(輒: 자이), 공손 채(蠆: 자교), 공손 사지(舍之: 자전)를 비롯해 그들의 대부들과 문자(門子: 각 경들의 嫡子)

들이 모두 정간공의 뒤를 따랐다. 이때 진나라 대부 사장자(士莊子: 사악탁의 아들 사약)가 맹서문을 지었다.

"오늘 이미 맹서했으니 이후로 정나라는 진나라의 명만 듣는다. 혹 다른 생각을 하게 되면 이 재서(載書: 맹서문)에 기재된 것과 같은 벌을 받을 것이다."

정나라의 공자 비가 추진(趨進)하여 말했다.

"하늘이 정나라에 화를 내려 우리 나라를 두 대국 사이에 끼어 있게 했습니다. 그런데 대국에서는 덕음(德音)을 베풀지 않고 오히려 무력을 발동해 결맹을 강요하고자 합니다. 이로 인해 정나라의 귀신은 인사(禋祀: 제사)를 받지 못하고, 백성들은 토리(土利: 토지에서 나는 산물)를 얻지 못하고, 남녀가 신고점애(辛苦墊隘: 고통스럽고 어려움)에 처해도 어디 가서 호소할 길이 없습니다. 오늘 이미 맹서했으니, 이후로 정나라가 만일 예의와 강대한 무력을 갖추고 정나라 백성을 보호하는 나라를 따르지 않으면서 오히려 감히 다른 생각을 품게 되면 이 맹서문에 기록된 것과 같은 벌을 받을 것입니다."

그러고는 이를 그대로 맹서문의 내용으로 읽자 진나라의 순언(荀偃)이 큰소리로 말했다.

"그 맹서문을 고치시오."

정나라의 공손 사지가 반박했다.

"우리 모두 분명하게 대신(大神) 앞에서 맹서했는데 만일 요언(要言: 맹서문)을 고칠 수 있다면 진나라에 대해서도 배반할 수 있다는 것이 됩니다."

이에 진나라의 지무자가 순언에게 간했다.

"우리는 실로 덕정을 펼치지 않으면서 맹서를 강요했습니다. 이 어찌 예라고 하겠습니까. 예가 아닌 짓을 하면서 어찌 맹주가 되겠습니까. 잠시 결맹하고 물러나 덕정을 베푼 뒤 군사를 쉬게 했다가 다시 오면 끝내 정나라를 얻을 것입니다. 굳이 오늘만 날이겠습니까. 우리가 덕정을 베풀지 않으면 백성들도 장차 우리를 버릴 터인데 어찌 정나라만 탓할 수 있겠습니까. 만일 능히 휴화(休和: '백성을 편안하게 하여 화목하게 한다'는 뜻이나 '제후들을 쉬게 하여 다독인다'로 해석하기도 함)할 수 있다면 먼 곳의 사람조차 자연 순복할 터인데 굳이 정나라만 따르라고 말할 필요가 있겠습니까."

결국 진나라 군사는 정나라와 결맹한 후 회군했다.

冬十月, 諸侯伐鄭. 庚午, 季武子·齊崔杼·宋皇鄖從荀罃·士匄, 門于鄟門, 衛北宮括·曹人·邾人從荀偃·韓起, 門于師之梁, 滕人·薛人從欒黶·士魴, 門于北門, 杞人·郳人從趙武·魏絳斬行栗. 甲戌, 師于氾, 令於諸侯曰"修器備, 盛餱糧, 歸老幼, 居疾于虎牢. 肆眚, 圍鄭." 鄭人恐, 乃行成. 中行獻子曰"遂圍之, 以待楚人之救也, 而與之戰. 不然, 無成." 知武子曰"許之盟而還師, 以敝楚人. 吾三分四軍, 與諸侯之銳以逆來者, 於我未病, 楚不能矣, 猶愈於戰. 暴骨以逞, 不可以爭. 大勞未艾, 君子勞心, 小人勞力, 先王之制也." 諸侯皆不欲戰, 乃許鄭成. 十一月己亥, 同盟于戲, 鄭服也. 將盟, 鄭六卿公子騑·公子發·公子嘉·公孫輒·公孫蠆·公孫舍之及其大夫·門子皆從鄭伯. 晉士莊子爲載書, 曰"自今日旣盟之後, 鄭國而不唯晉命是聽, 而或有異志者, 有如此盟." 公子騑趨進曰"天禍鄭國, 使介居二大國之間. 大國不加德音, 而亂以要之, 使其鬼神不獲歆其禋祀, 其民人不獲享其土利, 夫婦辛苦墊隘, 無所厎告. 自今日旣盟之後, 鄭國而不唯有禮與彊, 可以庇民者是從, 而敢有異志者, 亦如之." 荀偃曰"改載書." 公孫舍之曰"昭大神要言焉. 若可改也, 大國亦可叛也." 知武子謂獻子曰"我實不德, 而要人以盟, 豈禮也哉. 非禮何以主盟. 姑盟而退, 修德息師而來, 終必獲鄭, 何必今日. 我之不德, 民將棄我, 豈唯鄭. 若能休和, 遠人將至, 何恃於鄭." 乃盟而還.

●진나라 군사가 정나라에서 뜻을 얻지 못하자 다시 제후들을 이끌고 가 정나라를 쳤다. 12월 5일, 제후들의 군사가 3면으로 정나라의 성문을 공격했다. 윤12월 무인일(戊寅日),[10] 정나라 유수(洧水)의 하구에 있는 음판(陰阪: 하남성 신정현 서쪽)을 도하해 진격한 뒤 음구(陰

口: 음판의 북쪽)에 주둔했다가 돌아갔다. 이때 정나라 대부 자공(子孔)이 말했다.

"진나라 군사를 가히 습격할 만하오. 진나라 군사는 사기가 떨어진 데다가 매우 지쳐 있어 돌아가려는 생각을 품고 있으니 지금 공격하면 반드시 크게 이길 수 있을 것이오."

자전(子展)이 단호히 반대했다.

"그것은 화를 부르는 길이오."

당시 노양공이 회군하는 진도공을 전송했는데 진도공은 노양공을 위해 황하 강가에서 향례를 베풀었다. 이때 진도공이 노양공의 나이를 묻자 노나라 대부 계무자가 대답했다.

"사수(沙隨: 하남성 영릉현 북쪽)에서 제후들이 회동하던 해에 과군이 태어났습니다."

진도공이 말했다.

"12세군요. 12세를 일러 일종(一終)이라고 하는데 이는 일성종(一星終: 목성)11)을 말하는 것이오. 일국의 군주는 15세에 자식을 낳게 마련인데 관례(冠禮)12)를 행한 후에 아들을 낳는 것이 예법이오. 귀국의 군주는 이제 관례를 치러야 하는데도 대부들은 어찌하여 관례에 필요한 준비를 하지 않는 것이오?"

이에 계무자가 대답했다.

"군주의 관례는 반드시 관향(祼享)13)의 예로써 시작합니다. 이어 금석지악(金石之樂: 금속 및 석제 악기 연주)으로 절도를 보이는데 이는 조(祧: 선군의 사당)에서 행합니다. 그러나 지금 과군은 밖에 나와 있

---

10) 두예는 윤12월이 있을 수 없다며 이를 12월 20일로 보았다.
11) 목성은 그 주기가 12년인 까닭에 이를 '세성'(歲星)이라고 하고 12년의 주기를 '일성종' 또는 '일주천'(一周天)이라고 했다.
12) 성인식의 나이에 대해서는 여러 가지 설이 있으나 진도공은 12세로 본 것이다.
13) '관향'은 '관'(祼)을 사용하는 의식을 뜻한다. '관'은 제사나 빈객 접대용으로 사용되는 향료를 배합한 끓인 술로, 흔히 '관창주'(灌鬯酒)로 불렸다.

으므로 이를 갖출 수 없습니다. 형제의 나라에 이르렀을 때 필요한 것을 빌릴 수 있도록 허락해주기 바랍니다."

진도공이 이를 승낙하자 노양공은 돌아오는 길에 위나라에 이르러 위성공(衛成公: 위헌공의 증조)의 사당에서 관례를 거행했다. 이때 위나라에서 종경(鐘磬)을 빌렸다. 이는 예에 맞는 일이다.

이때 초공왕이 정나라를 쳤다. 이에 정나라 대부 자사(子駟)가 초나라와 화친을 맺으려고 하자 자공과 자교(子蟜)가 반대했다.

"진나라와 결맹할 때 바른 입가의 삽혈(歃血)이 아직 마르지도 않았는데 맹약을 저버리는 것이 과연 가한 일이겠소?"

그러자 자사와 자전이 말했다.

"진나라와의 결맹은 오직 강한 나라에 복종한다는 원칙에 따른 것일 뿐이오. 지금 초나라 군사가 쳐들어왔는데 진나라가 우리를 구원할 수 없으니 당장은 초나라가 강한 나라요. 어찌 우리가 감히 맹약을 배반한다고 하는 것이오? 더구나 강제로 맺은 맹서는 성신(誠信)이 없으니 신령이 임하지 않소. 신령은 오직 성신이 담긴 회맹에만 임할 뿐이오. 신의란 자신이 한 말의 증거이며 선량함의 본체요. 그러기에 성신이 있는 곳에 신령이 임하는 것이오. 밝은 신령은 강제로 맺은 맹서를 청결하다고 여기지 않으니 그같은 맹서는 저버려도 가하오."

이에 곧 초나라와 강화했다. 그러자 초나라 대부 공자 피융(罷戎)이 정나라 도성으로 들어가 결맹하면서 중분(中分: 정나라 도성 내의 里巷)에서 함께 맹서했다. 이때 초공왕의 모친인 초장왕의 부인이 세상을 떠났다. 이로 인해 초공왕은 정나라를 안정시키지 못한 채 돌아갔다.

한편 이때 진도공은 귀국하자마자 백성들을 편히 쉬게 할 방도를 모색했다. 그러자 위강(魏絳)이 은혜를 베풀어 노역을 중지하고 쌓아둔 재물을 풀어 백성에게 대부해줄 것을 청했다. 이에 진도공을 위시해 조금이라도 재물을 쌓아두었던 사람들이 모두 남는 재물을 내놓았다. 이에 진나라 내부에서는 유통되지 않은 재물이 없게 되고 궁핍한 사람 또한 사라지게 되었다. 공가(公家)에서 백성의 모리를 금지하지 않았는데도 탐람한 백성이 사라졌다. 제사지낼 때 희생 대신 폐백을 바치게 하고, 빈객을 대접할 때에도 소나 양 중 한 가지로만 하게 했다. 또 새로운 기물은 만들지 못하게 하고, 거복(車服)은 필요한 만큼만 찾게 했다.

이같은 조치를 만 1년 동안 차질 없이 집행하자 나라의 모든 일에 절도가 있게 되었다. 이에 초나라가 3가(三駕: 세 차례의 출병)[14]했으나 진나라와 주도권을 놓고 다투는 일은 불가능하게 되었다.

晉人不得志於鄭, 以諸侯復伐之. 十二月癸亥, 門其三門. 閏月戊寅, 濟于陰阪, 侵鄭. 次于陰口而還. 子孔曰 "晉師可擊也, 師老而勞, 且有歸志, 必大克之." 子展曰 "不可." 公送晉侯. 晉侯以公宴于河上, 問公年. 季武子對曰 "會于沙隨之歲, 寡君以生." 晉侯曰 "十二年矣, 是謂一終, 一星終也. 國君十五年而生子, 冠而生子, 禮也. 君可以冠矣. 大夫盍爲冠具." 武子對曰 "君冠, 必以祼享之禮行之, 以金石之樂節之, 以先君之祧處之. 今寡君在行, 未可具也. 請及兄弟之國而假備焉." 晉侯曰 "諾." 公還及衛, 冠于成公之廟. 假鐘磬焉, 禮也. 楚子伐鄭, 子駟將及楚平. 子孔·子蟜曰 "與大國盟, 口血未乾而背之, 可乎." 子駟·子展曰 "吾盟固云 '唯强是從.' 今楚師至, 晉不我救, 則楚彊矣. 盟誓之言, 豈敢背之. 且要盟無質, 神弗臨也, 所臨唯信. 信者, 言之瑞也, 善之主也, 是故臨之. 明神不蠲要盟, 背之可也." 乃及楚平. 公子罷戎入盟, 同盟于中分. 楚莊夫人卒, 王未能定鄭而歸. 晉侯歸, 謀所以息民. 魏絳請施舍, 輸積聚以貸. 自公以下, 苟有積者, 盡出之. 國無滯積, 亦無困人. 公無禁利, 亦無貪民. 祈以幣更, 賓以特牲. 器用不作, 車服從給. 行之期年, 國乃有節. 三駕而楚不能與爭.

---

14) 세 차례의 출병은 노양공 10년의 우수(牛首) 출병, 11년의 향(向) 출병, 11년 가을의 정나라 도성 동문에서의 열병을 말한다.

10년(기원전 563)

10년 봄, 공이 진후·송공·위후·조백·거자·주자·등자·설백·기백·소주자·제나라 세자 광과 함께 오나라와 사(柤)에서 만났다. 여름 5월 갑오, 드디어 핍양(偪陽)을 멸했다. 공이 모임에서 돌아왔다. 초나라 공자 정(貞)과 정나라의 공손 첩(輒)이 군사를 이끌고 송나라를 쳤다. 진(晉)나라 군사가 진(秦)나라를 쳤다. 가을, 거나라 사람이 우리의 동쪽 변경을 쳤다. 공이 진후·송공·위후·조백·거자·주자·제나라 세자 광·등자·설백·기백·소주자와 함께 정나라를 쳤다. 겨울, 도적이 정나라 공자 비(騑)·공자 발(發)·공손 첩을 죽였다. 정나라의 호뢰를 지켰다. 초나라 공자 정(貞)이 군사를 이끌고 정나라를 구했다. 공이 정나라를 치는 일에서 돌아왔다.

十年春, 公會晉侯宋公衛侯曹伯莒子邾子滕子薛伯杞伯小邾子齊世子光, 會吳于柤. 夏五月甲午, 遂滅偪陽, 公至自會. 楚公子貞鄭公孫輒帥師, 伐宋. 晉師伐秦. 秋, 莒人伐我東鄙. 公會晉侯宋公衛侯曹伯莒子邾子齊世子光滕子薛伯杞伯小邾子, 伐鄭. 冬, 盜殺鄭公子騑公子發公孫輒. 戍鄭虎牢. 楚公子貞帥師, 救鄭. 公至自伐鄭.

●10년 봄, 노양공이 진도공과 송평공, 위헌공, 조성공, 거자, 주선공, 등성공, 설백, 기효공, 소주자, 제나라 태자 광 등과 초나라의 사(柤: 산동성 봉현 동남쪽이나 일설에는 강소성 비현 북쪽이라고 함) 땅에서 회맹했다. 이는 오왕 수몽(壽夢: 이름은 乘)과 회동하기 위한 것이었다. 3월 26일, 제나라 대부 고후(高厚: 高固의 아들)가 태자 광의 상례(相禮)가 되어 오왕 수몽을 만나기 앞서 주선공과 거자, 등성공, 설백 등과 함께 종리(鍾離: 안휘성 봉양현 동쪽)에서 만났다. 그러나 고후의 태도가 불경스러웠다. 이에 진나라 대부 사장자가 말했다.

"고자(高子)가 태자의 상례가 되어 제후들과 회동하는 것은 자기 나라 사직을 지키려는 것인데 태도가 공경스럽지 못하니 이는 곧 사직을 버리는 것이다. 그는 장차 화를 면치 못할 것이다."

여름 4월 1일, 제후들이 사(柤)에서 회맹했다.

진나라의 순언(荀偃)과 사개(士匄)가 핍양(偪陽: 혹은 傅陽)을 침공해 이 땅을 송나라 대부 상술(向戌)의 식읍으로 삼게 할 것을 청했다. 그러자 순앵(荀罃)이 말했다.

"핍양은 성이 작지만 견고하오. 이를 공략해도 무공으로 칠 수도 없고 오히려 공략하지 못하면 웃음거리가 될 뿐이오."

그러나 두 사람은 이를 강력히 요청했다. 4월 9일, 결국 핍양을 포위했으나 함락시키지 못했다.

이때 노나라 맹씨(孟氏: 맹헌자)의 가신 진근보(秦堇父)가 치중을 이끌고 전장에 당도했다. 핍양 사람이 성문을 열자 제후들의 군사가 이 틈을 타 성 안으로 쳐들어갔다. 이때 핍양 사람들이 들어올렸던 성문을 갑자기 내리자 추읍(郰邑: 산동성 곡부현 동남쪽) 사람 숙량흘(叔梁紇: 孔子의 부친)이 성문을 받쳐들고는 성 안으로 들어갔던 군사들을 모두 탈출시켰다.

그러자 노나라의 역사(力士) 적사미(狄虒彌)는 큰 수레의 바퀴를 떼어 그 위에 가죽을 씌워 노(櫓: 커다란 방패)를 만들었다. 그러고는 이를 왼손에 들고 오른손에 창을 빼어 든 뒤 1대(隊: '대'의 규모를 놓고 50인과 1백 인, 2백 인이라는 주장이 대립)를 이끌고 가 싸웠다. 이를 본 맹헌자가 이같이 칭찬했다.

"적사미야말로 『시경』「패풍·간혜(簡兮)」에 나오는 소위 '유력여호'(有力如虎: 힘이 호랑이처럼 셈)의 인물이다."

이때 성 안의 사람들은 성벽 위에서 긴 천을 늘어뜨렸다. 그러자 진근보가 그 천을 잡고 성벽 위로 오르기 시작했다. 그가 성가퀴에 이를 즈음 성 안에서 천을 끊어버리자 그는 성 아래로 떨어지고 말았다. 그러자 성 위에서 또 긴 천을 늘어뜨렸다. 이에 기절했던 진근보가 정신을 차려 다시 성벽을 오르기 시작하자 성 위에서 또다시 천을 끊었다.

이같은 일이 모두 세 차례나 계속되었다. 마침내 성 안의 사람들이 진근보에게 더 이상 할 뜻이 없음을 표시하자 제후의 군사들이 뒤로 물러났다. 진근보는 끊어진 천을 몸에 두르고 군중을 돌아다니며 사흘 동안 자신의 무용을 자랑했다.

이로써 제후들의 군사는 핍양에서 오랜 시간을 보낼 수밖에 없었다. 그러자 순언과 사개가 다시 순앵에게 이같이 요청했다.

"장맛비가 내리려고 하는데 만일 그리 되면 회군하지 못할까 염려됩니다. 이만 회군하기 바랍니다."

이에 지백(知伯: 순앵)이 대로하여 깔고 앉아 있던 궤(机)[15]를 집어 던졌다. 궤가 두 사람 사이로 날아가 떨어지자 순앵이 말했다.

"너희는 2사(二事: 핍양을 공격하는 일과 상술에 관한 일)를 이미 다 만들어놓은 뒤에야 나를 찾아와 고했다. 나는 의견의 불일치로 군령이 어지러워질까 두려워하여 너희들의 주장을 받아들였다. 너희는 이미 군주에게 권해 제후들의 군사를 일으키게 한 뒤 늙은 나까지 여기로 끌고 왔다. 그런데 당초의 진공하려던 의지를 견지하지 못하고 싸움에 이기지 못한 죄를 나에게 뒤집어씌우려고 한다. 너희들은 돌아가서 '순앵이 회군을 명해 부득이 물러났지만 만일 그렇게 하지 않았으면 틀림없이 이겼다'고 말할 것이다. 나는 이미 늙었는데 다시 그같은 죄까지 져야만 하는가. 7일 이내에 공략하지 못하면 반드시 너희들의 머리를 취할 것이다."

5월 4일, 순언과 사개가 병사들을 이끌고 가 핍양에 맹공을 퍼부었다. 두 사람은 적의 시석(矢石)을 맞으면서도 공세의 고삐를 늦추지 않았다. 5월 8일, 드디어 핍양을 함몰시켰다. 이에 『춘추』는 이같이 썼다.

"드디어 핍양을 멸망시켰다."

이는 회맹 이후 곧바로 핍양에 대한 공격이 이루어졌음을 말한 것이

---

15) 당시 모두 바닥에 앉았는데 존자(尊者)와 노인은 길이 3척, 높이 2척의 작은 탁자 위에 앉았다.

다. 핍양을 공략한 후 이를 송나라의 상술에게 주려고 하자 상술이 사양했다.

"군주가 만일 우리 송나라를 진정시키고 위로하기 위해 핍양을 우리 군주에게 드려 영광을 차지하도록 해주시면 송나라의 많은 신하들이 안정될 것이니 그 무엇이 이보다 좋겠습니까. 만일 이 땅을 오로지 저에게만 주시면 제가 제후들의 군사를 일으키게 하여 제 자신만 그 이득을 차지하는 것이 됩니다. 그 어떤 죄가 이보다 크겠습니까. 감히 죽음으로써 받지 않을 것이니 우리 군주에게 주시기 바랍니다."

이에 핍양을 송평공에게 주었다. 송평공이 초구(楚丘: 산동성 조현 동남쪽)에서 진도공을 위한 향례를 베풀었다. 이때 상림지악(桑林之樂: 은나라 천자가 사용한 樂名으로 송나라는 이 음악을 계속 사용했음)을 들려주려고 하자 순앵이 사양했다. 그러자 순언과 사개가 말했다.

"제후국 중에 송나라와 노나라에서만 이런 음악을 볼 수 있습니다. 노나라에서는 체악(禘樂: 천자가 사용하는 음악으로 노나라는 주천자의 체악을 썼음)이 있으니 이는 빈제(賓祭: 귀빈을 초대한 연회와 대규모 제사) 때에 연주합니다. 송나라에서 '상림지악'을 연주해 군주를 대접한다는 것은 좋은 일이 아니겠습니까."

이에 '상림지악'을 연주하게 되었다. 무사(舞師: 樂師)가 정하(旌夏: 큰 깃발)를 세우고 선두에 서서 악공들을 이끌고 나타났다. 이때 진도공이 두려워하며 뒤로 물러나 상방(廂房: 정전의 좌우에 있는 방)으로 들어갔다. 송나라 사람이 깃발을 치우자 그때서야 진도공이 참석해 무사히 연회를 마쳤다.

진도공이 귀국하던 도중 진(晉)나라의 저옹(著雍: 하북성의 옛 하간부 경계)에 이르러 병이 났다. 점을 치게 하자 상림의 귀신이 보였다. 이에 순언과 사개가 송나라로 돌아가 상림의 귀신에게 기도드리기를 청하려고 하자 순앵이 만류했다.

"우리는 '상림지악'을 사절했는데 저들이 이를 연주한 것이오. 만일 귀신이 붙었다면 응당 저쪽 송나라에 화를 내릴 것이오."

그 사이에 진도공의 병이 나았다. 진도공은 핍양자(偪陽子: 핍양의 군주)를 데리고 돌아가 무궁(武宮)에 바치면서 그를 이부(夷俘: 오랑캐 포로)로 칭했다. 핍양자의 성은 운씨(妘氏)였다. 진도공은 주왕실의 내사(內史: 작록을 관리하는 관원)에게 의뢰해 핍양자의 종족 중에서 현명한 자를 골라 후계자로 삼은 뒤 곽인(霍人: 노민공 원년에 진나라에 의해 멸망한 나라 이름으로 산서성 번치현 남쪽에 위치) 땅에서 살게 했다. 이는 예에 맞는 일이다.

제후들의 군사가 회군하자 노나라의 맹헌자는 진근보를 자기 전차의 거우로 삼았다. 진근보가 아들 진비자(秦丕玆)를 낳았다. 진비자는 중니(仲尼)를 스승으로 섬겼다.

十年春, 會于柤, 會吳子壽夢也. 三月癸丑, 齊高厚相大子光, 以先會諸侯于鍾離, 不敬. 士莊子曰 "高子相大子以會諸侯, 將社稷是衛, 而皆不敬, 棄社稷也, 其將不免乎." 夏四月戊午, 會于柤. 晉荀偃·士匃請伐偪陽, 而封宋向戌焉. 荀罃曰 "城小而固, 勝之不武, 弗勝爲笑." 固請. 丙寅, 圍之不克. 孟氏之臣秦菫父輦重如役. 偪陽人啓門, 諸侯之師門焉. 縣門發, 聊人紇抉之, 以出文子, 狄虒彌建大車之輪, 而蒙之以甲以爲櫓, 左執之, 右拔戟, 以成一隊. 孟獻子曰 "『詩』所謂 '有力如虎' 者也." 主人縣布, 菫父登之, 及堞而絶之. 隊, 則又縣之, 蘇而復上者三. 主人辭焉, 乃退, 帶其斷以徇於軍三日. 諸侯之師久於偪陽, 荀偃·士匃請於荀罃曰 "水潦將降, 懼不能歸, 請班師." 知伯怒, 投之以机, 出於其間, 曰 "女成二事而後告余. 余恐亂命, 以不女違. 女旣勤君而興諸侯, 牽帥老夫以至於此, 旣無武守, 而又欲易余罪, 曰 '是實班師, 不然克矣.' 余贏老也, 可重任乎. 七日不克, 必爾乎取之." 五月庚寅, 荀偃·士匃帥卒攻偪陽, 親受矢石, 甲午, 滅之. 書曰 "遂滅偪陽", 言自會也. 以與向戌, 向戌辭曰 "君若猶辱鎭撫宋國, 而以偪陽光啓寡君, 群臣安矣, 其何貺如之. 若專賜臣, 是臣興諸侯以自封也, 其何罪大焉. 敢以死請." 乃予宋公. 宋公享晉侯于楚丘, 請以「桑林」. 荀罃辭. 荀偃·士匃曰 "諸侯宋魯, 於是觀禮. 魯有禘樂, 賓祭用之, 宋以「桑林」享君, 不亦可乎." 舞師祭以旌夏, 晉侯懼而退入于房. 去旌, 卒享而還. 及著雍, 疾. 卜, 桑林見. 荀偃·士匄欲奔請禱焉, 荀罃不可, 曰 "我辭禮矣, 彼則以之. 猶有鬼神, 於彼加之." 晉侯有間, 以偪陽子歸, 獻于武宮, 謂之夷俘. 偪陽, 妘姓也. 使周內史選其族嗣, 納諸霍人, 禮也. 師歸, 孟獻子以秦堇父爲右. 生秦丕玆, 事仲尼.

●6월, 초나라의 자낭과 정나라의 자이가 송나라를 치고 군사를 자무(訾毋: 하남성 녹읍현 남쪽)에 주둔시켰다. 6월 14일, 송나라의 도성을 포위하고 동문(桐門: 송나라 도성의 북문)을 공격했다.

이때 진나라의 순앵이 진(秦)나라를 쳤다. 이는 이전의 침공에 대한 보복이었다.

송나라가 침공을 당하자 위헌공이 송나라를 구원하면서 양우(襄牛: 하남성 수현)에 군사를 주둔시켰다. 이에 정나라의 자전이 자사에게 물었다.

"반드시 위나라를 쳐야 합니다. 그렇지 않으면 초나라에 친부(親附)할 수 없습니다. 우리는 이미 진나라에 득죄했는데 또다시 초나라에 득죄하게 되면 장차 나라가 어찌 되겠습니까?"

"초나라에 친부하면 나라가 곤경에 처하고 말 것이오."

그러자 자전이 말했다.

"두 대국에 득죄하면 나라는 반드시 망하고 말 것입니다. 곤경에 처하는 것이 망하는 것보다야 낫지 않겠습니까."

여러 대부들이 모두 자전의 말에 동의했다. 이에 정나라 대부 황이(皇耳: 황술의 아들)가 군사를 이끌고 위나라를 쳤다. 이는 초나라의 명에 따른 것이었다. 이때 위나라의 집정대부 손문자(孫文子: 손림보)는 정나라 군사를 추격하기 위해 미리 점을 친 뒤 이를 정강(定姜: 위정공의 처로 위헌공의 모친)에게 고했다. 정강이 괘사의 뜻을 묻자 손문자가 대답했다.

"점의 징조가 산릉(山陵: 군주의 장례를 의미)과 같습니다. 어떤 사람이 출정하면 웅걸(雄杰: 대부를 지칭)을 잃게 됩니다."

그러자 정강이 말했다.

"정벌하러 나간 사람이 웅걸을 잃는다면 적을 막으며 수비하는 나라가 유리할 것이오. 대부가 잘 알아서 계책을 세우도록 하시오."

위나라 군사가 정나라 군사를 추격하자 대부 손괴(孫蒯: 손림보의 아들)가 마침내 정나라의 황이를 견구(犬丘: 하남성 영성현 서북쪽)에서 포로로 잡았다.

가을 7월, 초나라의 자낭과 정나라의 자이가 노나라 서쪽 변경을 쳤다. 이들은 회군하던 길에 송나라의 소읍(蕭邑: 안휘성 소현 북쪽)을 포위했다. 8월 11일, 드디어 소읍을 함락시켰다. 9월, 정나라의 자이가 또다시 송나라의 북쪽 변경을 쳤다. 이를 두고 노나라의 맹헌자가 말했다.

"정나라에는 재난이 있을 것이다. 출병이 너무 지나치기 때문이다. 천자도 출병이 잦으면 감당하지 못할 터인데 하물며 정나라야 더 말할 것이 있겠는가. 정나라의 재난은 아마도 집정 3사(三士: 자사·자국·자이)에게 일어날 것이다."

거나라가 제후들의 출병하는 틈을 엿보다가 이내 노나라의 동쪽 변경을 쳤다.

六月, 楚子囊·鄭子耳伐宋, 師于訾毋. 庚午, 圍宋. 門于桐門. 晉荀罃伐秦, 報其侵也. 衛侯救宋, 師于襄牛. 鄭子展曰 "必伐衛. 不然, 是不與楚也. 得罪於晉, 又得罪於楚, 國將若之何." 子駟曰 "國病矣." 子展曰 "得罪於二大國, 必亡. 病不猶愈於亡乎." 諸大夫皆以爲然. 故鄭皇耳帥師侵衛, 楚令也. 孫文子卜追之, 獻兆於定姜. 姜氏問「繇」, 曰 "兆如山陵, 有夫出征, 而喪其雄." 姜氏曰 "征者喪雄, 禦寇之利也. 大夫圖之." 衛人追之, 孫蒯獲鄭皇耳于犬丘. 秋七月, 楚子囊鄭子耳伐我西鄙. 還圍蕭, 八月丙寅, 克之. 九月, 子耳侵宋北鄙. 孟獻子曰 "鄭其有災乎. 師競已甚. 周猶不堪競, 況鄭乎. 有災, 其執政之三士乎." 莒人間諸侯之有事也, 故伐我東鄙.

●제후들이 정나라를 치자 제나라 대부 최저(崔杼)가 태자 광에게 먼저 군중에 도착하게 했다.『춘추』에 제나라 태자를 등성공보다 앞에 쓴 것은 이 때문이다. 7월 25일, 제후들의 군사가 정나라의 우수(牛首: 하남성 통허현 서북쪽)에 주둔했다.

당초 정나라의 자사(子駟)와 위지(尉止)가 서로 다툰 적이 있었다. 이로 인해 제후들의 군사를 저지할 때 자사는 위지가 지휘하는 전차의 수를 줄였다. 위지가 포로를 잡자 자사는 또 위지와 공을 다투었다. 자사는 위지에게 위압을 가하며 말했다.

"그대의 전차는 너무 많아 제도에 맞지 않는다."

그러고는 위지가 잡은 포로를 군주에게 바치지 못하게 했다.

이에 앞서 자사가 전혁(田洫: 논밭 사이의 물길인 봇도랑)을 획정하는 일을 담당한 적이 있었다. 이때 사씨(司氏)와 도씨(堵氏), 후씨(侯氏), 자사씨(子師氏)의 네 집안이 모두 토지의 일부를 잃었다. 이에 이들 네 집안과 위지를 더한 5족(族)이 불령지인(不逞之人: 불평분자)을 모은 뒤 공자지도(公子之徒)[16]를 끼고 난을 일으켰다. 이때 자사는 대권을 장악하고 있었고 자국은 사마, 자이는 사공, 자공은 사도로 있었다.

겨울 10월 14일, 위지와 사신(司臣), 후진(侯晉), 도여보(堵女父), 자사복(子師僕)이 반기들 들어 군사를 이끌고 진입했다. 새벽에 서궁(西宮: 일명 '公宮'으로 불리는 정나라의 정전)의 조정에서 집정대신들을 공격해 자사와 자국, 자이를 죽인 뒤 정간공을 위협해 북궁(北宮: 별궁)으로 갔다. 자공은 이들 5족이 난을 꾸미고 있다는 사실을 알고도 정간공에게 알리지 않다가 난이 일어나는 것을 미리 알고는 몸을 피해 죽음을 면했다. 이들을 두고『춘추』에 '도'(盜: 도적)라고 쓴 것은 반기를 든 자들 중에 대부가 없었기 때문이다.

---

16) 노양공 8년, 자사에 의해 죽음을 당한 자호·자회·자후·자정의 족당을 말한다.

자서(子西: 자사의 아들 공손 夏)는 난이 일어났다는 소식을 듣고는 아무런 방비도 하지 않은 채 급히 밖으로 뛰쳐나가 부친의 시체를 거둔 뒤 도망하는 적들을 추격했다. 반기를 든 자들이 북궁으로 들어가자 자서는 집으로 돌아가 집안사람들을 무장시켰다. 이때 그의 가신과 비첩(婢妾)들이 많이 달아났는데 기물 또한 많이 사라졌다.

이때 자산(子産)은 난이 일어났다는 소식을 듣고 문을 지키는 자를 두고, 관원들을 모아 업무를 분장시키고, 부고(府庫: 재물과 무기를 저장한 곳)를 굳게 닫고, 폐장(閉藏: 典策 등을 수장한 곳)을 엄밀히 지키고, 방어시설을 완전히 갖추고, 대열을 구성한 뒤 비로소 나섰다. 그가 거느린 전차는 모두 17승이었다. 그는 먼저 부친의 시신을 거둔 후 북궁으로 가 반적들을 공격했다. 이때 자교는 사람들을 이끌고 와 자산을 도우면서 위지와 자사복 등을 죽였다. 반적의 무리가 모두 죽자 후진은 진나라로 달아나고 도여보와 사신, 위편(尉翩: 위지의 아들), 사제(司齊: 사신의 아들)는 송나라로 달아났다.

이에 자공이 집정이 되어 대부들과 맹서문을 작성했다. 이 맹서문에는 관원의 지위와 서열에 관한 규정이 있었다. 이로써 경을 위시한 모든 관원은 집정의 법만 받아들여 일을 행할 뿐 조정에 참여하는 일이 금지되었다. 대부와 각 부서의 관원, 경의 적자(嫡子)들이 따르지 않자 자공이 이들을 죽이려고 했다. 자산이 이를 만류하면서 사태를 진정시키기 위해 맹서문을 소각할 것을 청했다. 그러나 자공이 반대했다.

"맹서문을 지은 것은 나라를 안정시키기 위한 것이오. 그런데 중인(衆人)이 반대한다고 하여 이를 불에 태우면 이는 곧 중인이 정치를 하는 것이 되오. 그러면 나라의 정치가 크게 어지러워지지 않겠소?"

그러자 자산이 말했다.

"중인의 분노는 거스르기 어렵고 전권(專權)의 희망은 이루기 어렵습니다. 두 가지 어려움을 동시에 지닌 채 나라를 안정시키려고 하는 것은 매우 위험한 일입니다. 그러니 맹서문을 소각해 중인을 안정시키느니만 못합니다. 그대가 하고자 하는 나라의 안정을 이루고 중인 또한 안정을 얻게 된다면 이 또한 좋지 않겠습니까. 전권의 희망은 이루기 어렵고 중인을 거스르면 화란이 일어나니 그대는 반드시 중인의 뜻을 따라야 합니다."

이에 자공이 멀리서도 분서(焚書)하는 모습을 볼 수 있도록 맹서문을 창문(倉門: 石倉城을 마주하고 있는 정나라 도성의 동남쪽 문) 밖에서 태우자 중인들이 안정을 찾게 되었다.

당시 제후들의 군사는 호뢰에 성을 쌓고 수비했다. 진나라 군사는 따로 호뢰 부근의 오(梧)와 제(制) 땅에 작은 성을 쌓고 사방(士魴)과 위강(魏絳)에게 명하여 이를 지키게 했다. 이에 『춘추』는 이같이 썼다.

"수정호뢰(戍鄭虎牢: 정나라의 호뢰를 수비했다)."

이는 당시 호뢰가 정나라 땅은 아니었지만 장차 정나라에 돌려주려고 한 사실을 말한 것이다. 이에 정나라가 곧 진나라와 강화했다.

초나라의 자낭이 정나라를 구원하고자 했다. 11월, 제후들의 군사가 정나라 땅을 빙 돌아 남쪽으로 나아가 정나라의 양릉(陽陵: 하남성 허창현 서북쪽)에 이르렀으나 초나라 군사는 물러가지 않았다. 이에 진나라의 지무자(知武子: 순앵)가 퇴병할 생각으로 말했다.

"이제 우리가 초나라 군사를 피하면 그들은 틀림없이 교만해질 것이오. 그들이 교만해지면 가히 싸워 이길 수 있을 것이오."

그러자 난염이 반대했다.

"초나라 군사를 피하는 것은 진나라의 치욕입니다. 더욱이 제후들의 군사를 이끌고 있는 상황에서는 치욕을 더하게 되는 것이니 이는 차라리 싸우다 죽느니만 못합니다. 저는 단독으로라도 진격할 것입니다."

이에 진나라 군사가 드디어 초나라 군사를 향해 전진했다. 11월 16일, 진나라 군사가 초나라 군사와 영수(潁水)[17]를 사이에 두고 대치한 가운데 영채를 세웠다. 이때 정나라의 자교가 말했다.

---

17) '영수'는 지금의 하남성 등봉현 서쪽의 영곡(潁谷)에서 발원해 동남쪽으로 흐르다가 안휘성의 정양관(正陽關)에서 회수로 유입한다.

"제후들이 이미 철군할 준비를 마쳤으니 반드시 싸우려 하지 않을 것이오. 그러니 우리가 진나라에 복종하든 안하든 진나라 군사는 철군할 것이오. 저들이 물러가면 이번에는 초나라 군사가 틀림없이 우리를 포위할 것이오. 그래도 제후들의 군사는 결국 철군하고 말 것이니 아예 지금 초나라에 복종해 그들을 물러가게 하는 것이 좋을 것이오."

결국 정나라 군사가 밤에 영수를 도하해 초나라와 결맹했다. 이에 진나라의 난염이 정나라 군사를 치려고 하자 순앵이 만류했다.

"우리는 실제로 초나라 군사를 막지 못해 정나라를 보호하지 못했으니 정나라에 무슨 죄가 있겠소? 원한을 초나라에 돌리고 회군하느니만 못하오. 지금 정나라 군사를 치면 초나라가 반드시 정나라를 구원할 것이오. 싸워서 이기지 못하면 제후들의 웃음거리가 될 뿐이고 더구나 극불가명(克不可命: '승리를 장담할 수도 없다'는 뜻으로 여기의 '命'은 '信'과 통함)이오. 그러니 회군하느니만 못하오."

11월 24일, 제후들의 군사가 회군하던 도중에 정나라의 북쪽 변경을 침공한 뒤 귀국했다. 이에 초나라 군사도 철군했다.

齊侯伐鄭. 齊崔杼使大子光先至于師, 故長於滕. 己酉, 師于牛首. 初, 子駟與尉止有爭, 將禦諸侯之師而黜其車. 尉止獲, 又與之爭. 子駟抑尉止曰 "爾車非禮也." 遂弗使獻. 初, 子駟爲田洫, 司氏・堵氏・侯氏・子師氏皆喪田焉. 故五族聚群不逞之人, 因公子之徒以作亂. 於是子駟當國, 子國爲司馬, 子耳爲司空, 子孔爲司徒. 冬十月戊辰, 尉止・司臣・侯晉・堵女父・子師僕, 帥賊以入, 晨攻執政于西宮之朝, 殺子駟・子國・子耳, 劫鄭伯以如北宮. 子孔知之, 故不死. 書曰 "盜", 言無大夫焉. 子西聞盜, 不儆而出, 尸而追盜. 盜入於北宮, 乃歸授甲, 臣妾多逃, 器用多喪. 子産聞盜, 爲門者, 庀群司, 閉府庫, 愼閉藏, 完守備, 成列而後出, 兵車十七乘. 尸而攻盜於北宮. 子蟜帥國人助之, 殺尉止・子師僕, 盜衆盡死. 侯晉奔晉, 堵女父・司臣・尉翩・司齊奔宋. 子孔當國, 爲載書, 以位序聽政辟. 大夫・諸司・門子弗順, 將誅之. 子産止之, 請爲之焚書. 子孔不可, 曰 "爲書以定國, 衆怒而焚之, 是衆爲政也, 國不亦難乎." 子産

曰 "衆怒難犯, 專欲難成, 合二難以安國, 危之道也. 不如焚書以安衆, 子得所欲, 衆亦得安, 不亦可乎. 專欲無成, 犯衆興禍, 子必從之." 乃焚書於倉門之外, 衆而後定. 諸侯之師城虎牢而戍之, 晉師城梧及制, 士魴 · 魏絳戍之. 書曰 "戍鄭虎牢", 非鄭地也, 言將歸焉. 鄭及晉平. 楚子囊救鄭. 十一月, 諸侯之師還鄭而南, 至於陽陵, 楚師不退. 知武子欲退, 曰 "今我逃楚, 楚必驕, 驕則可與戰矣." 欒黶曰 "逃楚, 晉之恥也. 合諸侯以益恥, 不如死. 我將獨進." 師遂進. 己亥, 與楚師夾潁而軍. 子蟜曰 "諸侯旣有成行, 必不戰矣. 從之將退, 不從亦退. 退, 楚必圍我. 猶將退也, 不如從楚, 亦以退之." 宵涉潁, 與楚人盟. 欒黶欲伐鄭師, 荀罃不可, 曰 "我實不能禦楚, 又不能庇鄭, 鄭何罪. 不如致怨焉而還. 今伐其師, 楚必救之, 戰而不克, 爲諸侯笑. 克不可命, 不如還也." 丁未, 諸侯之師還, 侵鄭北鄙而歸. 楚人亦還.

● 왕실의 경사 왕숙(王叔) 진생(陳生)이 백여(伯輿)와 왕실의 권력을 놓고 다투었다. 이때 주영왕(周靈王)이 백여의 편을 들자 왕숙이 크게 노해 달아났다. 왕숙이 황하에 이르렀을 때 주영왕이 그를 복귀시키기 위해 왕숙이 원한을 품고 있는 사교(史狡)를 죽인 뒤 사람을 보내 그를 설득했다. 그러나 왕숙은 조정에 다시 들어가지 않고 그곳에 머물러 살았다.

이때 진도공이 사개(士匄)를 보내 왕실의 화친을 도모하게 하자 왕숙과 백여가 서로 소를 제기했다. 이에 왕숙의 가재(家宰)와 백여의 대부 하금(瑕禽)이 두 사람의 대리가 되어 왕궁의 뜰에 앉아 재판을 받게 되었다. 사개가 이들의 소송을 맡자 먼저 왕숙의 가재가 말했다.

"필문규두(篳門閨竇: 미천한 출신)[18]의 인물이 윗사람을 능멸하니 난처하기 그지없습니다."

---

18) '필문규두'의 '필문'은 원래 가시나무나 대나무로 만든 사립문을 뜻하고, '규두'는 벽을 뚫어 만든 작은 문을 뜻한다.

그러자 하금이 말했다.

"전에 주평왕(周平王)이 동천할 때 우리 7성(七姓 : 백여의 조상은 '7성'의 하나였음)의 사람들이 천자를 따라가 제사에 쓰일 희생 등을 모두 갖춰 올렸습니다. 천자가 이들을 믿고 성모(騂旄 : 붉은색의 소)를 제물로 바치면서 맹약했습니다. 이때 맹약하기를, '대대로 관직을 잃지 않도록 하겠다'고 했습니다. 만일 '필문규두' 출신이었다면 어떻게 천자를 따라 이 동쪽의 낙읍(雒邑)으로 와 정착할 수 있었겠습니까. 게다가 천자가 또 어찌 백여의 조상을 믿었겠습니까. 지금 왕숙이 천자를 보필한 이후 정사가 뇌물로 이루어지고 법률 집행의 권한은 가까운 총신에게만 부여되었습니다. 군대의 수뇌들이 엄청난 뇌물을 받아 그 수량조차 모르고 있으니 뇌물을 받지 않는 우리야 '필문규두'로 보이지 않을 수 있겠습니까. 대국에서 이를 깊이 헤아려주기 바랍니다. 아랫사람이 바르지 못하니 과연 무엇을 공정하다고 이를 수 있겠습니까."

이에 범선자(范宣子 : 사개)가 말했다.

"천자가 찬조(贊助)하면 과군도 찬조하고 그렇지 않으면 과군도 찬조할 수 없소."

그러고는 곧 왕숙과 백여측에게 소장을 제출하게 하여 이를 대조하고자 했으나 왕숙측에서는 소장을 내놓지 못했다. 이에 왕숙은 곧 진나라로 달아났다. 『춘추』에 이를 쓰지 않은 것은 왕실의 조정에서 노나라에 알리지 않았기 때문이다.

선정공(單靖公 : 單頃公의 아들)이 주왕조의 경사가 되어 왕실을 도왔다.

王叔陳生與伯輿爭政. 王右伯輿, 王叔陳生怒而出奔. 及河, 王復之, 殺史狡以說焉. 不入, 遂處之. 晉侯使士匃平王室, 王叔與伯輿訟焉. 王叔之宰與伯輿之大夫瑕禽, 坐獄於王庭, 士匃聽之. 王叔之宰曰 "篳門閨竇之人而皆陵其上, 其難爲上矣." 瑕禽曰 "昔, 平王東遷, 吾7姓從王, 牲用備具. 王賴之, 而賜之騂旄之盟, 曰 '世世無失職.' 若篳門閨竇, 其能來東厎乎. 且王何賴焉. 今自王叔之相也, 政以賄成, 而刑放於寵. 官之師旅, 不勝其富, 吾能無簞門閨竇乎. 唯大國圖之. 下而無直, 則何謂正矣."范宣子曰 "天子所右, 寡君亦右之. 所左, 亦左之."使王叔氏與伯輿合要, 王叔氏不能擧其契. 王叔奔晉. 不書, 不告也. 單靖公爲卿士, 以相王室.

11년(기원전 562)

11년 봄 주력(周曆) 정월, 3군을 만들었다. 여름 4월, 네 번 교제를 점쳤으나 길하지 않았다. 이에 교제를 행하지 않았다. 정나라의 공손 사지(舍之)가 군사를 이끌고 송나라를 침공했다. 공이 진후·송공·위후·조백·제나라 세자 광·거자·주자·등자·설백·기백·소주자와 만나 정나라를 쳤다. 가을 7월 기미, 박성(毫城) 북쪽에서 동맹했다. 공이 정나라를 치는 일에서 돌아왔다. 초자·정백이 송나라를 쳤다. 공이 진후·송공·위후·조백·제나라 세자 광·거자·주자·등자·설백·기백·소주자와 함께 정나라를 쳤다. 소어(蕭魚)에서 만났다. 공이 모임에서 돌아왔다. 초나라 사람이 정나라의 행인(行人) 양소(良霄)를 잡았다. 겨울, 진(秦)나라 사람이 진(晉)나라를 쳤다.

十一年春王正月, 作三軍. 夏四月, 四卜郊不從, 乃不郊. 鄭公孫舍之帥師, 侵宋. 公會晉侯宋公衛侯曹伯齊世子光莒子邾子滕子薛伯杞伯小邾子, 伐鄭. 秋七月己未, 同盟于毫城北. 公至自伐鄭. 楚子鄭伯伐宋. 公會晉侯宋公衛侯曹伯齊世子光莒子邾子滕子薛伯杞伯小邾子, 伐鄭, 會于蕭魚, 公至自會. 楚人, 執鄭行人良宵. 冬, 秦人伐晉.

●11년 봄, 노나라 대부 계무자(季武子: 계손숙)가 노나라 군사를 3군(三軍: 당시 노나라는 2군을 유지하고 있었음)으로 재편하고자 했다. 이에 대부 숙손목자(叔孫穆子: 숙손표로 숙손씨는 대대로 노나라의 사마직을 맡아왔음)에게 이같이 고했다.

"청컨대 군제를 3군으로 재편해 각 가문마다 1군씩 거느릴 수 있도록 해주기 바라오."

그러자 목자(穆子: 숙손표)가 말했다.

"정권이 장차 그대에게 넘어갈 것이오. 3군으로 재편하면 그대는 틀림없이 제대로 통솔할 수 없을 것이오."

그러나 계무자가 계속 이를 강력히 요청하자 목자가 이같이 응답했다.

"정 그렇다면 이를 맹서할 수 있겠소."

그러고는 희굉(僖閎: 노희공의 사당 대문)에서 맹서했다. 또 오보지구(五父之衢: 노나라 곡부현 동남쪽 5리 지점에 위치한 거리 이름)로 가 신령에게 제사를 올리며 배맹자(背盟者)에게 저주가 내릴 것을 맹서했다.

1월, 노나라가 드디어 3군을 편성했다. 이로써 공실이 장악하고 있던 군사를 셋으로 나누어 각기 1군씩 거느리게 되면서 3자(三子: 계손과 맹손, 숙손) 모두 부족한 병력을 보충하기 위해 원래의 사병(私兵) 편제를 해체했다.

이때 계씨는 자신의 사병을 공실의 군대로 편입시키면서 역읍(役邑: 병력을 제공한 읍)에 대해서는 세금을 면제해주고 그렇지 않은 읍에 대해서는 2배의 세금을 물렸다. 맹씨는 식읍 출신의 병사 중 절반을 자신의 가병(家兵)으로 삼으면서 이들을 모두 젊은 자제로 충원했다. 숙손씨는 식읍 출신의 병사를 모두 가병으로 삼고 그렇지 않으면 자신이 관할하는 공실의 군대에 편입시키지 않았다.

十一年春, 季武子將作三軍, 告叔孫穆子曰 "請爲三軍, 各征其軍." 穆子曰 "政將及子, 子必不能." 武子固請之, 穆子曰 "然則盟諸." 乃盟諸僖閎, 詛諸五父之衢. 正月, 作三軍, 三分公室而各有其一. 三子各毀其乘, 季氏使其乘之人, 以其役邑入者, 無征, 不入者, 倍征. 孟氏使半爲臣, 若子若弟. 叔孫氏使盡爲臣. 不然不舍.

●정나라의 경대부들은 진나라 및 초나라 사이에서 어느 나라를 좇을 것인지를 놓고 커다란 고민에 빠졌다. 당시 여러 대부들이 이같이

말했다.

"진나라에 복종하지 않으면 우리 나라는 거의 망할 것이오. 초나라는 진나라보다 약하지만 진나라는 초나라에 비해 우리 나라를 얻는 데 관심이 많지 않소. 진나라가 관심을 기울이게 되면 초나라는 이를 피하고자 할 것이오. 어찌해야 진나라 군사가 사력을 다해 우리를 치게 만들어 초나라가 감히 저항하지 못하게 할 수 있겠소? 그런 연후에야 비로소 진나라에 대해 굳게 친부할 수 있을 것이오."

자전(子展)이 건의했다.

"우리가 송나라를 괴롭히면 제후들의 군사가 반드시 쳐들어올 것이오. 이때 우선 진나라에 복종하여 결맹하도록 합시다. 이어 초나라 군사가 쳐들어오면 다시 초나라에 복종하도록 합시다. 그러면 반드시 진나라가 대로할 것입니다. 진나라 군사가 누차에 걸쳐 오게 되면 초나라 군사가 이에 저항하기 어려울 것이니 이때 진나라와 더 이상 변하지 않는 맹약을 맺도록 합시다."

모든 대부들이 이 말을 듣고 크게 기뻐하며 곧 변경의 관원을 보내 송나라를 괴롭히도록 했다. 그러자 송나라의 상술(向戌)이 정나라를 침공하여 많은 포로를 잡아갔다. 그러자 정나라 대부 자전이 말했다.

"이제 가히 출병하여 송나라를 칠 만하오. 만일 우리가 송나라를 치면 제후들의 군사가 반드시 빠르게 우리를 침공할 것이오. 이때 곧 진나라에 복종하면서 동시에 초나라에 이를 보고하도록 합시다. 초나라 군사가 도착했을 때 다시 그들과 결맹한 뒤 진나라 군사에게 두터이 뇌물을 보내면 가히 전화(戰禍)를 면할 수 있을 것이오."

여름, 정나라의 자전이 송나라를 쳤다.

4월, 제후들이 정나라를 쳤다. 4월 19일, 제나라의 태자 광과 송나라의 상술이 먼저 정나라 도성에 당도해 도성의 동문(東門) 밖에 주둔했다. 이날 저녁에 진나라의 순앵이 서쪽 교외에 이른 뒤 동쪽으로 진격해 구허(舊許: 허나라가 섭현으로 천도한 뒤 정나라가 차지한 곳으로 하남성 허창시 동쪽에 위치) 땅을 쳤다. 이때 위나라 대부 손림보는 정나라의 북쪽 변경을 쳤다.

6월, 제후들이 북림(北林: 하남성 신정현 동남쪽)에서 회동해 군사를 상(向: 하남성 위씨현 서남쪽) 땅에 집합시켰다. 이어 북행하면서 서쪽으로 돈 뒤 쇄(瑣: 하남성 신정현 북쪽) 땅에 주둔했다가 정나라의 도성을 포위했다. 이들은 정나라 도성의 남문 밖에서 요란하게 사열하며 무력을 시위한 뒤 서쪽으로 가 제수(濟隧: 옛 황하의 지류로 하남성 원양현 서쪽에 위치)를 건넜다. 정나라 사람이 이를 두려워하여 제후들에게 강화를 청했다.

가을 7월, 정나라와 제후들이 박(毫: 하남성 언사현 서쪽) 땅에서 결맹했다. 이때 진나라의 범선자가 말했다.

"삼가지 않으면 반드시 제후들을 잃을 것이오. 제후들의 군사가 먼 길을 와서 피로한데 아무런 성과도 거두지 못하면 두 마음을 품지 않겠소?"

이에 결맹하게 된 것이다. 이때 재서(載書)에 이같은 내용을 담았다.

"무릇 우리 동맹국들은 온년(蘊年: '곡식을 쌓아둔다'는 뜻으로 '年'은 익은 곡식을 뜻함)하지 말고, 이익을 독점하지 말고, 죄인을 비호하지 말고, 악인을 거두지 말고, 재난을 구하고, 화란을 안정시키고, 호오(好惡)를 공유하고, 왕실을 도와야 한다. 누군가 이를 어기면 사신사맹(司愼司盟: 공경하는 모습을 살피는 신령과 맹약의 준수 여부를 살피는 신령)과 명산명천(名山名川: 산천의 신), 군신(群神: 그 밖의 신), 군사(群祀: 제사를 받는 신), 선왕선공(先王先公: 각 나라의 개국조 신령), 7성12국(七姓十二國)[19]의 밝은 조상신들이 그를 죽일 것이다. 또

---

19) '7성12국'은 원래 7개 성씨로 구성된 13개 제후국을 잘못 말한 것이다. 이에 대해 정나라가 결맹하지 않아 빼놓은 것으로 보기도 한다. '7성13국'은 희성(姬姓)의 진(晉)·노(魯)·위(衛)·정(鄭)·조(曹)·등(滕)나라, 조성(曹姓)의 주(邾)와 소주(小邾)나라, 자성(子姓)의 송(宋), 강성(姜姓)의 제(齊)나라, 기성(己姓)의 거(莒)나라, 사성(姒姓)의 기(杞)나라, 임성(任姓)의 설(薛)나라 등을 말한다.

그로 하여금 백성을 잃게 함으로써 군주가 죽고 멸족하여 마침내는 나라가 망하고 말 것이다."

초나라 자낭이 진(秦)나라에 출병을 요청했다. 이에 진나라의 우대부(右大夫: 秦의 관명) 첨(詹)이 군사를 이끌고 가 초공왕과 함께 정나라를 치려고 했다. 그러자 정간공이 그들을 영접했다. 7월 27일, 정나라가 순복하자 대신 송나라를 쳤다.

9월, 제후들이 전군사를 동원하여 정나라를 다시 쳤다. 제후들의 군사가 정나라 도성의 동문 밖에서 요란하게 무력을 시위하자 정나라가 왕자백변(王子伯騈)을 보내 화친을 청했다. 9월 26일, 진나라 대부 조무(趙武)가 정나라 도성으로 들어가 정간공과 결맹했다.

겨울 10월 9일, 정나라의 자전이 출성하여 진도공과 결맹했다. 12월 1일, 제후들이 소어(蕭魚: 하남성 허창시)에서 만났다. 12월 3일, 진도공이 정나라의 포로들을 석방하면서 이들을 예로써 대우하여 돌려보냈다. 또 정나라에 파견된 척후(斥候)들을 소환하면서 약탈을 금했다. 이때 진도공이 대부 숙힐(叔肸: 羊舌肸)을 제후들에게 보내 이 사실을 알렸다. 그러자 노양공이 장손홀을 시켜 이같이 대답하게 했다.

"우리 동맹국들은 소국이 죄를 범하면 대국이 토벌하는 것을 당연하게 생각합니다. 그러나 만일 조금이라도 자수(藉手: 원래는 '도움을 빌린다'는 뜻이나, 여기서는 소국이 군사지원을 했다는 뜻임)의 공이 있으면 사유(赦宥: 사면)하지 않은 경우가 거의 없었습니다. 과군은 군주의 말을 잘 들었습니다."

정나라가 진도공에게 악사인 사회(師悝)와 사촉(師觸), 사견(師蠲)을 보냈다. 또 광거(廣車)와 돈거(軘車)가 짝을 이루어 각각 15승씩 보내졌다. 수레에는 갑옷과 무기 등이 모두 갖춰져 있었다. 이로써 광거와 돈거를 포함한 총 1백 승의 전차와 가종(歌鐘) 두 벌 및 이와 짝을 이루는 박(鎛: 일종의 종)과 경(磬), 여악 양일(兩佾: '佾'은 8명의 가무)이 헌납되었다. 이때 진도공은 악기와 악공의 절반을 위강에게 하사하면서 말했다.

"그대가 과인을 가르쳐 여러 융적과 평화롭게 지내고 모든 중원의 제후국들을 바로잡게 했소. 또 과인이 8년간에 걸쳐 9합제후(九合諸侯)[20]를 이루면서 매번 음악소리같이 화목하게 회동하지 않은 적이 없었소. 나는 그대와 함께 가악을 즐기고자 하오."

그러자 위강이 사양했다.

"융적과 평화롭게 지내게 된 것은 나라의 복이고 8년 동안 '9합제후'를 하면서 제후들의 잘못이 없었던 것은 군주의 위령(威靈)과 동료들의 공로였습니다. 저에게 무슨 힘이 있었겠니까. 저는 군주가 이같은 즐거움 속에서 편안히 거처하며 끝맺음도 잘 하기를 바랄 뿐입니다. 『시경』「소아 · 채숙(采菽)」에 이르기를, '즐겁구나, 제후들이여, 천자의 나라를 안정시켰네. 즐겁구나, 제후들이여, 복록을 함께하리라. 이웃 나라를 잘 다스리니, 서로 이끌며 내조하여 복종하네'라고 했습니다. 음악으로써 마음을 편히 하고, 의로써 처신하고, 예로써 행하고, 신으로써 지키고, 인으로써 면려해야 합니다. 그래야만 나라를 안정시킬 수 있고, 복록을 함께 누리고, 먼 곳의 사람이 찾아오게 되니 이것이 바로 소위 '낙'(樂)입니다. 『일주서』(逸周書)「정전」(程典)에 이르기를, '거안사위'(居安思危: 편히 있을 때 위태로움을 생각함)라고 했습니다.[21] 사즉유비(思則有備: 생각이 미치면 곧바로 대비함) · 유비무환(有備無患: 대비가 있으면 걱정이 없음)인 것입니다. 저는 감히 이로써 규간(規諫)하고자 합니다."

이에 진도공이 크게 기뻐하며 말했다.

"그대의 가르침을 내 어찌 감히 받아들이지 않겠소. 그대가 없었다면 나는 융인들을 제대로 상대하지 못하고, 황하 또한 건너지 못했을 것이

---

20) 여기의 '9합제후'는 노양공 5년의 척(戚)과 성체(城棣), 7년의 위(鄬), 8년의 형구(邢丘), 9년의 희(戲), 10년의 사(柤)와 호뢰(虎牢), 11년의 박(亳)과 소어(蕭魚)에서의 회동과 회맹을 총칭한 말이다.
21) 『일주서』「정전」의 원문에는 거안사위(居安思危)가 아니라 어안사위(於安思危)로 되어 있다.

오. 그러나 포상은 나라의 전장(典章)으로 이미 그 기록이 맹부(盟府)에 소장되었으니 폐할 수 없소. 그대는 속히 내가 주는 것을 받도록 하시오."

위강이 비로소 금석 악기를 가졌다. 이는 예에 맞는 일이다.

鄭人患晉楚之故, 諸大夫曰"不從晉, 國幾亡. 楚弱於晉, 晉不吾疾也. 晉疾, 楚將辟之. 何爲而使晉師致死於我, 楚弗敢敵, 而後可固與也."子展曰"與宋爲惡, 諸侯必至, 吾從之盟. 楚師至, 吾又從之, 則晉怒甚矣. 晉能驟來, 楚將不能, 吾乃固與晉."大夫說之, 使姜鉏之司惡於宋. 宋向戌侵鄭, 大獲. 子展曰"師而伐宋可矣. 若我伐宋, 諸侯之伐我必疾, 吾乃聽命焉, 且告於楚. 楚師至, 吾乃與之盟, 而重賂晉師, 乃免矣."夏, 鄭子展侵宋. 四月, 諸侯伐鄭. 己亥, 齊大子光・宋向戌先至于鄭, 門于東門. 其莫, 晉荀罃至于西郊, 東侵舊許. 衛孫林父侵其北鄙. 六月, 諸侯會于北林, 師于向, 右還次于瑣, 圍鄭. 觀兵于南門, 西濟于濟隧. 鄭人懼, 乃行成. 秋七月, 同盟于亳. 范宣子曰"不愼, 必失諸侯. 諸侯道敝而無成, 能無貳乎."乃盟, 載書曰"凡我同盟, 毋蘊年, 毋壅利, 毋保姦, 毋留慝, 救災患, 恤禍亂, 同好惡, 獎王室. 或間玆命, 司愼・司盟, 名山名川, 群神群祀, 先王先公, 七姓十二國之祖, 明神殛之. 俾失其民, 隊命亡氏, 蹐其國家."楚子囊乞旅于秦, 秦右大夫詹帥師從楚子, 將以伐鄭. 鄭伯逆之. 丙子, 伐宋. 九月, 諸侯悉師以復伐鄭. 諸侯之師觀兵于鄭東門, 鄭人使王子伯騈行成. 甲戌, 晉趙武入盟鄭伯. 冬十月丁亥, 鄭子展出盟晉侯. 十二月戊寅, 會于蕭魚. 庚辰, 赦鄭囚, 皆禮而歸之. 納斥候, 禁侵掠. 晉侯使叔肸告于諸侯. 公使臧孫紇對曰"凡我同盟, 小國有罪, 大國致討, 苟有以藉手, 鮮不赦宥. 寡君聞命矣."鄭人賂晉侯以師悝・師觸・師蠲・廣車・軘車淳十五乘, 甲兵備. 凡兵車百乘, 歌鐘二肆, 及其鎛磬, 女樂二八. 晉侯以樂之半賜魏絳, 曰"子敎寡人和諸戎狄, 以正諸華. 八年之中, 九合諸侯, 如樂之和, 無所不諧. 請與子樂之."辭曰"夫和戎狄, 國之福也. 八年之中, 九合諸侯, 諸侯無慝, 君之靈也, 二三子之勞也, 臣何力之有焉. 抑臣願君安其樂而思其終也. 『詩』曰 '樂只君子, 殿天子之邦. 樂只君子, 福祿攸同. 便蕃左右, 亦是帥從.' 夫樂以安德, 義以處之, 禮以行之, 信以守之, 仁以厲之, 而後可以殿邦國·同福祿·來遠人, 所謂樂也.『書』曰 '居安思危.' 思則有備, 有備無患. 敢以此規." 公曰 "子之敎, 敢不承命. 抑微子, 寡人無以待戎, 不能濟河. 夫賞, 國之典也, 藏在盟府, 不可廢也. 子其受之." 魏絳於是乎始有金石之樂, 禮也.

●정나라가 대부 양소(良宵: 伯有)와 태재 석작(石㤅: 石盂)을 시켜 초공왕에게 정나라가 진나라에 항복하고자 하는 뜻을 전하게 했다.

"고(孤)는 사직을 보존하기 위해 군주를 마음에 둘 수도 없는 처지입니다. 군주가 혹여 옥백으로 진나라를 다독일 수 있다면 모르되 만일 그렇지 않다면 무력으로 진나라를 두렵게 만들어야만 합니다. 이는 고가 바라는 바이기도 합니다."

초나라가 정나라의 사자들을 억류했다.『춘추』에 '행인'(行人)이라고 쓴 것은 사자인 그들에게 죄가 없음을 말한 것이다.[22]

이때 진(秦)나라의 서장(庶長: 秦의 관명) 포(鮑)와 무(武)가 군사를 이끌고 가 진나라를 쳐 정나라를 구했다. 서장 포가 먼저 진나라 땅으로 쳐들어갔다. 진나라에서는 대부 사방(士魴)을 보내 방어했다. 그러나 사방은 진나라 군사의 수가 적은 것을 보고 가벼이 여겨 방비를 튼튼히 하지 않았다. 12월 5일, 서장 무가 보씨(輔氏: 섬서성 대려현 동쪽)에서 강을 건너 포와 함께 진나라 군사를 쳤다. 12월 12일, 두 나라 군사가 역(櫟) 땅에서 교전했다. 이 싸움에서 진(晉)나라 군사가 대패했다. 이는 상대를 경시한 데 따른 것이다.

鄭人使良宵·大宰石㤅如楚, 告將服于晉, 曰 "孤以社稷之故, 不能懷君. 君若能以玉帛綏晉, 不然, 則武震以攝威之, 孤之願也." 楚人執之. 書曰 "行人", 言使人也. 秦庶長鮑·庶長武帥師伐晉以救鄭. 鮑先入晉

---

22) 다른 판본에는 이 대목이 노양공 11년 9월의 일로 기록되어 있다. 이 책은 조선조 정조 때 나온『춘추좌씨전』의 순서를 좇았다. 내용상『춘추좌씨전』의 순서가 맞다.

地, 士魴御之, 少秦師而弗設備. 壬午, 武濟自輔氏, 與鮑交伐晉師. 己丑, 秦晉戰于櫟, 晉師敗績, 易秦故也.

12년(기원전 561)

12년 봄 주력(周曆) 3월, 거나라 사람이 우리의 동쪽 변경을 쳐 태(台)를 포위했다. 계손숙이 군사를 이끌고 가 태를 구하고 운(鄆)으로 쳐들어갔다. 여름, 진후가 사방(士魴)을 시켜 빙문하게 했다. 가을 9월, 오자(吳子) 승(乘)이 졸했다. 겨울, 초나라 공자 정(貞)이 군사를 이끌고 가 송나라를 침공했다. 공이 진나라로 갔다.

十二年春王三月, 莒人伐我東鄙, 圍台, 季孫宿帥師, 救台, 遂入鄆. 夏, 晉侯使士魴來聘. 秋九月, 吳子乘卒. 冬, 楚公子貞帥師, 侵宋. 公如晉.

●노양공 12년 봄, 거나라 군사가 노나라 동쪽 변경을 치고 태읍(台邑: 邰로도 쓰며 산동성 비현 동남쪽에 위치)을 포위했다. 이에 계무자가 태읍을 구원한 뒤 곧바로 운(鄆) 땅으로 쳐들어가 그곳의 종을 가져다가 노양공이 사용하는 반(盤: 음식을 담는 그릇)으로 개주(改鑄)했다.

여름, 진나라 대부 사방(士魴)이 노나라를 빙문하여 전해의 출병에 대해 배사했다.

가을, 오왕 수몽(壽夢)이 세상을 떠났다. 노양공이 주묘(周廟)[23]에 가 곡을 했다. 이는 예에 맞는 일이다.

무릇 다른 나라 제후가 세상을 떠났을 때 이성(異姓)이면 종묘 밖에 가서 곡하고 동성(同姓)이면 종묘에서 곡한다. 또 동종(同宗)이면 조묘(祖廟: 주공의 사당)에서 곡하고 동족(同族: 고조 이하의 족인)이면

---

23) 주문왕의 묘로, 노나라의 시조 주공은 주문왕의 아들이기 때문에 그 묘를 세운 것이다.

예묘(禰廟: 부친의 사당)에서 곡한다. 따라서 노나라 군주는 동성의 제후가 세상을 떠났을 때 주묘에서 곡하고 형(邢)·범(凡)·장(蔣)·모(茅)·조(胙)·제(祭: 이들 모두 주공의 지손으로 노나라와 같은 뿌리임)나라의 제후가 세상을 떠났을 때에는 주공의 묘에 가서 곡하는 것이다.

겨울, 초나라 대부 자낭과 진나라의 서장(庶長) 무지(無地)가 송나라를 친 뒤 양량(揚梁: 하남성 상구현 동남쪽)에 주둔했다. 이는 진나라가 정나라를 취한 일을 보복한 것이다.

주영왕이 제나라에 대해 왕후의 물색을 청했다. 제영공이 이를 안환자(晏桓子: 안약)에게 자문하자 안환자가 말했다.

"선왕의 사령(辭令)에 이에 관한 것이 있습니다. 천자가 제후들에게 왕후를 요구할 때는 답하기를, '부부 소생이 약간 있고 첩부(妾婦: 부인이 아닌 여인) 소생이 약간 있습니다'라고 합니다. 만일 딸은 없고 자매나 고자매(姑姊妹: 선군이 남긴 딸)가 있을 때는 '선수(先守: 선군) 모공(某公)의 유녀(遺女)가 약간 있습니다'라고 답하는 것입니다."

제영공이 혼사를 응낙하자 주영왕이 왕실의 대부 음리(陰里)를 보내 구두로 혼인을 맺게 했다.

노양공이 진나라로 가 진도공을 배견하고 사방의 빙문에 대해 배사했다. 이는 예에 맞는 일이다.

진영(秦嬴: 진경공의 여동생으로 초공왕의 부인)은 일찍이 초나라로 출가했다. 이때 초나라의 사마 자경(子庚: 초장왕의 아들 공자 午)이 진나라를 빙문했다. 이는 진영이 영(寧: 출가한 딸의 친정나들이)을 갔다가 귀국한 것을 답례하기 위한 것으로 예에 맞는 일이다.

十二年春, 莒人伐我東鄙, 圍台. 季武子救台, 遂入鄆, 取其鐘以爲公盤. 夏, 晉士魴來聘, 且拜師. 秋, 吳子壽夢卒. 臨於周廟, 禮也. 凡諸侯之喪, 異姓臨於外, 同姓於宗廟, 同宗於祖廟, 同族於禰廟. 是故魯爲諸姬, 臨於周廟. 爲邢凡蔣茅胙祭, 臨於周公之廟. 冬, 楚子囊·秦庶長無地伐宋, 師于楊梁. 以報晉之取鄭也. 靈王求后于齊. 齊侯問對於晏桓子, 桓子對曰"先王之禮辭有之, 天子求后於諸侯, 諸侯對曰'夫婦所生若而人. 姜婦之子若而人.'無女而有姊妹及姑姊妹, 則曰'先守某公之遺女若而人.'"齊侯許昏, 王使陰里逆之. 公如晉朝, 且拜士魴之辱, 禮也. 秦嬴歸于楚. 楚司馬子庚聘于秦, 爲夫人寧, 禮也.

13년(기원전 560)

13년 봄, 공이 진(晉)나라에서 돌아왔다. 여름, 시(郉)를 취했다. 가을 9월 경진, 초자 심(審)이 졸했다. 겨울, 방(防)에 성을 쌓았다.

十三年春, 公至自晉. 夏, 取郉. 秋九月庚辰, 楚子審卒. 冬, 城防.

●13년 봄, 노양공이 진나라에서 귀국했다. 맹헌자가 노양공을 시종하는 공로를 세운 사람들을 종묘에 기록했다. 이는 예에 맞는 일이다.

여름, 시(郉: 노나라의 부용국으로 산동성 제녕시 남쪽에 위치)나라가 어지러워지면서 셋으로 분열되었다. 이에 노나라의 군사가 시나라를 구원한 뒤 기회를 틈타 곧바로 시나라를 점령했다. 무릇 『춘추』에 '취'(取)라고 쓴 것은 쉽게 차지했음을 말한 것이다. 대군을 동원해 차지했으면 '멸'(滅), 점령하고도 그 땅을 차지하지 않으면 '입'(入)이라고 한다.

진나라의 순앵(荀罃)과 사방(士魴)이 죽었다. 진도공이 면상(綿上: 산서성 익성현 서쪽)에서 군사훈련을 실시하며 사열한 적이 있었다. 이때 사개(士匄)에게 중군을 통수하게 하자 사개가 사양했다.

"백유(伯游: 순언)가 연장자입니다. 지난날 저는 지백(知伯: 순앵)을 잘 알아 그를 보좌했던 것일 뿐 능력이 뛰어나서가 아닙니다. 청컨대 백유를 따르게 해주십시오."

이에 순언(荀偃)이 중군 주장, 사개가 그 부장이 되었다. 또 한기(韓起)에게 상군을 통수하게 하자 그는 조무(趙武)에게 이를 양보했다. 진도공이 난염(欒黶)에게 상군을 통수하게 하자 그 역시 이를 사양했다.

"저는 한기만도 못한데 한기가 조무에게 자리를 양보하고자 했습니다. 군주는 그의 뜻을 수용하기 바랍니다."

이에 조무가 상군 주장, 한기가 상군 부장, 난염이 하군 주장, 위강이 하군 부장이 되었다. 이때 마침 신군에는 장수감이 없어 진도공이 적임자를 물색하기 위해 고심했다. 이에 신군의 십리(什吏: 각 군의 부장 밑에 있는 군관)²⁴⁾에게 명하여 보병과 전차병, 소속 관속을 모두 이끌고 하군 밑으로 들어가게 했다. 이는 예에 맞는 일이다. 이로써 진나라 때의 백성들은 크게 화합하고 제후들 역시 서로 친목을 다졌다. 이를 두고 군자가 이같이 평했다.

"겸양은 예의 근본이다. 범선자(范宣子: 사개)가 겸양하자 아랫사람들 모두 겸양했다. 난염은 전횡을 했지만 그 역시 다른 사람들이 겸양하자 이를 감히 어기지 못했다. 이로써 진나라가 단결하여 여러 대에 걸쳐 그 은덕을 입었으니 이는 이들의 선행을 본받았기 때문이다. 한 사람이 선행을 본받자 이내 백성들이 모두 화합하여 협조하게 되었으니 어찌 선행을 본받는 일에 힘쓰지 않을 수 있겠는가.『서경』「여형」(呂刑)에 이르기를, '일인유경(一人有慶: 한 사람이 선행을 한다는 뜻으로 군주를 뜻함)·조민뢰지(兆民賴之: 천하의 모든 백성이 이를 신뢰함)·기녕유영(其寧惟永: 나라의 태평이 영원함)'이라고 했다. 이는 진나라와 같은 경우를 두고 말한 것이다. 주왕조가 흥성했을 때『시경』「대아·문왕」에 이르기를, '의형문왕(儀刑文王: 주문왕을 본받음)·만방작부(萬邦作孚: 만국이 신뢰함)'라고 했다. 이는 선행을 본받는 공효를 말한 것이다. 주왕조가 쇠퇴했을 때「소아·북산(北山)」에 이르기를, '대부불균(大夫不均: 집정대부가 불공평함)·아종사독현(我從事獨賢: 나만 일하면서 바쁘게 뛰어다닌다는 뜻으로, 賢은 多의 뜻임)'이라고 했다. 이는 겸양하지 못한 것을 말한 것이다. 세상이 크게 다스려

---

24) 이와 관련해 양백준은 '십리'(什吏)를 '십리'(十吏)로 보아 곧 '5리'(五吏)와 휘하 부관인 군위(軍尉)·사마(司馬)·사공(司空)·여위(輿尉)·후엄(候奄) 등을 총칭한 말로 풀이했다.

지면 군자는 현능(賢能)을 숭상하며 아랫사람에게 겸양하고 아랫사람은 섬기는 데 노력한다. 이로써 상하에 예의가 있어 사악한 사람이 멀리 쫓겨나게 된다. 이는 서로 다투지 않은 데서 비롯된 것이다. 이를 일컬어 '의덕'(懿德: 美德)이라고 한다. 세상이 어지러워지면 윗사람은 그 공을 내세워 아랫사람을 업신여기고 아랫사람은 그 재주를 과장하며 윗사람을 업신여긴다. 이로써 상하에 예의가 없어져 난학(亂虐: 혼란과 포학)이 일시에 일어난다. 이는 상하가 서로 다투는 데서 비롯된 것이다. 이를 일컬어 '혼덕'(昏德: 亂德)이라고 한다. 국가의 패망은 늘 여기서 비롯되는 것이다."

十三年春, 公至自晉, 孟獻子書勞于廟, 禮也. 夏, 郜亂, 分爲三. 師救郜, 遂取之. 凡書 "取", 言易也. 用大師焉曰 "滅." 弗地曰 "入." 荀罃·士魴卒, 晉侯蒐于綿上以治兵. 使士匄將中軍, 辭曰 "伯游長. 昔, 臣習於知伯, 是以佐之, 非能賢也. 請從伯游." 荀偃將中軍, 士匄佐之. 使韓起將上軍, 辭以趙武. 又使欒黶, 辭曰 "臣不如韓起. 韓起願上趙武, 君其聽之." 使趙武將上軍, 韓起佐之. 欒黶將下軍, 魏絳佐之. 新軍無帥, 晉侯難其人, 使其什吏率其卒乘官屬, 以從於下軍, 禮也. 晉國之民是以大和, 諸侯遂睦. 君子曰 "讓, 禮之至也. 范宣子讓, 其下皆讓. 欒黶爲汰, 弗敢違也. 晉國以平, 數世賴之, 刑善也夫. 一人刑善, 百姓休和, 可不務乎. 『書』曰 '一人有慶, 兆民賴之, 其寧惟永.' 其是之謂乎. 周之興也, 其『詩』曰 '儀刑文王, 萬邦作孚.' 言刑善也. 及其衰也, 其『詩』曰 '大夫不均, 我從事獨賢.' 言不讓也. 世之治也, 君子尙能而讓其下, 小人農力以事其上, 是以上下有禮, 而讒慝黜遠, 由不爭也. 謂之懿德. 及其亂也, 君子稱其功以加小人, 小人伐其技以馮君子, 是以上下無禮, 亂虐幷生, 由爭善也. 謂之昏德. 國家之敝, 恒必由之."

●초공왕이 병이 들었다. 이에 대부들을 불러 당부했다.
"불곡(不穀)은 덕도 없이 어려서 사직을 맡게 되었소. 세상에 태어난 지 10년 만에 선군(先君: 초장왕)을 여의고 스승의 가르침도 제대로 받지 못한 채 많은 복록을 받게 된 것이오. 그러나 덕이 없어 언(鄢: 노성 공 16년의 패배) 땅에서 군사를 잃고 사직을 욕되게 만들었으니 대부들을 심려하게 한 잘못이 참으로 크다고 하겠소. 만일 대부들의 은덕으로 몸을 온전히 땅에 묻어, 춘추둔석(春秋窀穸: '춘추'는 제사, '둔석'은 安葬을 말함)을 받고, 선군을 좇아 예묘(禰廟: 부친의 사당으로, 여기서는 초장왕의 사당)에 들어가게 되면 시호를 영(靈)이나 여(厲)로 지어주기 바라오. 청컨대 대부들이 이를 선택해주기 바라오."

이에 대부들이 모두 대답하지 않았다. 초공왕이 다섯 차례에 걸쳐 거듭 명하자 대부들이 마지못해 수락했다. 가을, 초공왕이 세상을 떠났다. 자낭이 시호에 대해 의논하려고 하자 대부들이 말했다.

"군주가 이미 명한 바가 있습니다."

자낭이 반박했다.

"그것은 군주가 공손한 심경에서 내린 명이오. 어찌 시호를 그같이 낮출 수 있겠소? 군주는 초나라를 혁혁하게 만들고, 위에서 잘 다스리고, 만이(蠻夷)를 다독이고, 남해까지 출정해 중원에 복속시켰소. 그러면서도 자신의 과실을 알고 있으니 공손하다고 이르지 않을 수 있겠소? '공'(共: 恭과 통함)으로 시호를 정하기 바라오."

대부들이 모두 자낭의 의견을 따랐다.

이때 오나라가 초나라로 쳐들어왔다. 그러자 양유기(養由基: 養叔)가 명을 받아 영격에 나섰고 자경(子庚: 공자 午)이 군사를 이끌고 그의 뒤를 따라갔다. 이에 양유기가 자경에게 말했다.

"오나라는 우리의 국상을 틈타 침공하면서 우리가 출병할 수 없을 것으로 오판했을 것이오. 오나라 군사는 틀림없이 우리를 경시하여 계비를 소홀히 하고 있을 것이니 그대는 세 곳에 복병을 깔아둔 뒤 나를 기다리도록 하시오. 내가 싸움을 걸어 그들을 유인하도록 하겠소."

자경은 이를 좇았다. 두 나라 군사가 초나라의 용포(庸浦: 안휘성 무위현 남쪽)에서 교전했다. 이에 초나라 군사가 오나라 군사를 대파하고 오나라의 공자 당(黨)을 포획했다. 이를 보고 군자는 오나라가 부조(不

弔: 不善으로, '弔'는 '淑'과 통함)하다고 생각했다. 『시경』「소아·절남산」에 이르기를, '하늘이 사람에게 선하게 대하지 않자 화란이 그치지 않았네'라고 했다.

겨울, 노나라가 방(防) 땅에 성을 쌓았다. 『춘추』에 이를 쓴 것은 시령(時令)에 맞았기 때문이다. 노나라는 원래 이보다 일찍 성을 쌓으려고 했다. 그러나 장무중이 농사철이 끝나기를 기다리자고 청했던 것이다. 이는 예에 맞는 일이다.

당시 정나라 대부 양소와 태재 석작은 아직도 초나라에 억류되어 있었다. 그러자 석작이 초나라의 자낭에게 말했다.

"우리 선왕은 출병할 때 5년 동안 계속 점을 쳤는데 해마다 길조가 거듭되었을 때에만 이를 행했습니다. 만일 길조가 거듭 나오지 않으면 덕을 더 닦은 뒤 다시 점을 쳤습니다. 지금 초나라는 실로 자강(自强)하지도 못한데 행인(行人)에게 무슨 죄가 있겠습니까. 초나라는 정나라의 경(卿)을 억류함으로써 정나라 군신에 대한 위핍(威逼: 위세로써 복종시킴)을 버리고 그들로 하여금 서로 단결하여 초나라에 원한을 품고 진나라와 맹약하게 만들고 있습니다. 어찌하여 이같은 방법을 택하는 것입니까. 그를 돌려보내면 그는 사자로서 사명을 완수하지 못한 셈이 됩니다. 그러면 그는 군주를 원망하고 대부들을 증오할 것이니 이로써 정나라 대부들이 서로 견제하도록 만드는 것이 오히려 낫지 않겠습니까."

이에 초나라가 두 사람을 귀환시켰다.

楚子疾, 告大夫曰 "不穀不德, 少主社稷, 生十年而喪先君, 未及習師保之敎訓, 而應受多福. 是以不德而亡師于鄢, 以辱社稷, 爲大夫憂, 其弘多矣. 若以大夫之靈, 獲保首領以歿於地, 唯是春秋窀穸之事, 所以從先君於禰廟者, 請爲'靈'若'厲'. 大夫擇焉." 莫對. 及五命乃許. 秋, 楚共王卒. 子囊謀謚. 大夫曰 "君有命矣." 子囊曰 "君命以共, 若之何毁之. 赫赫楚國, 而君臨之, 撫有蠻夷, 奄征南海, 以屬諸夏, 而知其過, 可不謂共乎. 請謚之'共.'"大夫從之. 吳侵楚, 養由基奔命, 子庚以師繼之. 養

叔曰 "吳乘我喪, 謂我不能師也, 必易我而不戒. 子爲三覆以待我, 我請誘之." 子庚從之. 戰于庸浦, 大敗吳師, 獲公子黨. 君子以吳爲不弔, 『詩』曰 "不弔昊天, 亂靡有定." 冬, 城防. 書事, 時也. 於是將早城, 臧武仲請俟畢農事, 禮也. 鄭良霄・大宰石㚟猶在楚. 石㚟言於子囊曰 "先王卜征五年, 而歲習其祥, 祥習則行. 不習則增, 修德而改卜. 今楚實不競, 行人何罪. 止鄭一卿, 以除其偪, 使睦而疾楚, 以固於晉, 焉用之. 使歸而廢其使, 怨其君以疾其大夫, 而相牽引也, 不猶愈乎." 楚人歸之.

14년(기원전 559)

14년 봄 주력(周曆) 정월, 계손숙・숙로(叔老)가 진(晉)나라 사개・제인・송인・위인・정나라 공손 채(蠆)・조인・거인・주인・등인・설인・기인・소주인과 함께 오나라와 상(向)에서 만났다. 2월 을미 삭(朔), 일식이 있었다. 여름 4월, 숙손표가 진(晉)나라 순언(荀偃)・제인・송인・위나라 북궁괄・정나라 공손 채・조인・거인・주인・등인・설인・기인・소주인과 함께 진(秦)나라를 쳤다. 기미, 위후가 제나라로 망명했다. 거나라 사람이 우리의 동쪽 변경을 침공했다. 가을, 초나라 공자 정(貞)이 군사를 이끌고 가 오나라를 쳤다. 겨울, 계손숙이 진나라 사개・송나라 화열(華閱)・위나라 손림보・정나라 공손 채・거인・주인과 척(戚)에서 만났다.

十四年春王正月, 季孫宿叔老會晉士匄齊人宋人衛人鄭公孫蠆曹人莒人邾人滕人薛人杞人小邾人, 會吳于向. 二月乙未朔, 日有食之. 夏四月, 叔孫豹會晉荀偃齊人宋人衛北宮括鄭公孫蠆曹人莒人邾人滕人薛人杞人小邾人, 伐秦. 己未, 衛侯出奔齊. 莒人侵我東鄙. 秋, 楚公子貞帥師, 伐吳. 冬, 季孫宿, 會晉士匄宋華閱衛孫林父鄭公孫蠆莒人邾人于戚.

●14년 봄, 오나라가 초나라와 싸워 패한 뒤 이를 진도공에게 고했

다. 노나라의 계손숙(季孫宿)과 숙로(叔老: 노선공의 동생 叔肹의 손자로 子叔聲齊의 아들)가 진나라의 사개와 제나라, 송나라, 위나라 사람을 비롯해 정나라의 공손 채(蠆)와 조나라, 거나라, 등나라, 설나라, 기나라, 소주나라 사람 등과 상(向) 땅에서 만났다. 이는 오나라를 위해 초나라를 도모하기 위한 것이었다.

이때 진나라의 범선자가 오나라의 부덕한 행위를 책망하면서 오나라 사람의 참석을 거절했다. 그러고는 또 사자로 온 거나라의 공자 무루(務婁)를 체포했다. 이는 거나라의 사자가 초나라에 왕래했기 때문이었다. 범선자는 이어 융자(戎子)[25] 구지(駒支)를 체포할 생각으로 그를 직접 조정에 불러다 놓고 꾸짖었다.

"여보시오, 강융씨, 전에 진(秦)나라 사람이 그대의 조부 오리(吾離)를 과주(瓜州: 강융의 원래 거주지로 감숙성 돈황현에 위치)에서 내몰자 오리는 점개(苫蓋: 흰 띠풀로 만든 일종의 도롱이)와 형극(荊棘: 여기서는 풀로 만든 모자)을 걸치고 우리 선군(先君: 진혜공)을 찾아와 몸을 의탁했소. 그때 우리 선군은 땅이 많지는 않았지만 그대 조부에게 이를 나눠주어 먹고 살게 했소. 지금 제후들이 과군을 섬기는 것이 이전만 못한 것은 우리의 말이 누설되기 때문인데 틀림없이 그대들에게 원인이 있소. 내일 맹회에 그대는 참석할 필요가 없소. 만일 이를 어길 경우 곧바로 그대를 체포할 것이오."

이에 구지가 대답했다.

"전에 진(秦)나라 사람들이 군사의 수가 많은 것만 믿고 땅을 탐내 우리 모든 융인들을 몰아냈습니다. 그런데 진혜공이 큰 덕을 베풀 때 융인들이 옛날 사악(四嶽: 요순시대의 方伯으로 성은 姜氏)의 후손임을 알고는 버리지 않았습니다. 이때 우리 융인에게 남쪽 변방의 땅을 하사했는데 그곳은 호리(狐狸: 여우와 살쾡이)가 살고 시랑(豺狼: 승

---

[25] 당시 과주(瓜州)의 융인으로는 강융(姜戎)과 윤융(允戎)이 있었다. 여기의 '융자'는 곧 강융으로, 강융은 이때 이미 진나라의 부용국이 되어 있었다.

냥이와 이리)이 울부짖는 곳이었습니다. 그러나 우리 모든 융인들은 가시덤불을 베어 없앤 뒤 호리와 시랑을 몰아내고 살면서 진혜공에게 불침불반(不侵不叛: 진나라를 침범하거나 배반하지 않음)하는 충신이 되어 지금까지 두 마음을 품은 적이 없었습니다. 지난날 진문공이 진(秦)나라와 함께 정나라를 칠 때 진(秦)나라가 은밀히 정나라와 결맹한 뒤 수비군을 두어 정나라를 방어했기 때문에 효산지역(殽山之役)이 있었습니다. 이때 진(晉)나라는 진나라 군사의 앞부분을 치고 우리 융인들이 그들의 후미를 쳤습니다. 싸움에서 패한 진나라 군사는 다시 돌아가지 못했는데 이는 모두 우리 융인들이 그같이 만든 것입니다. 이를 사슴 잡는 일에 비유하면, 진나라 군사가 사슴의 뿔을 잡고 있을 때 융인들은 그 다리를 잡아당겨 진나라 군사와 함께 사슴을 거꾸러뜨린 격입니다. 그런데 어찌하여 융인들이 죄책을 면하지 못한다는 것입니까. 효산지역 이후 우리 융인들은 진나라의 모든 전역(戰役)에 참여해 진나라 군사와 접응하면서 진나라 집정의 지시를 좇았는데 효산지역 당시의 자세에서 결코 벗어난 적이 없었습니다. 감히 우리가 이적(離逖: 위배)할 리 있겠습니까. 지금 진나라의 집정 관원 중에는 실제로 잘못을 저지른 자가 있기 때문에 제후들이 두 마음을 품고 있는 것인데, 오히려 그 죄책을 우리 융인들에게 돌리는 것입니까. 우리 융인들의 음식과 의복이 중국과 같지 않고, 재화도 통용되지 않으며, 언어도 서로 통하지 않습니다. 그러니 어떻게 나쁜 짓을 하겠습니까. 저희들은 설령 맹회에 참여하지 못할지라도 결코 맹(瞢: 답답해함)할 일이 없습니다."

그러고는 『시경』「소아·청승(靑蠅)」에 나오는 '개제군자(愷悌君子)·무신참언(無信讒言)' 등의 구절을 읊으며 나갔다. 이에 범선자가 곧바로 구지에게 사과한 뒤 그를 맹회에 참석하게 하여 평소와 다름없이 대하면서 이후 참언을 듣지 않는 미덕을 보여주었다. 이때 노나라의 자숙제자(子叔齊子: 숙로)는 계무자를 보좌해 맹회에 참석했다. 이후 진나라 사람은 노나라에게 공물의 수량을 감해주면서 노나라 사자를 더욱 정중하게 대했다.

十四年春, 吳告敗于晉. 會于向, 爲吳謀楚故也. 范宣子數吳之不德也, 以退吳人. 執莒公子務婁, 以其通楚使也. 將執戎子駒支, 范宣子親數諸朝, 曰"來, 姜戎氏. 昔, 秦人迫逐乃祖吾離於瓜州, 乃祖吾離被苫蓋, 蒙荊棘以來歸我先君. 我先君惠公有不腆之田, 與女剖分而食之. 今諸侯之事我寡君, 不如昔者, 蓋言語漏洩, 則職女之由. 詰朝之事, 爾無與焉. 與將執女." 對曰 "昔, 秦人負恃其衆, 貪于土地, 逐我諸戎. 惠公蠲其大德, 謂我諸戎是四嶽之裔冑也, 毋是翦棄. 賜我南鄙之田, 狐狸所居, 豺狼所嗥. 我諸戎除翦其荊棘, 驅其狐狸豺狼, 以爲先君不侵不叛之臣, 至于今不貳. 昔, 文公與秦伐鄭, 秦人竊與鄭盟而舍戍焉, 於是乎有殽之師. 晉禦其上, 戎亢其下, 秦師不復, 我諸戎實然. 譬如捕鹿, 晉人角之, 諸戎掎之, 與晉踣之, 戎何以不免. 自是以來, 晉之百役, 與我諸戎相繼于時, 以從執政, 有殽志也. 豈敢離逷. 今官之師旅, 無乃實有所闕, 以攜諸侯, 而罪我諸戎. 我諸戎飮食衣服, 不與華同, 贄幣不通, 言語不達, 何惡之能爲. 不與於會, 亦無瞢焉." 賦「靑蠅」而退. 宣子辭焉, 使卽事於會, 城愷悌也. 於是, 子叔齊子爲季武子介以會, 自是晉人輕魯幣, 而益敬其使.

●오왕 제번(諸樊: 수몽의 장자)이 제상(除喪: 除服과 같은 말로 안장한 후 상복을 벗는 것을 말함)한 뒤 아우 계찰을 군주로 세우려고 했다. 그러자 계찰이 사양했다.

"조선공(曹宣公: 조문공의 아들 盧)이 세상을 떠났을 때 제후들과 조나라 사람들이 새로 선 조성공(曹成公: 태자를 죽이고 보위에 오른 공자 負芻)이 의롭지 못하다고 생각해 자장(子臧)을 세우려고 했습니다. 이에 자장이 조나라를 떠나자 결국 원래 계획대로 하지 못하고 조성공을 그대로 두었습니다. 그러자 군자가 자장을 칭송하여 말하기를, '절조(節操)를 잘 지켰다'고 했습니다. 군주는 선군의 장자로 마땅히 군위를 승계했으니 누가 감히 군위를 범하겠습니까. 군위에 오르는 것은 저의 절조가 아닙니다. 저는 비록 재능은 없으나 조나라 자장의 뒤를 이어 절조를 잃지 않고자 합니다."

제번이 굳이 계찰을 군주로 세우려고 하자 계찰은 모든 가산을 버리고 농사를 지었다. 이에 제번이 더 이상 권하지 않았다.

여름, 제후들의 대부가 진도공을 따라가 진나라를 쳤다. 이는 역(櫟) 땅의 싸움에 대한 보복이었다. 진도공은 국경에서 기다리면서 6경(六卿: 3군의 주장과 부장)에게 명하여 제후들의 군사를 이끌고 진격하게 했다. 그러나 이들은 경수(涇水: 섬서성 중부에 있는 渭水의 지류)에 이르러 도하할 생각을 하지 않았다. 이에 진나라 대부 숙향(叔向: 양설힐)이 노나라의 숙손목자(叔孫穆子)를 만나자 숙손목자가 『시경』「패풍·포유고엽(匏有苦葉: 반드시 강을 건너겠다는 뜻을 담고 있음)」의 시를 읊었다.

숙향이 물러나와 도강할 배를 준비시키자 노나라와 거나라 사람이 먼저 강을 건넜다. 이때 정나라의 사마 자교(子蟜)가 위나라 대부 북궁의자(北宮懿子: 북궁괄)를 만나 말했다.

"다른 사람에게 친부하면서 굳게 협조하지 않으면 이보다 더 큰 증오를 받는 경우는 없습니다. 그러면 나라가 어찌 되겠습니까."

이에 북궁의자가 크게 기뻐하며 자교와 함께 제후들의 군사들을 찾아가 도강을 권했다. 제후들의 군사가 경수를 건넌 뒤 영채를 세웠다. 이때 진나라 사람이 경수의 상류에 독약을 뿌렸다. 이로 인해 독약에 중독되어 죽은 군사들이 매우 많았다.

이때 자교가 정나라 군사를 이끌고 진군하자 다른 제후들의 군사들도 다 그를 따랐다. 진(秦)나라의 역림(棫林: 섬서성 경양현을 흐르는 경수의 서남쪽)까지 쳐들어갔지만 진나라의 강화 요청을 받지 못했다. 그러자 진나라 군사의 총수인 순언(荀偃)이 하령했다.

"내일 새벽 닭이 울면 전차에 말을 매고, 우물을 메우고, 부뚜막을 다 헌 뒤 오직 나의 말머리가 향하는 쪽으로 나아가면 된다."

이에 하군 주장 난염(欒黶)이 말했다.

"우리 진나라에는 아직 이같은 일이 없었다. 나는 말머리를 동쪽으로 향하고자 한다."

이에 곧 귀국했다. 하군도 그를 따라 귀국했다. 그러자 좌사(左史: 종군 기록관)가 하군 부장인 위장자(魏莊子)에게 말했다.

"중항백(中行伯)을 기다리지 않을 것입니까?"

위장자가 말했다.

"그분은 이미 우리에게 주장의 명을 따르라고 하령했다. 난백은 우리의 주장이니 나는 그를 좇고자 한다. 주장의 명을 좇는 것은 곧 그분의 명을 따르는 셈이 된다."

이때 백유(伯游: 순언)가 말했다.

"나의 명은 실로 잘못된 것이었다. 이제 후회한들 어찌하겠는가. 오래 머물러 있다가는 진(秦)나라에 사로잡히는 포로만 많이 나올 뿐이다."

이에 전군에 명을 내려 철수했다. 진나라 사람은 이 싸움을 풍자해 '천연지역'(遷延之役: 시간만 끌다가 아무 성과도 거두지 못한 싸움이라는 뜻임)이라고 했다.

당시 거우로 있던 난감(欒鍼)은 철군을 거부하며 말했다.

"이번 싸움은 역(櫟)에서 패한 것을 보복하기 위한 것이었다. 이번 싸움에서도 무공이 없으면 이는 진나라의 치욕이 아닐 수 없다. 나에게는 군주의 전차를 타는 두 사람의 형제가 있다. 어찌 부끄럽지 않을 수 있겠는가."

그러고는 사앙(士鞅: 사개의 아들)과 함께 진(秦)나라 진영을 향해 돌진해 들어갔다. 이에 난감은 죽고 사앙은 생환했다. 그러자 난염이 사개에게 말했다.

"내 아우는 당초 가지 않으려고 했는데 그대의 아들이 그를 불러냈소. 지금 내 아우만 죽고 그대 아들은 생환했으니 이는 그대의 아들이 내 아우를 죽인 셈이오. 그대의 아들을 밖으로 추방하지 않으면 장차 죽이겠소."

이에 사앙은 진(秦)나라로 달아났다. 이때 제나라 대부 최저(崔杼)를 비롯해 송나라 대부 화열(華閱)과 중강(仲江: 공손 師의 아들)이 진(秦)나라와의 싸움에 참전했으나 『춘추』에 그들의 이름을 쓰지 않았다.

이는 그들이 태만했기 때문이다. 위나라 상(向: 하남성 위씨현 서남쪽)26) 땅에서의 회동 때도 이와 같았다. 위나라 북궁괄은 상 땅에서의 회동 때는 『춘추』에 기재되지 않고 진나라를 칠 때만 기재되었다. 이는 그가 적극적으로 참여했기 때문이다.

당시 진경공(秦景公)이 망명한 사앙에게 물었다.

"진나라의 대부들 중 누가 먼저 망하겠소?"

"난씨일 것입니다."

"이유가 무엇이오? 그가 교횡(驕橫)하기 때문에 그런 것이오?"

"그렇습니다. 난염의 교횡과 포학은 도를 넘고 있으나 단지 화를 면하고 있을 뿐입니다. 화난은 대략 그의 아들 난영(欒盈)의 몸에 떨어질 것입니다."

"그것은 무슨 까닭이오?"

"난무자(欒武子: 난염의 부친 난서)의 은덕이 백성에게 미친 것은 마치 주왕조 초기의 사람들이 소공(昭公) 석(奭)27)의 은덕을 사모했던 경우와 같습니다. 당시 사람들이 소공의 덕을 사모해 감당(甘棠: 팥배나무)을 사랑했으니 그의 아들이야 더 말할 나위가 있겠습니까.28) 난염이 죽게 되면 난영의 선한 점이 사람들에게 미치기 이전에 난무자가 베푼 은덕은 점차 잊혀지고 대신 난염에 대한 원망은 점차 크게 나타날 것입니다. 따라서 난영의 대에 이르면 그 화가 난영에게 떨어질 것입니다."

진경공은 그것이 매우 식견이 있는 말이라고 생각했다. 이에 사앙을 위해 진(晉)나라에 그의 원래 직위를 회복시켜줄 것을 청했다.

吳子諸樊旣除喪, 將立季札. 季札辭曰 "曹宣公之卒也, 諸侯與曹人不義曹君, 將立子臧. 子臧去之, 遂弗爲也, 以成曹君. 君子曰 '能守節.'

---

26) 이에 대해 지금의 안휘성 회원현 서쪽에 있던 오나라 땅이라는 주장도 있다.
27) 주공 단(旦)과 함께 협(陜) 지역을 나누어 다스리며 주성왕의 태보(太保)를 지냈다.
28) 소공 석이 감당 아래에서 소송을 들었기 때문에 주나라 사람들이 감당을 칭송하는 시를 짓기도 했다.

君, 義嗣也, 誰敢奸君. 有國, 非吾節也. 札雖不才, 願附於子臧, 以無失節." 固立子, 棄其室而耕, 乃舍之. 夏, 諸侯之大夫從晉侯伐秦, 以報櫟之役也. 晉侯待于竟, 使六卿帥諸侯之師以進. 及涇, 不濟. 叔向見叔孫穆子, 穆子賦「匏有苦葉」. 叔向退而具舟, 魯人莒人先濟. 鄭子蟜見衛北宮懿子曰 "與人而不固, 取惡莫甚焉, 若社稷何." 懿子說. 二子見諸侯之師而勸之濟, 濟涇以次. 秦人毒涇上流, 師人多死. 鄭司馬子蟜帥鄭師以進, 師皆從之, 至于棫林, 不獲成焉. 荀偃令曰 "雞鳴而駕, 塞井夷竈, 唯余馬首是瞻." 欒黶曰 "晉國之命, 未是有也. 余馬首欲東." 乃歸. 下軍從之. 左史謂魏莊子曰 "不待中行伯乎." 莊子曰 "夫子命從帥. 欒伯, 吾帥也, 吾將從之. 從帥, 所以待夫子也." 伯游曰 "吾令實過, 悔之何及, 多遺秦禽." 乃命大還. 晉人謂之遷延之役. 欒鍼曰 "此役也, 報櫟之敗也. 役又無功, 晉之恥也. 吾有二位於戎路, 敢不恥乎." 與士鞅馳秦師, 死焉. 士鞅反, 欒黶謂士匄曰 "余弟不欲往, 以子召之. 余弟死而子來, 是而子殺余之弟也. 弗逐, 余亦將殺之." 士鞅奔秦. 於是, 齊崔杼・宋華閱・仲江會伐秦, 不書, 惰也. 向之會亦如之. 衛北宮括不書於向, 書於伐秦, 攝也. 秦伯問於士鞅曰 "晉大夫其誰先亡." 對曰 "其欒氏乎." 秦伯曰 "以其汰乎." 對曰 "然. 欒黶汰虐已甚, 猶可以免. 其在盈乎." 秦伯曰 "何故." 對曰 "武子之德在民, 如周人之思召公焉, 愛其甘棠, 況其子乎. 欒黶死, 盈之善未能及人, 武子所施沒矣, 以黶之怨實章, 將於是乎在." 秦伯以爲知言, 爲之請於晉以復之.

●위헌공(衛獻公: 위정공의 아들 衎)이 손문자(孫文子)와 집정대부 영혜자(甯惠子: 甯相의 아들 甯殖)를 식사에 초대했다. 그러자 그들은 조복(朝服)을 입고 입조한 뒤 자신들을 부르기만을 기다렸다. 그런데 위헌공은 날이 저물도록 이들을 부르지 않고 원유(園囿)에서 기러기를 사냥했다. 두 사람이 그곳으로 가자 위헌공이 피관(皮冠: 사냥할 때 쓰는 흰 사슴가죽으로 만든 관)을 벗지도 않은 채 말을 거는 무례한 짓을 했다. 이에 두 사람이 크게 노했다.

손문자가 영지인 척(戚: 하남성 복양현 북쪽) 땅으로 갔을 때 그의 아들 손괴(孫蒯)가 심부름차 조정으로 들어가 청명(請命)했다. 이때 위 헌공이 손괴를 불러 술을 마시게 하면서 태사(大師: 음악을 관장하는 대부)를 시켜 『시경』 「소아·교언(巧言)」의 마지막 장을 노래 부르게 했다. 태사가 사양하자 사조(師曹: 태사 소속의 악공)가 이를 자청했다.

당초 위헌공에게 총애하는 첩이 있었는데 위헌공이 사조를 시켜 그녀에게 거문고를 가르치게 했다. 사조가 거문고를 가르치다가 화가 나 그녀에게 매질을 했다. 위헌공이 이 사실을 알고 대로하여 사조에게 매 3백 대를 가했다. 이때에 이르러 사조는 「교언」의 마지막 장을 노래 부름으로써 손괴를 격노하게 하여 위헌공에게 해를 가하고자 했던 것이다.

위헌공이 노래를 부르게 하자 사조가 그 시를 낭송했다. 이에 손괴는 두려운 나머지 돌아가서 이 사실을 손문자에게 보고했다. 손문자가 말했다.

"군주가 나를 싫어하니 내가 선수를 치지 않으면 반드시 죽게 될 것이다."

그러고는 노(怒: 처자를 뜻하나 노복을 포함한 가족 전체로 해석하기도 함)를 모두 척 땅으로 불러모은 뒤 도성으로 들어가 위나라의 현자인 거백옥(蘧伯玉: 無咎의 아들 瑗)을 만나 말했다.

"군주가 포악한 것은 그대도 익히 알고 있는 일이오. 사직이 기울까 걱정되는데 그대는 장차 어찌할 것이오?"

"군주는 그의 나라를 다스리니 신하로서 어찌 감히 군주를 범할 수 있겠습니까. 비록 군주를 범한다 할지라도 새 군주가 어찌 그보다 낫다고 확신할 수 있겠습니까."

그러고는 곧바로 도성을 떠나 가장 가까운 관문을 지나 외국으로 가 버렸다. 이때 위헌공은 자교(子蟜)와 자백(子伯), 자피(子皮)를 보내 손문자와 구궁(丘宮: 척 땅에서 가까운 궁이나 위나라의 도성으로 해석하기도 함)에서 결맹하게 했다. 그러자 손문자가 이들 세 사람을 모두 죽여버렸다.

4월 26일, 자전(子展: 위헌공의 동생)이 제나라로 달아났다. 위헌공은 견(鄄: 산동성 견성현) 땅에 도착한 뒤 공자 자행(子行)을 손문자에게 보내 화해를 청하게 했다. 그러자 손문자가 그 역시 죽여버렸다. 이에 위헌공이 제나라로 달아나자 손씨의 가병들이 그 뒤를 추격해 위헌공의 친병들을 아택(阿澤: 河澤 또는 柯澤으로 산동성 양곡현 동쪽에 위치)에서 격파했다. 견 땅 사람들은 패잔병들을 포획했다.

당초 윤공타(尹公佗)는 유공차(庾公差: 子魚)에게서 활 쏘는 법을 배웠다. 그런데 유공차는 공손 정(丁)에게서 활 쏘는 법을 배웠다. 이때에 이르러 윤공타와 유공차가 손문자 편이 되어 위헌공을 추격했다. 마침 공손 정이 위헌공이 탄 수레를 몰고 있었다. 그러자 자어(子魚: 유공차)가 말했다.

"내가 활을 쏘면 스승을 배반하게 되고 쏘지 않으면 벌을 받게 되오. 그러니 활을 쏘되 예에 맞도록 하겠소."

이에 위헌공의 수레를 끄는 협마(夾馬)의 구(軥: 멍에)를 쏘아 맞힌 뒤 돌아갔다. 그러나 윤공타는 이같이 말했다.

"스승에게는 사부가 되겠지만 나와는 인연이 멀다."

그러고는 바로 말머리를 돌려서 뒤를 쫓았다. 그러자 공손 정이 말고삐를 위헌공에게 넘겨준 뒤 윤공타를 향해 화살을 날려 그의 팔을 관통시켰다. 이때 자선(子鮮: 위헌공의 동복 동생)이 위헌공의 뒤를 따라 달아났다. 위헌공은 국경에 이르자 축종(祝宗: 제사를 관장하는 관원)을 보내 자신의 망명을 종묘에 고하면서 자신에게는 죄가 없음을 고하게 했다. 그러자 위헌공의 적모(嫡母)인 정강(定姜)이 위헌공을 질책했다.

"신령이 없는데 무엇을 고하라는 것인가. 만일 신령이 있다면 신령을 속일 수 없다. 이미 죄가 있는데 어떻게 없다고 고할 수 있는가. 대신(大臣: 집정대신)들을 멀리하고 소신(小臣: 총애하는 소신)들과 국사를 상의한 것이 첫 번째 죄다. 선군이 총경(冢卿: 집정하는 正卿으로 손문자와 영혜자를 지칭)으로 사보(師保: 귀족 자제를 가르치는 관원인 '師'와 '保'의 총칭)를 삼았는데 그들을 경시한 것이 두 번째 죄다. 내가 건즐(巾櫛: 원래는 '수건과 빗'을 뜻하는 것이었으나 후대에 '부인'의 뜻으로 전용됨)이 되어 선군을 모셨는데 군주는 마치 비첩(婢妾) 다루듯이 나에게 난폭하게 대했으니 이것이 세 번째 죄다. 오직 망명한다는 사실만 고할 수 있을 뿐 죄가 없다고 고할 수는 없다."

衛獻公戒孫文子·甯惠子食, 皆服而朝. 日旰不召, 以射鴻於囿. 二子從之, 不釋皮冠而與之言. 二子怒. 孫文子如戚, 孫蒯入使. 公飮之酒, 使大師歌「巧言」之卒章. 大師辭, 師曹請爲之. 初, 公有嬖妾, 使師曹誨之琴, 師曹鞭之. 公怒, 鞭師曹三百. 故師曹欲歌之, 以怒孫子以報公. 公使歌之, 遂誦之. 蒯懼, 告文子. 文子曰 "君忌我矣, 弗先, 必死." 幷帑於戚, 而入見蘧伯玉曰 "君之暴虐, 子所知也. 大懼社稷之傾覆, 將若之何." 對曰 "君制其國, 臣敢奸之. 雖奸之, 庸知愈乎." 遂行, 從近關出. 公使子蟜·子伯·子皮與孫子盟于丘宮, 孫子皆殺之. 四月己未, 子展奔齊. 公如鄄, 使子行請於孫子, 孫子又殺之. 公出奔齊, 孫氏追之, 敗公徒於阿澤. 鄄人執之. 初, 尹公佗學射於庚公差, 庚公差學射於公孫丁. 二子追公, 公孫丁御公. 子魚曰 "斯爲背師, 不射爲戮, 射爲禮乎." 射兩軥而還. 尹公佗曰 "子爲師, 我則遠矣." 乃反之. 公孫丁授公轡而射之, 貫臂. 子鮮從公. 及竟, 公使祝宗告亡, 且告無罪, 定姜曰 "無神何告. 若有, 不可誣也. 有罪, 若何告無. 舍大臣而與小臣謀, 一罪也. 先君有冢卿以爲師保, 而蔑之, 二罪也. 余以巾櫛事先君, 而暴妾使余, 三罪也. 告亡而已, 無告無罪."

● 노양공이 후성숙(厚成叔: 노효공의 후손으로 후에 郈氏로 성을 바꿨는데 이름은 瘠)을 위나라로 보내 위문하게 했다.

"과군이 저를 위문차 보냈습니다. 귀국의 군주가 사직을 돌보지 못하고 국경을 넘어 외국에 가 있다는 말을 듣고 어찌 찾아와 위문하지 않을 수 있겠습니까. 동맹을 맺은 까닭에 과군이 저를 보내 귀국의 집사에게 사적으로 말을 전하게 했습니다. 과군이 이르기를, '군주로서 조문하지 않고 신하로서 명달(明達)하지 못하며, 군주가 너그러이 받아들이지 못하고 신하 또한 직분을 다하지 못하며, 적폐가 오래되어 밖으로 드러난다면 이를 어찌할 것인가'라고 했습니다."

이에 위나라 사람이 태숙의(大叔儀: 위희공의 8세손인 大叔文子로 후에 世叔氏가 됨)를 보내 이같이 회답했다.

"군신들이 못나서 과군에게 득죄했습니다. 과군이 신하들에게 형벌을 내리지 않고 오히려 한탄하며 신하들을 버리고 떠나버린 까닭에 귀국 군주에게 심려를 끼쳐드렸습니다. 귀국 군주는 선군 이래의 우호관계를 잊지 않고 힘들게도 사자를 보내 우리 군신들을 위문하며 거듭 걱정해주니 감히 군주의 말씀에 감사드리고 거듭 베푸신 후은에 배사(拜謝)드립니다."

후손(厚孫: 후성숙)이 돌아와 복명하면서 장무중(臧武仲)에게 말했다.

"위나라 군주는 반드시 귀국할 것입니다. 태숙의가 나라를 지키고 동복 동생 전(鱄: 子鮮)이 함께하고 있습니다. 한 사람은 국내에서 사람들을 다독이고 한 사람은 국외에서 일을 도모하고 있으니 어찌 귀국하지 못하겠습니까."

제나라 사람이 위헌공에게 내(郲: 산동성 황현 동쪽) 땅을 빌려 우거(寓居)하게 했다. 위헌공이 복위할 때 내 땅의 곡식을 가지고 갔다. 위나라 대부 우재(右宰) 곡(穀)은 위헌공이 망명할 때 따라갔다가 도망쳐 돌아갔다. 위나라 사람이 죽이려고 하자 그가 이같이 변명했다.

"지난 일은 내가 좋아서 한 것이 아니오. 나는 값싼 고수(羔袖: 염소 가죽의 소매로 惡을 비유)로 수선한 값비싼 호구(狐裘: 여우가죽 옷으로, 善을 비유)를 입은 격이었소."

이에 위나라 사람들이 그를 용서했다. 위나라 사람들이 위헌공을 대신해 공손 표(剽: 위목공의 손자인 衛殤公)를 새 군주로 세우자 손림보와 영식이 그를 보좌하며 제후들의 맹회에 참석해 명을 들었다.

위헌공이 내 땅에 있을 때 노나라 대부 장흘(臧紇)이 제나라로 가 위헌공을 위로했다. 이때 위헌공이 장흘과 말을 나누었는데 그 말이 매우 거칠었다. 장흘이 그 자리에서 물러나와 좌우의 사람들에게 말했다.

"위나라 군주는 대략 귀국하지 못할 것이오. 그의 말은 비루하기 그지없소. 밖으로 망명했으면서도 자신의 잘못을 깨닫지 못하고 있으니 어찌 군위를 회복할 수 있겠소."

위나라 대부 자전(子展)과 자선(子鮮)이 이 말을 전해 듣고 장흘을 찾아가 이야기를 나누었는데 두 사람의 말이 모두 도리에 맞았다. 이에 장흘이 크게 기뻐하며 좌우에게 말했다.

"위나라 군주는 반드시 자기 나라로 들어가게 될 것이오. 저 두 공자가 앞에서 끌고 뒤에서 미는데 설령 귀국하지 않으려 한다 해도 그것이 가능하겠소?"

公使厚成叔弔于衛, 曰 "寡君使瘠, 聞君不撫社稷, 而越在他竟, 若之何不弔. 以同盟之故, 使瘠敢私於執事曰 '有君不弔, 有臣不敏, 君不赦宥, 臣亦不帥職, 增淫發洩, 其若之何.'" 衛人使大叔儀對曰 "群臣不佞, 得罪於寡君. 寡君不以卽刑, 而悼棄之, 以爲君憂. 君不忘先君之好, 辱弔群臣, 又重恤之. 敢拜君命之辱, 重拜大貺." 厚孫歸, 復命, 語臧武仲曰 "衛君其必歸乎. 有大叔儀以守, 有母弟鱄以出, 或撫其內, 或營其外, 能無歸乎." 齊人以郲寄衛侯. 及其復也, 以郲糧歸. 右宰穀從而逃歸, 衛人將殺之. 辭曰 "余不說初矣. 與狐裘而羔袖." 乃赦之. 衛人立公孫剽, 孫林父, 甯殖相之, 以聽命於諸侯. 衛侯在郲, 臧紇如齊唁衛侯. 與之言, 虐. 退而告其人曰 "衛侯其不得入矣. 其言糞土也. 亡而不變, 何以復國." 子展·子鮮聞之, 見臧紇, 與之言, 道. 臧孫說, 謂其人曰 "衛君必入. 夫二子者, 或輓之, 或推之, 欲無入, 得乎."

●진(晉)나라 군사가 진(秦)나라를 침공한 뒤 돌아왔다. 이때 진도공이 신군(新軍)을 폐지했다. 이는 예에 맞는 일이다. 대국도 천자가 거느리는 군사의 반을 넘지 않는 것이다. 주왕조가 6군을 보유하고 있으

니 대국은 3군이면 된다.

　당시 지삭(知朔: 지앵의 아들)이 아들 지영(知盈)[29]을 낳고 곧 죽었다. 지영이 태어난 지 6년 뒤에 무자(武子: 지영의 조부 지앵) 또한 죽었다. 사방(士魴) 역시 아들 체구(彘裘)를 낳고 죽었다. 당시 체구 또한 어렸다. 지영과 체구가 아직 어려 신군의 장수로 삼을 수 없었기 때문에 신군을 폐지한 것이다.

　이때 진(晉)나라 악사 사광(師曠: 소리로써 길흉을 알아낸 樂師로 자는 子野)이 진도공을 모시고 있었다. 하루는 진도공이 사광에게 물었다.

　"위나라 사람들이 그들의 군주를 내쫓았다고 하는데 이는 심한 일이 아니겠소?"

　사광이 대답했다.

　"어떤 이는 그 군주가 실로 지나쳤다고 말할지도 모를 일입니다. 현명한 군주는 상선형음(賞善刑淫: 선인에게 상을 주고 악인에게 벌을 줌)과 양민여자(養民如子: 백성을 자식과 같이 돌봄), 개민여천(蓋民如天: 백성을 하늘과 같이 감쌈), 용지여지(容之如地: 백성을 대지와 같이 용납함)를 행합니다. 그리하면 백성은 군주를 마치 부모를 대하듯 받들고, 일월을 보듯 우러르고, 신명을 섬기듯 존경하고, 뇌성벽력을 대하듯 두려워합니다. 그러니 어찌 내쫓을 수 있겠습니까. 무릇 군주는 신령을 모시는 일을 주재하는 사람으로 백성들이 믿고 의지하는 존재입니다. 만일 민지주(民之主)[30]를 곤핍하게 하고 신령을 제사지내지 않으면 백성은 절망하게 되고 사직의 주인이 없는 것과 같습니다. 그리 되면 그같은 군주를 장차 어디에 쓰겠습니까. 그러니 쫓아내지 않고 어찌하겠습니까. 하늘이 생민입군(生民立君: 백성을 낸 뒤 군주를 세움)하여 군주에게 사목(司牧: 여기서는 통치)하도록 한 것이니 군주는 백성들로 하여금 천성을 잃게 해서는 안 됩니다. 군주가 있으면 그를 보

---

29) 지도자(知悼子)로, 두예는 지영이 지삭의 아들이 아닌 동생으로 간주했다.
30) 여기서는 '백성의 재화'를 뜻한다. 양백준은 '주'(主)를 '생'(生)의 오자로 간주했다. 문맥상 양백준의 주장이 옳다.

좌하는 사람이 있으니 이들은 군주를 잘 인도하여 나라를 보전하고 군주가 하는 일이 법도에 어긋나지 않도록 합니다. 그런 까닭에 천자에게는 공(公)이 있고, 제후들에게는 경(卿)이 있고, 경에게는 측실(側室: 여기서는 庶子)[31]이 있고, 대부에게는 이종(貳宗: 관명으로 대부의 종실 동생을 지칭)이 있고, 사(士)에게는 붕우(朋友)가 있고, 나머지 서인(庶人)과 공상(工商), 조례(皁隸), 목어(牧圉: '목'은 소를 키우는 사람, '어'는 말을 키우는 사람) 등에게도 가까운 사람이 있어 서로 돕는 것입니다. 잘 하면 상을 주고, 잘못이 있으면 바로잡아 주고, 근심이 있으면 구제하고, 실패하면 개혁하여 성사시키는 것입니다. 천자 이하 모두가 각기 부형자제가 있으니 서로 그 득실을 살피며 잘못을 보완해주는 것입니다. 태사(大史)는 선악을 기록하고, 고(瞽: 장님으로, 여기서는 樂師)는 시를 읊고, 공(工: 악공)은 잠간(箴諫: 잠언의 노래로 간함)하고, 대부는 규회(規誨: 잘못을 규간하여 깨우쳐줌)하고, 사(士)는 전언(傳言: 좋은 말을 전달함)하고, 서인은 잘못을 비방(誹謗)하고, 상려(商旅: 상인)는 시장에서 의논하고, 백공(百工)은 재주를 다해 바칩니다. 『서경』「하서」에 이르기를, '주인(遒人: 영을 전달하는 관원인 宣令之官)은 목탁을 치면서 대로를 돌고, 관사(官師: 관원의 우두머리로 일종의 대부에 해당)는 서로 규권(規勸)하고, 공인은 기예로써 권간(勸諫)한다'고 했습니다. 정월 맹춘(孟春: 음력 1월)의 이때쯤이면 이같은 일이 있었으니 이는 상도(常道)를 잃을까 염려해 서로 충고했던 것입니다. 하늘이 백성을 사랑하는 것은 매우 용의주도합니다. 어찌 1인(一人: 천자 또는 제후)이 백성 위에 서서 방종되이 사악한 일을 행하며 천지의 본성을 잃도록 놓아두겠습니까. 반드시 그렇지 않을 것입니다."

師歸自伐秦, 晉侯舍新軍, 禮也. 成國不過半天子之軍, 周爲六軍, 諸侯

---

31) '측실'은 원래 적자(嫡子)의 옆에 있는 서자를 뜻했으나 후대에는 첩을 의미하는 뜻으로 전용되었다.

之大者, 三軍可也. 於是知朔生盈而死, 盈生六年而武子卒, 虒裘亦幼, 皆未可立也. 新軍無帥, 故舍之. 師曠侍於晉侯. 晉侯曰 "衛人出其君, 不亦甚乎." 對曰 "或者其君實甚. 良君將賞善而刑淫, 養民如子, 蓋之如天, 容之如地. 民奉其君, 愛之如父母, 仰之如日月, 敬之如神明, 畏之如雷霆, 其可出乎. 夫君, 神之主而民之望也. 若困民之主, 匱神乏祀, 百姓絶望, 社稷無主, 將安用之. 弗去何爲. 天生民而立之君, 使司牧之, 勿使失性. 有君而爲之貳, 使師保之, 勿使過度. 是故天子有公, 諸侯有卿, 卿置側室, 大夫有貳宗, 士有朋友, 庶人工商皁隷牧圉皆有親暱, 以相輔佐也. 善則賞之, 過則匡之, 患則救之, 失則革之. 自王以下, 各有父兄子弟, 以補察其政. 史爲書, 瞽爲詩, 工誦箴諫, 大夫規誨, 士傳言, 庶人謗, 商旅于市, 百工獻藝. 故「夏書」曰 '遒人以木鐸徇于路, 官師相規, 工執藝事以諫.' 正月孟春, 於是乎有之, 諫失常也. 天之愛民甚矣, 豈其使一人肆於民上, 以從其淫, 而棄天地之性. 必不然矣."

●가을, 초강왕(楚康王)이 용포지역(庸浦之役)을 보복하기 위해 자낭(子囊)에게 명하여 군사를 당(棠: 강소성 육합현)에 집결시킨 뒤 오나라를 치게 했다. 그러나 오나라가 응전에 나서지 않고 그대로 돌아갔다. 이때 자낭은 후군이 되어 오나라 군사가 공격하지 못할 것으로 생각하고 경계를 소홀히 했다. 그러나 오나라 군사가 험요지인 고주(皐舟)의 골짜기에서 공격을 가하자 초나라 군사는 서로 구할 길이 없었다. 이에 오나라 군사는 초나라 군사를 깨뜨리고 초나라 공자 의곡(宜穀)을 포로로 잡았다.

이때 주영왕이 유정공(劉定公: 劉夏)을 제나라로 보내 제영공에게 명을 내렸다.

"옛날 백구(伯舅)의 조상 태공(太公)이 우리 선왕을 보좌해 왕실의 고굉(股肱) 역할을 수행하며 만백성의 사보(師保)가 되었다. 이에 대대로 태사(大師)가 되어 큰 공헌을 함으로써 동방 제후들의 사표가 되었다. 왕실이 무너지지 않은 것은 오직 백구에 의지했기 때문에 가능했던 것이다. 이제 내가 그대 환(環: 제영공의 이름)에게 명하건대, 구씨(舅氏: 異姓 제후로 여기서는 제나라의 선조들을 지칭)의 상법(常法)을 준수하고 조고(祖考: 선조)의 업적을 계승하도록 하라. 그리하여 조금이라도 선인들을 욕되게 만드는 일이 있어서는 안 될 것이다. 삼가 짐의 명을 저버리지 말라."

진도공이 집정대부 중항헌자(中行獻子: 순언)에게 위나라의 상황을 어찌하는 것이 좋은지를 물었다. 중항헌자가 대답했다.

"그대로 두어 사태를 진정시키느니만 못하니 이는 위나라에 이미 새 군주가 서 있기 때문입니다. 만일 치더라도 소기의 성과를 거두기 어려울 뿐만 아니라 제후들만 수고스럽게 만들 뿐입니다. 사일(史佚)이 이르기를, '이미 자리가 정해졌으면 이를 교체하기가 어려우니 다독이도록 하라'고 했습니다. 또 중훼(仲虺: 은나라 탕왕 때의 재상)도 이르기를, '망하는 나라는 업신여길 만하고 어지러운 나라는 빼앗을 만하니 추망고존(推亡固存: 망할 자는 밀어뜨려 速亡하게 하고 존속시킬 자는 기틀이 굳건해지도록 뒷받침함)하라. 이것이 치국의 상도이다'라고 했습니다. 군주는 위나라를 안정시킨 뒤 때를 기다리도록 하십시오."

겨울, 노나라의 계손숙과 진나라의 사개, 송나라의 화열, 위나라의 손림보, 정나라의 공손 채(蠆), 거인(莒人), 주인(邾人)이 척 땅에서 만났다. 이는 위나라를 안정시키는 방안을 논의하기 위한 것이었다. 진나라의 범선자가 제나라에서 의장용 우모(羽毛)를 빌리고는 이를 돌려주지 않았다. 이에 제나라가 진나라에 대해 두 마음을 품기 시작했다.

초나라의 자낭이 오나라를 치고 귀국한 지 얼마 안 되어 세상을 떠났다. 자낭이 임종에 즈음해 자경(子庚)에게 당부했다.

"반드시 영(郢)에 성을 쌓도록 하라."

이를 두고 군자는 이같이 평했다.

"자낭은 충성스러웠다. 군주가 훙거하자 '공'(共)이라는 좋은 시호를 올리는 일을 잊지 않았고 자신의 죽음에 임해서는 사직을 지키는 일을 잊지 않았다. 그러니 충성스럽다고 이르지 않을 수 있겠는가. 충성은 백성이 의지하는 것이다. 『시경』「소아·도인사(都人士)」에 이르기를, '덕행이 충신(忠信)으로 귀결되면 만민(萬民: 천하의 모든 백성)이 우러러보는 바가 된다네'라고 했다. 이는 곧 충성을 말한 것이다."

秋, 楚子爲庸浦之役故, 子囊師于棠以伐吳. 吳不出而還. 子囊殿, 以吳爲不能而弗儆. 吳人自皐舟之隘, 要而擊之, 楚人不能相救. 吳人敗之, 獲楚公子宜穀. 王使劉定公賜諸侯命, 曰 "昔, 伯舅大公, 右我先王, 股肱周室, 師保萬民, 世胙大師, 以表東海. 王室之不壞, 繄伯舅是賴. 今余命女環, 玆率舅氏之典, 纂乃祖考, 無忝乃舊. 敬之哉, 無廢朕命." 晉侯問衛故於中行獻子, 對曰 "不如因而定之, 衛有君矣. 伐之, 未可以得志而勤諸侯. 史佚有言曰 '因重而撫之.' 仲虺有言曰 '亡者侮之, 亂者取之. 推亡固存, 國之道也.' 君其定衛以待時乎." 冬, 會于戚, 謀定衛也. 范宣子假羽毛於齊而弗歸, 齊人始貳. 楚子囊還自伐吳, 卒. 將死, 遺言謂子庚 "必城郢." 君子謂 "子囊忠. 君薨不忘增其名, 將死不忘衛社稷, 可不謂忠乎. 忠, 民之望也. 『詩』曰: '行歸于周, 萬民所望.' 忠也."

15년(기원전 558)

15년 봄, 송공이 상술(向戌)을 보내 빙문하게 했다. 2월 기해, 상술과 유(劉)에서 결맹했다. 유하(劉夏)가 왕후(王后)를 제나라에서 맞이했다. 여름, 제후가 우리의 북쪽 변경을 쳐 성(成)을 포위했다. 공이 성을 구하고 우(遇)에 이르렀다. 계손숙·숙손표가 군사를 이끌고 가 성의 외성을 쌓았다. 가을 8월 정사, 일식이 있었다. 주(邾)나라 사람이 우리의 남쪽 변경을 쳤다. 겨울 11월 계해, 진후 주(周)가 졸했다.

十五年春, 宋公使向戌來聘, 二月己亥, 及向戌盟于劉. 劉夏逆王后于齊. 夏, 齊侯伐我北鄙, 圍成, 公救成至遇. 季孫宿叔孫豹帥師, 城成郛. 秋八月丁巳, 日有食之. 邾人伐我南鄙. 冬十一月癸亥, 晉侯周卒.

●노양공 15년 봄, 송나라의 상술(向戌)이 노나라를 방문하고 이전의 동맹을 다졌다. 그는 맹헌자를 보고 저택이 너무 화려하다며 나무랐다.

"그대는 좋은 평판이 있는데도 저택 치장이 지나치게 호화롭소. 이는 사람들이 기대하는 바가 아니오."

"내가 진나라에 있을 때 나의 형님이 이같이 꾸며놓았소. 집을 허는 것은 다시 집을 짓는 것과 같은 수고가 뒤따르는 데다가 또 감히 형님이 한 일을 반대할 수도 없었소."

왕실의 관사(官師: 여기서는 劉夏를 지칭)가 선정공(單靖公)을 따라 제나라로 가 왕후를 맞이하게 되었다. 그런데 경(卿)인 선정공은 가지 않았다. 이는 예에 맞지 않는 일이다.

초나라에서 공자 오(午: 자경, 사마자경)가 영윤이 되고 공자 피융(罷戎)이 우윤, 위자빙(蔿子馮)이 대사마, 공자 탁사(橐師)가 우사마, 공자 성(成)이 좌사마, 굴도(屈到: 굴탕의 아들)가 막오(莫敖: 초나라의 사마 관직), 공자 추서(追舒: 子南)가 잠윤(箴尹), 굴탕(屈蕩)이 연윤(連尹: 射官), 양유기(養由基)가 궁구윤(宮廐尹)32)이 되었다. 초나라는 이같은 인사를 통해 민심을 안정시켰다. 이를 두고 군자가 이같이 평했다.

"초나라는 이때 사람을 합당하게 등용했다. 관직 등용은 국가의 매우 중요한 일이다. 관원을 합당하게 등용하면 백성들이 요행을 바라며 넘겨다보는 마음이 사라진다. 『시경』「주남 · 권이(卷耳)」에 이르기를, '아, 나는 현인이 그리우니 그들을 모두 주행(周行: 원래는 大路를 뜻하나 여기서는 관원의 반열을 뜻함)에 세울 생각이라네'라고 했다. 이는 관원을 합당하게 등용하는 것을 말한다. 천자와 공 · 후 · 백 · 자 · 남을 비롯해 전(甸) · 채(采) · 위(衛: 전 · 채 · 위는 王畿 밖의 지역을 5백 리 단위로 구분지은 소위 五服을 뜻함)의 대부들이 모두 그들의 위

---

32) 공영달은 명궁 양유기가 사관(射官)이 아닌 '궁구윤'이 된 것을 두고 초나라가 양유기를 중용하지 않은 결과로 분석했다.

치에 서 있으니 이를 소위 '주행'(周行)이라고 하는 것이다."

　十五年春, 宋向戌來聘, 且尋盟. 見孟獻子, 尤其室, 曰"子有令聞而美其室, 非所望也." 對曰 "我在晉, 吾兄爲之. 毁之重勞, 且不敢間." 官師從單靖公逆王后于齊. 卿不行, 非禮也. 楚公子午爲令尹, 公子罷戎爲右尹, 蔿子馮爲大司馬, 公子橐師爲右司馬, 公子成爲左司馬, 屈到爲莫敖, 公子追舒爲箴尹, 屈蕩爲連尹, 養由基爲宮廐尹, 以靖國人. 君子謂 "楚於是乎能官人. 官人, 國之急也. 能官人, 則民無覦心. 『詩』云 '嗟我懷人, 實彼周行.' 能官人也. 王及公侯伯子男甸采衛大夫, 各居其列, 所謂'周行'也."

　●정나라에 위씨(尉氏)와 사씨(司氏)의 난이 있었는데 그 잔당들이 송나라로 도망가 있었다. 정나라가 그 난에 부형을 잃은 자서(子西)와 백유(伯有: 양소), 자산(子産)을 위해 송나라에 뇌물을 보냈다. 말 40승(乘: 즉 160마리)과 악사인 사패(師茷) 및 사혜(師慧)가 바로 그것이다.

　3월, 정나라 대부 공손 흑(黑: 자사의 아들 子晳)이 송나라에 인질로 갔다. 그러자 송나라의 사성 자한(子罕)이 도여보(堵女父)와 위편(尉翩), 사제(司齊)를 정나라로 돌려보냈다. 그러나 사신(司臣)만은 현명한 인물로 여겨 은밀히 놓아주면서 노나라의 정경 계무자에게 부탁해 그의 뒤를 돌봐주도록 했다. 이에 계무자가 그를 변(卞: 산동성 사수현 동쪽) 땅에 살게 했다. 이때 정나라 사람들이 송나라에서 돌려받은 세 사람을 죽여 소금에 절여 젓갈을 담갔다.

　송나라로 간 정나라의 악사 사혜가 앞이 보이지 않는 까닭에 멋모르고 송나라 조정 앞을 지나다가 소변을 보려고 했다. 그러자 그를 부축하는 사람이 말렸다.

　"여기는 조정입니다."

　"사람이 없는데 아무러면 어떻겠느냐."

　"조정에 어찌 사람이 없겠습니까."

노양공　237

"여기에는 틀림없이 사람이 없다. 만일 사람이 있다면 어찌 전차 1천 승을 보유한 나라의 상국(相國: 子産 등을 지칭)을 위해 먼저 자진해 역도들을 돌려보내지 않고 음악(淫樂: 음란한 음악으로, 정나라의 음악을 뜻함)을 하는 장님을 뇌물로 받은 뒤에야 보냈겠느냐. 이는 송나라에 반드시 사람다운 사람이 없기 때문이다."

송나라의 사성 자한이 이 이야기를 듣고는 곧 송평공에게 강력히 요청해 사혜를 정나라로 돌려보냈다.

여름, 제영공이 군사를 이끌고 와 노나라의 성읍(成邑: 산동성 영양현 동북쪽)을 포위했다. 이는 제나라가 두 마음을 품고 감히 진(晉)나라를 두려워하지 않았기 때문이다. 이로 인해 노나라는 성읍에 외성을 쌓게 되었다.

가을, 주(邾)나라 사람이 노나라 남쪽 변경을 쳤다. 이에 노나라가 사람을 보내 진나라에 이 사실을 고하자 진나라가 제후들을 모아 주나라와 거나라를 치려고 했다. 그러나 진도공이 병이 나 곧 중지했다. 겨울, 진도공이 세상을 떠났다. 이로 인해 결국 제후들의 회맹은 이루어지지 못했다. 정나라의 경 공손 하(夏: 자서)가 진나라로 가 조문했다. 또 자교도 송장하는 일에 참석했다.

이때 송나라의 어떤 사람이 옥을 얻어 자한에게 바치자 자한이 이를 받으려고 하지 않았다. 그러자 옥을 바친 사람이 말했다.

"이를 옥인(玉人: 옥을 다루는 장인)에게 보였더니 보배라고 했습니다. 이에 감히 드리는 것입니다."

"나는 탐람하지 않은 것을 보배로 삼고 그대는 옥을 보배로 삼고 있소. 만일 이를 나에게 주면 나와 그대는 다 보배를 잃게 되는 것이오. 그러니 나와 그대가 각기 자신의 보배를 지니고 있느니만 못하오."

이에 옥을 바치는 사람이 머리를 조아리며 말했다.

"소인은 이 구슬을 지니고는 도적들 때문에 고향으로 갈 수 없습니다. 제가 이를 드리려는 것은 죽음을 면하기 위해서입니다."

그러자 자한이 그를 자신의 마을에 머물게 하고는 옥인을 시켜 옥을 잘 다듬게 했다. 이어 이를 팔아 옥을 바친 자를 부자로 만든 뒤 이내 고향으로 돌아가게 했다.

12월, 정나라 사람이 도구(堵狗: 도여보의 일족)의 아내를 빼앗아 그의 친가인 진나라 범씨(范氏)에게 돌려보냈다.[33]

鄭尉氏·司氏之亂, 其餘盜在宋. 鄭人以子西·伯有·子産之故, 納賂于宋, 以馬四十乘與師茷·師慧. 三月, 公孫黑爲質焉. 司城子罕以堵女父·尉翩·司齊與之. 良司臣而逸之, 託諸季武子, 武子寘諸卞. 鄭人醢之3人也. 師慧過宋朝, 將私焉. 其相曰 "朝也." 慧曰 "無人焉." 相曰 "朝也, 何故無人." 慧曰 "必無人焉. 若猶有人, 豈其以千乘之相易淫樂之朦. 必無人焉故也." 子罕聞之, 固請而歸之. 夏, 齊侯圍成, 貳於晉故也. 於是乎城成郛. 秋, 邾人伐我南鄙, 使告于晉. 晉將爲會以討邾莒. 晉侯有疾, 乃止. 冬, 晉悼公卒, 遂不克會. 鄭公孫夏如晉奔喪, 子蟜送葬. 宋人或得玉, 獻諸子罕. 子罕弗受. 獻玉者曰 "以示玉人, 玉人以爲寶也, 故敢獻之." 子罕曰 "我以不貪爲寶, 爾以玉爲寶. 若以與我, 皆喪寶也, 不若人有其寶." 稽首以告曰 "小人懷璧, 不可以越鄕, 納此以請死也." 子罕寘諸其里, 使玉人爲之攻之, 富而後使復其所. 十二月, 鄭人奪堵狗之妻, 而歸諸范氏.

16년(기원전 557)

16년 봄 주력(周曆) 정월, 진도공(晉悼公)을 안장했다. 3월, 공이 진후·송공·위후·정백·조백·거자·주자·설백·기백·소주자와 격량(溴梁)에서 만났다. 무인, 대부가 결맹했다. 진나라 사람이 거자·주자를 잡아가지고 돌아갔다. 제후가 우리의 북쪽 변경을 침공했다. 여름, 공이 모임에서 돌아왔다. 5월 갑자, 지진이 있었다. 숙로

---

33) 정나라 사람들은 도구가 장차 부인의 친정인 진나라의 범씨 세력을 등에 업고 보복할까 두려워하여 도구의 부인을 친정으로 돌려보낸 것이다.

(叔老)가 정백·진나라 순언(荀偃)·위나라 영식(甯殖)·송인과 함께 허나라를 쳤다. 가을, 제후가 우리의 북쪽 변경을 쳐 성(郕)을 포위했다. 크게 기우제를 지냈다. 겨울, 숙손표가 진나라로 갔다.

十六年春王正月, 葬晉悼公. 三月, 公會晉侯宋公衛侯鄭伯曹伯莒子邾子薛伯杞伯小邾子于湨梁, 戊寅, 大夫盟. 晉人執莒子邾子, 以歸. 齊侯伐我北鄙. 夏, 公至自會. 五月甲午, 地震. 叔老會鄭伯晉荀偃衛甯殖宋人, 伐許. 秋, 齊侯伐我北鄙, 圍郕. 大雩. 冬, 叔孫豹如晉.

●16년 봄, 진도공을 안장했다. 이에 진평공(晉平公: 진도공의 아들 彪)이 즉위했다. 대부 양설힐(羊舌肸: 숙향)이 사악탁(士渥濁)을 대신해 태부(太傅)가 되었다. 또 장군신(張君臣)이 중군 사마가 되었고 기해(祁奚)와 한양(韓襄: 한무기의 아들), 난영(欒盈: 欒懷子), 사앙(士鞅: 범헌자) 등이 공족대부가 되었다. 이어 우구서(虞丘書)가 승마어(乘馬御: 군주용 수레의 어자)가 되었다.

진평공이 길복으로 갈아입은 뒤 관원들을 이끌고 곡옥으로 가 증제(烝祭)를 지냈다. 또 도성을 지키는 군사들에게 수비를 엄히 하도록 경계하고 황하를 따라 배를 타고 동쪽으로 내려갔다. 이어 격량(湨梁: 하남성 제원현에서 발원한 湨水가 황하로 들어가는 길목에 설치한 堤梁)에서 노양공과 송평공, 정간공, 조성공, 거자(莒子) 이비공(犁比公: 渠邱公의 아들 密州), 주선공(邾宣公: 이름은 牼), 설백, 기효공, 소주목공(小邾穆公) 등과 만났다.

진평공은 이 자리에서 제후들에게 명하여 서로 침탈한 땅을 돌려주도록 했다. 이에 노나라를 침공했다는 이유로 주선공과 거자 이비공을 억류하면서 또 이같이 꾸짖었다.

"이들은 제나라 및 초나라의 사자들과 사적으로 교통했소."

진평공은 이어 온(溫: 하남성 온현 서남쪽) 땅에서 향례를 베풀고 각 나라 대부들에게 춤을 추게 하면서 이같이 당부했다.

"시를 읊되 반드시 춤과 그 내용이 통하게 해야만 하오."

그러나 제영공을 대신해 참석한 제나라 대부 고후(高厚)가 읊은 시는 춤과 뜻이 통하지 않았다. 이에 진나라의 순언이 노하여 말했다.

"제후들이 딴 마음을 품고 있습니다."

그러고는 각 나라의 대부들에게 명해 고후와 맹서를 맺게 했다. 그러자 고후가 도망쳐 돌아갔다. 이에 노나라의 숙손표(叔孫豹)와 진나라의 순언, 송나라의 상술, 위나라의 영식(甯殖), 정나라의 공손 채, 소주나라의 대부 등이 이같이 맹서했다.

"우리는 맹주에게 불충한 자를 함께 토벌한다."

이때 허영공(許靈公)이 초나라의 부용국 위치에서 벗어날 생각으로 진나라에 천도(遷都)를 허락해 달라고 청했다. 제후들이 이를 허락했으나 허나라의 대부들이 반대하고 나섰다. 이에 진나라 사람들이 제후들을 돌려보낸 뒤 허나라 대부들을 치려고 했다.

정나라 대부 자교가 장차 진나라가 허나라를 치려 한다는 소식을 듣고 곧 정간공을 보좌하여 제후들의 군사를 뒤따랐다. 이때 노나라 대부 목숙(穆叔: 숙손표)이 노양공을 수행했다. 마침 노나라 대부 제자(齊子: 叔老)가 군사를 이끌고 가 진나라의 순언과 만났다. 『춘추』가 '정백(鄭伯: 정간공)을 만났다'는 사실을 먼저 쓴 것은 순언과 정나라의 군주가 동등할 수 없기 때문이다.

여름 6월, 제후들의 군사가 허나라의 역림(棫林: 하남성 섭현 동북쪽)에 주둔했다. 6월 9일, 허나라로 쳐들어가 함씨(函氏: 하남성 섭현 북쪽)에 주둔했다. 진나라의 순언과 난염이 군사를 이끌고 가 초나라를 쳤다. 이는 양량지역(揚梁之役: 노양공 12년)에 대한 보복이었다. 이때 초나라의 공자 격(格)이 군사를 이끌고 진나라 군사와 잠판(湛阪: 湛水의 北山에 있는 것으로, 지금의 하남성 평정산시 북쪽에 위치)에서 교전했으나 대패했다. 이에 진나라 군사는 방성산(方城山: 초나라가 중원 제후국의 남침을 막기 위해 장성을 쌓은 곳으로, 하남성 섭현 남쪽에 위치) 외곽에서 기습작전을 펼치고 재차 허나라를 친 뒤 회군했다.

가을, 제영공이 노나라의 성(成: 郕) 땅을 포위하자 노나라 대부 맹유자(孟孺子: 맹씨의 '어린 아들'이라는 뜻으로, 맹헌자의 아들 孟莊子를 지칭) 속(速)이 제나라 군사의 퇴로를 차단한 뒤 공격했다. 이에 제영공이 말했다.

"이자는 용맹을 좋아한다. 우리가 철수하여 이자의 호용(好勇)을 널리 드러내주자."

이에 맹유자 속은 곧바로 해형(海陘: 제나라와 근접한 변경에 있는 좁고 험한 길목)에 담장을 쌓은 뒤 회군했다. 겨울, 목숙이 진나라를 빙문하고 제나라가 재침한 배경을 설명했다. 그러자 진나라 사람이 말했다.

"과군은 아직 체사(禘祀: 3년상을 끝낸 뒤 지내는 제사)를 지내지 못했고 백성들도 휴식을 취하지 못했으니 지금으로서는 출병하기가 어렵소. 여건만 허락했다면 그냥 두지 않았을 것이오."

"제나라가 조석으로 우리에게 분풀이를 하기 있기 때문에 정중히 구원을 청한 것입니다. 폐읍의 위급은 조석에 달려 있습니다. 이에 목을 길게 뽑아 진나라가 있는 서쪽을 바라보며 '곧 달려와 구해줄 것이다'라고 말하고 있습니다. 집사가 말하듯이 진나라가 출병할 여유가 있을 때는 아마 일이 끝난 뒤일 것입니다."

목숙이 중항헌자를 만나 『시경』 「소아 · 기보(圻父)」[34]의 시를 읊었다. 이에 중항헌자가 말했다.

"나 순언은 우리의 죄를 잘 알고 있소. 어찌 감히 집사와 함께 노나라의 사직을 근심하지 않겠소. 그러나 아무튼 노나라를 이 지경에 이르도록 만들었소."

목숙이 다시 범선자를 만나 『시경』 「소아 · 홍안(鴻鴈)」[35]의 시 끝장을 읊었다. 그러자 범선자가 말했다.

"사개가 여기 있으니 어찌 감히 노나라를 무구(無鳩: '평화롭지 못하

---

34) 현전하는 『시경』의 '기보'(祈父)로 사마 기보가 직책을 다하지 않아 백성들이 곤경에 처하게 되었다는 내용이다.
35) 노나라의 처지를 기러기가 슬피 우는 것에 비유한 내용이다.

다는 뜻으로. '鳩'는 '安'과 통함)하도록 방치하겠소?"

　十六年春, 葬晉悼公. 平公卽位, 羊舌肸爲傅, 張君臣爲中軍司馬, 祁奚‧韓襄‧欒盈‧士鞅爲公族大夫, 虞丘書爲乘馬御. 改服修官, 烝于曲沃. 警守而下, 會于溴梁. 命歸侵田. 以我故, 執邾宣公‧莒犁比公. 且曰 "通齊楚之使." 晉侯與諸侯宴于溫, 使諸大夫舞, 曰 "歌詩必類." 齊高厚之詩不類. 荀偃怒, 且曰 "諸侯有異志矣." 使諸大夫盟高厚, 高厚逃歸. 於是叔孫豹‧晉荀偃‧宋向戌‧衛寗殖‧鄭公孫蠆‧小邾之大夫盟曰 "同討不庭." 許男請遷于晉. 諸侯遂遷許, 許大夫不可, 晉人歸諸侯. 鄭子蟜聞將伐許, 遂相鄭伯以從諸侯之師. 叔穆從公. 齊子帥師會晉荀偃. 書曰 "會鄭伯." 爲夷故也. 夏六月, 次于棫林. 庚寅, 伐許, 次于函氏. 晉荀偃, 欒黶帥師伐楚, 以報宋揚梁之役. 楚公子格帥師, 及晉師戰于湛阪, 楚師敗績. 晉師遂侵方城之外, 復伐許而還. 秋, 齊侯圍郕, 孟孺子速徼之. 齊侯曰 "是好勇, 去之以爲之名." 速遂塞海陘而還. 冬, 穆叔如晉聘, 且言齊故. 晉人曰 "以寡君之未禘祀, 與民之未息. 不然, 不敢忘." 穆叔曰 "以齊人之朝夕, 釋憾於敝邑之地, 是以大請. 敝邑之急, 朝不及夕, 引領西望曰 '庶幾乎.' 比執事之間, 恐無及也." 見中行獻子, 賦「圻父」. 獻子曰 "偃之罪矣. 敢不從執事以同恤社稷, 而使魯及此." 見范宣子, 賦「鴻鴈」之卒章. 宣子曰 "匄在此, 敢使魯無鳩乎."

17년(기원전 556)

　17년 봄 주력(周曆) 2월 경오, 주자 경(牼)이 졸했다. 송나라 사람이 진(陳)나라를 쳤다. 여름, 위나라의 석매(石買)가 군사를 이끌고 가 조나라를 쳤다. 가을, 제후가 우리의 북쪽 변경을 쳐 도(桃)를 포위했다. 고후(高厚)가 군사를 이끌고 와 우리의 북쪽 변경을 쳐 방(防)을 포위했다. 9월, 크게 기우제를 지냈다. 송나라의 화신(華臣)이 진(陳)나라로 망명했다. 겨울, 주(邾)나라 사람이 우리의 남쪽 변경을 쳤다.

十七年春王二月庚午, 邾子牼卒. 宋人伐陳. 夏, 衛石買帥師, 伐曹. 秋, 齊侯伐我北鄙, 圍桃. 高厚帥師, 伐我北鄙, 圍防. 九月, 大雩. 宋華臣出奔陳. 冬, 邾人伐我南鄙.

●노양공 17년 봄, 송나라의 장조(莊朝)가 진(陳)나라를 치고 사도 앙(卬)을 생포했다. 이는 진나라가 송나라를 업신여겼기 때문이다.

위나라의 손괴가 조수(曹隧: 위치 미상)에서 사냥하고 중구(重丘: 산동성 하택현 동북쪽)에서 말에게 물을 먹이다 두레박을 훼손했다. 그러자 중구 사람들이 성문을 닫고 그에게 욕을 했다.

"너는 군주를 내쫓고 네 아비는 여(厲: 惡行)36)를 저질렀다. 너는 이를 근심하지 않고 어찌하여 사냥이나 하고 다니는 것이냐."

여름, 위나라의 석매(石買: 石共子)와 손괴가 조나라를 치고 중구를 점거했다. 이에 조나라가 이를 진나라에 고소했다.

제나라가 노나라에서 뜻대로 할 수 없었다. 가을, 제영공이 노나라의 북쪽 변경을 치고 도(桃: 산동성 문상현 북쪽) 땅을 포위한 데 이어 제나라의 고후(高厚)는 방(防: 산동성 비현 동북쪽) 땅에서 장흘(臧紇)을 포위했다. 이에 노나라 군사가 양관(陽關: 산동성 영양현 동북쪽)을 출발해 장흘을 구출하기 위해 방 땅에 가까운 여송(旅松)으로 나아갔다. 이때 추(鄒) 땅의 숙흘(叔紇: 叔梁紇)과 장흘의 형 장주(臧疇) 및 동생 장고(臧賈) 등이 갑병 3백 명을 이끌고 밤에 제나라 군사를 습격했다. 이들이 장흘을 구출해 여송으로 보낸 뒤 회군했다. 이에 제나라 군사도 노나라에서 철수하게 되었다.

당시 제나라 군사가 노나라의 장견(臧堅: 장흘의 일족)을 사로잡았는데 제영공이 환관 숙사위(夙沙衛)를 보내 장견을 위문하면서 이같이 당부했다.

---

36) '여'(厲)의 실체와 관련해 두예는 '악귀'로 해석했으나, 홍량길은 당시 손림보가 살아 있었기 때문에 '악귀'로 해석한 것은 잘못이라고 지적했다.

"죽어서는 안 되오."

그러자 장견이 머리를 조아리며 말했다.

"욕되게도 군명을 받게 되었소. 그러나 군주는 죽음을 면하는 은덕을 내리면서 고의로 형신(刑臣: 환관)을 사(士: 용사를 의미)에게 보냈소."

그러고는 익(杙: 첨예하게 깎은 작은 나무 조각)으로 상처를 더욱 크게 벌려 죽고 말았다.

겨울, 주나라 사람이 노나라의 남쪽 변경을 침공했다. 이는 제나라를 위한 것이었다.

이때 송나라 대부 화열(華閱)이 죽었다. 그의 아우 화신(華臣)은 고비(皐比: 화열의 아들)의 집안을 가벼이 보고 도적들을 시켜 고비의 가재(家宰)인 화오(華吳)를 죽이게 했다. 도적 6명이 피(鈹: 양날이 있는 검의 일종)를 들고 가 노문(盧門: 도성의 성문) 근처에 있는 합좌사(合左師: '合' 땅을 식읍으로 하고 있는 좌사라는 뜻)의 집 뒤에서 화오를 죽였다. 이 광경을 본 좌사가 두려워하며 말했다.

"이 늙은이는 죄가 없소."

그러자 도적들이 말했다.

"고비가 사사로이 화오를 처형하는 것이오."

화오를 죽인 도적들은 화오의 아내를 잡아가둔 뒤 말했다.

"너의 대벽(大璧: 큰 옥구슬)을 내놓아라."

송평공이 이 이야기를 듣고 말했다.

"화신은 종실에 난폭한 짓을 했을 뿐만 아니라 송나라 정사를 크게 어지럽혔으니 반드시 쫓아내야 한다."

그러자 좌사가 간했다.

"화신 또한 경입니다. 대신이 불순한 것은 나라의 수치니 그대로 덮어두느니만 못합니다."

송평공이 이를 좇았다. 이때 좌사는 짧은 채찍을 만든 뒤 화신의 집 문 앞을 지날 때면 반드시 말에 채찍질을 하여 그 앞을 재빨리 지나쳤다. 11월 22일, 송나라 사람들이 미친개를 몰았는데 미친개가 마침 화신의 집 안으로 들어갔다. 사람들이 개를 따라 안으로 들어가자 화신은 자신을 해치려는 것으로 알고 크게 두려워하여 진(陳)나라로 달아났다.

十七年春, 宋莊朝伐陳, 獲司徒印, 卑宋也. 衛孫蒯田于曹隧, 飮馬于重丘, 毁其甁. 重丘人閉門而詢之, 曰 "親逐而君, 爾父爲厲. 是之不憂, 而何以田爲." 夏, 衛石買・孫蒯伐曹, 取重丘. 曹人愬于晉. 齊人以其未得志于我故, 秋, 齊侯伐我北鄙, 圍桃. 高厚圍臧紇于防. 師自陽關逆臧孫, 至于旅松. 耶叔紇・臧疇・臧賈帥甲三百, 宵犯齊師, 送之而復. 齊師去之. 齊人獲臧堅. 齊侯使夙沙衛唁之. 且曰 "無死." 堅稽首曰 "拜命之辱. 抑君賜不從, 姑又使其刑臣禮於士." 以杙抉其傷而死. 冬, 邾人伐我南鄙, 爲齊故也. 宋華閱卒, 華臣弱皐比之室, 使賊殺其宰華吳. 賊六人以鈹殺諸盧門合左師之後. 左師懼曰 "老夫無罪." 賊曰 "皐比私有討於吳." 遂幽其妻, 曰 "畀余而大璧." 宋公聞之, 曰 "臣也, 不唯其宗室是暴, 大亂宋國之政, 必逐之." 左師曰 "臣也, 亦卿也. 大臣不順, 國之恥也. 不如蓋之." 乃舍之. 左師爲己短策, 苟過華臣之門, 必騁. 十一月甲午, 國人逐瘈狗. 瘈狗入於華臣氏, 國人從之. 華臣懼, 遂奔陳.

●송나라 대부 황국보(皇國父)가 태재가 되었다. 그는 송평공을 위해 누대 한 채를 짓게 되었으나 백성들이 추수할 시기를 방해하게 되었다. 이에 자한이 농사가 끝난 뒤 공사할 것을 청했으나 송평공이 허락지 않았다. 결국 공사를 강행했는데 누대를 짓는 백성들이 이같은 노래를 지어 불렀다.

"택문지석(澤門之晳)[37]이 우리를 노역에 징발했네, 읍중지검(邑中之黔)[38]이 우리의 마음을 위무하네."

---

37) '택문에 사는 흰둥이'로, 황국보를 지칭한다. 그는 송나라 동성의 남문인 택문 근처에 살았는데, 피부가 희고 맑았다.
38) '도성에 사는 검둥이'로, 자한을 지칭한다. 그는 도성 안에 살았는데, 피부가 검었다.

자한이 이 노래를 듣고 친히 복(扑: 竹鞭)을 들고 인부들 사이를 돌아다니며 독찰했다. 그러고는 열심히 일하지 않는 자들에게 태형을 가하면서 이같이 호통쳤다.

"나와 같은 소인배도 합려(闔廬: 집)가 있어 조습한서(燥濕寒暑)를 피한다. 그런데 지금 군주를 위한 누대 하나를 짓는데 속히 완공하지도 못하면서 어찌 노역이라고 말할 수 있는가."

그러자 모두 노래를 멈추었다. 어떤 사람이 그 연고를 묻자 자한이 대답했다.

"우리 송나라는 작은 나라인데 저주와 칭송을 받는 자가 동시에 있으면 이는 화의 근본이 되는 것이다."

이때 제나라의 안환자(晏桓子: 晏弱)가 세상을 떠났다. 그의 아들 안영(晏嬰)39)이 거친 참최복(斬衰服)을 입었다. 머리와 허리에는 저질(苴經: 삼으로 만든 머리띠)과 저대(苴帶: 삼으로 만든 허리띠)를 두르고, 손에는 죽장을 잡고, 관루(菅屨: 짚신)를 신고, 죽(鬻)을 먹고, 의려(倚廬: 움막)에서 지내고, 점(苫: 거적) 위에서 자고, 초침(草枕: 풀로 만든 베개)을 베었다. 그러자 가신의 우두머리가 말했다.

"이는 대부의 상례가 아닙니다."

이에 안영이 겸양의 뜻으로 이같이 대답했다.

"오직 경만이 대부라고 할 수 있소."

宋皇國父爲大宰, 爲平公築臺, 妨於農功. 子罕請俟農功之畢, 公弗許. 築者謳曰 "澤門之晳, 實興我役. 邑中之黔, 實慰我心." 子罕聞之, 親執扑, 以行築者, 而抶其不勉者, 曰 "吾儕小人, 皆有闔廬以辟燥濕寒暑. 今君爲一臺而不速成, 何以爲役." 謳者乃止. 或問其故. 子罕曰 "宋國區區, 而有詛有祝, 禍之本也." 齊晏桓子卒, 晏嬰麤縗斬, 苴經帶杖, 菅屨, 食鬻, 居倚廬, 寢苫, 枕草. 其老曰 "非大夫之禮也." 曰 "唯卿爲大夫."

---

39) 자는 평중(平仲)인데 호구(狐裘) 한 벌을 30년간 입으면서 제영공과 제장공, 제경공 등 3대를 모신 제나라의 현자이다. 그의 어록을 모은 『안자춘추』(晏子春秋)가 전해지고 있다.

18년(기원전 555)

18년 봄, 백적(白狄)이 왔다. 여름, 진나라 사람이 위나라의 행인 석매를 잡았다. 가을, 제나라 군사가 우리의 북쪽 변경을 쳤다. 겨울 10월, 공이 진후·송공·위후·정백·조백·거자·주자·등자·설백·기백·소주자와 함께 제나라를 포위했다. 조백 부추(負芻)가 군중에서 졸했다. 초나라 공자 오(午)가 군사를 이끌고 가 정나라를 쳤다.

十八年春, 白狄來. 夏, 晉人執衛行人石買. 秋, 齊師伐我北鄙. 冬十月, 公會晉侯宋公衛侯鄭伯曹伯莒子邾子滕子薛伯杞伯小邾子, 同圍齊, 曹伯負芻卒于師. 楚公子午帥師, 伐鄭.

●노양공 18년 봄, 백적(白狄)이 처음으로 노나라를 찾아왔다.

여름, 진나라 사람이 위나라의 행인 석매(石買)를 장자(長子: 산서성 장자현)에서 억류하고 또 손괴(孫蒯)를 돈류(純留: 屯留로도 불리며 산서성 둔류현 남쪽에 위치)에서 억류했다. 이는 조나라를 위한 것이었다.

가을, 제영공이 노나라의 북쪽 변경을 쳤다. 이에 진나라의 중항헌자가 장차 제나라를 치려고 했다. 마침 중항헌자가 꿈을 꾸었다. 꿈에 진여공(晉厲公)과 관사(官司)에서 싸움을 하다가 패하게 되었는데 진여공이 창을 들고 달려들어 찌르자 그의 목이 앞으로 떨어져 나갔다. 중항헌자가 무릎을 꿇어 목을 두 손으로 받든 뒤 달려나가다가 경양(梗陽: 산서성 청원현)의 무고(巫皐: 무당의 이름)를 만나는 꿈이었다. 며칠 후 길에서 무고를 만나 꿈 이야기를 하자 무고도 똑같은 꿈을 꾼 사실을 밝히면서 말했다.

"그대는 금자(今玆: 올해)[40]에 세상을 떠날 것입니다. 만일 동방(東

---

40) 중항헌자는 원래 이듬해인 노양공 19년 2월에 죽었으나 당시 진(晉)나라가 채택한 하력(夏曆)으로는 노양공 18년 12월인 까닭에 올해라고 한 것이다.

方: 제나라를 지칭)에서 전쟁이 나게 되면 가히 바라던 바를 이룰 수 있을 것입니다."

중항헌자가 무고의 이야기를 좇았다. 얼마 후 진평공이 제나라를 치러 가는 도중 황하를 건너려고 할 때 중항헌자가 붉은 실로 구슬 두 쌍을 맨 뒤 이같이 기도했다.

"제영공 환(環)이 험고한 지세와 무리가 많은 것만 믿고 우리와의 우호관계를 끊고 배맹하여 신주(神主: 여기서는 백성을 의미)를 괴롭히고 있습니다. 증신(曾臣)[41] 표(彪)는 장차 제후들을 이끌고 가 제나라를 토벌하고자 합니다. 관신(官臣: 제후의 신하) 순언은 앞뒤에서 표를 보좌할 것입니다. 만일 승전의 공을 세워 신령을 부끄럽지 않게 하면 환신 순언은 감히 두 번 다시 도하하지 않을 것입니다. 오직 신령이 밝게 살펴 결단하기를 기도드립니다."

그러고는 구슬을 황하에 집어던진 후 도하했다. 겨울 10월, 노양공과 진평공, 송평공, 위상공, 정간공, 조성공, 거자 이비공, 주도공(邾悼公: 주선공의 아들 華), 등성공, 설백, 기효공, 소주목공 등이 노제(魯濟: 노나라 쪽 제수)에서 회동하여 격량지언(湨梁之言: 노양공 16년의 언약)을 다지고 함께 제나라를 쳤다. 이에 제영공이 제후들의 군사를 평음(平陰: 산동성 평음현 동북쪽)에서 막으려고 방문(防門: 평음현 동북쪽 32리 지점)에 참호를 팠는데 참호의 넓이가 1리나 되었다. 이때 제나라의 환관 숙사위(夙沙衛)가 제영공에게 말했다.

"만일 적과 싸울 수 없다면 험지를 이용해 수비하는 것보다 나은 계책은 없습니다."

그러나 제영공은 그 말을 듣지 않았다. 제후들의 군사가 방문을 공격하자 제나라 군사가 많이 죽었다. 이에 진나라의 범선자가 제나라 대부 석문자(析文子: 析歸父로, 자는 子家)에게 말했다.

---

41) 말신(末臣)을 뜻하는 말로, 천자가 신령 앞에서 칭신(稱臣)하는 까닭에 제후는 신령 앞에서 자신을 이같이 낮춘 것이다.

"나와 그대는 서로 잘 알고 있는 터에 어찌 감히 실정을 숨기겠소. 노나라와 거나라 군사가 각기 전차 1천 승을 몰고 제나라를 치겠다고 청하기에 우리가 이미 허락했소. 만일 그들이 제나라로 쳐들어가면 제나라 군주는 반드시 나라를 잃을 것이오. 그대는 어찌하여 대책을 세우지 않는 것이오?"

석문자가 이를 고하자 제영공이 크게 두려워했다. 이때 안영(晏嬰)이 이 이야기를 듣고 주위 사람에게 말했다.

"군주는 본래 용기가 없는데 그같은 말을 들었으니 틀림없이 불능구(不能久)[42]일 것이오."

이때 제영공은 무산(巫山: 孝堂山으로, 산동성 비성현 서북쪽에 위치)에 올라가 진나라 군사의 동정을 살폈다. 이에 진나라 군사는 사마를 보내 산택(山澤)의 험요지를 탐색하게 한 뒤 군사들이 없는 곳일지라도 반드시 깃발을 세워 널리 포진한 것처럼 꾸미게 했다. 또 전차의 좌측에만 실제로 전사가 타고 우측에는 인형에 옷을 입혀 마치 사람이 탄 것처럼 위장하게 했다. 이어 전차부대 앞에 큰 깃대를 세워 대오를 이끌게 하고 전차 뒤에 땔나무 다발을 매어 이를 끌고 가면서 먼지를 일으키게 했다.

제영공은 이를 보고 진나라 군사가 많은 것으로 생각해 크게 두려워하며 진세를 펼치지도 못한 채 서둘러 도성으로 돌아갔다. 10월 29일 그믐날, 제나라 군사가 야음을 틈타 모두 달아났다. 이때 악사 사광(師曠)이 진평공에게 고했다.

"조오(鳥烏: 까마귀)가 지저귀니 제나라 군사가 달아난 것입니다."

대부 형백(邢伯: 邢侯)이 중항백(中行伯: 순언)에게 고했다.

"반마(班馬: 대열에서 낙오된 말)의 울부짖는 소리가 들리니 제나라 군사가 달아난 것입니다."

---

42) '오랫동안 진나라와 대적할 수 없다'는 뜻이나 '제영공이 오래 살 수 없다'는 뜻으로 해석하기도 한다.

또 숙향(叔向)도 진평공에게 말했다.

"평음성 위에 까마귀가 앉아 있으니 제나라 군사가 달아난 것입니다."

11월 1일, 진나라 군사가 평음으로 진격한 뒤 곧바로 제나라 군사를 추격했다. 이때 제나라의 환관 숙사위가 큰 수레들을 연결시켜 산중의 좁은 길을 막은 뒤 달아나는 제나라 군사의 후군이 되었다. 그러자 제나라의 용사 식작(殖綽)과 곽최(郭最)가 말했다.

"환관이 군사의 후군이 되는 것은 제나라의 수치다."

그러고는 숙사위에게 말했다.

"그대는 잠시 앞쪽으로 가기 바라오."

두 사람이 숙사위를 대신해 후군이 되었다. 그러자 숙사위는 말을 죽여 좁은 길을 막아버렸다. 이때 진나라 대부 주작(州綽)이 달려와 식작을 향해 화살을 날렸다. 화살 한 대가 식작의 어깨를 명중시켰고, 화살 두 대는 식작의 목을 사이에 두고 양옆에 꽂혔다. 이에 주작이 식작에게 큰소리로 외쳤다.

"그대가 거기 멈춰 도망가지 않으면 나는 그대를 진나라 3군의 포로로 삼아 우대할 것이다. 그러나 멈춰서지 않으면 이번에는 두 화살의 가운데를 쏠 것이다."

그러자 식작이 주작을 돌아보며 말했다.

"그러면 맹서를 해주시오."

"유여일(有如日: '내 약속은 저 태양과 같이 명확하다'는 뜻이나 '태양을 두고 맹서하다'로 풀이하기도 함)이오."

이에 주작은 당겼던 활줄을 늦춘 뒤 식작을 뒤에서 묶었다. 주작의 거우 구병(具丙)도 무기를 내려놓고 곽최를 묶었다. 두 사람 모두 투구와 갑옷을 벗지도 않고 두 손이 뒤로 묶인 채 진나라 중군의 전고(戰鼓) 밑으로 끌려가 꿇어앉았다. 이때 진나라 군사는 제나라 군사를 추격하고자 했으나 노나라와 위나라 군사는 험요지에 버티고 있는 제나라 군사를 공격하자고 청했다.

11월 13일, 순언과 사개가 중군을 이끌고 가 경자(京茲: 산동성 평음현 동남쪽)를 공략했다. 11월 19일, 위강과 난영이 하군을 이끌고 가시산(郊山: 산동성 평음현 서쪽 12리 지점)을 공략했다. 조무와 한기는 상군을 이끌고 가 노(盧: 산동성 장청현 서남쪽) 땅을 포위했으나 공략하지는 못했다.

12월 2일, 조무 등이 노나라 대부 진주(秦周: 제나라 도성의 서문 주변의 지명으로 보기도 함)와 함께 제나라 도성의 옹문(雍門: 제나라 도성의 서문) 곁에 서 있는 적(荻: 물억새를 뜻하나 오동나무로 보기도 함)을 베었다. 범앙(范鞅)이 옹문을 공격할 때 그의 어자 추희(追喜)는 성문 안에서 창으로 개 한 마리를 죽였다. 노나라의 맹장자(孟莊子)는 순목(檟木: 참죽나무)을 베어 공금(公琴)43)을 만들었다.

12월 3일, 옹문과 서곽(西郭: 서쪽 외성), 남곽(南郭)을 불태웠다. 이때 진나라 대부 유난(劉難)과 사약(士弱)은 제후들의 군사를 이끌고 가 신지(申池: 제나라 도성 서남쪽 문인 申門 밖에 있는 연못) 가에 있는 대나무 등을 불태웠다. 12월 6일, 동곽과 북곽을 불태우자 범앙이 군사들을 이끌고 가 양문(揚門)을 공격했다. 주작이 동려(東閭: 제나라 도성의 동문)를 공격할 때 통로가 좁아 전차의 좌참(左驂: 왼편 바깥쪽 말)이 동문 안에서 계속 맴돌았다. 이에 주작은 앞으로 나아가지 못하고 합매(闔枚: 성문의 문짝에 鍾乳와 같이 튀어나오게 박아 넣은 鐵釘)를 모두 셀 지경이 되었다.

이때 제영공이 수레를 몰아 우당(郵棠: 산동성 즉묵현 남쪽)으로 달아나려고 했다. 그러자 태자 광(光: 제영공의 뒤를 이은 齊莊公)과 대부 곽영(郭榮)이 말고삐를 잡아당기며 만류했다.

"진나라 군사의 진격이 급속하고 기세가 강하니 이는 우리 나라의 재화를 약탈하려는 것입니다. 얼마 후면 물러날 것인데 군주는 어찌하여 두려워하는 것입니까. 한 나라의 사직지주(社稷之主: 군주)는 결코 가

---

43) '노양공의 거문고'를 뜻하나 공(公)이 송(頌)과 통하는 것으로 보아 '송금'(頌琴)으로 해석하기도 한다.

녑게 처신해서는 안 됩니다. 그리하면 백성을 잃게 되니 군주는 반드시 잠시 기다리기 바랍니다."

제영공이 이를 듣지 않고 달아나려고 했다. 그러자 태자 광이 칼을 뽑아 말의 앙(鞅: 말의 목에 맨 띠)을 끊어버렸다. 이에 제영공이 달아나려는 생각을 버렸다.

12월 8일, 제후들의 군사가 동쪽으로 나아가 유수(濰水)[44]에 이르렀다. 또 남쪽으로는 기수(沂水: 大沂河로, 산동성 기수현 서북쪽에서 발원해 황하로 유입)까지 이르게 되었다.

十八年春, 白狄始來. 夏, 晉人執衛行人石買于長子, 執孫蒯于純留, 爲曹故也. 秋, 齊侯伐我北鄙. 中行獻子將伐齊, 夢與厲公訟, 弗勝, 公以戈擊之, 首隊於前, 跪而戴之, 奉之以走, 見梗陽之巫皐. 他日見諸道, 與之言, 同. 巫曰"今玆, 主必死, 若有事於東方, 則可以逞."獻子許諾. 晉侯伐齊, 將濟河. 獻子以朱絲係玉二瑴而禱曰'齊環怙恃其險, 負其衆庶, 棄好背盟, 陵虐神主. 曾臣彪將率諸侯以討焉, 其官臣偃實先後之. 苟捷有功, 無作神羞, 官臣偃無敢復濟. 唯爾有神裁之"沈玉而濟. 冬十月, 會于魯濟, 尋湨梁之言, 同伐齊. 齊侯御諸平陰, 塹防門而守之, 廣里. 夙沙衛曰"不能戰, 莫如守險."弗聽, 諸侯之士門焉, 齊人多死. 范宣子告析文子曰"吾知之, 敢匿情乎. 魯人莒人皆請以車千乘自其鄕入, 旣許之矣. 若入, 君必失國. 子盍圖之."子家以告公. 公恐. 晏嬰聞之曰"君固無勇, 而又聞是, 弗能久矣."齊侯登巫山以望晉師. 晉人使司馬斥山澤之險, 雖所不至, 必旆而疏陣之. 使乘車者左實右僞, 以旆先, 輿曳柴而從之. 齊侯見之, 畏其衆也, 乃脫歸. 丙寅晦, 齊師夜遁. 師曠告晉侯曰"鳥烏之聲樂, 齊師其遁."邢伯告中行伯曰"有班馬之聲, 齊師其遁."叔向告晉侯曰"城上有烏, 齊師其遁."十一月丁卯朔, 入平陰, 遂從齊師. 夙沙衛連大車以塞隧而殿. 殖綽·郭最曰"子殿國師, 齊之辱也. 子姑先

---

44) 산동성 거현 서북쪽의 유산(濰山)에서 발원해 동쪽으로 흐르다 창읍(昌邑)을 지나 바다로 유입된다.

乎." 乃代之殿. 衛殺馬於隘以塞道. 晉州綽及之, 射殖綽中肩, 兩矢夾脰, 曰 "止, 將爲三軍獲. 不止, 將取其衷." 顧曰 "無私誓." 州綽曰 "有如日." 乃弛弓而自後縛之. 其右具丙亦舍兵而縛郭最. 皆衿甲面縛, 坐于中軍之鼓下. 晉人欲逐歸者, 魯衛請攻險. 己卯, 荀偃·士匄以中軍克京玆. 乙酉, 魏絳·欒盈以下軍克邿. 趙武·韓起以上軍圍盧, 弗克. 十二月戊戌, 及秦周伐雍門之萩. 范鞅門于雍門, 其御追喜以戈殺犬于門中. 孟莊子斬其橁以爲公琴. 己亥, 焚雍門及西郭·南郭. 劉難·士弱率諸侯之師焚申池之竹木. 壬寅, 焚東郭·北郭, 范鞅門于揚門. 州綽門于東閭, 左驂迫還于東門中, 以枚數闔. 齊侯駕, 將走郵棠. 大子與郭榮扣馬, 曰 "師速而疾, 略也. 將退矣, 君何懼焉. 且社稷之主, 不可以輕, 輕則失衆. 君必待之." 將犯之, 大子抽劍斷鞅, 乃止. 甲辰, 東侵及濰, 南及沂.

●정나라의 집정대부 자공(子孔)이 여러 대부들을 제거하고자 했다. 이에 진나라를 배반한 뒤 초나라 군사를 동원해 대부들을 제거하는 방안을 적극 강구했다. 자공이 사람을 초나라의 영윤 자경(子庚: 공자 오)에게 보내 자신의 이같은 뜻을 전하자 자경이 허락하지 않았다. 초 강왕이 이 소식을 듣고 대부 양돈윤의(楊豚尹宜: 사람 이름이나, '양돈'의 대부 宜로 보기도 함)를 시켜 자경에게 이같이 전하게 했다.

"국인들은 불곡(不穀)이 사직의 주인이 되어 출병한 일이 없는 까닭에 사후에 선왕들과 같은 예를 받지 못할 것이라고 말할 것이오. 불곡이 보위에 오른 지 5년이나 되었지만 아직 한 번도 출병한 적이 없소. 사람들은 불곡이 스스로 안일을 탐해 선군의 패업을 잊고 있다고 여길 것이오. 대부는 어찌하는 것이 좋은지 한번 헤아려보도록 하오."

자경이 탄식했다.

"군주는 내가 안일을 추구하는 것으로 보고 있다. 그러나 내가 이같이 하는 것은 나라에 도움이 되기 때문이다."

그러고는 사자를 만나는 자리에서 머리를 조아리며 이같이 말했다.

"제후들이 진나라와 화목하게 지내고 있으니 제가 먼저 시험 삼아 정나라를 칠 것입니다. 만일 뜻대로 되면 군주가 저의 뒤를 이어 출병하고 그렇지 않으면 군사를 거두어 퇴군하십시오. 그리하더라도 해롭지 않으니 군주에게 치욕이 되는 일은 없을 것입니다."

이에 자경이 군사를 이끌고 북부의 요새인 분구성(汾丘城: 하남성 허창시 서남쪽)에서 군사들을 조련했다. 이때 정나라 대부 자교(子蟜)와 백유(伯有), 자장(子張: 공손 흑굉)은 정간공을 따라가 제나라를 쳤고 자공(子孔)과 자전(子展), 자서(子西)는 나라를 지키고 있었다. 자전과 자서는 자공의 음모를 알고 도성을 엄히 수비하면서 궁중으로 들어가 굳게 지켰다. 이에 자공은 감히 초나라 군사를 만날 수가 없었다.

당시 초나라 군사는 정나라를 치려고 어릉(魚陵: 뒤에 나오는 魚齒山이라는 주장이 있음)에 주둔하고 있었다. 우군(右軍)은 상극(上棘: 하남성 우현 서북쪽)에 성을 쌓고 곧이어 도보로 영수(潁水)를 건너가 전연(旃然: 하남성 영양현을 흐르는 강)에 진을 쳤다. 사마 위자빙(蔿子馮: 蔿子馮)과 공자 격(格)은 정예군을 이끌고 가 비활(費滑: 하남성 언사현 남부)과 서미(胥靡: 하남성 언사현 동남쪽), 헌우(獻于: 위치 미상), 옹량(雍梁: 하남성 우현 동북쪽) 등을 쳤다. 이어 매산(梅山: 하남성 정현 서남쪽)을 우회하여 정나라의 동북부를 치고 충뢰(蟲牢)까지 갔다가 돌아갔다. 자경은 순문(純門: 정나라 도성 외곽의 남문)을 공격해 성 밑에서 이틀 밤을 보낸 뒤 돌아갔다.

이들이 어치산(魚齒山: 하남성 보풍현 동남쪽) 밑을 흐르는 치수(滍水)를 건널 때 비가 심하게 내려 초나라 군사 중 상당수가 얼어 죽고 종군했던 인부들도 거의 대부분 죽었다. 당시 진나라 사람들은 초나라 군사가 출동했다는 소식을 듣고 있었다. 이에 사광(師曠)이 말했다.

"해로울 게 없습니다. 나는 북풍(北風: 북방의 곡조)을 자주 부르고 또 남풍(南風: 남방의 곡조)도 부르지만 남풍은 활기가 없어 죽음을 상징하는 소리가 많으니 초나라 군사는 반드시 성공하지 못할 것입니다."

그러자 대부 동숙(董叔)이 말했다.

"천도(天道: 여기서는 歲星이 움직이는 궤도)가 서북쪽에 많이 남아 있는데 남사(南師: 초나라 군사)가 천시에 부합하지 않습니다. 반드시 성공하지 못할 것입니다."

숙향(叔向)이 반박했다.

"승부는 군주의 덕행에 달려 있는 것이오."

鄭子孔欲去諸大夫, 將叛晉而起楚師以去之. 使告子庚, 子庚弗許. 楚子聞之, 使楊豚尹宜告子庚曰 "國人謂不穀主社稷, 而不出師, 死不從禮. 不穀卽位, 於今五年, 師徒不出, 人其以不穀爲自逸, 而忘先君之業矣. 大夫圖之, 其若之何." 子庚歎曰 "君王其謂午懷安乎. 吾以利社稷也." 見使者, 稽首而對曰 "諸侯方睦於晉, 臣請嘗之. 若可, 君而繼之. 不可, 收師而退, 可以無害, 君亦無辱." 子庚帥師治兵於汾. 於是子蟜 · 伯有 · 子張從鄭伯伐齊, 子孔 · 子展 · 子西守. 二子知子孔之謀, 完守入保. 子孔不敢會楚師. 楚師伐鄭, 次於魚陵. 右師城上棘, 遂涉潁, 次于旃然. 蔿子馮 · 公子格率銳師, 侵費滑 · 胥靡 · 獻于 · 雍梁, 右回梅山, 侵鄭東北, 至于蟲牢而反. 子庚門于純門, 信于城下而還. 涉於魚齒之下, 甚雨及之, 楚師多凍, 役徒幾盡. 晉人聞有楚師, 師曠曰 "不害. 吾驟歌北風, 又歌南風. 南風不競, 多死聲. 楚必無功." 董叔曰 "天道多在西北, 南師不時, 必無功." 叔向曰 "在其君之德也."

19년(기원전 554)

19년 봄 주력(周曆) 정월, 제후들이 축가(祝柯)에서 결맹했다. 진나라 사람이 주자를 잡았다. 공이 제나라를 치는 일에서 돌아왔다. 곽수(濼水) 이북의 주나라 땅을 취했다. 계손숙이 진나라로 갔다. 조성공(曹成公)을 안장했다. 여름, 위나라의 손림보가 군사를 이끌고 가 제나라를 쳤다. 가을 7월 신묘, 제후 환(環)이 졸했다. 진나라의 사개가 군사를 이끌고 가 제나라를 침공했다. 곡(穀)에 이르러 제후가 졸했다는 이야기를 듣고 돌아갔다. 8월 병진, 중손멸이 졸했다. 제나라가 그 대부 고후(高厚)를 죽였다. 정나라가 그 대부 공자 가(嘉)를 죽였다. 겨울, 제영공(齊靈公)을 안장했다. 서부(西鄁)에 성을 쌓았다. 숙손표가 진나라의 사개와 가(柯)에서 만났다. 무성(武城)에 성을 쌓았다.

十九年春王正月, 諸侯盟于祝柯, 晉人執邾子, 公至自伐齊, 取邾田自漷水. 季孫宿如晉, 葬曹成公. 夏, 衛孫林父帥師, 伐齊. 秋七月辛卯, 齊侯環卒. 晉士匄帥師侵齊, 至穀, 聞齊侯卒, 乃還. 八月丙辰, 仲孫蔑卒. 齊殺其大夫高厚. 鄭殺其大夫公子嘉. 冬, 葬齊靈公. 城西鄁. 叔孫豹會晉士匄于柯. 城武城.

●노양공 19년 봄, 제후들이 기수(沂水) 가에서 돌아와 제나라의 독양(督揚: 祝柯邑으로, 산동성 장청현 동북쪽 30여 리에 위치)에서 결맹하며 다짐했다.

"대국은 소국을 침공하지 말아야 한다."

이때 주도공(邾悼公)이 억류되었다. 이는 그가 노나라를 쳤기 때문이다.

이때 제후들은 군사들을 사수(泗水)[45] 가에 주둔시키고 노나라의 국경을 바로잡았다. 이에 곽수(漷水)[46] 이북에 있는 주(邾)나라 땅을 모두 노나라에 돌려주었다. 얼마 후 진평공이 먼저 귀국했다.

노양공이 진나라의 6경을 위해 포포(蒲圃: 노나라 동문 밖에 위치)에서 향례를 베풀었다. 그 자리에서 6경에게 삼명지복(三命之服: 卿의 관복)을 하사하고 군위(軍尉)와 사마, 사공, 여위(輿尉), 후엄(候奄) 등에게는 일명지복(一命之服: 대부의 예복)을 하사했다. 특히 순언에게는 속금(束錦: 채색 비단 5필)에 옥벽(玉璧)을 더하고 승마(乘馬: 4

---

45) 산동성 사수현 배미산의 네 곳에서 동시에 발원해 노나라 도성인 곡부성의 북쪽을 흐른다.
46) 남사하(南沙河)로, 산동성 등현 동북쪽의 술산(述山)에서 발원해 노나라와 주나라의 경계를 흐른다. 주(邾)나라는 곽수의 남쪽에 위치하면서 전지(田地)는 북쪽에 있었다.

필의 말)도 선사했다. 얼마 후 다시 오왕 수몽(壽夢)이 선물한 동정(銅鼎)도 그에게 주었다.

순언은 귀국하는 도중 단저(癉疽: 머리 뒤쪽에 튀어나온 玉枕에 생긴 종기)가 나타나더니 점차 머리의 옹저(癰疽: 종양)로 커졌다. 황하를 건너 저옹(著雍: 하북성의 옛 하간부 경계)에 이르렀을 때 병세가 악화되어 안구가 앞으로 튀어나왔다. 이에 먼저 돌아갔던 대부들이 모두 되돌아왔다.

이때 순언은 사개가 만나기를 요청했으나 안으로 들이지 않았다. 사개가 후계자를 지명해 달라고 청하자 순언은 자신의 아들 정생(鄭甥: 荀吳로, 생모가 정나라 출신이어서 '정생'으로 불린 것임)을 천거했다.

2월 19일, 순언이 죽었다. 그는 눈을 부릅뜬 채 입을 꾹 다문 모습으로 죽었다. 이에 함(含: 사자의 입에 구슬을 물리는 일)을 할 수가 없었다. 범선자(范宣子: 사개)가 손을 씻고 나서 시신을 쓰다듬으며 말했다.

"순오를 섬기는 것이 어찌 감히 그대를 섬길 때와 다를 수 있겠습니까."

그러나 순언은 눈을 감지 않았다. 그러자 난회자(欒懷子: 난영)가 말했다.

"제나라에 관한 일이 아직 끝나지 않았기 때문입니까?"

그러고는 다시 시신을 쓰다듬으며 말했다.

"그대가 사거(死去)한 후 제나라에 관한 일을 계속하여 매듭짓지 않는 자가 있으면 큰 벌을 받을 것이오. 유여하(有如河).[47]"

순언이 비로소 눈을 감으며 함을 받아들였다. 이에 범선자가 밖으로 나와 자탄했다.

"대장부로서 나는 얼마나 천박한가."

이때 진나라 대부 난방(欒魴: 난씨의 일족)이 군사를 이끌고 위나라

---

47) 이는 황하와 같이 명백하다는 뜻이나, 하신(河神)이 이를 증명한다로 풀이하기도 한다.

의 손문자를 따라가 제나라를 쳤다.

이에 노나라의 계무자가 진나라로 가 출병에 대해 배사했다. 진평공이 그를 위해 향례를 베풀었다. 이 자리에서 진나라의 집정대부 범선자가 『시경』 「소아·서묘(黍苗)」의 시를 읊었다.[48] 계무자가 자리에서 일어나 재배계수하며 말했다.

"소국이 대국을 우러러보는 것은 백곡(百穀)이 땅을 기름지게 해줄 비를 바라는 것과 같습니다. 만일 대국이 늘 은혜를 베푼다면 천하가 화목해질 것이니 어찌 폐읍 하나만 혜택을 보겠습니까."

그러고는 『시경』 「소아·유월(六月: 천자를 도와 정벌에 나서는 내용)」의 시를 읊었다.

이때 계무자가 제나라와 싸워서 얻은 무기들을 녹여 임종(林鐘: 오음계의 '林鐘' 소리가 나는 종)을 만든 뒤 겉에다 노나라의 무공을 새겨 넣었다. 이를 두고 장무중이 계손숙에게 말했다.

"이는 예에 어긋나는 일입니다. 무릇 명문(銘文)은 천자의 미덕과 제후의 시의에 맞는 활동과 공적, 대부가 세운 무공 등을 새겨넣는 것입니다. 지금 무공을 새겨넣는 것은 군주를 낮추는 것입니다. 무공으로 말하면 남의 힘을 빌린 것이고 시기로 말한다면 백성들의 생업에 지장이 많았습니다. 그러니 무엇을 가지고 명문을 새긴다는 것입니까. 대국이 소국을 치면 전리품으로 이기(彝器: 종묘에서 사용하는 禮器)를 만든 뒤 거기에 그 공을 새겨넣어 자손에게 보입니다. 이는 밝은 덕을 선양하고 무례한 자를 징계하기 위한 것입니다. 그런데 우리는 남의 힘을 빌려 죽을 고비를 넘기고 어찌 이를 명문으로 남겨둔다는 것입니까. 설령 소국이 요행히 대국을 이겼을지라도 노획한 전리품을 널리 드러내 그들을 노하게 만들면 이는 오히려 멸망으로 나아가는 것입니다."

十九年春, 齊侯還自沂上, 盟于督揚, 曰 "大毋侵小." 執邾悼公, 以其

---

[48] 이 시는 때맞추어 내리는 우로(雨露)의 고마움을 노래한 것으로 노양공의 공로를 칭송한 것이다. 그러나 두예는 계무자가 진평공을 칭송하기 위해 이 시를 지은 것으로 풀이했다.

伐我故. 遂次于泗上, 疆我田. 取邾田, 自漷水歸之于我. 晉侯先歸. 公享晉六卿于蒲圃, 賜之三命之服. 軍尉·司馬·司空·輿尉·候奄, 皆受一命之服. 賄荀偃束錦·加璧·乘馬, 先吳壽夢之鼎. 荀偃癉疽, 生瘍於頭. 濟河, 及著雍, 病, 目出. 大夫先歸者皆反. 士匄請見, 弗內. 請後, 曰"鄭甥可." 二月甲寅, 卒而視, 不可含. 宣子盥而撫之曰"事吳敢不如事主." 猶視. 欒懷子曰"其爲未卒事於齊故也乎." 乃復撫之曰"主苟終, 所不嗣事于齊者, 有如河." 乃瞑, 受含. 宣子出, 曰"吾淺之爲丈夫也." 晉欒鱄帥師從衛孫文子伐齊. 季武子如晉拜師, 晉侯享之. 范宣子爲政, 賦「黍苗」. 季武子興, 再拜稽首曰"小國之仰大國也, 如百穀之仰膏雨焉. 若常膏之, 其天下輯睦, 豈唯敝邑." 賦「六月」. 季武子以所得於齊之兵, 作林鐘而銘魯功焉. 臧武仲謂季孫曰"非禮也. 夫銘, 天子令德, 諸侯言時計功, 大夫稱伐. 今稱伐則下等也, 計功則借人也, 言時則妨民多矣, 何以爲銘. 且夫大伐小, 取其所得以作彝器, 銘其功烈以示子孫, 昭明德而懲無禮也. 今將借人之力以救其死, 若之何銘之. 小國幸於大國, 而昭所獲焉以怒之, 亡之道也."

●제영공이 노나라에서 부인을 맞이하여 안의희(顔懿姬: 모친의 성은 '안', 시호는 '의')로 불렀다. 그러나 그녀에게는 아들이 없었다. 이때 그녀의 질녀 종성희(鬷聲姬: 모친의 성은 '종', 시호는 '성')가 아들 광(光)을 낳았다. 이에 제영공이 그를 태자로 삼았다.

제영공의 제자(諸子: 여기서는 여러 첩을 의미) 중에 중자(仲子)와 융자(戎子)가 있었다. 이들은 모두 송나라 출신으로 제영공의 총애를 받았다. 중자가 아(牙)를 낳은 뒤 융자에게 양육을 부탁했다. 융자가 제영공에게 아를 태자로 삼아줄 것을 청하자 제영공이 이를 허락하려고 했다. 그러자 중자가 간했다.

"불가합니다. 상규(常規)를 폐하는 것은 상서롭지 못한 데다가 제후들을 거슬러 성사되기도 어렵습니다. 광은 태자가 되어 이미 제후들의 맹회에도 참여해 왔습니다. 이제 아무 이유도 없이 그를 폐하면 이는 전출(專黜: 전횡하며 제후들을 업신여김)하는 것입니다. 성사되기도 어려운 일로 상서롭지 못한 짓을 범하면 군주는 반드시 후회하게 될 것입니다."

그러나 제영공은 이같이 말했다.

"모든 것은 내가 하기 나름이오."

결국 제영공은 태자 광을 동쪽 변경으로 내보낸 뒤 고후를 아의 태부(太傅)로 임명하고 아를 태자로 삼았다. 이때 숙사위가 태자의 소부(少傅)가 되었다.

제영공이 병들자 최저(崔杼)가 은밀히 광을 맞아들였다. 제영공은 병이 위독해지자 광을 다시 태자로 내세웠다. 이에 광은 다시 태자의 자리에 오르자마자 융자를 죽인 뒤 그 시체를 조정에 늘어놓았다. 이는 예가 아니다. 원래 부인무형(婦人無刑: 형법 조항에는 여인만을 벌하는 조항이 없음)이다.[49] 설령 사형에 처하는 일이 있다 하더라도 그 시체를 조정이나 저자에 늘어놓는 일은 없다.

여름 5월 29일 그믐, 제영공이 세상을 떠났다. 이에 태자 광이 제장공(齊莊公)으로 즉위했다. 제장공은 즉위하자마자 공자 아를 체포해 구독지구(句瀆之丘: 산동성 하택현 북쪽)에 가두었다. 이때 제장공이 자신을 폐위시킨 인물로 숙사위를 주목하자 숙사위가 고당(高唐: 산동성 고당현 동쪽)으로 달아난 뒤 반기를 들었다. 이때 진나라의 사개가 제나라로 쳐들어와 곡(穀: 산동성 동아현 남쪽) 땅까지 이르렀다가 국상이 났다는 소식을 듣고는 이내 돌아갔다. 이는 예에 맞는 일이다.

4월 13일, 정나라의 공손 채가 죽었다. 이에 진나라 대부들에게 부음을 전했다. 진나라의 범선자가 진평공에게 부음을 전하면서 그가 진(秦)나라와의 교전 때 공을 세웠다고 보고했다. 6월, 진평공이 주영왕에게 포상을 청하자 주영왕이 공손 채에게 대로(大路: 천자가 卿 이상

---

49) '부인무형'은 형법에 여인은 남자의 거세형에 해당하는 궁형(宮刑)의 범죄를 범했을 경우에만 폐궁(閉宮)하도록 규정했을 뿐 나머지 범죄는 모두 남자의 형벌을 참조해 집행하도록 했다는 뜻을 담고 있다.

의 고관에게 하사한 수레)를 추사(追賜: 죽은 뒤에 하사함)해 장사지내 게 했다. 이는 예에 맞는 일이다.

가을 8월, 제나라의 최저가 고후를 쇄람(灑藍: 당시 임치성 밖)에서 죽이고 그의 가산을 차지했다. 이에 『춘추』는 이같이 썼다.

"제나라가 그 대부를 죽였다."

이는 고후가 군주의 혼암한 행동을 추종한 것을 책망한 것이다.

齊侯娶于魯, 曰顔懿姬, 無子. 其姪鬷聲姬, 生光, 以爲大子. 諸子仲子・戎子. 戎子嬖. 仲子生牙, 屬諸戎子. 戎子請以爲大子, 許之. 仲子曰 "不可. 廢常不祥, 間諸侯難. 光之立也, 列於諸侯矣. 今無故而廢之, 是專黜諸侯, 而以難犯不祥也. 君必悔之." 公曰 "在我而已." 遂東大子光. 使高厚傅牙以爲大子, 夙沙衛爲少傅. 齊侯疾, 崔杼微逆光, 疾病而立之. 光殺戎子, 尸諸朝, 非禮也. 婦人無刑. 雖有刑, 不在朝市. 夏五月壬辰晦, 齊靈公卒. 莊公卽位, 執公子牙於句瀆之丘. 以夙沙衛易己, 衛奔高唐以叛. 晉士匄侵齊及穀, 聞喪而還, 禮也. 於四月丁未, 鄭公孫蠆卒, 赴於晉大夫. 范宣子言於晉侯, 以其先於伐秦也. 六月, 晉侯請於王, 王追賜之大路, 使以行, 禮也. 秋八月, 齊崔杼殺高厚於灑藍, 而兼其室. 書曰 "齊殺其大夫", 從君於昏也.

●정나라의 집정대부 자공이 국정을 전단(專斷)하자 나라 사람들이 크게 우려했다. 이에 지난날의 서궁지난(西宮之難: 노양공 10년에 일어난 尉止의 난)과 순문지사(純門之師: 노양공 18년에 초나라 군사가 순문을 공격한 사건)에 대한 죄책을 성토하게 되었다. 자공은 죄책에 연루된 사실이 드러나자 자신의 갑사를 비롯해 자혁(子革: 자공의 동복형인 자연의 아들)과 자량(子良: 자공의 이복 동생인 사자공의 아들)이 보유한 갑사를 모두 불러들여 방어에 나섰다.

8월 11일, 자전과 자서가 국인(國人)들을 이끌고 가 자공을 죽이고 그의 가산을 나누어 가졌다. 이에 『춘추』는 이같이 썼다.

"정나라가 그 대부를 죽였다."

이는 자공의 전횡을 책망한 것이다.

본래 자연(子然: 정목공의 아들로 자혁의 부친)과 자공은 송자(宋子: 정목공의 첩으로 송나라 출신)가 낳은 아들이다. 사자공(士子孔: 정목공의 아들로 자량의 부친)은 규규(圭嬀: 圭나라에서 시집온 정목공의 첩 嬀氏)의 소생이다. 규규의 반열은 송자의 다음이었는데 두 사람은 서로 매우 친했다. 이에 자공과 사자공 또한 서로 매우 가깝게 지냈다.

정희공(鄭僖公) 4년(노양공 6년에 해당)에 자연이 죽고 정간공(鄭簡公) 원년(元年: 노양공 8년에 해당)에 사자공이 죽자 자공은 두 사람의 아들인 자혁 및 자량의 집안을 도와주며 한 집안같이 지냈다. 이로 인해 이들 모두 화난을 당했던 것이다. 당시 자혁과 자량은 초나라로 달아났는데 자혁은 초나라의 우윤이 되었다. 이에 정나라 사람들은 자전에게 국정을 맡기고 자서에게 정무를 보게 하는 한편 자산을 경으로 삼았다.

이때 제나라 대부 경봉(慶封)이 고당을 포위했으나 공략하지 못했다. 겨울 11월, 제장공이 다시 고당을 포위한 뒤 숙사위가 성벽 위에 있는 것을 보고 큰소리로 부르자 아래로 내려왔다. 제장공이 수비 상황을 묻자 숙사위는 특별한 방비가 없다고 고했다. 그러고는 곧 읍(揖)을 한 뒤 다시 성 위로 올라갔다. 숙사위는 제나라 군사가 곧 성벽을 공격할 것이라는 말을 듣고 결전을 독려하기 위해 음식을 내어 고당 사람들을 배불리 먹였다.

이에 식작(殖綽)과 공루(工僂)가 밤에 은밀히 만나 밧줄을 타고 성 아래로 내려가 제나라 군사를 성 안으로 끌어들였다. 이에 숙사위는 살해당한 뒤 군중에서 소금에 절여졌다.

이때 노나라가 도성의 서쪽 외곽에 성을 쌓았다. 이는 제나라를 두려워했기 때문이다.

제나라가 진나라에 강화를 청해 마침내 대수(大隧: 산동성 고당현)에서 결맹했다. 이에 노나라의 목숙(穆叔)이 진나라의 범선자(范宣子)와 가(柯: 하남성 내황현 동북쪽) 땅에서 만나게 되었다. 이때 목숙이 숙향(叔向)을 만나 『시경』「용풍·재치(載馳: 대국을 끌어들여 보위하는 내용임)」의 제4장을 읊자 숙향이 말했다.

"제가 어찌 감히 명을 접수하지 않겠습니까."

그러자 목숙이 노나라로 돌아와 말했다.

"제나라가 아직 진공을 멈춘 것이 아니니 안심할 수 없다."

그러고는 곧 무성에 성을 쌓았다. 이때 위나라의 석공자(石共子: 석매)가 죽었다. 그의 아들 도자(悼子: 石惡)가 슬픈 기색을 보이지 않았다. 그러자 위나라의 경(卿)인 공성자(孔成子: 孔烝鉏)가 이같이 비판했다.

"이를 두고 '궐본'(蹶本: 뿌리를 뽑는다는 뜻으로, 拔本과 같음)이라고 하는 것이다. 그는 반드시 가문을 보전하지 못할 것이다."

鄭子孔之爲政也專. 國人患之, 乃討西宮之難與純門之師. 子孔當罪, 以其甲及子革·子良氏之甲守. 甲辰, 子展·子西率國人伐之, 殺子孔而分其室. 書曰"鄭殺其大夫."專也. 子然·子孔, 宋子之子也. 士子孔, 圭嬀之子也. 圭嬀之班亞宋子, 而相親也. 士子孔亦相親也. 僖之四年, 子然卒. 簡之元年, 士子孔卒. 司徒孔實相子革·子良之室, 三室如一, 故及於難. 子革·子良出奔楚, 子革爲右尹. 鄭人使子展當國, 子西聽政, 立子産爲卿. 齊慶封圍高唐, 弗克. 冬十一月, 齊侯圍之, 見衛在城上, 號之, 乃下. 問守備焉, 以無備告. 揖之, 乃登. 聞師將傳, 食高唐人. 殖綽·工僂會夜縋納師, 醢衛于軍. 城西郛, 懼齊也. 齊及晉平, 盟于大隧. 故穆叔會范宣子于柯. 穆叔見叔向, 賦「載馳」之四章. 叔向曰 "肸敢不承命." 穆叔歸曰 "齊猶未也, 不可以不懼." 乃城武城. 衛石共子卒, 悼子不哀. 孔成子曰 "是謂蹶其本, 必不有其宗."

20년(기원전 553)

20년 봄 주력(周曆) 정월 신해, 중손속(仲孫速)이 거나라 사람과 만나 상(向)에서 결맹했다. 여름 6월 경신, 공이 진후·제후·송공·위후·정백·조백·거자·주자·등자·설백·기백·소주자와 전연(澶淵)에서 결맹했다. 가을, 공이 모임에서 돌아왔다. 중손속이 군사를 이끌고 가 주나라를 쳤다. 채나라가 그 대부 공자 섭(爕)을 죽였다. 채나라 공자 이(履)가 초나라로 망명했다. 진후(陳侯)의 아우 황(黃)이 초나라로 망명했다. 숙로가 제나라로 갔다. 겨울 10월 병진삭(朔), 일식이 있었다. 계손숙이 송나라로 갔다.

二十年春王正月辛亥, 仲孫速會莒人, 盟于向. 夏六月庚申, 公會晉侯齊侯宋公衛侯鄭伯曹伯莒子邾子滕子薛伯杞伯小邾子, 盟于澶淵, 秋, 公至自會. 仲孫速帥師, 伐邾. 蔡殺其大夫公子爕, 蔡公子履出奔楚. 陳侯之弟黃出奔楚, 叔老如齊. 冬十月丙辰朔, 日有食之, 季孫宿如宋.

● 20년 봄, 노나라가 거나라와 강화했다. 맹장자가 거나라 사람과 상(向: 본래는 거나라에 멸망한 나라 이름으로 산동성 거현 남쪽에 위치) 땅에서 결맹했다. 이는 독양지맹(督揚之盟: 노양공 19년)에 따른 것이었다. 여름, 노양공이 진평공과 제장공, 송평공, 위상공, 정간공, 조성공, 거자 이비공, 주도공, 등성공, 설백, 기효공, 소주목공 등과 함께 위나라의 전연(澶淵: 하남성 복양현 서북쪽)에서 결맹했다. 이는 제나라와 강화가 이루어진 데 따른 것이다.

노나라는 주(邾)나라가 자주 침공해 왔지만 제후들과의 회맹 등으로 인해 보복할 수가 없었다. 가을, 맹장자가 군사들을 이끌고 가 주나라를 쳐 보복했다.

채나라의 공자 섭(爕: 채장공의 아들 사마 섭)이 초나라를 배반하고 진나라에 친부하려고 하자 채나라 사람들이 그를 죽였다. 이에 공자 섭의 동복 동생인 공자 이(履)는 공모한 혐의를 받게 되자 이내 초나라로 달아났다. 당시 진(陳)나라 대부 경호(慶虎)와 경인(慶寅)은 공자 황(黃: 陳哀公의 동생)의 핍박이 있을까 크게 두려워했다. 이에 초나라에 공자 황을 무함했다.

"공자 황이 채나라의 사마(司馬: 공자 섭)와 함께 진나라에 친부하고자 모의했습니다."

초나라 사람이 이를 사실로 믿고 진(陳)나라를 문책하려고 하자 공자 황이 초나라로 도망쳐왔다. 당초 채문공(蔡文公: 채장공의 아들 申)은 진나라를 섬길 생각으로 이같이 말한 바 있다.

"선군이 천토지맹(踐土之盟: 노희공 28년)에 참여했으니 진나라는 버릴 수 없다. 더구나 진나라는 우리와 성씨가 같은 형제지국이기도 하다."

그러나 채문공은 초나라를 두려워한 나머지 결국 진나라에 친부하는 일을 실천에 옮기지 못하고 죽었다. 당시 초나라의 채나라에 대한 사역은 일정한 기준이 없었다. 이에 공자 섭은 선군의 유지를 좇아 진나라를 가까이하여 채나라를 이롭게 하려다가 뜻을 이루지 못하고 죽은 것이다. 『춘추』에 '채나라가 그 대부인 공자 섭을 죽였다'고 쓴 것은 공자 섭이 채나라 백성들과 뜻을 함께하지 못했음을 말한 것이다. 또 『춘추』에 '진후(陳侯: 진애공)의 동생 황이 초나라로 달아났다'고 쓴 것은 그의 죄가 아님을 밝힌 것이다. 당시 공자 황은 달아나기에 앞서 도성 안에서 이같이 외친 바 있다.

"경씨들이 무도하여 전횡을 일삼으려고 한다. 그들은 포학하기 그지없는 데다가 군주를 멸시하여 군주의 친족을 제거하려고 한다. 만일 그들이 5년 이내에 패망하지 않으면 천도(天道)는 없는 것이다."

二十年春, 及莒平. 孟莊子會莒人, 盟于向, 督揚之盟故也. 夏, 盟于澶淵, 齊成故也. 邾人驟至, 以諸侯之事, 弗能報也. 秋, 孟莊子伐邾以報之. 蔡公子燮欲以蔡之晉, 蔡人殺之. 公子履, 其母弟也, 故出奔楚. 陳慶虎·慶寅畏公子黃之偪, 愬諸楚曰 "與蔡司馬同謀." 楚人以爲討, 公子黃出奔楚. 初, 蔡文侯欲事晉, 曰 "先君與於踐土之盟, 晉不可棄, 且兄弟也." 畏楚, 不能行而卒. 楚人使蔡無常, 公子燮求從先君以利蔡, 不能而死. 書曰 "蔡殺其大夫公子燮." 言不與民同欲也. "陳侯之弟黃出奔楚", 言非其罪也. 公子黃將出奔, 呼於國曰 "慶氏無道, 求專陳國, 暴蔑其君, 而去其親, 五年不滅, 是無天也."

●노나라는 노양공 시대에 들어와 제자(齊子: 숙로)가 처음으로 제나라를 빙문함으로써 제나라와 다시 교통하기 시작했다. 이는 예의에 맞는 일이다.

겨울, 노나라의 계무자가 송나라에 보빙차 갔다. 이는 송나라 대부 상술(向戌)의 빙문에 보답하기 위한 것이었다. 이때 송나라 대부 저사단(褚師段: 共公의 아들 子石으로 원래 '저사'는 송나라의 관직명임)이 제자를 맞이해 송평공이 베푸는 향례에 참석하게 했다. 계무자가 그 자리에서 『시경』「소아·상체(常棣: 형체처럼 화친하는 내용임)」의 제7장과 졸장(卒章: 마지막 장)을 읊었다. 그러자 송나라 사람들이 그에게 매우 많은 선물을 주었다.

계무자가 노나라로 돌아와 노양공에게 복명하자 노양공이 그의 노고를 위로하기 위해 향례를 베풀었다. 이에 계무자가 『시경』「소아·어리(魚麗: 때맞추어 사행을 간 것을 노래한 내용임)」를 읊자 노양공이 『시경』「소아·남산유대(南山有臺: 사직지신을 칭송한 내용임)」를 읊었다. 그러자 계무자가 자리에서 일어나 말했다.

"저는 그 시를 감당할 수 없습니다."

이때 위나라의 영혜자(甯惠子: 영식)가 병이 들었다. 영혜자가 곧 아들 도자(悼子: 甯喜)를 불러 말했다.

"나는 군주에게 득죄하여 이제 후회해도 소용없다. 내 이름이 제후국들의 책서(策書)에 '손림보와 영식이 그의 군주를 내쫓았다'고 실려 있다. 그러나 앞으로 군주가 귀국하면 내 죄는 덮어질 수 있다. 만일 네가 그 죄를 덮을 수 있으면 너는 내 아들이다. 그렇지 못하면 나는 죽어서 귀신이 된 뒤 차라리 굶주리고 말 것이다. 너의 제물(祭物)을 받아먹지 않을 것이다."

영희(甯喜: 도자)가 응답하자 영혜자가 마침내 숨을 거두었다.

齊子初聘于齊, 禮也. 冬, 季武子如宋, 報向戌之聘也. 褚師段逆之以受享, 賦「常棣」之七章以卒. 宋人重賄之. 歸復命, 公享之, 賦「魚麗」之卒章. 公賦「南山有臺」. 武子去所曰 "臣不堪也." 衛甯惠子疾, 召悼子曰

"吾得罪於君, 悔而無及也. 名藏在諸侯之策, 曰 '孫林父·甯殖出其君.' 君入則掩之. 若能掩之, 則吾子也. 若不能, 猶有鬼神, 吾有餕而已, 不來食矣." 悼子許諾, 惠子遂卒.

21년(기원전 552)

21년 봄 주력(周曆) 정월, 공이 진나라로 갔다. 주나라의 서기(庶其)가 칠(漆)·여구(閭丘)를 들어 망명했다. 여름, 공이 진나라에서 돌아왔다. 가을, 진나라의 난영이 초나라로 망명했다. 9월 경술 삭(朔), 일식이 있었다. 겨울 10월 경진 삭(朔), 일식이 있었다. 조백이 내조했다. 공이 진후·제후·송공·위후·정백·조백·거자·주자와 상임(商任)에서 만났다.

二十一年春王正月, 公如晉. 邾庶其以漆閭丘來奔. 夏, 公至自晉. 秋, 晉欒盈出奔楚. 九月庚戌朔, 日有食之. 冬十月庚辰朔, 日有食之. 曹伯來朝. 公會晉侯齊侯宋公衛侯鄭伯曹伯莒子邾子于商任.

●21년 봄, 노양공이 진나라로 갔다. 이는 노나라를 위해 출병한 일과 주(邾)나라의 땅을 베어준 일을 배사하기 위한 것이었다. 이때 주나라 대부 서기(庶其)가 자국의 칠(漆: 산동성 추현 북쪽)과 여구(閭丘: 산동성 추현 남쪽) 땅을 들어 노나라로 도망쳤다. 이에 계무자가 공고자(公姑姉: 노양공의 고모를 지칭)[50]를 서기에게 주어 아내로 삼게 하고 그의 종자들에게도 재화를 나누어주었다. 이때 노나라에는 도적이 매우 많았다. 이에 계손숙(季孫宿)이 장무중에게 말했다.

"그대는 어찌해서 도적을 단속하지 않는 것이오?"
"도적을 모두 단속할 수 없습니다. 나는 그런 능력이 없습니다."

---

50) 두예는 '공고자'를 '공고'와 '공자'의 통칭으로 보아 '노양공의 고모와 누나로 해석했으나 이는 잘못이다.

"우리 나라는 4봉(四封: 사방의 국경)을 지키는 관서가 있어 도적을 단속하고 있는데 무슨 까닭으로 할 수 없다는 것이오? 그대는 사구(司寇)가 되어 마땅히 도적을 없애는 데 진력해야 하는 데 어찌하여 능력이 없다고 하는 것이오?"

"그대가 외도(外盜: 주나라 대부 서기를 지칭)를 불러들여 크게 예우하는데 어떻게 국내의 도적을 막는단 말입니까. 그대는 나라의 정경으로 외국의 도적을 불러들이고 나에게 국내의 도적을 제거하라고 하니 무엇으로 이를 이룰 수 있겠습니까. 서기가 주나라의 고을을 훔쳐 가지고 왔는데도 그대는 희씨로써 아내를 삼게 하고 채읍을 준 데다 그의 종자들에게도 재화를 나눠주었습니다. 만일 대도(大盜)를 예우하여 군주의 고모를 아내로 맞이하게 하여 큰 고을을 채읍으로 주고, 그 밑에 있는 자에게 조목(皁牧: 노복)[51]과 거마를 주고, 다시 그 아래에 있는 자에게까지 의복과 패검(佩劍)을 주었으니 이는 도적에게 상을 주는 일입니다. 밖에서 온 도적에게 상을 주면서 국내의 도적을 없애려 한다면 이는 어려운 일입니다. 내가 듣건대 '윗자리에 있는 자는 자신의 마음을 깨끗이 하여 한결같이 사람을 대하고, 법도를 지켜 사람들의 신망을 사고, 그것이 밝게 증명이 된 뒤라야 사람을 다스릴 수 있다'고 했습니다. 윗사람의 행동은 백성의 모범이 되어야 합니다. 윗사람이 하지 않는 것을 백성 중 어떤 사람이 이를 행하여 형벌을 가한다면 백성들이 감히 경계하지 않을 수 없을 것입니다. 그러나 만일 윗사람이 하면 백성도 이를 좇아 하게 되니 이는 필연적인 추세입니다. 그러니 어찌 능히 금할 수 있겠습니까. 『서경』「하서」(夏書: 다음 내용은 실전)에 이르기를, '어떤 일을 하고자 하면 마음이 그 일에 있고, 하지 않고자 할 때도 마음이 그 일에 있고, 명하고자 할 때도 마음이 그 일에 있고, 진실로 추진하고자 할 때도 마음이 그 일에 있으니, 오직 천제(天帝)만이

---

51) '조목'은 원래 조(皁)·여(輿)·례(隸)·료(僚)·복(僕)·대(臺)·어(圉)·목(牧) 등의 8가지 천역(賤役)을 통칭한 말이다.

그 공을 기억할 것이다'라고 했습니다. 이는 스스로 한결같아야 함을 이른 것입니다. 성신(誠信)은 자신이 한결같은 후에야 가능한 것이니 이때야 비로소 공을 생각할 수 있는 것입니다."

서기는 주나라의 경이 아니었다. 땅을 들어 노나라에 왔으면 비록 미천한 신분이라도 반드시 『춘추』에 그의 이름을 쓰는 것이다. 이는 땅을 중히 여기기 때문이다.

二十一年春, 公如晉, 拜師及取邾田也. 邾庶其以漆·閭丘來奔. 季武子以公姑姊妻之, 皆有賜於其從者. 於是魯多盜. 季孫謂臧武仲曰 "子盍詰盜." 武仲曰 "不可詰也, 紇又不能." 季孫曰 "我有4封, 而詰其盜, 何故不可. 子爲司寇, 將盜是務去, 若之何不能." 武仲曰 "子召外盜而大禮焉, 何以止吾盜. 子爲正卿而來外盜, 使紇去之, 將何以能. 庶幾竊邑於邾以來, 子以姬氏妻之, 而與之邑, 其從者皆有賜焉. 若大盜禮焉以君之姑姊與其大邑, 其次皁牧輿馬, 其小者衣裳劍帶, 是賞盜也. 賞而去之, 其或難焉. 紇也聞之, 在上位者, 洒濯其心, 壹以待人, 軌度其信, 可明徵也, 而後可以治人. 夫上之所爲, 民之歸也. 上所不爲而民或爲之, 是以加刑罰焉, 而莫敢不懲. 若上之所爲而民亦爲之, 乃其所也, 又可禁乎.「夏書」曰 '念玆在玆, 釋玆在玆, 名言玆在玆, 允出玆在玆, 惟帝念功.' 將謂由己壹也. 信由己壹, 而後功可念也." 庶其非卿也, 以地來, 雖賤必書, 重地也.

●제장공이 최저의 무리인 경좌(慶佐)를 대부로 삼은 뒤 다시 공자 아(牙)의 무리를 토벌하여 공자 매(買)를 구독지구(句瀆之丘)에 잡아 가두었다. 이에 공자 서(鉏)는 노나라, 숙손선(叔孫還)은 연나라로 달아났다.

여름, 초나라 영윤 자경(子庚: 공자 오)이 죽자 초강왕이 위자빙(薳子馮)을 영윤으로 삼았다. 그러자 위자빙이 영윤을 맡는 것이 어떤지를 묻기 위해 대부 신숙예(申叔豫: 申叔時의 손자로 申叔跪의 아들)를 사적으로 방문했다. 이에 신숙예가 말했다.

"나라에는 총신이 많은 데다가 왕 또한 어리니 나라의 정사를 제대로 보기가 어려울 것입니다."

위자빙이 이 말을 듣고 질사(疾辭: 병을 칭해 사퇴함)했다. 이때는 마침 한여름이었다. 위자빙이 지하실을 파고 그 안에 얼음을 채워넣은 뒤 몸에는 두 겹의 비단 옷과 가죽 옷을 껴입고 침상 위에 누워 음식을 조금씩 먹었다. 초강왕이 의원을 보냈는데 그가 돌아와 말했다.

"수척해지기는 했으나 혈기는 이상이 없습니다."

이에 초강왕이 자남(子南: 초장왕의 아들 공자 追舒)을 영윤으로 삼았다.

齊侯使慶佐爲大夫, 復討公子牙之黨, 執公子買于句瀆之丘. 公子鉏來奔. 叔孫還奔燕. 夏, 楚子庚卒, 楚子使薳子馮爲令尹. 訪於申叔豫, 叔豫曰 "國多寵而王弱, 國不可爲也." 遂以疾辭. 方暑, 闕地下冰而牀焉. 重繭衣裘, 鮮食而寢. 楚子使醫視之, 復曰 "瘠則甚矣, 而血氣未動." 乃使子南爲令尹.

●진나라 대부 난환자(欒桓子: 난염)는 범선자(范宣子: 사개)의 딸을 아내로 삼아 회자(懷子: 欒盈)를 낳았다. 범앙(范鞅: 범선자의 아들 사앙)은 노양공 14년 당시 천연지역(遷延之役)으로 인해 난염의 핍박을 받고 진(秦)나라로 망명했던 일을 잊지 않았다. 그는 난씨를 원망하고 있었기 때문에 난영과 함께 공족대부가 되었으나 서로 친할 수가 없었다.

난환자가 죽자 그의 아내 난기(欒祁: 범선자의 딸)가 실로(室老: 가신의 우두머리) 주빈(州賓)과 사통했다. 이에 주빈이 난씨의 가산을 거의 침탈하게 되었다. 난회자가 이를 근심하자 모친 난기는 난회자로부터 추궁당할까 두려워한 나머지 부친 범선자에게 이같이 무함했다.

"난영이 장차 작란(作亂)하려고 합니다. 그는 범씨가 난염을 죽게 만들고 국정을 전횡하려 한다고 생각하고 있습니다. 그가 말하기를, '내 부친은 범앙이 죄를 범해 추방한 것이다. 범앙이 돌아왔을 때 그에 대해 노하지 않았을 뿐만 아니라 총신(寵信)으로 보답했다. 또 나와 같은 직급의 벼슬을 시켜 전단(專斷)하게 했다. 그런데 그는 나의 부친이 돌아가시자 더욱 부유해졌다. 나아가 나의 부친을 돌아가시게 만들어 국정을 전횡하고 있다. 오직 한 번 죽을 뿐이니 나는 그들을 따를 수 없다'라고 했습니다. 그의 음모가 이와 같으니 아버님을 해칠까 두렵습니다. 저는 이 사실을 감히 말씀드리지 않을 수 없습니다."

이에 범앙은 그녀를 위해 증인으로 나섰다. 당시 회자는 남에게 은혜 베풀기를 좋아했다. 이로 인해 많은 선비들이 그를 따랐다. 범선자는 이를 두려워하여 딸의 말을 믿었다. 회자는 하경(下卿: 6경 밑에 있는 고관으로 곧 하군의 부장)으로 있었다. 범선자는 그에게 저(著: 위치 미상) 땅에 성을 쌓게 하고는 이내 그를 추방했다.

가을, 난영이 초나라로 달아났다. 그러자 범선자는 기유(箕遺)와 황연가보(黃淵嘉父), 사공정(司空靖), 병예(邴豫), 동숙(董叔), 병사(邴師), 신서(申書), 양설호(羊舌虎: 숙향의 동생), 숙비(叔羆) 등 난영의 무리를 잡아 죽였다. 또 백화(伯華: 양설적)와 숙향(叔向: 양설힐), 상군 사마 적언(籍偃) 등을 난영의 음모와 연루되었다는 혐의로 잡아 가두었다. 이때 어떤 사람이 숙향에게 말했다.

"그대가 죄에 걸린 것은 총명하지 못했기 때문이오."

이는 범씨와 가까이 지내지 않은 것을 탓한 것이다. 그러자 숙향이 이같이 응대했다.

"그래도 수금(囚禁)된 것이 죽는 것보다는 낫지 않겠소? 『시』(詩)에 이르기를, '그대는 한가하고 유유자적하니 이같이 여유 있게 세월을 보내도록 하라'고 했소.[52] 이것이 바로 총명한 것이 아니겠소?"

이때 대부 악왕부(樂王鮒: 樂桓子)가 숙향을 보고 말했다.

"내가 그대를 위해 사면을 청하겠소."

---

52) 이 시는 실전된 것으로 『시경』 「소아·채숙」의 졸장에 유사한 구절이 있기는 하나 뜻은 같지 않다.

그러나 숙향은 아무런 대답도 하지 않고 악왕부가 나갈 때 인사도 하지 않았다. 주변 사람들이 모두 나무라자 숙향이 말했다.

"틀림없이 기대부(祁大夫: 祁奚)가 나를 구해줄 것이오."

숙향의 실로(室老: 가신의 우두머리)가 이 말을 듣고 물었다.

"악왕부가 군주에게 말해 이루어지지 않은 일이 없습니다. 그가 그대를 위해 사면을 청하겠다고 했는데도 아무런 응답도 하지 않았습니다. 이는 기대부가 할 수 있는 일이 아닙니다. '반드시 기대부가 구해줄 것이다'라고 한 것은 무슨 까닭입니까?"

"악왕부는 군주의 비위를 맞추는 사람이오. 그러니 그가 어떻게 나를 사면받게 할 수 있겠소? 기대부는 종족 이외의 사람을 천거할 때에는 원수일지라도 버리지 않고 종족 내의 사람을 천거할 때에는 육친이라도 배제하지 않으니 그가 어찌 나만 홀로 버려두겠소? 『시경』「대아·억(抑)」에 이르기를, '정직한 덕행을 쌓자 사방의 나라들이 귀순하네'라고 했소. 그분이야말로 정직한 분이오."

마침 진평공이 숙향의 죄를 묻자 악왕부가 대답했다.

"그는 그의 육친을 버리지 않는 자이니 공모했을 공산이 큽니다."

이때 기해(祁奚)는 은퇴해 집에서 쉬고 있었다. 그러다가 숙향의 이야기를 듣고는 곧바로 일(馹: 역참용 傳車)을 타고 범선자를 찾아와 말했다.

"『시경』「주송·열문(烈文)」에 이르기를, '베푸는 은덕이 끝이 없으니 은덕을 입은 후손들이 영원히 이를 잊지 않네'라고 했소. 또 『서경』(書經) 「하서·윤정(胤征)」에 이르기를, '성유모훈(聖有謨勳: 어진 인물이 큰 계책으로 공을 세움)·명징정보(明徵定保: 성실한 믿음으로 몸을 보전함)'라고 했소. 국가대계를 세우면서 과실이 적고, 부지런히 사람들에게 은혜를 베푼 사람으로는 숙향을 들 수 있으니 그는 국가의 주석(柱石)이오. 설령 그의 10대 자손에 이르기까지 잘못이 있을지라도 이를 널리 용서해 그같이 유능한 사람이 되기를 권해야만 하오. 이제 숙향이 화를 당해 사직지신을 버리게 되면 이는 사람들을 곤혹스럽게 만드는 것이 아니겠소? 옛날에 곤(鯀)은 처형당했지만 그의 아들 우(禹)는 등용되었고 이윤(伊尹: 탕왕을 보좌한 명재상)은 태갑(大甲: 탕왕의 적장자)을 추방했지만 후에 다시 그를 보좌했소. 태갑은 이윤을 재상으로 삼아 시종 원망하는 기색을 보이지 않았소. 관숙(管叔)과 채숙(蔡叔: 관숙과 채숙 모두 주공의 형제)은 사형당했지만 주공(周公)은 조카인 성왕(成王)을 끝까지 잘 보좌했소. 어찌하여 양설호의 일로 인해 사직지신을 버리려고 하는 것이오? 그대가 선행을 행하면 누가 감히 선행에 힘쓰지 않겠소? 많은 사람을 죽여 무엇에 쓰겠소?"

범선자가 기해의 말을 듣고 크게 기뻐하며 그와 함께 수레를 타고 가 진평공을 만났다. 그러고는 좋은 말로 진평공을 설득해 숙향을 사면시켰다. 이때 기해는 숙향을 만나보지도 않고 곧바로 집으로 돌아갔고, 숙향 역시 기해에게 배사하지 않은 채 진평공을 찾아가 조현했다.

당초 숙향의 모친은 숙호(叔虎: 양설호) 모친의 미색을 질투한 나머지 남편의 시중을 들지 못하게 했다. 이에 자식들이 규간하자 숙향의 모친이 말했다.

"심산대택(深山大澤)에는 실로 용사(龍蛇)가 생장하는 법이다. 저 여인의 미색이 뛰어나니 틀림없이 용사와 같은 아들을 낳아 너희들에게 해를 끼칠까 두렵다. 너희들은 쇠퇴해 가는 가문의 사람들이다. 나라에는 총신들이 많은데 어질지 못한 사람이 중간에 끼어 이간질을 하면 너희들이 화를 피하기가 어렵지 않겠느냐. 그리 되면 내 어찌 통절해하지 않을 수 있겠느냐."

그러고는 곧 그 여자에게 시침(視寢: 侍寢과 같은 뜻으로, 남편의 잠자리를 보살핌)을 들게 했다. 그러자 그녀가 곧 숙호를 낳았다. 숙호는 용모가 뛰어난 데다가 용력(勇力)이 있었다. 이에 난회자(欒懷子: 난영)가 그를 매우 총애했다. 이로 인해 양설씨의 일족이 이번 사건에 화를 입게 된 것이다.

난영은 달아나던 중 왕기(王畿)를 지나게 되었다. 이때 왕기의 서쪽 변경 사람들이 그가 가진 물건을 약탈했다. 이에 난영이 주왕실의 사자에게 호소했다.

"천자의 배신(陪臣) 난영은 왕의 수신(守臣: '천자의 땅을 지키는 신하'라는 뜻으로, 범선자가 천자의 명을 받아 임명되었기 때문에 이같이 칭한 것임)에게 득죄하여 벌을 피해 달아나려던 중입니다. 그런데 천자의 교전(郊甸: 교외를 뜻하는 말로, '교'는 '郭外', '전'은 '郊外'를 뜻함)에서 거듭 득죄하여 이제는 몸을 숨길 곳조차 없게 되었습니다. 이에 감히 죽기를 무릅쓰고 상언합니다. 지난날 배신 난서(欒書)가 왕실을 위해 공을 세우자 천자가 그에게 은혜를 베풀었습니다. 그러자 그의 아들 난염(欒黶)은 그 아비의 공로를 보전하지 못했습니다. 천자가 만일 난서의 공을 잊지 않았다면 망신(亡臣: 망명길에 오른 신하) 또한 도망갈 길이 있을 것입니다. 만일 난서의 공을 잊고 난염의 죄만 생각한다면 배신은 본래 형륙(刑戮)을 당할 자의 자식이니 장차 귀국하여 위씨(尉氏: 간적을 토벌하는 관원으로, 곧 尉官)의 손에 죽을 것입니다. 그리 되면 다시는 감히 돌아오지 못할 것입니다. 감포사체(敢布四體: 감히 사지를 드러낸다는 뜻으로, 거리낌없이 직언함을 의미)하여 오직 대군(大君: 천자)의 명을 듣고자 할 뿐입니다."

이에 주영왕이 말했다.

"다른 사람이 잘못을 저질렀을 때 이를 본받는다면 그 잘못은 더욱 크다."

그러고는 사도(司徒)를 보내 난영의 물건을 약탈한 자들을 금압(禁壓)하여 물건을 돌려주게 했다. 또 후(候: 빈객을 송영하는 관원)를 보내 난영을 환원(轘轅: 산 이름으로, 하남성 공현과 등봉현 사이에 위치) 밖으로 송출하게 했다.

欒桓子娶於范宣子, 生懷子. 范鞅以其亡也, 怨欒氏, 故與欒盈爲公族大夫而不相能. 桓子卒, 欒祁與其老州賓通, 幾亡室矣. 懷子患之. 祁懼其討也, 愬諸宣子曰 "盈將爲亂, 以范氏爲死桓主而專政矣. 曰 '吾父逐鞅也, 不怒而以寵報之, 又與吾同官而專之, 吾父死而益富. 死吾父而專於國, 有死而已, 吾蔑從之矣.' 其謀如是, 懼害於主, 吾不敢不言." 范鞅爲之徵. 懷子好施, 士多歸之. 宣子畏其多士也, 信之. 懷子爲下卿, 宣子使城著而遂逐之. 秋, 欒盈出奔楚. 宣子殺箕遺・黃淵嘉父・司空靖・邴豫・董叔・邴師・申書・羊舌虎・叔羆, 囚伯華・叔向・籍偃. 人謂叔向曰 "子離於罪, 其爲不知乎." 叔向曰 "與其死亡若何.『詩』曰 '優哉游哉, 聊以卒歲', 知也." 樂王鮒見叔向曰 "吾爲子請." 叔向弗應. 出, 不拜. 其人皆咎叔向. 叔向曰 "必祁大夫." 室老聞之曰 "樂王鮒言於君無不行, 求赦吾子, 吾子不許. 祁大夫所不能也, 而曰 '必由之', 何也." 叔向曰 "樂王鮒, 從君者也, 何能行. 祁大夫外擧不棄讎, 內擧不失親, 其獨遺我乎.『詩』曰 '有覺德行, 四國順之.' 夫子覺者也." 晉侯問叔向之罪於樂王鮒, 對曰 "不棄其親, 其有焉." 於是祁奚老矣, 聞之, 乘馹而見宣子, 曰 "『詩』曰 '惠我無疆, 子孫保之.'『書』曰 '聖有謨勳, 明徵定保.' 夫謀而鮮過, 惠訓不倦者, 叔向有焉, 社稷之固也. 猶將十世宥之, 以勸能子. 今壹不免其身, 以棄社稷, 不亦惑乎. 鯀殛而禹興, 伊尹放太甲而相之, 卒無怨色. 管蔡爲戮, 周公右王. 若之何其以虎也棄社稷. 子爲善, 誰敢不免. 多殺何爲" 宣子說, 與之乘, 以言諸公而免之. 不見叔向而歸, 叔向亦不告免焉而朝. 初, 叔向之母妬叔虎之母美而不使, 其子皆諫其母. 其母曰 "深山大澤, 實生龍蛇. 彼美, 余懼其生龍蛇以禍女. 女敞族也. 國多大寵, 不仁人間之, 不亦難乎. 余何愛焉." 使往視寢, 生叔虎, 美而有勇力, 欒懷子嬖之, 故羊舌氏之族及於難. 欒盈過於周, 周西鄙掠之. 辭於行人曰 "天子陪臣盈, 得罪於王之守臣, 將逃罪. 罪重於郊甸, 無所伏竄, 敢布其死. 昔, 陪臣書能輸力於王室, 王施惠焉. 其子黶, 不能保任其父之勞. 大君若不棄書之力, 亡臣猶有所逃. 若棄書之力, 而思黶之罪, 臣黶餘也, 將歸死於尉氏, 不敢還矣. 敢布四體, 唯大君命焉." 王曰 "尤而效之, 其又甚焉." 使司徒禁掠欒氏者, 歸所取焉. 使候出諸轘轅.

●겨울, 조무공(曹武公: 조성공의 아들 滕)이 노나라에 내조했다. 이는 그가 즉위한 후 처음으로 노양공을 조현한 것이다. 노양공과 진평공, 제장공, 송평공, 위상공, 정간공, 조무공, 거자 이비공, 주도공이 상

임(商任: 은나라 舊墟 근방에 있어 이같은 이름이 붙은 것으로, 하남성 안양현에 위치)에서 만났다. 이는 난씨를 금고(禁錮)하기 위한 것이었다. 이때 제장공과 위상공의 태도가 불경스러웠다. 이에 진나라의 숙향이 말했다.

"두 군주는 반드시 화를 면치 못할 것이다. 제후들의 회맹과 천자에 대한 조현은 예의 규범이다. 예는 정사의 수레이고, 정사는 몸의 의탁처이다. 예를 게을리하면 실정(失政)하고, 실정하면 입신(立身)할 수 없다. 이로써 화란이 일어나는 것이다."

이때 진나라 대부 지기(知起)와 중항희(中行喜), 주작(州綽), 형괴(邢蒯) 등이 제나라로 달아났다. 이들 모두 난씨의 무리였다. 악왕부가 범선자에게 말했다.

"어찌하여 주작과 형괴를 돌아오게 하지 않는 것입니까. 그들은 용사들입니다."

"그들은 모두 난씨를 위한 용사였소. 내가 그들로부터 무엇을 얻을 수 있겠소?"

"그대가 그들을 난씨와 같이 대하면 그들 또한 그대의 용사가 될 것입니다."

제장공이 조정에서 제나라의 용사 식작(殖綽)과 곽최(郭最)를 가리키며 말했다.

"이 사람들은 나의 웅계(雄鷄: 수탉)요."

그러자 망명한 주작이 말했다.

"군주가 그들을 웅계라고 하니 누가 감히 그들을 웅계가 아니라고 하겠습니까. 불민하기는 하나 저는 평음지역(平陰之役: 노양공 18년 진나라와 제나라 간의 싸움)에서 저 두 사람보다 먼저 닭울음 소리를 냈습니다."

제장공이 용사의 작위를 만들어 식작과 곽최에게 주려고 하자 주작이 말했다.

"동려지역(東閭之役: 노양공 18년의 싸움)에서 저의 좌참(左驂: 전차를 끄는 왼쪽 밖의 말)이 통로가 좁아 성 안에서 반선(盤旋: 계속해서 같은 곳을 맴도는 것을 의미)할 때 저는 문짝의 철정(鐵釘) 수를 전부 헤아렸습니다. 이만하면 용사의 작위를 받을 만하지 않겠습니까.”

그러자 제장공이 말했다.

“당시 그대는 진군(晉君)을 위해 용감했던 것이오.”

주작이 반박했다.

“저는 복례(僕隷: 시종)가 된 지 얼마 안 됩니다. 그러나 저 두 사람을 금수에 비유해 말씀드리면, 저는 일찍이 저들의 살을 먹고 그 가죽을 깔고 잔 셈입니다.”

冬, 曹武公來朝, 始見也. 會於商任, 錮欒氏也. 齊侯·衛侯不敬. 叔向曰 “二君者, 必不免. 會朝, 禮之經也. 禮, 政之輿也. 政, 身之守也. 怠禮失政, 失政不立, 是以亂也. 知起·中行喜·州綽·邢蒯出奔齊, 皆欒氏之黨也. 樂王鮒謂范宣子曰 “盍反州綽·邢蒯, 勇士也.”宣子曰 “彼欒氏之勇也, 余何獲焉.”王鮒曰 “子爲彼欒氏, 乃亦子之勇也.”齊莊公朝, 指殖綽·郭最曰 “是寡人之雄也.”州綽曰 “君以爲雄, 誰可不雄. 然臣不敏, 平陰之役, 先二子鳴.”莊公爲勇爵, 殖綽·郭最欲與焉. 州綽曰 “東閭之役, 臣左驂迫還於門中, 識其枚數, 其可以與於此乎.”公曰 “子爲晉君也.”對曰 “臣爲隷新, 然二子者, 譬於禽獸, 臣食其肉而寢處其皮矣.”

22년(기원전 551)

22년 봄 주력(周曆) 정월, 공이 모임에서 돌아왔다. 여름 4월. 가을 7월 신유, 숙로가 졸했다. 겨울, 공이 진후·제후·송공·위후·정백·조백·거자·주자·설백·기백·소주자와 사수(沙隨)에서 만났다. 공이 모임에서 돌아왔다. 초나라가 그 대부 공자 추서(追舒)를 죽였다.

二十二年春王正月, 公至自會. 夏四月. 秋七月辛酉, 叔老卒. 冬, 公會晉侯齊侯宋公衛侯鄭伯曹伯莒子邾子薛伯杞伯小邾子于沙隨, 公至自會. 楚殺其大夫公子追舒.

● 22년 봄, 노나라의 장무중이 진나라로 가는 도중에 비가 내렸다. 이에 어읍(御邑: 산동성 운성현 동쪽)의 대부 어숙(御叔)을 찾아갔다. 이때 어숙은 자기의 봉읍(封邑)에 있었다. 그는 장차 술을 마시려고 하면서 말했다.

"장무중을 성인(聖人: 총명한 사람을 의미)이라고 하지만 장차 그 성인을 무엇에 쓸 것인가. 나는 술을 마시려고 하는데 그는 비를 무릅쓰고 가고 있다.[53] 그러니 총명하다 한들 무슨 소용이 있는가."

목숙(穆叔: 장무중)이 이 말을 전해 듣고 말했다.

"그는 사행(使行)을 맞을 생각도 하지 않고 오히려 교만하게 구니 국가의 좀일 뿐이다."

그러고는 그의 부세(賦稅)를 배로 올렸다.[54]

여름, 진나라가 정간공의 조현을 요구했다. 이에 정나라가 소정(少正: 정나라 卿의 관직) 공손 교(僑: 자산)를 보내 이같이 대답하게 했다.

"지난날 진도공 9년(노양공 9년)에 과군이 즉위했습니다. 즉위한 지 8개월에 우리의 선대부 자사(子駟)가 과군을 좇아 집사(執事: 여기서는 진평공을 지칭)를 조현했는데, 집사가 예로써 대하지 않자 과군이 두려워했습니다. 이로 인해 폐읍이 재위 2년 6월(노양공 9년)에 초나라를 찾아가고 진나라는 희지역(戲之役: 노양공 9년의 싸움)을 일으킨 것입니다. 당시 초나라는 매우 강대했지만 폐읍을 예로써 대했습니다. 폐읍은 집사를 따르고자 했으나 큰 잘못을 범할까 두려워했습니다. 게다가 '진나라는 정나라가 예의를 지키는 초나라에 공손치 못한 것으로

---

53) 본문에 나오는 '이기우행'(而己雨行)에서 '이기'(而己)를 앞 구절에 붙여 '이이'(而己)로 해석하는 견해도 있다. 이 경우 '나는 술을 마시려 할 뿐이다. 그런데 그는 비를 무릅쓰고 가고 있다'는 뜻이 된다. 문맥상 양쪽 다 통한다.
54) 당시의 부세는 수입의 3분의 1을 내게 되어 있었는데 3분의 2를 내게 했다는 뜻이다.

생각하고 있다'는 이야기마저 들려와 감히 초나라를 이반하지 못했던 것입니다. 재위 4년 3월(노양공 11년)에 선대부 자교(子蟜)가 과군을 따라 초나라로 가 관흔(觀釁: '틈을 살피다'는 뜻이나 초나라에 대한 조현을 의미)하자 진나라가 소어지역(蕭魚之役: 노양공 11년의 싸움)을 일으켰습니다. 이때 비유하여 질책하기를, '정나라는 진나라라는 초목에서 나오는 냄새와 같은데 어찌 감히 행동을 어긋나게 하는가'라고 했습니다. 이후 초나라는 점차 쇠약해졌고 과군은 토실(土實: 토산품)에 종기(宗器: 종묘의 기물)까지 더하여 동맹을 받아들였습니다. 이에 군신들을 이끌고 진나라로 가 집사를 따라 그해 말에 이루어진 맹회에 참석했던 것입니다. 또한 돌아와서는 초나라를 마음에 둔 대부 자후(子侯)와 석우(石盂)를 토벌했습니다. 격량지역(溴梁之役: 노양공 16년의 싸움)이 있던 다음해에 자교가 은퇴하자 대부 공손 하(夏: 자서)가 과군을 좇아 귀국의 군주를 조현했습니다. 이어 상주(嘗酎: 새로 숙성시킨 술을 맛보는 의례로, '酎'는 새로 숙성한 술을 의미) 때 만나고 제사에 참여해 번(燔: 祭肉을 뜻하는 말로 '燔'은 '膰'과 통함)을 나눠 먹었습니다. 간2년(間二年: '두 해를 거른 3년 후'라는 뜻으로 노양공 20년을 지칭)에 진나라 군주가 동하(東夏: 제나라를 지칭)를 안정시키려 한다는 이야기를 들었습니다. 이해 여름 4월, 또 귀국 군주를 조현하고 맹회의 날짜에 관한 지시를 받았습니다. 과군은 직접 조현치 못할 때에는 사자를 시켜 빙문하게 하지 않은 적이 없었고 전역(戰役)과 회맹(會盟)에 한 번도 빠진 적이 없었습니다. 그러나 대국의 정령이 무상해 나라가 곤핍한 지경에 빠진 데다가 뜻밖의 우환마저 계속 겹쳐 근심하지 않는 날이 단 하루도 없습니다. 그러니 과군이 어찌 감히 자신의 직책을 잊을 리 있겠습니까. 만일 대국이 폐읍을 안정시켜 준다면 과군은 조석으로 대국의 조정으로 나아가 조현할 터인데 굳이 따로 명을 받을 필요가 있겠습니까. 만일 대국이 폐읍의 우환을 긍휼히 여기지 않고 오히려 입으로만 말한다면 그 명을 더 이상 받아들이지 못해 대국으로부터 버림받아 원수가 되는 일이 있을까 심히 우려됩니다. 폐읍은 이같은 결과가 나올까 두려워하고 있는데 어찌 감히 귀국 군주의 명을 잊겠습니까. 모든 것을 집사에게 위탁하니 집사는 실로 거듭 신중하게 이를 고려해주기 바랍니다."

二十二年春, 臧武仲如晉, 雨, 過御叔. 御叔在其邑, 將飲酒曰 "焉用聖人. 我將飲酒, 而己雨行, 何以聖爲." 穆叔聞之, 曰 "不可使也, 而傲使人, 國之蠹也." 令倍其賦. 夏, 晉人徵朝于鄭, 鄭人使少正公孫僑對曰 "在晉先君悼公九年, 我寡君於是卽位. 卽位八月, 而我先大夫子駟從寡君以朝于執事, 執事不禮於寡君, 寡君懼. 因是行也, 我二年六月朝于楚, 晉是以有戲之役. 楚人猶競, 而申禮於敝邑. 敝邑欲從執事, 而懼爲大尤, 曰晉其謂我不共有禮, 是以不敢攜貳於楚. 我四年三月, 先大夫子蟜又從寡君以觀釁於楚, 晉於是乎有蕭魚之役. 謂我敝邑, 邇在晉國, 譬諸草木, 吾臭味也, 而何敢差池. 楚亦不競, 寡君盡其土實, 重之以宗器, 以受齊盟. 遂帥群臣隨于執事以會歲終. 貳於楚者, 子侯 · 石盂, 歸而討之. 湨梁之明年, 子蟜老矣, 公孫夏從寡君以朝于君, 見於嘗酎, 與執燔焉. 間二年, 聞君將靖東, 夏四月, 又朝以聽事期. 不朝之間, 無歲不聘, 無役弗從. 以大國政令之無常, 國家罷病, 不虞荐至, 無日不惕, 豈敢忘職. 大國若安定之, 其朝夕在庭, 何辱命焉. 若不恤其患, 而以爲口實, 其無乃不堪任命, 而翦爲仇讎. 敝邑是懼, 豈敢忘君命. 委諸執事, 執事實重圖之."

●가을, 난영이 초나라에서 제나라로 넘어갔다. 이에 제나라의 안평중(晏平仲: 안영)이 제장공에게 간했다.

"상임(商任)의 맹회에서 진나라의 명을 접수했습니다. 그런데 이제 난씨를 받아들여 장차 어디에 쓰려는 것입니까. 소국이 대국을 섬기는데 중요한 것은 신의입니다. 신의를 잃으면 스스로 설 수 없으니 군주는 이를 깊이 헤아리기 바랍니다."

그러나 제장공은 이를 듣지 않았다. 안평중이 물러나와 대부 진문자(陳文子: 陳完의 증손으로 이름은 須無)에게 말했다.

"군주는 신의를 지키고 신하 된 자는 공경함을 지키는 것이오. 충

(忠: 충성)·신(信: 신의)·독(篤: 돈독)·경(敬: 공경)은 상하가 한 가지로 해야 하오. 그것이 천도요. 군주가 이를 스스로 버리니 오래 갈 수 없을 것이오."

9월, 정나라의 공손 흑굉이 병이 들었다. 이에 자신의 채읍을 군주에게 돌려주고 실로(室老: 가신)와 종인(宗人)들을 소집한 가운데 아들 단(段: 子石)을 후계자로 세웠다. 이때 그는 가신을 줄이고 제사도 간소하게 지내도록 했다. 또 보통 제사에는 양 한 마리만 제물로 쓰고 성대한 제사일지라도 양과 돼지만 쓰도록 했다. 이어 제사지내기에 족할 만한 재산만 남기고 나머지 땅은 모두 국가에 반환했다. 그러고는 자식을 불러놓고 당부했다.

"내가 듣건대 '난세에 태어나 고귀한 지위에 있으면서 청빈하게 살면 백성들로부터 취하는 것이 없어 남들보다 늦게 망한다'고 했다. 너는 군주와 대부들을 공경스런 자세로 섬기도록 하라. 난세의 삶은 경계(敬戒: 단속하여 경계한다는 뜻으로, '敬'은 '儆'과 통함)에 있지 부(富)에 있는 것이 아니다."

9월 25일, 백장(伯張: 공손 흑굉)이 죽었다. 이를 두고 군자가 이같이 평했다.

"공손 흑굉은 좋은 훈계를 남겼다. 『시경』「대아·억」에 이르기를, '공후(公侯)의 법도를 신중히 사용하여 불우(不虞: 뜻밖의 우환)를 경계하네'라고 했다. 정나라의 자장(子張: 공손 흑굉)은 이같은 정신을 지니고 있었다."

겨울, 노양공과 진평공, 제장공, 송평공, 위상공, 정간공, 조무공, 거자 이비공, 주도공, 설백, 기효공, 소주목공이 송나라의 사수(沙隨: 하남성 영릉현 서북쪽)에서 만났다. 이는 재차 난씨를 금고하기 위한 것이었다. 이때 난영은 아직 제나라에 머물고 있었다. 이에 제나라의 안자가 말했다.

"장차 화란이 일어날 것이다. 제나라가 진나라를 침공하려고 하니 사람들을 두렵게 만들지 않을 수 없다."

秋, 欒盈自楚適齊. 晏平仲言於齊侯曰 "商任之會, 受命於晉. 今納欒氏, 將安用之. 小所以事大, 信也. 失信不立, 君其圖之." 弗聽. 退告陳文子曰 "君人執信, 臣人執共, 忠信篤敬, 上下同之, 天之道也. 君自棄也, 弗能久矣." 九月, 鄭公孫黑肱有疾, 歸邑于公. 召室老·宗人立段, 而使黜官薄祭. 祭以特羊, 殷以少牢. 足以共祀, 盡歸其餘邑. 曰 "吾聞之, 生於亂世, 貴而能貧, 民無求焉, 可以後亡. 敬共事君與二三子. 生在敬戒, 不在富也." 己巳, 伯張卒. 君子曰 "善戒. 『詩』曰 '愼爾侯度, 用戒不虞.' 鄭子張其有焉." 冬, 會于沙隨, 復錮欒氏也. 欒盈猶在齊. 晏子曰 "禍將作矣. 齊將伐晉, 不可以不懼."

●초나라의 속관 관기(觀起)가 영윤 자남(子南: 공자 追舒)의 총애를 받았다. 아직 봉록이 오르지도 않았는데 이미 마필을 수십 승(乘: 1승은 4마리임)이나 보유하고 있었다. 초나라 사람들이 이를 매우 우려하자 초강왕이 장차 이들을 주벌(誅罰)하려고 했다. 자남의 아들 기질(棄疾)은 초강왕의 어사(御士: 말을 모는 御者를 뜻하나 侍御하는 사람으로 보기도 함)였다. 초강왕이 기질을 볼 때마다 매번 울었다. 이에 기질이 물었다.

"군주는 저를 보고 3읍(三泣: 여러 차례 울었다는 뜻임)했는데, 누구의 죄 때문인지 감히 여쭙고자 합니다."

"영윤이 불선(不善)한 것은 그대도 알고 있을 것이오. 나라에서 장차 그를 응징하려 하는데 그대는 그대로 남아 있을 수 있겠소?"

"아비가 처형당한 처지에 그 자식이 그대로 남아 있으면 군주는 장차 어찌 사람들을 임용할 것입니까. 군주의 명을 누설하는 것은 중형의 죄가 되니 저는 그같은 일도 하지 않을 것입니다."

초강왕이 드디어 자남을 조정에서 죽이고 관기를 거열형(車裂刑)에 처한 뒤 두 사람의 시체를 사방에 전시(傳尸)했다. 이에 자남의 가신이 기질에게 건의했다.

"부친의 시신을 조정에서 옮길 수 있게 해달라고 청하십시오."

"군신간에는 정해진 예법이 있소. 대신들이 어찌하는지 지켜보는 수밖에 없소."

사흘 뒤 기질이 시신 수습의 허락을 청하자 초강왕이 받아들였다. 장사를 지낸 뒤 기질의 수하가 기질에게 물었다.

"이제 외국으로 가는 것입니까?"

"나는 자신의 부친 죽이는 일에 참여했소. 장차 외국으로 간들 과연 어디로 갈 수 있겠소?"

"그러면 초왕의 신하 노릇을 하려는 것입니까?"

"부친을 버린 뒤 원수를 섬기는 짓을 나는 차마 할 수 없소."

그러고는 이내 목을 매어 죽었다. 이에 초강왕은 위자빙을 다시 영윤, 공자 의(黶)를 사마, 굴건(屈建: 屈蕩의 손자며 屈到의 아들로 곧 子木)을 막오로 삼았다. 당시 위자빙의 총애를 받는 자가 8명 있었다. 이들 모두 봉록도 없으면서 많은 말을 보유하고 있었다.

위자빙이 어느 날 조회하는 자리에서 신숙예(申叔豫)에게 말을 걸었다. 그러자 신숙예가 대답도 하지 않은 채 물러났다. 위자빙이 그 뒤를 따라가자 그는 군중 속으로 들어갔다. 위자빙이 계속 그 뒤를 따라가자 신숙예는 바로 자기 집으로 들어가 버렸다. 위자빙이 퇴조(退朝)한 뒤 신숙예를 찾아가 물었다.

"그대는 조정에서 세 차례에 걸쳐 나를 궁색하게 만들었소. 나는 두려운 나머지 감히 그대를 찾아보지 않을 수 없었소. 내가 잘못을 저질렀으면 그것이 무엇인지 말 좀 해주오. 왜 나를 꺼리는 것이오?"

"나는 화를 면하지 못할까 두려워하는 것입니다. 그러니 어찌 감히 이를 말할 수 있겠습니까."

"그것은 무슨 까닭이오?"

"지난날 관기가 자남에게 총애를 받다가 자남은 처형되고 관기는 거열형에 처해졌습니다. 그러니 어찌 두렵지 않겠습니까."

위자빙은 손수 수레를 몰고 돌아갔으나 길을 제대로 가지 못했다. 그는 집에 도착한 뒤 곧 총애하는 8명을 불러 말했다.

"내가 오늘 신숙예를 만났소. 그 사람은 이른바 생사육골(生死肉骨: 죽어가는 자를 살리고 뼈에 살을 붙여줌)하는 사람이오. 그대들이 능히 나를 이해하리라 보지만 신숙예와 같은 사람은 남고 그렇지 않은 사람은 이로써 헤어져야만 할 듯하오."

그러고는 곧 8명과 관계를 끊었다. 이에 초강왕은 비로소 그에 대해 안심하게 되었다.

12월. 정나라의 유판(游販: 공손 채의 아들로 곧 子明)이 진나라로 가던 중 아직 국경을 벗어나기 전에 아내를 맞이해 가는 사람을 만나 그의 아내를 빼앗은 뒤 인근 성읍에서 살았다. 12월 정사일(丁巳日: 원래 정사일이 없으나 대략 14일로 추정됨), 여인의 남편이 자명(子明: 유판)을 공격해 죽인 뒤 자신의 아내를 데리고 달아났다. 이에 정나라 대부 자전(子展: 공손 舍之)은 유판의 아들 유량(游良)을 폐하고 태숙(大叔: 공손 채의 아들로 유판의 동생인 游吉)을 유씨(游氏)의 후계자로 세우면서 말했다.

"국경(國卿)은 군주의 짝이오. 백성의 주인으로서 함부로 행동해서는 안 되오. 청컨대 자명과 같은 인물은 버리기 바라오."

그러고는 아내를 잃었던 자를 찾아 원래의 집으로 돌아가 살도록 조치한 뒤 유씨 집안 사람에게는 그를 원망하지 말라고 당부하면서 이같이 덧붙였다.

"사자의 악행이 세상에 드러나지 않게 하시오."

楚觀起有寵於令尹子南, 未益鹿而有馬數十乘. 楚人患之, 王將討焉. 子南之子棄疾爲王御士, 王每見之, 必泣. 棄疾曰 "君三泣臣矣, 敢問誰之罪也." 王曰 "令尹之不能, 爾所知也. 國將季焉, 爾其居乎." 對曰 "父戮子居, 君焉用之. 洩命重刑, 臣亦不爲." 王遂殺子南於朝, 轘觀起於四竟. 子南之臣謂棄疾 "請徙子尸於朝." 曰 "君臣有禮, 唯二三子." 三日, 棄疾請尸, 王許之. 旣葬, 其徒曰 "行乎." 曰 "吾與殺吾父, 行將焉入." 曰 "然則臣王乎." 曰 "棄父事讎, 吾弗忍也." 遂縊而死. 復使薳子馮爲令尹, 公子齮爲司馬, 屈建爲莫敖. 有寵於薳子者八人, 皆無祿而多馬. 他日朝, 與申叔豫言. 弗應而退. 從之, 入於人中. 又從之, 遂歸. 退朝見之, 曰 "子三困我於朝, 吾懼, 不敢不見. 吾過, 子姑告我, 何疾我也." 對曰 "吾不免是懼, 何敢告子." 曰 "何故." 對曰 "昔, 觀起有寵於子南, 子南得罪, 觀起車裂. 何故不懼." 自御而歸, 不能當道. 至, 謂八人者曰 "吾見申叔, 夫子所謂生死而肉骨也. 知我者, 如夫子則可. 不然, 請止." 辭八人者, 而後王安之. 十二月, 鄭游眅將歸晉, 未出竟, 遭逆妻者, 奪之, 以館于邑. 丁巳, 其夫攻子明殺之, 以其妻行. 子展廢良而立大叔, 曰 "國卿, 君之貳也, 民之主也, 不可以苟. 請舍子明之類." 求亡妻者, 使復其所. 使游氏勿怨, 曰 "無昭惡也."

23년(기원전 550)

23년 봄 주력(周曆) 2월 계유 삭(朔), 일식이 있었다. 3월 기사, 기백 개(匄)가 졸했다. 여름, 주나라의 비아(畀我)가 망명해 왔다. 기효공(杞孝公)을 안장했다. 진(陳)나라가 그 대부 경호(慶虎)와 경인(慶寅)을 죽였다. 진후(陳侯)의 아우 황(黃)이 초나라에서 진(陳)나라로 돌아갔다. 진나라의 난영이 다시 진나라로 쳐들어가 곡옥(曲沃)으로 진격했다. 가을, 제후가 위나라를 친 데 이어 진나라도 쳤다. 8월, 숙손표가 군사를 이끌고 가 진나라를 구원하고 옹유(雍榆)에 군사를 주둔시켰다. 기묘, 중손속(仲孫速)이 졸했다. 겨울 10월 을해, 장손흘(臧孫紇)이 주나라로 망명했다. 진나라 사람이 난영을 죽였다. 제후가 거나라를 엄습했다.

二十三年春王二月癸酉朔, 日有食之. 三月己巳, 杞伯匄卒. 夏, 邾畀我來奔. 葬杞孝公. 陳殺其大夫慶虎及慶寅. 陳侯之弟黃, 自楚歸于陳. 晉欒盈復入于晉, 入于曲沃. 秋, 齊侯伐衛, 遂伐晉. 八月, 叔孫豹帥師, 救晉, 次于雍榆. 己卯, 仲孫速卒. 冬十月乙亥, 臧孫紇出奔邾. 晉人殺欒盈. 齊侯襲莒.

●23년 봄, 기효공(杞孝公)이 죽었다. 기효공의 여동생인 진도부인(晉悼夫人: 진도공의 부인으로 진평공의 모친)이 복상하고 있을 때 진평공이 철악(徹樂: 음악을 거둔다는 뜻으로, '徹'은 '撤'과 통함)하지 않았다. 이는 예가 아니다. 예에 따르면 인국(隣國)에 상사(喪事)가 있을 때는 철악하는 것이다.

진애공(陳哀公)이 초나라로 갔다. 이때 초나라에 망명중인 공자 황(黃)이 진(陳)나라의 2경(二慶: 진나라 대부인 경호와 경인)을 고소하자 초나라에서 2경을 불렀다. 이에 2경은 자신들이 직접 가지 않고 일족인 경락(慶樂)을 보냈다. 초나라 사람이 경락을 죽였다. 이에 경씨들이 진나라를 통솔해 초나라에 반기를 들었다.

여름, 초나라의 막오 굴건(屈建: 굴도의 아들인 子木)이 진애공을 앞세우고 진나라로 쳐들어가 도성을 포위했다. 이때 진나라 사람들은 성을 쌓고 있었다. 한 인부가 공사중에 널판을 떨어뜨리자 경씨가 그 일꾼을 죽였다. 이에 일꾼들이 서로 소식을 전한 뒤 각자 공사감독관을 죽이고는 여세를 몰아 경호와 경인마저 죽여버렸다. 초나라 사람이 공자 황을 진나라로 들여보냈다. 이를 두고 군자는 이같이 평했다.

"경씨는 도의에 부합하지 못했다. 결코 방종해서는 안 되는 것이다. 『서경』「주서·강고(康誥)」에 이르기를, '유명불우상'(惟命不于常: 천명은 항상 일정하지 않음)이라고 했다."

二十三年春, 杞孝公卒, 晉悼夫人喪之. 平公不徹樂, 非禮也. 禮, 爲隣國闕. 陳侯如楚. 公子黃愬二慶於楚, 楚人召之. 使慶樂往, 殺之. 慶氏以陳叛. 夏, 屈建從陳侯圍陳. 陳人城, 板隊而殺人. 役人相命, 各殺其長, 遂殺慶虎·慶寅. 楚人納公子黃. 君子謂 "慶氏不義, 不可肆也. 故 『書』曰 '惟命不于常.'"

●진나라가 공녀(公女: 공실의 여인)를 오나라로 시집보내려고 했다. 이때 제장공이 대부 석귀보(析歸父: 子家)를 잉(媵: 혼인에 따라가는 사람)으로 보내면서 이 틈에 난영과 그를 추종하는 선비들을 몰래

수레에 태워 진나라의 곡옥으로 들여보냈다. 난영이 밤에 곡옥의 대부 서오(胥午)를 만나 정황을 밝히자 서오가 대답했다.

"불가합니다. 하늘이 버린 사람을 누가 다시 일으킬 수 있겠습니까. 그대는 반드시 죽음을 면치 못할 것입니다. 나는 죽음을 애석히 여기는 것이 아닙니다. 일이 이뤄지지 않을 것을 분명히 알고 있습니다."

"비록 그렇다 하더라도 내가 그대를 의지하다가 죽으면 여한이 없을 것이오. 나는 실로 하늘의 보우를 받지 못했으니 그대의 말은 아무런 잘못이 없소."

이에 서오가 마침내 응낙했다. 서오는 난영을 숨겨둔 채 곡옥 사람들을 불러 연회를 베풀었다. 음악이 연주되자 서오가 연회에 참석한 사람들을 향해 말했다.

"지금 우리가 난유자(欒孺子: '난씨 집안의 젊은이'라는 뜻으로 난영을 지칭)를 모시게 된다면 여러분은 어찌하겠습니까?"

그러자 사람들이 입을 모아 대답했다.

"주인을 만나 그를 위해 죽는다면 비록 죽는다 할지라도 살아 있는 것과 같습니다."

그러고는 모두 탄식했는데 그중에는 우는 사람도 있었다. 술잔이 몇 순배 더 돈 뒤 서오가 또 난영에 관한 이야기를 하자 사람들이 한 목소리로 말했다.

"주인을 만나는데 우리가 어찌 두 마음을 갖겠습니까."

이에 난영이 비로소 모습을 드러낸 뒤 곡옥 사람들에게 일일이 배사했다. 4월, 난영이 곡옥의 갑사들을 이끌고 대부 위헌자(魏獻子: 위강의 아들 舒)를 의지해 대낮에 강성(絳城)으로 쳐들어갔다. 당초 난영은 위장자(魏莊子: 위헌자의 부친인 위강) 밑에서 하군 부장을 지낸 까닭에 위헌자와 개인적으로 매우 가까웠다. 그래서 그를 의지했던 것이다.

당시 조씨(趙氏)는 원병지난(原屛之難: 노성공 8년에 일어난 原同과 屛括의 난)으로 인해 난씨를 원망하고 있었고 한씨(韓氏)와 조씨(趙氏)는 서로 매우 가까운 사이였다. 중항씨(中行氏: 순림보의 후손)는 중항씨대로 노양공 14년에 진(秦)나라를 칠 때 난염이 중군 원수인 순언의 명을 듣지 않아 진나라 군사가 대대적으로 철퇴(撤退)했던 일로 인해 난씨를 원망하고 있었다. 중항씨는 또 본래 범씨(范氏: 士氏)와 매우 친했다. 지도자(知悼子: 순림보의 동생인 순수의 후손)는 나이가 어려 중항씨의 말을 그대로 따랐다. 정정(程鄭: 중항씨와 同宗인 程季의 아들)은 진평공의 총애를 받고 있었다. 이로 인해 오직 위씨와 7여대부(七輿大夫: 관직명)들만 난씨와 가까웠다. 이때 악왕부가 범선자를 모시고 앉아 있었는데 어떤 사람이 와서 고했다.

"난씨가 쳐들어왔습니다."

범선자가 이 이야기를 듣고 겁을 내자 환자(桓子: 악왕부)가 말했다.

"군주를 모시고 고궁(固宮)⁵⁵⁾으로 가면 반드시 위해를 입지 않을 것입니다. 난씨에게는 원한을 품은 사람이 많은 데다 그대는 국정을 담당하고 있고 난씨는 외국에서 왔습니다. 더구나 그대는 집정의 자리에 있으니 이로운 점이 매우 많습니다. 이권(利權: 유리한 점과 권력)이 있고 민병(民柄: 백성에 대한 상벌권)을 쥐고 있는데 무엇을 두려워하는 것입니까. 난씨가 얻은 사람은 다만 위씨뿐일 것입니다. 더구나 위씨도 강권을 발동하면 이쪽으로 끌어들일 수 있습니다. 난을 평정하는 길은 권력에 있습니다. 그대는 이를 태만히 대처해서는 안 됩니다."

이때 진평공은 인상(姻喪: 인척의 상으로, 기효공의 상을 지칭)이 있었다. 이에 악왕부는 범선자에게 권하여 묵최모질(墨縗冒絰: 부인용 상복인 흑색의 최복과 두건, 허리띠) 차림을 하게 했다.⁵⁶⁾ 이어 부녀 두 사람에게 명하여 수레를 몰아 진평공이 있는 곳으로 간 뒤 곧 진평공을 모시고 고궁으로 가게 했다. 이때 마침 범앙이 위서(魏舒: 위헌자)를 맞이하게 되었다. 위서의 군대는 이미 대오를 이루어 전차에 올라탄 뒤 난씨를 맞이하러 가려던 참이었다. 이에 범앙이 급히 위서에게 달려가

---

55) 진나라의 별궁을 말하나 두예는 망루를 갖춘 수비가 잘 된 궁으로 보았다.
56) 당시 범선자는 진도부인의 시녀로 분장하기 위해 진도부인이 입고 있는 상복 차림을 한 것이다.

말했다.

"난씨가 도적 떼를 이끌고 들어왔습니다. 저의 부친과 모든 대부들이 이미 군주가 있는 곳에 가 있으면서 저를 보내 그대를 맞이해 오라고 했습니다. 청컨대 제가 참승지대(驂乘持帶: '거우의 옆에 타 전차의 손잡이를 잡는다'는 뜻으로 同乘을 의미)하도록 허락해주기 바랍니다."

그러고는 곧바로 위서의 전차 위에 올라탄 뒤 오른손에는 칼을 쥐고 왼손으로는 전차의 손잡이를 잡은 채 어자에게 명하여 속히 전차를 몰아 대오에서 빠져나오게 했다. 어자가 행선지를 묻자 범앙이 말했다.

"군주가 있는 곳으로 가자."

위서가 고궁으로 오자 범선자가 계단 앞에서 영접하며 그의 손을 잡고는 난씨의 곡옥 땅을 주겠다고 했다.

당초 비표(斐豹)는 죄를 지어 관노가 된 인물로 그의 이름이 단서(丹書: 붉은색의 글자가 새겨진 죽간)에 기록되어 있었다. 당시 난씨 집안에는 역신(力臣: 힘이 뛰어난 가신) 독융(督戎)이 있었는데 사람들이 모두 그를 두려워하고 있었다. 이때 비표가 범선자에게 제안했다.

"만일 제 단서를 불태워준다면 제가 독융을 죽여버리겠습니다."

범선자가 크게 기뻐하며 말했다.

"네가 독융을 죽였는데도 내가 군주에게 단서의 소각을 청하지 않을 수 있겠는가. 유여일(有如日: '태양과 같이 분명하다'는 뜻임)이다."

그러고는 곧 비표를 출궁시킨 뒤 궁문을 닫게 했는데 독융이 곧바로 비표를 쫓아왔다. 이에 비표는 나지막한 담을 넘어 몸을 숨긴 뒤 독융이 가까이 오기만 기다렸다. 마침내 독융이 담을 넘어 들어가자 비표는 뒤에서 급습해 그를 쳐 죽였다. 이때 범씨측 사람들은 궁대(宮臺) 뒤에 있었고 난씨측은 공궁의 궁문을 올라가고 있었다. 이에 범선자가 아들 범앙에게 말했다.

"화살이 군주가 있는 전각으로 날아들고 있으니 너는 여기서 싸우다가 죽도록 하라."

그러자 범앙이 칼을 뽑아 들고 군사들을 이끌고 영격에 나섰다. 이에 난씨측은 퇴각하고 말았다. 범앙이 전차를 타고 추격에 나서다가 난락(欒樂: 난영의 일족)을 만나자 곧 이같이 말했다.

"낙아, 싸우지 말자. 내가 죽으면 저 세상에서 너와 쟁송을 벌일 것이다."

이에 난락이 화살을 날렸으나 맞지 않았다. 그가 또 활을 쏘려고 시위를 당길 때 전차가 괴목(槐木: 홰나무) 뿌리에 걸려 전복되고 말았다. 이때 어떤 사람이 달려와 창으로 그를 낚아채 팔을 벤 뒤 이내 죽여 버렸다. 이 싸움에서 난방(欒魴)은 부상을 당하고 난영은 곡옥으로 달아났다. 그러자 진나라 사람들이 곡옥을 포위했다.

晉將嫁女于吳, 齊侯使析歸父媵之, 以藩載欒盈及其士, 納諸曲沃. 欒盈夜見胥午而告之. 對曰 "不可. 天之所廢, 誰能興之. 子必不免. 吾非愛死也, 知不集也." 盈曰 "雖然, 因子而死, 吾無悔矣. 我實不天, 子無咎焉." 許諾. 伏之, 而觴曲沃人. 樂作, 午言曰 "今也得欒孺子, 何如." 對曰 "得主而爲之死, 猶不死也." 皆歎, 有泣者. 爵行, 又言. 皆曰 "得主, 何貳之有." 盈出, 徧拜之. 四月, 欒盈帥曲沃之甲, 因魏獻子以晝入絳. 初, 欒盈佐魏莊子於下軍, 獻子私焉, 故因之. 趙氏以原・屛之難怨欒氏, 韓趙方睦. 中行氏以伐秦之役怨欒氏, 而固與范氏和親. 知悼子少, 而聽於中行氏. 程鄭嬖於公. 唯魏氏及七輿大夫與之. 樂王鮒侍坐於范宣子. 或告曰 "欒氏至矣." 宣子懼. 桓子曰 "奉君以走固宮, 必無害也. 且欒氏多怨, 子爲政, 欒氏自外, 子在位, 其利多矣. 旣有利權, 又執民柄, 將何懼焉. 欒氏所得, 其唯魏氏乎, 而可强取也. 夫克亂在權, 子無懈矣." 公有姻喪, 王鮒使宣子墨縗冒絰, 二婦人輦以如公, 奉公以如固宮. 范鞅逆魏舒, 則成列旣乘, 將逆欒氏矣. 趨進, 曰 "欒氏帥賊以入, 鞅之父與二三子在君所矣, 使鞅逆吾子. 鞅請驂乘持帶." 遂超乘, 右撫劒, 左援帶, 命驅之出. 僕請, 鞅曰 "之公." 宣子逆諸階, 執其手, 賂之以曲沃. 初, 斐豹隸也, 著於丹書. 欒氏之力臣曰督戎, 國人懼之. 斐豹謂宣子曰 "苟焚丹書, 我殺督戎." 宣子喜曰 "而殺之, 所不請於君焚丹書者, 有如日." 乃出豹而閉之. 督戎從之. 踰隱而待之, 督戎踰入, 豹自後擊而殺之. 范氏之徒在臺後, 欒氏乘公門. 宣子謂鞅曰 "矢及君屋, 死之." 鞅用劒以帥卒, 欒氏退. 攝車從之, 遇欒樂, 曰 "樂免之, 死將訟女於天." 樂射之, 不中. 又注, 則乘槐本而覆. 或以戟鉤之, 斷肘而死. 欒魴傷. 欒盈奔曲沃, 晉人圍之.

●가을, 제장공이 위나라를 쳤다. 선구(先驅: 제1 선봉대)는 왕손휘(王孫揮)가 지휘하고 곡영(穀榮)이 어자, 소양(召揚)이 거우가 되었다. 신구(申驅: 제2 선봉대)는 거항(莒恒)이 지휘하고 성질(成秩)이 어자, 신선우(申鮮虞)의 아들 부지(傅摯)가 거우가 되었다. 제장공의 전차는 조개(曹開)가 어자, 안보융(晏父戎)이 거우가 되었다. 이거(貳車: 군주를 호위하는 副車)는 형공(邢公)이 타고 상지등(上之登)이 어자, 노포계(盧蒲癸)가 거우가 되었다.

또 계(啓: 좌익군)는 양피사(襄罷師)가 지휘하고 뇌성(牢成)이 어자, 낭거소(狼蘧疏)가 거우가 되었다. 겹(胠: 우익군)은 후조(侯朝)가 지휘하고 상자거(商子車)가 어자, 환도(桓跳)가 거우가 되었다. 대전(大殿: 후군)은 하지어구(夏之御寇)가 지휘하고 상자유(商子游)가 어자, 최여(崔如)가 거우가 되었다. 이때 촉용지월(燭庸之越)이 하지어구의 전차에 올라타 모두 4명이 한 전차에 동승하게 되었다. 마침내 제장공이 위나라에서 곧바로 진나라를 치려고 하자 안평중이 주변 사람에게 말했다.

"군주는 힘만 믿고 맹주국을 치니, 만일 성공하지 못하면 나라의 복이 될 것이다. 그러나 덕행도 없으면서 전공을 세우게 되면 반드시 우환이 군주의 몸 위에 떨어질 것이다."

당시 최저는 제장공에게 이같이 간했다.

"진나라를 쳐서는 안 됩니다. 제가 듣건대 '소국이 대국의 화란을 틈타 해를 가하면 반드시 재앙을 입는다'고 했습니다. 군주는 이를 깊이 헤아리기 바랍니다."

그러나 제장공은 이를 듣지 않았다. 이에 진문자(陳文子)가 최무자

(崔武子: 최저)에게 말했다.

"장차 군주를 어찌할 생각이오?"

"나는 이미 군주에게 진언했으나 들어주지 않았소. 군주는 진나라를 맹주로 받들면서 오히려 그 나라의 화란을 이용하려 하고 있소. 만일 군신들이 위급해지면 군주가 어찌 존재할 수 있겠소? 그대는 당분간 이에 개입하지 마시오."

진문자가 물러나온 뒤 수하에게 말했다.

"최자(崔子)는 장차 선종하지 못할 것이다. 군주의 행동이 지나치다고 탓하면서 자신은 군주보다 더 지나치니 틀림없이 제 명에 죽지 못할 것이다. 도의가 군주보다 뛰어나다 할지라도 오히려 자제해야 옳거늘 하물며 악을 행하니 더 말할 필요가 있겠는가."

제장공이 드디어 진나라로 쳐들어가 조가(朝歌)를 점령했다. 군사를 둘로 나누어 일군은 맹문(孟門: 진나라의 隘道로, 하남성 휘현 서쪽에 위치)으로 진격하고 또다른 일군은 태항산(大行山: 太行陘으로, 하남성 심양현 서북쪽에 위치)을 오르게 했다. 이어 형정(熒庭: 陘庭으로, 산서성 익성현 동남쪽에 위치)에 이르러 장무군(張武軍)[57]한 뒤 병사들을 파견해 비소(郫邵: 하남성 제원현 서쪽)를 지키게 했다. 이어 소수(少水: 지금의 산서성 沁水) 근처에서 진나라 군사의 시체로 커다란 봉분을 만들어 평음지역(平陰之役: 노양공 18년의 싸움)을 보복한 뒤 돌아갔다.

이때 진나라 대부 조승(趙勝: 趙旃의 아들)이 동양(東陽: 태항산 이동의 지역으로 지금의 하남성 형대현과 한단현 일대) 지역의 군사를 이끌고 제나라 군사를 추격했다. 이에 제나라 대부 안리(晏氂)를 포로로 잡게 되었다.

---

57) '장무군'(張武軍)의 '무'(武)는 선인의 발자취, '군'(軍)은 진주(進駐)를 뜻한다. 죽은 병사들의 업적을 기리기 위해 그 발자취를 따라 진주했다는 뜻으로, 시체를 거두어 표지를 세웠다는 뜻을 담고 있다. '보루를 쌓다'로 해석하기도 한다.

8월, 노나라 대부 숙손표(叔孫豹)가 군사를 이끌고 가 진나라를 구원하면서 옹유(雍楡: 하남성 준현 서남쪽)에 주둔했다. 이는 예에 맞는 일이다.

秋, 齊侯伐衛. 先驅, 穀榮御王孫揮, 召揚爲右. 申驅, 成秩御莒恒, 申鮮虞之傅摯爲右. 曹開御戎, 晏父戎爲右. 貳廣, 上之登御邢公, 盧蒲癸爲右. 啓, 牢成御襄罷師, 狼蘧疏爲右. 肱, 商子車御侯朝, 桓跳爲右. 大殿, 商子游御夏之御寇, 崔如爲右, 燭庸之越駟乘. 自衛將遂伐晉. 晏平仲曰"君恃勇力以伐盟主, 若不濟, 國之福也. 不德而有功, 憂必及君." 崔杼諫曰"不可. 臣聞之, 小國間大國之敗而毀焉, 必受其咎. 君其圖之."弗聽. 陳文子見崔武子, 曰"將如君何."武子曰"吾言於君, 君弗聽也. 以爲盟主, 而利其難. 群臣若急, 君於何有. 子姑止之."文子退, 告其人曰"崔子將死乎. 謂君甚而又過之, 不得其死. 過君以義, 猶自抑也, 況以惡乎."齊侯遂伐晉, 取朝歌. 爲二隊, 入孟門, 登大行. 張武軍於熒庭, 戍郫邵, 封少水, 以報平陰之役, 乃還. 趙勝帥東陽之師以追之, 獲晏氂. 八月, 孫叔豹帥師救晉, 次于雍楡, 禮也.

●노나라의 계무자(季武子)는 적자가 없었다. 계무자는 서자 공미(公彌: 公鉏)가 연장이었지만 도자(悼子: 이름은 紇)를 총애한 나머지 그를 후계자로 삼고자 했다. 이에 가신 신풍(申豊)과 이를 상의했다.

"나는 미와 흘을 모두 사랑하지만 그중 재주 있는 아이를 가려 후계자로 삼을 생각이오."

그러자 신풍은 빠른 걸음으로 물러나 집으로 돌아간 뒤 전 가족과 함께 떠날 채비를 했다. 며칠 후 계무자가 또 이 문제를 상의하자 신풍이 이같이 대답했다.

"만일 그렇다면 저는 폐거(敝車: 자신의 수레에 대한 겸양어)에 짐을 싣고 떠나도록 하겠습니다."

이에 계무자는 다시는 신풍을 찾지 않았다. 이후 계무자가 대부 장흘(臧紇: 장손흘)을 찾아가 이 이야기를 하자 장흘이 건의했다.

"저를 초청해 주연을 베풀기 바랍니다. 그러면 제가 그대를 위해 도자를 후계자로 세워주도록 하겠습니다."

계무자가 이를 좇아 곧 대부들을 초청해 향례를 베풀고 장흘을 상객(上客)으로 삼았다. 빈객들에 대한 헌주(獻酒)가 끝나자 장흘이 술자리 북쪽에 겹으로 방석을 깔고 새 술잔을 내어 깨끗이 준비해놓도록 했다. 그러고는 도자를 부른 뒤 계단 아래로 내려가 맞이했다. 이에 자리에 있는 대부들이 모두 일어났다. 이어 장흘은 여(旅: '손님에게 술을 따르면서 이를 권하는 것'으로 곧 敬酒)를 할 때 비로소 공서(公鉏: 공미)를 부르고는 곧 그에게 일반 빈객들과 함께 앉아 술을 마시게 했다. 이에 계손(季孫: 계무자)이 실색했다.

이후 계손이 공서를 가문의 마정(馬正: 대부 가문의 사마)으로 삼자 공서가 원한을 품고 이를 맡으려 하지 않았다. 그러자 민자마(閔子馬)가 공서를 만나 말했다.

"그대는 이같이 해서는 안 되오. 화복은 들어오는 문이 따로 없고 오직 사람이 불러들이는 것일 뿐이오. 자식으로서 불효할까 근심해야지 지위가 없는 것을 근심하면 안 되오. 그대가 부친의 명을 공경히 받들면 어찌 항상 이같은 처지에만 머물러 있겠소? 만일 그대가 효경(孝敬)을 다하면 계손씨의 후계자보다 재부를 배로 늘릴 수 있지만 간사한 짓을 하여 법도에서 어긋나면 닥쳐올 화가 백성들의 1백 배나 될 것이오."

공서가 이 말을 듣고 크게 깨달은 바가 있어 조석으로 부친을 찾아가 문안을 하며 근신하는 자세로 직무를 수행했다. 이에 계손씨가 크게 기뻐하며 공서에게 그의 집에 가서 술을 마시고 싶다는 뜻을 전했다. 계손은 주연에 필요한 기구를 모두 공서의 집으로 가지고 가 그것들을 그곳에 그대로 두었다. 이로 인해 공서의 집은 크게 부유하게 되었고 얼마 후 공서는 노양공의 좌재(左宰)가 되었다.

노나라의 맹손(孟孫: 맹장자)은 장흘을 미워했지만 계손은 그를 좋아했다. 이때 맹손씨의 어추(御騶: 말을 기르면서 수레를 모는 관원)

풍점(豊點)은 맹손의 서자 갈(羯: 孝伯)을 추종했는데 어느 날 갈에게 이같이 건의했다.

"제 말을 따르면 반드시 맹손씨 가문의 후계자가 될 것입니다."

풍점이 재삼 건의하자 갈이 마침내 그의 말을 따르기로 했다. 얼마 후 맹장자가 병이 들자 풍점이 공서에게 말했다.

"갈이 후계자가 되면 맹씨가 당신과 더불어 장씨(臧氏: 장흘)에게 복수하도록 청하겠습니다."

그러자 공서가 이를 받아들여 곧 계손에게 건의했다.

"유자(孺子) 질(秩: 맹장자의 서자로, 갈의 형)이 본래 맹손씨의 후계자이기는 합니다. 그러나 만일 갈을 맹손씨의 후계자로 세우면 우리 계씨가 장씨보다 더 큰 힘을 갖게 될 것입니다."

그러나 계손은 이에 응하지 않았다. 8월 10일, 맹장자(孟莊子: 중손 속)가 세상을 떠났다. 이때 공서가 갈을 받들고 문 앞에서 조문객들을 맞았다. 계손이 당도해 곡을 한 뒤 곧 밖으로 나와 물었다.

"질(秩)은 어디에 있는가?"

공서가 말했다.

"갈이 여기에 있습니다."

"유자 질이 연장이다."

"연장을 따질 일이 어디 있겠습니까. 오직 재능이 뛰어나면 되는 것입니다. 이는 돌아가신 분의 유명(遺命)이기도 합니다."

그러고는 드디어 갈을 후계자로 세웠다. 유자 질은 주(邾)나라로 달아났다. 이때 장흘이 와 곡을 했는데 매우 섭게 울면서 눈물을 많이 흘렸다. 곡을 마치고 나오자 그의 어자가 말했다.

"맹손씨가 그대를 미워했는데도 이토록 슬퍼하시니 만일 계손씨가 돌아가면 얼마나 슬퍼할 것입니까."

"계손씨가 나를 좋아하는 것은 질진(疾疹: 질병)과 같고 맹손씨가 나를 미워하는 것은 약석(藥石: 의술과 약을 뜻하는 말로 여기서는 모든 약을 지칭)과 같다. 미진(美疹: 고통이 없는 질병)은 악석(惡石: 고통이 따르는 약석)만 못한 것이다. 무릇 약석은 오히려 자신을 살리지만 미진은 자신의 몸을 해쳐 끝내 재해를 가져오니 그 해독이 매우 크다. 맹손씨가 죽었으니 내가 망할 날이 얼마 남지 않았다."

季武子無適子, 公彌長, 而愛悼子, 欲立之. 訪於申豊, 曰"彌與紇, 吾皆愛之, 欲擇才焉而立之." 申豊趨退歸, 盡室將行. 他日, 又訪焉, 對曰"其然, 將具敝車而行." 乃止. 訪於臧紇. 臧紇曰"飮我酒, 吾爲子立之." 季氏飮大夫酒, 臧紇爲客. 旣獻, 臧孫命北面重席, 新樽絜之. 召悼子, 降逆之. 大夫皆起. 及旅, 而召公鉏, 使與之齒. 季孫失色. 季氏以公鉏爲馬正, 慍而不出. 閔子馬見之, 曰"子無然. 禍福無門, 唯人所召. 爲人子者, 患不孝, 不患無所. 敬共父命, 何常之有. 若能孝敬, 富倍季氏可也. 姦回不軌, 禍倍下民可也." 公鉏然之. 敬共朝夕, 恪居官次. 季孫喜, 使飮己酒, 而以具往, 盡舍旃. 故公鉏氏富, 又出爲公左宰. 孟孫惡臧孫, 季孫愛之. 孟氏之御騶豊點好羯也, 曰"從余言, 必爲孟孫." 再三云, 羯從之. 孟莊子疾, 豊點謂公鉏"苟立羯, 請讎臧氏." 公鉏謂季孫曰"孺子秩, 固其所也. 若羯立, 則季氏信有力於臧氏矣." 弗應. 己卯, 孟孫卒, 公鉏奉羯立于戶側. 季孫至, 入哭而出, 曰"秩焉在." 公鉏曰"羯在此矣." 季孫曰"孺子長." 公鉏曰"何長之有. 唯其才也. 且夫子之命也." 遂立羯. 秩奔邾. 臧孫入哭, 甚哀多涕. 出其御曰"孟孫之惡子也, 而哀如是. 季孫若死, 其若之何." 臧孫曰"季孫之愛我, 疾疢也. 孟孫之惡我, 藥石也. 美胗不如惡石. 夫石猶生我, 疢之美, 其毒滋多. 孟孫死, 吾亡無日矣."

●맹손씨 집안 사람들이 대문을 굳게 닫은 뒤 계손씨에게 사람을 보내 고했다.

"장씨가 장차 난을 일으켜 우리들이 안장을 하지 못하게 만들려고 합니다."

그러나 계손씨는 그 말을 믿지 않았다. 이때 장손(臧孫: 장흘)은 이 이야기를 전해 듣고 크게 경계했다. 겨울 11월, 맹손씨 집에서 안장을 위해 벽(辟: 분묘의 갱도를 파는 것을 말함)하면서 장씨로부터 인부를 빌리고자 했다. 이에 장손이 정부(正夫: 노나라 도성 내의 세 고을 출신 병사로, 송나라의 正徒와 같음)를 보내 동문(東門)의 묘도(墓道)를 파는 일을 돕게 했다. 그러고는 무장한 병사를 이끌고 가 공사현장을 시찰했다. 이때 맹씨 집에서 또 계손씨에게 장손이 난을 획책한다고 고했다. 이에 계손씨가 드디어 대로하여 장씨를 공격하라고 명했다. 10월 7일, 장흘이 녹문(鹿門: 노나라 도성의 南城의 동문)의 빗장을 끊어낸 뒤 주(邾)나라로 달아났다.

당초 노나라 대부 장선숙(臧宣叔: 장흘의 부친 臧孫許)은 주(鑄)나라 군주의 딸을 아내로 맞았다. 그녀는 장가(臧賈: 장흘의 형)와 장위(臧爲: 장흘의 형)를 낳은 뒤 곧바로 죽었다. 이때 장선숙이 그녀의 질녀를 계실로 맞이했다. 그녀는 목강(穆姜: 노선공의 부인) 여동생의 딸이기도 했다. 그녀가 바로 장흘을 낳았던 것이다.

이에 장흘은 공궁에서 생장하게 되었다. 목강이 그를 매우 총애한 나머지 그를 장씨 가문의 후계자로 삼자 장가와 장위는 주(鑄)나라로 가 살게 되었다. 장무중(臧武仲: 장흘)이 주(邾)나라로 망명한 뒤 곧 장가에게 사람을 보내 자신의 망명을 고하고 대채(大蔡: 점치는 데 쓰는 큰 거북의 등껍질)를 올리면서 이같이 말하게 했다.

"저는 사람이 못나 종조(宗祧: 조상의 사당으로 '종'은 조묘, '조'는 먼 조상의 사당을 말함)를 지키지 못하게 되었습니다. 이에 삼가 저의 불선(不善)을 고하는 바입니다. 그러나 저의 죄는 아직 조상의 제사를 단절하는 지경에는 미치지 않았습니다. 그러니 형님이 대채를 진헌하여 가문의 후계자를 세울 것을 청하십시오. 이는 대략 가능할 것입니다."

그러자 장가가 말했다.

"이는 장씨 가문에 떨어진 재난이지 아우의 잘못이 아니다. 나는 아우의 말대로 할 것이다."

이에 재배하고는 대채를 받아들인 뒤 곧 아우 장위를 시켜 노나라 조정에 대채를 진헌하고 후사 세우는 문제를 청하게 했다. 그러자 장위는 자신을 후사로 세울 것을 청했다. 이때 장흘은 자신의 봉읍인 방(防)으로 가 곧 노나라 조정에 사람을 보내 이같이 고하게 했다.

"저 흘은 다른 사람을 해칠 수도 없습니다. 이는 지혜가 부족하기 때문입니다. 지금 저는 감히 사사로운 청을 올리는 게 아닙니다. 실로 조상의 제사를 지켜 선대의 2훈(二勳: 장문중과 장선숙의 공훈)을 버리지 않으려고 하면서 어찌 감히 봉읍을 떠날 수 있겠습니까."

이에 노나라 조정이 장위를 후계자로 삼자 장흘은 이내 약속을 지켜 봉읍을 노양공에게 바치고 제나라로 달아났다. 이때 그의 수하들이 물었다.

"조정이 과연 우리들로 인해 맹서문을 쓰겠습니까?"

"아마도 맹서문에 쓸 말이 없을 것이오."

노나라 조정이 장씨를 위해 맹서문을 쓰려고 하자 계손씨가 악신(惡臣: 외국으로 도망간 신하)을 관장하는 외사(外史)를 불러 맹수(盟首: '맹서문'을 뜻하나 두예는 맹서문의 머리말로 해석)를 어떻게 써야 하는지를 물었다. 그러자 외사가 대답했다.

"동문씨(東門氏)를 위한 맹서문에는 '동문수(東門遂: 동문양중)와 같이 군명을 듣지 않고 살적립서(殺適立庶: 적자를 죽이고 서자를 세운다는 뜻으로, 適은 嫡과 통함)하는 짓을 하지 말아야 할 것이다'라고 되어 있습니다. 또 숙손씨(叔孫氏)를 위한 맹서문에는 '숙손교여(叔孫僑如)와 같이 국상(國常: 나라의 법도)을 폐하고 탕복공실(蕩覆公室: 공실을 전복시킴)하는 짓을 하지 말아야 할 것이다'라고 되어 있습니다."

그러자 계손씨가 말했다.

"장흘의 죄는 이에 미치지 않는다."

이에 맹초(孟椒: 맹헌자의 손자인 子服惠伯)가 지적했다.

"어찌하여 성문의 빗장을 끊었다는 내용을 쓰지 않는 것입니까."

계손씨가 기뻐하며 맹초의 건의를 좇아 장씨를 위한 맹서문에 이같이 쓰게 했다.

"장흘과 같이 국기(國紀)를 훼손하고 범문참관(犯門斬關: 문을 열고 빗장을 끊음)하는 짓을 하지 말아야 할 것이다."

장흘이 이 이야기를 전해 듣고 탄식했다.

"노나라에 인재가 있구나. 수거(誰居: '그가 누구인가'라는 뜻으로 '居'는 '歟'와 같은 의미의 의문조사임), 아마도 맹초일 것이다."

孟氏閉門, 告於季孫曰 "臧氏將爲亂, 不使我葬." 季孫不信. 臧孫聞之, 戒. 冬十月, 孟氏將辟, 藉除於臧氏. 臧孫使正夫助之, 除於東門, 甲從己而視之. 孟氏又告季孫. 季孫怒, 命攻臧氏. 乙亥, 臧紇斬鹿門之關以出奔邾. 初, 臧宣叔娶于鑄, 生賈及爲而死. 繼室以其姪, 穆姜之姨子也. 生紇, 長於公宮. 姜氏愛之, 故立之. 臧賈·臧爲出在鑄. 臧武仲自邾使告臧賈, 且致大蔡焉, 曰 "紇不佞, 失守宗祧, 敢告不弔. 紇之罪, 不及不祀, 子以大蔡納請, 其可." 賈曰 "是家之禍也, 非子之過也. 賈聞命矣." 再拜受龜, 使爲以納請, 遂自爲也. 臧孫如防, 使來告曰 "紇非能害也, 知不足也. 非敢私請. 苟守先祀, 無廢二勳, 敢不辟邑." 乃立臧爲. 臧紇致防而奔齊. 其人曰 "其盟我乎." 臧孫曰 "無辭." 將盟臧氏, 季孫召外史掌惡臣, 而問盟首焉, 對曰 "盟東門氏也, 曰 '毋或如東門遂不聽公命, 殺適立庶.' 盟叔孫氏也, 曰 '毋或如叔孫僑如欲廢國常, 蕩覆公室.'" 季孫曰 "臧孫之罪, 皆不及此." 孟椒曰 "盍以其犯門斬關." 季孫用之, 乃盟臧氏曰 "毋或如臧孫紇干國之紀, 犯門斬關." 臧孫聞之, 曰 "國有人焉, 誰居, 其孟椒乎."

●진나라 사람들이 곡옥에서 난영과 싸워 이기고는 난씨 일족과 당우(黨羽)를 모두 죽여버렸다. 그러자 난방(欒魴)은 송나라로 달아났다. 이에 『춘추』는 이같이 썼다.

"진나라 사람이 난영을 죽였다."

난영을 대부로 칭하지 않은 것은 그가 외국으로 도망쳤다가 몰래 들어와 작란한 사실을 밝힌 것이다.

이때 제장공은 진나라에서 귀국하며 도성으로 들어가지 않았다. 그는 거나라를 습격해 저우(且于: 산동성 거현 경내)의 성문을 공격하다가 다리에 부상을 입고 후퇴했다. 제장공은 다음날 다시 싸울 때에는 수서(壽舒: 산동성 거현 경계)에 집결하기로 장병들과 약속했다.

이에 대부 기식(杞殖)과 화환(華還)이 전차에 병사들을 싣고 밤에 저우의 협도(狹道)로 들어가 거나라 도성의 교외에서 노숙했다. 그런데 다음날이 되어 먼저 거자(莒子: 이비공)를 도성과 가까운 포후씨(蒲侯氏) 땅에서 만나게 되었다. 이때 거자가 이들에게 많은 뇌물을 준 뒤 장차 패사(敗死)시키지는 않겠다고 말하면서 이같이 제안했다.

"그대들과 결맹하고자 하오."

그러자 화주(華周: 화환)가 말했다.

"재화를 탐해 군명을 버리는 일은 군주도 미워할 것입니다. 작야(昨夜)에 명을 받았는데 오늘 정오가 되기도 전에 그 명을 버린다면 장차 무엇을 가지고 군주를 섬기겠습니까."

이에 거자가 친히 북을 치며 군사들을 몰아 제나라 군사를 치고 기량(杞梁: 기식)을 잡아 죽였다. 얼마 후 두 나라 사이에 강화가 이루어지자 제장공이 철수했다. 제장공이 철수하던 중 제나라 도성의 교외에서 기량의 아내를 만났다. 이에 사람을 시켜 기량의 죽음을 조문하게 하자 기량의 아내가 조문을 사양하며 말했다.

"남편에게 죄가 있는데 어찌 감히 군주의 명을 받을 수 있겠습니까. 만일 사면받게 된다면 선대부터 살아온 낡은 집이 아직 있으니 그곳에서 명을 받도록 하겠습니다. 하첩(下妾)은 감히 교외에서 조문받을 수 없습니다."

제장공이 이를 받아들여 그녀의 집으로 가 조문했다. 이때 제장공은 노나라에서 망명한 장흘에게 땅을 주려고 했다. 장흘이 이 소식을 듣고 제장공을 만났다. 제장공이 그와 더불어 진나라를 친 일을 이야기하자 장흘이 말했다.

"진나라를 친 공이 실로 크기는 합니다만 군주는 오히려 쥐를 닮았습니다. 무릇 쥐라는 것은 주복야동(晝伏夜動: 낮에는 엎드려 있다가 밤이면 활동함)하는데 침묘(寢廟: 종묘)에 구멍을 내지 않습니다. 이는 사람을 무서워하기 때문입니다. 지금 군주는 진나라에 난이 일어 났다는 소식을 들은 후에 군사를 일으켰고 진나라가 평온을 되찾으면 다시 섬기려 하고 있습니다. 이는 쥐가 하는 짓이 아니고 무엇이겠습 니까."

제장공이 이 말을 듣고 화를 내며 장흘에게 땅을 주지 않았다. 이를 두고 중니는 이같이 평했다.

"사람이 총명하게 처신하기란 쉽지 않은 일이다. 장무중이 총명한데 도 불구하고 노나라에서 용납되지 못한 데는 그럴 만한 이유가 있다. 이는 그의 행위가 사리에 맞지 않고 은혜를 베풀어 억울한 자를 관용하 지 않았기 때문이다. 『서경』 「하서」에 이르기를, '어떤 일을 하고자 하 면 마음이 그 일에 있다'고 했다. 이는 사리를 좇아 서도(恕道)에 부합 하는 것을 말한 것이다."

晉人克欒盈于曲沃, 盡殺欒氏之族黨. 欒魴出奔宋. 書曰 "晉人殺欒 盈." 不言大夫, 言自外也. 齊侯還自晉, 不入. 遂襲莒, 門于且于, 傷股而 退. 明日, 將復戰, 期于壽舒. 杞殖·華還載甲, 夜入且于之隧, 宿於莒 郊. 明日, 先遇莒子於蒲侯氏. 莒子重賂之, 使無死, 曰 "請有盟." 華周對 曰 "貪貨棄命, 亦君所惡也. 昏而受命, 日未中而棄之, 何以事君." 莒子 親鼓之, 從而伐之, 獲杞梁. 莒人行成. 齊侯歸, 遇杞梁之妻於郊, 使弔 之. 辭曰 "殖之有罪, 何辱命焉. 若免於罪, 猶有先人之敝廬在, 下妾不得 與郊弔." 齊侯弔諸其室. 齊侯將爲臧紇田. 臧孫聞之, 見齊侯. 與之言伐 晉, 對曰 "多則多矣, 抑君似鼠. 夫鼠晝伏夜動, 不穴於寢廟, 畏人故也. 今君聞晉之亂而後作焉, 寧將事之, 非鼠如何." 乃弗與田. 仲尼曰 "知之 難也, 有臧武仲之知, 而不容於魯國, 抑有由也, 作不順而施不恕也. 「夏 書」曰 '念玆在玆', 順事恕施也."

24년(기원전 549)

24년 봄, 숙손표가 진나라에 갔다. 중손갈(仲孫羯)이 군사를 이끌고 가 제나라를 침공했다. 여름, 초자가 오나라를 쳤다. 가을 7월 갑자 삭(朔), 개기일식이 있었다. 제나라의 최저가 군사를 이끌고 가 거나라를 쳤다. 홍수가 났다. 8월 계사 삭(朔), 일식이 있었다. 공이 진후·송공·위후·정백·조백·거자·주자·등자·설백·기백·소주자와 이의(夷儀)에서 만났다. 겨울, 초자·채후·진후(陳侯)·허남이 정나라를 쳤다. 공이 모임에서 돌아왔다. 진(陳)나라의 감의구(鍼宜咎)가 초나라로 망명했다. 숙손표가 경사로 갔다. 크게 기근이 들었다.

二十四年春, 叔孫豹如晉. 仲孫羯帥師, 侵齊. 夏, 楚子伐吳. 秋七月甲午朔, 日有食之, 既. 齊崔杼帥師, 伐莒. 大水. 八月癸巳朔, 日有食之. 公會晉侯宋公衛侯鄭伯曹伯莒子邾子滕子薛伯杞伯小邾子于夷儀. 冬, 楚子蔡侯晉侯許男, 伐鄭, 公至自會. 陳鍼宜咎出奔楚. 叔孫豹如京師. 大饑.

●24년 봄, 목숙(穆叔: 숙손표)이 진나라로 갔다. 범선자가 그를 맞이하면서 물었다.

"옛 사람의 말에 '사이불후'(死而不朽: 죽어도 썩지 않음)라고 하는 말이 있는데, 이는 무엇을 이르는 것이오?"

목숙이 대답하지 않자 범선자가 다시 물었다.

"나 개(匄)의 조상은 우순(虞舜: 순임금) 시대와 그 이전만 하더라도 도당씨(陶唐氏: 요임금이 다스리던 지역)라고 했소. 이후 하왕조 때에는 어룡씨(御龍氏: 하남성 임영현 북쪽 15리 지점), 상왕조 때에는 시위씨(豕韋氏: 하남성 활현 동남쪽), 주왕조 시대에 들어와서는 당씨(唐氏)가 되었다가 후에 두씨(杜氏: 섬서성 서안시 동남쪽에 거주)라고 했소.[58] 이후 진나라가 중원의 맹주가 된 이후에는 범씨(范氏)가 되었

---

58) '시위씨'는 은나라 말기에 '당'(唐) 땅에 나라를 세웠으나 주성왕에 의해 패망한 후 '두'(杜) 땅으로 옮겨 '두백'(杜伯)이 되었다. '당씨'와 '두씨'를 합쳐 '당두씨'로 보는 견해도 있다.

소.59) 대략 이를 두고 그같이 말하는 것이 아니겠소?"

그러자 목숙이 대답했다.

"제가 들은 바로는 이는 '세록'(世祿: 누대에 걸쳐 官祿을 받음)이지 '불후'(不朽)는 아닙니다. 우리 노나라의 선대부 중에 장문중이 있었습니다. 그는 이미 세상을 떠났지만 그가 남긴 말은 폐기되지 않고 있습니다. 대략 이같은 것을 '불후'라고 할 수 있을 것입니다. 제가 듣건대 '태상입덕(大上立德: 최상의 것은 덕행을 베푸는 데 있음)·차상입공(次上立功: 차상은 공을 세우는 데 있음)·기차입언(其次立言: 그 다음은 훌륭한 말을 남기는 데 있음)'이라고 했습니다. 비록 사람이 죽은 지 오래되었다 하더라도 그의 덕과 공, 말씀이 폐기되지 않을 때 이를 일컬어 '삼불후'(三不朽)라고 하는 것입니다. 가문을 보전하고 종팽(宗祊: 종묘로, '祊'은 종묘의 문을 의미)을 지켜 대대로 제사가 끊어지지 않도록 하는 것은 어느 나라에서나 하는 일입니다. 세록이 크다고 하여 '불후'라고 할 수는 없는 것입니다.

二十四年春, 穆叔如晉, 范宣子逆之, 問焉, 曰"古人有言曰'死而不朽', 何謂也." 穆叔未對. 宣子曰"昔, 匄之祖, 自虞以上爲陶唐氏, 在夏爲御龍氏, 在商爲豕韋氏, 在周爲唐杜氏, 晉主夏盟爲范氏, 其是之謂乎." 穆叔曰"以豹所聞, 此之謂世祿, 非不朽也. 魯有先大夫曰 臧文仲, 旣沒, 其言立, 其是之謂乎. 豹聞之, 大上有立德, 其次有立功, 其次有立言, 雖久不廢, 此之謂不朽. 若夫保姓受氏, 以守宗祊, 世不絶祀, 無國無之. 祿之大者, 不可謂不朽."

●범선자가 집정하자 진나라에 바치는 제후들의 공납(貢納)이 매우 많아졌다. 이로 인해 정나라는 크게 시달리게 되었다. 2월, 정간공이 진나라로 갔다. 이때 정나라의 자산(子産)이 자서(子西) 편을 통해 다음

---

59) '범씨'는 '두백'(杜伯)의 아들 '습숙'(隰叔)이 진(晉)나라로 도망친 후 그의 4대 후손인 사회(士會)가 '범'(范) 땅을 식읍으로 갖게 된 데서 비롯되었다.

과 같은 내용의 서신을 범선자에게 전했다.

"그대는 진나라를 다스린 후 사방의 제후들이 그대의 덕행에 관한 이야기를 듣지 못하고 오직 많은 공납을 거둬들인다는 말만 듣고 있습니다. 저는 이 이야기를 듣고 미혹(迷惑)하지 않을 수 없습니다. 제가 듣건대 '군자는 나라를 다스리면서 무회(無賄: 재화가 없음)를 걱정하지 않고 무영명(無令名: 좋은 평판이 없음)을 근심한다'고 했습니다. 제후들의 재화가 진나라 공실에 쌓이면 제후들은 내심 두 마음을 품게 될 것입니다. 만일 그대가 이 재화를 이용하려 들면 진나라는 내심 그대에게 딴 마음을 가질 것입니다. 제후들이 두 마음을 품으면 진나라는 해를 입게 되고 진나라가 그대에게 딴 마음을 가지면 그대의 집안이 큰 해를 입을 것입니다. 왜 이토록 사리에 어두운 것입니까. 장차 재화를 어디에 쓰려는 것입니까. 영명(令名)은 덕을 싣는 수레고 덕(德)은 국가를 유지하는 근본입니다. 근본이 튼튼해야 무너지지 않는 것이니 어찌 덕을 닦는 데 힘쓰지 않을 수 있습니까. 덕행이 있어야 즐거울 수 있고 즐거울 수 있어야 장구히 보전할 수 있는 것입니다.『시경』「소아·남산유대」에 이르기를, '낙지군자(樂只君子: 즐겁구나, 군자여)·방가지기(邦家之基: 나라의 근본이라네)'라고 했습니다. 이는 미덕을 행해야 하는 것을 말한 것입니다. 또 「대아·대명(大明)」에 이르기를, '하늘이 그대에게 임해 지켜보고 있으니 두 마음을 품지 말라'고 했습니다. 이는 평판이 좋아야 함을 말한 것입니다. 관유(寬宥)로써 덕행을 선양하면 좋은 평판을 얻으면서 일을 할 수 있습니다. 이에 먼 곳의 사람이 찾아오고 가까운 곳의 사람들은 안심하게 됩니다. 그러니 사람들로 하여금 '그대가 실로 우리를 살렸다'고 말하도록 만들어야지 '우리를 착취하여 자신의 배를 불렸다'고 말하게 해서야 되겠습니까. 코끼리는 유치분신(有齒焚身: 상아로 인해 죽음을 당한다는 뜻임)의 화를 입으니 이는 상아가 값이 나가기 때문입니다."

범선자가 서신을 읽고 크게 기뻐하며 곧 제후들의 공납을 줄이게 했다. 이때 정간공이 진나라를 조현한 것은 공납이 많았기 때문인데 진

(陳)나라에 대한 응징을 청하려는 뜻도 있었다. 정간공이 범선자를 만나 고두(叩頭)하자 범선자가 사양했다. 이에 자서가 상례(相禮)하며 말했다.

"진(陳)나라가 대국 초나라를 믿고 폐읍을 능학(陵虐: 능멸하고 학대함)하고 있습니다. 이에 과군이 진나라에 대한 문죄(問罪)를 청하는 것입니다. 그러니 어찌 감히 고두하지 않을 수 있겠습니까."

范宣子爲政, 齊侯之幣重, 鄭人病之. 二月, 鄭伯如晉. 子産寓書於子西, 以告宣子, 曰 "子爲晉國, 四隣諸侯不聞令德, 而聞重幣, 僑也惑之. 僑聞君子長國家者, 非無賄之患, 而無令名之難. 夫諸侯之賄聚於公室, 則諸侯貳. 若吾子賴之, 則晉國貳. 諸侯貳, 則晉國壞. 晉國貳, 則子之家壞. 何沒沒也. 將焉用賄. 夫令名, 德之輿也. 德, 國家之基也. 有基無壞, 無亦是務乎. 有德則樂, 樂則能久. 『詩』云 '樂只君子, 邦家之基.' 有令德也夫. '上帝臨女, 無貳爾心.' 有令名也夫. 恕思以明德, 則令名載而行之, 是以遠至邇安. 毋寧使人謂子 '子實生我而謂子浚我以生乎.' 象有齒以焚其身, 賄也." 宣子說, 乃輕幣. 是行也, 鄭伯朝晉, 爲重幣故, 且請伐陳也. 鄭伯稽首, 宣子辭. 子西相, 曰 "以陳國之介恃大國, 而陵虐於敝邑, 寡君是以請罪焉. 敢不稽首."

● 노나라 대부 맹효백(孟孝伯: 중손갈)이 군사를 이끌고 가 제나라를 쳤다. 이는 진나라를 위한 것이었다.

여름, 초강왕이 주사(舟師: 수군)를 편성해 오나라를 쳤다. 그러나 군정(軍政: 군사들에 대한 교육을 가리키나, 두예는 상벌의 시행으로 해석)이 제대로 이루어지지 않아 공을 세우지 못하고 회군했다.

이때 제장공은 진나라를 친 이후 진나라의 보복을 두려워하여 초강왕과 만나고자 했다. 이에 초강왕이 대부 위계강(薳啓彊)을 시켜 제나라를 빙문하면서 회동 시기를 정하게 했다. 제나라 사람이 군중에서 토지신에게 제사를 지내고, 수군실(蒐軍實)[60]하여 위계강으로 하여금 이를 관람하게 했다. 그러자 진문자(陳文子)가 말했다.

"제나라는 장차 적의 침공을 받게 될 것이다. 내가 듣건대 '무력은 잘 단속하지 않으면 반드시 자신을 해친다'고 했다."

가을, 제장공은 장차 진나라 군사가 쳐들어올 것이라는 소식을 듣고 대부 진무우(陳無宇)를 시켜 위계강을 따라 초나라로 가 전쟁으로 인해 회동이 불가능한 사정을 말한 뒤 초나라의 출병을 청하게 했다. 이때 제나라 대부 최저가 군사를 이끌고 이들을 호송한 뒤 곧바로 거나라로 쳐들어가 개근(介根: 산동성 교남현 서남쪽)을 습격했다.

이때 노양공과 진평공, 위헌공, 정간공, 조무공, 거자 이비공, 주도공, 등성공, 설백, 기문공(杞文公), 소주목공 등이 진나라의 이의(夷儀: 하북성 형대시 서쪽)에서 만났다. 이는 장차 제나라를 치기 위한 것이었다. 그러나 홍수가 나 이를 실천에 옮기지 못했다.

겨울, 초강왕이 정나라를 쳐 제나라를 구원하고자 했다. 이에 정나라 도성의 동문(東門)을 치고 극택(棘澤: 하남성 신정현 동남쪽)에 주둔했다. 그러자 제후들이 돌아와 정나라를 구원했다.

이때 진평공은 장격(張骼)과 보력(輔躒)을 시켜 초나라 군사에게 치사(致師: 도전)하게 하면서 지리를 잘 아는 사람이 필요하다는 생각에 어자를 정나라에서 구했다. 이에 정나라가 공자 완석견(宛射犬: 식읍이 宛임)을 보내면서 점을 치자 점괘가 길하게 나왔다. 그러자 정나라 대부 자태숙(子大叔: 游吉)이 완석견에게 이같이 주의를 주었다.

"대국 사람과는 항례(亢禮: 마주 대함)할 수 없소."

"군사의 중과(衆寡)를 가릴 것 없이 어자의 지위는 전차의 좌우 어느 쪽에 있든 모든 나라에서 동일한 것이오."

"그렇지 않소. 부루(部婁: 작은 언덕으로, 소국을 상징)에는 송백(松柏: 대국의 인재를 상징)이 자라지 않는 법이오."

완석견이 진나라 진영으로 가자 장격과 보력은 장중(帳中)에 있으면

---

60) '대대적인 검열을 시행하다'는 뜻이나, 두예는 수레 등의 군용 기물을 조사한 것으로 해석했다.

서 그를 밖에 앉힌 뒤 자신들이 음식을 다 먹고 나서야 비로소 그에게 음식을 먹게 했다. 또 완석견에게는 광거(廣車: 공격용 전차)를 몰게 한 뒤 자기들은 다 승거(乘車: 타고 다니는 편안한 수레)를 타고 나갔다. 이어 초나라 군영에 당도해서야 완석견이 모는 전차로 옮겨타고는 거전(踞轉)[61]한 뒤 거문고를 탔다.

전차가 초나라 군영 가까이 이르렀을 때 완석견이 적진에 다가섰다는 말을 하지 않고 달리자 이들은 그때서야 전대에서 투구를 꺼내 뒤집어썼다. 이어 전차가 초나라 군영 안으로 들어가자 두 사람은 전차에서 내려 초나라 병사를 번쩍 들어 달려드는 군사들을 향해 던졌다. 또 초나라 병사를 포로로 잡아 꽁꽁 묶은 뒤 양쪽 겨드랑이 사이에 끼었다. 이때 완석견은 이들을 기다리지 않은 채 전차를 몰아 초나라 진영을 빠져나왔다. 그러자 두 사람이 몸을 날려 전차에 올라탄 뒤 활을 꺼내 초나라 추병(追兵)들을 향해 화살을 날렸다. 위험지역을 빠져나온 뒤 두 사람은 다시 거문고를 타며 말했다.

"공손(公孫), 전차에 함께 타면 형제지간이 되는 것인데 어찌해서 두 번씩이나 우리와 상의도 하지 않은 채 내달린 것이오?"

"앞서는 오직 돌격해 들어간다는 생각뿐이었고, 이번은 적의 숫자가 너무 많아 두려운 생각뿐이었습니다."

이에 두 사람이 모두 크게 웃으며 완석견에게 말했다.

"공손은 성질이 급하기 짝이 없소."

이때 초강왕은 극택에서 철군하면서 위계강을 시켜 군사를 이끌고 가 진무우를 호송하게 했다.

孟孝伯侵齊, 晉故也. 夏, 楚子爲舟師以伐吳, 不爲軍政, 無功而還. 齊侯旣伐晉而懼, 將欲見楚子. 楚子使薳啓彊如齊聘, 且請期. 齊師, 蒐軍實, 使客觀之. 陳文子曰 "齊將有寇. 吾聞之, 兵不戢, 必取其族." 秋, 齊

---

61) '수레 뒤편에 있는 갑옷 위에 걸터앉았다'는 뜻이나, '전'(轉)을 전차 뒤에 가로지른 나무로 보기도 한다.

侯聞將有晉師, 使陳無宇從薳啓彊如楚辭, 且乞師. 崔杼帥師送之, 遂伐莒, 侵介根. 會于夷儀, 將以伐齊, 水, 不克. 冬, 楚子伐鄭以救齊, 門于東門, 次于棘澤. 諸侯還救鄭. 晉侯使張骼·輔躒致楚師, 求御于鄭. 鄭人卜宛射犬, 吉. 子大叔戒之曰 "大國之人, 不可與也." 對曰 "無有衆寡, 其上一也." 大叔曰 "不然, 部婁無松柏." 二子在幄, 坐射犬于外, 既食而後食之. 使御廣車而行, 已皆乘乘車. 將及楚師, 而後從之乘, 皆踞轉而鼓琴. 近, 不告而馳之. 皆取冑於橐而冑, 入壘皆下, 搏人以投, 收禽挾囚. 弗待而出. 皆超乘, 抽弓而射. 既免, 復踞轉而鼓琴, 曰 "公孫. 同乘, 兄弟也, 胡再不謀." 對曰 "曩者, 志入而已, 今則怯也." 皆笑曰 "公孫之亟也." 楚子自棘澤還, 使薳啓彊帥師宋陳無宇.

● 오나라가 초나라 수군과 싸우기 위해 서구(舒鳩: 초나라의 속국으로 안휘성 서성현에 위치)나라 사람들을 소집하자 서구나라가 초나라를 배반했다. 이에 초강왕이 황포(荒浦: 한휘성 서성현 동남쪽)에 군사들을 주둔시킨 뒤 대부 심윤(沈尹) 수(壽)와 사기리(師祁犁)를 서구나라로 보내 이를 추궁하게 했다. 서구자(舒鳩子: 서구의 군주)가 두 사람을 공경스럽게 맞이한 후 자신들은 결코 초나라를 배반한 일이 없다고 변명하면서 맹약을 받아들일 뜻을 밝혔다. 두 사람이 돌아와 초강왕에게 복명하자 초강왕이 즉각 서구나라를 치려고 했다. 이에 영윤 위자(薳子: 薳子馮)가 만류했다.

"불가합니다. 서구는 우리를 배반하지 않겠다고 고하고 또 맹약을 받아들이겠다고 자청했는데, 만일 우리가 그들을 치면 죄없는 나라를 침공하는 셈이 됩니다. 당분간 돌아가 백성들을 쉬게 하면서 그 결과를 지켜보는 것이 좋을 것입니다. 이후 두 마음을 품지 않는다면 우리는 또 무엇을 구하겠습니까. 그러나 만일 그들이 우리를 배반한다면 그들은 우리에게 할 말이 없게 되고 우리는 무공을 세울 수 있게 됩니다."

초강왕이 이를 받아들여 철군했다. 이때 진(陳)나라 사람이 다시 경씨(慶氏)의 당우를 토벌하자 대부 감의구(鍼宜咎)가 초나라로 달아났다.

마침 제나라가 주왕실의 겹(郟: 하남성 낙양시)에 성을 쌓았다. 노나라 대부 목숙이 주왕실을 빙문하고 축성의 준공을 축하했다. 주영왕은 목숙이 예의에 맞게 행동한 것을 가상히 여겨 그에게 대로(大路)를 하사했다.

　당시 진평공은 대부 정정(程鄭)을 총애하여 하군 부장으로 삼았다. 마침 정나라의 행인 공손 휘(揮: 子羽)가 진나라를 빙문했다. 정정이 그에게 물었다.

　"감히 묻겠습니다만 어찌해야 자신의 직위를 낮출 수 있습니까?"

　이에 공손 휘가 제대로 대답도 못하고 돌아와서는 이를 연명(然明: 鬷蔑)에게 고했다. 그러자 연명이 말했다.

　"그는 장차 죽거나 망명할 것이다. 지위가 존귀한데도 두려워할 줄 알고 두려워하면서 자신의 직위를 낮추려 한다면 이는 자신의 재덕(才德)에 맞춰 관위를 얻는 것으로 잠시 다른 사람 밑에 들어가 있는 것일 뿐이다. 그러니 새삼 물을 것이 무엇이 있겠는가. 이미 높은 자리에 올라 직위를 낮출 것을 생각하는 사람은 지혜로운 사람인데 정정은 결코 그런 사람이 아니다. 그에게 망혼(亡譽: 망명할 징조)이 나타난 것이다. 설령 그리 되지 않는다 하더라도 혹질(惑疾: 의심하는 병)이 생길 것이다. 장차 죽게 된다면 이는 스스로 속을 썩였기 때문이다."

　吳人爲楚舟師之役故, 召舒鳩人, 舒鳩人叛楚. 楚子師于荒浦, 使沈尹壽與師祁犁讓之. 舒鳩子敬逆二子, 而告無之, 且請受盟. 二子復命, 王欲伐之. 蒍子曰 "不可. 彼告不叛, 且請受盟, 而又伐之, 伐無罪也. 姑歸息民以待其卒. 卒而不貳, 吾又何求. 若猶叛我, 無辭有庸." 乃還. 晉人復討慶氏之黨, 鍼宜咎出奔楚. 齊人城郟. 穆叔如周聘, 且賀城. 王嘉其有禮也, 賜之大路. 晉侯嬖程鄭, 使佐下軍. 鄭行人公孫揮如晉聘, 程鄭問焉, 曰 "敢問降階何由." 子羽不能對, 歸以語然明. 然明曰 "是將死矣. 不然, 將亡. 貴而知懼, 懼而思降, 乃得其階, 下人而已, 又何問焉. 且夫旣登而求降階者, 知人也, 不在程鄭. 其有亡譽乎. 不然, 其有惑疾, 將死而憂也."

25년(기원전 548)

25년 봄, 제나라의 최저가 군사를 이끌고 와 우리의 북쪽 변경을 쳤다. 여름 5월 을해, 제나라의 최저가 군주 광(光)을 시해했다. 공이 진후·송공·위후·정백·조백·거자·주자·등자·설백·기백·소주자와 이의(夷儀)에서 만났다. 6월 임자, 정나라의 공손 사지(舍之)가 군사를 이끌고 가 진(陳)나라로 쳐들어갔다. 가을 8월 기사, 제후들이 중구(重丘)에서 동맹했다. 공이 모임에서 돌아왔다. 위후가 이의로 들어갔다. 초나라의 굴건(屈建)이 군사를 이끌고 가 서구(舒鳩)를 멸했다. 겨울, 정나라의 공손 하(夏)가 군사를 이끌고 가 진(陳)나라를 쳤다. 12월, 오자(吳子) 알(遏)이 초나라로 쳐들어가 소문(巢門)을 치다가 졸했다.

二十五年春, 齊崔杼帥師, 伐我北鄙. 夏五月乙亥, 齊崔杼弒其君光. 公會晉侯宋公衛侯鄭伯曹伯莒子邾子滕子薛伯杞伯小邾子于夷儀. 六月壬子, 鄭公孫舍之帥師, 入陳. 秋八月己巳, 諸侯同盟于重丘, 公至自會. 衛侯入于夷儀. 楚屈建帥師, 滅舒鳩. 冬, 鄭公孫夏帥師, 伐陳. 十二月, 吳子遏伐楚, 門于巢卒.

●25년 봄, 제나라의 집정대부 최저(崔杼: 최무자)가 군사를 이끌고 가 노나라의 북쪽 변경을 쳐 전에 맹효백의 군사에게 당했던 일을 보복했다. 이에 노양공이 크게 우려하여 곧바로 사람을 진나라로 보내 이를 고했다. 그러자 노나라 대부 맹공작(孟公綽)이 말했다.

"최자(崔子: 최저)는 대지(大志: 본래는 큰 뜻이나, 여기서는 弒君을 의미)를 품고 있기 때문에 우리 나라를 소란스럽게 만드는 데는 별 관심이 없습니다. 그는 반드시 빨리 돌아갈 것인데 무엇을 걱정하십니까. 그가 쳐들어와 약탈하지도 않고 군사를 부리는 것 또한 혹독하지 않아 여느 때와는 사뭇 다릅니다."

과연 제나라 군사는 얼마 후 그대로 돌아갔다.

제나라 당공(棠公: 당읍의 대부)의 아내는 동곽언(東郭偃)의 누이였다. 그런데 동곽언은 최저의 가신으로 있었다. 당공이 죽자 동곽언은 최저를 수레에 태우고 가 조문했다. 이때 최저는 당강(棠姜: 당공의 아내)의 미색에 혹한 나머지 동곽언을 내세워 그녀를 아내로 삼고자 했다. 그러자 동곽언이 말했다.

"부부는 성씨가 달라야 합니다. 그런데 그대는 제정공(齊丁公)의 후손이고 저는 제환공(齊桓公)의 후손으로 같은 성씨니 통혼할 수 없습니다."

이에 최저가 시초점을 치자 '곤괘'(困卦)가 '대과괘'(大過卦)로 변하는 점괘가 나왔다. 태사(大史)가 모두 길하다고 했다. 이를 진문자에게 보이자 진문자는 이같이 풀이했다.

"장부가 바람을 따르고 바람은 처자를 떨어뜨리니 아내로 맞이할 수 없습니다. 괘사에 이르기를, '돌덩이에 막혀 곤궁하고, 질려(蒺藜: 가시나무)에 의지해 지키고, 집에 들어가도 아내를 보지 못하니 흉하다'고 했습니다. 돌덩이에 막혀 곤궁하다는 것은 앞으로 나아가도 성공하지 못한다는 것입니다. 질려에 의지해 지킨다는 것은 의지하는 사람으로부터 상처를 입는다는 것입니다. 집에 들어가도 아내를 보지 못하니 흉하다고 한 것은 돌아가 쉴 곳이 없음을 말하는 것입니다."

이 말을 들은 최저가 말했다.

"그녀는 과부인데 무슨 해가 되겠소? 그녀의 전남편에게 이미 그 흉조가 나타난 것이오."

그러고는 드디어 당강을 아내로 삼았다. 제장공이 최저의 아내와 사통하여 자주 그의 집에 드나들었다. 이에 당강은 최저가 쓰는 모자까지 내주었다. 그러자 제장공의 시종이 간했다.

"이같이 해서는 안 됩니다."

"최자가 아닐지라도 어찌 쓸 모자조차 없겠는가."

최저는 이로 인해 제장공에 대해 원망을 품게 되었다. 그는 제장공이 진나라의 혼란한 틈을 이용해 공격에 나서자 이같이 말했다.

"진나라는 틀림없이 보복하려 들 것이다."

그러고는 제장공을 시해하여 진나라의 환심을 사고자 했으나 종시 손을 쓸 기회를 얻지 못했다. 일찍이 제장공은 시종 가거(賈擧: 제장공에게는 난리통에 죽은 또 한 명의 '가거'가 있음)에게 매질을 하고도 그를 그대로 가까이 두었다. 이때에 이르러 가거가 최저를 위해 제장공을 시해할 틈을 엿보았다.

여름 5월, 거나라가 저우지역(且于之役: 노양공 23년)으로 인해 제나라로 와 제장공을 조현했다. 5월 16일, 제장공이 제나라 도성의 북곽(北郭)에서 향례를 베풀었으나 최저가 병을 핑계로 공무를 보지 않았다. 5월 17일, 제장공이 최저를 문병한 뒤 틈을 보아 당강과 은밀히 만났다. 이때 당강은 내실로 들어간 뒤 최저와 함께 옆문으로 빠져나갔다. 제장공은 이런 사실도 모르고 기둥을 두드리며 노래를 불렀다. 그러자 시종 가거가 제장공의 수종들을 모두 문 밖에 머물러 있게 한 뒤 홀로 안으로 들어가 대문을 걸어 잠갔다.

이를 신호로 무장한 갑사들이 뛰쳐나와 제장공에게 덤벼들었다. 이에 놀란 제장공이 높은 대 위로 올라가 살려줄 것을 간청했으나 갑사들이 들어주지 않았다. 제장공이 결맹을 청했으나 받아들여지지 않자 다시 종묘에 가 자살하겠다고 제안했다. 그러나 이 또한 받아들여지지 않았다. 이때 갑사들이 입을 모아 말했다.

"군주의 신하인 최저는 병이 중해 군명을 받들 수 없습니다. 더구나 여기는 공궁과 가까운 데다가 저희 배신(陪臣)들은 이미 간부(奸夫)를 잡아내라는 명을 받았으니 이를 받들 뿐 그 밖의 다른 명은 알지 못합니다."

이에 제장공이 급히 담을 넘어 도망가자 갑사들이 그에게 화살을 날렸다. 제장공이 다리에 화살을 맞고 떨어지자 갑사들이 곧바로 달려들어 제장공을 시해했다.

이 난리통에 8명의 용력지신(勇力之臣)인 가거(賈擧)와 주작(州綽), 병사(邴師), 공손오(公孫敖), 봉구(封具), 탁보(鐸父), 양이(襄伊), 누연(偄堙) 등이 모두 살해되었다. 제장공의 총신 축타보(祝佗父)는 제나라의 종읍(宗邑: 別廟가 있는 고을)인 고당(高唐: 산동성 고당현 동쪽)으로 가 제사를 지낸 뒤 도성으로 들어와 복명하고자 했다. 이에 변모(弁帽: 여기서는 爵弁을 지칭)[62]도 벗지 않은 채 최씨 집으로 갔다가 죽음을 당했다.

이때 시어(侍漁: 어업을 담당하는 관원으로 魚鹽稅를 거두기도 함)로 있던 신괴(申蒯)는 조정에서 물러나온 뒤 그의 가재(家宰)에게 말했다.

"그대는 노(帑: 신괴의 처자식을 의미하나, 두예는 가재의 처자로 해석함)를 데리고 피하도록 하오. 나는 여기서 죽을 것이오."

"제가 도주하게 되면 이는 그대가 행한 충의에 위배되는 일입니다."

그러고는 신괴와 함께 자살했다. 이때 최저는 제장공의 총애를 받은 대부 종멸(鬷蔑: 정나라 대부 연명과 동명이인)을 평음(平陰: 산동성 평음현 동북쪽)에서 죽였다.

二十五年春, 齊崔杼帥師伐我北鄙, 以報效伯之師也. 公患之, 使告于晉. 孟公綽曰 "崔子將有大志, 不在病我, 必速歸, 何患焉. 其來也不寇, 使民不嚴, 異於他日." 齊師徒歸. 齊棠公之妻, 東郭偃之姉也. 東郭偃臣崔武子. 棠公死, 偃御武子以弔焉. 見棠姜而美之, 使偃取之. 偃曰 "男女辨姓, 今君出自丁, 臣出自桓, 不可." 武子筮之, 遇「困」之「大過」. 史皆曰 "吉." 示陳文子, 文子曰 "夫從風, 風隕妻不可娶也. 且其「繇」曰 '困于石, 據于蒺藜, 入于其宮, 不見其妻, 凶.' 困于石, 往不濟也. 據于蒺藜, 所恃傷也. 入于其宮, 不見其妻, 凶, 無所歸也." 崔子曰 "嫠也何害. 先夫當之矣." 遂取之. 莊公通焉, 驟如崔氏, 以崔子之冠賜人. 侍者曰 "不可." 公曰 "不爲崔子, 其無冠乎." 崔子因是, 又以其間伐晉也, 曰 "晉必

---

62) 원래 '변'(弁)은 무관(武冠)인 '피변'(皮弁)과 문관(文冠)인 '작변'(爵弁) 등 두 종류로 나뉜다. '작변'은 '유'(旒)가 없는 면(冕)을 말하고, '피변'은 백록비(白鹿皮)로 만든 예관을 의미했다. '피변'은 꼭대기가 뾰족하고 녹비(鹿皮: 사슴가죽)를 봉합한 솔기에는 줄마다 반짝이는 작은 옥석을 매달았다.

將報."欲弒公以說于晉, 而不獲間. 公鞭侍人賈擧, 而又近之, 乃爲崔子間公. 夏五月, 莒爲且于之役故, 莒子朝于齊. 甲戌, 饗諸北郭, 崔子稱疾不視事. 乙亥, 公問崔子, 遂從姜氏. 姜入于室, 與崔子自側戶出. 公拊楹而歌. 侍人賈擧止衆從者而入. 閉門, 甲興. 公登臺而請, 弗許. 請盟, 弗許. 請自刃於廟, 弗許. 皆曰"君之臣杼疾病, 不能聽命. 近於公宮, 陪臣干掫有淫者, 不知二命." 公踰牆, 又射之, 中股, 反隊, 遂弒之. 賈擧·州綽·邴師·公孫敖·封具·鐸父·襄伊·僂堙皆死. 祝佗父祭於高唐, 至, 復命, 不說弁而死於崔氏. 申蒯侍漁者, 退謂其宰曰"爾以帑免, 我將死." 其宰曰"免, 是反子之義也." 與之皆死. 崔氏殺鬷蔑于平陰.

● 제장공이 살해될 당시 안자(晏子)는 최저의 집 문 밖에 서 있었다. 이때 그의 수하들이 물었다.

"순사(殉死)할 생각입니까?"

"그가 오직 나만의 군주요? 순사할 일이 없소."

"그럼 다른 나라로 망명을 하려는 것입니까?"

"그것이 내 죄요? 망명할 일이 없소."

"그러면 댁으로 돌아갈 것입니까?"

"군주가 세상을 떠났는데 내가 어찌 집으로 돌아갈 수 있겠소? 백성의 군주 된 자가 어찌 보위에 앉았다고 하여 백성들 위에 군림할 수 있겠소? 오직 사직을 지킬 뿐이오. 군주의 신하 된 자가 어찌 자신의 봉록을 위해 일할 수 있겠소? 오직 사직을 보호할 뿐이오. 그래서 군주가 사직을 위해 죽으면 따라 죽을 수 있고, 사직을 위해 망명하면 곧 따라서 망명할 수 있는 것이오. 그러나 만일 군주가 자신을 위해 죽거나 망명할 경우 그가 총애하는 사람이 아니라면 누가 감히 같이 죽거나 망명하는 책임을 떠맡겠소? 하물며 신하 된 자가 모시던 군주를 시해했는데 내가 어찌 그를 위해 죽거나 망명할 수 있겠소? 설령 망명한들 어디로 갈 수 있겠소?"

그러고는 최저의 집 대문이 열리자 안으로 들어갔다. 이어 침시고(枕

尸股: '시신의 허벅지 위에 머리를 파묻다'는 뜻임)[63]하여 호곡하고 일어나 3용(三踊: 세 번 위로 뛰어오르는 것으로 군주가 죽었을 때의 상례임)한 뒤 물러나왔다. 이때 어떤 사람이 최저에게 건의했다.

"안자는 꼭 죽여야만 합니다."

"그는 백성들로부터 신망을 받고 있는 사람이오. 그를 놓아두어야 민심을 얻을 수 있을 것이오."

이때 제장공의 총신 노포계(盧蒲癸)는 진(晉)나라, 왕하(王何)는 거나라로 달아났다.

당초 노나라의 숙손선백(叔孫宣伯: 숙손교여로 노성공 16년에 제나라로 망명했음)이 제나라에 있을 때 제나라 공자 숙손선(叔孫還)이 숙손선백의 딸을 제영공(齊靈公)에게 보냈다. 이에 그녀는 제영공의 총애를 입고 제경공(齊景公: 제장공의 서제로 이름은 杵臼)을 낳았다. 5월 19일, 최저가 제경공을 새 군주로 세운 뒤 자신은 재상이 되고 대부 경봉(慶封: 子家)을 좌상(左相: 정경 다음의 관직)으로 천거했다. 이때 제나라 사람들이 태궁(大宮: 강태공의 사당)에서 맹서했다.

"최씨 및 경씨와 가까이하지 않는 자는……"

맹서문을 다 읽기도 전에 안자가 끼어들어 앙천(仰天)하며 크게 탄식한 뒤 이같이 맹서문을 고쳐 읽었다.

"나 영(嬰)이 만일 충군이국(忠君利國: 군주에게 충성하고 사직을 이롭게 함)하는 자와 가까이하지 않으면 큰 벌을 받을 것이다. 이는 하늘이 증명할 것이다."

그러고는 희생의 피를 마셨다.

5월 23일, 제경공이 대부들과 함께 거자 이비공과 결맹했다. 거자는 당초 제나라에 조현을 왔다가 최저의 난으로 인해 돌아가지 못하고 머물던 중 마침내 제경공과 결맹하게 된 것이다. 이때 태사(大史)가 죽간

---

63) '침시고'를 두고 '시신을 자신의 허벅지 위에 올려놓다'로 해석하는 견해도 있으나 이는 잘못이다.

(竹簡)에 이같이 썼다.

"최저가 그의 군주를 시해했다."

그러자 최저가 태사를 죽였다. 태사의 아우 중 두 사람이 계속해 이같이 기록하다가 연이어 죽음을 당했다. 태사의 또 다른 아우가 또 그렇게 기록하자 최저는 더 이상 죽일 수가 없었다. 남사씨(南史氏: 나라 밖에 있던 제나라 사관)가 태사의 형제들이 다 죽었다는 소식을 듣고 죽간을 가지고 갔다가, 이미 사실대로 기록되었다는 이야기를 듣고 이내 돌아갔다.

당시 제장공의 총신 여구영(閭丘嬰)이 그의 아내를 유막(帷幕)으로 싸서 수레에 싣고는 신선우(申鮮虞)와 함께 수레를 타고 달아났다. 도중에 신선우가 여구영의 아내를 수레 아래로 밀어 떨어뜨리며 말했다.

"군주가 혼용(昏庸)한데도 바로잡지 못하고, 위험에 빠졌을 때 구하지도 못하고, 죽었을 때 같이 죽지도 못하고, 오직 자신이 친애하는 사람만 숨길 줄 아니, 도대체 그 누가 우리를 받아들이겠소?"

이들은 계속 달아나다가 엄중(弇中: 산동성 임치현 서남쪽)의 협도(狹道)에 당도했다. 신선우가 그곳에 묵으려고 하자 여구영이 말했다.

"최씨와 경씨 일당이 곧 우리를 추격해 올 것이오."

"여기는 협도이니 일 대 일의 싸움이 될 것이오. 그러니 누가 우리를 겁나게 할 수 있겠소?"

이에 그곳에서 쉬면서 말고삐를 베개 삼아 자게 되었다. 이들은 자기 전에 말을 충분히 먹인 뒤 밥을 먹었다. 잠시 휴식을 취하고 다시 말을 몰아 협도를 빠져나오자 신선우가 여구영에게 말했다.

"빨리 말을 모시오. 최씨나 경씨의 무리가 많아 우리는 도저히 그들을 당할 수가 없소."

그러고는 드디어 말을 급히 몰아 노나라로 도망쳤다.

이때 최저는 제장공의 시신을 북곽(北郭: 도성의 북쪽 성곽)에 측(側: 殯을 하지 않은 채 매장함)했다. 5월 29일, 제장공을 사손지리(士孫之里: 북곽 밖의 작은 마을)에 매장했다. 이때 사삽불필(四翣不蹕)의

예로써 매장하면서 수레도 7승만 묻고 갑병(甲兵: 갑옷과 병기)도 묻지 않았다.[64]

晏子立於崔氏之門外, 其人曰 "死乎." 曰 "獨吾君也乎哉. 吾死也." 曰 "行乎" 曰 "吾罪也乎哉. 吾亡也." 曰 "歸乎." 曰 "君死安歸. 君民者, 豈以陵民. 社稷是主. 臣君者, 豈爲其口實. 社稷是養. 故君爲社稷死, 則死之. 爲社稷亡, 則亡之. 若爲己死而爲己亡, 非其私暱, 誰敢任之. 且人有君而弑之, 吾焉得死之, 而焉得亡之. 將庸何歸." 門啓而入, 枕尸股而哭, 興, 三踊而出. 人謂崔子 "必殺之." 崔子曰 "民之望也, 舍之得民." 盧蒲癸奔晉, 王何奔莒. 叔孫宣伯之在齊也, 叔孫還納其女於靈公. 嬖, 生景公. 丁丑, 崔杼立而相之, 慶封爲左相. 盟國人於大宮, 曰 "所不與崔慶者." 晏子仰天歎曰 "嬰所不唯忠於君利社稷者是與, 有如上帝." 乃歃. 辛巳, 公與大夫及莒子盟. 大史書曰 "崔杼弑其君." 崔子殺之. 其弟嗣書而死者二人. 其弟又書, 乃舍之. 南史氏聞大史盡死, 執簡以往. 聞旣書矣, 乃還. 閭丘嬰以帷縛其妻而載之, 與申鮮虞乘而出. 鮮虞推而下之, 曰 "君昏不能匡, 危不能救, 死不能死, 而知匿其暱, 其誰納之." 行及弇中, 將舍. 嬰曰 "崔慶其追我." 鮮虞曰 "一與一, 誰能懼我." 遂舍, 枕轡而寢, 食馬而食. 駕而行, 出弇中, 謂嬰曰 "速驅之. 崔慶之衆, 不可當也." 遂來奔. 崔氏側莊公于北郭. 丁亥, 葬諸士孫之里, 四翣不蹕, 下車7乘, 不以兵甲.

● 진평공이 반수(沜水: 태산의 분수령에서 발원하는 北汝河로 산동성 태안현 남쪽을 관류함)를 건넌 뒤 노양공과 송평공, 위상공, 정간공, 조무공, 거자 이비공, 주도공, 등성공, 설백, 기문공, 소주목공 등과 이의(夷儀)에서 만났다. 이어 제후들의 군사를 이끌고 가 제나라를 치고 조가지역(朝歌之役)을 보복했다. 당시 제나라 사람들은 제장공을 죽임으로써 진나라의 환심을 샀다고 생각했다. 이에 대부 습서(隰鉏: 隰明

---

64) '사삽불필'은 영구(靈柩)의 전후에 세우고 가는 부채 모양의 운삽(雲翣)을 4개만 사용하고 길을 닦는 일을 하지 않았다는 비난의 뜻을 담고 있다. 당시 제후는 '6삽'을 사용했고 수레 9승과 갑옷 등을 무덤에 함께 묻었다.

의 증손)를 보내 강화를 청하게 했다.

이때 제나라의 경봉은 남녀 노비를 묶은 뒤 이들을 줄지어 데리고 진나라 군중으로 가 항복을 표시하면서 진평공에게 제나라 종기(宗器)와 악기(樂器)를 예물로 바쳤다. 또 6정(六正: 6경)을 위시해 5리(五吏)[65]와 30수(帥),[66] 3군의 대부(大夫: 실무 군관), 백관의 정장(正長: 각 부의 책임관)과 속관, 사려(師旅)의 관속과 유수(留守) 등에게도 각기 뇌물을 주었다. 이에 진평공은 강화의 청에 응낙한 뒤 곧바로 숙향(叔向)을 제후들에게 보내 이 사실을 알렸다. 그러자 노양공이 자복혜백(子服惠伯)을 시켜 이같이 회답하게 했다.

"군주는 죄 있는 자를 용서하고 소국을 안정시키니 이는 모두 군주의 은혜입니다. 과군은 명을 잘 들었습니다."

이때 진평공은 위서(魏舒: 위헌자)와 완몰(宛沒)을 보내 제나라에 망명 중이던 위헌공을 맞아들이고 이의(夷儀: 원래 위나라에 멸망한 邢나라 땅으로, 산동성 요성현 서남쪽에 위치)를 위헌공에게 주어 거주하게 하려고 했다. 그러자 제나라의 최저가 위헌공의 가족을 제나라에 억류한 채 오록(五鹿) 땅을 요구했다.

당초 진애공(陳哀公)이 초강왕과 합세해 정나라를 칠 때 진나라 군사는 진군하면서 우물을 묻고 나무를 모두 베어버렸다. 이에 정나라 사람들이 진나라를 원망했다.

6월, 정나라 대부 자전(子展)과 자산(子産)이 전차 7백 승을 이끌고 진나라로 쳐들어가 밤중에 진나라의 도성을 습격했다. 드디어 진나라 도성으로 진공해 들어가자 진애공이 태자 언사(偃師)를 부축하며 묘지 쪽으로 달아났다. 진애공은 달아나던 중 마침 사마 환자(桓子)를 만나

---

65) '5리'는 3군의 군위(軍尉)와 사마(司馬), 사공(司空), 여위(輿尉), 후엄(候奄)을 총칭하는 말이다.
66) 당시 1군은 5사(師)로 이루어졌고, 각 사마다 이를 통수하는 정수(正帥)와 부수(副帥)가 있었다. 진나라에는 모두 30수가 존재했다. 이들 모두 중대부(中大夫)였다.

자 이같이 청했다.

"그대의 수레에 나를 태워주오."

그러자 사마 환자가 사양했다.

"저는 지금 성을 순시하고 있는 중입니다."

진애공이 다시 도주하던 중 모친과 아내를 수레에 태우고 가는 대부 가획(賈獲)을 만났다. 그러자 가획은 모친과 아내를 수레에서 내리도록 한 뒤 수레를 진애공에게 넘겨주었다. 이에 진애공이 이같이 청했다.

"모친은 수레에 태우도록 하시오."

가획이 대답했다.

"여인과 함께 타는 것은 상서롭지 못합니다."

그러고는 아내와 함께 모친을 부축하며 묘지 쪽으로 달아났다. 이들 또한 화를 면하게 되었다.

이때 정나라의 자전이 장병들에게 하령했다.

"공궁 안으로 들어가지 말라."

그러고는 자산과 함께 직접 공궁의 문을 지켰다. 진애공이 사마 환자를 보내 종묘의 기물을 이들에게 바치게 했다. 진애공은 이어 상복을 입고 토지신의 신주를 안은 채 수하의 남녀들을 줄줄이 묶어 데리고 가서는 조정에서 대령했다.

이에 정나라의 자전이 손에 집(縶: 말고삐를 말하는데, 이를 손에 잡는 것은 臣僕의 예를 행한 것임)을 잡고 진애공 앞으로 나아가 재배계수한 뒤 잔에 술을 따라 올렸다. 자미(子美: 자산)가 안으로 들어가 포로의 수를 점검하고 나왔다.

이때 정나라 군사가 불사(祓社: '재앙이 물러가도록 토지신에게 비는 푸닥거리'를 뜻함)를 올렸다.[67] 이어 정나라의 사도(司徒)가 치민(致民: 백성을 귀환시킴)하고, 사마(司馬)가 치절(致節: 군사권의 상

---

67) 당시 정나라 군사가 '불사'를 올린 것은 진나라 귀신을 촉범(觸犯)할까 두려워한 데 따른 것이었다.

징인 兵符를 반환함)하고, 사공(司空)이 치지(致地: 국토를 돌려줌)한 뒤 철수했다.

晉侯濟自泮, 會于夷儀, 伐齊, 以報朝歌之役. 齊人以莊公說, 使隰鉏請成. 慶封如師, 男女以班. 賂晉侯以宗器樂器. 自六正・五吏・三十帥・三軍之大夫・百官之正長・師旅及處守者, 皆有賂. 晉侯許之. 使叔向告於諸侯. 公使子服惠伯對曰"君舍有罪. 以靖小國, 君之惠也. 寡君聞命矣." 晉侯使魏舒・宛沒逆衛侯, 將使衛與之夷儀. 崔子止其帑, 以求五鹿. 初, 陳侯會楚子伐鄭, 當陳隧者, 井堙木刊, 鄭人怨之. 六月, 鄭子展・子産帥車七百乘伐陳, 宵突陳城, 遂入之. 陳侯扶其大子偃師奔墓, 遇司馬桓子, 曰"載余." 曰"將巡城." 遇賈獲載其母妻, 下之而授公車. 公曰"舍而母." 辭曰"不祥." 與其妻扶其母以奔墓, 亦免. 子展命師無入公宮, 與子産親御諸門. 陳侯使司馬桓子賂以宗器. 陳侯免擁社, 使其衆男女別而纍, 以待於朝. 子展執縶而見, 再拜稽首, 承飲而進獻. 子美入, 數俘而出. 祝祓社, 司徒致民, 司馬致節, 司空致地, 乃還.

●가을 7월 12일, 제후들이 중구(重丘: 산동성 요성현 동남쪽 50리 지점)에서 결맹했다. 이는 제나라와 강화하기 위한 것이었다.

당시 진나라 집정대부 조문자(趙文子: 조무)는 집정하면서 제후들의 공납을 줄이고 예를 중히 여겼다. 조문자는 노나라의 목숙이 찾아오자 그에게 말했다.

"이후로는 전쟁이 점차 멈출 것이오. 제나라의 최씨와 경씨는 정권을 잡은 지 얼마 안 되었으니 제후들과 사이 좋게 지내기를 바랄 것이오. 또 나는 초나라의 영윤과 친분이 있으니 만일 공경하게 예를 행하여 사령(辭令)으로 그들을 이끌고 제후들을 안정시키면 전쟁은 사라질 것이오."

이때 초나라의 위자빙이 죽었다. 이에 굴건(屈建)이 영윤, 굴탕(屈蕩)이 막오가 되었다. 서구(舒鳩)나라가 마침내 초나라를 배반했다. 이에 영윤 자목(子木: 굴건)이 군사를 이끌고 서구나라로 쳐들어가 이성

(離城: 舒鳩城으로 안휘성 서성현 서쪽에 위치)에 당도했다.

그러자 오나라가 군사를 보내 서구나라를 구원했다. 이에 자목이 급히 우익의 군사를 이끌고 전진했다. 대부 자강(子彊)과 식환(息桓), 자첩(子捷), 자변(子騈), 자우(子盂) 등은 좌익의 군사를 이끌고 뒤로 물러났다. 이로 인해 오나라 군사는 7일 동안 초나라 군사의 중간에 놓여 있게 되었다. 이때 자강이 자목에게 건의했다.

"시간이 길어지면 병사들이 점애(塾隘:물 속에 갇힌다는 뜻으로, 지치고 약해지는 것을 의미)해질 것입니다. 점애하게 되면 적의 포로가 되니 속전하느니만 못합니다. 청컨대 저희들이 군사를 이끌고 가 적들을 유인하도록 하겠습니다. 이때 정병을 선발해 진을 친 뒤 저희들을 기다려주십시오. 저희가 이기면 정병은 전진하고 패주하면 형세를 살펴 행동하십시오. 그러면 저희가 패하는 것을 면할 수 있습니다. 이같이 하지 않으면 모두 반드시 오나라의 포로가 되고 말 것입니다."

제장들이 모두 그의 의견을 좇았다. 이에 좌익의 다섯 장수가 각기 휘하 병사들을 이끌고 가 먼저 오나라 군사를 공격했다. 오나라 군사가 도망쳐 산 위로 올라간 뒤 적진을 바라보았다. 이들은 초나라 군사의 후속부대가 없는 것을 확인하고는 곧 반격에 나서 초나라 군사를 몰아붙였다. 이때 초나라의 정병이 달려들어 앞의 부대와 합세해 오나라 군사를 대파했다. 초나라 군사가 포위하자 서구나라가 무너지고 말았다. 8월, 초나라가 마침내 서구나라를 멸망시켰다.

秋七月己巳, 同盟于重丘, 齊成故也. 趙文子爲政, 令薄諸侯之幣而重其禮. 穆叔見之. 謂穆叔曰 "自今以往, 兵其少弭矣. 齊崔慶新得政, 將求善於諸侯. 武也知楚令尹. 若敬行其禮, 道之以文辭, 以靖諸侯, 兵可以弭." 楚蒍子馮卒, 屈建爲令尹, 屈蕩爲莫敖. 舒鳩人卒叛楚, 楚令尹子木伐之, 及離城, 吳人救之. 子木遽以師先, 子彊・息桓・子捷・子騈・子盂帥左師以退. 吳人居其間七日. 子彊曰 "久將塾隘, 隘乃禽也, 不如速戰. 請以其私卒誘之, 簡師陳以待我. 我克則進, 奔則亦視之, 乃可以免. 不然, 必爲吳禽." 從之, 五人以其私卒先擊吳師, 吳師奔, 登山以望,

見楚師不繼, 復逐之, 傅諸其軍. 簡師會之, 吳師大敗. 遂圍舒鳩, 舒鳩
潰. 八月 楚滅舒鳩.

●위헌공이 진나라의 도움을 받아 이의(夷儀) 땅으로 들어갔다.
이때 정나라 대부 자산은 진(陳)나라의 포로들을 진(晉)나라에 바치면서 군복을 입은 채 일을 처리했다. 이에 진나라 사람이 진(陳)나라의 죄가 과연 무엇인지 힐문하자 자산이 대답했다.

"옛날 우알보(虞閼父: 순임금의 후손)가 주왕조의 도정(陶正: 관명)이 되어 주무왕을 섬기게 되었습니다. 주무왕은 그가 나라를 위한 기물을 만드는 데 능하고 신명(神明: 여기서는 순임금을 지칭)의 후손인 것을 가상히 여겨 원녀(元女: 장녀) 태희(大姬)를 호공(胡公: 우알보의 아들 호공 滿)에게 보내면서 그를 진후(陳侯)로 봉했습니다. 이에 3각(三恪: 황제와 요, 순의 후손을 말하나, 두예는 虞 · 夏 · 周의 후손으로 해석)이 모두 제후로 봉해졌습니다. 주왕실의 외생(外甥)인 진나라는 곧 왕실의 후손으로 지금까지 왕실에 의지해 오고 있습니다. 진환공(陳桓公)이 죽은 후 난이 일어나자 채나라는 채녀(蔡女) 소생의 공자를 군주로 세우려고 했으나 폐읍의 선군 정장공(鄭莊公)이 오보(五父)를 받들어 새 군주로 세웠습니다. 그러나 채나라 사람이 곧 그를 죽이자 폐읍은 다시 채나라와 함께 진여공(陳厲公: 진환공의 아들)을 추대했습니다. 이후 진장공(陳莊公)과 진선공(陳宣公)에 이르기까지 진나라 군주는 모두 폐읍에 의해 보위에 올랐습니다. 하씨의 난에 진성공(陳成公)이 사방으로 파탕(播蕩: 유랑)하다가 폐읍의 힘에 기대어 귀국하게 된 사실은 귀국 군주도 잘 알고 있을 것입니다. 지금 진나라는 주왕실의 대덕(大德)을 잊고, 폐읍의 대은(大恩)을 버리고, 폐읍과의 인척관계마저 끊은 채 초나라의 병력이 많은 것만 믿고 폐읍을 침범하면서도 억령(億逞: '만족해하다'는 뜻이나 '수를 헤아리다'로 해석하기도 함)할 줄 모르고 있습니다. 이에 폐읍은 지난해에 진나라 토벌에 관한 윤허를 청한 바 있습니다. 그런데 아직 윤허를 받지 못한 상황에서 저들이 먼저 동문지역(東門之役: 노양공 24년에 진나라가 초나라를 좇아 정나라를 침공한 사건)을 일으켰습니다. 이때 저들은 행군 도중 우물을 모두 묻고 나무마저 다 베어버렸습니다. 폐읍은 적들이 국경을 침범해 선왕의 태회에게 치욕을 안겨줄까 크게 두려워했습니다. 그러나 하늘이 폐읍 사람들의 마음을 인도해 진나라와 싸울 용기를 주었고 진나라도 자신들의 죄를 깨달아 우리에게 수수(授手: '죄인이 머리를 내밀며 벌을 받다'는 뜻으로, 여기의 '手'는 고어에서 '首'의 의미로 사용되었음)했습니다. 이에 감히 포로들을 바치게 된 것입니다."

이에 진나라 사람이 또 물었다.

"무슨 까닭으로 소국을 침략한 것이오?"

"일찍이 선왕이 명하기를, '죄 있는 자에게는 각기 주벌하도록 하라'고 했습니다. 게다가 이전에 천자의 나라는 기(圻: 왕성을 중심으로 사방 1천 리), 제후의 나라는 동(同: 사방 1백 리), 그 아래는 점차 작아졌는데 지금 대국의 땅은 사방 몇천 리에 달하고 있습니다. 만일 이들 나라가 소국을 침략하는 일이 없었다면 어떻게 그 많은 땅을 차지했겠습니까."

"무슨 까닭으로 군복 차림을 한 것이오?"

"폐읍의 선군 정무공(鄭武公)과 정장공(鄭莊公)은 주평왕과 주환왕의 경사(卿士)였습니다. 성복지역(城濮之役) 때 진문공(晉文公)이 제후들에게 명하기를, '각자 본직으로 돌아가라'고 했습니다. 그러고는 정문공에게 명하여 군복 차림으로 천자를 돕고 초나라의 포로를 천자에게 바치게 했습니다. 제가 군복을 입고 있는 것은 감히 천자의 명을 어길 수 없기 때문입니다."

진나라의 사장백(士莊伯: 사약)은 더 이상 힐문할 수가 없어 이를 그대로 조문자에게 복명했다. 이에 조문자가 말했다.

"그의 말은 사리에 들어맞소. 사리를 어기는 것은 상서롭지 못한 일이오."

그러고는 정나라가 바치는 전리품을 받았다.

겨울 10월, 정나라의 자전이 상례(相禮)가 되어 정간공과 함께 진나라로 가 전리품을 접수한 것에 배사했다. 이때 초나라의 자서가 다시 진(陳)나라를 쳤으나 진나라는 정나라와 강화했다. 이를 두고 중니는 이같이 평했다.

"『지』(志)에 이르기를, '언이족지(言以足志: 말로써 뜻을 완성시킴)·문이족언(文以足言: 글로써 말을 완성시킴)'이라고 했다. 말을 하지 않으면 누가 그 뜻을 알 것인가. 또한 말만 하고 글로 남기지 않는다면 어찌 그 말을 멀리 전할 수 있겠는가. 진나라가 패주(覇主)인데도 정나라는 허락도 받지 않은 채 진(陳)나라로 진공했다. 만일 뛰어난 사령(辭令)이 없었다면 정나라의 무공은 없었을 것이다. 사령에 얼마나 공을 들여야 하는지 이를 통해 알 수 있을 것이다."

衛獻公入于夷儀. 鄭子產獻捷于晉, 戎服將事. 晉人問陳之罪, 對曰 "昔, 虞閼父爲周陶正, 以服事我先王. 我先王賴其利器用也, 與其神明之後也, 庸以元女大姬配胡公, 而封諸陳, 以備三恪. 則我周之自出, 至于今是賴. 桓公之亂, 蔡人欲立其出. 我先君莊公奉五父而立之, 蔡人殺之. 我又與蔡人奉戴厲公, 至於莊宣, 皆我之自立. 夏氏之亂, 成公播蕩, 又我之自入. 君所知也. 今陳忘周之大德, 蔑我大惠, 棄我姻親, 介恃楚衆, 以馮陵我敝邑, 不可億逞, 我是以有往年之告. 未獲成命, 則有我東門之役. 當陳隧者, 井堙木刊. 敝邑大懼不競, 而恥大姬, 天誘其衷, 啓敝邑之心, 陳知其罪, 授手于我. 用敢獻功." 晉人曰 "何故侵小." 對曰 "先王之命, 唯罪所在, 各致其辟. 且昔天子之地一圻, 列國一同, 自是以衰. 今大國多數圻矣, 若無侵小, 何以至焉." 晉人曰 "何故戎服." 對曰 "我先君武莊爲平桓卿士. 城濮之役, 文公布命曰 '各復舊職.' 命我文公戎服輔王, 以授楚捷, 不敢廢王命故也." 士莊伯不能詰, 復於趙文子. 文子曰 "其辭順, 犯順不祥." 乃受之. 冬十月, 子展相鄭伯如晉, 拜陳之功. 子西復伐陳, 陳及鄭平. 仲尼曰 "『志』有之 '言以足志, 文以足言.' 不言, 誰知其志. 言之無文, 行而不遠. 晉爲伯, 鄭入陳, 非文辭不爲功. 愼辭哉."

● 초나라의 위엄(蔿掩: 위자빙의 아들)이 사마가 되었다. 영윤 자목이 그에게 군부(軍賦)를 담당하면서 갑옷 및 병기의 수를 조사하게 했다. 10월 8일, 위엄이 농지 현황을 기록하고, 산림의 목재를 측량하고, 수택(藪澤: 늪과 연못으로 '藪'는 물이 적고 풀이 무성한 곳을 의미)의 산출물을 모으고, 경릉(京陵: '경'은 매우 높은 고지대, '릉'은 커다란 토산)을 구분하고, 순로(淳鹵: 소금기가 많은 지역으로 농사를 지을 수 없는 곳)를 조사해 부세를 경감하고, 국경의 수몰지대를 조사하고, 언저(偃豬: 지하에 물이 많은 곳)를 알아보고, 원방(原防: 소규모의 전지)의 경계를 정하고, 소택지에 방목하고, 평탄하고 비옥한 땅을 정비하여 경계를 정했다. 이에 각종 수입을 헤아려 부세제도를 확정했다. 또 백성들에게 수레와 말에 관한 세를 납부하게 하고, 백성들로부터 전차병과 보병이 사용할 무기와 갑순(甲楯: 투구 및 갑옷과 방패) 등을 징수했다. 이같은 임무를 다 완수한 후 그 기록을 자목에게 넘겨주었다. 이는 예에 맞는 일이다.

12월, 오왕 제번(諸樊: 수몽의 아들 遏)이 초나라를 쳤다. 이는 주사 지역(舟師之役)에 대한 보복이었다. 이때 오왕이 소읍(巢邑: 안휘성 소현 동북쪽)[68]의 성문을 공격하자 소우신(巢牛臣)이 말했다.

"오왕은 용감하기는 하나 경솔하니 만일 성문을 열어놓으면 그는 직접 성문 안으로 들어올 것이오. 이때를 노려 쏘면 그는 틀림없이 죽고 말 것이오. 오왕이 죽으면 변경이 다소 안정될 것이오."

이에 모두 그의 의견을 좇았다. 드디어 제번이 성문 안으로 진입하자 우신이 낮은 담장 뒤에 숨어 있다가 활을 쏘았다. 오왕 제번이 화살을 맞고 세상을 떠났다.

이때 초강왕은 서구를 멸망시킨 공로로 자목에게 상을 주었다. 자목이 사양했다.

---

[68] '소읍'은 원래 소나라로 뒤에 오나라에 망해 오나라 땅이 되었다가 다시 초나라 땅으로 편입되었다.

"이는 선대부 위자빙의 공로입니다."

이에 그 상을 위자빙의 아들 위엄에게 주었다.

楚蔿掩爲司馬, 子木使庀賦, 數甲兵. 甲午, 蔿掩書土田, 度山林, 鳩藪澤, 辨京陵, 表淳鹵, 數疆潦, 規偃豬, 町原防, 牧隰皐, 井衍沃, 量入脩賦. 賦車籍馬, 賦車兵·徒卒·甲楯之數. 旣成, 以授子木, 禮也. 十二月, 吳子諸樊伐楚, 以報舟師之役. 門于巢. 巢牛臣曰 "吳王勇而輕, 若啓之, 將親門. 我獲射之, 必殪. 是君也死, 彊其少安." 從之. 吳子門焉, 牛臣隱於短牆以射之, 卒. 楚子以滅舒鳩賞子木. 辭曰 "先大夫蔿子之功也." 以與蔿掩.

● 진나라의 정정(程鄭)이 죽었다. 정나라의 자산(子産)은 비로소 연명(然明: 종멸)이 현명한 것을 알고 그에게 치도(治道)에 관해 물었다. 그러자 연명이 대답했다.

"백성 보기를 자식 돌보듯이 하고, 불인(不仁)한 자를 보면 주륙(誅戮)하면서 마치 매가 참새를 쫓듯이 하면 됩니다."

자산이 크게 기뻐하며 이 이야기를 자태숙(子大叔)에게 전하면서 이같이 말했다.

"전에는 종멸(鬷蔑)을 만나면 그의 얼굴만 보았으나 이제는 그의 마음을 보게 되었소."

이에 자태숙이 치도에 관해 묻자 자산이 대답했다.

"정사를 돌보는 것은 농사 짓는 일과 같소. 밤낮으로 국사를 생각하되 그 시초부터 잘 생각하여 마침내 좋은 결과를 이루는 것이오. 조석으로 힘써 행하되 행한 일이 당초의 생각을 넘지 않도록 해야 하오. 이를 행하면서 마치 농사를 지으며 농지의 경계를 넘지 않듯이 하면 잘못하는 일이 적을 것이오."

위헌공(衛獻公)이 이의(夷儀)에 머물며 사자를 영희(甯喜)에게 보내 자신의 복위 문제를 논의하게 하자 영희가 이를 수락했다. 태숙문자(大叔文子: 大叔儀)가 이 소식을 듣고 말했다.

"아, 『시경』「패풍·곡풍(谷風)」과「소아·소반(小弁)」에 이르기를, '이 한 몸도 용납되지 않는데 어느 겨를에 후손을 걱정할까'라고 했는데 마치 이 경우와 같구나. 영자(甯子)는 필시 화를 입어 후손을 걱정할 겨를이 없게 될 것이다. 장차 괜찮을까. 거의 불가능할 것이다. 군자는 행동할 때 그 끝을 생각하면서 과연 다시 행할 수 있는지를 고려한다. 『일주서』(逸周書) 「상훈」(常訓)[69]에 이르기를, '시작할 때 신중히 하고 끝맺을 때 태만하지 않으면 끝내 곤궁하지 않으리'라고 했다. 또 『시경』「대아·증민」에 이르기를, '숙야(夙夜)로 태만하지 않고 오직 한 분을 섬기네'라고 했다. 이제 영자는 군주를 모시면서 바둑 두듯이 근면하지 않으니 어찌 화를 면할 것인가. 바둑 두는 자도 신중을 기해 제대로 두지 않으면 상대에게 이기지 못한다. 하물며 군주를 모시면서 제대로 모시지 않을 수 있겠는가. 그는 반드시 화를 면하지 못할 것이다. 9대의 경족(卿族: 영씨는 위무공에서 갈려나와 영희 때까지 9대를 이어 위나라의 경이 되었음)이 일거에 망하게 되었으니 참으로 슬픈 일이다."

진평공이 이의(夷儀)에서 제후들과 회동하던 노양공 24년에 제나라 사람이 겹(郟)에 성을 쌓았다. 그해 5월에 진(秦)·진(晉) 두 나라가 강화했다. 당시 진(晉)나라의 한기(韓起)가 진(秦)나라로 가서 결맹에 참석했다. 진(秦)나라의 백거(伯車: 진경공의 동생 鍼)도 진(晉)나라로 가 결맹에 참석했다. 그러나 비록 강화가 이루어지기는 했으나 공고하지는 못했다.

晉程鄭卒. 子産始知然明, 問爲政焉. 對曰"視民如子. 見不仁者誅之, 如鷹鸇之逐鳥雀也." 子産喜, 以語子大叔, 且曰"他日, 吾見蔑之面而已, 今吾見其心矣." 子大叔問政於子産. 子産曰"政如農功, 日夜思之. 思其始而成其終. 朝夕而行之, 行無越思, 如農之有畔, 其過鮮矣." 衛獻公自夷儀使與甯喜言, 甯喜許之. 大叔文子聞之, 曰"嗚呼. 『詩』所謂

---

[69] 『서경』「주서·채중지명」에 이와 유사한 구절이 나온다.

'我躬不說, 皇恤我後者', 甯子可謂不恤其後矣. 將可乎哉. 殆必不可. 君子之行, 思其終也, 思其復也.『書』曰 '愼始而敬終, 終以不困.'『詩』曰 '夙夜匪解, 以事一人.' 今甯子視君不如弈棋, 其何以免乎. 弈者擧棋不定, 不勝其耦. 而況置君而弗定乎. 必不免矣. 九世之卿族, 一擧而滅之. 可哀也哉." 會于夷儀之歲, 齊人城郟. 其五月, 秦晉爲成. 晉韓起如晉涖盟, 秦伯車如晉涖盟, 成而不結.

26년(기원전 547)

26년 봄 주력(周曆) 2월 신묘, 위나라의 영희(甯喜)가 군주 표(剽)를 시해했다. 위나라의 손림보가 척(戚)으로 들어가 반(叛)했다. 갑오, 위후 간(衎)이 다시 위나라로 돌아왔다. 여름, 진후가 순오(荀吳)를 보내 빙문하게 했다. 공이 진인·정나라 양소(良霄)·송인·조인과 전연(澶淵)에서 만났다. 가을, 송공이 세자 좌(痤)를 죽였다. 진나라 사람이 위나라의 영희를 잡았다. 8월 임오, 허남 영(甯)이 초나라에서 졸했다. 겨울, 초자·채후·진후(陳侯)가 정나라를 쳤다. 허영공(許靈公)을 안장했다.

二十六年春王二月辛卯, 衛甯喜弒其君剽, 衛孫林父入于戚, 以叛, 甲午, 衛侯衎復歸于衛. 夏, 晉侯使荀吳來聘. 公會晉人鄭良霄宋人曹人于澶淵. 秋, 宋公殺其世子痤. 晉人執衛甯喜. 八月壬午, 許男甯卒于楚. 冬, 楚子蔡侯陳侯伐鄭. 葬許靈公.

●노양공 26년 봄, 진경공(秦景公)의 아우 감(鍼: 伯車)이 진(晉)나라로 가 화약(和約)을 다졌다. 이때 진나라의 숙향(叔向)이 진(秦)나라의 사자를 접대하기 위해 행인 자원(子員)을 부르도록 명했다. 그러자 행인 자주(子朱)가 자원하고 나섰다.

"제가 접대하겠습니다."

자주가 같은 말을 세 번이나 거듭했지만 숙향은 아무런 반응도 보이지 않았다. 이에 자주가 화를 내며 말했다.

"반작(班爵: 직위와 작호)이 같은데 어찌하여 나를 조정에서 배척하려고 하는 것인가."

그러고는 칼을 어루만지며 숙향의 뒤를 따랐다. 그러자 숙향이 질책했다.

"진·진 두 나라는 불목한 지 이미 오래되었소. 오늘 일이 다행히 잘 되면 우리 진나라가 이번 강화의 덕을 볼 수 있지만 그렇지 않으면 3군 병사들의 뼈가 전쟁터에 나뒹굴게 될 것이오. 자원은 두 나라의 이야기를 소통시키는 데 아무 사사로움이 없지만 그대는 늘 원래의 뜻을 변질시키오. 사악한 짓으로 군주를 섬기는 자는 내가 능히 제어할 수 있소."

그러고는 불의(拂衣: '옷소매를 떨치다'는 뜻으로 분노를 표시)하며 나갔다. 이에 사람들이 달려들어 그들의 싸움을 말렸다. 이를 두고 진 평공이 말했다.

"우리 진나라는 크게 다스려질 것이다. 나의 신하들이 다투는 내용은 매우 정대하다."

그러나 사광(師曠)은 이같이 말했다.

"진나라 공실이 매우 미약해질 것이다. 신하들이 마음속으로 다투지 않고 역쟁(力爭: 힘으로써 다툼)하고, 덕을 닦기에 힘쓰지 않고 쟁선(爭善: 자신만 옳다고 다툼)한다. 사욕이 이미 확산되고 있는데 어찌 공실이 미약해지지 않을 수 있겠는가."

二十六年春, 秦伯之弟鍼如晉修成, 叔向命召行人子員. 行人子朱曰 "朱也當御." 三云, 叔向不應. 子朱怒曰 "班爵同, 何以黜朱於朝." 撫劍從之. 叔向曰 "秦晉不和久矣. 今日之事, 幸而集, 晉國賴之. 不集, 三軍暴骨. 子員道二國之言無私, 子常逆之. 姦以事君者, 吾所能御也." 拂衣從之. 人救之. 平公曰 "晉其庶乎. 吾臣之所爭者大." 師曠曰 "公室懼卑, 臣不心競而力爭, 不務德而爭善, 私欲已侈, 能無卑乎."

● 위헌공이 아우 자선(子鮮)을 시켜 자신의 귀국을 도모하게 하려고

했으나 자선이 사절했다. 이에 경사(敬姒: 위헌공과 자선의 생모)가 강제로라도 보내려고 하자 자선이 말했다.

"군주가 신의가 없으니 저는 장차 화를 면하지 못할까 두렵습니다."

"비록 그럴지라도 나를 위해 꼭 가도록 하라."

이에 자선이 마지못해 승낙했다. 당초 위헌공은 사람을 영희(甯喜)에게 보내 이를 부탁했는데 영희는 이같이 말했다.

"반드시 자선이 있어야 합니다. 그렇지 않으면 실패합니다."

그래서 위헌공이 자선에게 부탁했던 것이다. 이에 자선은 경사로부터 명을 받지 못하고 위헌공의 명을 받아 영희에게 전했다.

"군주가 말하기를, '복귀하게 되면 정사는 영씨에게 맡기고 나는 제사에 관한 일만 맡겠다'고 했습니다."

영희가 이를 거백옥(蘧伯玉: 蘧莊子)에게 고하자 거백옥이 말했다.

"나는 군주의 망명에 관해 들은 바가 없는데 어찌 감히 귀국하는 일에 관여하겠습니까."

그러고는 곧 출행하여 가장 가까운 관문을 통해 국경을 빠져나갔다. 이때 영희가 또 우재(右宰) 곡(穀)에게 이를 고하자 그가 말했다.

"불가합니다. 두 군주에게 죄를 지으면 천하에 누가 당신을 용납하겠습니까."

도자(悼子: 영희)가 말했다.

"나는 선인(先人: 작고한 부친 영식을 지칭)의 명을 받았으니 그 명을 어길 수가 없습니다."

"그러면 나를 위헌공이 있는 곳으로 보내 정황을 알아보게 해주시오."

이에 우재 곡이 이의로 가 위헌공을 만났다. 그러고는 돌아와서 도자에게 말했다.

"군주는 12년 동안이나 나라 밖에 있었지만 얼굴에는 우려하는 빛도 없고, 너그러운 말씀도 없으니 이전과 아무런 차이가 없소. 만일 귀국시키려는 계획을 그만두지 않으면 우리는 머지않아 죽고 말 것이오."

"자선이 그곳에 있소."

"자선이 있다 한들 무슨 도움이 되겠소? 그같은 사람이 아무리 많다 한들 자신들부터 망명하기 바쁠 터인데 우리를 위해 무엇을 해줄 수 있겠소?"

"비록 그렇더라도 나는 그만둘 수가 없소."

이때 손문자는 척(戚) 땅에 있었다. 그의 두 아들 중 손가(孫嘉)는 제나라에 빙문을 가 있었고 손양(孫襄)은 도성 안에 있는 집을 지키고 있었다. 2월 6일, 영희와 우재 곡이 손씨의 집을 공격했다. 이때 이기지는 못했으나 백국(伯國: 손양)에게 중상을 입혔다. 영자(甯子: 영희)는 도성을 빠져나가 일단 교외로 나가 머무르고 있었다. 백국이 죽자 손씨 집에서 밤에 곡성이 들렸다. 도성 사람들이 영자를 부르자 영자는 다시 손씨 집을 공격해 함몰시켰다. 2월 7일, 영자가 자숙(子叔: 위상공 剽)과 태자 각(角)을 죽였다. 이에 『춘추』는 이같이 썼다.

"영희가 그의 군주 표를 시해했다."

이는 죄가 영씨에게 있음을 말한 것이다. 당시 손림보(孫林父: 손문자)는 자신의 봉읍인 척 땅을 들어 진나라로 망명했다. 이에 『춘추』는 이같이 썼다.

"손림보가 척 땅으로 들어가 나라를 배반했다."

이는 손씨에게 죄를 돌린 것이다. 신하의 봉록은 본래 군주의 것이다. 도의에 맞으면 녹을 받고 나아가 활동하며 그렇지 않으면 일신을 보전하여 인퇴(引退: 뒤로 물러남)하는 것이다. 손림보와 같이 전록주선(專祿周旋: 봉록을 사유물로 생각해 함부로 처분하며 교제함)하는 자는 응당 주륙해야 한다.

2월 10일, 위헌공이 도성으로 들어갔다. 이에 『춘추』는 이같이 썼다.

"위후가 복귀했다."

이는 국인들이 그를 정식으로 맞아들였음을 말한 것이다. 위헌공이 도성으로 들어갈 때 대부로서 국경까지 나가서 맞이한 사람에게는 손을 잡으면서 말을 주고받았다. 그러나 대로상에서 맞이하는 사람에게는 수레에 탄 채 읍만 하고, 도성의 성문 입구에서 맞이하는 사람에게는 고개만 끄덕였다. 위헌공은 도성에 당도한 뒤 사람을 태숙문자(大叔文子)에게 보내 책망했다.

"내가 밖에서 유망(流亡)해 있는 동안 여러 대부들이 조석으로 위나라 소식을 전해주었소. 그런데 그대만이 유독 나에게 관심을 보이지 않았소. 옛 사람이 말하기를, '원망할 만한 것이 아니면 원망하지 말라'고 했소. 그러나 나는 그대를 원망하지 않을 수 없소."

그러자 태숙문자가 대답했다.

"저는 죄를 알고 있습니다. 저는 불녕(不佞: 재주가 없음)하여 부기설(負羈絏: 수레를 끄는 말의 재갈을 등에 지고 말고삐를 잡음)하고 종한목어(從扞牧圉: 군주를 따라가 재물을 보호함)하지 못했으니 이것이 제가 저지른 첫 번째 죄입니다. 신하 중에는 군주를 따라 외국으로 나간 자도 있고 국내에 남아 있던 자도 있는데, 저는 안팎으로 소식을 전하며 두 군주를 섬기지 못했으니 이것이 두 번째 죄입니다. 이같이 두 가지 죄를 짓고 어찌 감히 죽어야 한다는 것을 잊겠습니까."

그러고는 밖으로 나가 이내 가장 가까운 관문을 통해 국경을 빠져나가려고 했다. 위헌공이 사람을 보내 그가 출경하는 것을 막았다.

衛獻公使子鮮爲復, 辭. 敬姒強命之. 對曰 "君無信, 臣懼不免." 敬姒曰 "雖然, 以吾故也." 許諾. 初, 獻公使與甯喜言, 甯喜曰 "必子鮮在, 不然必敗." 故公使子鮮. 子鮮不獲命於敬姒, 以公命與甯喜言曰 "苟反, 政由甯氏, 祭則寡人." 甯喜告蘧伯玉, 伯玉曰 "瑗不得聞君之出, 敢聞其入." 遂行, 從近關出. 告右宰穀, 右宰穀曰 "不可. 獲罪於兩君, 天下誰畜之." 悼子曰 "吾受命於先人, 不可以貳." 穀曰 "我請使焉而觀之." 遂見公於夷儀. 反曰 "君淹恤在外十二年矣, 而無憂色, 亦無寬言, 猶夫人也. 若不已, 死無日矣." 悼子曰 "子鮮在." 右宰穀曰 "子鮮在何益. 多而能亡, 於我何爲." 悼子曰 "雖然, 不可以已." 孫文子在戚, 孫嘉聘於齊, 孫襄居守. 二月庚寅, 甯喜·右宰穀伐孫氏, 不克, 伯國傷. 甯子出師於郊. 伯國死, 孫氏夜哭. 國人召甯子, 甯子復攻孫氏, 克之. 辛卯, 殺子叔及大子角. 書曰 "甯喜弑其君豹", 言罪之在甯氏也. 孫林父以戚如晉. 書

曰 "入于戚以叛", 罪孫氏也. 臣之祿, 君實有之. 義則進, 否則奉身而退. 專祿以周旋, 戮也. 甲午, 衛侯入. 書曰 "復歸", 國納之也. 大夫逆於竟者, 執其手而與之言. 道逆者, 自車揖之. 逆於門者, 頷之而已. 公至, 使讓大叔文子曰 "寡人淹恤在外, 二三子皆使寡人朝夕聞衛國之言, 吾子獨不在寡人. 古人有言曰 '非所怨, 勿怨' 寡人怨矣." 對曰 "臣知罪矣. 臣不佞, 不能負羈絏, 以從扞牧圉, 臣之罪一也. 有出者, 有居者, 臣不能貳, 通外內之言以事君, 臣之罪二也. 有二罪, 敢忘其死." 乃行, 從近關出. 公使止之.

● 위나라 군사가 손림보의 봉읍인 척 땅의 동쪽 경계로 쳐들어가자 손씨가 진나라에 이를 진정했다. 이에 진나라가 군사를 보내 위나라 도성인 제구(帝丘: 하남성 복양현 서남쪽)로부터 동북쪽으로 약 80리 가량 떨어진 척 땅의 동쪽 변경 모씨(茅氏) 땅을 수비하게 했다. 그러자 위나라의 용사 식작(殖綽)이 모씨 땅을 치면서 진나라의 수비병 3백 명을 죽였다. 당시 손림보의 아들 손괴가 위나라 군사를 추격했으면서도 감히 이들을 공격하지 못했다. 이에 손문자(孫文子: 손림보)가 아들 손괴를 크게 질책했다.

"너는 여(厲: 죽은 자의 惡鬼)만도 못하다."

이에 손괴는 위나라 군사를 추격해 어(圉: 하남성 복양현 동쪽) 땅에서 격파했다. 이때 손씨의 가신 옹서(雍鉏)가 식작을 생포했다. 이에 손씨는 재차 이 사실을 진나라에 보고했다.

당시 정나라에서는 정간공이 진나라로 진공한 공로를 포상했다. 3월 1일, 정간공이 향례를 베풀고 자전에게 선로(先路: 천자와 제후가 내리는 수레의 총칭)[70]와 삼명지복(三命之服: 경이 입는 최고의 예복)을 내린 뒤 8개 읍을 다시 하사했다. 또 자산에게는 차로(次路: 선로 다음의

---

70) '선로'의 '선'(先)은 예물을 보낼 때 가벼운 것부터 우선 보낸 뒤 귀중품을 그 다음에 보낸 데서 나온 말이다.

수레)와 재명지복(再命之服: 대부가 입는 차상의 예복)을 내린 뒤 6개 읍을 하사했다. 그러자 자산이 식읍을 사양하면서 말했다.

"상을 내릴 때 위로부터 차례로 둘씩 강쇄(降殺: 등급을 깎음)하는 것이 예입니다. 신의 관위는 네 번째 서열에 있고 이번 승리는 자전의 공입니다. 신은 감히 상례(賞禮)를 받을 수 없으니 청컨대 식읍을 거두기 바랍니다."

그러나 정간공이 굳이 그에게 이를 상으로 내리려고 하자 자산은 3개 읍만 받았다. 이를 두고 공손 휘(揮)가 칭송했다.

"자산은 장차 지정(知政: 집정)하게 될 것이다. 그는 겸양하면서도 예를 잃지 않았다."

이때 진나라가 손씨를 위해 제후들을 소집했다. 이는 장차 위나라를 치기 위한 것이었다. 여름, 진나라 대부 중항목자(中行穆子)가 노나라를 빙문했다. 이는 맹회에 노양공을 초청하기 위한 것이었다.

초강왕이 진(秦)나라 군사와 합세해 오나라를 쳤다. 우루(雩婁: 하남성 상성현 동북쪽)에 이르렀을 때 오나라가 미리 방비하고 있다는 말을 듣고 회군하다가 바로 정나라를 쳤다. 5월, 정나라의 성균(城麇: 초나라와 접경한 지역이나 자세한 위치는 미상)에 이르렀을 때 성균을 수비하던 정나라 대부 황힐(皇頡)이 출성하여 초나라 군사와 싸우다가 패했다.

이때 초나라의 천봉술(穿封戍: 方城 밖에 있는 縣의 장관)이 황힐을 포획했다. 그러나 공자 위(圍: 초강왕의 동생)가 자신이 황힐을 잡았다며 천봉술과 공을 다투었다. 이에 태재(太宰) 백주리(伯州犁: 진나라 대부 伯宗의 아들로 이때 초나라에 망명해 있었음)에게 판결을 구하자 백주리가 제안했다.

"포로에게 묻기로 합시다."

이에 황힐이 증인으로 나서자 백주리가 그에게 먼저 말했다.

"이분들이 다투는 대상은 바로 그대요. 그러니 그대가 이야기를 하면 진위를 어찌 알지 못하겠소?"

그러고는 손을 들어 공자 위를 가리키며 말했다.

"부자(夫子: '저분'이라는 뜻으로 공자 위를 높인 것임)는 바로 왕자 위로 귀개제(貴介弟: 군주의 큰 동생)요."

그러고는 손을 아래로 내려 천봉술을 가리키며 말했다.

"차자(此子: '이자'라는 뜻으로 천봉술을 낮춘 말임)는 바로 천봉술로 방성 밖에 있는 현의 장관이오. 누가 그대를 잡았소?"

황힐이 말했다.

"나는 왕자를 만나 패했습니다."

이에 천봉술이 대로하여 창을 뽑아들고 공자 위에게 달려들었으나 미치지 못했다. 초나라 군사들이 황힐을 데리고 돌아갔다.

정나라 대부 인근보(印董父: 정목공의 아들로 子印의 후손)는 황힐과 함께 성균을 수비하다가 초나라 군사에게 포로로 잡혀 진(秦)나라에 넘겨졌다. 이에 정나라 사람이 인씨(印氏) 집에서 재물을 갖고 가 인근보를 속환(贖還)하고자 했다. 이때 자태숙이 영정(令正: 사령 작성을 관장하는 관원)으로 있으면서 이들을 위해 인근보의 속환을 청하는 사령을 작성하고자 했다. 그러자 자산이 말했다.

"속환하려는 뜻으로 글을 쓰면 인근보를 구할 수 없을 것이오. 진나라는 초나라로부터 포로를 넘겨받았는데, 정나라의 재물을 받는다면 나라의 체통에 어울린다고 할 수 없기 때문에 틀림없이 그같이 하지 않을 것이오. 그러나 만일 사령에 '군주가 우리 정나라를 도와준 것에 배사합니다. 군주의 은혜가 아니었다면 초나라 군사는 아직도 폐읍의 성하(城下)에 머물러 있을 것입니다'라고 쓴다면 가능할 것이오."

그러나 자태숙은 이를 좇지 않고 바로 진나라로 떠났다. 과연 진나라 사람이 들어주지 않았다. 이에 정나라가 다시 예물을 갖추어 사자를 보내면서 자산이 일러준 대로 하자 인근보를 돌려받게 되었다.

衛人侵戚東鄙, 孫氏愬于晉, 晉戍茅氏. 殖綽伐茅氏, 殺晉戍三百人. 孫蒯追之, 弗敢擊. 文子曰 "厲之不如." 遂從衛師, 敗之圉. 雍鉏獲殖綽. 復愬于晉. 鄭伯賞入陳之功. 三月甲寅朔, 享子展, 賜之先路·三命之服, 先八邑. 賜子産次路·再命之服, 先六邑. 子産辭邑, 曰 "自上以下, 降殺以兩, 禮也. 臣之位在四, 且子展之功也. 臣不敢及賞禮, 請辭邑." 公固予之, 乃受三邑. 公孫揮曰 "子産其將知政矣. 讓不失禮." 晉人爲孫氏故, 召諸侯, 將以討衛也. 夏, 中行穆子來聘, 召公也. 楚子秦人侵吳, 及雩婁, 聞吳有備而還. 遂侵鄭, 五月, 至于城麇. 鄭皇頡戍之, 出與楚師戰, 敗. 穿封戌囚皇頡, 公子圍與之爭之, 鄭於伯州犁. 伯州犁曰 "請問於囚." 乃立囚. 伯州犁曰 "所爭, 君子也, 其何不知." 上其手曰 "夫子爲王子圍, 寡君之貴介弟也." 下其手曰 "此子爲穿封戌, 方城外之縣尹也. 誰獲子." 囚曰 "頡遇王子弱焉." 戌怒, 抽戈逐王子圍, 弗及. 楚人以皇頡歸. 印堇父與皇頡戍城麇, 楚人囚之, 以獻於秦. 鄭人取貨於印氏以請之, 子大叔爲令正以爲請. 子産曰 "不獲. 受楚之功而取貨於鄭, 不可謂國, 秦不其然. 若曰 '拜君之勤鄭國. 微君之惠, 楚師其猶在敝邑之城下', 其可." 弗從, 遂行. 秦人不予. 更幣, 從子産而後獲之.

●6월, 노양공이 진나라의 조무(趙武)와 송나라의 상술(向戌), 정나라의 양소(良霄), 조(曹)나라 사람 등과 전연(澶淵)에서 회동하여 위나라를 치고 척 땅의 경계를 확정했다. 이어 위나라의 서쪽 변경에 있는 의씨(懿氏: 하남성 복양현 서북쪽 50여 리 지점) 땅의 60개 읍을 빼앗아 손씨에게 주었다. 『춘추』에 조무의 이름을 쓰지 않은 것은 노양공을 높이기 위한 것이다. 또 상술의 이름을 쓰지 않은 것은 그가 늦게 왔기 때문이고 정나라를 송나라 앞에 쓴 것은 정나라 사람이 기일에 맞추어 도착했기 때문이다.

이때 위나라 군주도 회동에 참여했다. 진나라 사람이 위나라의 영희(甯喜)와 북궁유(北宮遺: 북궁괄의 아들)를 억류한 뒤 여제(女齊: 女叔侯 또는 司馬侯로도 불림)를 시켜 이들을 데리고 먼저 돌아가게 했다. 이어 위헌공이 도착하자 진나라 사람이 그를 붙잡은 뒤 형옥을 담당하는 사약(士弱)의 집에 억류했다.

가을 7월, 제경공과 정간공이 위헌공의 일로 인해 진나라로 갔다. 진평공이 향례를 베풀어 이들을 대접하면서 『시경』「대아・가락(嘉樂: 현존하는 이름은 假樂)」의 시를 읊었다. 이에 제나라 대부 국경자(國景子: 國弱)는 제경공을 상례(相禮)하면서 『시경』「소아・육소(蓼蕭: 형제지국의 우의를 노래함)」의 시를 읊었다. 정나라의 자전도 정간공을 상례하면서 『시경』「정풍・치의(緇衣: 진나라를 배반할 수 없음을 비유함)」의 시를 읊었다. 그러자 진나라의 숙향이 진평공에게 제나라와 정나라의 두 군주에게 배사하게 하면서 말했다.

"과군은 제군(齊君: 제경공)이 우리 선군의 종조(宗祧: 종묘)가 편안할 것을 빌어주어 배사한 것이고 또 정군(鄭君: 정간공)이 두 마음을 품지 않겠다고 하여 배사한 것입니다."

이에 제나라 대부 국경자가 안평중(晏平仲: 안영)을 진나라의 숙향에게 보내 사적으로 이같이 전했다.

"진나라 군주는 밝은 덕을 제후들에게 선양하면서, 그들의 우환을 근심하며 모자란 점을 보완해주고, 그들의 잘못된 점을 바로잡아 주며 난을 다스려주어야 합니다. 그것이 맹주로서 할 일입니다. 그런데 지금 한 신하를 위해 일국의 군주를 억류했으니 이는 어찌된 일입니까?"

숙향이 이 말을 조문자에게 고하자 조문자는 이를 진평공에게 고했다. 그러자 진평공이 위헌공의 죄과(罪過)를 언급하면서 숙향을 시켜 제경공과 정간공에게 이를 고하게 했다. 이에 국경자가 『시경』「비지유의(嘒之柔矣: 실전된 시로, 덕정을 통해 제후들을 안심시키는 내용임)」의 시를 읊었다. 또 자전이 『시경』「정풍・장중자혜(將仲子兮: 衆言은 두려워할 만하다는 내용으로, 현존의 시에는 '兮'자가 없음)」의 시를 읊자 진평공이 위헌공의 귀환을 허락했다. 그러자 숙향이 말했다.

"정7목(鄭七穆)[71] 중 한씨(罕氏)가 가장 늦게 망할 것이다. 자전(子

---

71) '정7목'은 '정목공의 후손인 7가문'으로 자전(子展: 공손 사지)의 한씨(罕氏), 자서(子西: 공손 하)의 사씨(駟氏), 자산(子産: 공손 교)의 국씨(國氏), 백유(伯有: 양소)의 양씨(良氏), 자태숙(子大叔: 유길)의 유씨(游氏), 자석(子石: 공손 단)의 풍씨(豊氏), 백석(伯石: 인단)의 인씨(印氏)를 말한다.

展: 공손 사지)은 절검하고 한결같기 때문이다."

　六月, 公會晉趙武·宋向戌·鄭良宵·曹人于澶淵以討衛, 疆戚田. 取衛西鄙懿氏六十以與孫氏. 趙武不書, 尊公也. 向戌不書, 後也. 鄭先宋, 不失所也. 於是衛侯會之. 晉人執寗喜·北宮遺, 使女齊以先歸. 衛侯如晉, 晉人執而囚之於士弱氏. 秋七月, 齊侯鄭伯爲衛侯故, 如晉, 晉侯兼享之. 晉侯賦「嘉樂」. 國景子相齊侯, 賦「蓼蕭」. 子展相鄭伯, 賦「緇衣」. 叔向命晉侯拜二君曰 "寡君敢拜齊君之安我先君之宗祧也, 敢拜鄭君之不貳也." 國子使晏平仲私於叔向曰 "晉君宣其明德於諸侯, 恤其患而補其闕, 正其違而治其煩, 所以爲盟主也. 今爲臣執君. 若之何." 叔向告趙文子, 文子以告晉侯. 晉侯言衛侯之罪, 使叔向告二君. 國子賦「轡之柔矣」, 子展賦「將仲子兮」, 晉侯乃許歸衛侯. 叔向曰 "鄭7穆, 罕氏其後亡者也, 子展儉而壹."

　●당초 송나라 대부 예사도(芮司徒)가 딸을 낳았는데 피부가 붉고 털이 많아 불길하게 여긴 나머지 제방 밑에 내다버렸다. 이때 송평공의 모친인 공희(共姬: 송공공의 부인)의 시녀가 그 아이를 발견해 공궁으로 데려와 키웠다. 아이는 버려진 아이라는 뜻에서 기(棄)로 불렸다. 기는 성장하면서 미색이 완연해졌다.

　하루는 송평공이 공희에게 입석(入夕: '저녁 문안인사'로 당시 자식은 조석으로 부모를 문안하며 음식 시중을 들었음)을 하러 갔다가 함께 음식을 먹었다. 이때 송평공은 기를 우연히 발견하고는 뚫어지게 바라보았다. 이를 눈치챈 공희가 곧 기에게 명해 송평공의 시중을 들게 했다. 이에 기는 송평공의 총애를 받아 아들 좌(佐)를 낳았다. 좌는 비록 못생겼지만 마음씨만은 고왔다.

　이에 반해 태자 좌(痤)는 잘생기기는 했지만 심성이 매우 표독했다. 이로 인해 합좌사(合左師: 상술)는 태자를 두려워하면서 미워했다. 이때 시인(寺人) 혜장이려(惠墻伊戾)가 태자의 내사(內師: 태자궁 환관의 우두머리로 태자의 起居를 담당)가 되었으나 태자의 총애를 받지 못했다.

가을, 초나라 사자가 진나라를 빙문하러 가는 도중에 송나라를 지나게 되었다. 태자는 그 사자와 교분이 있어 교외에서 연회를 베풀어 그를 대접하고자 했다. 이에 허락을 청하자 송평공이 곧바로 승낙했다. 이때 시인 혜장이려가 태자를 수행하게 해달라고 청하자 송평공이 의아해하며 물었다.

"태자는 너를 싫어하지 않느냐?"

"소인이 군자를 섬길 때는 미움을 받더라도 감히 멀리 떠나지 못하고 총애를 받더라도 감히 가까이할 수 없는 것입니다. 오직 공경스럽게 명을 기다릴 뿐이니 어찌 딴 마음을 품겠습니까. 지금 비록 밖에서 태자를 모실 사람이 있다고는 하나 안에서 받들 사람이 없으니 제가 수행하기를 청하는 것입니다."

송평공이 이를 승낙했다. 그러자 혜장이려는 교외로 나가 몰래 구덩이를 파고 희생물을 묻은 뒤 그 위에다 거짓 맹서문을 올려놓고는 곧바로 마차를 타고 달려와 송평공에게 고했다.

"태자가 난을 일으키려고 합니다. 이미 초나라의 사자와 결맹했습니다."

송평공이 미심쩍은 표정으로 물었다.

"이미 태자의 자리에 있는데 또 무엇을 구하려 한단 말인가?"

"빨리 보위에 오르려고 그런 것입니다."

송평공이 의구심이 들어 이내 사람을 시켜 가서 살펴보게 했다. 확인해보니 혜장이려의 말이 사실과 부합했다. 송평공이 이를 부인 기(棄)와 좌사(左師)에게 묻자 두 사람 모두 이같이 대답했다.

"실로 그같은 말을 들은 적이 있습니다."

송평공이 마침내 태자를 잡아 가두었다. 그러자 태자가 중얼거렸다.

"오직 좌(佐)만이 나를 화난에서 구해낼 수 있다."

그러고는 곧 좌를 불러 송평공에게 면죄(免罪)를 청하도록 당부하면서 덧붙였다.

"네가 일중(日中: 정오)까지 오지 않으면 영락없이 죽을 수밖에 없다는 사실을 내가 잘 알고 있다."

좌사가 이 이야기를 듣고는 곧 공자 좌를 찾아가 쉼없이 이야기를 늘어놓았다. 이로 인해 정오를 넘기게 되자 태자는 목을 매어 자살했다. 이에 좌(佐)가 태자가 되었다. 송평공은 뒤늦게 죽은 태자에게 죄가 없다는 이야기를 듣고 혜장이려를 삶아 죽였다.

하루는 상술이 부인의 말을 보마(步馬: '말을 끌고 슬슬 산책시키다'는 뜻으로 곧 遛馬를 의미)하는 사람을 보고 누구냐고 물었다. 그러자 그가 말했다.

"저는 군부인(君夫人) 밑에 있는 사람입니다."

"누가 군부인이란 말인가. 내가 어찌 군부인을 모르겠는가."

'보마' 하던 자가 곧바로 돌아가 부인에게 이를 고했다. 그러자 부인이 사람을 시켜 비단과 말을 상술에게 전했다. 부인은 이에 앞서 미리 옥을 예물 전달의 표시로 건네면서 말했다.

"군지첩(君之妾: 군주 부인의 겸칭) 기(棄)가 아무개를 시켜 이를 바칩니다."

그러자 좌사가 급히 명호를 고치게 했다.

"군부인이라고 해야 하오."

그러고는 재배계수한 뒤 보낸 것들을 받아들였다.

初, 宋芮司徒生女子, 赤而毛, 棄諸堤下. 共姬之妾取以入, 名之曰'棄'. 長而美. 平公入夕, 共姬與之食. 公見棄也而視之尤. 姬納諸御, 嬖, 生佐. 惡而頑. 大子痤美而很, 合左師畏而惡之. 寺人惠牆伊戾爲大子內師而無寵. 秋, 楚客聘於晉, 過宋. 大子知之, 請野享之, 公使往. 伊戾請從之. 公曰 "夫不惡女乎." 對曰 "小人之事君子也, 惡之不敢遠, 好之不敢近. 敬以待命, 敢有貳心乎. 縱有共其外, 莫共其內. 臣請往也." 遣之. 至, 則欲, 用牲, 加書徵之, 而騁告公, 曰 "大子將爲亂, 旣與楚客盟矣." 公曰 "爲我子, 又何求." 對曰 "欲速." 公使視之, 則信有焉. 問諸夫人與左師, 則皆曰 "固聞之." 公囚大子. 大子曰 "唯佐也, 能免我." 召而使請, 曰 "日中不來, 吾知死矣." 左師聞之, 聒而與之語. 過期, 乃縊而死. 佐爲大子. 公徐聞其無罪也, 乃亨伊戾. 左師見夫人之步馬者, 問之, 對曰 "君夫人氏也." 左師曰 "誰爲君夫人. 余胡弗知." 圉人歸, 以告夫人. 夫人使饋之錦與馬, 先之以玉, 曰 "君之妾棄使某獻." 左師改命曰 "君夫人." 而後再拜稽首受之.

● 정간공은 진나라에서 돌아온 뒤 자서를 시켜 진나라를 빙문하여 이같이 사은하게 했다.

"과군이 오면 집사들을 번거롭게 만들 것입니다. 이에 실경(失敬)하여 죄과를 면하기 어려울까 두려워하여 저 하(夏: 공손 하)를 보내 불민(不敏)을 사과드리게 했습니다."

이를 두고 군자는 이같이 평했다.

"정나라는 참으로 대국을 섬기는 데 뛰어나다."

당초 초나라의 오참(伍參: 오자서의 조부)은 채나라의 태사 자조(子朝: 채문공의 아들인 공자 조)와 친구로 지냈다. 이에 그의 아들 오거(伍擧)는 공자 조의 아들 성자(聲子: 공손 귀생)와 서로 가까이 지내게 되었다. 오거는 초나라의 왕자 모(牟)의 딸을 아내로 삼았다. 이후 왕자 모가 신읍(申邑)의 장관이 된 뒤 이내 죄를 짓고 망명하게 되었다. 이에 당시 초나라 사람들은 이같이 말했다.

"오거가 왕자 모를 호송한 것이 확실하다."

이에 오거는 정나라로 달아났다가 다시 진(晉)나라로 달아나고자 했다. 이때 마침 성자가 진나라로 가던 중 정나라 도성의 교외에서 오거를 만났다. 이에 형초(荊草: 가시덤불 풀)를 땅바닥에 깔고 함께 앉아 식사하면서 초나라의 사정에 관해 이야기했었다. 이때 성자가 말했다.

"그대는 우선 진나라에 가 있도록 하시오. 그대가 반드시 초나라로 돌아갈 수 있도록 내가 여건을 조성해 놓겠소."

당시 송나라의 상술(向戌)은 진(晉) · 초(楚) 두 나라의 화해를 조성하기 위해 애쓰고 있었다. 채나라의 성자는 이를 위해 진나라에 사자로 갔다가 초나라로 돌아왔다. 그러자 초나라의 영윤 자목이 성자와 함께 이야기를 나누면서 진나라의 사정을 묻고는 이같이 말했다.

"진·초 두 나라의 대부들 중 어느 쪽이 더 현명하다고 생각하오?"

"진나라의 경들은 초나라보다 못하지만 그 대부들은 모두 유능하여 모두 경이 될 만한 인재들입니다. 이는 기목(杞木: 구기자나무)과 재목(梓木: 가래나무), 피혁 따위가 초나라에서 진나라로 들어가는 것과 같습니다. 비록 초나라에 인재가 있다고는 하지만 실제로는 진나라가 그 인재들을 쓰고 있는 것입니다."

"그렇다면 진나라 공실은 공족(公族)이나 인척이 없다는 말이오?"

"비록 있기는 합니다만 초나라에서 넘어간 인재를 쓴 일이 참으로 적지 않습니다. 저 귀생(歸生)이 듣건대 '나라를 잘 다스리는 사람은 상을 분에 넘게 주지 않고 형벌을 남용하지 않는다'고 했습니다. 상을 분에 넘게 주면 상이 음인(淫人: 간사한 자)에게까지 미칠까 염려되고, 형벌을 남용하면 형벌이 선인(善人)에게까지 미칠까 염려됩니다. 만일 불행히 잘못 처리될 경우라도 차라리 상을 분에 넘치게 줄지언정 형벌을 남용하지 말고, 선인을 잃기보다는 차라리 음인을 이롭게 하십시오. 나라에 선인이 없으면 나라도 따라서 망하게 됩니다. 『시경』「대아·첨앙(瞻印)」에 이르기를, '현인이 없게 되자 나라가 재앙을 입게 되었네'라고 했습니다. 이는 나라에 선인이 없음을 말한 것입니다. 『서경』「우서·대우모(大禹謨)」에 이르기를, '무고한 사람을 죽이느니 차라리 죄인에게 상법(常法)을 쓰지 않는 게 낫다'고 했습니다. 이는 선인을 잃을까 염려한 것입니다. 『시경』「상송·은무(殷武)」에 이르기를, '상이 분에 넘치거나 형벌이 남용되지도 않고, 감히 태만하거나 안일함을 꾀하지도 않으면서 제후국을 향해 명을 발하니 크게 복록을 누리게 되었네'라고 했습니다. 이는 은나라 탕왕이 천복을 얻게 된 연유를 말한 것입니다. 옛날의 통치자는 권상(勸賞: 상받을 일을 적극 권함)과 외형(畏刑: 형벌 가하는 것을 두려워함), 휼민(恤民: 백성을 긍휼히 여기며 돌봄)을 행하는 일에 여념이 없어 피곤한 줄 몰랐습니다. 이에 포상은 봄과 여름에 행하고 형벌은 가을과 겨울에 행했습니다. 포상할 때는 가선(加膳: 음식의 가짓수를 늘림)했습니다. 가선하면 남는 것을 어사(飫賜: 넉넉히 하사함)할 수 있습니다. 이로써 그들이 포상을 적극 권장했음을 알 수 있습니다. 그러나 형벌을 가할 때는 불거(不擧: 음식의 가짓수를 줄이는 것으로 곧 減膳을 의미)했습니다. 불거하면 곧 철악(徹樂)했습니다. 이로써 그들이 형벌 가하기를 크게 두려워했음을 알 수 있습니다. 아침 일찍 일어나고 밤늦게 자면서 조석으로 조정에 나아가 오직 정사를 돌보기에 애썼습니다. 이로써 그들이 백성을 위해 노심초사했음을 알 수 있습니다. '권상'과 '외형', '휼민' 등 세 가지는 예의 큰 근본입니다. 예가 바로 행해지면 정사가 잘못될 리 없습니다. 그러나 지금 초나라는 음형(淫刑: 부당한 형벌)이 너무 많아 대부들이 사방으로 달아나고 있습니다. 이들이 망명한 나라의 주요 모사(謀士)가 되어 초나라를 해롭게 만들고 있으니 이리 되면 구료(救療: 위기를 구하고 병폐를 바로잡음)할 수 없는 것입니다. 이것이 바로 형벌을 남용해서는 안 되는 이유입니다.

자의지란(子儀之亂: 노문공 14년 당시 析公이 진나라로 망명한 사건) 당시 석공(析公)이 진(晉)나라로 달아나자 진나라 사람들이 그를 군주의 전차 뒤에다 태우고 주요 모사로 삼았습니다. 요각지역(繞角之役: 노성공 6년의 싸움) 당시 진나라 군사가 도망하려고 하자 석공이 말하기를, '초나라 군사는 경박하여 쉽게 동요하니 만약 전 군사가 고조(鼓譟)하여 야습(夜襲)하면 초나라 군사는 반드시 달아나고 말 것이다.'라고 했습니다. 진나라 사람이 그의 건의를 좇자 과연 초나라 군사는 그날 밤에 무너지고 말았습니다. 이에 진나라는 곧 채나라와 심(沈: 안휘성 부양현 서북쪽)나라를 잇달아 침공해 그 군주를 사로잡고 신읍(申邑)과 식읍(息邑)의 군사를 상수(桑隧: 하남성 확산현 동쪽)에서 격파한 뒤 초나라 대부 신리(申麗)를 포획해 돌아갔던 것입니다. 이에 정나라는 감히 남쪽의 초나라를 따를 수 없고 초나라는 중원의 나라를 잃게 되었으니 이는 석공이 그같이 만든 것입니다.

옹자(雍子)[72]의 부형들이 옹자를 무함했을 때 군주와 대부들이 옹자를 좋지 않게 보았습니다. 옹자가 진나라로 달아나자 진나라 사람이 그에게 축(鄐: 하북성 형대현 부근) 땅을 주고 주요 모사로 삼았습니다. 팽성지역(彭城之役: 노성공 18년의 싸움) 당시 진(晉)초·(楚) 두 나라 군사가 팽성 근처에 있는 미각(靡角)의 골짜기에서 마주쳤습니다. 이때 진나라 군사가 달아나려고 하자 옹자가 진나라 군사에게 하령하기를, '늙거나 어린 병사를 돌려보내고, 고아와 병자도 돌려보내고, 한 집에서 나온 두 사람 중 한 사람을 돌려보내고, 보병을 엄선하고 전차병을 검열하고, 말에게 먹이를 충분히 먹인 뒤 초석(草席) 위에서 조반을 먹고, 군진을 펼칠 때는 머물던 곳에 있던 장막 등을 소각하라. 내일 결전할 것이다'라고 했습니다. 그리고 귀환시킬 사람은 귀환시키고 고의로 초나라의 포로들을 풀어주자 초나라 군사는 그날 밤에 무너지고 말았습니다. 이에 진나라 군사는 팽성을 함락한 뒤 이를 송나라에 돌려주고 그곳에 있던 어석(魚石: 반기를 들고 초나라로 망명했던 송나라 대부)을 포획해 돌아갔습니다. 이때 초나라는 동이(東夷: 초나라에 친부했던 동쪽의 소국들)를 잃었고 자신(子辛: 사실 자신은 전사한 것이 아니라 초나라 사람에 의해 살해되었음)은 이로 인해 죽었으니 이는 옹자가 그같이 만든 것입니다.

자반(子反)이 자령(子靈)과 하희(夏姬)를 두고 다투면서 자령의 혼사를 방해하자 자령이 진나라로 달아났습니다. 진나라 사람이 그에게 형읍(邢邑)을 주고 주요 모사로 삼았습니다. 이로써 북적(北狄)을 방어하고 오나라와 교통하면서 오나라로 하여금 초나라를 배반하게 만들었습니다. 이어 오나라 군사에게 전차 타는 법과 활쏘는 법을 가르쳐 초나라를 침공하게 하면서 자신의 아들 호용(狐庸)을 오나라의 행인으로 삼아 두 나라 간에 긴밀한 연락을 취했습니다. 이에 오나라는 소

---

72) 사서에 나오지 않는 내용이다. 옹자의 부형이 무함한 일화는 고증할 길이 없다.

(巢: 안휘성 소현 동북쪽) 땅을 침공하고, 가(駕: 안휘성 무위현 경계) 땅을 점령하고, 극(棘: 하남성 영성현 남쪽) 땅을 공략하고, 주래(州來: 안휘성 봉대현 경계)로 진격해 들어갔습니다. 이때 초나라 군사는 분명(奔命: 명을 좇아 사방으로 뛰어다님)하느라 크게 지쳐 지금까지도 그 후유증으로 인해 적잖은 우환을 안고 있으니 이는 자령이 그같이 만든 것입니다.

약오지란(若敖之亂: 노선공 4년의 난) 당시 백분(伯賁)의 아들 분황(賁皇)이 진나라로 달아나자 진나라 사람이 그에게 묘(苗: 하남성 제원현 서쪽) 땅을 주고 주요 모사로 삼았습니다. 언릉지역(鄢陵之役: 노성공 16년의 싸움)에서 초나라 군사가 새벽에 진나라 진영 가까이 다가가 진세를 펼치자 진나라 군사가 도망치려고 했습니다. 이때 묘분황이 말하기를, '초나라 군사의 정예는 중군에 있는 왕족군(王族軍)뿐이다. 만일 군중의 우물을 다 묻고 부뚜막을 부순 뒤 그 위에 진세를 펴 대적하면서 난씨(欒氏: 난서)와 범씨(范氏: 범섭으로 곧 사섭)가 역항(易行)⁷³⁾하여 적을 유인하면 중항씨(中行氏: 순언)와 2극(二郤: 극기와 극지)은 반드시 초나라의 2목(二穆: 자중과 자신으로 모두 초목왕의 후손임)을 쳐서 이길 수 있을 것이다. 이어 4췌(四萃: 사방을 뜻하나 상·중·하·신군의 4군으로 해석하기도 함)에서 왕족군을 일시에 공격하면 반드시 초나라 군사는 대파할 수 있을 것이다'라고 했습니다. 진나라 사람이 그의 건의를 좇자 과연 초나라 군사가 대패하고 말았습니다. 이때 초왕이 부상을 당하자 초나라 군사는 지리멸렬해졌고 자반(子反)은 전사했습니다. 이에 정나라가 초나라를 배반한 데 이어 오나라가 흥기하고, 반면 초나라는 여러 제후국을 잃게 되었으니 이는 묘분황이 그같이 만든 것입니다."

자목이 크게 고개를 끄덕이며 말했다.

---

73) 짐짓 허약함을 내보이기 위해 대열을 바꾸었다는 뜻이나, 중군과 하군을 바꾸었다는 해석과 난씨와 범씨가 가병을 먼저 투입했다는 등 다양한 해석이 있다.

"지금까지 한 말은 모두 옳소."

그러자 성자가 덧붙였다.

"그러나 지금 이보다 더 심각한 상황이 벌어지고 있습니다. 오거는 신읍의 장관으로 있던 공자 모의 딸을 아내로 맞이했는데 공자 모가 죄를 짓고 망명했습니다. 그러자 군주와 대부들이 오거에게 이르기를, '네가 실로 그를 비호하여 밖으로 내보냈다'라고 했습니다. 이에 오거가 두려운 나머지 정나라로 달아났다가 목을 늘여 남쪽을 바라보며 '아마도 나를 사면해줄 것이다'라고 말하고 있습니다. 그런데도 초나라는 그를 위해 아무 일도 도모하지 않고 있습니다. 그는 지금 진나라에 있습니다. 진나라 사람은 장차 그에게 고을을 주어 그의 재능을 숙향과 짝을 지어 이용하려 하고 있습니다. 그가 만일 초나라에 해가 되는 계책을 내게 되면 어찌 큰 우환이 되지 않겠습니까."

그러자 자목이 크게 두려워하며 이를 곧 초강왕에게 고한 뒤 오거의 봉록과 작위를 올려주고 그를 돌아오게 했다. 이에 성자는 오거의 아들 초명(椒鳴: 오사의 동생)을 보내 오거를 맞이하게 했다.

鄭伯歸自晉, 使子西如晉聘, 辭曰 "寡君來煩執事, 懼不免於戾, 使夏謝不敏." 君子曰 "善事大國." 初, 楚伍參與蔡太師子朝友, 其子伍擧與聲子相善也. 伍擧娶於王子牟, 王子牟爲申公而亡, 楚人曰 "伍擧實送之." 伍擧奔鄭, 將遂奔晉. 聲子將如晉, 遇之於鄭郊, 班荊相與食, 而言復故. 聲子曰 "子行也, 吾必復子." 及宋向戌將平晉楚, 聲子通使於晉. 還, 如楚. 令尹子木與之語, 問晉故焉. 且曰 "晉大夫與楚孰賢." 對曰 "晉卿不如楚, 其大夫則賢, 皆卿材也. 如杞梓皮革, 自楚往也. 雖楚有材, 晉實用之." 子木曰 "夫獨無族姻乎." 對曰 "雖有, 而用楚材實多. 歸生聞之. 善爲國者, 賞不僭而刑不濫. 賞僭, 則懼及淫人. 刑濫, 則懼及善人. 若不幸而過, 寧僭無濫. 與其失善, 寧其利淫. 無善人, 則國從之.『詩』曰 '人之云亡, 邦國殄瘁.' 無善人之謂也. 故「夏書」曰 '與其殺不辜, 寧失不經.' 懼失善也.「商頌」有之, 曰 '不僭不濫, 不敢怠皇, 命于下國, 封建厥福.' 此湯所以獲天福也. 古之治民者, 勸賞而畏刑, 恤民不倦. 賞以春夏, 刑以秋冬. 是以將賞爲之加膳, 加膳則飫賜, 此以知其勸賞也. 將刑爲之不擧, 不擧則徹樂, 此以知其畏刑也. 夙興夜寐, 朝夕臨政, 此以知其恤民也. 三者, 禮之大節也. 有禮無敗. 今楚多淫刑, 其大夫逃死於四方, 而爲之謀主, 以害楚國, 不可救療, 所謂不能也. 子儀之亂, 析公奔晉. 晉人寘諸戎車之殿, 以爲謀主. 繞角之役, 晉將遁矣, 析公曰 '楚師輕窕, 易震蕩也. 若多鼓鈞聲, 以夜軍之, 楚師必遁.' 晉人從之, 楚師宵潰. 晉遂侵蔡, 襲沈, 獲其君. 敗申息之師於桑隧, 獲申麗而還. 鄭於是不敢南面. 楚失華夏, 則析公之爲也. 雍子之父兄譖雍子, 君與大夫不善是也. 雍子奔晉. 晉人與之鄐, 以爲謀主. 彭城之役, 晉楚遇於靡角之谷. 晉將遁矣, 雍子發命於軍曰 '歸老幼, 反孤疾, 二人役, 歸一人, 簡兵蒐乘, 秣馬蓐食, 師陳焚次, 明日將戰.' 行歸者而逸楚囚, 楚師宵潰. 晉降彭城而歸諸宋, 以魚石歸. 楚失東夷, 子辛死之, 則雍子之爲也." 子反與子靈爭夏姬, 而雍害其事, 子靈奔晉. 晉人與之邢, 以爲謀主. 扞禦北狄, 通吳於晉, 教吳叛楚, 教之乘車, 射御驅侵, 使其子狐庸爲吳行人焉. 吳於是伐巢, 取駕, 克棘, 入州來. 楚罷於奔命, 至今爲患, 則子靈之爲也. 若敖之亂, 伯賁之子賁皇奔晉. 晉人與之苗, 以爲謀主. 鄢陵之役, 楚晨壓晉軍而陳, 晉將遁矣. 苗賁皇曰 '楚師之良, 在其中軍王族而已. 若塞井夷竈, 成陳以當之, 欒范易行以誘之, 中行二郤必克二穆. 吾乃四萃於其王族, 必大敗之.' 晉人從之, 楚師大敗, 王夷師熸, 子反死之. 鄭叛吳興, 楚失諸侯, 則苗賁皇之爲也." 子木曰 "是皆然矣." 聲子曰 "今又有甚於此. 椒擧娶於申公子牟, 子牟得戾而亡, 君大夫謂椒擧 '女實遣之.' 懼而奔鄭, 引領南望曰 '庶幾赦余.' 亦弗圖也. 今在晉矣. 晉人將與之縣, 以比叔向. 彼若謀害楚國, 豈不爲患."子木懼, 言諸王, 益其祿爵而復之. 聲子使椒鳴逆之.

●허영공(許靈公: 허소공의 아들 寧)이 초나라로 가 정나라 토벌을 청하면서 말했다.

"군사를 일으키지 않으면 나는 돌아가지 않을 것입니다."

8월, 허영공이 초나라에서 세상을 떠났다. 이에 초강왕이 크게 탄식하며 이같이 다짐했다.

"정나라를 치지 않고 어찌 제후들의 지지를 얻을 수 있겠는가."

겨울 10월, 초강왕이 정나라를 쳤다. 정나라 군사가 영격에 나서려고 하자 자산이 만류했다.

"진·초 두 나라는 곧 강화할 것이고 제후들도 화친을 구할 것입니다. 초왕이 이를 염두에 두고 한 번 쳐들어온 것이니 그가 돌아가고 싶어할 때까지 놓아두는 것이 강화하는 데도 도움이 될 것입니다. 무릇 소인의 본성은 흔용색화(釁勇嗇禍: 용맹을 믿고 날뛰며 화난 속에서 명성을 탐함)하여 그 본성을 만족시키고 헛된 명성을 찾고자 합니다. 지금 영격을 주장하는 자들이 낸 계책은 국가의 이익을 위한 것이 아닙니다. 그러니 어찌 그같은 견해를 좇을 것입니까."

이에 자전이 크게 기뻐하며 영격에 나서지 않았다. 12월 5일, 초나라 군사가 남리(南里: 하남성 신정현 남쪽)로 진공해 성을 함락시켰다. 이어 악씨진(樂氏津: 나루터로, 하남성 신정현 경계에 위치)에서 도보로 유수(洧水)를 건넌 뒤 사지량(師之梁: 정나라 도성의 성문)을 공격했다. 이때 정나라 사람이 현문(懸門: 내성의 성문에 설치한 閘門)을 급히 닫는 바람에 미처 안으로 들어가지 못한 정나라 사람 9명이 초나라 군사에게 포로로 잡혔다. 초나라 군사가 도보로 범수(氾水: 지금의 南氾으로, 하남성 양성현 남쪽에 위치)를 건너 돌아갔다. 초나라는 이때 비로소 허영공을 안장했다.

이때 위나라 사람이 위희(衛姬: 姬姓을 가진 진평공의 희첩 4명 중 한 사람)를 진평공에게 보내자 진평공이 위헌공을 석방했다. 이를 두고 군자가 이같이 평했다.

"이로써 진평공이 치도를 잃게 된 연유를 알았다."

진나라의 경인 한선자(韓宣子)가 왕실을 빙문하자 주영왕이 사람을 시켜 찾아온 이유를 묻게 했다. 그러자 한선자가 이같이 회답했다.

"진나라의 하사(下士: 제후의 대부들이 천자 앞에서 스스로를 낮춘 말) 기(起: 한선자)가 재려(宰旅: 천자의 재상인 冢宰의 下士)에게 귀시사(歸時事: '4時에 따른 공물을 봉헌하다'는 뜻으로, '歸'는 '饋'와 통함)차 온 것입니다. 다른 뜻은 없습니다."

주영왕이 이 말을 듣고 이같이 칭송했다.

"한씨는 진나라에서 창부(昌阜: 크게 번창한다는 뜻으로 '阜'는 '大'와 통함)할 것이다. 그는 아직도 옛날의 사령(辭令)을 지키고 있다."

제나라 사람이 겹 땅에 성을 쌓던 노양공 24년 여름에 제나라 대부 오여(烏餘)가 자신의 영지 늠구(廩丘: 산동성 범현 동남쪽) 땅을 들어 진나라로 망명했다. 그는 위나라의 양각(羊角: 산동성 운성현 서북쪽)을 습격해 점령했다. 이어 곧바로 기회를 틈타 노나라의 고어(高魚: 산동성 범현 동남쪽)를 습격했다. 이때 마침 큰비가 내리자 그의 군사들이 배수구를 통해 성 안으로 들어갔다. 이들은 곧 무기고에서 갑옷 등을 꺼내 무장한 뒤 성벽 위로 올라가 노나라 군사를 격파하고 마침내 고어를 점령했다. 그리고 또 송나라로 쳐들어가 여러 고을을 점령했다.

이때는 범선자(范宣子: 사개)가 죽은 지 얼마 안 되었기 때문에 제후들이 오여를 제대로 징치하지 못했다. 그러다가 조문자가 집정하자 비로소 오여를 징치했다. 당시 조문자가 진평공에게 건의했다.

"진나라는 맹주이니 제후들이 혹 서로 침략하면 이들을 토벌하여 그 점령한 땅을 돌려주게 해야 합니다. 지금 오여가 빼앗은 고을들은 모두 그를 토벌한 뒤 반환해야 할 땅입니다. 이를 탐하여 차지한다면 결코 맹주가 될 자격이 없습니다. 청컨대 이를 속히 제후들에게 반환하기 바랍니다."

"그렇게 하도록 하시오. 그런데 누구를 사자로 삼는 것이 좋겠소?"

"대부 서량대(胥梁帶: 胥午의 아들)라면 군사를 쓰지 않고도 능히 이 일을 해낼 수 있을 것입니다."

진평공이 곧 서량대를 보내 이를 시행하도록 했다.

許靈公如楚, 請伐鄭, 曰 "師不興, 孤不歸矣." 八月, 卒于楚. 楚子曰 "不伐鄭, 何以求諸侯." 冬十月, 楚子伐鄭. 鄭人將禦之, 子産曰 "晉楚將平, 諸侯將和, 楚王是故昧於一來. 不如使逞而歸, 乃易成也. 夫小人之性, 豐於勇, 嗇於禍, 以足其性而求名焉者, 非國家之利也. 若何從之."
子展說, 不禦寇. 十二月乙酉, 入南里, 墮其城. 涉於樂氏, 門于師之梁.
縣門發, 獲九人焉. 涉于氾而歸, 而後葬許靈公. 衛人歸衛姬于晉, 乃釋
衛侯. 君子是以知平公之失政也. 晉韓宣子聘于周, 王使請師. 對曰"晉
士起將歸時事於宰旅, 無他事矣."王聞之, 曰"韓氏其昌阜於晉乎. 辭不
失舊."齊人城郟之歲, 其夏, 齊烏餘以廩丘奔晉. 襲衛羊角, 取之. 遂襲我
高魚, 有大雨, 自其竇入, 介于其庫, 以登其城, 克而取之. 又取邑于宋.
於是范宣子卒, 諸侯弗能治也. 及趙文子爲政, 乃卒治之. 文子言於晉侯
曰"晉爲盟主, 諸侯或相侵也, 則討而使歸其地. 今烏餘之邑, 皆討類也,
而食之, 是無以爲盟主也. 請歸之."公曰"諾. 孰可使也."對曰"胥梁帶
能無用師."晉侯使往.

27년(기원전 546)

27년 봄, 제후가 경봉(慶封)을 보내 빙문하게 했다. 여름, 숙손표가 진나라 조무(趙武)·초나라 굴건(屈建)·채나라 공손 귀생(歸生)·위나라 석오(石惡)·진(陳)나라 공환(孔奐)·정나라 양소(良霄)·허인·조인과 송나라에서 만났다. 위나라가 그 대부 영희를 죽였다. 위후의 아우 전(鱄)이 진나라로 망명했다. 가을 7월 신사, 표(豹)가 제후들의 대부와 송나라에서 결맹했다. 겨울 12월 을해 삭(朔), 일식이 있었다.

二十七年春, 齊侯使慶封來聘. 夏, 叔孫豹會晉趙武楚屈建蔡公孫歸
生衛石惡陳孔奐鄭良宵許人曹人于宋. 爲殺其大夫甯喜. 衛侯之弟鱄出
奔晉. 秋七月辛巳, 豹及諸侯之大夫盟于宋. 冬十二月乙亥朔, 日有食之.

●27년 봄, 진나라의 서량대가 고을을 잃은 여러 나라에게 거도(車徒: 전차병과 보병)를 이끌고 와 땅을 돌려받으라고 통보하면서 이를 반드시 비밀에 부칠 것을 당부했다. 그러고는 제나라에서 망명한 오여에게

도 거도를 이끌고 와 봉토를 받으라고 통보했다. 그러자 오여가 부하들을 이끌고 왔다. 이에 서량대는 제후들에게 당부하여 짐짓 오여가 봉토 받는 일을 환영하는 것처럼 위장하게 했다. 그러고는 틈을 보아 오여를 체포한 뒤 그의 부하들도 모두 포로로 잡았다. 이어 그가 점령했던 고을을 모두 거두어 제후들에게 돌려주었다. 이로써 제후들이 진나라에 귀의하게 되었다.

이때 제나라의 경봉이 노나라를 방문했는데 그가 타고 온 수레가 매우 화려했다. 노나라 대부 맹손(孟孫: 중손갈)이 숙손(叔孫: 숙손표)에게 말했다.

"경봉의 수레가 매우 아름답지 않소?"

숙손이 대꾸했다.

"내가 듣건대 '복식이 신분에 어울리지 않게 좋으면 반드시 후환이 있다'고 했소. 아름다운 수레가 무슨 소용이 있겠소?"

숙손이 경봉을 초청해 함께 음식을 먹었는데 경봉의 태도가 매우 공경스럽지 못했다. 이에 숙손이 『시경』「용풍·상서(相鼠: 쥐와 사람을 비유하여 예의를 모르는 자를 풍자함)」의 시를 읊었다. 그러나 경봉은 그 뜻을 알지 못했다.

二十七年春, 胥梁帶使諸喪邑者, 具車徒以受地, 必周. 使烏餘具車徒以受封, 烏餘以其衆出. 使諸侯僞效烏餘之封者, 而遂執之, 盡獲之. 皆取其邑而歸諸侯, 諸侯是以睦於晉. 齊慶封來聘, 其車美. 孟孫謂叔孫曰. "慶季之車, 不亦美乎." 叔孫曰 "豹聞之, '服美不稱, 必以惡終.' 美車何爲." 叔孫與慶封食, 不敬. 爲賦「相鼠」, 亦不知也.

● 송나라 대부 상술(向戌)은 진나라의 조문자(趙文子: 조맹)와 가까웠고 또 초나라 영윤 자목(子木)과도 친했다. 그는 제후국 간의 전쟁을 멈추게 하여 이름을 날리고자 했다. 이에 진나라로 가 조맹(趙孟: 趙武)에게 자신의 뜻을 밝혔다. 조맹이 여러 대부와 이를 상의하자 한선자가 말했다.

"전쟁은 백성에게 화를 입히고 재물을 없애는 좀과 같으며 소국에게는 커다란 재난입니다. 혹여 누가 전쟁을 종식시키겠다고 하면 비록 그리 되지는 않을지라도 꼭 응낙하기 바랍니다. 응낙하지 않으면 초나라가 그의 제언을 듣고 곧 제후들을 소집할 것이니 그리 되면 우리는 맹주의 지위를 잃게 됩니다."

이에 진나라가 상술의 제안을 받아들였다. 상술이 초나라로 가 자신의 뜻을 밝히자 초나라도 이를 응낙했다. 그러나 제나라는 상술의 제안에 난색을 표했다. 그러자 제나라 대부 진문자(陳文子: 陳須無)가 이같이 간했다.

"진·초 두 나라가 응낙했는데 우리가 어찌 응낙하지 않을 수 있습니까. 다른 나라가 전쟁을 하지 말자고 하는데 우리가 응낙하지 않으면 이는 틀림없이 민심이반을 부추기는 결과를 낳을 것입니다. 그리 되면 장차 백성들을 어찌 부릴 것입니까."

이에 결국 제나라도 응낙했다. 상술이 마지막으로 남은 대국인 진(秦)나라로 가서 말하자 진나라 또한 쾌히 응낙했다. 상술은 이후 나머지 소국들을 찾아다니며 동의를 얻어냈다. 이에 모든 나라들이 송나라에 모여 결맹하기로 했다.

5월 27일, 진나라의 조무(趙武: 조문자)가 송나라에 도착했다. 5월 29일, 정나라의 양소(良霄)가 도착했다. 6월 1일, 송나라 사람이 조문자를 위해 연석을 베풀었다. 이때 진나라의 숙향(叔向)이 조문자의 개(介: 조수)가 되었고 송나라의 사마(司馬: 회동을 주관하는 역할을 겸함)가 치절조(置折俎: 삶은 희생의 고기를 잘라 그릇에 담음)하며 손님을 접대하는 역할을 맡았다. 이는 예에 맞는 일이다. 훗날 중니는 이때의 예식에 관한 기록을 보고 문사(文辭: 수식이 많은 문장으로, 두예는 당시 상술이 자신이 세운 공을 크게 미화했기 때문이라고 해석)가 매우 많았다고 지적했다.

6월 2일, 노나라의 숙손표와 제나라의 경봉 및 진수무, 위나라의 석오(石惡: 석매의 아들 悼子)가 도착했다. 6월 8일, 진나라의 순영(荀

盈)이 조무의 뒤를 이어 도착했다. 6월 10일, 주도공(邾悼公: 주선공의 아들 華)이 도착했다. 6월 16일, 초나라 공자 흑굉(黑肱: 초공왕의 아들 子晳)이 다른 사람보다 먼저 도착해 맹약의 내용을 진나라와 상의했다. 6월 21일, 송나라의 상술이 진(陳)나라에 가 초나라의 자목과 함께 초나라와 관련된 내용을 상의했다. 6월 22일, 등성공(滕成公: 등문공의 아들 原)이 도착했다. 이때 자목이 상술에게 부탁했다.

"진나라를 따르는 제후국들과 초나라를 따르는 제후국들이 서로 상대방의 맹주국을 조현할 수 있도록 주선해주기 바라오."

6월 23일, 상술이 자목의 제안을 진나라의 조맹에게 보고하자 조맹이 말했다.

"진(晉)·초(楚)·제(齊)·진(秦) 네 나라는 서로 대등한 나라요. 우리 진나라가 제나라에게 초나라 군주를 찾아보라고 지시할 수 없는 것은 초나라가 진(秦)나라에게 지시할 수 없는 것과 같소. 만일 초나라 군주가 진(秦)나라 군주로 하여금 폐읍을 찾아오게만 할 수 있다면 과군이 어찌 제나라 군주에게 그같이 하도록 청하지 않겠소?"

6월 26일, 송나라의 좌사(左師: 상술)가 조맹의 말을 자목에게 복명하자 자목이 사람을 시켜 역마를 타고 달려가 이를 초강왕에게 알리게 했다. 이에 초강왕이 말했다.

"제나라와 진나라를 제외한 나머지 나라들은 상호 조현하게 해달라고 청하기 바라오."

宋向戌善於趙文子, 又善於令尹子木, 欲弭諸侯之兵以爲名. 如晉, 告趙孟. 趙孟謀於諸大夫, 韓宣子曰 "兵, 民之殘也, 財用之蠹, 小國之大菑也. 將或弭之, 雖曰不可, 必將許之. 弗許, 楚將許之, 以召諸侯, 則我失爲盟主矣." 晉人許之. 如楚, 楚亦許之. 如齊, 齊人難之. 陳文子曰 "晉楚許之, 我焉得已. 且人曰弭兵, 而我弗許, 則固攜吾民矣. 將焉用之." 齊人許之. 告於秦, 秦亦許之. 皆告於小國, 爲會於宋. 五月甲辰, 晉趙武至於宋. 丙午, 鄭良宵至. 六月丁未朔, 宋人享趙文子, 叔向爲介. 司馬置折俎, 禮也. 仲尼使擧是禮也, 以爲多文辭. 戊申, 叔孫豹·齊慶封·陳須無·衛石惡至. 甲寅, 晉荀盈從趙武至. 丙辰, 邾悼公至. 壬戌, 楚公子黑肱先至, 成言於晉. 丁卯, 宋向戌如陳, 從子木成言於楚. 戊辰, 滕成公至. 子木謂向戌 "請晉楚之從, 交相見也." 庚午, 向戌復於趙孟. 趙孟曰 "晉楚齊秦, 匹也. 晉之不能於齊, 猶楚之不能於秦也. 楚君若能使秦君辱於敝邑, 寡君敢不固請於齊." 壬申, 左師復言於子木, 子木使馹謁諸王. 王曰 "釋齊秦, 他國請相見也."

●위나라에서는 영희(寗喜)의 전횡으로 위헌공이 이를 크게 우려했다. 이에 공손 면여(免餘)가 영희의 제거를 자청하고 나섰다. 그러자 위헌공이 만류했다.

"영자(寗子: 영희)가 아니었다면 내가 이 자리에 있지도 못했을 것이오. 나는 일찍이 그에게 국정을 맡아 달라고 말한 바 있소. 더구나 성사 여부도 불투명하여 자칫 악명만 남기게 될 소지가 크니 불가능한 일일랑 그만두도록 하시오."

"제가 그를 제거할 것이니 군주는 이 일에 관여하여 알려고 하지 마십시오."

이에 공손 무지(無地), 공손 신(臣)과 함께 모의한 뒤 이들을 보내 영씨를 치게 했다. 그러나 이들은 영씨를 이기지 못하고 오히려 모두 전사하고 말았다. 이에 위헌공이 탄식했다.

"공손 신은 아무 죄도 없다. 그런데 부자 두 사람이 모두 나를 위해 죽었구나."

여름, 공손 면여가 다시 영씨를 공격해 드디어 영희와 우재 곡(穀)을 죽인 뒤 그들의 시체를 조정에 늘어놓았다. 이때 석오(石惡)는 송나라의 회맹에 참석하기 위해 군명을 받아 막 출발하려던 차에 영희가 죽었다는 소식을 들었다. 이에 급히 달려가 시신에 옷을 입히고는 시신의 허벅지에 머리를 파묻고 통곡했다. 석오는 이들을 입렴(入斂: 염을 하여 입관함)한 뒤 망명할 생각이었으나 한편으로는 화를 면하지 못할까 두려워했다. 이에 임기응변으로 이같이 말했다.

"나는 군명을 받았소."

그러고는 곧 송나라로 떠났다. 이를 두고 위헌공의 동생 자선(子鮮)이 탄식했다.

"나를 내쫓은 손림보는 망명하여 무사하고 나를 받아들인 자들은 죽었으니 상과 벌이 법도가 없다. 그러니 무엇으로 저악권선(沮惡勸善: 악을 막고 선을 권함)할 것인가. 군주는 신의를 잃고 나라에는 바른 형벌이 행해지지 않으니 이 또한 어렵지 않겠는가. 이번 일은 나 전(鱄: 자선)이 실제로 그같이 만든 것이다."

이에 곧 진(晉)나라로 달아났다. 이때 위헌공이 사람을 보내 망명을 말렸으나 그는 듣지 않았다. 자선이 황하에 이르렀을 때 위헌공이 또 사람을 보내 만류했다. 그러자 자선은 사자를 다가오지 못하게 제지한 뒤 하신(河神)을 향해 다시는 돌아가지 않을 것을 맹서했다.

자선은 진나라로 가 목문(木門: 위치 미상) 땅에 거주했는데 위나라 쪽을 향해 앉는 일이 없었다. 이때 목문의 대부가 그에게 진나라에서 벼슬할 것을 권하자 그는 이를 거부하며 말했다.

"벼슬한 뒤 직책을 소홀히 하는 것은 곧 죄를 짓는 것입니다. 직책을 충실히 수행하려면 내가 망명한 연유를 소상히 밝혀야 하는데 이를 장차 누구에게 말할 것입니까. 나는 다른 나라 조정에서 일할 수 없습니다."

결국 그는 죽을 때까지 벼슬하지 않았다. 위헌공은 자선이 죽은 뒤 그를 위해 태복(稅服)[74]을 입었는데, 노양공 29년 세상을 떠날 때까지 계속 입고 살았다. 이때 위헌공이 공손 면여에게 60개 고을을 상으로 내리자 이같이 사양했다.

"오직 경만이 1백 개의 고을을 소유할 수 있으니 저는 60개 고을을 가질 수 없습니다. 아래에 있는 자가 윗자리에 있는 사람과 같은 녹을 받는 것은 화란입니다. 그러니 저는 감히 받을 수 없습니다. 더구나 영

---

74) 기일이 지난 뒤 입는 가늘고 성긴 베로 만든 상복을 말하는데, 천자와 제후는 형제의 상에 복상하지 않는 것이 원칙이었다. '태'(稅)는 '세'(繐)와 통한다.

자는 고을을 많이 보유한 탓에 죽음을 당했습니다. 저는 죽음이 빨리 찾아올까 두렵습니다."

그러나 위헌공이 계속 이를 굳이 받으라고 하자 그는 그 반만 받았다. 이에 위헌공은 그를 소사(少師)로 삼았다. 이후 그를 경으로 삼으려고 하자 그가 사양했다.

"태숙의(大叔儀)는 두 마음을 품지 않고 국가대사를 도울 수 있는 사람이니 그를 경으로 임명하기 바랍니다."

이에 문자(文子: 태숙의)가 경이 되었다.

衛甯喜專, 公患之, 公孫免餘請殺之. 公曰"微甯子, 不及此. 吾與之言矣. 事未可知, 祇成惡名, 止也."對曰"臣殺之, 君勿與知."乃與公孫無地·公孫臣謀, 使攻甯氏, 弗克, 皆死. 公曰"臣也無罪, 父子死余矣."夏, 免餘復攻甯氏, 殺甯喜及右宰穀, 尸諸朝. 石惡將會宋之盟, 受命而出, 衣其尸, 枕之股而哭之. 欲斂以亡, 懼不免, 且曰"受命矣."乃行. 子鮮曰"逐我者出, 納我者死, 賞罰無章, 何以沮勸. 君失其信, 而國無刑, 不亦難乎. 且鱄實使之."遂出奔晉. 公使止之, 不可. 及河, 又使止之. 止使者而盟於河. 託於木門, 不鄕衛國而坐. 木門大夫勸之仕, 不可, 曰"仕而廢其事, 罪也. 從之, 昭吾所以出也. 將誰愬乎. 吾不可以立於人之朝矣."終身不仕. 公喪之如稅服終身. 公與免餘邑六十, 辭曰"唯卿備百邑, 臣六十矣. 下有上祿, 亂也. 臣弗敢聞. 且甯子唯多邑, 故死. 臣懼死之速及也."公固與之, 受其半. 以爲少師. 公使爲卿, 辭曰"大叔儀不貳, 能贊大事, 君其命之."乃使文子爲卿.

●가을 7월 2일, 송나라의 상술이 진나라에 들렀다가 송나라로 돌아오자 그날 밤 진나라의 조맹(趙孟)이 초나라의 자석(子晳: 공자 흑굉)과 함께 분쟁의 소지를 없애기 위해 맹서문의 내용을 다듬었다. 7월 4일, 초나라의 자목이 진(陳)나라로부터 도착했다. 진(陳)나라 대부 공환(孔奐)과 채나라 대부 공손 귀생(歸生: 성자)이 도착하자 곧이어 조나라와 허나라의 대부들도 모두 도착했다. 이에 각기 울타리를 쳐 군진

의 경계로 삼았다. 진나라와 초나라는 각각 남북 양쪽 끝에 자리를 잡았다. 진나라 대부 백숙(伯夙: 두예는 荀盈으로 간주)이 조맹에게 말했다.

"초나라 진영이 분위기가 매우 좋지 않으니 혹여 피습이나 당하지 않을까 두렵습니다."

"그럴 경우 우리는 좌측으로 돌아 송나라 도성으로 들어가면 되오. 그리 되면 그들이 우리를 어찌하겠소?"

7월 5일, 송나라 서문 밖에서 결맹하려고 하는데 초나라 사람들이 충갑(衷甲: 겉옷 안에 갑옷을 입음)하고 있었다. 이에 초나라의 태재 백주리(伯州犁)가 말했다.

"제후들의 군사를 모아놓고 사람들을 신뢰하지 못하게 만드는 짓을 하니 이는 안 되는 일 아닙니까. 제후들은 초나라를 바라보며 신뢰하고 있습니다. 이 때문에 우리를 좇고 있는 것입니다. 만일 다른 사람들의 신임을 얻지 못하면 이는 우리들이 제후들을 순복시킬 근본을 저버리는 일이 됩니다."

그러고는 강력히 석갑(釋甲: 갑옷을 벗음)을 청했다. 그러나 자목이 반대했다.

"진·초 두 나라 사이에 신의가 사라진 지 이미 매우 오래되었소. 오직 우리에게 이롭기만 하면 그뿐이오. 만일 우리 뜻만 이룰 수 있다면 신의가 무슨 소용이 있겠소?"

이에 백주리는 물러나와 주위 사람에게 말했다.

"영윤은 장차 일찍 죽을 것이니 3년을 넘기지 못할 것이오. 자신의 뜻을 이루기 위해 신의를 저버리면 어찌 그 뜻을 이룰 수 있겠소. 지이발언(志以發言): 뜻으로써 발언함)과 언이출신(言以出信: 말로써 신의를 드러냄), 신이입지(信以立志: 신의로써 뜻을 세움)를 행해야 하오. 지(志)·언(言)·신(信) 세 가지가 결합되어야만 일을 성사시킬 수 있는 것이오. 그런데 이미 신의가 없으니 장차 무엇으로 3년을 넘길 수 있겠소?"

진나라의 조맹은 초나라 사람들이 충갑한 일이 염려되어 숙향에게 이를 이야기했다. 그러자 숙향이 말했다.

"무슨 해가 되겠습니까. 필부라도 일단 신의 없는 짓을 하면 버림을 받게 되니 그리하면 단폐(單斃: '기력이 모두 빠져 죽다'라는 뜻으로 '殫斃'와 통함)하여 제 명에 죽지 못합니다. 만일 초나라가 제후국의 경들을 모아놓고 신의 없는 짓을 하려 들면 반드시 뜻을 이루지 못할 것입니다. 신의 없는 자는 다른 사람을 곤핍하게 만들 수 없으니 이는 결코 그대의 우환이 되지 못할 것입니다. 신의로써 사람을 불러놓고 거짓 수단으로 성사시키려 해도 반드시 그를 편들어줄 사람이 없는 법입니다. 하물며 신의도 없이 사람들을 불러놓고 어찌 우리를 해칠 수 있겠습니까. 또 우리가 송나라에 의지해 초나라로 인해 조성된 곤경을 벗어나려 한다면 송나라 사람들은 목숨을 걸고 초나라 군사와 싸워야 합니다. 우리가 송나라 사람들과 함께 죽기를 각오하고 싸우면 그 세력은 지금 초나라 군사의 2배나 되는 세력과도 맞설 수 있을 것입니다. 그런데 그대는 어찌하여 두려워하는 것입니까. 아직 사태가 그 지경에는 이르지 않았습니다. 입으로는 '미병'(弭兵: 전쟁 종식)을 외치면서 제후들을 모아놓고 오히려 '칭병'(稱兵: 거병)하여 우리에게 해를 가하려 들면 우리의 공이 많아질 것입니다. 이는 결코 우리가 걱정할 바가 아닙니다."

이때 노나라의 계무자가 사람을 시켜 노양공의 명으로 숙손에게 이같이 이르게 했다.

"우리 노나라를 주(邾)나라나 등나라와 같은 나라로 간주하도록 하시오."

결맹할 때 제나라 사람이 주나라를 자국의 속국이라고 주장하면서 결맹에서 제외시켜 줄 것을 청했다. 또 송나라 사람도 등나라가 자국의 속국이니 이를 제외시켜 줄 것을 청했다. 이에 주나라와 등나라 모두 결맹에 참여하지 못했다. 그러자 숙손표가 말했다.

"주나라와 등나라는 다른 나라의 속국이지만 우리는 엄연한 제후국이다. 무슨 이유로 그들의 예를 좇을 것인가. 송나라와 위나라도 우리와 대등한 나라일 뿐이다."

그러고는 결맹에 참여했다. 이에 『춘추』에 그의 족명을 쓰지 않았다. 이는 숙손표가 군명을 어겼기 때문이다.

이때 진·초 두 나라는 결맹하는 과정에서 삽혈(歃血)의 순서를 놓고 쟁선(爭先)했다. 진나라 사람이 말했다.

"진나라는 본래부터 제후국의 맹주였기 때문에 줄곧 결맹할 때 우리 진나라에 앞서 삽혈한 나라는 아직 없었소."

그러자 초나라 사람이 반박했다.

"그대는 앞서 진나라와 초나라가 대등하다고 말했소. 만일 진나라가 늘 앞선다면 우리 초나라가 진나라보다 약하다는 말이 되오. 진·초 두 나라가 각기 돌아가면서 제후들의 결맹을 주도한 지 이미 오래되었는데 어찌하여 진나라만 계속 먼저 삽혈해야 한다는 것이오?"

이에 진나라의 숙향이 조맹에게 말했다.

"제후들이 진나라에 귀복하는 것은 덕행 때문이지 시맹(尸盟: 결맹을 주도한다는 뜻으로, '尸'는 '主'의 뜻임)하기 때문이 아니오. 그대는 오직 덕을 닦는 데 힘쓸 뿐 삽혈 문제로 쟁선치 마시오. 게다가 제후들이 결맹할 때에는 본래 소국이 시맹자(尸盟者: 결맹시 구체적인 실무를 보는 나라로 '尸盟'과는 다름)로 일하게 되어 있소. 초나라가 진나라의 시맹자로 일하도록 하는 것 또한 가하지 않겠소."

이에 초나라가 먼저 삽혈하게 되었다. 『춘추』에 진나라를 초나라 앞에 쓴 것은 진나라에 신의가 있었기 때문이다.

秋七月戊寅, 左師至. 是夜也, 趙孟及子晳盟以齊言. 庚辰, 子木至自陳. 陳孔奐蔡公孫歸生至. 曹許之大夫皆至. 以藩爲軍, 晉楚各處其偏. 伯夙謂趙孟曰 "楚氛其惡, 懼難." 趙孟曰 "吾左還入於宋, 若我何." 辛巳, 將盟於宋西門之外, 楚人衷甲. 伯州犁曰 "合諸侯之師, 以爲不信, 無乃不可乎. 夫諸侯望信於楚, 是以來服. 若不信, 是棄其所以服諸侯也." 固請釋甲. 子木曰 "晉楚無信久矣, 事利而已. 苟得志焉, 焉用有信." 大宰退, 告人曰 "令尹將死矣, 不及三年. 求逞志而棄信, 志將逞乎. 志以發言, 言以出信, 信以立志, 參以定之. 信亡, 何以及三." 趙孟患楚衷甲, 以告叔向. 叔向曰 "何害也. 匹夫一爲不信, 猶不可, 單斃其死. 若合諸侯之卿, 以爲不信, 必不捷矣. 食言者不病, 非子之患也. 夫以信召人, 而以僭濟之, 必莫之與也, 安能害我. 且吾因宋以守病, 則夫能致死. 與宋致死, 雖倍楚可也. 子何懼焉. 又不及是. 曰 '弭兵' 以召諸侯, 而稱兵以害我, 吾庸多矣, 非所患也." 季武子使謂叔孫以公命, 曰 "視邾滕." 旣而齊人請邾, 宋人請滕, 皆不與盟. 叔孫曰 "邾滕人之私也. 我列國也, 何故視之. 宋衛, 吾匹也." 乃盟. 故不書其族, 言違命也. 晉楚爭先. 晉人曰 "晉固爲諸侯盟主, 未有先晉者也." 楚人曰 "子言晉楚匹也, 若晉常先, 是楚弱也. 且晉楚狎主諸侯之盟也久矣, 豈專在晉." 叔向謂趙孟曰 "諸侯歸晉之德只, 非歸其尸盟也. 子務德, 無爭先. 且諸侯盟, 小國固必有尸盟者, 楚爲晉細. 不亦可乎." 乃先楚人. 書先晉, 晉有信也.

●7월 6일, 송평공이 진·초 두 나라의 대부들에게 겸향(兼享: 빈객을 동시에 초청해 연회를 개최함)했다. 이때 진나라의 조맹이 주빈이 되었다. 초나라의 자목이 조맹과 이야기를 나누었는데 조맹이 제대로 답변하지 못했다. 이때 숙향이 시언(侍言: 곁에서 조언함)하자 이번에는 자목이 제대로 대답하지 못했다.

7월 9일, 송평공이 제후들의 대부들과 몽문(蒙門: 송나라 도성의 동북문) 밖에서 결맹했다. 이때 자목이 조맹에게 물었다.

"범무자(范武子)의 덕행이 어떠했습니까?"

"그분은 집안을 잘 다스렸고, 조정에서 국정에 대해서는 말하지 않는 것이 없었고, 축사(祝史: 제관)는 신령에게 사실대로 고하여 부끄러운 말이 없었습니다."

자목이 초나라로 돌아간 뒤 조맹이 한 말을 초강왕에게 그대로 하자 초강왕이 이같이 칭송했다.

"참으로 훌륭한 사람이오. 신령과 사람 모두 기쁘게 만들었으니 그가 5군(五君: 진문공·진양공·진영공·진성공·진경공)을 보좌해 진나라를 맹주국으로 만든 것은 당연한 일이었소."

이때 자목이 초장왕에게 또 이같이 보고했다.

"진나라가 패자가 된 것은 당연한 일입니다. 숙향이 그 경을 보좌하고 있으니 초나라는 그를 당할 길이 없습니다. 그들과는 다툴 수가 없습니다."

얼마 후 진나라의 순영이 초나라로 가 결맹에 참석했다. 당시 정간공은 조맹을 위해 수롱(垂隴: 하남성 형택현 동북쪽)에서 연석을 베풀었다. 이 자리에는 자전(子展)과 백유(伯有), 자서(子西), 자산(子産), 자태숙(子大叔), 2자석(二子石: 인단과 공손 단을 말하는데, 두 사람 모두 자가 자석임)이 정간공을 따라 참석했다. 이때 조맹이 말했다.

"지금 일곱 분이 군주를 모시고 저를 환대하고 있으니 모두 시를 읊어 군주의 은사(恩賜)를 완성하고 저로 하여금 일곱 분의 뜻을 헤아릴 수 있게 해주기 바랍니다."

이에 자전이 『시경』「소남·초충(草蟲: 조문자를 군자에 비유)」의 시를 읊었다. 이에 조맹이 평했다.

"좋습니다. 백성의 주인감입니다. 저같은 사람이야 그 시에서 말한 훌륭한 사람이라고 할 수 없습니다."

백유가 『시경』「용풍·순지분분(鶉之賁賁: 본래는 宣姜의 음란함을 노래한 것으로 정간공을 비난한 것임)」의 시를 읊었다. 이에 조맹이 평했다.

"상제(床第: '침상'으로, 여기서는 남녀간의 정담을 의미)는 역(閾: 문지방) 밖으로 나가지 않게 하는 것입니다. 하물며 야외까지 나와서 말할 수 있겠습니까. 이는 다른 사람이 들을 수 있는 것이 아닙니다."

자서가 『시경』「소아·서묘(黍苗: 周召公의 무공을 칭송)」의 제4장을 읊었다. 조맹이 평했다.

"과군이 있는데 제가 어떻게 비교될 수 있겠습니까."

이어 자신이 『시경』「소아·습상(隰桑: 군자를 그리워하는 내용)」의 시를 읊었다. 조맹이 평했다.

"저는 그 시의 마지막 장을 접수하고자 합니다."

자태숙이『시경』「정풍·야유만초(野有蔓草: 상봉을 그리워하는 내용)」의 시를 읊었다. 조맹이 평했다.

"이는 대부의 은덕입니다."

인단(印段)이『시경』「당풍·실솔(蟋蟀: 늘 대비하여 가문을 보전하는 내용)」의 시를 읊었다. 조맹이 평했다.

"좋습니다. 가문을 잘 보전할 사람입니다. 저는 기대하고 있습니다."

공손 단(段)이『시경』「소아·상호(桑扈: 군자가 예를 지켜 천복을 누린다는 내용)」의 시를 읊었다. 조맹이 평했다.

"교오(驕傲)하지 않으니 복록이 장차 어디로 가겠습니까. 이 시구의 말을 지킨다면 복록을 사양하려고 한들 그것이 가능하겠습니까."

이렇게 시를 읊고 나서 연회를 마쳤다. 이에 조맹이 숙향에게 말했다.

"백유는 장차 죽음을 당하게 될 것이오. 시는 뜻을 드러내는 것인데 그의 뜻이 군주를 헐뜯는 데 있소. 이로써 군주의 원망을 사고 또한 빈객을 추어올리고자 했으니 그가 어찌 오래 갈 수 있겠소? 틀림없이 다른 사람보다 먼저 망하고 말 것이오."

그러자 숙향이 동조했다.

"바로 그렇습니다. 그는 너무 교사(驕奢)합니다. 소위 '5임(五稔: 5년)을 못 간다'는 말이 그런 사람을 두고 이르는 것입니다."

이에 조맹이 또 말했다.

"나머지 사람들은 다 여러 세대를 이어나가겠지만 그중에도 자전의 가문은 맨 나중에 망할 것이오. 그는 윗자리에 앉아 있으면서도 스스로 낮추는 것을 잊지 않고 있소. 인씨가 그 다음으로 늦게 망할 것이오. 그는 즐거워하면서도 지나치지 않았소. 백성을 편히 만드는 것을 낙으로 삼고 백성을 부리면서도 정도에서 벗어나지 않으니 다른 사람들보다 늦게 망하는 것이 당연한 일 아니겠소?"

壬午, 宋公兼享晉楚之大夫, 趙孟爲客. 子木與之言, 弗能對. 使叔向侍言焉, 子木亦不能對也. 乙酉, 宋公及諸侯之大夫盟于蒙門之外. 子木問於趙孟曰"范武子之德何如."對曰"夫子之家事治, 言於晉國無隱情, 其祝史陳信於鬼神無愧辭."子木歸以語王. 王曰"尙矣哉. 能歆神人, 宜其光輔五官以爲盟主也."子木又語王曰 "宜晉之伯也, 有叔向以佐其卿, 楚無以當之, 不可與爭."晉荀盈遂如楚涖盟. 鄭伯享趙孟于垂隴, 子展・伯有・子西・子産・子大叔・二子石從. 趙孟曰 "七子從君以寵武也. 請皆賦以卒君貺, 武亦以觀七子之志."子展賦「草蟲」. 趙孟曰"善哉. 民之主也. 抑武也不足以當之."伯有賦「鶉之賁賁」. 趙孟曰"牀第之言不踰閾, 況在野乎. 非使人之所得聞也."子西賦「黍苗」之四章. 趙孟曰 "寡君在, 武何能焉."子産賦「隰桑」. 趙孟曰"武請受其卒章."子大叔賦「野有蔓草」. 趙孟曰"吾子之惠也."印段賦「蟋蟀」. 趙孟曰"善哉. 保家之主也, 吾有望矣."公孫段賦「桑扈」. 趙孟曰"匪交匪敖, 福將焉往. 若保是言也, 欲辭福祿得乎."卒享. 文子告叔向曰"伯有將爲戮矣. 詩以言志, 志誣其上, 而公怨之, 以爲賓榮, 其能久乎. 幸而後亡."叔向曰"然, 已侈. 所謂不及五稔者, 夫子之謂矣."文子曰"其餘皆數世之主也. 子展其後亡者也, 在上不忘降. 印氏其次也, 樂而不荒. 樂以安民, 不淫以使之, 後亡不亦可乎."

● 송나라의 좌사 상술이 송평공에게 제후들의 싸움을 그치게 한 데 따른 포상을 청하며 말했다.

"저는 면사지읍(免死之邑: '싸움을 그치게 하여 죽음을 면하게 해준 것을 포상하여 내리는 읍'을 말하나, 그 밖에도 여러 해석이 있음)을 원합니다."

이에 송평공이 그에게 60개 읍을 하사했다. 상술이 간책(簡冊)을 사성 자한(子罕)에게 보이자 자한이 말했다.

"무릇 모든 소국은 진·초 두 나라의 무력에 의한 위협을 받고 있습니다. 소국이 대국을 두려워한 연후라야 상하가 서로 자화(慈和: 자애롭고 화목함)해질 수 있고 그 이후에야 나라를 안정시킬 수 있습니다. 대국을 섬기는 것은 나라를 보전하기 위한 것입니다. 대국의 위협이 없으면 소국은 교만해지고, 교만해지면 난이 일어나고, 난이 일어나면 반드시 망하게 됩니다. 이것이 바로 소국이 멸망하는 원인인 것입니다. 하늘이 금·목·수·화·토의 5재(五材)를 낳자 백성들이 모두 이를 이용하고 있습니다. 이중 한 가지라도 버릴 수가 없는데 그 누가 금으로 만든 병기를 제거할 수 있다는 것입니까. 병기를 만든 지 이미 오래되었는데 이는 궤도를 이탈한 자를 위협하고 문덕을 밝히기 위한 것입니다. 성인은 병기로 흥했고 난인(亂人)은 병기로 망했습니다. 국가의 폐흥존망(廢興存亡)과 혼명(昏明)의 도가 모두 무력에서 비롯된 것입니다. 그런데 그대는 병기를 없애고자 하니 그 또한 사술(詐術) 아닙니까. 사술을 이용해 제후들을 속였으니 그보다 더 큰 죄는 없습니다. 큰 벌을 받지 않은 것만도 다행인데 그 위에 상까지 구했으니 이는 탐욕이 극한에 달한 것입니다."

그러고는 간책 위의 글자를 모두 깎아낸 뒤 내던져버렸다. 이에 상술은 상으로 받은 고을을 모두 사양했다. 상씨 가문 사람들이 불만을 품고 자한을 치려고 하자 상술이 만류했다.

"우리 가문이 장차 망하려고 하는 상황에서 그가 우리를 살려주었으니 이보다 더 큰 은공이 어디 있겠소. 그런데도 어찌하여 그를 공격하려는 것이오?"

이를 두고 군자가 이같이 평했다.

"『시경』「정풍·고구」에 이르기를, '피기지자(彼己之子: '저분'이라는 뜻으로, 현존본에는 彼己가 彼其로 되어 있음)·방지사직(邦之司直: 나라의 정의를 세우는 사람)'이라고 했다. 이는 악희(樂喜: 자한)를 두고 이르는 말인가. 또 『시경』(詩經)「주송·유천지명(維天之命)」에 이르기를, '하이휼아(何以恤我: 아름다운 덕행이 나에게 미침)[75]·

---

[75] 원문은 '가이일아'(假以溢我)로 되어 있다. '하이휼아'(何以恤我)의 해석과 관련해 두예는 '휼'(恤)을 '우'(憂)로 보아 '어찌 나를 염려해주는가'로 새겼다. 그러나 이는 전후 문맥에 비추어 자연스럽지 못하다. 혜동(惠棟)은 '아름다운 덕행이 나에게까지 미치게 되면'으로 해석했다.

아기수지(我其收之: 내가 이를 기꺼이 받아들이겠다)'라고 했다. 이는 상술을 두고 이르는 말인가."

宋左師請賞, 曰"請免死之邑."公與之邑六十. 以示子罕, 子罕曰"凡諸侯小國, 晉楚所以兵威之. 畏而後上下慈和, 慈和而後能安靖其國家, 以事大國, 所以存也. 無威則驕, 驕則亂生, 亂生必滅, 所以亡也. 天生五材, 民竝用之, 廢一不可, 誰能去兵. 兵之設久矣, 所以威不軌而昭文德也. 聖人以興, 亂人以廢, 廢興存亡昏明之術, 皆兵之由也. 而子求去之, 不亦誣乎. 以誣道蔽諸侯, 罪莫大焉. 縱無大討, 而又求賞, 無厭之甚也." 削而投之. 左師辭邑. 向氏欲攻司城, 左師曰"我將亡, 夫子存我, 德莫大焉又可攻乎."君子曰"彼己之子, 邦之司直', 樂喜之謂乎. '何以恤我, 我其收之', 向戌之謂乎."

●제나라의 최저는 아들 최성(崔成)과 최강(崔彊)을 얻고는 과(寡: 당시 과부와 홀아비를 모두 '寡'라고 했음)가 되었다. 다시 과부로 있던 동곽강(東郭姜: 동곽언의 누이)을 아내로 맞이하여 아들 최명(崔明)을 얻었다. 당시 동곽강은 전남편의 자식 하나를 데리고 들어왔는데 그의 이름은 당구무(棠無咎)였다. 당구무는 외숙인 동곽언(東郭偃)과 함께 최씨읍(崔氏邑: 최저의 식읍으로 산동성 장구현 서북쪽)의 일을 돕고 있었다.

최저는 큰아들 최성에게 병이 있자 그를 폐하고 최명을 후계자로 내세웠다. 이때 최성이 채읍인 최씨읍으로 물러나겠다고 하자 최저가 허락했다. 그런데 동곽언과 당무구가 최씨읍을 내주려 하지 않으며 말했다.

"최씨읍은 최씨 가문의 종읍(宗邑: 사당이 있는 마을)이니 반드시 최씨 가문의 종주(宗主: 문중의 후계자로, 곧 최명)에게 돌아가야 합니다."

이에 최성과 최강이 대로하여 그들을 죽이려고 했다. 이들은 곧 경봉을 찾아가 고했다.

"가친의 신상에 관한 일은 어른도 잘 알고 있을 것입니다. 그분은 오직 당구무와 동곽언의 말만 듣고 집안의 다른 부형들이 얼씬도 못하고 있습니다. 혹여 가친의 신상에 해를 입히지나 않을까 염려되어 이에 감히 말씀드리는 것입니다."

"그대들은 잠시 물러가 있도록 하오. 내가 계책을 세우도록 하겠소."

그러고는 곧 가신 노포별(盧蒲嫳)을 불러 이를 상의하자 노포별이 이같이 건의했다.

"그는 군주를 죽인 원수입니다. 지금 하늘이 그를 버리려고 하는 것입니다. 그의 집안에 틀림없이 난이 일어났는데 그대는 무엇을 근심하는 것입니까. 최씨 가문이 약해지는 것은 곧 경씨 가문이 강해지는 것을 의미합니다."

며칠 후 최성과 최강이 다시 경봉을 찾아갔다. 그러자 경봉이 말했다.

"진실로 그대들의 부친에게 이로운 일이라면 반드시 그들을 제거하도록 하오. 어려운 일이 생기면 내가 그대들을 돕도록 하겠소."

9월 5일, 최성과 최강이 동곽언과 당무구를 최씨 가문의 집무소에서 죽였다. 최저가 대로하여 뛰어나갔으나 이미 집안사람들은 모두 피하고 한 사람도 없었다. 사람을 시켜 수레를 몰게 하려고 했으나 사람을 찾을 길이 없었다. 이에 어인(圉人: 말을 기르는 사람)을 시켜 수레를 준비시킨 뒤 시인(寺人)에게 수레를 몰게 했다. 최저가 집을 나서며 탄식했다.

"최씨 가문에 복이 남아 있다면 화난이 오직 나로써 끝나기를 빌 뿐이다."

그러고는 곧바로 경봉을 찾아갔다. 경봉이 위로했다.

"최씨와 경씨 가문은 하나요. 그 사람들이 어찌 감히 이럴 수 있소? 내가 그대를 위해 그들을 토벌할 수 있도록 해주시오."

최저가 허락하자 곧 노포별을 시켜 무장병을 이끌고 가 최씨읍을 공격하게 했다. 이에 최씨읍에서는 성 주위에 재빨리 첩(堞: 원래 성가퀴를 말하나 여기서는 최씨읍의 성벽을 말함)을 쌓고 수비에 들어갔다. 이로 인해 노포별은 이기지 못했다. 그러자 노포별이 국인(國人)들을 끌어들여 마침내 최씨읍을 공략하고 최성과 최강을 죽인 뒤 최씨 가문의 사람들과 재물을 모두 탈취했다. 이로 인해 최저의 아내는 목을 매어 자살했다.

노포별이 최저에게 복명한 뒤 최저를 수레에 태워 그의 집으로 돌려보냈다. 최저가 집으로 가보니 의지할 곳이 하나도 없었다. 이에 그도 곧 목을 매어 죽었다. 이때 최명은 야음을 이용해 대묘(大墓: 공동묘지)에 몸을 숨기고 있었다. 9월 6일, 최명이 노나라로 도망쳤다. 이에 경봉이 제나라의 국정을 장악하게 되었다.

초나라의 영윤 위피(薳罷: 자탕)가 진나라로 가 결맹에 참석했다. 진평공이 그를 위해 향례를 베풀었다. 위피가 향례를 마치고 나오면서 『시경』「대아·기취(旣醉)」의 수장(首章)을 읊었다.[76] 이에 진나라의 숙향이 말했다.

"위씨 가문이 초나라에서 오랫동안 녹위를 향유하는 것은 당연한 일이다. 그는 군명을 받들어 기민하게 응대해야 한다는 것을 잊지 않고 있다. 자탕은 장차 집정하게 될 것이다. 민첩하여 능히 군주를 섬길 줄 아니 반드시 백성을 잘 무양(撫養)할 것이다. 그러니 그 정권이 어디로 가겠는가."

최씨지란(崔氏之亂: 노양공 25년 최저가 제장공을 살해한 사건) 당시 신선우(申鮮虞)는 노나라로 도망간 뒤 교외에서 품을 파는 복인(僕人)으로 있으면서 제장공의 복상(服喪)을 지켰다. 겨울, 초나라 사람이 그를 초청하자 바로 초나라로 가 우윤이 되었다.

11월 1일, 일식이 있었다. 진(辰: 북두칠성)이 신성(申星: 서남쪽 방향의 별)을 향했다고 한 것은 사력(司曆: 일관)의 착오에서 비롯된 것이다. 그는 두 번에 걸쳐 윤월(閏月)을 빠뜨렸다.

---

76) 「대아·기취」의 수장(首章)은 '기취이주(旣醉以酒)·기포이덕(旣飽以德)·군자만년(君子萬年)·개이경복(介爾景福)'으로 되어 있다. 조선조 개국 당시 정도전은 이 시에서 '경복'(景福: 큰 복)의 글자를 취해 '경복궁'의 이름을 지었다.

齊崔杼生成及彊而寡, 娶東郭姜, 生明. 東郭姜以孤入, 曰棠無咎, 與東郭偃相崔氏. 崔成有疾, 而廢之, 而立明. 成請老于崔, 崔子許之. 偃與無咎弗予, 曰"崔, 宗邑也, 必在宗主." 成與彊怒, 將殺之. 告慶封曰"夫子之身亦子所知也, 唯無咎與偃是從, 父兄莫得進矣. 大恐害夫子, 敢以告." 慶封曰"子姑退, 吾圖之." 告盧蒲嫳. 盧蒲嫳曰"彼君之讎也. 天或者將棄彼矣. 彼實家亂, 子何病焉. 崔之薄, 慶之厚也." 他日又告. 慶封曰"苟利夫子, 必去之. 難, 吾助女." 九月庚辰, 崔成崔彊殺東郭偃·棠無咎於崔氏之朝. 崔子怒而出, 其衆皆逃, 求人使駕, 不得. 使圉人駕, 寺人御而出. 且曰"崔氏有福, 止余猶可." 遂見慶封. 慶封曰"崔慶一也. 是何敢然. 請爲子討之." 使盧蒲嫳帥甲以攻崔氏. 崔氏堞其宮而守之, 弗克. 使國人助之, 遂滅崔氏, 殺成與彊, 而盡俘其家. 其妻縊. 嫳復命於崔子, 且御而歸之. 至則無歸矣, 乃縊. 崔明夜辟諸大廟. 辛巳, 崔明來奔, 慶封當國. 楚蔿罷如晉涖盟, 晉侯享之. 將出, 賦「旣醉」. 叔向曰"蔿氏之有後於楚國也, 宜哉. 承君命, 不忘敏. 子蕩將知政矣. 敏以事君, 必能養民. 政其焉往." 崔氏之亂, 申鮮虞來奔, 僕賃於野, 以喪莊公. 冬, 楚人召之, 遂如楚, 爲右尹. 十一月乙亥朔, 日有食之. 辰在申, 司歷過也, 再失閏矣.

28년(기원전 545)

28년 봄, 얼음이 없었다. 여름, 위나라의 석오(石惡)가 진나라로 망명했다. 주자가 내조했다. 가을 8월, 크게 기우제를 지냈다. 중손갈(仲孫羯)이 진나라로 갔다. 겨울, 제나라의 경봉(慶封)이 망명해 왔다. 11월, 공이 초나라로 갔다. 12월 갑인, 천왕이 붕했다. 을미, 초자 소(昭)가 졸했다.

二十八年春, 無氷. 夏, 衛石惡出奔晉. 邾子來朝. 秋八月, 大雩. 仲孫羯如晉. 冬, 齊慶封來奔. 十一月 公如楚. 十二月甲寅, 天王崩. 乙未, 楚子昭卒.

●28년 봄, 얼음이 얼지 않았다. 이를 두고 노나라 대부 재신(梓愼)이 말했다.

"금년에는 송나라와 정나라에 기근이 들지 않겠소. 금년의 세성(歲星: 목성)이 성기(星紀: 酉방향의 별자리)[77]에 있어야 하는데 이미 현효(玄枵: 戌방향의 별자리) 방향까지 나아갔소. 이는 천시의 재변이 일어날 징조니 음기가 양기를 감당하지 못했기 때문이오. 곧 뱀이 용의 등 위에 타고 앉아 있는 격이오. 용은 송나라와 정나라를 상징하니 두 나라는 반드시 기근이 들 것이오. 현효는 가운데 별자리가 비어 있고 효는 물건이 줄어든다는 뜻이오. 땅이 비어 있고 백성이 줄어드니 어찌 기근이 들지 않을 수 있겠소?"

여름, 제경공과 진애공, 채경공, 북연백(北燕伯), 기문공, 호자(胡子), 심자(沈子), 백적(白狄) 등이 진나라를 찾아갔다. 이는 송나라에서 맺은 미병(弭兵)의 맹약에 따른 것이었다. 제경공이 진나라로 갈 때 경봉이 말했다.

"우리는 결맹에 참석하지도 않았는데 어찌하여 진나라를 조현하려는 것입니까?"

이에 진문자가 말했다.

"우선 사대(事大: 대국을 섬김)를 먼저 생각한 뒤 예물을 생각하는 것이 예에 맞습니다. 소국이 대국을 섬길 때 만일 섬길 기회를 얻지 못하면 대국의 의도를 좇는 것이 예에 합당합니다. 우리가 비록 결맹에 참여하지 않았더라도 우리가 어찌 감히 진나라를 배반할 수 있습니까. 중구지맹(重丘之盟: 노양공 25년의 회맹)을 잊어서는 안 됩니다. 그러니 그대는 군주의 출행(出行)을 권하도록 하십시오."

이때 위나라 사람이 영씨 일당을 토벌하자 석오(石惡)가 진나라로 달아났다. 위나라 사람이 석오의 조카 석포(石圃)를 그의 후계자로 세

---

[77] 당시 별자리는 12지(支)의 방향에 따라 강루(降婁), 대량(大梁), 실침(實沈), 순두(鶉頭), 순화(鶉火), 순미(鶉尾), 수성(壽星), 대화(大火), 석목(析木), 성기(星紀), 현효(玄枵), 추자(娵訾) 등의 명칭을 붙였다.

워 가문의 제사를 잇게 했다. 이는 예에 맞는 일이다.

주도공이 노나라를 조현했다. 이는 시령(時令)에 따른 조빙(朝聘)이었다.

가을 8월, 노나라가 크게 기우제를 지냈다. 이는 가뭄 때문이었다.

二十八年春, 無氷. 梓愼曰 "今玆, 宋鄭其饑乎. 歲在星紀, 而淫於玄枵. 以有時菑, 陰不敢陽. 蛇乘龍, 龍, 宋鄭之星也. 宋鄭必饑. 玄枵, 虛中也. 枵, 耗名也. 土虛而民耗, 不饑何爲." 夏, 齊侯·晉侯·蔡侯·北燕伯·杞伯·胡子·沈子·白狄朝于晉, 宋之盟故也. 齊侯將行, 慶封曰 "我不與盟, 何爲於晉." 陳文子曰 "先事後賂, 禮也. 小事大, 未獲事焉, 從之如志, 禮也. 雖不與盟, 敢叛晉乎. 重丘之盟, 未可忘也. 子其勸行." 衛人討甯氏之黨, 故石惡出奔晉. 衛人立其從子圃, 以守石氏之祀, 禮也. 邾悼公來朝, 時事也. 秋八月, 大雩, 旱也.

● 채경공이 진나라에서 귀국하는 길에 정나라에 들어가자 정간공이 그를 위해 향례를 베풀었다. 그러나 채경공의 태도가 공경스럽지 못했다. 이에 정나라 자산이 말했다.

"채후(蔡侯)는 화를 면치 못할 것이다. 이전에 그가 이곳을 지나자 우리 군주가 자전을 보내 그를 위로하게 했다. 이때도 그는 오만했다. 당시 나는 그가 장차 자신의 잘못된 태도를 고칠 것으로 생각했다. 지금 그가 다시 와 향례(享禮)를 받으면서 게으른 모습을 보이니 이것이 그의 본심이다. 소국의 군주로서 대국을 섬기면서 오히려 타오(惰傲: 게으르고 오만함)로써 자신의 본심으로 삼으니 어찌 선종할 수 있겠는가. 만일 그가 화를 입게 되면 이는 반드시 그의 아들 때문일 것이다. 그는 군주가 되어 음탕하기 그지없어 부친의 모습을 보여주지 못하고 있다. 내가 듣건대 이같은 사람은 늘 아들이 일으키는 화난의 해를 입는다고 한다."

노나라 대부 맹효백(孟孝伯: 중손갈)이 진나라로 가 송나라에서 맺은 맹약으로 인해 초나라로 갈 일을 보고했다. 채경공이 진나라로 갔을 때 정간공은 유길(游吉)을 시켜 초나라를 빙문하게 했다. 유길이 한수에 이르렀을 때 초나라 사람이 그를 돌려보내면서 말했다.

"지난번 송나라에서 맺은 맹약에 귀국의 군주가 직접 오기로 했습니다. 지금 대부가 오자 과군이 이르기를, '그대는 잠시 돌아가 있도록 하시오. 내가 장차 전거(傳車)를 진나라로 보내 이 일을 물어본 뒤 다시 알려주도록 하겠소'라고 했습니다."

그러자 자태숙(子大叔: 유길)이 말했다.

"송나라에서 맹약을 맺을 당시 귀국의 군주가 명하기를, '장차 소국을 이롭게 하고, 그들의 사직을 안정되게 하며, 그 백성들을 위무하고, 예의로써 하늘의 복록을 받게 한다'고 했습니다. 이는 귀국 군주의 헌령(憲令: 천하에 밝힌 법령)이고 또한 소국이 바라던 바이기도 합니다. 이로 인해 과군이 저를 시켜 피폐(皮幣: 빙문시 갖고 가는 가죽 등의 예물)를 보내게 한 것입니다. 지금 폐읍은 오랫동안 기근이 들어 과군이 직접 오지 못하고 저를 시켜 하집사(下執事: 군주를 직접 칭하지 못해 '하집사'로 칭한 것임)를 빙문하게 했습니다. 그런데 지금 집사가 명하기를, '그대가 어찌 정나라 정령에 참여할 수 있는가. 반드시 너의 군주로 하여금 봉수(封守: 封域과 수비)를 뒤로 한 채 산과 물을 건너 서리와 이슬을 맞아가며 찾아와 군주의 마음을 흡족하게 하라'고 했습니다. 소국은 장차 초나라 군주를 의지하려고 하니 어찌 감히 그 명을 듣지 않겠습니까. 그러나 다만 이같은 명은 맹서문의 내용과 부합치 않아 장차 귀국 군주의 덕행에 손상을 입힐 것이니 그리 되면 집사에게도 불리한 점이 있지 않겠습니까. 소국은 이를 두려워하는 것입니다. 그렇지 않으면 무슨 노고를 감히 꺼리겠습니까."

자태숙이 돌아가 복명한 뒤 자전에게 고했다.

"초왕은 곧 죽을 것입니다. 그는 정덕(政德: 국정과 修德)에 힘쓰지 않고 제후의 진봉(進奉)만 탐하여 자신의 뜻을 만족시키려고 하니 설령 오래 살고자 한들 그것이 가능하겠습니까. 『주역』에 따르면 '복괘'(復卦)가 '이괘'(頤卦)로 변할 경우 그 괘사에 이르기를, '미복(迷復:

길을 헤매다가 다시 돌아감)하니 흉하다'고 했습니다. 이는 초왕과 같은 사람을 말한 것입니다. 그는 지금 자신의 뜻을 회복하고자 하나 오히려 본래의 길을 잃어 돌아가려고 해도 갈 곳이 없는 격입니다. 이를 일러 '미복'이라고 하니 어찌 길할 리가 있겠습니까. 그러니 군주가 갔다가 장송(葬送)하고 돌아와 초나라 사람들의 마음을 한번 통쾌하게 해주십시오. 초나라는 향후 10년 이내에는 휼제후(恤齊侯: 제후들을 우려하게 만든다는 의미로, 곧 패권을 잡는다는 뜻임)하기 어려울 것이니 그 사이에 우리는 백성들을 편히 쉬게 만들 수 있을 것입니다."

그러자 대부 비조(裨竈)가 말했다.

"금년에 주왕과 초왕이 모두 죽을 것입니다. 세성이 원래 있어야 할 자리를 잃고 명년에나 가 있어야 할 자리에서 운행하며 조노(鳥帑: 鳥尾星)를 해치고 있습니다. 이로 인해 왕실과 초나라는 재난을 입게 될 것입니다."

蔡侯歸自晉, 入于鄭. 鄭伯享之, 不敬. 子產曰"蔡侯其不免乎. 日, 其過此也, 君使子展迋勞於東門之外, 而傲. 吾曰猶將更之. 今還, 受享而惰, 乃其心也. 君小國事大國, 而惰傲以爲己心, 將得死乎. 若不免, 必由其子. 其爲君也, 淫而不父. 僑聞之, 如是者, 恒有子禍."孟孝伯如晉, 告將爲宋之盟故如楚也. 蔡侯之如晉也, 鄭伯使游吉如楚. 及漢, 楚人還之, 曰"宋之盟, 君實親辱. 今吾子來, 寡君謂吾子姑還, 吾將使馹奔問諸晉而以告."子大叔曰"宋之盟, 君命將利小國, 而亦使安定其社稷, 鎭撫其民人, 以禮承天之休, 此君之憲令, 而小國之望也. 寡君是故使吉奉其皮幣, 以歲之不易, 聘於下執事. 今執事有命曰. 女何與政令之有. 必使而君棄而封守, 跋涉山川, 蒙犯霜露, 以逞君心. 小國將君是望, 敢不唯命是聽. 無乃非盟載之言, 以闕君德, 而執事有不利焉, 小國是懼. 不然, 其何勞之敢憚."子大叔歸, 復命, 告子展曰"楚子將死矣. 不脩其政德, 而貪昧於諸侯, 以逞其願, 欲久得乎. 『周易』有之, 在「復」之「頤」, 曰'迷復, 凶', 其楚子之謂乎. 欲復其願, 而棄其本, 復歸無所, 是謂迷復, 能無凶乎. 君其往也, 送葬而歸, 以快楚心. 楚不幾十年, 未能恤諸侯也, 吾乃休吾民矣." 神竈曰 "今茲, 周王及楚子皆將死. 歲棄其次, 而旅於明年之次, 以害鳥帑, 周楚惡之."

●9월, 정나라 유길이 진나라로 가 장차 송나라에서 맺은 맹약에 의거해 정간공이 초나라를 조현할 것임을 고했다. 이에 자산이 정간공을 보좌해 초나라로 가게 되었다. 자산은 도중에 들에다 사(舍: 야외에 천막으로 세운 帷宮으로 旌門 등이 설치된 일종의 行宮임)만 세우고는 단(壇: 먼저 풀을 제거하고 땅을 고르게 한 뒤 흙을 쌓은 것을 지칭)[78]을 만들지는 않았다. 외복(外僕: '사'와 '단'의 축조를 주관하는 관원)이 자산에게 물었다.

"전에 선대부들은 선군을 도와 사방의 제후국을 찾아갈 때 단을 만들지 않은 적이 없었습니다. 예로부터 지금까지 모두 그 예를 좇아 한 번도 바꾸지 않았는데 이제 당신은 구사(苟舍: 대충 '사'를 세운다는 의미로, '苟'는 대략의 뜻을 지닌 '草草'와 통함)하니 이는 불가하지 않습니까?"

자산이 대답했다.

"대국의 군신(君臣)이 소국으로 갈 때는 단을 만들지만 소국의 군주가 대국으로 갈 때는 '구사'(苟舍)하면 되는 것이오. 그러니 어찌 단을 만든단 말이오? 내가 듣건대 '대국의 군신이 소국으로 갈 때에는 다섯 가지 좋은 점이 있다'고 했소. 소국의 죄를 널리 용서하고, 과실을 너그러이 양해하고, 재난을 구해주고, 덕형(德刑)을 칭찬하고, 미치지 못한 바를 가르쳐주는 것이 바로 그것이오. 이에 소국은 대국을 섬기면서 곤욕을 겪지 않게 되고, 대국을 그리워하며 순복하는 것을 마치 집으로 돌아가듯이 여기는 것이오. 단을 만드는 것은 그 공덕을 널리 밝히고 후대인에게 수덕을 게을리하지 말라고 이르기 위한 것이오. 소국의 군

---

78) 당시 군주가 다른 나라로 갈 때는 통상 '사'와 '단'을 세웠다. 이는 교외에서 해당국의 위문사절을 맞이하기 위한 것이다.

주가 대국으로 가는 데는 다섯 가지 나쁜 점이 있소. 그 죄과를 변명하며 숨겨야 하고, 부족한 물건을 청해야 하고, 대국의 정사를 봉행하고, 공물을 바쳐야 하고, 수시로 하달되는 명을 받들어야 하는 것이 그것이오. 그렇지 않으면 소국이 바치는 폐백이 가중되어 대국의 경조사에 일일이 축하하고 조문해야 하니 이는 모두 소국의 화난이오. 어찌 단을 만들어 그 화난을 널리 드러낸단 말이오? 이를 자손들에게 고하고 화난을 널리 드러내지 않는 것이 가할 것이오."

九月, 鄭游吉如晉, 告將朝于楚以從宋之盟. 子産相鄭伯以如楚, 舍不爲壇, 外僕言曰 "昔, 先大夫相先君, 適四國, 未嘗不爲壇. 自是至今, 亦皆循之. 今子草舍, 無乃不可乎." 子産曰 "大適小, 則爲壇. 小適大, 苟舍而已. 焉用壇. 僑聞之, 大適小有五美. 宥其罪戾, 赦其過失, 救其菑患, 賞其德刑, 敎其不及. 小國不困, 懷服如歸. 是故作壇以昭其功, 宣告後人, 無怠於德. 小適大有五惡. 說其罪戾, 請其不足, 行其政事, 共其職貢, 從其時命. 不然, 則重其幣帛, 以賀其福而弔其凶, 皆小國之禍也. 焉用作壇以昭其禍. 所以告子孫, 無昭禍焉可也."

●제나라의 경봉은 사냥을 좋아하고 술을 즐겼다. 이에 정사는 모두 아들 경사(慶舍)에게 맡겨졌다. 경봉은 처첩과 재물을 노포별의 집에다 옮겨놓고 처첩을 바꿔가며 술을 마셨다. 며칠이 지나자 그를 찾는 사람들이 모두 그곳으로 와 그를 만났다. 이때 경봉은 외국으로 망명한 자로서 적(賊: 최씨의 잔당으로, 도적 또는 제장공의 당 등으로 해석하기도 함)을 아는 사람이 만일 이 사실을 자신에게 보고하면 곧 귀국을 허락했다. 이로 인해 노포계(盧蒲癸)도 돌아왔다. 노포계는 경봉의 아들 자지(子之: 경사)의 가신이 되어 총임을 받았다. 경사는 자신의 딸을 그에게 주어 아내로 삼게 했다. 이때 경사의 가신이 노포계에게 물었다.

"부부는 성이 달라야 합니다. 그대는 동종(同宗: 경씨와 노포씨는 모두 姜氏임)을 가리지 않으니 이는 어떤 이유입니까?"

"동종이 나를 피하지 않는데 나 홀로 어찌 동종을 피하겠소? 이는 마치 시를 읊을 때 단장취의(斷章取義)하는 것과 같으니 내가 필요한 것만 취하면 되는 것이오. 그러니 무슨 동종인지 여부를 알 필요가 있겠소?"

노포계가 경사에게 왕하(王何: 제장공의 피살 때 거나라로 망명했음)의 이야기를 해 그를 귀국시켰다. 두 사람 모두 경사의 총임을 받았다. 경사는 그들에게 침과(寢戈: 창의 일종)를 들고 앞뒤에서 자신을 호위하게 했다.

경(卿)·대부(大夫)들이 공가(公家)에서 공동으로 식사할 때 매일 닭 두 마리가 상에 올랐다. 이때 향인(饗人: 공동식사를 관장하는 사람)이 몰래 닭을 오리로 바꾸었다. 어자(御者: 좌우에서 명을 받드는 사람으로. 여기서는 음식 나르는 사람을 의미)도 이 사실을 알고는 오리고기를 빼낸 뒤 계(洎: 육즙을 우려낸 국물)만 보냈다.[79] 이에 자아(子雅)와 자미(子尾: '자아'와 '자미' 모두 제혜공의 손자임)가 경씨와 노씨에 대해 크게 화를 냈다. 경봉이 이 사실을 알리자 노포별이 말했다.

"그들을 금수에 비유하면 저는 그들의 가죽을 깔고 자는 격입니다."

경봉이 곧 석귀보(石歸父)를 안평중(晏平仲: 안영)에게 보내 이를 보고하게 했다. 그러자 안영이 말했다.

"나 같은 사람은 써먹기에 부족하고 지혜로 볼지라도 계책을 낼 수준에도 이르지 못하고 있습니다. 그러나 이같은 말은 감히 밖으로 새어나가지 않도록 주의해야 할 것입니다. 내가 이를 맹서하겠습니다."

이에 자가(子家: 석귀보)가 말했다.

"그대가 이미 이같이 말을 했는데 또 굳이 맹서까지 할 필요가 있겠소?"

그러고는 자가가 이 사실을 대부 북곽자거(北郭子車: 성은 '북곽',

---

79) '향인'과 '어자'는 노포계 및 왕하와 공모해 대부들의 경씨에 대한 원망을 증대시킬 의도로 이같이 한 것이다.

이름은 佐)에게 말했다. 그러자 자거(子車)가 말했다.

"사람마다 각자 군주를 섬기는 방식이 다르니 이는 내가 능히 할 수 있는 바가 아닙니다."

이때 진문자(陳文子)가 아들 환자(桓子: 진무우)에게 말했다.

"장차 화난이 일어날 터인데 우리는 과연 무엇을 얻을 수 있겠는가?"

"경씨가 갖고 있는 나무 1백 수레를 장(莊: 제나라 도성 내에 있는 대로의 이름)에서 얻을 수 있을 것입니다."

그러자 진문자가 당부했다.

"신수(愼守: '삼가 집안을 지키다'라는 뜻이나 '얻은 나무를 지키다'라는 뜻으로 해석하기도 함)하는 것이 가할 것이다."

齊慶封好田而耆酒, 與慶舍政. 則以其內實遷于盧蒲嫳氏, 易內而飮酒. 數日, 國遷朝焉. 使諸亡人得賊者, 以告而反之, 故反盧蒲嫳. 癸臣子之, 有寵, 妻之. 慶舍之士謂盧蒲嫳曰"男女辨姓, 子不辟宗, 何也."曰"宗不余辟, 余獨焉辟之. 賦詩斷章, 余取所求焉, 惡識宗."癸言王何而反之, 二人皆嬖. 使執寢戈, 而先後之. 公膳, 日雙鷄, 雍人竊更之以鶩. 御者知之, 則去其肉而以其洎饋. 子雅・子尾怒. 慶封告盧蒲嫳. 盧蒲嫳曰"譬之如禽獸, 吾寢處之矣."使析歸父告晏平仲. 平仲曰"嬰之衆不足用也, 知無能謀也. 言弗敢出, 有盟可也."子家曰"子之言云, 又焉用盟."告北郭子車. 子車曰"人各有以事君, 非佐之所能也."陳文子謂桓子曰"禍將作矣, 吾其何得."對曰"得慶氏之木百車於莊."文子曰"可愼守也已."

●노포계와 왕하는 경씨 공격에 대해 거북점을 친 뒤 괘상을 경사(慶舍)에게 보이며 말했다.

"어떤 사람이 원수를 치기 위해 거북점을 쳤기에 이에 감히 그 괘상을 보여드리고자 합니다."

경사가 이같이 풀이했다.

"쳐서 이기기는 하겠지만 피를 보게 될 것이오."

겨울 10월, 경봉이 내(萊) 땅에서 사냥했다. 이때 진무우(陳無宇)가 그 뒤를 따랐다.

10월 17일, 진문자가 사람을 보내 아들 진무우를 부르자 진무우가 경봉에게 말했다.

"제 모친의 병이 위독하여 돌아갈 것을 청합니다."

이에 경봉이 점을 친 뒤 괘상을 진무우에게 보여주면서 말했다.

"이는 죽을 괘상이오."

진무우가 구갑(龜甲: 거북 등)을 받들고 통곡하자 경봉이 위로했다.

"빨리 돌아가도록 하시오."

경사(慶嗣: 경봉의 일족으로, 자는 子息)가 그 이야기를 듣고 말했다.

"장차 화난이 일어날 것이다."

그러고는 경봉에게 말했다.

"속히 돌아가십시오. 화난이 틀림없이 상제(嘗祭) 때 일어날 것이니 지금 돌아가면 될 것입니다."

그러나 경봉은 이를 듣지 않은 것은 물론 뉘우치는 기색도 없었다. 이에 경사(慶嗣)가 말했다.

"장차 망명하게 될 것이다. 오나라나 월나라로 도망가게 되면 그나마 다행이다."

이때 진무우가 강을 건너면서 배를 부수고 교량을 파괴하게 했다. 그러자 노포계의 아내 노포강(盧蒲姜: 경사의 딸)이 남편에게 말했다.

"일이 있으면서도 나에게 말하지 않으면 그 일은 반드시 성공할 수 없을 것입니다."

이에 노포계가 아내에게 사실대로 말해주자 노포강이 말했다.

"저의 부친은 성질이 강퍅해 그를 만류할 사람도 없습니다. 가지 않을 생각이면 청컨대 내가 가서 만류하도록 하겠습니다."

"그렇게 하도록 하시오."

11월 7일, 태공의 묘에서 상제를 지냈다. 이때 경사(慶舍)가 상제에 직접 참석하려고 하자 그의 딸인 노포강이 누군가 난을 일으키려고 하니 가지 말라고 만류했다. 그러나 그는 이를 듣지 않았다.

"누가 감히 그런 짓을 한단 말인가."

그러고는 곧 제사지내는 곳으로 갔다. 이날 제사에는 마영(麻嬰)이 제시(祭尸), 경혈(慶奊: 慶繩)이 헌작(獻爵)을 하게 되었다. 이때 노포계와 왕하는 침과(寢戈)를 들고 경호에 나섰고 경씨는 그의 갑사들을 이끌고 공궁을 에워쌌다.

마침 근처에서 진씨(陳氏)와 포씨(鮑氏) 집안의 어인(圉人: 말을 기르는 사람)들이 연희(演戲)를 하며 놀았는데 경씨네 말이 쉽게 놀라 달아났다. 그러자 갑사들이 모두 갑옷을 벗고 말들을 쫓아가 잡아맨 뒤 술을 마시고 연희를 즐겼다. 이들은 말들을 쫓아가느라 이내 공궁 밖에 있는 어리(魚里)까지 갔다.

이 틈을 타 난씨(欒氏: 子雅)와 고씨(高氏: 子尾), 진씨(陳氏: 陳須無), 포씨(鮑氏: 鮑國)의 무리들이 경씨의 갑사들이 벗어놓은 갑옷을 입었다. 그러자 자미(子尾: 공자 旗의 아들로 후에 고씨가 됨)가 각(桷: 각이 진 서까래)을 빼들고 사당의 문짝을 세 번이나 후려쳤다. 이에 노포계가 뒤에서 경사를 찌르자 왕하가 창으로 내리쳐 경사의 왼편 어깨를 잘랐다. 그러나 경사는 오히려 사당의 서까래를 당겨 지붕의 기와를 들썩이게 만들고 제기와 술병들을 던져 사람들을 여러 명 죽이고 난 뒤 비로소 숨을 거두었다. 노포계 등은 경승(慶繩)과 마영(麻嬰)을 죽였다. 이에 제경공이 두려워하자 포국이 말했다.

"군신들이 군주를 위해 한 것입니다."

그러자 진수무(陳須無)가 제경공을 모시고 공궁으로 돌아간 뒤 제복(祭服)을 벗고 내궁(內宮)으로 들어갔다. 경봉이 사냥에서 돌아오다가 난이 일어난 사실을 알리는 사람을 만났다. 11월 19일, 경봉이 공궁의 서문을 쳤으나 이기지 못했다. 다시 북문을 치고 승리를 거두었다. 이에 공궁으로 들어가 내궁을 공격했으나 이기지 못했다. 그러자 경봉이 군사들을 이끌고 가 악리(岳里: 궁문 밖과 북문 안의 사이에 있는 마을)에 진을 펼친 뒤 난을 일으킨 사람들에게 싸움을 청했다. 그러나 이들이 응하지 않자 결국 노나라로 도망치게 되었다.

경봉이 자신의 수레를 계무자에게 바쳤다. 수레에서 아름다운 광택이 나 마치 거울을 보는 듯했다. 그러자 대부 전장숙(展莊叔: 공자 展의 후손)이 계무자를 찾아가 말했다.

"수레가 반짝반짝 광이 나니 사람들이 엄청난 수고를 했을 것입니다. 그가 망하는 것은 당연한 일입니다."

숙손목자(叔孫穆子)가 연회를 베풀어 경봉에게 음식을 대접했다. 이때 경봉이 범제(氾祭)[80]부터 했다. 이에 숙손목자가 매우 불쾌하게 생각하면서 악공에게 『시경』 「모치」(茅鴟: 실전된 시로 불경을 풍자하는 내용임)의 시를 노래하게 했다. 그러나 그는 또한 그 뜻을 알지 못했다.

얼마 후 제나라 사람이 노나라로 와 문책하자 경봉이 오나라로 달아났다. 이에 오왕 구여(句餘: 餘祭의 동생 夷末)가 그에게 주방(朱方: 강소성 진강시 동쪽) 땅을 주었다. 경봉과 그의 족속이 그 땅에 모여 살았는데 제나라에 있을 때보다 더 부유해졌다. 이 이야기를 들은 노나라의 자복혜백이 숙손목자에게 말했다.

"하늘은 무도한 자를 부유하게 만들어주는가 봅니다. 경봉이 또 부유해졌습니다."

이에 숙손목자가 말했다.

"착한 사람이 부유하면 하늘이 포상한 것이라고 하고, 무도한 자가 부유하면 재앙을 내린 것이라고 하오. 하늘이 장차 그에게 재앙을 내리기 위해 그의 족속을 모두 한 군데에 모았다가 모조리 없애려고 하는 것이오."

盧蒲癸 · 王何卜攻慶氏, 示子之兆, 曰 "或卜攻讎, 敢獻其兆." 子之曰 "克, 見血." 冬十月, 慶封田于萊, 陳無宇從. 丙辰, 文子使召之. 請曰 "無宇之母疾病, 請歸." 慶季卜之, 示之兆, 曰 "死." 奉龜而泣, 乃使歸.

---

[80] 먼저 제신들에게 제를 올린 것을 말한다. 원래 제사를 올린 뒤 음식을 먹어야 하는데도 경봉은 이를 지키지 않은 것이다.

慶嗣聞之, 曰"禍將作矣."謂子家"速歸. 禍作必於嘗, 歸猶可及也."子家弗聽, 亦無悛志. 子息曰"亡矣. 幸而獲在吳越."陳無宇濟水, 而戕舟發梁. 盧蒲姜謂癸曰"有事而不告我, 必不捷矣."癸告之. 姜曰"夫子愎, 莫之止, 將不出, 我請止之."癸曰"諾."十一月乙亥, 嘗于大公之廟, 慶舍涖事. 盧蒲姜告之, 且止之. 弗聽, 曰"誰敢者."遂如公. 麻嬰爲尸, 慶奊爲上獻. 盧蒲癸·王何執寢戈. 慶氏以其甲環公宮. 陳氏·鮑氏之圉人爲優. 慶氏之馬善驚, 士皆釋甲束馬而飲酒, 且觀優, 至於魚里. 欒高陳鮑之徒介慶氏之甲. 子尾抽桷擊扉三, 盧蒲癸自後刺子之. 王何以戈擊之, 解其左肩. 猶援廟桷動於甍, 以俎壺投殺人而後死. 遂殺慶繩·麻嬰. 公懼, 鮑國曰"群臣爲君故也."陳須無以公歸, 稅服而如內宮. 慶封歸, 遇告亂者. 丁亥, 伐西門, 不克. 還伐北門, 克之. 入伐內宮, 弗克. 反陳于嶽, 請戰, 弗許, 遂來奔. 獻車於季武子, 美澤可以鑑. 展莊叔見之, 曰"車甚澤, 人必瘁, 宜其亡也."叔孫穆子食慶封, 慶封汜祭. 穆子不說, 使工爲之誦「茅鴟」, 亦不知. 旣而齊人來讓, 奔吳. 吳句餘予之朱方, 聚其族焉而居之, 富於其舊. 子服惠伯謂叔孫曰"天殆富淫人, 慶封又富矣."穆子曰"善人富謂之賞, 淫人富謂之殃. 天其殃之也, 其將聚而殲旃."

●11월 25일, 주영왕이 붕어했다. 부고가 오지 않아 『춘추』에도 그 날짜를 쓰지 않았다. 이는 예에 맞는 일이다.

일찍이 제나라는 최씨의 난으로 인해 많은 공자들이 도망갔다. 공자 서(鉏: 南郭且于)는 노나라, 숙손선(叔孫還)은 연나라, 가(賈)는 제나라의 구독지구(句瀆之丘: 산동성 하택현 북쪽)에 있었다. 경씨가 망하자 그들을 모두 불러들여 기물을 갖춰주고 봉읍도 돌려주었다. 이때 제경공이 안자에게 패전(邶殿: 산동성 창읍현 서쪽)과 패전에 딸려 있는 60개 성읍을 하사했으나 안자가 이를 받지 않았다. 이에 자미(子尾)가 안자에게 물었다.

"부(富)는 모든 사람들이 바라는 것인데 어찌하여 그대 홀로 그렇지 않은 것이오?"

안자가 대답했다.

"경씨의 성읍이 그의 욕심을 만족시켜 주었기에 그는 외국으로 망명하게 된 것이오. 내가 지금 보유하고 있는 고을은 욕심을 채워줄 수 없지만 패전의 땅을 더하게 되면 욕심을 꽉 채우게 되오. 욕심을 만족시키면 망명할 날이 얼마 남지 않을 것이고 망명하면 결국 한 고을도 소유할 수 없게 되오. 내가 패전의 땅을 받지 않은 것은 부를 싫어해서가 아니고 내가 지니고 있는 부를 잃어버릴까 두려워하기 때문이오. 부는 포백(布帛)에 일정한 폭(幅)이 있는 것과 같소. 이를 제도(制度: 幅을 정함)라고 하오. 이는 마음대로 바꿀 수 없는 것이오. 백성들은 생후용리(生厚用利: 생활이 풍요하고 기물이 풍부함)를 바라오. 정덕(正德)으로 제한을 가해 출만(黜嫚: 방자하고 나태함)하지 못하게 해야 하오. 이를 일러 폭리(幅利: 사리를 제한함)라고 하는 것이오. 사리(私利)가 도에 넘으면 실패하게 되오. 내가 감히 탐심을 크게 내지 않는 것은 이른바 사리를 통제하기 위한 것이오."

북곽좌(北郭佐)에게 60개 성읍을 주자 그가 이를 받아들였다. 자아(子雅: 공손 견의 아들로 후에 난씨가 됨)에게도 고을을 하사하자 그는 많은 고을을 사양하고 오직 몇 개의 고을만 받았다. 자미(子尾)에게도 고을을 내리자 그는 일단 받았다가 후에 모두 제경공에게 돌려주었다. 이에 제경공은 그를 매우 충직한 인물로 생각해 크게 총애했다.

노포별은 비록 경봉의 무리였으나 최씨를 죽인 공을 인정받아 죽음을 면하고 북변으로 쫓겨가 살았다. 이때 제나라 사람들이 최저의 시체를 찾아 육시(戮屍)하고자 했으나 시체를 찾을 길이 없었다. 그러자 노나라 대부 숙손목자가 말했다.

"반드시 시체를 찾아낼 수 있을 것이다. 옛날 주무왕에게는 난신십인(亂臣十人: 어지러운 세상을 잘 다스린 10명의 신하로 '亂'은 '治'와 통함)[81]이 있었다. 그러나 최저에게 어찌 그런 가신이 있었겠는가. 그

---

81) '난신십인'은 구체적으로 주공(周公) 단(旦)과 소공(召公) 석(奭), 태공망(太

런 사람이 10명 없으면 장차 안장하기 어려울 것이다."

과연 얼마 후 최씨의 가신이 나서 이같이 말했다.

"최씨의 관 속에 넣는 공벽(拱璧: 大璧)을 저에게 주면 그의 시체가 담긴 관을 찾아내 바치겠습니다."

그러고는 곧 그의 시체를 찾아냈다. 12월 1일, 제나라 사람들이 제장공을 천장(遷葬)하면서 관을 대침(大寢: 군주가 머무는 정침)에 두었다. 이어 관 속에 있는 최저의 시체를 빼내어 저자에 늘어놓았다. 이때 나라 사람들이 모두 그를 알아보고 말했다.

"이자가 바로 최자(崔子)이다."

癸巳, 天王崩. 未來赴, 亦未書, 禮也. 崔氏之亂, 喪群公子. 故鉏在魯, 叔孫還在燕, 賈在句瀆之丘. 及慶氏亡, 皆召之, 具其器用而反其邑焉. 與晏子邶殿, 其鄙六十, 弗受. 子尾曰 "富, 人之所欲也, 何獨弗欲." 對曰 "慶氏之邑足欲, 故亡. 吾邑不足欲也, 益之以邶殿, 乃足欲. 足欲, 亡無日矣. 在外, 不得宰吾一邑. 不受邶殿, 非惡富也, 恐失富也. 且夫富如布帛之有幅焉, 謂之制度, 使無遷也. 夫民生厚而用利, 於是乎正德以幅之, 使無黜嫚, 謂之幅利, 利過則爲敗. 吾不敢貪多, 所謂幅也." 與北郭佐邑六十, 受之. 與子雅邑, 辭多受少. 與子尾邑, 受而稍致之. 公以爲忠, 故有寵. 釋盧蒲嫳于北竟. 求崔杼之尸, 將戮之, 不得. 叔孫穆子曰 "必得之. 武王有亂臣十人, 崔杼其有乎. 不十人, 不足以葬." 旣, 崔氏之臣曰 "與我其拱璧, 吾獻其柩." 於是得之. 十二月乙亥朔, 齊人遷莊公, 殯于大寢. 以其棺尸崔杼於市. 國人猶知之, 皆曰 "崔子也."

●송나라에서 맺은 맹약을 이유로 노양공과 송평공, 진애공, 정간공, 허도공 등이 초나라로 갔다. 노양공이 정나라를 지날 때 정간공은 국내에 없었다. 이에 백유(伯有)가 황애(黃崖: 하남성 신정현 북쪽)에서 노

公望) 여상(呂尙), 필공(畢公), 영공(榮公), 태전(太顚), 굉요(閎夭), 산의생(散宜生), 남궁적(南宮適), 문모(文母)를 말한다.

양공을 위로하게 되었다. 그러나 그 태도가 매우 공경스럽지 못했다. 이에 노나라의 목숙(穆叔)이 말했다.

"백유가 정나라에서 처벌받지 않으면 정나라는 반드시 큰 화를 입을 것이다. 공경(恭敬)은 백성의 근본으로 이를 버리고 어찌 승수(承守: 조종을 잇고 가업을 지킴)할 수 있겠는가. 정나라 사람이 그를 토벌하지 않으면 틀림없이 그 화를 입을 것이다. 제택지아(濟澤之阿: 물가의 박토)와 노변 웅덩이 속의 부평초와 물풀도 뜯어서 종묘 제사에 올리고 계란(季蘭: 어린 소녀로, 곧 季女)도 제시(祭尸)가 된다. 이는 공경하는 마음에서 나오는 것이다. 그러니 어찌 공경을 버릴 수 있단 말인가."

노양공이 한수에 이르렀을 때 초강왕이 세상을 떠났다. 노양공이 노나라로 돌아가려고 하자 숙중소백(叔仲昭伯)이 만류했다.

"우리는 초나라 때문에 온 것입니다. 어찌 초왕 한 사람 때문에 이곳에 왔겠습니까."

이에 자복혜백(子服惠伯)이 반대했다.

"군자는 원려(遠慮: 멀리 내다봄)하고, 소인은 종이(從邇: 가까이 있는 것을 좇음)합니다. 그러나 당장 기한(飢寒: 춥고 배고픈 자)도 돌보지 못하는데 그 누가 훗날을 생각할 겨를이 있겠습니까. 잠시 돌아가느니만 못합니다."

그러자 숙손목자(叔孫穆子)가 말했다.

"숙중자(叔仲子)는 전문성으로 인해 임용되었고 자복(子服)은 이제 막 배우기 시작한 자입니다."

대부 영성백(榮成伯: 숙힐의 증손인 榮駕鵝)도 말했다.

"멀리 도모하는 것이 곧 충성하는 길입니다."

노양공이 드디어 초나라로 갔다. 당시 송나라의 상술(向戌)은 송평공에게 이같이 건의했다.

"우리는 초왕 한 사람을 위해 가려는 것이지 초나라를 위해 가려는 것이 아닙니다. 당장 기한도 돌보지 못하고 있는데 누가 초나라를 걱정할 수 있겠습니까. 잠시 돌아가 백성을 쉬게 하고 초나라의 새 군주가

서는 것을 기다렸다가 이에 대비하는 것이 나을 것입니다."

이에 송나라 군주는 돌아갔다.

얼마 후 초나라의 영윤 굴건이 죽었다. 이에 진나라의 조문자(趙文子)가 동맹국을 대하듯이 가서 조문했다. 이는 예에 맞는 일이다.

왕실에서 노나라로 사람을 보내 주영왕이 붕어한 사실을 전하면서 붕어일이 12월 16일이라고 일러주었다.『춘추』에 이를 기록한 것은 그 착오를 징계하기 위한 것이었다.

爲宋之盟故, 公及宋公晉侯鄭伯許男如楚. 公過鄭, 鄭伯不在. 伯有迋勞於黃崖, 不敬. 穆叔曰 "伯有無戾於鄭, 鄭必有大咎. 敬, 民之主也, 而棄之, 何以承守. 鄭人不討, 必受其辜. 濟澤之阿, 行潦之蘋藻, 寘諸宗室, 季蘭尸之, 敬也. 敬可棄乎." 及漢, 楚康王卒. 公欲反, 叔仲昭伯曰 "我楚國之爲, 豈爲一人解也." 子服惠伯曰 "君子有遠慮, 小人從邇. 飢寒之不恤, 誰遑其後. 不如姑歸也." 叔孫穆子曰 "叔仲子專之矣, 子服子始學者也." 榮成伯曰 "遠圖者, 忠也." 公遂行. 宋向戌曰 "我一人之爲, 非爲楚也. 飢寒之不恤, 誰能恤楚. 姑歸而息民, 待其立君而爲之備." 宋公遂反. 楚屈建卒, 趙文子喪之如同盟, 禮也. 王人來告喪, 問崩日, 以甲寅告. 故書之以徵過也.

29년(기원전 544)

29년 봄 주력(周曆) 정월, 공이 초나라에 있었다. 여름 5월, 공이 초나라에서 돌아왔다. 경오, 위후 간(衎)이 졸했다. 혼인(閽人)이 오자(吳子) 여채(餘祭)를 시해했다. 중손갈이 진나라 순영(荀盈)·제나라 고지(高止)·송나라 화정(華定)·위나라 세숙의(世叔儀)·정나라 공손 단(段)·조인·거인·등인·설인·소주인과 함께 기(杞)에 성을 쌓았다. 진후가 사앙(士鞅)을 보내 빙문하게 했다. 기자(杞子)가 와서 결맹했다. 오자가 찰(札)을 보내 빙문하게 했다. 가을 9월, 위헌공(衛獻公)을 안장했다. 제나라의 고지(高止)가 북연(北燕)으로 망명했다. 겨울, 중손갈이 진나라로 갔다.

二十九年春王正月, 公在楚. 夏五月, 公至自楚. 庚午, 衛侯衎卒. 閽弑吳子餘祭. 仲孫羯會晉荀盈齊高止宋華定衛世叔儀鄭公孫段曹人莒人滕人薛人小邾人, 城杞. 晉侯使士鞅來聘. 杞子來盟. 吳子使札來聘. 秋九月, 葬衛獻公. 齊高止出奔北燕. 冬, 仲孫羯如晉.

●29년 봄 1월, 노양공이 초나라에 머물러 있었다. 이는 노양공이 조묘에서 청정(聽政)하지 않았음을 설명한 것이다. 초나라 사람이 노양공을 시켜 직접 초왕의 시신에 옷을 입히게 하자 노양공이 언짢게 여겼다. 그러자 목숙(穆叔)이 말했다.

"불빈이수(祓殯而襚: '불빈'은 棺材의 사악함을 털어내는 푸닥거리, '수'는 시신에 옷을 입힘)는 산 사람에게 포백(布幣: 조현할 때 폐백을 늘어놓음)하는 것과 같습니다."

이에 곧 무당으로 하여금 도열(桃茢: 복숭아나무로 만든 작은 빗자루)을 이용해 먼저 관재에 있는 사악함을 털어내게 했다. 이때 초나라 사람은 이를 금하지 않았다. 그러나 곧 후회했다.

2월 6일, 제나라 사람이 제장공을 북곽(北郭: 도성의 북쪽에 있는 외성)에 안장했다. 여름 4월, 초나라 사람이 초강왕을 안장했다. 노양공은 진애공과 정간공, 허도공 등과 함께 송장하면서 서문 밖까지 따라갔다. 제후들의 대부들은 모두 장지까지 따라갔다. 이에 겹오(郟敖: 초강왕의 아들로 훗날 왕자 위에게 피살)가 초왕으로 즉위하고 왕자 위(圍: 초강왕의 동생으로 보위에 오른 뒤 이름을 虔으로 바꿈)가 영윤이 되었다. 이를 두고 정나라 사자 자우(子羽)가 말했다.

"이같은 경우를 두고 불의(不宜: 타당치 않음)라고 하는 것이다. 영윤을 반드시 바꿔야만 초나라가 창성할 수 있다. 송백 밑에서는 풀이 번성하지 못하는 법이다."

노양공이 돌아오다가 방성산(方城山)에 이르렀다. 이때 계무자(季武子)가 변읍(卞邑)을 점거하고 있었다. 그는 곧 휘하의 대부 공야(公冶)

를 보내 노양공을 문후하게 했다. 공야를 떠나보낸 뒤 다시 사람을 시켜 새서(璽書: 인장을 이용해 봉한 서신으로, 璽는 진시황 이전만 하더라도 인장의 통칭이었음)를 갖고 가 공야에게 건네주게 했다. 노양공에게 올리도록 당부한 이 서신에는 다음과 같은 내용이 적혀 있었다.

"변읍을 지키고 있는 자가 장차 변란을 일으킬 것이라는 소문을 듣고 제가 부하들을 이끌고 가 이들을 토벌한 뒤 이 지역을 점거하고 있습니다. 이에 감히 고합니다."

공야는 치사(致使: 사자로서의 명을 밝힌다는 뜻으로, 여기서는 노양공의 안부를 묻고 새서를 전한 것을 뜻함)하고 물러나와 숙소에 이른 후에야 비로소 계무자가 변읍을 점거했다는 말을 들었다. 이때 노양공이 말했다.

"그 땅을 욕심내 변란이 일어났다고 말하나 단지 나를 소원(疏遠)하게 만들려는 의도만 엿보일 뿐이다."

그러고는 공야에게 물었다.

"내가 노나라 경내로 들어갈 수 있겠소?"

"군주가 나라를 보유하고 있는데 누가 감히 군주를 거역하겠습니까."

이에 노양공이 공야에게 면복(冕服: 경대부가 입는 예복)을 주었다. 공야는 강하게 이를 사양하다가 노양공이 억지로 권하자 마지못해 받았다. 노양공이 노나라 경내로 들어가지 않으려고 하자 영성백(榮成伯)이 『시경』「패풍·식미(式微)」의 시를 읊었다. 그때서야 노양공이 경내로 들어가게 되었다.

5월, 노양공이 초나라에서 귀국했다. 이때 공야는 자기가 소유하고 있는 고을을 계씨에게 돌려준 뒤 두 번 다시 계씨의 문 안에 들어가지 않을 것을 다짐하며 말했다.

"군주를 속이는 일에 하필이면 나를 보낸 것인가."

계손씨를 만나자 공야는 여느 때와 똑같이 그와 더불어 이야기를 나누었다. 그러나 계손씨를 만나지 않을 때면 끝내 계씨에 관해 한 마디도 하지 않았다. 이후 병이 들자 공야는 가신들을 모아놓고 이같이 말했다.

"내가 죽으면 절대로 면목을 입혀 입렴(入斂)하지 말라. 면복은 내가 덕이 있어 포상받은 것이 아니다. 그리고 계씨는 나의 장례에 관여치 못하게 하라."

이때 주왕실에서 주영왕을 안장했다. 마침 정간공은 초나라에 있었고, 정나라 상경 자전은 나라를 지키기 위해 장례에 참석할 수 없었다. 이에 대신 인단(印段)을 보내려고 하자 백유가 반대했다.

"그는 나이가 어려서 안 됩니다."

자전이 말했다.

"아무도 가지 않는 것보다는 나이가 어린 사람이라도 보내는 것이 낫지 않겠소? 『시경』 「소아·사모(四牡)」에 이르기를, '왕사(王事)는 그칠 수 없으니 잠시도 쉴 틈이 없네'라고 했소. 동서남북 간에 그 누가 감히 편히 거처할 수 있겠소? 우리가 진·초 두 나라를 섬기는 것은 결국 왕실을 지키기 위한 것이오. 왕사는 결코 황폐하게 할 수 없으니 어찌 상규(常規)만 찾을 수 있겠소?"

그러고는 드디어 인단을 왕실로 보냈다.

이때 오나라 사람이 월나라를 쳐 포로를 잡아와서는 문지기로 삼은 뒤 선박을 지키게 했다. 오왕 여채(餘祭)가 배를 보러 갔을 때 월나라 포로 문지기가 칼로 그를 살해했다.

二十九年春王正月, 公在楚, 釋不朝正于廟也. 楚人使公親襚, 公患之. 穆叔曰 "祓殯而襚, 則布幣也." 乃使巫以桃·茢先祓殯. 楚人弗禁, 旣而悔之. 二月癸卯, 齊人葬莊公於北郭. 夏四月, 葬楚康王. 公及陳侯·鄭伯·許男送葬, 至於西門之外. 諸侯之大夫皆至于墓. 楚郟敖卽位, 王子圍爲令尹. 鄭行人子羽曰 "是謂不宜, 必代之昌. 松柏之下, 其草不殖." 公還, 及方城. 季武子取卞, 使公冶問, 璽書追而與之曰 "聞守卞者將叛, 臣帥徒以討之, 旣得之矣, 敢告." 公冶致使而退, 及舍而後聞取卞. 公曰 "欲之而言叛, 祇(＝多)見疏也." 公謂公冶曰 "吾可以入乎." 對曰 "君實有國, 誰敢違君." 公與公冶冕服. 固辭, 强之而後受. 公欲無入, 榮成伯賦「式微」, 乃歸. 五月, 公至自楚. 公冶致其邑於季氏, 而終不入焉. 曰 "欺其君, 何必使余." 季孫見之, 則言季氏如他日. 不見, 則終不言季氏. 及疾, 聚其臣, 曰 "我死, 必無以冕服斂, 非德賞也. 且無使季氏葬我." 葬靈王, 鄭上卿有事, 子展使印段往. 伯有曰 "弱, 不可." 子展曰 "與其莫往, 弱不猶愈乎. 『詩』云 '王事靡盬, 不遑啓處.' 東西南北, 誰敢寧處. 堅事晉楚, 以藩王室也. 王事無曠, 河常之有." 遂使印段如周. 吳人伐越, 獲俘焉, 以爲閽, 使守舟. 吳子餘祭觀舟, 閽以刀弑之.

●정나라의 자전이 죽었다. 이에 그의 아들 자피(子皮)가 뒤를 이어 상경이 되었다. 이때 정나라에 기근이 들었다. 아직 보리가 날 때가 아니어서 백성들이 매우 곤핍했다. 자피가 자전의 유명(遺命)이라며 집집마다 한 종(鍾: 당시는 6石 4斗로 지금의 1石보다 약간 많음)의 곡식을 나누어주었다. 이에 정나라 백성들의 신망을 얻었다. 이후 한씨(罕氏: 자전의 후손)는 줄곧 정나라의 정권을 장악해 상경이 되었다. 송나라의 사성 자한(子罕: 樂喜)이 이 이야기를 듣고 말했다.
"선에 가까이 가는 것은 백성들의 바람이다."
송나라에도 기근이 들자 자한이 송평공에게 청해 공가(公家)의 곡식을 백성에게 대부하게 했다. 또 대부들에게도 갖고 있는 곡식을 내놓게 했다. 그러면서 사성씨 집안에서 곡식을 낸 것은 차용증을 받지 못하게 하고, 곡식을 내지 못하는 대부들을 대신해 곡식을 내어 백성들에게 나누어주었다. 이에 송나라에는 굶주리는 사람이 사라졌다. 그러자 진나라의 숙향(叔向)이 이 이야기를 전해듣고 이같이 칭송했다.
"정나라의 한씨와 송나라의 악씨(樂氏: 자한)는 가장 늦게 망할 뿐만 아니라 두 사람 모두 국정을 장악할 것이다. 이는 백성들이 그들에게 귀의했기 때문이다. 은혜를 베풀고도 은덕으로 여기지 않았으니 악씨가 더 훌륭하다. 악씨는 송나라의 성쇠에 따라 함께 성쇠할 것이다."
진평공은 기녀(杞女: 기나라 여인)의 소생이었다. 그래서 기나라의 성곽을 수축(修築)한 것이다. 6월, 진나라의 지도자(知悼子)가 제후들의 대부들과 만나 기나라의 성벽을 수축했다. 이때 노나라에서는 맹효백(孟孝伯)이 그 일에 참여했다. 정나라에서는 자태숙(子大叔)과 백석(伯石: 공손 단)이 갔다. 자태숙이 위나라 대부 태숙문자(大叔文子: 大叔儀)를 만나 함께 이야기를 나누자 태숙문자가 말했다.

"너무 심하지 않소, 기나라를 위해 축성하는 일이?"

그러자 정나라의 자태숙이 말했다.

"그렇다고 어찌하겠소? 진나라는 주왕실의 쇠미(衰微)에는 관심이 없고 오히려 하왕조 후손의 나라를 돕고 있소. 이를 통해 여러 희성의 나라들을 버리고 있음을 알 수 있소. 희성의 나라조차 버리면 누가 그에게 귀복하겠소? 내가 들건대 '동성(同姓)을 버리고 이성(異姓)과 친하게 지내는 것을 이덕(離德)이라 한다'고 했소.『시경』「소아·정월」에 이르기를, '그 이웃과 협비(協比: 친하다는 뜻으로 현존『시경』에는 洽比로 되어 있음)하며 인척들과도 서로 왕래하며 우호를 다지네'라고 했소. 진나라가 불린(不鄰: 동성의 나라와 친하게 지내지 않음)한데 그 누가 왕래하며 사이좋게 지내겠소?"

鄭子展卒, 子皮卽位. 於是鄭饑而未及麥, 民病. 子皮以子展之命, 餼國人粟, 戶一鍾, 是以得鄭國之民. 故罕氏常掌國政, 以爲上卿. 宋司城子罕聞之, 曰"隣於善, 民之望也." 宋亦饑, 請於平公, 出公粟以貸. 使大夫皆貸. 司城氏貸而不書, 爲大夫之無者貸. 宋無飢人. 叔向聞之, 曰"鄭之罕, 宋之樂, 其後亡者也, 二者其皆得國乎. 民之歸也. 施而不德, 樂氏加焉, 其以宋升降乎." 晉平公, 杞出也, 故治杞. 六月, 知悼子合諸侯之大夫以城杞, 孟孝伯會之. 鄭子大叔與伯石往. 子大叔見大叔文子, 與之語. 文子曰"甚乎其城杞也." 子大叔曰"若之何哉. 晉國不恤周宗之闕, 而夏肆是屛. 其棄諸姬, 亦可知也已. 諸姬是棄, 其誰歸之. 吉也聞之, 棄同卽異, 是謂離德.『詩』曰'協比其隣, 昏姻孔云.' 晉不鄰矣, 其誰云之."

●제나라 대부 고자용(高子容: 高止)과 송나라의 사도 화정(華定)이 진나라 대부 지백(知伯: 순영)을 진현(晉見: 배알)했다. 이때 진나라

대부 여제(女齊: 사마 女叔侯)가 지백을 상례(相禮)했다. 빈객이 나간 뒤 사마 후(侯: 여제)가 지백에게 말했다.

"저 두 사람은 다 장차 화를 면치 못할 것입니다. 고자용은 전횡하고 사도 화정은 사치합니다. 그들은 모두 가문을 망칠 자들입니다."

"어째서 그렇다는 것이오?"

"전횡하면 매우 빨리 화를 입게 되고 사치하면 강대한 힘으로 인해 죽게 됩니다. 전횡하면 다른 사람이 그를 사지로 몰아넣어 결국 화를 입게 되는 것입니다."

진나라의 범헌자(范獻子)가 노나라를 빙문하여 기나라의 축성에 협조한 것에 배사했다. 노양공이 연회를 베풀어 그를 초대하자 노나라 대부 전장숙(展莊叔)이 속백(束帛)을 올렸다. 이어 사례(射禮: 향연 때 베푸는 활쏘기 의식)를 하면서 참가자들을 세 패로 나누었다. 이때는 이미 공실이 미약하고 대부들의 세력이 커 유능한 인재가 사문(私門)으로 몰린 까닭에 노양공은 공신(公臣) 중에서 활 쏠 사람을 모두 채우지 못했다. 이에 대부의 가신들 중에서 활 쏠 사람을 뽑게 되었다. 가신으로는 전하(展瑕)와 전옥보(展玉父)가 한패가 되었다. 공신으로는 공무소백(公巫召伯)과 중안장숙(仲顏莊叔)이 한패가 되고 증고보(鄫鼓父)와 당숙(黨叔)이 또다른 한패가 되었다.

이때 진평공이 사마 여숙후(女叔侯: 여제)를 노나라로 보내 전에 빼앗은 기나라 땅을 돌려주게 했다. 그러나 노나라는 이를 모두 반환하지는 않았다. 이에 진도부인(晉悼夫人: 진평공의 모친으로 기나라 출신)이 노해서 말했다.

"여제가 기나라 땅 반환문제를 다루면서 결국 이같이 처리했구나. 만일 선군이 이 사실을 알았다면 결코 이같이 처리하게 하진 않았을 것이다."

진평공이 이 일을 말하자 여숙후가 말했다.

"우(虞)·괵(虢)·초(焦)·활(滑)·곽(霍)·양(揚)·한(韓)·위(魏)는 모두 우리와 같은 희성의 제후국이었으나 우리 진나라는 그 나라들을 합쳐 크게 되었습니다. 만일 소국들을 병탄하지 않았다면 어떻게 그 땅을 취할 수 있었겠습니까. 우리 나라는 진무공과 진헌공 이래 병탄한 나라가 매우 많습니다. 그런데 어찌 이를 원래대로 회복시켜 다스릴 수 있겠습니까. 기나라는 하여(夏餘: 하왕조의 후손)의 나라인 데다 지금 동이(東夷)와 한패가 되어 있습니다. 그러나 노나라는 주공의 후손이 세운 나라인 데다가 우리 진나라와 화목합니다. 기나라를 모두 노나라에 주어도 가한데 어찌하여 노나라가 차지한 기나라의 땅을 돌려주어야 하는 것입니까. 노나라는 진나라에 바치는 공물도 적지 않고, 완호(玩好: 신기하고 좋은 물건)를 때마다 보내고, 또 공·경·대부가 서로 뒤를 이어가며 조헌하고 있습니다. 이에 사관이 쉼없이 이를 기록하고 있고 국고는 매달 노나라의 공물을 접수하지 않은 적이 없습니다. 노나라가 이같이 잘 하고 있는데 어찌하여 노나라를 깎아 기나라를 증강시키려는 것입니까. 선군도 이 사실을 알았다면 오히려 부인을 책하지 어찌 이 늙은 신하를 나무라겠습니까."

기문공(杞文公)이 노나라에 와 결맹했다.『춘추』는 그를 두고 '자(子)'라고 썼다. 이는 그를 천시했기 때문이다.

齊高子容與宋司徒見知伯, 女齊相禮. 賓出, 司馬侯言於知伯曰 "二子皆將不免. 子容專, 司徒侈, 皆亡家之主也." 知伯曰 "何如." 對曰 "專則速及, 侈將以其力斃, 專則人實斃之, 將及矣." 范獻子來聘, 拜城杞也. 公享之, 展莊叔執幣. 射者三耦, 公臣不足, 取於家臣. 家臣, 展瑕·展玉父爲一耦, 公臣, 公巫召伯·仲顔莊叔爲一耦, 鄫鼓父·黨叔爲一耦. 晉侯使司馬女叔侯來治杞田, 弗盡歸也. 晉悼夫人慍曰 "齊也取貨, 先君若有知也, 不尙取之." 公告叔侯, 叔侯曰 "虞虢焦滑霍揚韓魏, 皆姬姓也, 晉是以大. 若非侵小, 將何所取. 武獻以下, 兼國多矣, 誰得治之. 杞夏餘也, 而卽東夷. 魯, 周公之後也, 而睦於晉. 以杞封魯猶可, 而何有焉. 魯之於晉也, 職貢不乏, 玩好時至, 公卿大夫相繼於朝, 史不絶書, 府無虛月. 如是可矣, 何必瘠魯以肥杞. 且先君而有知也, 毋寧夫人, 而焉用老臣." 杞文公來盟, 書曰 "子", 賤之也.

●오나라의 공자 찰(札: 수몽의 아들 季札)이 노나라로 가 숙손목자(叔孫穆子)를 만나고는 크게 좋아했다. 그가 목자에게 충고했다.

"그대가 선종(善終)하지 못할까 걱정이오. 그대는 선량함을 좋아하면서 현인을 제대로 선택하지 못하고 있소. 내가 듣건대 '군자는 현인을 찾는 데 모든 노력을 기울여야만 한다'고 했소. 그대는 노나라의 종경(宗卿: 군주와 同宗의 世卿)으로 국정을 맡고 있으면서 사람을 신중하게 천거하지 못하니 어찌 그 자리를 감당하겠소? 화가 반드시 그대에게 미칠 것이오."

이때 공자 찰이 노양공에게 주왕실의 춤과 음악을 들려줄 것을 청했다. 노양공이 악공에게 명하여 『시경』「주남」(周南)과 「소남」(召南)의 노래를 부르게 하자 계찰이 이같이 평했다.

"아름답습니다. 이는 백성들이 주왕조의 터전을 닦기 시작하면서 부른 것으로 아직 완성되지 않았습니다. 당시 백성들은 열심히 일하면서도 윗사람을 원망하지 않았습니다."

이어 그를 위해 『시경』「패풍」(邶風)과 「용풍」(鄘風), 「위풍」(衛風)을 노래 부르게 하자 이같이 평했다.

"아름답습니다. 뜻이 매우 깊어 비록 근심하는 기색이 있기는 하나 곤군(困窘)한 느낌이 전혀 없습니다. 내가 듣건대 '위나라의 강숙(康叔: 주공의 동생으로 위나라에 봉해짐)과 위무공(衛武公: 강숙의 9세 후손)의 덕이 이와 같았다'고 했습니다. 이는 「위풍」일 것입니다."

그를 위해 「왕풍」(王風)을 노래 부르게 하자 이같이 평했다.

"아름답습니다. 근심하는 기색이 있기는 하나 두려워하는 느낌은 전혀 없습니다. 아마도 주왕조가 동천한 이후의 노래일 것입니다."

그를 위해 「정풍」(鄭風)을 노래 부르게 하자 이같이 평했다.

"아름답습니다. 그런데 너무 섬세합니다. 백성들이 곤경을 견디기 힘들어하니 아마 다른 나라보다 먼저 망할 것입니다."

그를 위해 「제풍」(齊風)을 노래 부르게 하자 이같이 평했다.

"아름답습니다. 굉대하여 대풍(大風: 대국의 풍도)이 잘 드러나 있습니다. 동해 일대의 제후들을 대표하는 태공의 나라 노래일 것입니다. 나라의 운세가 한량없습니다."

그를 위해 「빈풍」(豳風)을 노래 부르게 하자 이같이 평했다.

"아름답습니다. 호탕하지 않습니까. 또한 낙이불음(樂而不淫: 크게 즐거워하면서도 도에 넘지 않음)하니 아마도 주공이 동정할 때의 노래일 것입니다."

그를 위해 「진풍」(秦風)을 노래 부르게 하자 이같이 평했다.

"이를 두고 서방의 하성(夏聲: 秦은 원래 西戎의 땅에 있었기에 '하성'은 곧 서방의 노래를 뜻함)이라고 부릅니다. 하성은 굉대하니 장차 정점에 이르면 그야말로 주왕실의 옛 음악과 같이 될 것입니다."

그를 위해 「위풍」(魏風)을 노래 부르게 하자 이같이 평했다.

"아름답습니다. 가벼운 듯하면서도 완곡하고, 거친 듯하면서도 부드럽고, 까다로운 듯하면서도 순하게 넘어가는 맛이 있습니다. 여기에 덕으로써 보충한다면 현명한 군주가 될 것입니다."

그를 위해 「당풍(唐風)」을 노래 부르게 하자 이같이 평했다.

"생각이 참으로 깊습니다. 도당씨(陶唐氏: 唐堯로, 곧 요임금) 후손의 노래일 것입니다. 그렇지 않고서야 어찌 그렇게 심원할 수 있겠습니까. 미덕을 지닌 자의 후손이 아니고서야 어느 누가 이같은 노래를 지을 수 있겠습니까."

그를 위해 「진풍」(陳風)을 노래 부르게 하자 이같이 평했다.

"나라에 군주가 없으니 어찌 오래 갈 수 있겠습니까."

그는 「회풍」(鄶風) 이하의 노래에 대해서는 비평하지 않았다.

또 그를 위해 『시경』「소아」를 노래 부르게 하자 이같이 평했다.

"아름답습니다. 우수에 젖어 있으면서도 두 마음이 없고, 원한을 품고 있으면서도 말로 나타내지 않으니 대략 주왕조의 덕이 쇠퇴해졌을 때의 노래일 것입니다. 아직 선왕의 유민이 남아 있습니다."

그를 위해 『시경』「대아」를 노래 부르게 하자 이같이 평했다.

"참으로 넓고도 화목하고 아름답습니다. 완곡하면서도 강건한 본심을 드러내고 있으니 주문왕의 덕을 칭송한 노래일 것입니다."

그를 위해 『시경』「송」(頌: 魯頌·商頌·周頌을 총칭)을 노래 부르게 하자 이같이 말했다.

"지극히 좋습니다. 정직하면서도 거만하지 않고, 완곡하면서도 비굴하지 않고, 가까우면서도 너무 다가서지 않고, 먼 듯하면서도 이심(離心)하지 않고, 움직이더라도 정도를 벗어나지 않고, 계속해도 싫증나지 않고, 애이불수(哀而不愁: 슬프면서도 수심에 잠기지 않음)하고, 낙이불황(樂而不荒: 즐거워하면서도 황음하지 않음)하고, 써도 다 쓸 수 없고, 관후하면서도 드러내지 않고, 혜택을 베풀면서도 낭비하지 않고, 손에 넣어도 탐람하지 않고, 편히 거처하면서도 거기에 멈추지 않고, 앞으로 가더라도 마구 흐르지 않습니다. 5성(五聲)이 화음을 이루고 8풍(八風: 金·石·絲·竹·匏·土·革·木의 八音을 가리키나 팔방의 기운으로 해석하기도 함)이 조화를 이룹니다. 가락에 일정한 법도가 있고 악기에 일정한 순서가 있으니 이는 모든 성덕(盛德)[82]을 공히 구비하고 있는 것이기도 합니다."

이어 계찰은 상소(象箾: 손에 퉁소의 일종인 상소를 들고 추는 무악)와 남약(南籥: 일종의 文舞로 피리 반주에 맞추어 추는 무악)의 춤을 보고 이같이 평했다.

"아름답습니다. 그러나 유감(遺憾)이 있는 듯합니다."

대무(大武: 주무왕의 무악)의 춤를 보고는 이같이 평했다.

"아름답습니다. 대략 주왕조가 왕성했을 때 이와 같았을 것입니다."

소호(韶濩: 은나라의 무악)의 춤을 보고는 이같이 평했다.

"성인과 같이 위대하기는 하나 아직 부족한 점이 있습니다. 성인이 되기는 어려울 듯합니다."

대하(大夏: 하나라의 무악)의 춤을 보고는 이같이 평했다.

---

82) 높은 덕행을 지닌 성현을 뜻하나, 덕을 노래한 「노송」과 「상송」, 「주송」으로 보기도 한다.

"아름답습니다. 백성을 위해 헌신하고도 이를 공으로 여기지 않으니 우왕이 아니면 누가 능히 그같이 할 수 있겠습니까."

또 소소(韶箾: 簫韶로, 곧 순임금의 무악)의 춤을 보고는 이같이 말했다.

"공덕이 정점에 달했으니 위대하기 그지없습니다. 마치 하늘이 덮어주지 않는 것이 없고 땅이 실어주지 않는 것이 없는 것과 같습니다. 유심성덕(雖甚盛德: 성덕이 극에 달했다는 뜻으로, '雖'는 '唯'와 통함)이니 여기에 더 보탤 수는 없을 것입니다. 이제 저는 더 이상 보지 않겠습니다. 설령 다른 음악이 또 있다 할지라도 저는 감히 다시 청하지 않겠습니다."

吳公子札來聘, 見叔孫穆子, 說之. 謂穆子曰 "子其不得死乎. 好善而不能擇人. 吾聞, 君子務在擇人. 吾子爲魯宗卿, 而任其大政, 不愼擧, 何以堪之. 禍必及子." 請觀於周樂. 使工爲之歌「周南」,「召南」. 曰 "美哉. 始基之矣, 猶未也. 然勤而不怨矣." 爲之歌「邶」,「鄘」,「衛」. 曰 "美哉, 淵乎. 憂而不困者也. 吾聞, 衛康叔·武公之德如是, 是其「衛風」乎." 爲之歌「王」. 曰 "美哉, 思而不懼, 其周之東乎." 爲之歌「鄭」. 曰 "美哉, 其細已甚, 民弗堪也, 是其先亡乎." 爲之歌「齊」. 曰 "美哉, 泱泱乎, 大風也哉. 表東海者, 其大公乎. 國未可量也." 爲之歌「豳」. 曰 "美哉, 蕩乎. 樂而不淫, 其周公之東乎." 爲之歌「秦」. 曰 "此之謂夏聲. 夫能夏則大, 大之至也, 其周之舊乎." 爲之歌「魏」. 曰 "美哉, 渢渢乎, 大而婉, 險而易行, 以德輔此, 則明主也." 爲之歌「唐」. 曰 "思深哉. 其有陶唐氏之遺民乎. 不然, 何憂之遠也. 非令德之後, 誰能若是." 爲之歌「陳」. 曰 "國無主, 其能久乎." 自「鄶」以下, 無譏焉. 爲之歌「小雅」. 曰 "美哉, 思而不貳, 怨而不言, 其周德之衰乎. 猶有先王之遺民焉." 爲之歌「大雅」. 曰 "廣哉, 熙熙乎. 曲而有直體, 其文王之德乎." 爲之歌「頌」. 曰 "至矣哉. 直而不倨, 曲而不屈, 邇而不偪, 遠而不攜, 遷而不淫, 復而不厭, 哀而不愁, 樂而不荒, 用而不匱, 廣而不宣, 施而不費, 取而不貪, 處而不底, 行而不流. 五聲和, 八風平, 節有度, 守有序, 盛德之所同也." 見舞「象箾」,「南箾」者, 曰"美哉, 猶有憾." 見舞「大武」者, 曰"美哉, 周之盛也, 其若此乎." 見舞「韶濩」者, 曰"聖人之弘也, 而猶有慙德, 聖人之難也." 見舞「大夏」者, 曰"美哉, 勤而不德, 非禹其誰能修之." 見舞「韶箾」者, 曰"德至矣哉, 大矣. 如天之無不幬也, 如地之無不載也. 雖甚盛德, 其蔑以加於此矣. 觀止矣. 若有他樂, 吾不敢請已."

●공자 찰이 빙문한 깃은 오나라에 새 군주가 보위에 올라 제후국들과 두루 통호(通好)하고자 한 데 따른 것이었다. 이에 그는 곧 제나라를 빙문해 안평중(晏平仲)을 만나고는 크게 기뻐하며 말했다.

"그대는 빨리 봉읍과 정권을 반환하도록 하시오. 봉읍과 정권이 없어야 화난을 면할 수 있을 것이오. 제나라의 정권은 장차 누군가에게 귀속되겠지만 그 전까지는 환난이 그치지 않을 것이오."

이에 안자가 진환자를 통해 봉읍과 정권을 반환했다. 이로 인해 안자는 훗날 난고지난(欒高之難: 노소공 8년에 일어난 난씨와 고씨의 난)에서 화를 면하게 되었다.

공자 찰이 정나라를 빙문하여 자산(子産)을 만나보고는 마치 전부터 잘 아는 사이처럼 대했다. 그가 자산에게 호대(縞帶: 비단으로 된 커다란 허리띠)를 선물로 주자 자산은 그에게 저의(紵衣: 모시로 만든 옷)를 선사했다. 이에 공자 찰이 자산에게 말했다.

"정나라의 집정이 사치하니 장차 화난이 일어날 것이오. 그러면 정권은 반드시 그대에게로 넘어올 것이오. 그리 되면 삼가 예로써 일을 처리하도록 하시오. 그렇게 하지 않으면 정나라는 장차 패망하고 말 것이오."

공자 찰이 위나라로 가 대부 거원(蘧瑗)과 사구(史狗: 史朝의 아들로 文子), 사추(史鰌: 자는 魚), 공자 형(荊: 자는 南楚), 공숙발(公叔發: 위헌공의 손자 公叔文子), 공자 조(朝) 등을 만나고는 크게 기뻐했다. 그러고는 이같이 칭송했다.

"위나라에는 군자가 매우 많으니 걱정할 일이 없을 것이다."

공자 찰이 위나라에서 진나라로 가는 도중에 손림보의 영지인 척(戚) 땅에서 유숙하고자 했다. 이때 음악에 쓰이는 종소리가 들리자 공자 찰이 말했다.

"이상하다. 내가 듣건대 '사람들과 다투면서 덕을 닦지 않으면 반드시 죽음을 당한다'고 했다. 저 사람은 군주에게 죄를 짓고 여기에 와 있다. 그는 장차 벌을 받지 않을까 두려워해도 오히려 부족할 터인데 어찌 음악을 즐길 수 있단 말인가. 그가 여기에 있는 것은 연소막상(燕巢幕上: 제비가 천막 위에 둥지를 틀고도 위험한 줄 모름)과 같다. 군주의 시신이 아직 빈소에 모셔져 있는데 어찌 음악을 즐길 수 있단 말인가."

그러고는 유숙하지 않고 곧바로 떠났다. 손문자(孫文子: 손림보)가 후에 이 말을 전해 듣고 죽을 때까지 금슬(琴瑟: 鐘鼓와 더불어 음악을 상징)을 듣지 않았다.

공자 찰이 진나라로 와 조문자(趙文子)와 한선자(韓宣子)를 만나보고는 크게 기뻐하며 말했다.

"진나라의 정권은 장차 이 3족(三族: 趙·韓·魏)의 손에 들어갈 것이다."

이어 숙향을 보고 기뻐했다. 공자 찰이 진나라를 떠날 즈음 숙향에게 말했다.

"그대는 노력하시오. 군주는 사치하고, 뛰어난 신하들은 많고, 대부들 또한 모두 부유하오. 나라의 정권이 장차 그들에게 있을 것이오. 그대는 직언을 좋아하니 반드시 스스로 화난을 면할 길을 생각하도록 하시오."

其出聘也, 通嗣君也. 故遂聘于齊, 說晏平仲謂之曰 "子速納邑與政. 無邑無政, 乃免於難. 齊國之政, 將有所歸, 未獲所歸, 難未歇也." 故晏子因陳桓子以納政與邑, 是以免於欒高之難. 聘於鄭, 見子産, 如舊相識, 與之縞帶, 子産獻紵衣焉. 謂子産曰 "鄭之執政侈, 難將至矣, 政必及子. 子爲政, 愼之以禮. 不然, 鄭國將敗." 適衛, 說蘧瑗·史狗·史鰌·公子荊·公叔發·公子朝, 曰 "衛多君子, 未有患也." 自衛如晉, 將宿於戚.

聞鐘聲焉, 曰 "異哉. 吾聞之也, '辯而不德, 必加於戮.' 夫子獲罪於君以在此, 懼猶不足, 而又何樂. 夫子之在此也, 猶燕之巢於幕上. 君又在殯, 而可以樂乎." 遂去之. 文子聞之, 終身不聽琴瑟. 適晉, 說趙文子・韓宣子・魏獻子, 曰 "晉國其萃於三族乎." 說叔向, 將行, 謂叔向曰 "吾子勉之. 君侈而多良, 大夫皆富, 政將在家. 吾子好直, 必思自免於難."

●가을 9월, 제나라 대부 공손 채(蠆: 자미)와 공손 조(竈: 자아)가 대부 고지(高止)를 북연(北燕)으로 추방했다. 9월 2일, 고지가 제나라를 떠났다. 『춘추』에 '출분'(出奔: 밖으로 달아남)이라고 쓴 것은 죄가 고지에게 있음을 말한 것이다. 고지는 무슨 일이든 자신의 공으로 돌리기를 좋아하고 게다가 전횡을 일삼다가 화를 입은 것이다.

겨울, 노나라의 맹효백이 진나라로 갔다. 이는 진나라 범숙(范叔: 사앙)의 빙문에 대한 답방이었다.

제나라의 고씨가 화난을 당한 일로 인해 그의 아들 고수(高豎)가 봉읍인 노(盧: 산동성 장청현 서남쪽) 땅에서 반기를 들었다. 10월 27일, 제나라 대부 여구영(閭丘嬰)이 군사를 이끌고 가 노 땅을 포위했다. 이때 고수가 말했다.

"진실로 고씨가 후대를 이을 수 있도록 허락해주면 봉읍을 반납코자 하오."

이에 제나라 사람이 경중(敬仲: 高傒)의 증손인 고연(高酀)을 고씨 가문의 후계자로 내세웠다. 이는 경중이 현량했기 때문이다.

11월 23일, 고수가 노 땅을 반납하고 진(晉)나라로 달아났다. 그러자 진나라 사람이 면상(緜上: 산서성 개휴현 동남쪽)에 성을 쌓고 그를 그곳에 머물게 했다.

이때 정나라 대부 백유(伯有)가 공손 혹(黑: 자서의 동생인 子晳)을 초나라에 보내려고 했다. 그러자 공손 혹이 사양했다.

"초나라와 정나라는 사이가 좋지 않은데 나에게 그곳에 가라고 하는 것은 곧 죽이려는 것이나 다름없소."

그러자 백유가 설득했다.

"그대의 집안이 대대로 행인(行人)이 되었소."

자석(子晳: 공손 흑)이 반박했다.

"갈 수 있는 상황이면 가겠지만 그렇지 못하면 그만두는 것이오. 어찌하여 굳이 대대로 행인이 되어야 한단 말이오?"

백유가 억지로 그를 보내려고 하자 자석이 노하여 그를 치려고 했다. 그러자 다른 대부들이 끼어들어 두 사람을 화해시켰다. 12월 7일, 정나라 대부들이 백유씨 집에서 결맹했다. 이때 대부 비심(裨諶)이 주위 사람들에게 말했다.

"이 맹약이 과연 얼마나 오래 가겠소? 『시경』 「소아 · 교언」에 이르기를, '군자가 여러 차례 결맹하니 화란이 여기서 더욱 자라네'라고 했소. 지금 이같이 하는 것은 화란을 더욱 키우는 격이오. 화란을 종식시킬 수 없으니 반드시 3년 후에나 가라앉을 것이오."

그러자 연명(然明)이 물었다.

"정권은 장차 어디로 가겠소?"

"선한 사람이 불선한 자를 대신하는 것이 천명이오. 정권이 어찌 자산을 피해 가겠소? 발탁하면서 등급을 뛰어넘지 않고 반차(班次)대로 하면 자산이 응당 집권하게 될 것이오. 선량한 사람을 천거하는 것은 세인이 존중하는 것이오. 하늘이 또 자산을 도와 장애물을 제거하고 있으니 백유의 혼을 빼앗고 있는 것이 바로 그것이오. 자서(子西)가 즉세(卽世: 세상을 떠남)하면 자산이 어찌 집권하는 것을 피할 수 있겠소? 하늘이 정나라에 화를 내린 지 이미 오래되었지만 반드시 자산을 시켜 이를 종식하게 만들 것이오. 그가 집권하게 되면 정나라도 안정될 것이오. 그렇지 않으면 정나라는 장차 망하고 말 것이오."

秋九月, 齊公孫蠆 · 公孫竈放其大夫高止於北燕. 乙未, 出. 書曰"出奔", 罪高止也. 高止好以事自爲功, 且專, 故難及之. 冬, 孟孝伯如晉, 報范叔也. 爲高氏之難故, 高豎以盧叛, 十月庚寅, 閭丘嬰帥師圍盧. 故豎曰"苟請高氏有後, 請致邑." 齊人立敬仲之曾孫酀, 良敬仲也. 十一月乙卯,高豎致盧而出奔晉, 晉人城緜而寘旃. 鄭伯有使公孫黑如楚, 辭曰"楚鄭方惡, 而使余往, 是殺余也." 伯有曰"世行也." 子晳曰"可則往, 難則已, 何世之有." 伯有將強使之. 子晳怒, 將伐伯有氏, 大夫和之. 十二月己巳, 鄭大夫盟於伯有氏. 裨諶曰"是盟也, 其與幾何.『詩』曰'君子屢盟, 亂是用長.' 今是長亂之道也. 禍未歇也, 必三年而後能紓." 然明曰"政將焉往." 裨諶曰"善之代不善, 天命也, 其焉辟子產. 舉不踰等, 則位班也. 擇善而舉, 則世隆也. 天又除之, 奪伯有魄. 子西卽世, 將焉辟之. 天禍鄭久矣, 其必使子產息之, 乃猶可以戾. 不然, 將亡矣."

30년(기원전 543)

30년 봄 주력(周曆) 정월, 초자가 위피(薳罷)를 보내 빙문하게 했다. 여름 4월, 제나라 세자 반(般)이 군주 고(固)를 시해했다. 5월 갑오, 송나라에 화재가 났다. 송나라의 백희(伯姬)가 졸했다. 천왕이 아우 영부(佞夫)를 죽였다. 왕자 하(瑕)가 진나라로 달아났다. 가을 7월, 숙궁(叔弓)이 송나라로 갔다. 송나라의 공희(共姬)를 안장했다. 정나라의 양소(良霄)가 허나라로 망명했다. 허나라에서 정나라로 들어갔다. 정나라 사람이 양소를 죽였다. 겨울 10월, 채경공(蔡景公)을 안장했다. 진인·제인·송인·위인·정인·조인·거인·주인·등인·설인·기인·소주인이 전연(澶淵)에서 만났다. 송나라에 화재가 났기 때문이다.

三十年春王正月, 楚子使薳罷來聘. 夏四月, 蔡世子般, 弒其君固. 五月甲午, 宋災. 宋伯姬卒. 天王殺其弟佞夫. 王子瑕奔晉. 秋七月, 叔弓如宋, 葬宋共姬. 鄭良霄出奔許, 自許入于鄭, 鄭人殺良霄. 冬十月, 葬蔡景公. 晉人齊人宋人衛人鄭人曹人莒人邾人滕人薛人杞人小邾人, 會于澶淵, 宋灾故.

●노양공 30년 봄 1월, 초자(楚子: 겹오)가 대부 위피(薳罷)를 시켜

노나라를 빙문하게 했다. 이는 새 군주의 즉위로 통호(通好)하기 위한 것이었다. 이때 노나라 대부 목숙이 위피에게 물었다.

"영윤이 된 왕자 위(圍: 초영왕)의 정치는 어떠합니까?"

"나 같은 소인배는 밥 먹고 시키는 대로 명을 받들 뿐이니 사명을 다하지 못해 죄과를 면하지 못할까 두려워하고 있소. 그러니 어찌 정사에 끼어들 수 있겠소?"

그러고는 목숙이 굳이 물어도 굳게 입을 다물고 아무 대답도 하지 않았다. 이에 목숙이 노나라 대부들에게 말했다.

"초나라의 영윤은 장차 대란을 일으키고 말 것이오. 자탕(子蕩: 위피)은 장차 영윤의 편에 설 것이오. 그는 영윤을 도와 그 내막을 숨기고 있소."

정나라 대부 자산이 정간공을 도와 진나라로 갔다. 이때 진나라의 숙향이 정나라의 정치를 묻자 자산이 대답했다.

"내가 이를 알려면 일단 이 해가 지나야 될 듯합니다. 지금 사씨(駟氏: 자석으로, 곧 공손 흑)와 양씨(良氏: 백유)가 다투고 있는데 화해가 이루어질지 여부를 알 수 없습니다. 만일 화해가 이루어지지 않으면 장차 어찌 될지 비로소 알 수 있을 것입니다."

"그들은 이미 화해하지 않았소?"

"백유는 사치스러운 데다가 강퍅하고 자석은 남보다 위에 서기를 좋아하여 서로 양보하지 않고 있습니다. 비록 그들이 화해했다고는 하나 오히려 속으로는 서로 증오심을 더욱 쌓고 있으니 서로 다툴 날이 얼마 남지 않았습니다."

三十年春王正月, 楚子使薳罷來聘, 通嗣君也. 穆叔問 "王子之爲政何如." 對曰 "吾儕小人, 食而請事, 猶懼不給命而不免於戾, 焉與知政." 固問焉, 不告. 穆叔告大夫曰 "楚令尹將有大事, 子蕩將與焉, 助之匿其情矣." 子産相鄭伯以如晉, 叔向問鄭國之政焉. 對曰 "吾得見與否, 在此歲也. 駟, 良方爭, 未知所成. 若有所成, 吾得見, 乃可知也." 叔向曰 "不旣和矣乎." 對曰 "伯有侈而愎, 子晳好在人上, 莫能相下也. 雖其和也, 猶相積惡也, 惡至無日矣."

●2월 22일, 진도부인(晉悼夫人)이 기나라에서 축성한 역졸(役卒)들에게 식사를 대접했다. 이때 강현(絳縣)의 어느 나이 많은 노인이 자식이 없어 부역 나왔다가 밥을 먹게 되었다. 관원이 노인의 나이가 의심스러워 묻자 이같이 대답했다.

"저는 사람이 못나 나이가 얼마인지 알지 못합니다. 제가 태어난 해의 정월 초하루 갑자일로부터 445회의 갑자일이 지났고 최후의 갑자일부터 오늘까지는 3분의 1이 지난 셈입니다."

관원이 조정으로 달려가 묻자 사광(師曠)이 말했다.

"노나라의 숙중혜백(叔仲惠伯)이 우리 나라의 극성자(郤成子)와 승광(承匡: 노문공 11년에 회동함)에서 만나던 해가 바로 그 사람이 출생한 해요. 그해에 적인이 노나라를 쳤고, 숙손장숙(叔孫莊叔)이 적인을 함(鹹) 땅에서 깨뜨리고 장적교여(長狄僑如)와 훼(虺), 표(豹)를 포로로 잡은 뒤 이들의 이름을 자식들의 이름으로 삼았소. 그러니 이미 73년이 지난 셈이 되오."

태사 사조(史趙)도 말했다.

"해(亥)자는 '이'(二) 자의 머리에 '육'(六) 자의 몸이 붙은 꼴이니 '이'(二: 사조가 말한 해자는 당시의 글자를 기준으로 한 것임) 자를 아래로 끌어내려 몸으로 삼으면 그것이 바로 그가 태어난 날로부터 오늘까지의 일수(日數)가 되오."

그러자 대부 사문백(士文伯: 사약의 아들 伯瑕)이 말했다.

"그렇다면 26,660일이 됩니다.[83]"

조맹(趙孟: 조문자)이 노인에게 고을의 대부 이름을 묻고는 곧 그 노인이 자신의 영지에 사는 사람이라는 것을 알게 되었다. 이에 그 노인을 불러 사과했다.

---

83) 음력으로 환산할 때 '22,660일'은 곧 73세에 해당한다.

"나 무(武)는 재주도 없는 몸으로 군주가 하는 큰일을 맡았소. 그런데 진나라에 많은 우환이 있어 노인을 제대로 쓰지 못하고 노인을 욕되게도 하위직에 오랫동안 머물게 했으니 이는 모두 내 죄요. 이에 감히 나의 못난 행동을 사과하고자 하오."

 그러고는 곧바로 그를 관원으로 삼아 자신의 집정을 돕게 했으나 그는 늙은 것을 이유로 사양했다. 이에 그에게 땅을 준 뒤 복도(復陶: 군주의 의복을 관리하는 벼슬)와 강현사(絳縣師: 강현의 자문역)를 겸하게 하고는 여위(輿尉: 부역 담당 관원)를 파면했다.

 이때 노나라의 사자가 진나라에 머물고 있었다. 그가 노나라로 돌아와 여러 대부들에게 이 이야기를 하자 계무자가 말했다.

 "진나라는 경시할 수 없다. 조맹과 같은 사람이 집정을 하고, 백하(伯瑕)가 그를 보좌하고, 사조와 사광이 자문을 하고, 숙향(叔向)과 여제(女齊)가 군주를 사보(師保: 원래는 스승이나 여기서는 가르친다는 뜻임)하고 있다. 진나라 조정에 군자가 많으니 어찌 경시할 수 있겠는가. 성심으로 진나라를 섬기는 것이 가할 것이다."

●二月癸未, 晉悼夫人食輿人之城杞者. 絳縣人或年長矣, 無子而往, 與於食. 有與疑年, 使之年. 曰 "臣小人也, 不知紀年. 臣生之歲, 正月甲子朔, 四百四十五甲子矣, 其季於今三之一也." 吏走問諸朝, 師曠曰 "魯叔仲惠伯會郤成子于承匡之歲也. 是歲也, 狄伐魯. 叔孫莊叔於是乎敗狄于鹹, 獲長狄僑如及虺也豹也, 而皆以名其子. 七十三年矣." 史趙曰 "亥有二首六身, 下二如身, 是其日數也." 士文伯曰 "然則二萬六千六百六旬也." 趙孟問其縣大夫, 則其屬也. 召之, 而謝過焉, 曰 "武不才, 任君之大事, 以晉國之多虞, 不能由吾子, 使吾子辱在泥塗久矣, 武之罪也. 敢謝不才." 遂仕之, 使助爲政. 辭以老. 與之田, 使爲君復陶, 以爲絳縣師, 而廢其輿尉. 於是, 魯使者在晉, 歸以語諸大夫. 季武子曰 "晉未可媮也. 有趙孟以爲大夫, 有伯瑕以爲佐, 有史趙師曠而咨度焉, 有叔向·女齊以師保其君. 其朝多君子, 其庸可媮乎. 勉事之而後可.

●여름 4월 기해일(己亥日: 이해 4월에는 기해일이 존재하지 않음), 정간공이 대부들과 결맹했다. 군자는 이로써 정나라에 화난이 그치지 않을 것을 알았다.

채경공(蔡景公)이 태자 반(般: 채영공)을 위해 초녀(楚女)를 맞이하고는 그녀와 정을 통했다. 태자가 부친인 채경공을 시해했다.

당초 주영왕의 동생 담계(儋季)가 죽자 그의 아들 괄(括)이 천자를 알현하려다가 탄식한 적이 있었다. 이때 왕실의 경사 선공(單公)의 아들 건기(愆期)가 주영왕을 측근에서 모시고 있었다. 그는 조정 앞을 지나다가 괄이 탄식하면서 '아, 반드시 이곳을 취하고야 말리라'라고 하는 말을 들었다. 이에 곧 궁중으로 들어가 주영왕에게 사실을 고하면서 이같이 말했다.

"반드시 그를 죽여야 합니다. 그는 부친의 죽음을 슬퍼하지도 않고 뜻만 크며 눈빛이 불안한 데다 걸으면서 쳐드는 발이 높으니 그 마음이 천자를 알현하는 데 있지 않고 다른 곳에 있는 것입니다. 그를 죽이지 않으면 반드시 화를 불러오고야 말 것입니다."

그러나 주영왕은 이를 좇지 않았다.

"어린아이가 무엇을 알겠소?"

이후 주영왕이 붕어하자 담괄(儋括)은 왕자 영부(佞夫: 주영왕의 아들로 주경왕의 동생)를 천자로 세우고자 했다. 그러나 영부는 그 연고를 알지 못했다. 4월 28일, 담괄이 위(蔿: 하남성 맹진현 동북쪽) 땅을 포위하여 대부 성건(成愆: 선공 건기로 보기도 함)을 축출했다. 성건이 평치(平畤: 낙양 부근)로 달아났다.

5월 4일, 주왕실의 대부 윤언다(尹言多)와 유의(劉毅), 선멸(單蔑), 감과(甘過), 공성(鞏成) 등이 영부를 죽였다. 그러자 담괄과 왕자 하(瑕), 요(廖)가 진나라로 달아났다. 이에 『춘추』는 이같이 썼다.

"천왕이 그 아우 영부를 죽였다."

이는 죄가 주왕실에 있음을 드러낸 것이다.

이때 송나라 태묘에서 울부짖는 소리가 났다. 그 소리는 '희희출출'

(譆譆出出)이었다. 새가 박사(亳社: 은나라의 사당으로, 송나라는 은나라의 후예였기에 '박사'가 있었음) 위에서 울었는데 그 소리가 마치 '희희'와 같았다.

5월 5일, 송나라에 큰 화재가 났다. 송백희(宋伯姬: 송공공의 부인인 宋共姬)가 불에 타 죽었다. 이는 보모(保姆)를 기다린 데 따른 것이었다. 이를 두고 군자는 이같이 평했다.

"이는 규수(閨秀)가 취할 태도로 부인이 취할 자세가 아니었다. 규수라면 보모를 기다려야 하지만 부인은 정황에 따라 행동해야만 했다."[84]

6월, 정나라 대부 자산이 진(陳)나라로 가 결맹에 참석했다. 돌아와 복명한 뒤 대부들에게 고했다.

"진(陳)나라는 조만간 망할 나라이니 우호를 맺을 필요가 없습니다. 그 나라는 양식을 모으고 성곽을 수리한 뒤 양식과 성곽만 믿고 백성을 사랑하지 않고 있습니다. 군주는 허약하고, 공자들은 사치하고, 태자는 비굴하고, 대부들은 교만하고, 국정은 각자 되는 대로 하고, 또한 진·초 두 대국 사이에 끼여 있으니 망하지 않을 수 있겠습니까. 10년을 넘지 못할 것입니다."

가을 7월, 노나라의 숙궁(叔弓)이 송나라로 갔다. 이는 송공희를 안장하기 위한 것이었다.

夏四月己亥, 鄭伯及其大夫盟. 君子是以知鄭難之不已也. 蔡景侯爲大子般娶於楚, 通焉. 大子弑景侯. 初, 王儋季卒, 其子括將見王而歎. 單公子愆期爲靈王御士, 過諸廷, 聞其歎而言曰 "烏乎. 必有此夫." 入以告王, 且曰 "必殺之. 不慼而願大, 視躁而足高, 心在他矣. 不殺, 必害." 王曰 "童子何知." 及靈王崩, 儋括欲立王子佞夫. 佞夫弗知. 戊子, 儋括圍蔿, 逐成愆. 成愆奔平畤. 五月癸巳, 尹言多·劉毅·單蔑·甘過·鞏成殺佞夫. 括瑕廖奔晉. 書曰 "天王殺其弟佞夫", 罪在王也. 或叫于宋大

---

84) 그러나 『춘추공양전』과 『춘추곡량전』, 『열녀전』 등은 『춘추좌전』과 달리 예법을 좇은 그녀의 근엄한 행동을 높이 평가했다.

廟, 曰 "譆譆. 出出." 鳥鳴于亳社, 如曰 "譆譆." 甲午, 宋大災. 宋伯姬卒, 待姆也. 君子謂 "宋共姬, 女而不婦. 女待人, 婦義事也." 六月, 鄭子産如陳涖盟. 歸復命. 告大夫曰 "陳亡國也, 不可與也. 聚禾粟, 繕城郭, 恃此二者, 而不撫其民. 其君弱植, 公子侈, 大子卑, 大夫敖, 政多門, 以介於大國, 能無亡乎. 不可十年矣." 秋七月, 叔弓如宋, 葬共姬也.

●정나라의 백유는 술을 좋아하여 집에 지하실을 만들어놓은 뒤 밤이면 종을 치고 주악(奏樂)하면서 술을 마셨다. 아침에 그를 배견하려고 사람들이 찾아오는데도 이를 그치지 않았다. 이에 배견하러 온 사람들이 물었다.

"주공(主公)은 지금 어디 있소?"

그러면 백유의 가신이 대답했다.

"주공은 지금 산곡(山谷)에 있습니다."

이에 조신들이 할 수 없이 모두 흩어져 돌아갔다. 얼마 후 백유는 정간공을 조현하고 자석(子晳)을 초나라에 사자로 보낸 뒤 집으로 돌아와서는 또다시 술을 마셨다. 7월 11일, 자석이 사씨(駟氏)의 갑사들을 이끌고 가 백유를 치면서 그의 집을 불태웠다. 백유는 옹량(雍梁: 하남성 신정현 서남쪽)으로 달아났다가 술이 깬 뒤에야 비로소 무슨 일이 일어났는지 깨닫고 이내 허나라로 달아났다. 이때 대부들이 모여 상의하자 자피(子皮: 자전의 아들)가 말했다.

"『중훼지지』(仲虺之志: 이를 「商書·仲虺之誥」로 보기도 함)에 이르기를, '난이 일어난 자는 이를 쳐서 빼앗고 멸망하려는 자는 업신여긴다'고 했소. 망할 자를 넘어뜨리고 존재를 공고히 하는 것이 국가의 이익이오. 한씨(罕氏)와 사씨(駟氏), 풍씨(豊氏: 공손 단)는 본래 같은 형제들이고 백유는 교사(驕奢)했소. 그래서 그는 화를 면치 못한 것이오."

이때 어떤 사람이 자산에게 권했다.

"취직조강(就直助强: 정직한 자에 기대고 강자를 도움)하도록 하시오."

그러자 자산이 대꾸했다.

"그들이 어찌 나와 같은 무리라고 할 수 있겠소? 누가 나라의 화난을 수습할 수 있을지 어찌 알겠소? 만일 역량 있고 정직한 사람이 국정을 장악한다면 화난은 일어나지 않을 것이오. 나는 잠시 어느 쪽에도 가담하지 않는 입장을 견지하겠소."

7월 12일, 자산이 백유 수하들의 시신을 거두어 빈장(殯葬)한 뒤 대부들과 상의하지 않고 곧바로 외국으로 가버렸다. 이때 인단(印段)이 그의 뒤를 따랐다. 자피가 이를 만류하려고 하자 여러 사람들이 말했다.

"그가 우리를 따르지 않는데 어찌하여 말리는 것이오?"

"그분은 죽은 사람들에게 예를 다했소. 하물며 산 사람들에 대해서야 더 이상 말할 것이 있겠소?"

그리고는 직접 가서 그의 외국행을 말렸다. 7월 13일, 자산이 도성으로 돌아왔다. 7월 14일, 자석(子晳: 인단)도 도성으로 돌아왔다. 두 사람이 자석의 집에서 맹약을 받아들였다.

7월 16일, 정간공이 대부들과 태궁(大宮)에서 결맹하고 국인들과는 사지량문(師之梁門) 밖에서 결맹했다. 백유는 국인들이 자기를 두고 결맹했다는 소식을 듣고는 대로했다. 그러나 그는 자피의 갑사들이 자신을 공격하는 일에 참여하지 않았다는 소식을 듣고는 크게 기뻐하며 말했다.

"자피는 내 쪽에 설 것이다."

7월 24일 새벽, 백유가 묘문(墓門: 정나라 도성의 북문)의 배수구를 통해 성 안으로 들어갔다. 이어 마사힐(馬師頡: 공손 휘의 손자인 羽頡)의 도움으로 양고(襄庫: 무기고)의 무기와 갑옷으로 무장한 뒤 구북문(舊北門: 노양공 9년에 제후들이 이 문을 쳤음)을 쳤다. 그러자 사대(駟帶: 子西의 아들 子上)가 국인들을 이끌고 와 백유를 영격했다. 이때 양쪽 모두 자산에게 자신들을 지지해줄 것을 청했다. 그러나 자산은 이같이 말했다.

"형제 사이에 이 지경이 되었으니 나는 하늘이 보우하는 쪽을 따를 것이다."

결국 백유가 양사(羊肆: 양고기를 파는 거리)에서 죽자 자산이 시신에 옷을 입힌 뒤 시신의 허벅지에 머리를 파묻고는 호곡(號哭)했다. 이후 시신을 거두어 입관한 뒤 시장 근처에 사는 백유 가신의 집에 빈소를 마련했다가 얼마 뒤 두성(斗城: 하남성 진류현 남쪽)에 안장했다. 이때 자사씨(子駟氏) 집안 사람들이 자산을 공격하려고 하자 자피가 화를 내며 말했다.

"예는 나라의 근본이오. 예 있는 사람을 죽이면 이보다 더 큰 화는 없을 것이오."

이에 모두 그만두게 되었다.

이때 유길(游吉)은 진나라에 갔다가 돌아오던 중이었다. 그는 난이 일어났다는 소식을 듣고는 도성으로 들어가지 않고 부사(副使)를 시켜 복명하게 했다. 8월 6일, 유길이 진나라로 달아났다. 사대가 그의 뒤를 쫓아가 산조(酸棗: 곧 廩延으로, 하남성 연진현 북쪽에 위치)에서 그를 붙잡았다. 그러자 유길은 그곳에서 자상(子上: 사대)과 결맹하고 두 개의 규옥(圭玉)을 황하에 던져 맹약의 표신(標信)으로 삼았다. 이어 공손 힐(肹)에게 도성으로 들어가 대부들과 결맹하게 했다. 8월 11일, 유길이 다시 정나라로 돌아왔다. 이에 『춘추』는 이같이 썼다.

"정나라 사람이 양소(良霄: 백유)를 죽였다."

『춘추』에 백유를 대부로 일컫지 않은 것은 그가 밖으로 나갔다가 들어왔기 때문이다.

이전에 자교(子蟜: 공손 채)가 죽었을 때 장사지내려고 하는데 공손 휘(揮)와 대부 비조(裨竈)가 새벽에 모여 장사지내는 문제를 상의했다. 그들이 백유의 집 앞을 지날 때 그 집 대문 위에 유(莠: 곡식에 해를 끼치는 가라지)가 나 있는 것이 보였다. 그러자 자우(子羽: 공손 휘)가 말했다.

"저 문 위에 아직도 유(莠: 백유를 비유)가 있단 말인가."

이때 세성(歲星)이 강루(降婁: 12星次 중의 하나)의 자리에서 운행하고 있었다. 강루가 하늘의 중앙에 있을 때 날이 밝아지자 비조가 강루의 자리를 가리키며 말했다.

"세성이 일주할 때까지는 기다릴 수 있지만 세성이 저 자리로 돌아올 때까지는 살지 못할 것이오."

과연 백유가 죽게 되었을 때 세성은 추자(娵訾: 강루 앞의 성차)의 자리에 있었다. 이듬해에 세성이 강루의 자리에 도달했다.

이때 정나라 대부 복전(僕展)이 백유를 따라 함께 죽었다. 우힐(羽頡)은 진나라로 달아나 진나라 임읍(任邑: 하북성 임현 동남쪽)의 대부가 되었다. 계택지회(鷄澤之會: 노양공 3년의 회동) 당시 정나라 대부 악성(樂成)은 초나라로 달아났다가 마침내 진나라로 갔다. 우힐은 악성에게 몸을 맡겨 결탁한 뒤 진나라의 조문자를 섬겼다. 우힐이 조문자에게 정나라를 침공하도록 설득했으나 조문자는 노양공 27년 당시 송나라에서 맺어진 맹약을 이유로 이를 거부했다. 한편 이때 정나라의 자피는 공손 서(鉏: 자한의 아들)를 마사(馬師)로 삼았다.

鄭伯有耆酒, 爲窟室, 而夜飮酒, 擊鐘焉, 朝至未已. 朝者曰 "公焉在." 其人曰 "吾公在壑谷." 皆自朝布路而罷. 旣而朝, 則又將使子晳如楚, 歸而飮酒. 庚子, 子晳以駟氏之甲伐而焚之. 伯有奔雍梁, 醒而後知之, 遂奔許. 大夫聚謀. 子皮曰 「仲虺之志」云 '亂者取之, 亡者侮之.' 推亡固存, 國之利也. 罕駟豊同生, 伯有汏侈, 故不免." 人謂子産 "就直助强." 子産曰 "豈爲我徒. 國之禍難, 誰知所斃. 或主彊直, 難乃不生. 姑成吾所." 辛丑, 子産斂伯有氏之死者而殯之, 不及謀而遂行. 印段從之. 子皮止之. 衆曰 "人不我順, 何止焉." 子皮曰 "夫子禮於死者, 況生者乎." 遂自止. 壬寅, 子産入, 癸卯, 子石入. 皆受盟于子晳氏. 乙巳, 鄭伯及其大夫盟于大宮, 盟國人于師之梁之外. 伯有聞鄭人之盟己也. 怒, 聞子皮之甲不與攻己也. 喜, 曰 "子皮與我矣." 癸丑, 晨, 自墓門之瀆入, 因馬師頡介于襄庫, 以伐舊北門. 駟帶率國人以伐之. 皆召子産. 子産曰 "兄弟而及此, 吾從天所與." 伯有死於羊肆, 子産襚之, 枕之股而哭之, 斂而殯諸伯有之臣在市側者. 旣而葬諸斗城. 子駟氏欲攻子産, 子皮怒之曰

"禮, 國之幹也. 殺有禮, 禍莫大焉." 乃止. 於是游吉如晉還, 聞難, 不入, 復命于介. 八月甲子, 奔晉. 駟帶追之, 及酸棗. 與子上盟, 用兩珪質于河. 使公孫黑入盟大夫. 己巳, 復歸. 書曰 "鄭人殺良霄", 不稱大夫, 言自外入也. 於子蟜之卒也, 將葬, 公孫揮與裨竈晨會事焉. 過伯有氏, 其門上生莠. 子羽曰 "其莠猶在乎." 於是歲在降婁, 降婁中而旦. 裨竈指之曰 "猶可以終世, 歲不及此次也已." 及其亡也, 歲在娵訾之口. 其明年, 乃及降婁. 僕展從伯有, 與之皆死. 羽頡出奔晉, 爲任大夫. 雞澤之會, 鄭樂成奔楚, 遂適晉. 羽頡因之, 與之比而事趙文子, 言伐鄭之說焉. 以宋之盟故, 不可. 子皮以公孫鉏爲馬師.

●초나라 공자 위(圍)가 대사마 위엄(蔿掩: 위자빙의 아들로 노양공 25년에 대사마가 됨)을 죽이고 그의 가산을 차지했다. 그러자 우윤(芋尹) 신무우(申無宇)가 말했다.

"왕자(王子: 공자 위)는 반드시 화를 면치 못할 것이다. 선인(善人)은 나라의 기둥이다. 왕자는 초나라의 재상으로서 응당 선인을 불러들여야 하는데도 오히려 학대하니 이는 나라에 해를 끼치는 일이다. 하물며 대사마는 영윤을 보좌하는 자리이니 군주의 수족이나 다름없다. 백성의 기둥을 자르고, 자신의 보좌를 제거하며, 군주의 사지를 베어냄으로써 나라에 해를 끼치니 이보다 더 불길한 것은 없다. 그러니 어찌 화를 면할 수 있겠는가."

이때 송나라의 화재를 이유로 열국의 대부들이 회동하여 송나라에 구호물자 보내주는 일을 논의했다. 겨울 10월, 노나라의 숙손표(叔孫豹)가 진나라의 조무(趙武)와 제나라의 공손 채(蠆), 송나라의 상술(向戌), 위나라의 북궁타(北宮佗: 북궁괄의 아들), 정나라의 한호(罕虎), 소주(小邾)나라의 대부 등과 전연(澶淵)에서 만났다. 그러나 회동이 끝났는데도 송나라로 보낸 물건은 하나도 없었다. 이에 『춘추』는 회동에 참여한 대부들의 이름을 쓰지 않았다. 이를 두고 군자는 이같이 평했다.

"신의는 삼가 지키지 않으면 안 된다. 전연의 회동에 참가한 각국 대부들의 이름을 쓰지 않은 것은 그들이 신의를 지키지 않았기 때문이다. 무릇 제후들의 상경(上卿)이 회동을 하고도 신의를 지키지 않으면 총명(寵名: 상경의 지위와 씨족의 명망)을 버리는 것이다. 신의를 지키지 않음이 옳지 않은 바가 이와 같다.『시경』「대아·문왕」에 이르기를, '주문왕이 오르내렸지만 늘 상제의 좌우에 있었네'라고 했다. 이는 주문왕이 신의를 지킨 것을 말한 것이다. 또『시경』(詩經: 아래 구절은 실전)에 이르기를, '그대의 행동거지를 삼가고 거짓을 행하지 말라'고 했다. 이는 신의를 지키지 않는 것을 경계한 것이다. 이에『춘추』는 '아무개와 아무개가 전연에서 만났다. 이는 송나라의 화재 때문이다'라고 쓴 것이다. 이는 회동에 참여한 상경들을 책망한 것이다. 노나라의 대부를 쓰지 않은 것은 기휘(忌諱)한 것이다."

楚公子圍殺大司馬蔿掩而取其室. 申無宇曰 "王子必不免. 善人, 國之主也. 王子相楚國, 將善是封殖, 而虐之, 是禍國也. 且司馬, 令尹之偏, 而王之4體也. 絶民之主, 去身之偏, 艾王之體, 以禍其國, 無不祥大焉. 何以得免." 爲宋災故, 諸侯之大夫會, 以謀歸宋財. 冬十月, 叔孫豹會晉趙武·齊公孫蠆·宋向戌·衛北宮佗·鄭罕虎及小邾之大夫, 會于澶淵. 旣而無歸於宋, 故不書其人. 君子曰 "信其不可不信乎. 澶淵之會, 卿不書, 不信也. 夫諸侯之上卿, 會而不信, 寵名皆棄, 不信之不可也如是.『詩』曰 '文王陟降, 在帝左右.' 信之謂也. 又曰 '淑愼爾止, 無載爾僞.' 不信之謂也." 書曰 "某人某人會于澶淵, 宋災故", 尤之也. 不書魯大夫, 諱之也.

●정나라의 자피가 정권을 자산에게 넘기려고 하자 자산이 사양했다.

"나라가 작은 데다가 대국과 가까이 있고, 호족들의 세력이 크고 총애받는 자들이 많으니 나는 다스릴 수 없습니다."

그러자 자피가 설득했다.

"내가 공족들을 통솔해 그대를 청종(聽從)하면 누가 감히 그대를 촉

범(觸犯)하겠소? 그러니 그대는 안심하고 국정에 전념하시오. 나라는 작은 것이 문제가 될 수 없소. 사대(事大)를 잘 하면 나라가 곧 편안해 질 것이오."

이에 자산이 집정하게 되었다. 자산이 백석(伯石: 공손 단)에게 시킬 일이 있어 봉읍을 주자 자태숙(子太叔)이 물었다.

"정나라는 여러 사람의 나라인데 어찌하여 유독 그에게만 봉읍을 주는 것입니까?"

"사람에게 욕심이 없기를 바라는 것은 실로 어려운 일이오. 모두 자신의 욕심을 채우기 위해 일을 하고자 하니 이를 이용해 그들에게 어떤 일을 성취하게 해야 하오. 그리 되면 결국 나의 공이 아니고 과연 누구의 공이 되겠소? 그러니 봉읍을 내리는 것을 어찌 아끼겠소. 더구나 봉읍이 과연 어디로 달아날 수 있겠소."

"그러나 사방의 인국(鄰國)들이 이를 어찌 보겠습니까?"

"이리 하는 것은 서로 다투자는 것이 아니라 서로 따르자는 것인데 어찌 사방의 인국들이 이를 책하겠소?『정서』(鄭書: 정나라 사서)에 이르기를, '나라를 안정시키려면 반드시 대족(大族)을 먼저 다스려야 한다'고 했소. 잠시 우선 대족을 안정시킨 뒤 그 결과를 지켜보고자 하오."

얼마 후 백석이 두려운 나머지 봉읍을 반환했으나 결국 그에게 내려 주었다. 백유가 죽자 정간공이 태사(大史)를 시켜 백석을 경으로 임명하는 책서(策書)를 전하게 했다. 그러자 백석이 사양하며 이를 받지 않았다. 태사가 물러간 뒤 백석이 태사에게 다시 책서를 내릴 것을 청했다. 태사가 다시 와 임명하려고 하자 그는 또 짐짓 사양했다. 백석은 이 같은 일을 세 번 거듭한 뒤 비로소 책서를 받아들이고 조정으로 나아가 사은(謝恩)했다. 자산은 이로 인해 백석의 사람됨을 좋아하지 않았으나, 백석이 혹여 난을 일으킬까 두려운 나머지 그로 하여금 자기의 다음 위치에 서게 했다.

이때 자산은 나라를 다스리면서 도비(都鄙: 도성과 지방) 사이에 일정한 차이를 두고, 상하간에 복색을 달리하고, 경작지를 봉혁(封洫: 봇

도랑으로 경계를 획정함)하고, 여정(廬井: 여러 해석이 있으나 농가를 의미하는 廬舍와 田井을 의미)에 오(伍: 5家를 하나로 묶어 서로 보호하게 하는 제도)를 두고, 대인(大人: 경대부)으로서 충검(忠儉: 충성스럽고 검박함)한 자에게는 그 정도에 따라 포상하고, 태치자(泰侈者: 교만 방자한 자)는 그 정도에 따라 의법조치했다.

당시 정나라 대부 풍권(豊卷: 공손 단의 아들인 子張)이 제사를 지내기 위해 사냥을 허락해줄 것을 청했다. 그러자 자산이 거부했다.

"오직 군주만이 사냥하여 천신(薦新: 사냥한 짐승의 신선한 고기를 제물로 사용함)할 수 있소. 일반 사람은 보통의 제물(祭物)만 쓸 수 있을 뿐이오."

이에 자장이 대로하여 조정에서 물러나온 뒤 군사를 모았다. 자산이 진나라로 도망치려고 하자 자피가 만류하면서 풍권을 추방했다. 풍권이 진나라로 도주했다. 자산이 정간공에게 풍권의 전지와 집을 자신이 관리할 것을 청했다. 3년 후에 풍권을 불러들여 그의 전지와 집, 그곳에서 생산된 모든 수입을 그에게 돌려주었다. 자산이 집정한 지 1년이 되자 일반인들이 이같은 노래를 지어 비난했다.

"우리의 의관을 몰수하여 저(褚)[85]하고, 우리의 전지를 모두 거두어 정비한 뒤 다시 편제하여 나눠주었네. 누가 자산을 죽인다면 우리는 기꺼이 가서 도와줄 것이라네."

3년 후에 백성들이 이같은 노래를 지어 자산을 칭송했다.

"우리에게 자제가 있으니 자산이 그들을 잘 가르쳤네. 우리에게 농토가 있으니 이는 자산이 불려준 것이라네. 자산이 죽으면 누가 그 뒤를 이을 것인가."

鄭子皮授子産政, 辭曰"國小而偪, 族大寵多, 不可爲也."子皮曰"虎帥以聽, 誰敢犯子. 子善相之. 國無小, 所能事大, 國乃寬."子産爲政, 有

---

85) 저장한다는 의미의 '저'(儲)와 통하는 것으로, 사치한 사람들이 스스로 의관을 감춰둔 뒤 감히 착용하지 못했다고 해석하기도 한다.

事伯石, 賂與之邑. 子大叔曰"國皆其國也, 奚獨賂焉."子産曰"無欲實難. 皆得其欲, 以從其事, 而要其成. 非我有成, 其在人乎. 何愛於邑, 邑將焉往."子大叔曰"若4國何."子産曰"非相違也, 而相從也, 四國何尤焉.「鄭書」有之曰'安定國家, 必大焉先.' 姑先安大, 以待其所歸."旣, 伯石懼而歸邑, 卒與之. 伯有旣死, 使大史命伯石爲卿, 辭. 大史退, 則請命焉. 復命之, 又辭. 如是三, 乃受策入拜. 子産是以惡其爲人也, 使次己位. 子産使都鄙有章, 上下有服, 田有封洫, 廬井有伍. 大人之忠儉者, 從而與之. 泰侈者, 因而斃之. 豊卷將祭, 請田焉. 弗許, 曰 "唯君用鮮, 衆給而已." 子張怒, 退而徵役. 子産奔晉, 子皮止之, 而逐豊卷. 豊卷奔晉. 子産請其田里, 三年而復之, 反其田里及其入焉. 從政1年, 輿人誦之, 曰 "取我衣冠而褚之, 取我田疇而伍之. 孰殺子産, 吾其與之." 及三年, 又誦之曰 "我有子弟, 子産誨之. 我有田疇, 子産殖之. 子産而死, 誰其嗣之."

31년(기원전 542)

31년 봄 주력(周曆) 정월. 여름 6월 신사, 공이 초궁(楚宮)에서 훙했다. 가을 9월 계사, 자야(子野)가 졸했다. 기해, 중손갈(仲孫羯)이 졸했다. 겨울 10월, 등자(滕子)가 와 회장(會葬)했다. 계유, 우리 군주 양공을 안장했다. 11월, 거나라 사람이 군주 밀주(密州)를 시해했다.

三十一年春王正月. 夏六月辛巳, 公薨於楚宮. 秋九月癸巳, 子野卒. 己亥, 仲孫羯卒. 冬十月, 滕子來會葬. 癸酉, 葬我君襄公. 十一月, 莒人弑其君密州.

●노양공 31년 봄 1월, 노나라의 목숙(穆叔)이 전연의 맹회에서 돌아왔다. 목숙이 맹효백을 만나서 말했다.

"조맹(趙孟: 조무)은 장차 죽을 것이오. 그의 말은 참으로 투안(偸安: 안일함을 꾀하여 멀리 내다보지 못함)하여 민주(民主: 백성의 주인인 군주를 뜻하나 여기서는 패권국의 집정인 조맹을 지칭)답지 못했소.

게다가 나이가 50도 채 되지 않았는데 매우 순순(諄諄: 시시콜콜하게 말이 장황함)하여 마치 80~90살 먹은 사람과 같았소. 그러니 오래 살지 못할 것이오. 만일 그가 죽으면 정권을 잡을 사람은 한자(韓子: 韓起)일 것이오. 그런데 그대는 어찌하여 이를 계손씨와 상의하지 않는 것이오? 한자와 미리 우의를 돈독히 해둘 만하니 그는 군자요. 진나라 군주는 장차 정권을 잃게 될 것이오. 만일 한자와 친해두지 않은 채 계손씨로 하여금 노나라를 위한 대비책을 준비하게 하면 문제가 심각하오. 당장 얼마 후면 진나라의 권력이 대부의 손에 떨어지고 말 것이오. 그리 되면 한기는 나약한 데다 대부들은 욕심이 많아 결코 만족할 줄 모르고, 제나라와 초나라는 우리가 기대기에는 부족하니 노나라는 장차 커다란 위기에 처할 것이오."

그러자 맹효백이 말했다.

"사람이 살면 얼마나 살겠소? 누구인들 투안하려 하지 않겠소? 아침에 살아 있다 한들 저녁까지 미치지 못하는 마당에 어찌 미리 우호관계를 돈독히 해둘 수 있겠소?"

이에 목숙이 물러나온 뒤 다른 사람에게 말했다.

"맹효백은 곧 죽을 것이다. 내가 조맹의 투안을 말했는데 그는 조맹보다 더 심하다."

목숙이 다시 계손씨에게 진나라의 사정을 말했으나 계손씨도 그의 의견을 좇지 않았다.

진나라의 조문자(趙文子)가 죽자 진나라 공실의 세력이 미약해 정권이 치가(侈家: 사치한 대부의 세력으로, 여기서는 6경의 가문을 지칭)로 넘어가고 말았다. 이에 한선자(韓宣子: 한기)가 집정하게 되었으나 그는 제후들을 통어할 수 없었다. 당시 노나라는 진나라의 요구를 감당하기에 힘이 부쳤다. 이 와중에 참특(讒慝)한 소인배가 크게 활개를 쳤다. 이에 평구지회(平丘之會: 노소공 13년의 회동)가 이루어지게 되었다.

三十一年春王正月, 穆叔至自會, 見孟孝伯, 語之曰 "趙孟將死矣. 其語偸, 不似民主. 且年未盈五十, 而諄諄焉如八九十者, 不能久矣. 若趙孟死, 爲政者其韓子乎. 吾子盍與季孫言之, 可以樹善, 君子也. 晉君將失政矣, 若不樹焉, 使早備魯, 旣而政在大夫, 韓子懦弱, 大夫多貪, 求欲無厭, 齊楚未足與也, 魯其懼哉." 孝伯曰 "人生幾何. 誰能無偸. 朝不及夕, 將安用樹." 穆叔出而告人曰 "孟孫將死矣. 吾語諸趙孟之偸也, 而又甚焉." 又與季孫語晉故, 季孫不從. 及趙文子卒, 晉公室卑, 政在侈家. 韓宣子爲政, 不能圖諸侯. 魯不堪晉求, 讒慝弘多, 是以有平丘之會.

●제나라의 자미(子尾)는 여구영(閭丘嬰: 노양공 25년에 노나라로 도주했다가 이때는 이미 귀국했음)이 자신을 해칠까 두려워했다. 이에 여구영에게 명하여 군사를 이끌고 가 노나라의 양주(陽州: 산동성 평현 북쪽 경계)를 치게 했다. 그러자 노나라가 제나라에게 출병한 이유를 따졌다. 여름 5월, 자미가 여구영을 죽인 뒤 노나라 군사에게 변명했다. 이때 여구영의 일당인 공루쇄(工僂灑)와 성조(渚竈), 공훼(孔虺), 가인(賈寅) 등이 거나라로 달아났다. 그러자 자미가 여러 공자들을 추방했다.

당시 노양공이 초궁(楚宮: 초나라 식으로 지은 궁으로, 초나라에 갔을 때 이를 매우 좋아하여 짓게 된 것임)을 짓자 목숙이 말했다.

"『서경』「주서·태서(大誓)」에 이르기를, '백성이 하고자 하는 바는 하늘이 반드시 들어준다'고 했다. 우리 군주는 초나라에 호의를 갖고 초나라 식의 궁전을 지었으니 만일 다시 초나라로 가지 못하면 반드시 이 궁전에서 세상을 떠날 것이다."

6월 28일, 노양공이 초궁에서 훙거했다. 이때 숙중대(叔仲帶)가 노양공의 공벽(拱璧: 큰 구슬)을 훔쳐 어자(御者: 원래는 말을 모는 사람이나 여기서는 시녀를 의미)에게 넘겨주었다. 이에 어자가 공벽을 품 안에 넣고 숙중대의 뒤를 따라가다가 잡혔다. 이로 인해 숙중대는 죄를 짓게 되었다.

이때 호녀(胡女) 경귀(敬歸: 노양공의 첩으로 성이 '歸'임)의 소생인 자야(子野)가 계손씨 집에 있었다. 가을 9월 11일, 자야가 죽었다. 이는 지나치게 애통해했기 때문이다.

9월 17일, 맹효백이 죽었다.

노양공의 뒤를 이어 자야가 죽자 경귀의 여동생 제귀(齊歸)의 소생인 공자 주(裯: 노소공)를 옹립했다. 목숙이 이를 마땅치 않게 여겨 계손씨에게 말했다.

"태자가 죽었을 때 동모제(同母弟)가 있으면 그를 세우고 그렇지 못할 때 연장자를 세우는 것입니다. 만일 나이가 같으면 그중 현능한 사람을 택하고, 똑같이 현능하면 점을 쳐서 정하는 것이 예로부터의 도리입니다. 사거한 자야가 적자가 아닌데 하필 그 모친의 여동생이 낳은 아들이어야 합니까? 그는 거상 중에 슬퍼하지 않고, 부친의 상에 오히려 희색을 띠고 있으니 이는 불효입니다. 불효한 자가 우환을 조성하지 않은 적이 없습니다. 만일 그를 군주로 내세우면 반드시 계손씨 집안에 커다란 우환이 될 것입니다."

그러나 계무자는 이를 듣지 않고 마침내 공자 주를 옹립했다. 노양공을 장사지낼 때까지 공자 주는 최복(縗服)을 세 번이나 바꿔 입었다. 다만 최복의 임(袵: 옷깃)만은 낡은 최복의 그것과 같았다. 이때 노소공(魯昭公)의 나이는 19세였으나 오히려 어린아이와 같은 치기가 있었다. 군자는 이로써 그가 선종할 수 없음을 알았다.

겨울 10월, 등성공(滕成公)이 노나라로 와 장례에 참석했다. 그는 예를 제대로 차리지 못한 채 눈물만 많이 흘렸다. 이에 자복혜백(子服惠伯)이 말했다.

"등나라 군주는 곧 죽을 것이다. 그는 조상하는 자리에서 예를 제대로 갖추지 못하고 지나치게 슬퍼하고 있다. 장례를 치르는 중에 이미 조짐이 나타났으니 곧 뒤따라 죽지 않을 수 있겠는가."

10월 21일, 노양공을 안장했다.

齊子尾害閭丘嬰, 欲殺之, 使帥師以伐陽州. 我問師故. 夏五月, 子尾殺閭丘嬰, 以說于我師. 工僂灑‧渻竈‧孔虺‧賈寅出奔莒. 出群公子. 公作楚宮. 穆叔曰 "大誓"云 '民之所欲, 天必從之.' 君欲楚也夫, 故作其

宮. 若不復適楚, 必死是宮也." 六月辛巳, 公薨於楚宮. 叔仲帶竊其拱璧,
以與御人, 納諸其懷而從取之, 由是得罪. 立胡女敬歸之子子野, 次于季
氏. 秋九月癸巳, 卒, 毁也. 己亥, 孟孝伯卒. 立敬歸之娣齊歸之子公子裯,
穆叔不欲, 曰 "大子死, 有母弟則立之, 無則立長. 年鈞擇賢, 義鈞則卜,
古之道也. 非適嗣, 何必娣之子. 且是人也, 居喪而不哀, 在感而有嘉容,
是謂不度. 不度之人, 鮮不爲患. 若果立之, 必爲季氏憂." 武子不聽, 卒
立之. 比及葬, 三易衰, 衰衽如故衰. 於是昭公十九年矣, 猶有童心. 君子
是以知其不能終也. 冬十月, 滕成公來會葬, 惰而多涕. 子服惠伯曰 "滕
君將死矣. 怠於其位, 而哀已甚, 兆於死所矣, 能無從乎." 癸酉, 葬襄公.

●노양공이 훙거한 달에 정나라의 자산이 정간공을 도와 진나라로 갔다. 진평공이 노나라의 국상을 이유로 정간공을 접견하지 않았다. 이에 자산이 사람을 시켜 빈관(賓館: 사절이 머무는 곳)의 담장을 모두 헐게 한 뒤 거마를 안으로 들여놓았다. 그러자 진나라 대부 사문백(士文伯: 사약의 아들 '士匄'로 범선자 '사개'와 동명이인임)이 찾아와 힐문했다.

"폐읍은 정형(政刑)이 잘 시행되지 않아 도적이 횡행하고 있소. 만일 제후들의 사자들이 폐읍을 찾아와 과군을 문후하고자 하는 경우도 어쩔 도리가 없소. 이에 관원들을 보내 객관을 완전히 수리하도록 했소. 한굉(閈閎: 객관의 대문)을 높이고 장원(墻垣: 담장)을 두텁게 하여 빈객의 걱정을 덜게 했소. 지금 그대가 담장을 헐었으니 비록 그대의 휘하들로 경계를 세운다 하더라도 만일 이객(異客: 다른 나라의 빈객)이 오면 또 어찌해야 하오? 폐읍은 맹주국으로서 객관의 담장 둘레를 수선하여 빈객을 접대하고 있는데 이를 다 헐어버린다면 무엇으로 다른 빈객들의 뜻을 맞출 수 있겠소? 과군이 나를 시켜 그대의 말을 들어보라고 했소."

이에 자산이 대답했다.

"폐읍은 협소한 데다가 대국 사이에 있어 때도 없이 공물을 요구당하고 있습니다. 이에 폐읍은 감히 편히 있지 못하고 각지에서 거둬들인 물건을 모두 챙겨 시사(時事: 빙문)를 위해 귀국을 찾아온 것입니다. 마침 집사(執事: 진평공)가 한가롭지 못한 때를 만나 아직 조현하지 못하고 있는데 또 어찌하라는 명도 받지 못한 채 알현할 날짜도 모르고 있습니다. 이로써 가지고 온 물건을 드릴 수도 없고 그렇다고 이를 감히 폭로(暴露: 밖에 드러내놓음)할 수도 없는 상황입니다. 그대로 올리면 이는 모두 귀국의 부실(府實: 창고 안의 재물로, 입고하기 전에 반드시 마당에 늘어놓은 후 집어넣게 되어 있음)인데 진열해 보여드리는 의식을 생략하게 되니 감히 들이지도 못하고 있습니다. 만일 폭로하게 되면 말라비틀어지거나 습기가 차 썩거나 할 터이니 그리 되면 폐읍의 죄가 더욱 무거워집니다.

내가 듣건대 전에 진문공은 맹주로 있으면서 자신의 궁실은 아주 낮고 작게 짓고, 관망을 위한 대사(臺榭: 누대)는 없었으나, 제후들을 접대하기 위한 객관은 웅장하게 지었다고 합니다. 그 객관은 마치 제후들의 침궁(寢宮)과 같았고, 창고와 마구간은 잘 손질되어 있고, 사공(司空)은 때맞춰 길을 닦았고, 오인(圬人: 기와공과 미장이)은 제때에 멱관(塓館: 객관의 담장 등을 단장함)하고, 제후들의 빈객이 도착하면 전인(甸人: 횃불을 밝히는 사람)은 정료(庭燎: 마당에 피우는 횃불)를 밝히고, 복인(僕人)은 객관을 순시했다고 합니다. 또 거마를 안치하고, 빈종(賓從: 빈객의 수종)을 대신해 일을 하고, 수레의 굴대에 기름을 치고, 예인(隸人: 청소를 담당한 사람)과 목어(牧圉: 소와 말을 치는 사람)를 관장하고, 백관의 관속들은 모두 빈객을 맡기 위해 각기 맡은 일을 열심히 돌보았다고 합니다. 진문공은 이어 빈객이 시간을 허비하지 않게 하고, 이 일로 인해 공사를 황폐하게 하는 일이 없었다고 합니다. 그래서 빈객과 동고동락하고, 어려운 일이 있으면 돌봐주고, 알지 못하는 것은 가르쳐주고, 부족한 것이 있으면 구해주었다고 합니다. 이에 빈객은 진나라에 오는 것을 마치 자기 집으로 돌아가는 듯이 여겨 아무 걱정 없이 편안했으니 무슨 재난이 있을 수 있었겠습니까. 빈객들은 도적을 두려워하거나 물건이 말라비틀어지거나 습기에 차 썩을까 걱정할 필요가 없었던 것입니다. 지금 귀국의 동제(銅鞮: 산서성 심현 서남쪽)에 있는 별궁은 넓이가 몇 리나 된다고 하는데 제후들을 맞이하는 객사는 마치 하인의 집과 비슷합니다. 문은 좁아 수레를 들일 수 없고, 담장은 높아 물건을 월장(越墻)하여 안으로 들일 수 없고, 도적들은 횡행하고, 천려(天癘: 天災)에 대해서는 아무런 대비도 되어 있지 않습니다. 빈객을 접견하는 시간도 정해져 있지 않고, 소견(召見)의 명이 언제 내려질지도 알 길이 없습니다. 만일 이같은 상황에서 담장을 헐지 않으면 갖고 온 물건들을 둘 데가 없어 우리는 더욱 무거운 죄를 지을 것입니다. 감히 집사에게 가르침을 청하건대 장차 우리에게 무엇을 지시하려는 것입니까? 비록 집사가 노나라의 국상을 맞았다고는 하나 이는 폐읍의 근심이기도 합니다. 만일 바칠 물건을 드린 뒤 담장을 수리하고 돌아갈 수 있다면 이는 귀국 군주의 은혜입니다. 그리 되면 어찌 감히 근로(勤勞: 힘들여 수고함)를 꺼리겠습니까.”

진나라의 사문백이 자산의 말을 조정에 복명하자 조문자가 말했다.

“확실히 그렇소. 내가 실로 덕행을 닦지 않아 예인(隸人)의 원(垣: 여기서는 집을 의미)과 같은 곳에 제후들을 맞이했소. 이는 나의 잘못이오.”

그러고는 사문백을 시켜 사리를 알지 못한 자신의 불민을 사과하게 했다. 진평공이 정간공을 융숭한 예로써 접견하고 향례를 베푼 뒤 예물을 풍부하게 주어 돌아가게 했다. 그리고 곧 제후들을 맞이할 객관을 새로 짓게 했다. 그러자 숙향이 말했다.

“사령(辭令)은 폐기할 수 없으니 무릇 이와 같이 하지 않으면 안 된다. 자산이 사령에 능해 제후들이 그의 덕을 입게 되었다. 그러니 어찌 사령을 버릴 수 있겠는가. 『시경』「대아·판」에 이르기를, ‘사령이 집(輯: 부드러움)하면 백성이 단결한다. 사령이 역(繹: 懌과 같은 뜻으로, 감동을 준다는 뜻임)하면 백성이 안정된다’고 했다. 시를 지은 사람은 사령의 유익함을 알고 있었던 것이다.”

公薨之月, 子産相鄭伯以如晉, 晉侯以我喪故, 未之見也. 子産使盡壞其館之垣而納車馬焉. 士文伯讓之曰 "敝邑以政刑之不修, 寇盜充斥, 無若諸侯之屬辱在寡君者何. 是以令吏人完客所館, 高其閈閎, 厚其牆垣, 以無憂客使. 今吾子壞之, 雖從者能戒, 其若異客何. 以敝邑之爲盟主, 繕完葺牆, 以待賓客, 若皆毁之, 其何以共命. 寡君使匄請命." 對曰 "以敝邑褊小, 介於大國, 誅求無時, 是以不敢寧居, 悉索敝邑, 以來會時事. 逢執事之不閒, 而未得見, 又不獲聞命, 未知見時, 不敢輸幣, 亦不敢暴露. 其輸之, 則君之府實也, 非薦陳之, 不敢輸也. 其暴露之, 則恐燥濕之不時而朽蠹, 以重敝邑之罪. 僑聞文公之爲盟主也, 宮室卑庳, 無觀臺榭, 以崇大諸侯之館. 館如公寢, 庫廐繕修, 司空以時平易道路, 圬人以時塓館宮室. 諸侯賓至, 甸設庭燎, 僕人巡宮. 車馬有所, 賓從有代, 巾車脂轄, 隸人牧圉, 各瞻其事. 百官之屬, 各展其物. 公不留賓, 而亦無廢事. 憂樂同之, 事則巡之, 教其不知, 而恤其不足. 賓至如歸, 無寧菑患. 不畏寇盜, 而亦不患燥濕. 今銅鞮之宮數里, 而諸侯舍於隸人. 門不容車, 而不可踰越. 盜賊公行, 而天厲不戒. 賓見無時, 命不可知. 若又勿壞, 是無所藏幣, 以重罪也. 敢請執事, 將何以命之. 雖君之有魯喪, 亦敝邑之憂也. 若獲薦幣, 修垣而行, 君之惠也. 敢憚勤勞." 文伯復命, 趙文子曰 "信. 我實不德, 而以隸人之垣以贏諸侯, 是吾罪也." 使士文伯謝不敏焉. 晉侯見鄭伯有加禮, 厚其宴好而歸之. 乃築諸侯之館. 叔向曰 "辭之不可以已也如是夫. 子産有辭, 諸侯賴之, 若之何其釋辭也. 『詩』曰 '辭之輯矣, 民之協矣. 辭之繹矣, 民之莫矣.' 其知之矣."

●정나라의 자피가 인단(印段)을 초나라로 보내면서 먼저 진나라에 보고한 뒤 초나라로 가게 했다. 이는 예에 맞는 일이다.

거자(莒子) 이비공(犁比公)에게는 거질(去疾)과 전여(展輿)라는 두 아들이 있었다. 그런데 이비공은 먼저 전여를 태자로 내세웠다가 폐위시켰다. 이비공은 잔학하여 나라 사람들이 이를 크게 우려했다.

11월, 전여가 사람들을 이끌고 거자를 공격해 시해한 뒤 보위에 올랐다. 이에 거질은 제나라로 달아났다. 거질은 제녀(齊女) 소생이었고 전여는 오녀(吳女) 소생이었다. 이에 『춘추』는 이같이 썼다.

"거나라 사람이 그 군주인 매주서(買朱鉏)를 시해했다."

이는 이비공에게 죄가 있음을 말한 것이다.

당시 오왕 이말(夷眜: 餘眜)은 굴호용(屈狐庸: 무신의 아들)을 시켜 진나라를 빙문하게 했다. 이는 통로(通路: 국교의 수립)를 만들기 위한 것이었다. 이에 진나라의 조문자가 굴호용에게 물었다.

"연(延)·주래(州來: '연'과 '주래' 모두 계찰의 봉읍)의 계자(季子: 공자 계찰)가 과연 군주가 되겠소? 전에 소(巢: 원래는 소나라 땅으로 오나라 및 초나라에 동시에 속함) 땅의 사람이 제번(諸樊)을 죽였고 혼(閽: 문지기)이 대오(戴吳: 餘祭)를 살해했소. 하늘이 마치 계자를 위해 보위에 오르는 길을 열어준 듯하오. 그대는 이를 어찌 생각하오?"

"그분은 보위에 오르지 않을 것입니다. 이는 두 분의 명운이 좋지 않았을 뿐이지 계자의 앞길을 열어준 것이 아닙니다. 만일 하늘이 앞길을 열어준 것이라면 지금의 사군(嗣君: 이말을 지칭)을 위해서였을 것입니다. 사군은 덕행이 있고 행동이 법도에 맞으니 덕행이 있으면 백성을 잃지 않고 법도에 맞으면 하는 일에 실수가 없는 법입니다. 백성과 가깝고 하는 일에 질서가 있으니 이는 하늘이 사군의 앞길을 열어준 것이라고 할 수 있습니다. 오나라를 보유할 분은 반드시 사군의 후손들일 것입니다. 계자는 절의를 지킬 분이므로 설령 나라를 준다고 해도 결코 보위에 오르지 않을 것입니다."

鄭子皮使印段如楚, 以適晉告, 禮也. 莒犁比公生去疾及展輿. 旣立展輿, 又廢之. 犁比公虐, 國人患之 十一月, 展輿因國人以攻莒子, 弑之, 乃立. 去疾奔齊, 齊出也. 展輿, 吳出也. 書曰 "莒人弑其君買朱鉏", 言罪之在也. 吳子使屈狐庸聘于晉, 通路也. 趙文子問焉, 曰 "延州來季子其果立乎. 巢隕諸樊, 閽戕戴吳, 天似啓之, 何如." 對曰 "不立. 是二王之命也, 非啓季子也. 若天所季, 其在今嗣君乎. 甚德而度, 德不失民, 度不失事. 民親而事有序, 其天所啓也. 有吳國者, 必此君之子孫實終之. 季子,守節者也. 雖有國, 不立."

● 12월, 위나라 대부 북궁문자(北宮文子: 위성공의 증손인 북궁의자 괄의 아들 佗)가 위양공(衛襄公: 위헌공 衎의 아들 惡)을 도와 초나라로 갔다. 이는 송나라에서의 결맹에 따른 것이었다. 위양공이 정나라를 지날 때 정나라 대부 인단이 비림(棐林: 지금의 北林으로 하남성 신정현 북쪽 40여 리 지점에 위치)에서 위양공 일행을 위로하면서 빙문할 때의 사령을 구사했다.

북궁문자가 보빙차 정나라 도성을 빙문했다. 그러자 정나라 대부 자우(子羽)가 행인이 되고 대부 풍간자(馮簡子: 畢公 高의 후손으로 봉읍이 馮城임)와 자태숙(子大叔)이 손님을 영접했다. 북궁문자가 빙문을 마친 뒤 돌아와 위양공에게 말했다.

"정나라가 하는 일은 예에 맞으니 이는 장차 누대에 걸쳐 복이 될 것입니다. 이로써 대국의 침공을 받는 일은 없을 것입니다. 『시경』「대아 · 상유(桑柔)」에 이르기를, '수능집열(誰能執熱: '누가 무더운 날을 견딜 수 있는가'라는 뜻임)[86] · 서불이탁(逝不以濯: '찬물로 목욕하지 않겠는가'라는 뜻으로, 逝는 어조사임)[87]'이라고 했습니다. 예는 정사를 돌볼 때 마치 더운 날에 찬물로 목욕하는 것과 같은 기능을 합니다. 더운 날에 찬물로 해열하면 무슨 걱정이 있겠습니까."

자산은 정사를 돌보면서 현능한 인재를 선발하여 부렸다. 풍간자는 국가대사에 결단을 내리는 데 능했고, 자태숙은 모습이 수려한 데다가 문채(文采)가 뛰어났다. 공손 휘는 사방 인국의 사정을 훤히 꿰고 있었다. 그는 각국 대부들의 족성(族姓)과 반위(班位), 귀천(貴賤), 능부(能否) 등을 잘 분별하고 사령도 잘 지었다. 비심(裨諶)은 계책을 내는 데 뛰어났다. 다만 야외에서 내는 계책은 정확했으나 도성 내에서는 그

---

86) '누가 손으로 뜨거운 물건을 집을 수 있는가'로 해석하는 견해도 있다.
87) 이에 대해 비슷한 뜻이기는 하나 '찬물로 손을 씻어 열을 식히려 하지 않겠는가'로 해석하는 견해도 있다.

렇지 못했다.

정나라가 다른 제후국을 외교적으로 상대할 일이 있으면 자산은 사방 인국들의 사정을 자우에게 묻고 그에게 많은 외교사령을 기초(起草)하게 했다. 또 비심과 함께 수레를 타고 교외로 나가 시행 여부에 관한 계책을 내게 했다. 이어 이를 풍간자에게 고해 판단을 구했다. 일이 결정되면 이를 자태숙에게 주어 집행하게 하고, 제후들이 보낸 사자들을 응대하게 했다. 이로 인해 실패하는 일이 매우 드물었다. 위나라 북궁문자가 정나라에 예가 있다고 이른 것은 바로 이를 두고 한 말이다.

十二月, 北宮文子相衛襄公以如楚, 宋之盟故也. 過鄭, 印段迋勞于棐林, 如聘禮而以勞辭. 文子入聘. 子羽爲行人, 馮簡子與子大叔逆客. 事畢而出, 言於衛侯曰 "鄭有禮, 其數世之福也. 其無大國之討乎.『詩』云 '誰能執熱, 逝不以濯.' 禮之於政, 如熱之有濯也. 濯以救熱, 何患之有." 子産之從政也, 擇能而使之. 馮簡子能斷大事. 子大叔美秀而文. 公孫揮能知四國之爲, 而辨於其大夫之族姓 · 班位 · 貴賤 · 能否, 而又善爲辭令. 裨諶能謀, 謀於野則獲, 謀於邑則否. 鄭國將有諸侯之事, 子産乃問四國之爲於子羽, 且使多爲辭令. 與裨諶乘以適野, 使謀可否. 而告馮簡子, 使斷之. 事成, 乃授子大叔使行之, 以應對賓客. 是以鮮有敗事. 北宮文子所謂有禮也.

●정나라 사람들이 향교(鄕校: 본래 시골에 있는 학교를 말하나, 여기서는 공공장소를 말함)에 모여 놀면서 집정의 득실을 평했다. 그러자 연명(然明: 鬷蔑)이 자산에게 건의했다.

"향교를 헐어버리면 어떻겠습니까?"

"무슨 이유로 그리한단 말이오? 사람들이 조석으로 일을 마친 뒤 모여 놀면서 집정의 시정(施政)이 잘되었는지를 논하게 되면 그들이 좋아하는 것은 실행하고 싫어하는 것은 개혁하면 되오. 그들의 논평이 곧 나의 스승인 셈인데 어찌 향교를 헐어버린단 말이오? 나는 '충선손원'(忠善損怨: 선행에 충실하여 원망을 막음)이라는 말은 들어보았으나

'작위방원'(作威防怨: 위세로써 원망을 틀어막음)이라는 말은 들어보지 못했소. 위세로써 어찌 일시에 그들의 논평을 막을 수 있겠소? 이는 개울물의 흐름을 막는 것과 같소. 방죽을 크게 터서 한꺼번에 흐르게 하면 많은 사람이 상하게 되오. 그리 되면 나는 사람들을 구할 수 없소. 그러니 방죽을 조금 터놓아 물을 천천히 흘려보내는 것만 못하오. 향교를 허는 것은 내가 그들의 논평을 받아들여 약으로 삼는 것만 못하오."

그러자 연명이 크게 기뻐하며 말했다.

"저 멸(蔑)은 이제야 비로소 그대가 대사를 이룰 수 있는 분이라는 사실을 깨달았습니다. 소인은 실로 재능이 부족합니다. 만일 그대의 말대로 행한다면 장차 우리 정나라는 전적으로 그대를 의지할 것입니다. 어찌 저와 같은 조정 대신들만 그리하겠습니까."

중니가 이 말을 듣고 이같이 평했다.

"이로써 보건대 어떤 사람이 자산을 두고 불인(不仁)하다고 말할지라도 나는 믿지 않을 것이다."

鄭人游于鄕校, 以論執政. 然明謂子産曰 "毁鄕校何如." 子産曰 "何爲. 夫人朝夕退而游焉, 以議執政之善否. 其所善者, 吾則行之. 其所惡者, 吾則改之. 是吾師也, 若之何毁之. 我聞忠善以損怨, 不聞作威以防怨. 其不遽止. 然猶防川. 大決所犯, 傷人必多, 吾不克救也. 不如小決使道, 不如吾聞而藥之也." 然明曰 "蔑也今而後知吾子之信可事也, 小人實不才. 若果行此, 其鄭國實賴之, 豈唯二三臣." 仲尼聞是語也, 曰 "以是觀之, 人謂子産不仁, 吾不信也."

● 정나라의 자피가 윤하(尹何)를 봉읍의 장관으로 삼으려고 하자 자산이 반대했다.

"그는 나이가 너무 어려 그 일을 제대로 감당할 수 있을지 모르겠습니다."

이에 자피가 변호했다.

"그는 신중하고 착한 사람이오. 내가 그를 좋아하니 그 또한 나를 배반하지 않을 것이오. 그를 한번 내려보내 배우게 하면 곧 봉읍을 어떻게 다스리는지 알게 될 것이오."

자산이 반박했다.

"불가합니다. 무릇 사람이 다른 사람을 좋아하게 되면 그에게서 이로움을 구하려고 하는 법입니다. 지금 그대가 그를 총애하여 백성 다스리는 일을 맡기려고 하나 이는 칼을 다루지 못하는 자에게 물건을 자르게 하는 것과 같습니다. 그리하면 기상(其傷: 그가 다른 사람을 다치게 한다는 뜻이나, 두예는 스스로 다치는 것으로 풀이)이 실로 매우 많을 것입니다. 그대가 어떤 사람을 총애하여 그가 사람을 다치게 한다면 누가 감히 그대에게 총애를 받으려고 하겠습니까. 그대는 우리 정나라의 대들보입니다. 대들보가 부러지면 서까래는 붕괴되고 맙니다. 그대의 비호를 받고 있는 저는 장차 밑에 깔려 죽게 될 것이니 어찌 감히 모두 말하지 않겠습니까. 그대가 좋은 비단을 갖고 있으면 결코 마름질을 하지 못하는 사람에게 주어 마름질 연습을 하라고 하지는 않을 것입니다. 대관(大官)과 대읍(大邑)은 자신의 몸을 감싸는 것인데, 이를 배우는 사람을 시켜 시험 삼아 다스리게 한다는 것입니까. 대관과 대읍이 좋은 비단보다 더욱 중요하지 않겠습니까. 저는 '학후입정'(學後入政: 배운 뒤에 정치를 함)이라는 말은 들어보았으나 '이정위학'(以政爲學: 정사 돌보는 것을 배움의 대상으로 삼음)이라는 말은 아직 듣지 못했습니다. 만일 그같이 하면 반드시 큰 해가 있을 것입니다. 이는 사냥에 비유할 수 있습니다. 사어(射御: 활쏘기와 수레몰이)에 능하면 짐승을 잡을 수 있습니다. 그러나 만일 수레를 타고 사어한 적이 없으면 오히려 수레가 뒤집혀 다치지나 않을까 걱정하기 바쁠 터이니, 어찌 사냥을 생각할 겨를이 있겠습니까."

자산의 말을 들은 자피가 말했다.

"훌륭하오. 내가 어리석었소. 내가 듣건대 '군자는 큰일과 먼 앞날의 일을 알기에 힘쓰고, 소인은 작은 일과 가까운 눈앞의 일을 알기에 힘쓴다'고 했소. 나는 소인이오. 의복은 내가 몸에 걸치고 있어 아까운 것을 알았지만 대관과 대읍은 자신의 몸을 비호하는 것이건만 나는 이를 멀리하여 경시했소. 그대가 말하지 않았다면 나는 깨닫지 못했을 것이오. 전에 내가 말하기를, '그대는 나라를 다스리시오. 나는 내 가문을 다스려 자신의 몸을 비호하는 것이 가할 것이오'라고 했소. 그러나 이제는 내가 부족한 사람임을 알았소. 이제부터는 비록 내 가문에 관한 일이라 할지라도 그대의 가르침을 받고 행하도록 하겠소."

그러자 자산이 말했다.

"사람의 마음이 서로 같지 않은 것은 사람들의 얼굴이 서로 같지 않은 것과 같습니다. 제가 어찌 감히 그대의 모습을 저와 같게 하라고 말할 수 있겠습니까. 저는 마음속으로 그같이 하는 것이 위험하다고 생각해 말한 것일 뿐입니다."

자피는 자산이 매우 충성된 것을 알고 정나라의 국사를 전적으로 그에게 맡겼다. 이에 자산이 정나라를 능히 다스렸다.

子皮欲使尹何爲邑. 子産曰 "少, 未知可否." 子皮曰 "愿, 吾愛之, 不吾叛也. 使夫往而學焉, 夫亦愈知治矣." 子産曰 "不可. 人之愛人, 求利以也. 今吾子愛人則以政, 猶未能操刀而使割也, 其傷實多. 子之愛人, 傷之而已, 其誰敢求愛於子. 子於鄭國棟也. 棟折榱崩, 僑將厭焉, 敢不盡言. 子有美錦, 不使人學製焉. 大官・大邑, 身之所庇也, 而使學者製焉. 其爲美錦, 不亦多乎. 僑聞學而後入政, 未聞以政學者也. 若果行此, 必有所解. 譬如田獵, 射御貫, 則能獲禽, 若未嘗登車射御, 則敗績厭覆是懼, 何暇思獲." 子皮曰 "善哉. 虎不敏. 吾聞, 君子務知大者・遠者, 小人務知小者・近者. 我小人也. 衣服附在吾身, 我知而愼之. 大官・大邑所以庇身也, 我遠而慢之. 微子之言, 吾不知也. 他日, 我曰 '子爲鄭國, 我爲吾家, 以庇焉, 其可也.' 今而後知不足. 自今請雖吾家, 聽子而行." 子産曰 "人心之不同, 如其面焉. 吾豈敢謂子面如吾面乎. 抑心所謂危, 亦以告也." 子皮以爲忠, 故委政焉. 子産是以能爲鄭國.

●위양공이 초나라에 머물러 있는 동안 위나라 대부 북궁문자가 초

나라의 영윤 공자 위(圍)의 위의(威儀)를 보고 위양공에게 말했다.

"초나라 영윤의 모습이 군주와 비슷하니 장차 딴 뜻을 품고 있음에 틀림없습니다. 그러나 그는 비록 뜻을 성취할지라도 선종할 수는 없을 것입니다. 『시경』「대아·탕(蕩)」에 이르기를, '미불유초(靡不有初)·선극유종(鮮克有終)'이라고 했습니다. 유종지미(有終之美)를 거둔다는 것은 실로 어려운 일입니다. 영윤은 장차 화를 면치 못할 것입니다."

"그대가 어떻게 그것을 아오?"

"『시경』「대아·억(抑)」에 이르기를, '경신위의(敬愼威儀: 윗사람은 항상 위의에 근신해야 함)·유민지칙(惟民之則: 백성들이 본받는 기준이기 때문임)'이라고 했습니다. 그런데 영윤에게는 위의가 없어 백성들이 본받을 것이 없습니다. 백성이 본받을 사람이 아닌데 백성의 위에 있게 되면 유종지미를 거둘 수 없는 것입니다."

"옳은 말이오. 그런데 무엇을 위의라고 하는 것이오?"

북궁문자가 대답했다.

"위엄이 있으면서 사람에게 두려움을 주는 것을 '위'(威), 거동에 법도가 있어서 다른 사람이 본받을 만한 것을 '의'(儀)라고 합니다. 군주가 군주로서의 위의를 지니면 신하들은 두려워하면서도 애호하며 그를 본받습니다. 이에 그의 국가를 능히 보유할 수 있고 영문(令聞: 좋은 평판)을 후세까지 길이 전하게 되는 것입니다. 신하가 신하로서의 위의를 지니면 그 아래의 사람들이 두려워하면서도 그를 애호하게 됩니다. 그래서 능히 그 관직을 지킬 수 있고, 그 가족을 보호하여 화목할 수 있는 것입니다. 순차에 따라 이같이 하면 상하가 서로 굳건하게 될 수 있습니다. 『시경』「패풍·백주(柏舟)」에 이르기를, '의젓하며 단아한 나의 위엄은 그 좋은 점을 따질 수조차 없네'라고 했습니다. 이는 군신상하(君臣上下)와 부형자제(父兄子弟), 내외대소(內外大小)가 모두 위의를 지니게 된 것을 말한 것입니다. 『시경』「대아·기취(旣醉)」에 이르기를, '붕우들이 서로 도우니 필요한 도움은 바로 위의라네'라고 했습니다. 이는 벗을 사귀는 도는 반드시 서로 위의로써 교도(敎導)하는 것을 말한 것입니다. 『서경』「주서·태서(泰誓)」에서 주문왕의 덕을 열거하며 말하기를, '대국은 그의 힘을 두려워하고 소국은 그의 덕을 그리워한다'라고 했습니다. 이는 그를 두려워하며 애호한 것을 말한 것입니다. 『시경』「대아·황의(皇矣)」에 이르기를, '알건 모르건 하늘의 법칙만 좇으라 하네'라고 했습니다. 이는 그를 준칙으로 삼아 본받을 것을 말한 것입니다. 은나라 주(紂)가 주문왕을 잡아 7년 동안 가두었는데 제후들이 모두 주문왕의 뒤를 좇아 자신들을 수금(囚禁)할 것을 청했습니다. 이에 주가 크게 두려워하며 주문왕을 석방하여 돌려보냈습니다. 이는 제후들이 주문왕을 애호한 것을 말한 것이라고 할 수 있습니다. 주문왕이 숭(崇: 섬서성 호현 동쪽에 위치)[88]나라를 치면서 두 번에 걸쳐 군사를 일으키자 마침내 숭나라가 항복하며 칭신했고 이민족들은 부족을 이끌고 와 복종했습니다. 이는 주문왕을 두려워한 것이라고 할 수 있습니다. 주문왕의 공은 천하 사람들이 전송(傳誦)하며 가무로써 기렸습니다. 이는 주문왕을 본받은 것이라고 할 수 있습니다. 주문왕의 행실은 오늘에 이르기까지 사람들의 법도가 되고 있습니다. 이는 주문왕을 준칙으로 삼은 것이라고 할 수 있습니다. 이 모든 것은 바로 주문왕에게 위의가 있었기 때문입니다. 이에 군자는 자리에 있으면서 사람들을 두렵게 만들고, 시사(施舍)하면서 자신을 애호하게 만들고, 진퇴하면서 법도를 만들고, 주선(周旋)하면서 준칙을 만듭니다. 이에 자세와 행동은 사람들이 칭찬할 만하고, 일하는 것은 사람들이 배울 만하고, 덕행은 가히 본받을 만합니다. 또 성기(聲氣)는 사람을 즐겁게 만들고, 동작은 우아함이 있고, 언어는 조리가 있습니다. 이같은 것으로 아랫사람들을 대하면 곧 '위의'가 있다고 말하는 것입니다."

衛侯在楚, 北宮文子見令尹圍之威儀, 言於衛侯曰 "令尹似君矣, 將有他志, 雖獲其志, 不能終也. 『詩』云 '靡不有初, 鮮克有終.' 終之實難,

---

[88] '숭'나라는 곤(鯀)의 봉국으로 은나라 말기에 숭호(崇侯) 호(虎)가 주문왕을 참소한 일로 인해 은나라 패망에 앞서 주문왕에 의해 멸망했다.

令尹其將不免." 公曰 "子何以知之." 對曰 "『詩』云 '敬愼威儀, 惟民之則.' 令尹無威儀, 民無則焉. 民所不則, 以在民上, 不可以終." 公曰 "善哉, 何謂威儀." 對曰 "有威而可畏謂之威, 有儀而可象謂之儀. 君有君之威儀, 其臣畏而愛之, 則而象之, 故能有其國家, 令聞長世. 臣有臣之威儀, 其下畏而愛之, 故能守其官職, 保族宜家. 順是以下皆如是, 是以上下能相固也. 「衛詩」曰 '威儀棣棣, 不可選也.' 言君臣·上下·父子·兄弟·內外·大小皆有威儀也. 「周詩」曰 '朋友攸攝, 攝以威儀.' 言朋友之道, 必相敎訓以威儀也. 「周書」數文王之德曰 '大國畏其力, 小國懷其德.' 言畏而愛之也. 『詩』云 '不識不知, 順帝之則.' 言則而象之也. 紂囚文王7年, 諸侯皆從之囚, 紂於是乎懼而歸之, 可謂愛之. 文王伐崇, 再駕而降爲臣, 蠻夷帥服, 可謂畏之. 文王之功, 天下誦而歌舞之, 可謂則之. 文王之行, 至今爲法, 可謂象之. 有威儀也. 故君子在位可畏, 施舍可愛, 進退可度, 周旋可則, 容止可觀, 作事可法, 德行可象, 聲氣可樂, 動作有文, 言語有章, 以臨其下, 謂之有威儀也."

찾아보기

ㄱ

가거(賈擧) 313
가보(嘉父) 157
가인(賈寅) 417
가획(賈獲) 320
감과(甘過) 405
거구공(渠丘公) 68
거백옥(蘧伯玉) 226, 331
거원(蘧瑗) 397
거질(去疾) 422
거항(蘧恒) 292
건기(愆期) 405
격량지역(溴梁之役) 280
경귀(敬歸) 417
경극(慶克) 124
경락(慶樂) 287
경봉(慶封) 134, 263, 316, 352
경사(敬姒) 94, 331, 378
경사(慶舍) 375
경씨지난(慶氏之難) 134
경좌(慶佐) 134, 270
경혈(慶臾) 379
경호(慶虎) 171, 265
계문자(季文子) 18, 52, 55, 65, 139
계손숙(季孫宿) 168, 173, 219, 268
계찰(季札) 222, 393, 395, 423
계택지맹(鷄澤之盟) 162
계택지회(鷄澤之會) 410
고고(高固) 19
고무구(高無咎) 100, 116, 125
고연(高酀) 399
고자용(高子容) 390
고지(高止) 399
고후(高厚) 166, 173, 190, 244
곡양수(穀陽豎) 115
곡영(穀榮) 292
곤완(髡頑) 73, 123
공고자(公姑姊) 268
공무소백(公巫召伯) 391
공미(公彌) 294
공삭(鞏朔) 38, 44
공성(鞏成) 405
공성자(孔成子) 94, 264
공손 귀생(歸生) 342, 357
공손 면여(免餘) 355
공손 무지(無地) 355
공손 사지(舍之) 184
공손 수(壽) 64

공손 신(臣) 355
공손 신(申) 47, 70
공손 정(丁) 227
공손 조(竈) 399
공손 주(周) 128
공손 채(蠆) 184, 219, 261, 399, 411
공손 표(剽) 229
공손 하(夏) 238
공손 휘(揮) 310, 335, 409
공손 흑(黑) 399
공손 힐(貀) 409
공손사(公孫師) 98
공손오(公孫敖) 313
공숙발(公叔發) 397
공야(公冶) 386
공윤 양(襄) 111
공자 가(嘉) 184
공자 격(格) 255
공자 당(黨) 216
공자 매(買) 270
공자 반(班) 73, 91
공자 발(發) 184
공자 부추(負芻) 91
공자 비(騑) 184
공자 비(肥) 98
공자 서(鉏) 117, 270, 381
공자 섭(燮) 172, 265
공자 성(成) 55, 68, 123, 236
공자 수(繻) 73
공자 신(申) 55, 146
공자 언(偃) 40, 50, 117, 121
공자 영제(嬰齊) 71, 146
공자 오(午) 236
공자 위(圍) 335, 429
공자 의(麟) 284
공자 의곡(宜穀) 233
공자 이(履) 265
공자 인(寅) 123
공자 조(朝) 397
공자 주(綢) 418
공자 진(辰) 72
공자 추(鯫) 100
공자 추서(追舒) 236
공자 측(側) 71
공자 탁사(橐師) 236
공자 패(茷) 113, 128
공자 평(平) 68
공자 피융(罷戎) 188, 236
공자 하기(何忌) 152
공자 형(荊) 397
공자 황(黃) 171, 265, 287
공자 흔시(欣時) 91
공중(共仲) 58
공형(公衡) 36
공희(共姬) 63, 65, 339
곽영(郭榮) 252
곽최(郭最) 251, 277
관기(觀起) 283
관우해(管于奚) 77
광구수(匡句須) 125
국승(國勝) 127, 134
국약(國弱) 134
국좌(國佐) 28, 116, 125
굴건(屈建) 284, 287, 321
굴도(屈到) 236
굴탕(屈蕩) 236, 321

굴호용(屈狐庸) 423
극기(郤錡) 84, 90
극의(郤毅) 90, 109
극주(郤犨) 76, 93, 117
극지(郤至) 33, 78, 81, 90, 105, 130
극헌자(郤獻子) 18
금정(禽鄭) 28
기무장(蔿毋張) 22
기문공(杞文公) 392
기숙희(杞叔姬) 65
기식(杞殖) 301
기해(祁奚) 64, 136, 149, 240, 273
기환공(杞桓公) 66, 139, 165
기효공(杞孝公) 287

ㄴ

난감(欒鍼) 109, 223
난고지난(欒高之難) 397
난방(欒魴) 258, 291, 300
난불기(欒弗忌) 99
난서(欒書) 18, 34, 52, 55, 63, 90, 275
난염(欒黶) 102, 135, 183, 200, 213, 222, 223, 271, 275
난영(欒盈) 224, 240, 258, 274, 281
남유(南遺) 168
낭거소(狼蘧疏) 292
노좌(老佐) 99, 139
노포계(盧蒲癸) 292, 316, 375
노포취괴(盧蒲就魁) 15
뇌성(牢成) 292
누연(僂堙) 313

ㄷ

단도지맹(斷道之盟) 14
담계(儋季) 405
담괄(儋括) 405
당강(棠姜) 312
당구(唐苟) 109
당구무(棠無咎) 366
당숙(黨叔) 391
도당씨(陶唐氏) 180
도여보(堵女父) 197, 237
독양지맹(督揚之盟) 265
동곽강(東郭姜) 366
동곽언(東郭偃) 312, 366
동려지역(東閭之役) 277
동문지역(東門之役) 324
동숙(董叔) 255, 272
두혼라(杜溷羅) 112
등료(鄧廖) 147
등문공(滕文公) 102
등성공(滕成公) 354

ㅁ

마릉지맹(馬陵之盟) 60
마사힐(馬師頡) 408
마영(麻嬰) 379
매주서(買朱鉏) 423
맹공작(孟公綽) 311
맹락(孟樂) 157
맹장(孟張) 128
맹헌자(孟獻子) 49
명의 완(緩) 74
목강(穆姜) 67, 74, 76, 116, 144, 180, 298

찾아보기 435

묘분황(苗賁皇) 108, 115
무루(務婁) 219
무신(巫臣) 30, 60, 68
민자마(閔子馬) 295

ㅂ

반경(盤庚) 179
반당(潘黨) 109
백거(伯車) 328
백견(伯蠲) 68
백숙(伯夙) 358
백여(伯輿) 78, 201
백유(伯有) 237, 362, 383, 399, 408
백종(伯宗) 52, 49, 99
백주리(伯州犁) 99, 107, 335, 358
백희(伯姬) 67
범개(范匄) 106
범무자(范武子) 34
범문자(范文子) 34, 71, 105
병사(邴師) 272, 313
병예(邴豫) 272
병하(邴夏) 20
보력(輔躒) 307
봉구(封具) 313
봉추보(逢丑父) 20, 22
부유(浮柔) 166
북궁문자(北宮文子) 424, 429
북궁유(北宮遺) 337
북궁의자 222
북궁타(北宮佗) 411
불기(弗忌) 59
불한호(茀翰胡) 112
비심(裨諶) 400, 424

비조(神竈) 373, 409
비표(斐豹) 290
빈미인(嬪美人) 25

ㅅ

사개(士匄) 131, 138, 183, 191, 213, 271
사견(士雁) 182
사견(師蠲) 207
사공정(司空靖) 272
사광(師曠) 231, 255, 330, 403
사교(史狡) 201
사구(史狗) 397
사기리(師祁犁) 309
사대(駟帶) 408
사도 앙(印) 244
사마 환자(司馬桓子) 319
사문백(士文伯) 403, 421
사방(士魴) 133, 135, 139, 151, 183, 199, 211, 213
사섭(士燮) 18, 56, 65, 67, 90, 102, 124
사신(司臣) 197
사악(四嶽) 219
사악탁(士渥濁) 135, 240
사앙(士鞅) 223, 240, 399
사약(士弱) 179, 252, 324
사제(司齊) 198, 237
상술(向戌) 99, 173, 179, 191, 193, 205, 236, 267, 337, 342, 352, 411
상위인(向爲人) 51, 98, 137
상자거(商子車) 292

상자유(商子游) 292
서궁지난(西宮之難) 262
서극(胥克) 127
서기(庶其) 268
서동(胥童) 127
서량대(胥梁帶) 350, 352
서서오(西鉏吾) 137, 179
서오(胥午) 288
석공자(石共子) 264
석귀보 287, 376
석매(石買) 244, 248
석오(石惡) 353, 355, 370
석직(石稷) 16
석포(石圃) 370
선경공(單頃公) 150
선멸(單蔑) 405
선양공(單襄公) 13, 121, 123
선정공(單靖公) 202, 236
성건(成愆) 405
성맹자(聲孟子) 121, 124
성복지역(城濮之役) 177, 324
성숙공(成肅公) 84, 90
성조(渻竈) 417
성질(成秩) 292
성차(成差) 90
세자 광(光) 161, 163
소공(昭公) 석(奭) 224
소동숙자(蕭同叔子) 25
소양(召揚) 292
소우신(巢牛臣) 326
소주목공(小邾穆公) 168, 240
소환공(召桓公) 65
손가(孫嘉) 332

손격(孫擊) 172
손괴(孫蒯) 196, 226, 244, 248
손량부(孫良夫) 16, 52
손림보 60, 100, 162, 195, 334
손문자(孫文子) 169
송공공(宋共公) 46
송문공(宋文公) 29
송백희(宋伯姬) 406
수몽(壽夢) 60, 162, 190, 211, 258
수월(壽越) 162
숙궁(叔宮) 406
숙금(叔禽) 75
숙량흘(叔梁紇) 191
숙로(叔老) 219
숙복(叔服) 13
숙비(叔羆) 272
숙사위(夙沙衛) 144, 244, 249
숙산염(叔山冉) 112
숙손교여(叔孫僑如) 43, 65, 78, 84, 116, 299, 316
숙손목자(叔孫穆子) 380, 384, 393
숙손선(叔孫還) 270, 316, 381
숙손선백(叔孫宣伯) 55
숙손장숙(叔孫莊叔) 403
숙손표(叔孫豹) 118, 146, 151, 154, 162, 169, 203, 241, 294, 303, 360, 411
숙중소백(叔仲昭伯) 168, 384
숙중혜백(叔仲惠伯) 403
숙향(叔向) 251, 256, 319, 329, 338, 353
숙힐(叔肸) 76
순가(荀家) 135

순경(荀庚) 34, 43, 90
순빈(荀賓) 136
순수(荀首) 41, 49, 56
순앵 90, 133, 183, 191, 200, 213
순언(荀偃) 102, 130, 142, 183,
　　191, 213, 222, 258
순추(荀騅) 44
순회(荀會) 135, 150
습서(隰鉏) 318
시효숙(施孝叔) 77, 125
식작(殖綽) 251, 263, 277, 334
식환(息桓) 322
신괴(申蒯) 314
신리(申驪) 63, 344
신서(申書) 272
신선우(申鮮虞) 368
신숙궤(申叔跪) 32
신숙예(申叔豫) 270, 284
신풍(申豊) 294
심윤(沈尹) 수(壽) 309

○

악거(樂擧) 29
악구(樂懼) 102
악비(樂轡) 165
악예(樂裔) 99
악왕부(樂王鮒) 272
안보융(晏父戎) 292
안약(晏弱) 144, 166, 212
안영(晏嬰) 247, 250, 281, 338, 376
안의희(顔懿姬) 260
안지역(鞍之役) 44, 52
알백(閼伯) 180

약오지란(若敖之亂) 346
양돈윤의(楊豚尹宜) 254
양로(襄老) 31, 59
양설적(羊舌赤) 149, 272
양설직(羊舌職) 136, 149
양설호(羊舌虎) 272, 274
양설힐(羊舌肸) 240, 272
양소(良霄) 217, 337, 353
양유기(養由基) 110, 216, 236
어부(魚府) 98, 137
어석(魚石) 98, 137
어숙(御叔) 279
언릉지역(鄢陵之役) 128, 346
여구영(閭丘嬰) 417
여상(呂相) 85, 135
여제(女齊) 337, 391
여채(餘祭) 388
연명(然明) 400, 425
영상(甯相) 16, 52
영성백(榮成伯) 384, 387
영식(甯殖) 173, 267
영호지맹(令狐之盟) 90
영희(甯喜) 267, 327, 331, 337, 355
예사도(銳司徒) 339
오거(伍擧) 342
오리(吾離) 219
오여(烏餘) 350
오참(伍參) 342
옹서(雍鉏) 334
완석견(宛射犬) 307
완패(宛茷) 23
왕손휘(王孫揮) 292
왕자백변(王子伯騈) 176, 207

왕초(王湫) 134, 166
요각지역(繞角之役) 344
요구이(姚句耳) 103
용포지역(庸浦之役) 233
우구서(虞丘書) 240
우대부 첨(詹) 207
우재(右宰) 곡(穀) 229, 331, 355
원교(袁僑) 150
원병지난(原屛之難) 288
위강 136, 152, 157, 159, 183, 188, 199, 208
위구(圍龜) 51
위목공(衛穆公) 16, 28, 30
위서(魏舒) 289, 319
위엄(薳掩) 326, 411
위의공(衛懿公) 112
위자빙(薳子馮) 236, 270, 284
위정공(衛定公) 60, 94
위지(尉止) 197
위편(尉翩) 198, 237
위피(薳罷) 368, 401, 402
위헌공(衛獻公) 225
위힐(魏頡) 135
유강공(劉康公) 13, 84
유공차(庾公差) 227
유길(游吉) 372, 374, 409
유난(劉難) 252
유량(游良) 285
유의(劉毅) 405
유정공(劉定公) 233
유판(游販) 285
윤공타(尹公佗) 227
윤무공(尹武公) 123
윤언다(尹言多) 405
윤하(尹何) 426
이양오(夷陽五) 127
인근보(印堇父) 336
인단 362, 408, 422
인주(鱗朱) 98, 137

ㅈ

자강(子彊) 322
자경(子庚) 212, 216, 234, 254, 270
자공(子孔) 174, 254
자교(子蟜) 174, 188, 226, 409
자국(子國) 50, 145, 162, 166, 174
자낭(子囊) 163, 174, 182, 207, 216, 233
자령지난(子靈之難) 51
자미(子尾) 376, 417
자반(子反) 30, 47, 59, 81, 114, 346
자방(子駹) 91
자백(子伯) 226
자변(子騈) 322
자복혜백(子服惠伯) 319, 384, 418
자사(子駟) 73, 91, 123, 174, 188
자사복(子師僕) 197
자산(子産) 172, 198, 237, 279, 304, 319, 327, 362, 408, 413
자상(子商) 73
자서(子西) 198, 237, 362
자선(子鮮) 227, 330, 356
자숙(子叔) 142, 332
자숙성백(子叔聲伯) 55, 118, 120
자숙흑배(子叔黑背) 73
자신(子辛) 103, 137, 163

자아(子雅) 376, 382
자야(子野) 417
자연(子然) 73, 142
자염(子閻) 59
자우(子盂) 322
자우(子羽) 91, 386
자원(子員) 154, 176
자유(子游) 52
자의지란(子儀之亂) 344
자이(子耳) 174
자인(子印) 91
자장(子臧) 96, 221
자전(子展) 174, 205, 227, 285, 319, 362
자정(子丁) 172
자조(子朝) 342
자주(子朱) 329
자중(子重) 35, 55, 68
자첩(子捷) 322
자탕(子蕩) 59
자태숙(子大叔) 362, 413, 424
자피(子皮) 226, 389, 422
자한(子罕) 94, 97, 102, 145, 165, 389
자행(子行) 227
자호(子狐) 172
자후(子侯) 172
자희(子熙) 172
장로(張老) 136, 151
장무중(臧武仲) 139, 153, 229, 268, 279, 298
장서(將鉏) 102
장선숙(臧宣叔) 14, 18, 43
장손허(臧孫許) 36

장손흘 160, 294
장어교(長魚矯) 128, 130
저우지역(且于之役) 313
적사미(狄虒彌) 191
적언(籍偃) 136, 272
적패(羅茷) 73
전여(展輿) 422
전옥보(展玉父) 391
전장숙(展莊叔) 380, 391
전하(展瑕) 391
정간공(鄭簡公) 171, 371
정강(定姜) 92, 227
정구완(鄭丘緩) 20
정도공(鄭悼公) 47
정무공(鄭武公) 324
정사(定姒) 155
정생(鄭甥) 258
정여자(正輿子) 166
정장공(鄭莊公) 324
정정(程鄭) 136, 289, 310, 327
정주보(鄭周父) 23
정활(程滑) 133
정희공(鄭僖公) 170
제강(齊姜) 144
제귀(齊歸) 418
제번(諸樊) 221, 222, 326, 423
조가지역(朝歌之役) 318
조개(曹開) 292
조괄(趙括) 44, 55
조무(趙武) 183, 207, 213, 321, 337, 353, 411, 415
조병(趙屛) 48
조선공(曹宣公) 58, 90, 221

조성공(曹成公) 221
조승(趙勝) 293
조영(趙嬰) 47, 64
조원(趙原) 48
조장희(趙莊姬) 47, 64, 131
조전(趙旃) 44, 90
종멸(鬷蔑) 327
종성희(鬷聲姬) 260
종의(鍾儀) 58, 70
주간왕(周簡王) 78
주공 초(楚) 78
주도공(邾悼公) 257, 354
주빈(州賓) 271
주사지역(舟師之役) 326
주선공(邾宣公) 139, 240
주작(州綽) 251, 277, 313
주포(州蒲) 73
중강(仲江) 223
중구지맹(重丘之盟) 370
중니(仲尼) 17, 125, 325
중손갈(仲孫羯) 302, 306, 352, 371
중숙우해(仲叔于奚) 16
중안장숙(仲顔莊叔) 391
중항목자(中行穆子) 335
중항희(中行喜) 277
중훼(仲虺) 234
증고보(鄫鼓父) 391
지기(知起) 277
지삭(知朔) 231
지앵(知罃) 41
진경공(秦景公) 75, 224
진근보(秦堇父) 191
진도공(晉悼公) 135, 193

진도부인(晉悼夫人) 391, 403
진무우(陳無宇) 166, 307, 377
진문공(晉文公) 324
진비자(秦丕玆) 194
진생(陳生) 162, 201
진성공(陳成公) 153
진애공(陳哀公) 319
진영(秦嬴) 212
진영공(陳靈公) 30
진평공(晉平公) 240
진환공(秦桓公) 74, 79

ㅊ

채경공(蔡景公) 36, 371
채문공(蔡文公) 266
척지맹(戚之盟) 124
천봉술(穿封戌) 335
천연지역(遷延之役) 223, 271
천토지맹(踐土之盟) 266
청비퇴(淸沸魋) 130
체계(虒季) 139
체구(虒裘) 231
초공왕 35, 41, 215
초명(椒鳴) 347
촉용지월(燭庸之越) 292
최강(崔彊) 366
최성(崔成) 366
최씨지란(崔氏之亂) 368
최여(崔如) 292
최저(崔杼) 126, 146, 166, 183, 197, 223, 261, 311, 319
충뢰지맹(蟲牢之盟) 58

ㅌ

탁보(鐸父) 313
탁사(橐師) 132
탁알구(鐸遏寇) 136
탕택(蕩澤) 98
태숙문자(大叔文子) 327, 333
태숙의(大叔儀) 229, 357

ㅍ

팽명(彭名) 36, 109, 154
팽성지역(彭城之役) 345
평구지회(平丘之會) 416
평음지역(平陰之役) 277, 293
포견(鮑牽) 124
포국(鮑國) 125
풍간자(馮簡子) 424
풍권(豊卷) 414
풍점(豊點) 296
필지역(邲之役) 31

ㅎ

하가(瑕嘉) 13
하금(瑕禽) 201
하양열(夏陽說) 52
하어숙(夏御叔) 30
하희(夏姬) 30, 59, 345
한궐(韓厥) 18, 21, 44, 56, 90
한기(韓起) 169, 183, 213, 328
한무기(韓無忌) 135
한양(韓襄) 240
한천(韓穿) 44, 62
한헌자(韓獻子) 54
한호(罕虎) 411
해장(解張) 20
해호(解狐) 149
허영공(許靈公) 36, 47, 100, 152, 241, 348
형괴(邢蒯) 277
혜장이려(惠墻伊戾) 339
화신(華臣) 178, 245
화약(華弱) 165
화열(華閱) 179
화열(華閱) 223, 245
화오(華吳) 245
화원(華元) 29, 51, 63, 80, 97, 100
화정(華定) 390
화조보(和組父) 150
화환(華還) 301
화희(華喜) 98, 139
환도(桓跳) 292
황국보(皇國父) 246
황술(皇戌) 40, 47, 50
황연가보(黃淵嘉父) 272
황운(皇鄖) 179, 183
황힐(皇頡) 335
효산지역(殽山之役) 220
후누(侯獳) 123
후성숙(厚成叔) 228
흑굉(黑肱) 354
흑요(黑要) 31, 59
희지역(戲之役) 279

지은이 좌구명

좌구명(左丘明, ?~?)은 대략 춘추시대 말기에 공자의 가르침을 받고 『춘추좌전』(春秋左傳)과 『국어』(國語)를 저술한 노나라의 현대부로 알려져 있으나 자세한 약력은 알 길이 없다. 『논어』 「공야장」편에 그에 관한 공자의 호평이 실려 있는 점에 비추어 실존인물이었던 것만은 확실하다. 일찍이 사마천은 『사기』 「태사공자서」(太史公自序)에서 "좌구명은 실명(失明)한 뒤 『국어』를 지었다"고 주장하면서도 좌구명의 실명 원인과 『춘추좌전』 저술 등에 대해서는 아무런 언급도 하지 않았다. 후한의 반고(班固)는 『한서』(漢書) 「사마천전찬」(司馬遷傳贊)에서 "공자가 노나라 사서를 바탕으로 『춘추』를 짓자, 좌구명이 그 내용을 논집(論輯)하여 『춘추좌전』을 짓고 동시에 나머지 이동(異同)을 찬(纂)하여 『국어』를 지었다"고 기록했다. 삼국시대 오나라의 위소(韋昭)는 이를 이어 받아 『춘추좌전』을 '춘추내전'(春秋內傳), 『국어』를 '춘추외전'(春秋外傳)으로 정의했다. 이후 이 견해가 오랫동안 유지되어왔으나 좌구명이 과연 어떤 인물인지에 관해서는 논란이 끊이지 않았다. 전한제국 초기의 공안국(孔安國)은 좌구명을 노나라의 태사(太史)라고 주장했는데, 『한서』 「예문지」(藝文志)도 이를 따랐다. 북송대의 형병(邢昺)은 노나라 태사로서 공자로부터 『춘추』를 수업한 자라고 보았다. 이에 대해 남송대의 주희(朱熹)는 '좌구'와 '좌씨'를 구분해 『논어』에 나오는 좌구명과 『춘추좌전』을 저술한 좌구명을 별개의 인물로 간주했으며, 정이천(程伊川)은 아예 옛날의 문인(聞人: 전설적인 인물)으로 평했다. 사실 좌구명이 과연 노나라 태사로서 『춘추좌전』과 『국어』를 저술했는지에 대해 정확히 고증할 길이 없다. 여러 기록을 종합해볼 때 좌구명은 공자시대에 노나라에서 활약한 사관으로 보이나, 그가 『춘추좌전』과 『국어』를 전적으로 저술했다고 보기는 어렵다. 지금은 대략 전국시대 초기에 주왕실과 열국의 역사에 밝은 사관들이 개입해 현재의 『춘추좌전』과 『국어』를 완성한 것으로 보는 견해가 주류를 이루고 있다.

옮긴이 신동준

신동준(申東埈)은 경기고등학교 재학 시절 태동고전연구소에서 한학의 대가인 임창순(任昌淳) 선생에게 사서삼경과 『춘추좌전』 등의 고전을 배웠다. 서울대학교 정치학과와 같은 대학원을 졸업하고, 『조선일보』 『한겨레신문』 정치부 기자로 활동했다. 그 뒤 다시 모교로 돌아가 동양정치사상을 전공하고 도쿄대학교 동양문화연구소 객원연구원 등을 지내며, 「춘추전국시대의 정치사상」으로 박사학위를 받았다. 치도(治道)의 문제에 남다른 관심을 가진 그는 동양정치사상과 리더십에 대한 폭넓은 저술활동을 펼쳐왔다. 지금은 21세기정경연구소장으로 서울대·고려대 등에서 강의하고 있다. 지은 책으로는 한길사에서 펴낸 『춘추전국의 영웅들 1~3』 『공자와 그의 제자들 1~2』를 비롯해 『통치학원론』 『삼국지통치학』 『조조통치론』 『덕치·인치·법치』 『연산군을 위한 변명』 『중국문명의 기원』 『조선의 왕과 신하 부국강병을 논하다』 『CEO의 삼국지』 등이 있다. 옮긴 책으로는 한길사에서 펴낸 『춘추좌전 1~3』(좌구명)을 비롯해 『후흑학』(리쭝우), 『자치통감: 삼국지』(사마광), 『실록 열국지』(좌구명·사마광·사마천), 『국어』(좌구명) 등이 있다.

한길 그레이트북스 75

춘추좌전 2

지은이 좌구명
옮긴이 신동준
펴낸이 김언호
펴낸곳 (주)도서출판 한길사

등록 • 1976년 12월 24일 제74호
주소 • (413-756) 경기도 파주시 문발동 파주북시티 520-11
www.hangilsa.co.kr
E-mail: hangilsa@hangilsa.co.kr
전화 • 031-955-2000~3 팩스 • 031-955-2005

상무이사 · 박관순
총괄이사 · 곽명호 | 영업이사 · 이경호 | 경영기획이사 · 김관영
편집 · 배경진 이경애 | 전산 · 한향림 김현정
마케팅 · 박유진 | 관리 · 이중환 문주상 장비연 김선희

출력 · 지에스테크 | 인쇄 · 오색프린팅 | 제본 · 광성문화사

제1판 제1쇄 2006년 3월 30일
제1판 제2쇄 2012년 10월 30일

Zuo-Qiuming
Chunqiu-Zuozhuan
Translated by Shin Dong-jun
Published by Hangilsa Publishing Co., Ltd., Korea, 2006

값 25,000원
ISBN 978-89-356-5683-7 94150
ISBN 978-89-356-5685-1 (전3권)

• 잘못 만들어진 책은 구입하신 서점에서 바꿔드립니다.

한길그레이트북스 인류의 위대한 지적 유산을 집대성한다

1 관념의 모험
앨프레드 노스 화이트헤드 | 오영환

2 종교형태론
미르치아 엘리아데 | 이은봉

3·4·5·6 인도철학사
라다크리슈난 | 이거룡
2005 『타임스』 선정 세상을 움직인 100권의 책
『출판저널』 선정 21세기에도 남을 20세기의 빛나는 책들

7 야생의 사고
클로드 레비-스트로스 | 안정남
2005 『타임스』 선정 세상을 움직인 100권의 책
2008 『중앙일보』 선정 신고전 50선

8 성서의 구조인류학
에드먼드 리치 | 신인철

9 문명화과정 1
노르베르트 엘리아스 | 박미애
2005 연세대학교 권장도서 200선
2012 인터넷 교보문고 명사 추천도서
2012 알라딘 명사 추천도서

10 역사를 위한 변명
마르크 블로크 | 고봉만
2008 『한국일보』 오늘의 책
2009 『동아일보』 대학신입생 추천도서

11 인간의 조건
한나 아렌트 | 이진우·태정호
2012 인터넷 교보문고 MD의 선택

12 혁명의 시대
에릭 홉스봄 | 정도영·차명수
2005 서울대학교 권장도서 100선
2005 『타임스』 선정 세상을 움직인 100권의 책
2005 연세대학교 권장도서 200선
『출판저널』 선정 21세기에도 남을 20세기의 빛나는 책들
2012 알라딘 블로거 베스트셀러

13 자본의 시대
에릭 홉스봄 | 정도영
2005 서울대학교 권장도서 100선
『출판저널』 선정 21세기에도 남을 20세기의 빛나는 책들
2012 알라딘 블로거 베스트셀러

14 제국의 시대
에릭 홉스봄 | 김동택
2005 서울대학교 권장도서 100선
『출판저널』 선정 21세기에도 남을 20세기의 빛나는 책들
2012 알라딘 블로거 베스트셀러

15·16·17 경세유표
정약용 | 이익성
2012 인터넷 교보문고 필독고전 100선

18 바가바드 기타
함석헌 주석 | 이거룡 해제
2007 서울대학교 추천도서

19 시간의식
에드문트 후설 | 이종훈

20·21 우파니샤드
이재숙
2005 서울대학교 권장도서 100선

22 현대정치의 사상과 행동
마루야마 마사오 | 김석근
2005 『타임스』 선정 세상을 움직인 100권의 책
2007 도쿄대학교 권장도서

23 인간현상
테야르 드 샤르댕 | 양명수
2007 서울대학교 추천도서

24·25 미국의 민주주의
알렉시스 드 토크빌 | 임효선·박지동
2005 서울대학교 권장도서 100선
2012 인터넷 교보문고 MD의 선택

26 유럽학문의 위기와 선험적 현상학
에드문트 후설 | 이종훈
2005 서울대학교 논술출제

27·28 삼국사기
김부식 | 이강래
2005 연세대학교 권장도서 200선
2012 인터넷 교보문고 필독고전 100선
2012 yes24 다시 읽는 고전

29 원본 삼국사기
김부식 | 이강래 교감

30 성과 속
미르치아 엘리아데 | 이은봉
2005 『타임스』 선정 세상을 움직인 100권의 책
2012 인터넷 교보문고 명사 추천도서
『출판저널』 선정 21세기에도 남을 20세기의 빛나는 책들

31 슬픈 열대
클로드 레비-스트로스 | 박옥줄
2005 서울대학교 권장도서 100선
2005 연세대학교 권장도서 200선
2008 고려대학교 논술출제
2012 인터넷 교보문고 명사 추천도서
『출판저널』 선정 21세기에도 남을 20세기의 빛나는 책들

32 증여론
마르셀 모스 | 이상률
2003 문화관광부 우수학술도서

33 부정변증법
테오도르 아도르노 | 홍승용

34 문명화과정 2
노르베르트 엘리아스 | 박미애
2005 연세대학교 권장도서 200선
2012 인터넷 교보문고 명사 추천도서
2012 알라딘 명사 추천도서

35 불안의 개념
쇠렌 키르케고르 | 임규정
2012 인터넷 교보문고 명사 추천도서

36 마누법전
이재숙·이광수

37 사회주의의 전제와 사민당의 과제
에두아르트 베른슈타인 | 강신준

38 의미의 논리
질 들뢰즈 | 이정우
2000 교보문고 선정 대학생 권장도서

39 성호사설
이익 | 최석기
2005 연세대학교 권장도서 200선
2008 서울대학교 논술출제
2012 인터넷 교보문고 필독고전 100선

40 종교적 경험의 다양성
윌리엄 제임스 | 김재영
2000 대한민국학술원 우수학술도서

41 명이대방록
황종희 | 김덕균
2000 한국출판문화상

42 소피스테스
플라톤 | 김태경

43 정치가
플라톤 | 김태경

44 지식과 사회의 상
데이비드 블루어 | 김경만
2002 대한민국학술원 우수학술도서

45 비평의 해부
노스럽 프라이 | 임철규
2001 『교수신문』 우리 시대의 고전

46 인간적 자유의 본질 · 철학과 종교
프리드리히 W.J. 셸링 | 최신한

47 무한자와 우주와 세계 · 원인과 원리와 일자
조르다노 브루노 | 강영계
2001 한국출판인회의 이달의 책

48 후기 마르크스주의
프레드릭 제임슨 | 김유동
2001 한국출판인회의 이달의 책

49·50 봉건사회
마르크 블로크 | 한정숙
2002 대한민국학술원 우수학술도서
2012 『한국일보』 다시 읽고 싶은 책

51 칸트와 형이상학의 문제
마르틴 하이데거 | 이선일
2003 대한민국학술원 우수학술도서

52 남명집
조식 | 경상대 남명학연구소
2012 인터넷 교보문고 필독고전 100선

53 낭만적 거짓과 소설적 진실
르네 지라르 | 김치수 · 송의경
2002 대한민국학술원 우수학술도서

54·55 한비자
한비 | 이운구
한국간행물윤리위원회 추천도서
2007 서울대학교 추천도서
2012 인터넷 교보문고 필독고전 100선

56 궁정사회
노르베르트 엘리아스 | 박여성

57 에밀
장 자크 루소 | 김중현
2005 서울대학교 권장도서 100선
2000 · 2006 서울대학교 논술출제

58 이탈리아 르네상스의 문화
야코프 부르크하르트 | 이기숙
2004 한국간행물윤리위원회 추천도서
2005 연세대학교 권장도서 200선
2009 『동아일보』 대학신입생 추천도서

59·60 분서
이지 | 김혜경
2004 문화관광부 우수학술도서
2012 인터넷 교보문고 필독고전 100선

61 혁명론
한나 아렌트 | 홍원표
2005 대한민국학술원 우수학술도서

62 표해록
최부 | 서인범 · 주성지
2005 대한민국학술원 우수학술도서

63·64 정신현상학
G.W.F. 헤겔 | 임석진
2006 대한민국학술원 우수학술도서
2005 연세대학교 권장도서 200선
2005 프랑크푸르트도서전 한국의 아름다운 책100
2008 서우철학상
2012 인터넷 교보문고 필독고전 100선

65·66 이정표
마르틴 하이데거 | 신상희 · 이선일

67 왕필의 노자주
왕필 | 임채우
2006 문화관광부 우수학술도서

68 신화학 1
클로드 레비 - 스트로스 | 임봉길
2007 대한민국학술원 우수학술도서
2008 『동아일보』 인문과 자연의 경계를 넘어 30선

69 유랑시인
타라스 셰브첸코 | 한정숙

70 중국고대사상사론
리쩌허우 | 정병석
2005 『한겨레』 올해의 책
2006 문화관광부 우수학술도서

71 중국근대사상사론
리쩌허우 | 임춘성
2005 『한겨레』 올해의 책
2006 문화관광부 우수학술도서

72 중국현대사상사론
리쩌허우 | 김형종
2005 『한겨레』 올해의 책
2006 문화관광부 우수학술도서

73 자유주의적 평등
로널드 드워킨 | 염수균
2006 문화관광부 우수학술도서
동아일보 '정의에 관하여' 20선

74·75·76 춘추좌전
좌구명 | 신동준

77 종교의 본질에 대하여
루트비히 포이어바흐 | 강대석

78 삼국유사
일연 | 이가원 · 허경진
2007 서울대학교 추천도서

79·80 순자
순자 | 이운구
2007 서울대학교 추천도서

81 예루살렘의 아이히만
한나 아렌트 | 김선욱
2006 『한겨레』 올해의 책
2006 한국간행물윤리위원회 추천도서
2007 『한국일보』 오늘의 책
2007 대한민국학술원 우수학술도서
2012 yes24 리뷰 영웅대전

82 기독교 신앙
프리드리히 슐라이어마허 | 최신한
2008 대한민국학술원 우수학술도서

83·84 전체주의의 기원
한나 아렌트 | 이진우 · 박미애
2005 『타임스』 선정 세상을 움직인 책
『출판저널』 선정 21세기에도 남을 20세기의 빛나는 책들

85 소피스트적 논박
아리스토텔레스 | 김재홍
대학 신입생을 위한 추천도서

86·87 사회체계이론
니클라스 루만 | 박여성
2008 문화체육관광부 우수학술도서

88 헤겔의 체계 1
비토리오 회슬레 | 권대중

89 속분서
이지 | 김혜경
2008 대한민국학술원 우수학술도서

90 죽음에 이르는 병
쇠렌 키르케고르 | 임규정
『한겨레』 고전 다시 읽기 선정
2006 서강대학교 논술출제

91 고독한 산책자의 몽상
장 자크 루소 | 김중현

92 학문과 예술에 대하여 · 산에서 쓴 편지
장 자크 루소 | 김중현

93 사모아의 청소년
마거릿 미드 | 박자영
20세기 미국대학생 필독 교양도서

94 자본주의와 현대사회이론
앤서니 기든스 | 박노영 · 임영일
1999 서울대학교 논술출제
2009 대한민국학술원 우수학술도서

95 인간과 자연
조지 마시 | 홍금수

96 법철학
G.W.F. 헤겔 | 임석진

97 문명과 질병
헨리 지거리스트 | 황상익
2009 대한민국학술원 우수학술도서

98 기독교의 본질
루트비히 포이어바흐 | 강대석

99 신화학 2
클로드 레비-스트로스 | 임봉길
2008 『동아일보』 인문과 자연의 경계를 넘어 30선
2009 대한민국학술원 우수학술도서

100 일상적인 것의 변용
아서 단토 | 김혜련
2009 대한민국학술원 우수학술도서

101 독일 비애극의 원천
발터 벤야민 | 최성만 · 김유동

102·103·104 순수현상학과 현상학적 철학의 이념들
에드문트 후설 | 이종훈
2010 대한민국학술원 우수학술도서

105 수사고신록
최술 | 이재하 외
2010 대한민국학술원 우수학술도서

106 수사고신여록
최술 | 이재하
2010 대한민국학술원 우수학술도서

107 국가권력의 이념사
프리드리히 마이네케 | 이광주

108 법과 권리
로널드 드워킨 | 염수균

109·110·111·112 고야
훗타 요시에 | 김석희
2010 한국간행물윤리위원회 추천도서

113 왕양명실기
박은식 | 이종란

114 신화와 현실
미르치아 엘리아데 | 이은봉

115 사회변동과 사회학
레이몽 부동 | 민문홍

116 자본주의 · 사회주의 · 민주주의
조지프 슘페터 | 변상진
2012 대한민국학술원 우수학술도서
2012 인터파크 이 시대 교양 명저

117 공화국의 위기
한나 아렌트 | 김선욱

118 차라투스트라는 이렇게 말했다
프리드리히 니체 | 강대석

119 지중해의 기억
페르낭 브로델 | 강주헌

120 해석의 갈등
폴 리쾨르 | 양명수

121 로마제국의 위기
램지 맥멀렌 | 김창성

122·123 윌리엄 모리스
에드워드 파머 톰슨 | 윤효녕 외

● 한길그레이트북스는 계속 간행됩니다.